"十二五"普通高等教育本科国家级规划教材

经济管理类课程教材

金融系列

金融衍生工具

第五版

汪昌云 编著

JINRONG YANSHENG GONGJU

FINANCE

中国人民大学出版社
·北京·

出版说明

改革开放以来，中国的金融走上了高速发展的快车道，获得了前所未有的发展，有关院校都开设了金融课程，以便培养我国急需的人才。

一套高质量的教材是提高教学质量的前提之一。教材规定了教学内容，是教师授课取材之源，是学生求知和复习之本，没有优秀的教材，就无法提高教学质量。中国人民大学出版社推出“经济管理类课程教材·金融系列”，旨在推动国内金融人才培养工作的开展。

组织编写这套教材时，我们遵照以下原则：

1. 教材实行本土化。为了更快地与国际接轨，许多人主张采用“拿来主义”原则，直接引进国外的教材。实践证明，我国与发达国家相比，国情不同，文化背景不同，思维方式不同，语言表述方式不同，广大的专家教授一致认为：我们培养的是中国金融人才，是为中国的金融服务的，教材还是本土化为宜，学生应在了解我国现状之后，再学习国外的知识，把中国的背景知识与国际接轨才是我们最需要的。该套教材均为本土原创作品。

2. 精选作者，保证教材质量。金融与国家的政策联系紧密，应用性强，培养的学生既要懂理论，又要会应用，既要与国际接轨，又要考虑中国的国情。该套教材涵纳全国“政产学研”方面的作者，从源头上保证了这套书的质量。

3. 要始终保持教材的“精”与“新”。现代金融日新月异，课程设置不断变化。该套教材根据形势的发展，不断推出新课程教材，并不断修订、完善。

4. 形式多种多样，方便教材使用者。书中每章都设有“本章导读”“本章小结”“练习题”“参考文献”等栏目，方便读者学习。

总之，这套教材紧密结合当前国内外金融研究的最新成果与金融政策发展的实际情况，全面讲述金融基本理论和基本知识。我们相信“经济管理类课程教材·金融系列”的推出，能够为读者掌握现代金融知识、社会培养金融人才起到应有的作用。

中国人民大学出版社

第五版前言

金融衍生工具使世界变得更加安全而不是更加危险。这些金融产品使企业和机构有效且经济地应对困扰它们即使没有几百年也有几十年的风险成为可能。

——《默顿·米勒论金融衍生工具》

自20世纪90年代以来，全球金融衍生工具市场成交量迅猛增长。时至今日，仅交易所交易的金融衍生工具合约的名义价值就是全球股票市值的几十倍，而且正在以平均每年两位数的速度增长。一方面，金融衍生工具由于其成交活跃、成本低廉，为各类企业、机构投资者和个人投资者提供了对冲风险的手段，从而为其稳定了收入预期、增加了收益并转移了其不愿承担的风险；另一方面，金融衍生工具交易中又不断发生巨额损失、公司倒闭等爆炸性事件。这使得金融衍生工具在学术界、业界和金融监管层中都饱受争议。尽管如此，越来越多的衍生工具还是不断被创造出来，越来越多的公司和投资者在利用衍生工具管理风险，衍生工具在金融创新中的作用越来越重要，公司和个人的理财活动越来越离不开衍生工具。2007年爆发的美国次贷危机以及由此引发的全球金融危机使各界对金融衍生工具的争议达到巅峰状态，这也直接引发了一轮全球金融监管体系的改革。反思前一次全球金融危机，人们越来越多的共识是：引发系统性金融风险的原因并非衍生工具本身，而是由缺乏监管引致的衍生工具交易过度投机以及由滥用衍生工具引致的金融过度创新。

我国的金融衍生工具市场虽然起步较晚，但这几年的发展令全世界同行们刮目相看。我们主流的农产品期货合约成交量跻身全球最活跃的期货市场，作为股权分置改革附属产品的权证也一度使中国权证市场成为全球最活跃的市场。2010年推出的沪深300股指期货合约已经发展成为具有国际影响力的指数衍生工具，2015年2月9日上证50ETF期权合约的上市标志着我国期权市场正式启航。衍生工具已经在公司的风险管理以及金融机构的产品创新、金融创新中发挥着举足轻重的作用。我国金融业中熟悉、精通金融衍生工具和金融工程的专业人才正遭遇空前的短缺。本书旨在为培育适合市场发展需要的新型金融人才提供一本基础教材。全书共分为二十二章，其中第一章简要介绍金融衍生工具的概念及其发展史；第二至八章介绍期货和远期市场；第九章讨论互换合约与互换市场；第十至二十一章介绍期权合约和期权市场；第二十二章介绍和讨论衍生工具市场监管问题。本书的重点在于讨论衍生工具定价及其在公司风险管理中的应用。

本书是编著者结合多年来国内外高校本科教学经验为我国高等院校设计、撰写的适合经济学、金融学专业的本科教材，也可以作为财务管理学及应用数学专业高年级本科生、硕士生的基础教材或自学参考书。金融衍生工具课程的教学计划和内容可视课时情况和课程体系不同进行多种安排。本书是按照 54 学时设计的。第十一章介绍相关的基本数学知识，第二十二章介绍衍生工具市场监管，这两章可以供学生自学和阅读。课时较少的课程还可以省略第七章、第八章、第十三章、第十六章、第十八章、第二十章和第二十一章。

习近平指出："金融是实体经济的血脉，为实体经济服务是金融的天职，是金融的宗旨，也是防范金融风险的根本举措。"衍生工具是现代金融的一个不可或缺的组成部分，担负着服务实体经济和防范化解风险的重要职责。现代经济和金融发展的历史也表明，衍生工具市场作为现代金融体系的重要组成部分，在一国经济和社会发展中占有重要地位，但与世界上所有事物一样，衍生工具的理论和实践具有共性规律和中国特色。本次修订注重以本土化的案例或数据来分析衍生工具市场理论与实践的共性规律和中国特色，为构建中国自主的金融学知识体系做出一些有益的探索。

在《金融衍生工具》2012 年被列入国家级规划教材后，编著者对本书原有内容和框架进行了较大幅度的修订并且以第一版为基础独自完成了后续版本的修订工作。参加本书第一版编撰和资料整理工作的有（按姓氏笔画排列）：王刚、邓力、邓贺斐、孙华冲、李哲、周爱民、胡博、钟睦琴、郭作佳和董时珊。在本次修订中王钰琪做了细致的数据更新工作。中国人民大学出版社刘美昱编辑提出了详尽的修改意见。本书的编纂及出版与以上同志的辛勤付出密不可分，在此一并致谢。

鉴于时间和编著者学识所限，本次修订中尚存诸多不足之处，敬请同行专家和各位读者不吝赐教。

汪昌云
2024 年 5 月于北京

目 录

第一章

总　论

本章导读

金融衍生工具（又称衍生产品、衍生品）市场自19世纪中期芝加哥期货交易所（Chicago Board of Trade，CBOT）建立以来得到蓬勃发展。特别是自20世纪70年代开始以金融衍生产品为标的资产的工具交易以来，金融衍生工具市场成交额节节上升，对经济产生的影响越来越显著。尽管从金融衍生工具产生的第一天起，有关金融衍生工具的性质、功能及其对经济的影响的争议就从来没有停止过，但是金融衍生工具从只有少数人参与的“成人”游戏已经发展成各类机构、公司以及个人管理风险、投资、投机等日常金融、经济活动的常用工具。那么，金融衍生工具市场的发展历程是怎样的？金融衍生工具市场的经济功能到底有哪些？这些功能又是如何实现的？金融衍生工具市场是如何运行的？金融衍生工具市场的主要参与者有哪些？本章的任务旨在回答这些问题。

第一节　金融衍生工具的概念和类型

金融衍生工具是指价值依赖于其他更基本的标的资产的各类合约的总称。美国会计准则委员会（Financial Accounting Standards Board，FASB）颁布的一系列公告将其定义为价值衍生于一个或多个标的资产的业务或合约。根据巴塞尔银行监管委员会的定义，金融衍生工具是“一种合约，该合约的价值取决于一项或多项标的资产或指数的价值”。标的资产包括的范围很广泛，可以是股票、债券等基础证券，可以是黄金、白银等贵金属，也可以是小麦、玉米、咖啡等大宗商品，甚至可以是不存在实物形态的股票指数、温度、污染指数等。例如，以股票为标的资产的衍生工具有股票期货、股票期权、股票指数（简称股指）期货、股指期权等。股票一般是公司为筹集资金而向投资者发行的股权凭证，所以股票发行是公司转让部分公司所有权的融资手段，投资者购买股票则按投资比例享有公司所有者的各项权利。金融衍生工具则不同。金融衍生工具是一种合约，合约的双方不是确定的。根据需要或对未来经济状态的判断，交易者可以选择站在合约的任意一方。金融衍生工具是在现时对金融基础工具未来可能产生的结果进行交易。其交易在现时发生而结果要到未来某一约定的时刻才能产生。金融衍生工具交易的对象并不是基础工具或金融商品本身，而是对这些基础工具或金融商品在未来各种条件下处置的权利和义务。

基础的金融衍生工具包括期货与远期、互换、期权三大类。第一类基础衍生工具包括期货与远期。期货合约（futures contract）是买卖双方签订的在未来一个确定时间按确定的价格购买或出售某项标的资产的协议。期货合约中的“确定时间”一般被称为期货合约的到期日或期限。期货合约的期限一般为1个月至1年。期货合约的交易在期货交易所进行，它是基础的金融衍生工具之一。与期货合约类似的另一衍生工具是远期合约（forward contract）。期货合约与远期合约都是在未来一定时间以一定价格购买或卖出标的资产的协议。两者的主要区别在于远期合约属于买卖双方的私人协议，而期货合约在期货交易所交易。此外，远期合约的期限、标的资产、交货地点等合约条款由双方商定，它属于非标准化合约，而期货合约的合约条款由交易所统一设定，它属于标准化合约。

第二类基础衍生工具是互换（swap）。互换，也称掉期，是指双方达成的在未来一定期限内交换现金流的一项协议。交换的具体对象既可以是不同种类的货币、债券，也可以是不同种类的利率、汇率、价格指数等。在一般情况下，它是交易双方（有时也有两个以上的交易者参加同一笔互换交易的情况）根据市场行情，约定支付率（汇率、利率等），以确定的本金额为依据相互为对方进行支付。互换合约可以被看作一系列远期合约的组合，因此，它是远期合约、期货合约的延伸。最常见的互换合约是普通利率互换。例如在这种互换合约下，一方（如银行A）同意按事先约定的固定本金向另一方（如银行B）支付未来3年中每一期固定利率产生的利息，而银行B同意在相同期限内向银行A支付同一名义本金按浮动利率产生的利息。

第三类基础衍生工具是期权（option）。期权又称选择权，同样是交易双方之间签订的协议，该协议给予期权持有人（option holder）在未来特定的时间（到期日）或该特定时间之前，以确定的价格（执行价格），按事先规定的数量，买进或卖出标的资产的权利。有两种常见的期权合约：看涨期权（call option）和看跌期权（put option）。看涨期权又称买入期权，看跌期权又称卖出期权。看涨期权是赋予期权持有人在未来某个时点，按照合约规定，购买一定数量标的资产的权利。期权持有人购买标的资产的价格在期权合约中规定，称为期权的执行价格（exercise price）或敲定价格（strike price）。当标的资产的价格大于执行价格时，持有人执行看涨期权有利可图，因此这类期权被称为“看涨期权”。但是这个购买的权利只在某个时期内有效，这一时期被称为期权的期限（maturity或time to expiration）。看跌期权则是赋予期权持有人在未来某个时点，按照合约规定，卖出一定数量标的资产的权利。当标的资产的价格低于执行价格时，持有人执行看跌期权是有利可图的，所以它被称为“看跌期权”。期权按执行方式不同，通常分为美式期权（American option）和欧式期权（European option）。欧式期权是指持有人只在期权到期日才能行权的期权合约，而美式期权则赋予持有人在期权到期日之前任何时点行权的权利。

期权合约的标的资产很广泛，包括股票、债券、股票指数、欧洲美元存单、大宗商品、贵金属、石油等。

除了上述三大类基础衍生工具外，金融市场中尚存在大量的复杂衍生工具。实际上衍生工具的创新只受金融工程师的想象力限制。专栏1-1中讨论的累计股票期权（accumulator）是一种相对复杂的衍生工具，正是这种衍生工具使中信泰富在2008年蒙受了上百亿港元的巨额亏损。

专栏 1-1

“我晚一点杀你”与专业投资者

中国香港有一种衍生工具——累计股票期权。业界基于其特性及英文谐音，称之为“我晚一点杀你”(I kill you later)。

这种衍生工具以往只是私人银行为大户量身定做的投资工具，但在 2007 年前三季度港股价格大升时，私人银行或投资银行将其大力推广至其他投资者。

累计股票期权的运作方法是先选定一只股票，如果该股票价格在合约股价的 105%以内，投资者可以在一年（250 个交易日）内每天按照折让价（通常是合约股价的 80%）连续购入一定数量的股票；但如果股价升破合约股价的 105%，则合约结束；如果股价跌破合约接货价，投资者就必须以合约接货价每天买入双倍的股份。

这种衍生工具在经济繁荣期令投资者可以以平价买到看涨的股份，但好景不长，2007 年第四季度开始的“熊潮”令多只热门股大跌，投资者便要不断接货，部分投资者根本不明白这种产品“赢有限、输无限”的特性（最多可赢合约股价的 25%，即 20%的折让加 5%的增幅，但跌破合约接货价便要无底接货，除非被斩仓）。

当时香港对于“专业投资者”的定义，主要是指拥有 800 万港元或以上资产的投资者。随着香港社会变得越来越富裕，拥有这个数额资产的人士越来越多，但他们未必适合参与高风险的专业投资者活动，也未必有能力看懂用英文写成的复杂合约。这个数额相对外国其他市场也偏低。

水能载舟，亦能覆舟，衍生工具能对冲风险及赚取更高利润，但不是人人都适合，投资者宜量力而为。

资料来源：何戟．“I kill you later”与专业投资者．21 世纪经济报道，2008-07-09.

第二节 金融衍生工具市场的起源和发展

期货的历史最早可以追溯到中世纪。现代期货合约是为了满足谷物农场主（农民）和商人的需要而产生的。谷物的价格受到下一收获季节谷物收成的影响。如果谷物在生长期或收获期遭遇天灾，收成大减，谷物供给不足会造成谷物价格飙升；相反，如果谷物过剩，会造成谷物价格暴跌，甚至一文不值。因而农民面临着很大的谷物价格风险，而谷物加工或储运的商人也同样面临着价格风险。假设某谷物加工商对谷物有长期需求。当谷物丰收、供大于求时，谷物价格下降可以减少谷物加工商的进货成本；而当谷物歉收、供不应求时，谷物加工商的加工成本急升，甚至导致其生产中断。为了规避谷物价格风险，农民和谷物加工商都迫切需要签订某种在未来收获季节卖出或买入谷物的期货或远期合约。

正是由于农场主和商人的需要，芝加哥期货交易所于 1848 年创建。最初的芝加哥期货交易所是给农场主和商人提供见面的地点。随着交易的进行，对合约中的谷物质量以及数量标准化的需求日益增加，在1851年产生了第一张远期合约——未到期执行合约（to-arrive contract）。这一合约的推出很快得到了热烈响应，也吸引了大批只对合约本身而非标的物感兴趣的投机客，后来产生了标准化期货合约并很快地扩张到了小麦、大豆等其他农产品。

1874年芝加哥农产品交易所正式成立，主要交易黄油、鸡蛋等农产品期货。1898年，黄油、鸡蛋合约退出了芝加哥农产品交易所，组建了芝加哥黄油和鸡蛋交易所。1919年该交易所更名为芝加哥商业交易所（Chicago Mercantile Exchange，CME）。交易的合约品种逐渐增多，著名的农产品期货合约包括1961年开始交易的猪肉期货，以及后来的生牛期货（1964年）、生猪期货（1966年）等。

1971年美国放弃了金本位制，导致了国际外汇市场的波动。为适应风险管理的需要，1972年，芝加哥商业交易所成立了国际货币市场（International Monetary Market，IMM），专门交易外汇期货合约。1973年，西方大多数国家正式允许汇率自由浮动，外汇期货合约很快就成为热门合约，IMM的外汇期货合约涉及的外汇种类包括英镑、加拿大元、德国马克、日元、瑞士法郎、澳大利亚元等。

20世纪70年代初的石油危机导致西方各国经济大幅波动，利率波动率也随之增大。1975年10月，芝加哥期货交易所看准时机推出了第一张利率期货合约——政府国民抵押协会（GNMA）抵押凭证期货合约。在其后的几年，IMM相继推出了短期国债期货、欧洲美元期货、银行存单期货等。CBOT在1977年开发了中长期国债期货。这些利率期货品种自推出以来长盛不衰。

随着1981年《雪得-约翰逊协议》的订立，美国证券交易委员会（Securities and Exchange Commission，SEC）与商品期货交易委员会（Commodity Futures Trading Commission，CFTC）的监管权之争暂告一段落。这为股指期货的推出创造了有利的条件。1982年2月，美国堪萨斯期货交易所（KCBT）开始交易第一张股指期货合约——价值线（Value Line）指数期货合约。紧随其后，1982年4月，芝加哥商业交易所推出了著名的标准普尔（简称标普）500（S&P 500）指数期货。1982年5月，纽约期货交易所推出了纽约证券交易所指数（NYSE Index）期货。20世纪70年代末80年代初，利率期货和股指期货成功上市交易，很快就改变了过去100多年的期货交易以农产品为主的格局。金融期货在期货市场中占据越来越重要的位置。

期货市场的快速发展不只局限于美国。自20世纪80年代以来，尽管美国在期货品种和交易额上居首位，但其他国家的期货品种和交易也以非常惊人的速度增长。1985年，世界最活跃的十大期货合约均花落美国。到1990年，东京证券交易所的日本政府债券和法国国际期货交易所的法国政府债券，以及大阪证券交易所的日经225指数期货合约跃入世界十强。自20世纪90年代以来，美国以外的衍生工具（期货、期权和其他衍生工具）交易市场（尤其是亚太市场）快速成长的趋势一直在延续。近十年来，亚太与北美地区一直占据全球三分之二以上的成交量，稳居市场份额的前两位。2022年，亚太地区成交量同比增加65.74%，占场内衍生品总成交量的60.39%，远超北美地区所占比例（20.04%），继续居于全球首位。拉美地区成交量同比下降3.03%，市场份额为10.29%，自2020年以来超越欧洲地区成为全球第三。欧洲地区成交量同比下降11.91%，市场份额为5.73%，位居全球第四。全球成交最活跃的主要期货和期权合约也纷纷花落美国以外的印度、中国、巴西、俄罗斯、韩国等新兴市场。2022 年按成交量排名的前 30 家全球衍生工具交易所情况见表 1－1。①

表 1－1　2022 年按成交量排名的前 30 家全球衍生工具交易所

排名	交易所	2022 年成交量（手；单边）	2021 年成交量（手；单边）	成交量增长率
1	印度国家证券交易所	38 113 511 047	17 255 329 463	120.88%
2	巴西圣保罗证券期货交易所	8 313 793 640	8 755 773 393	－5.05%
3	芝加哥商业交易所集团	5 846 331 689	4 942 738 176	18.28%
4	芝加哥期权交易所	3 476 171 972	3 095 693 020	12.29%
5	洲际交易所	3 435 073 009	3 317 893 282	3.53%
6	纳斯达克证券交易所	3 147 540 772	3 292 840 477	－4.41%
7	伊斯坦布尔证券交易所	2 726 889 885	2 081 042 040	31.03%
8	郑州商品交易所	2 397 600 933	2 582 227 206	－7.15%
9	大连商品交易所	2 275 200 779	2 364 418 367	－3.77%
10	韩国交易所	2 058 222 218	2 281 738 234	－9.80%
11	欧洲期货交易所	1 955 730 332	1 703 174 493	14.83%
12	上海期货交易所	1 943 444 607	2 445 774 713	－20.54%
13	印度孟买证券交易所	1 609 192 944	1 607 775 410	0.09%
14	迈阿密国际证券交易所	1 299 348 174	1 338 182 359	－2.90%
15	莫斯科交易所	1 268 386 020	2 101 589 316	－39.65%
16	多伦多证券交易所集团	760 910 069	613 028 880	24.12%
17	香港交易所	454 672 540	433 092 595	4.98%
18	日本交易所集团	392 159 116	333 638 732	17.54%
19	台湾期货交易所	384 468 497	392 202 371	－1.97%
20	阿根廷布宜诺斯艾利斯与罗萨里奥期货交易所	299 732 436	129 544 714	131.37%
21	新加坡交易所	260 176 758	232 104 773	12.1%
22	印度多种商品交易所	218 219 746	176 883 766	23.4%
23	约翰内斯堡证券交易所	204 862 753	175 570 481	16.7%
24	澳大利亚证券交易所	201 684 582	199 239 748	1.2%
25	中国金融期货交易所	151 861 780	122 033 163	24.4%
26	泛欧交易所	151 563 932	164 051 549	－7.6%
27	泰国期货交易所	136 447 698	135 117 308	1.0%

① 本章的全球衍生工具市场交易数据来自美国期货业协会网站和上海期货与衍生品研究院程南雁、李仲和王晰所做的《2022 年全球衍生品市场回顾》。

续表

排名	交易所	2022 年成交量（手；单边）	2021 年成交量（手；单边）	成交量增长率
28	东京国际金融期货交易所	105 444 518	67 769 003	55.6%
29	特拉维夫证券交易所	39 047 865	38 871 839	0.5%
30	西班牙 MEFF 交易所	33 076 950	33 156 542	−0.2%

2021 年世界交易最活跃的衍生工具合约是印度国家证券交易所上市交易的 Bank Nifty 指数期权合约，其成交量高达 8 536 738 069 手，其他交易活跃的衍生工具合约的成交量详见表 1-2。

表 1-2　2021 年世界二十大交易最活跃的衍生工具合约

排名	合约名称	交易所	成交量（手）
1	Bank Nifty 指数期权	印度国家证券交易所（NSE）	8 536 738 069
2	CNX Nifty 指数期权	印度国家证券交易所（NSE）	5 497 680 235
3	巴西 Ibovespa 迷你指数期货	巴西圣保罗证券期货交易所（B3）	4 622 466 696
4	美元/卢比期权	印度国家证券交易所（NSE）	1 458 035 383
5	SPDR S&P 500 ETF 期权	美国多家交易所挂牌	1 146 563 856
6	迷你美元现货（WDO）期货	巴西圣保罗证券期货交易所（B3）	825 061 535
7	美元/卢布期货	莫斯科交易所（MOEX）	786 281 346
8	美元/卢比期货	印度孟买证券交易所（BSE）	664 212 770
9	螺纹钢期货	上海期货交易所（SHFE）	655 986 710
10	隔夜同业拆借利率期货	巴西圣保罗证券期货交易所（B3）	654 265 238
11	标普 Sensex 指数期权	印度孟买证券交易所（BSE）	614 527 737
12	欧洲美元期货	芝加哥商业交易所集团（旗下 CME）	610 431 078
13	Brent 原油期货	莫斯科交易所（MOEX）	579 590 791
14	PTA(TA) 期货	郑州商品交易所（ZCE）	553 117 130
15	韩国 Kospi 200 指数期权	韩国交易所（KRX）	535 325 603
16	10 年期美国国债期货	芝加哥商业交易所集团（旗下 CME）	469 746 624
17	美元/卢比期权	印度孟买证券交易所（BSE）	426 595 296
18	甲醇（MA）期货	郑州商品交易所（ZCE）	415 304 813
19	标普 500 指数电子迷你期货	芝加哥商业交易所集团（旗下 CME）	403 640 014
20	豆粕期货	大连商品交易所（DCE）	360 388 172

2022 年全球场内衍生工具市场期货与期权成交量高达 838.48 亿手，其中 293.16 亿手来自期货市场，约占总成交量的 34.96%。在传统的农产品衍生工具市场上，期货交易占主导地位。值得一提的是，在 2022 年全球农产品、金属类和能源类品种的成交量排名中，农产品表现突出，国内期货品种包揽前 10 名，在前 20 名中占有 16 席；其中大连商品交

易所的豆粕期货位居2022年世界农产品期货市场成交量之首，见表1-3。

表1-3　2022年世界十大交易最活跃的农产品衍生工具合约

排名	合约	交易所	成交量（百万手）	同比增减
1	豆粕期货	大连商品交易所（DCE）	325.09	−9.79%
2	棕榈油期货	大连商品交易所（DCE）	241.58	6.61%
3	豆油期货	大连商品交易所（DCE）	183.51	−20.00%
4	菜籽粕期货	郑州商品交易所（ZCE）	144.88	−46.13%
5	玉米期货	大连商品交易所（DCE）	134.36	−29.02%
6	一号棉期货	郑州商品交易所（ZCE）	128.30	13.02%
7	菜籽油期货	郑州商品交易所（ZCE）	94.45	−16.24%
8	白糖期货	郑州商品交易所（ZCE）	91.36	−21.55%
9	纸浆期货	上海期货交易所（SHFE）	81.16	−31.93%
10	天然橡胶期货	上海期货交易所（SHFE）	79.64	−34.51%

在全球能源类衍生工具市场上，2022年交易最活跃的前3名分别是洲际交易所（ICE）的Brent原油期货合约、上海期货交易所的燃料油期货合约和芝加哥商业交易所集团［旗下纽约商业交易所（NYMEX）］的WTI原油期货合约；国内品种在前10强中占有3席，包括燃料油期货、石油沥青期货、原油期货。在全球金属类期货市场上，第1名和第2名则分别是上海期货交易所的螺纹钢期货合约和大连商品交易所的铁矿石期货合约，排名第3的是上海期货交易所的白银期货合约；国内品种占据前10强中的8席。表1-4列示了2022年世界十大交易最活跃的能源类和金属类衍生工具合约。

表1-4　2022年世界十大交易最活跃的能源类和金属类衍生工具合约

排名	能源类			金属类		
	合约	交易所	成交量（百万手）	合约	交易所	成交量（百万手）
1	Brent原油期货	洲际交易所（ICE）	235.37	螺纹钢期货	上海期货交易所（SHFE）	525.18
2	燃料油期货	上海期货交易所（SHFE）	210.46	铁矿石期货	大连商品交易所（DCE）	221.12
3	WTI原油期货	芝加哥商业交易所集团（旗下NYMEX）	206.00	白银期货	上海期货交易所（SHFE）	188.77
4	石油沥青期货	上海期货交易所（SHFE）	162.58	热轧卷板期货	上海期货交易所（SHFE）	142.06

续表

排名	能源类			金属类		
	合约	交易所	成交量（百万手）	合约	交易所	成交量（百万手）
5	北美天然气期货	洲际交易所（ICE）	153.33	铝期货	上海期货交易所（SHFE）	99.98
6	Brent 原油期货	莫斯科交易所（MOEX）	88.53	硅铁期货	郑州商品交易所（ZCE）	68.90
7	亨利港天然气期货	芝加哥商业交易所集团（旗下 NYMEX）	85.88	锌期货	上海期货交易所（SHFE）	68.33
8	原油期权	印度大宗商品交易所（MCX）	68.52	黄金期货	芝加哥商业交易所集团	54.26
9	汽油期货	洲际交易所（ICE）	61.74	微型白银期货	印度大宗商品交易所（MCX）	52.63
10	原油期货	上海期货交易所［旗下上海国际能源交易中心（INE）］	53.58	镍期货	上海期货交易所（SHFE）	52.09

在利率、股权等金融类衍生工具市场上，长期以来芝加哥商业交易所集团、欧洲期货交易所是行业的领袖，但是近年来印度、巴西和韩国的衍生工具交易所交易活跃度突飞猛进，对美欧交易所的行业领袖地位构成严峻挑战。巴西圣保罗证券期货交易所的隔夜同业拆借利率期货和印度国家证券交易所的 Bank Nifty 指数期权合约分别是 2022 年成交量最大的利率类和股权类衍生工具合约。表 1－5 列示了 2022 年世界十大交易最活跃的利率类和股权类衍生工具合约。

表 1－5　2022 年世界十大交易最活跃的利率类和股权类衍生工具合约

排名	利率类			股权类		
	合约	交易所	成交量（百万手）	合约	交易所	成交量（百万手）
1	隔夜同业拆借利率期货	巴西圣保罗证券期货交易所（B3）	656.64	Bank Nifty 指数期权	印度国家证券交易所（NSE）	17 779.73
2	10 年期美国国债期货	芝加哥商业交易所集团（旗下 CME）	462.60	CNX Nifty 指数期权	印度国家证券交易所（NSE）	13 672.84
3	3 月期担保隔夜融资利率期货	芝加哥商业交易所集团（旗下 CME）	418.85	巴西 Ibovespa 迷你指数期货	巴西圣保罗证券期货交易所（B3）	4 095.01

续表

排名	利率类			股权类		
	合约	交易所	成交量（百万手）	合约	交易所	成交量（百万手）
4	欧洲美元期货	芝加哥商业交易所集团（旗下 CME）	394.59	印度 Nifty 金融服务指数期权	印度国家证券交易所（NSE）	1 118.46
5	5 年期美国国债期货	芝加哥商业交易所集团（旗下 CME）	326.81	标普 500 指数期权	芝加哥期权交易所集团（CBOE）	558.42
6	3 月期 Euribor 期货	洲际交易所（ICE）	282.74	标普 Sensex 指数期权	印度孟买证券交易所（BSE）	526.19
7	10 年期德国国债期货	欧洲期货交易所（Eurex）	216.25	韩国 Kospi 200 指数期权	韩国交易所（KRX）	523.03
8	2 年期美国国债期货	芝加哥商业交易所集团（旗下 CME）	169.86	标普 500 指数电子迷你期货	芝加哥商业交易所集团（旗下 CME）	503.95
9	10 年期美国国债期权	芝加哥商业交易所集团（旗下 CME）	164.56	纳斯达克 100 指数微型电子迷你期货	芝加哥商业交易所集团（旗下 CME）	364.95
10	5 年期德国国债期货	欧洲期货交易所（Eurex）	158.39	标普 500 指数微型电子迷你期货	芝加哥商业交易所集团（旗下 CME）	343.97

互换合约的历史较短。世界上第一个规范的互换合约是于 1981 年 8 月由所罗门兄弟公司为 IBM 公司和世界银行安排的一次货币互换。当时 IBM 公司的绝大部分资产由美元构成，为避免汇率风险，IBM 公司希望其负债与之对称，也由美元构成；而世界银行希望用瑞士法郎或德国马克这类绝对利率最低的货币进行负债管理。同时，世界银行和 IBM 公司在不同的市场上有比较优势。于是，世界银行将其发行的欧洲美元债券与 IBM 公司等值的德国马克、瑞士法郎债券进行互换，各自达到了降低筹资成本的目的。通过这次互换，IBM 公司将年利率为 10%的德国马克债务转换成了年利率为 8.15%（以两年为基础）的美元债务，世界银行将年利率为 16%的美元债务转换成了年利率为 10.13%的德国马克债务。早期的互换市场成交较为清淡，但对于中介机构来说，互换交易业务收益很高。到了 20 世纪 80 年代后期，互换市场开始出现由投资银行或商业银行担任的专业互换经纪商，对交易进行撮合，因此互换市场规模急剧扩大。据国际清算银行（BIS）的统计资料，2022 年全球场外交易（over-the-counter，OTC）成交的互换合约的名义价值高达 881 万亿美元[①]，其规模相当于美国 GDP 的约 35 倍。

① 详见 BIS 网站。

现代交易所期权市场的出现比规范的期货市场要晚。现代期权合约最早出现在荷兰。郁金香热在 17 世纪初在整个荷兰蔓延，美丽的郁金香及郁金香花球被冠以高价。在 1637 年，郁金香泡沫达到登峰造极的程度，一株郁金香叫价曾高达 6 700 荷兰盾，与一座位于阿姆斯特丹运河边带花园的别墅同价。当时，郁金香的种植者采用买入看跌期权和卖出期货的办法来保证他们能以较好的价格卖出郁金香花球；分销商则通过买入看涨期权和期货的方式来保护它们避免受到价格上涨带来的损失；分销商购买看涨期权以保证当有需求的时候它们能够以一个合理的价格收购郁金香。郁金香泡沫在 1637 年 2 月后开始破灭。郁金香泡沫事件破坏了期权在人们心目中的形象，直至 100 多年后，伦敦的期权交易仍然被认为不合法。

19 世纪中期，美国主要展开以订单驱动方式进行的场外股票期权交易。19 世纪后半叶，一种名为特惠权的、主要针对农产品期货的期权交易在芝加哥兴起并盛行起来。由于当时的特惠权交易缺乏监管机构，市场非常混乱，各州政府相继立法禁止特惠权交易。现代期权市场一般被认为起源于 1973 年芝加哥期货交易所在经过研究和计划之后成立的芝加哥期权交易所（Chicago Board Options Exchange，CBOE）。这与年轻学者布莱克（Black）和斯科尔斯（Scholes）于 1973 年提出的著名的“布莱克-斯科尔斯期权定价公式”有很大关系。该公式一改此前投资者和交易商只能凭自己的主观推测和判断对期权估价的状况，为期权市场的发展奠定了重要的理论基石。1973 年 4 月 26 日，CBOE 上市交易 16 只股票的看涨期权。在上市首日成交量为 911 手，之后芝加哥期权交易所的成交量迅速增加。经过美国证券交易委员会（SEC）的多次推迟之后，看跌期权终于在 1977 年开始交易。为了便于监控，美国证券交易委员会只批准了 5 只股票的看跌期权上市交易。到 1979 年，芝加哥期权交易所的年成交量达到了惊人的 3 540 万手。此后，期权合约扩展到更广泛的标的资产和更广泛的国家与地区，并实现了快速发展。特别值得一提的是，起步很晚的印度、韩国等地的期权市场近年来迅猛发展，其中印度的 Bank Nifty 指数期权和 CNX Nifty 指数期权的成交量均远远超出传统的标普 500 指数期权的成交量。表 1-6 列示了 2022 年世界八大交易最活跃的期权合约。

表 1-6　2022 年世界八大交易最活跃的期权合约

排名	合约	交易所	2022 年交易量（百万手）	同比增减
1	Bank Nifty 指数期权	印度国家证券交易所（NSE）	17 779.73	108.27%
2	CNX Nifty 指数期权	印度国家证券交易所（NSE）	13 672.84	148.70%
3	美元/卢比期权	印度国家证券交易所（NSE）	3 080.87	111.30%
4	印度 Nifty 金融服务指数期权	印度国家证券交易所（NSE）	1 118.46	15 472.35%
5	标普 500 指数期权	芝加哥期权交易所集团（CBOE）	558.42	62.00%
6	标普 Sensex 指数期权	印度孟买证券交易所（BSE）	526.19	−14.37%
7	韩国 Kospi 200 指数期权	韩国交易所（KRX）	523.03	−2.30%
8	美元/卢比期权	印度孟买证券交易所（BSE）	326.86	−23.38%

第三节 金融衍生工具市场的经济功能

金融衍生工具市场几乎从开始形成就遭到非议。批评者认为衍生工具的杠杆过高、风险过大。例如，期货交易者只需存入一笔交易保证金就可以进行放大10～20倍金额的交易。投机者一眨眼间就可赢取巨额财富；同时，财富也可在瞬间灰飞烟灭。然而，即使投机利润巨大，期货市场也并不像钢铁公司那样生产钢铁，不像银行那样提供金融服务。期货市场遭遇强烈批评还因为它们天生就与市场操纵联系在一起。在19世纪下半叶到20世纪30年代的美国期货市场上，市场操纵事件频繁发生。早期的期货市场发展史实际上就是市场操纵史。市场操纵引致了美国的期货立法。1921年出台的美国第一部《期货交易法》可以说是市场操纵的一个直接结果。期货市场运行中更让人难以接受的是，即便是事后，监管者也很难用可以观察到的期货现货交易数据来确定是否存在市场操纵，这给司法带来了一定难度和较高的成本。[①] 一谈到期权市场，人们不禁联想到荷兰的郁金香泡沫，以致在其后的上百年，期权或类似于期权的交易都被视为纯投机而为法律所明令禁止。

尽管衍生工具给人们留下了诸多负面印象，但现代衍生工具市场在全世界仍然得到了快速发展，这种发展趋势至今仍然没有停止的迹象。这是因为衍生工具市场有着以下两种重要的经济功能：对冲风险与价格发现。这里有必要对这两种衍生工具市场的经济功能进行简要分析。

一、对冲风险

衍生工具市场的重要经济功能之一是为套期保值者提供一种有效的风险管理手段。衍生工具市场之所以产生和发展，主要原因是其具有对冲风险的功能。任何一个衍生工具市场如果不具备对冲风险的功能，它一定是短命的。

下面以期货合约为例说明其对冲风险的含义和操作。假设现在是2023年4月12日，一家中国公司（吉利汽车）从美国的一家工程复合材料供应商（Alpha）进口价值100万美元的汽车耐热复合材料。现时的人民币/美元汇率为7.14元人民币=1美元。吉利汽车与Alpha在订货协议中约定，吉利汽车必须在2023年6月30日前付清给Alpha的100万美元货款。吉利汽车面临着汇率风险：如果美元在未来的2个月内升值，吉利汽车将必须支付更多的以美元结算的货款。现假设吉利汽车选择CME6月到期的人民币期货合约来对冲其外汇风险。假设现时CME的人民币期货价格为7.15元人民币/美元。CME的人民币期货合约规模为10万美元/张。我们这里的讨论忽略佣金和其他交易成本。

2023年4月12日，吉利汽车在签订订货协议的同时购买6月到期的价值为100万美元的期货合约（即10张合约）。吉利汽车的10张多头头寸期货合约实际上将其进货成本

---

① Friedman, R. D., "Stalking the Squeeze: Understanding Commodities Market Manipulation," *Michigan Law Review*, 1990 (89): 30-68. 法院对期货操纵案的判决表明，市场交易数据不足以判断被告是否操纵市场。要判断被告是否操纵市场，就要研究当时市场的总供给和总需求状况，还要推断被告交易期货的目的。这在实际操作过程中困难重重。

锁定在715万元人民币。也就是说，无论在未来的2个月人民币是升值还是贬值，吉利汽车都必须支付715万元人民币给Alpha。

表1-7总结了吉利汽车的对冲策略。但要注意的是，吉利汽车进行期货对冲的目的是锁定进货成本。假定6月底的美元汇率变为7.10元人民币/美元。如果吉利汽车不进行期货对冲，它实际支付的进货成本为710万元人民币，比其锁定的进货成本715万元人民币少5万元人民币。这一例子说明，对冲可以锁定在未来一定时期支付的成本或获得的收益，但不能确保对冲后的结果一定优于不采取风险管理措施情况下的结果。这一点对于理解现代风险管理相当重要。

表1-7 期货市场风险对冲

4月市场情况：中国公司吉利汽车在6月底前必须支付给美国公司Alpha进口货款100万美元
即期汇率：7.14元人民币=1美元
6月到期的CME人民币期货价格：7.15元人民币=1美元
吉利汽车的对冲策略：购买10张美元期货合约
吉利汽车的风险对冲结果：将汇率锁定在7.15元人民币/美元，即将进货成本固定为715万元人民币

二、价格发现

衍生工具市场的另一个重要的经济功能是价格发现，即提供关于未来价格信息的能力。衍生工具的交易尤其是期货交易都在有组织的交易所进行。各交易所有明确的交易规则，交易价格等相关信息被及时传递给所有交易者和对该价格感兴趣的各方，而且每一个交易指令都必须被传递到交易所的指定交易池进行公开、集中的竞价成交。一般来说，建立在某一标的物基础上的期货期权合约只有几个到期日的期货合约同时交易，到期日一般从1个月到12个月不等。这样通过公开竞价，在任一时点都有到期日从1个月到12个月不等的期货或期权价格。

这些期货或期权价格是公开和公平竞争的结果，它们反映该标的物目前以及在将来一定时间的供给和需求关系或基本价值。例如，到期日为6个月的目前期货价格反映的是现在所有交易预期6个月后该标的物的供给和需求状况。期货市场形成这些均衡价格并及时将这些价格向外界发布的过程就是期货市场的价格发现功能。期货市场的价格发现功能可以从对以下两种关系的讨论中得到更好的理解。

（一）现货价格与衍生工具价格的关系

某种商品或资产的现货交易通常是买卖双方根据当时当地的供给和需求状况确定的价格来进行的。不同交易地点、不同质量品种和不同交易规模的商品，现货资产的成交价也会有异。衍生工具市场的存在对现货价格的确定起到两个方面的作用：(1) 衍生工具价格尤其是期货价格为现货市场交易提供了有效的参考价格（reference price）。例如伦敦金属交易所（London Metal Exchange，LME）的金属期货价格在过去相当长的一个时期成为全球基础金属交易的参考价格。这种参考价格可以减少各交易厂商的搜寻成本（search cost），提高资源配置效率。(2) 衍生工具价格与现货价格之间的套利关系为确立合理的现货价格提供了依据。如果相对于期货期权价格来说现货价格过低，套利者可以在买入现货商品的同时卖出期货合约或看涨期权，从而获取无风险利润。这种套利活动使期货或期权价格和现货价格之间保持某种相对固定的关系。而且，在不同地点之间的现货市场上，现货资产的价格也必须维持一定的关系。它们的价差不能超过将商品从价格较低的地点运输到价格较高的地点所发生的成本。这样，期货市场的存在，使得现货价格与期货价格之间、不同地点的现货价格之间都保持着某种确定的关系。

（二）衍生工具价格与预期的未来现货价格的关系

这种价格发现功能很直观地体现在期货市场中。因为在任何时点上都有几个不同到期日的期货合约同时交易，期货市场的价格发现功能还表现在期货市场带来有效的跨期价格上。这些期货价格反映的是目前市场上对未来某时点上标的商品的现货价格的预期，或者该商品的未来供给与需求状况的预期。现时的期货价格高于现货价格表明市场上预期在未来的时间商品供给相对不足；相反，现时的期货价格低于现货价格则说明市场上预期将来的商品供不应求的情况相对于目前来说趋缓。这样，期货市场实际上就是通过交易，将所有市场参与者对未来商品供求状况的信息或预期反映到期货价格中去。期权市场也有类似的功能。

期货或期权价格尤其是期货价格提供这种关于未来现货价格的预期有十分重要的价值。这主要表现在两个方面：（1）对于可储存商品而言，期货价格为公司或个人的储存决策提供了重要数据。例如，较高的期货价格预示着有必要增加存储量，而较低的期货价格预示着要减少目前的存储量。在期货价格很高时，存储商可以减少目前的商品供给，增加存储量以增加未来的商品供给。这样，存储决策的变化实际上改变了商品在现在和未来不同时间上的相对供给，从而平滑商品供给曲线，避免供给过剩或供给不足的状况。（2）期货价格影响厂商的生产决策和消费决策，这从根本上平滑了未来商品的供给和需求。过高的期货价格说明在未来一段时间内商品供给相对短缺，厂商可以增加产量，产量的增加又相对缓解了商品供给不足的状况；期货价格太低，说明未来供给过剩，厂商可以减少供给以避免过大损失。同理，当期货价格较低时，消费者（如购置原材料的厂商）可以延迟消费（例如延迟进货时间）等。这也会影响商品的跨期供给与需求关系。因此，期货价格反映对未来标的商品的供给和需求，进而影响到储存、生产和消费决策，实现商品的供给和需求的跨期调整。

第四节 金融衍生工具市场的主要参与者

金融衍生工具市场的主要参与者包括套期保值者（hedger）、投机者（speculator）和套利者（arbitrageur）。

套期保值或对冲风险是衍生工具市场的基本功能。套期保值是指以回避现货价格风险为目的的期货交易策略，生产经营者或商品储运商在现货市场上买进或卖出一定量的现货商品，同时在期货市场上卖出或买进与现货品种相同、数量相当但方向相反的期货商品（期货合约），以一个市场的盈利弥补另一个市场的亏损，从而规避价格波动风险。简言之，由于价格的波动，同量的相同商品在现货和期货市场上的相反操作，会导致参与者在两个市场上一盈一亏的局面，且盈亏幅度大致相当，期货市场的套期保值就能达到这种盈亏平衡或者收入事先确定的效果。或者，现货资产持有人担心资产价格会在未来一段时间内下跌，他通过买入相应的看跌期权来管理风险。如果未来该资产价格真的下跌了，这种套期保值策略可以确保持有人卖出的资产价格不会低于事先确定的某一价格（即执行价格）水平。

以大豆期货为例，在我国东北，大豆在每年的 4 月开始播种，到 10 月收获，有半年多的生长期。受市场供求变化影响，大豆的价格会发生波动。假设 2019 年 4 月，大豆的现货价格为 3 500 元/吨，预计半年后由于全球大豆丰收，大豆价格可能大幅下跌。为了防止降价导致的损失，豆农在播种后在期货市场上以 3 500 元/吨的价格抛售了与其大豆预计产量相当的大豆期货合约。如果半年后大豆现货价格跌到 3 000 元/吨，则农民蒙受 500 元/吨的损失；而他在期货市场上又以 3 000 元/吨的价格买进期货合约，以平仓其持有的期货头寸，这相当于他获得每吨 500 元的盈利。现货市场的亏损和期货市场的盈利相抵，豆农种植大豆的风险实现了转移。

期权同样也可为现货资产持有人对冲风险。例如，某投资者以每股 300 港元的价格买入 1 000 股腾讯控股股票，现在价格为 330 港元/股。该投资者担心由于经济前景不明朗，腾讯控股股票价格会下跌，因而他买入 10 张执行价格为 320 港元/股、期限为 3 个月的看跌期权合约（每张合约规模为 100 股）。若 3 个月后腾讯控股股票的股价下跌到 300 港元/股，投资者行权，这相当于他以 320 港元/股卖出所有的股票。

投机交易是指在衍生工具市场上以获取价差收益为目的的交易策略。与套期保值者不同，投机者一般不持有现货资产，而是根据自己对未来价格走势的判断，在衍生工具市场上做出买进或卖出的决定。如果这种判断与市场价格走势相同，则投机者平仓出局后可获取投机利润；如果判断与价格走势相反，则投机者平仓出局后承担投机损失。由于投机的目的是赚取价差收益，所以，投机者一般只是平仓了结头寸，而不进行实物交割。

投机是金融衍生工具市场中不可或缺的环节。投机的主要作用表现在：（1）有利于承担价格风险。投机者实际上承担了套期保值者力图回避和转移的风险，使套期保值成为可能。（2）有利于提高市场流动性。投机者频繁地建仓、对冲手中的合约，增加了衍生工具市场的流动性，这既使套期保值交易便捷、可行，又能减少交易者进出市场所可能引起的价格波动。（3）有利于形成合理的价格水平。投机者通过他们的价格预期以及市场上的激烈竞争，在价格相对低估时买进相应的衍生工具合约，使需求增加，导致其价格上涨，而在价格相对高估时卖出衍生工具，这样就使价格波动趋于平稳，从而形成合理的价格水平。（4）有利于保持价格体系稳定。投机者的参与促进了相关市场和相关商品的价格调整，有利于建立起不同期限衍生工具价格的期限结构，有利于形成衍生工具与标的资产之间合理的价格关系，有利于改善标的资产不同时期的供求结构，使商品价格趋于合理，从而保持价格体系的稳定。

衍生工具市场的投机具有标的资产市场的投机所不可比拟的优势。（1）衍生工具市场使用杠杆交易，这大幅提高了投机者的投资收益率水平。例如，某投资者现有 10 000 元用于投资股票，股票价格为每股 20 元。如果该股票有上市期权，其 3 个月期的执行价格为 22 元/股的看涨期权价格为 2 元。这样他有两个投资策略：一是直接购买股票；二是购买看涨期权（或认购权证）。如果到 3 个月末，该股票价格上涨到 25 元/股，投资于股票的持有期收益率为 25%（不考虑交易成本），而投资于期权的收益率则高达 150%。(2) 衍生工具市场流动性高，交易成本低廉。衍生工具交易市场尤其是期货交易市场具有高流动性，使其交易成本很低。根据对美国期货市场研究的相关文献，期货市场的平均单边交易成本仅为 0.000 4%～0.033%（Locke and Venkatesh，1997）。考虑到近年来网络交易日益发达，交易成本有进一步降低的趋势。

衍生工具市场中第三类主要参与者是套利者。套利是指以获取同类资产在不同市场上或不同时点上的价差为目的的交易。例如，某一资产在一个市场中的价格超出在另一个市场中其衍生工具的理论价格，那么投资者就可以在一个市场买入被低估的资产同时在另一个市场卖出被高估的资产。在扣除交易成本后，这两个资产的价差就被称为套利利润。由于套利者的参与，市场上不存在无风险利润。不存在无风险利润是衍生工具定价的基本原则之一，其含义就是在金融市场中不存在“免费的午餐”。学术界早期界定的无风险套利有三个特点：第一，不需要初始投资（zero initial investment），因为购买相对低估资产的投资从卖空高估资产中获得；第二，该项交易不存在风险（risk-free），也就是无论未来出现何种经济状态，这项交易的收益都是确定的；第三，产生正的利润（positive profit）。由于严格意义上的无风险套利机会在市场中难以找到，现代意义上的无风险套利可以允许有初始投资，但在扣除该项投资应该获得的风险溢价后仍然有正的利润。

下面举例说明套利交易：

[例 1-1] 假定 2022 年 6 月 10 日黄金的现货收盘价格为 390 元/克，期限为 1 年期的黄金期货价格为 400 元/克，市场中的年无风险利率（收益率）为 5%。试问现在是否存在无风险套利机会？如何执行该套利交易？

从上述数据中不难发现，黄金的现货价格相对于其期货价格过高。那么，套利交易者可以卖出被高估的资产同时买入被低估的资产。在本例中，要求套利者卖出 1 克黄金的同时建立 1 克黄金的多头期货头寸。这涉及套利交易中经常出现的卖空（short sale）。所谓卖空是指卖出投资者手头没有的资产。但卖空者并非无节制地想卖就卖、想卖多少就卖多少。卖空作为金融市场中的一项交易，其本身也是一种合约。按照合约的规定，卖空者如果手头没有黄金现货，他可以通过其经纪商在市场上借入 1 克黄金，按照现在的市场价格卖出黄金，卖空收入在不考虑交易成本的情况下为 390 元，按照合约的规定，他必须在未来一定时期内归还当初借入的 1 克黄金。

在允许卖空的情况下，套利者在 2022 年 6 月 10 日可以执行以下交易：借入 1 克黄金，卖出该借入的黄金，并将该收入投资于无风险资产，获取年收益率为 5%的回报。与此同时，建立一个标的资产为 1 克黄金的多头期货头寸。到 2023 年 6 月期货合约到期时，该套利者的现金头寸为 409.5 [$=390\times(1+5\%)$] 元，利用其中的 400 元交割期货，购得黄金 1 克并将该黄金用于平仓空头现货头寸，所得套利利润为 9.5 元。

拓展阅读

ISDA 衍生品利用情况调查报告

套利交易确保衍生工具价格和现货价格之间存在一定关系，这也是衍生工具定价的基础。因此，套利交易者是衍生工具市场中重要的参与者，对期货定价效率至关重要。在现实经济生活中，衍生工具被企业和金融机构广泛应用于风险管理。拓展阅读介绍了国际互换与衍生品协会（International Swap and Derivatives Association，ISDA）关于世界500强企业衍生品利用情况的调查。

本章小结

基础的金融衍生工具包括期货与远期、互换、期权三大类。以上述三类衍生工具为基础，现实世界中的衍生工具种类繁多，新型衍生工具层出不穷。有了基础衍生工具，金融产品只受限于人类的想象力。衍生工具的最早起源难以准确考证，交易所交易的期货合约起源于19世纪中期成立的芝加哥期货交易所。期权市场始于17世纪荷兰郁金香泡沫，不过，20世纪70年代初成立芝加哥期权交易所标志着大规模的、规范的期权市场的出现。互换市场属于柜台交易市场，历史较短。

金融衍生工具市场的经济功能包括对冲风险和价格发现。从金融衍生工具市场的发展历程看，任何一种衍生工具的生存和发展都有赖于其最基本的对冲风险功能。没有或缺少对冲风险功能的衍生工具一般都是昙花一现，缺少生命力。金融衍生工具市场的主要参与者包括套期保值者、投机者以及套利者，这些参与者共同带来了衍生工具市场的活力，以及市场的稳定和繁荣。

练习题

1. 衍生工具包含几个重要类型？它们之间有何共性和差异？

2. 请详细解释对冲、投机和套利交易之间的区别，并举例说明。

3. 衍生工具市场的主要经济功能是什么？

4. 现实中期货价格与期货到期日标的资产价格有显著差异。请问你如何理解期货市场的价格发现功能？

5. 根据你对金融衍生工具的理解，试分析近20年来衍生工具市场快速发展的原因。

6. “期货和期权是零和博弈。”你如何理解这句话？

7. “与一般商品经营者相比，期货市场投机者属于风险偏好者。”试评述这句话。

8. 查阅相关资料，分析芝加哥商业交易所成立的直接动因。

9. 中国的期货交易所有哪些？各交易所的主要交易品种有哪些？主要的市场参与者是谁？期货对这些参与者的用途如何？

10. 近年来我国期货交易发展迅猛，在农产品期货方面，多个合约的成交量跃居世界前列。试分析我国期货市场快速发展的原因。

11. 首次公开募股（initial public offering，IPO）为公司的进一步发展融入资金。CBOE的公司股票期权是否有此功能？

12. 试解释为何远期合约既可以被用于投机又可以被用于套期保值。

13. 假设有执行价格为60元的欧式看跌期权，其市场价格为4元。在何种情况下期权的持有人会有盈利？在何种情况下期权会被执行？请画出期权到期日的损益图。

14. 1971年美国总统尼克松在一次全美转播的电视演讲中指出：近年来，平均每隔4

年会发生一次国际货币危机，到底谁从这些危机中获利？不是工人，不是投资者，不是真正生产财富的生产者，获利的人是国际货币投机者，他们靠着危机欣欣向荣，因此他们会协助制造危机。你如何评价尼克松关于投机者的观点？

参考文献

[1] Chicago Board of Trade, *Introduction to Hedging*, Chicago: Board of Trade of the City of Chicago, 1984.

[2] Locke, P. R. and P. C. Venkatesh, "Futures Market Transaction Costs," *Journal of Futures Markets*, 1997 (17): 229 - 245.

[3] Johnson, L. L., "The Theory of Hedging and Speculation in Commodity Futures," *Review of Economic Studies*, 1960 (27): 139 - 151.

[4] 约翰·赫尔．期货与期权市场基本原理：英文版·第 9 版．北京：清华大学出版社，2021.

第二章

期货与远期市场

本章导读

现代意义上的期货交易起源于19世纪中期的美国。1848年，CBOT成立，从1851年开始交易远期合约；1865年，CBOT在远期合约的基础上进一步推出标准化期货合约，同时实行保证金制度，向签约双方收取不超过合约价值10%的保证金作为履约保障。这些具有历史影响的制度创新，促成了真正意义上的期货产品和期货交易的诞生。

100多年来，期货交易的对象不断扩大，种类日益繁多。传统的农产品期货品种有谷物、棉花、小麦等；金属期货品种有黄金、白银等；能源期货品种有原油、汽油、电力等。20世纪70年代以后，迅速兴起了各类金融期货产品，如外汇期货、利率期货、股指期货等，金融期货交易量的增长十分惊人。近十年来，期货交易从发达国家向发展中国家迅速扩展，几近成为经济全球化发展中的标志性特征之一。

1990年10月12日，中国郑州粮食批发市场经国务院批准，以现货交易为基础，引入期货交易机制，作为我国开设的首个商品期货市场，迈出了中国期货市场发展的第一步。我国现已初步形成了以期货交易所为核心、以期货公司为交易会员的较为规范的市场组织体系，期货市场功能初步显现，进入了规范发展的新阶段。同时，随着我国改革开放的深入，期货市场在国民经济中发挥的作用也日益得到人们的认可和重视。

第一节　期货合约及其核心条款

期货合约是由交易所设计，规定缔结合约的双方在将来某一特定的时间和地点按照合约规定的价格交割一定数量和质量的实物商品或金融产品，并经国家监管机构审批后可以上市交易的一种标准化合约。它是一种基于标的资产未来确定价格的可交易标准化合约。期货合约的持有人可通过交收现货或进行对冲交易来履行或解除合约义务。

一、期货合约的种类

期货经过100多年的发展，标的资产范围不断扩大。现在的期货合约根据标的物的不同特点，主要分为以下两类：

（一）商品期货：以商品为标的物的期货合约

（1）农产品期货。农产品期货是最早出现的期货种类。它的标的物主要包括小麦、大豆、玉米等谷物，棉花、咖啡、可可等经济作物，以及木材、天然橡胶等林产品。

（2）金属期货。最早出现的金属期货是伦敦金属交易所的铜期货，目前它已发展成以铜、铝、铅、锌、镍等为代表的有色金属期货，以铁矿石、螺纹钢等为代表的黑色金属期货和以黄金、白银等为代表的贵金属期货。

（3）能源期货。20世纪70年代发生的石油危机直接导致了石油等能源期货的产生。市场上主要的能源期货品种有原油、天然气、燃料油、丙烷等。

（二）金融期货：以金融工具作为标的物的期货合约

（1）外汇期货。在20世纪70年代布雷顿森林体系解体后，浮动汇率制引发了外汇市场的剧烈波动，在人们规避汇率风险的迫切需求下，外汇期货合约最先于1972年5月在芝加哥诞生。目前在国际外汇市场上，交易量最大的外汇品种主要有美元、欧元、日元、英镑、瑞士法郎、加拿大元等。

（2）利率期货。最早的利率期货是1975年10月在芝加哥期货交易所上市的政府国民抵押协会抵押凭证期货合约。利率期货目前主要有两类，即短期利率期货合约和长期利率期货合约，其中后者的交易量更大。

（3）股指期货。随着经济周期和经济全球化的影响，国际证券市场价格常常有较大的起落波动，因而投资者迫切需要一种能规避风险、实现保值的工具。在此背景下，1982年2月，美国堪萨斯期货交易所推出价值线指数期货合约。2019年全世界交易规模最大的股指期货合约是巴西圣保罗证券期货交易所上市的巴西Ibovespa迷你指数期货合约。

二、期货合约的特点

概括地讲，期货合约具有以下特点：

（1）标准化合约。期货合约的标的物品种、数量、质量等级、交割地点、交割期等条款都是既定的，是标准化的。

（2）交易所交易。期货合约是在交易所的组织下成交的，具有法律效力，而价格又是在交易所内通过公开竞价方式产生的；国外有些市场采用公开叫价方式，而我国均采用电子交易方式。

（3）保证金交易。期货交易实行保证金交易，即交易者只需按期货合约价格的一定比率（通常为5%～10%）交纳少量资金作为履行期货合约的财力担保，便可参与期货合约的买卖，并视价格变动情况确定是否追加资金。这样的交易具有杠杆效应。

（4）中央化结算。期货交易由交易所实行逐日结算。它是指结算部门在每日闭市后计算、检查保证金账户余额，对所有客户的持仓根据结算价进行结算，有盈利的划入，有亏损的划出。关于逐日结算的作用，我们将在下文中详细讲解。

三、期货合约的核心条款

一般来说，一张期货合约应该包括以下条款：

(1) 合约名称。需注明该合约的交易品种的名称及上市交易所的名称。例如上海期货交易所的铜期货合约的名称为“上海期货交易所阴极铜期货合约”。

(2) 交易代码。为了便于交易，每一期货品种都有交易代码。例如，我国的大豆期货合约的交易代码是A或B，豆粕期货合约的交易代码是M，阴极铜期货合约的交易代码是CU，电解铝期货合约的交易代码是AL，天然橡胶期货合约的交易代码是RU，小麦期货合约的交易代码是PM/WH，棉花期货合约的交易代码是CF，燃料油期货合约的交易代码是FU，玉米期货合约的交易代码是C。

(3) 交易数量和单位条款。每种商品的期货合约都规定了统一的、标准化的交易数量和单位条款，统称“交易单位”。例如，在上海期货交易所交易的期货品种中，铜、铝等的交易单位是5吨/手，燃料油的交易单位是10吨/手；在大连商品交易所交易的期货品种中，大豆、豆粕、玉米的交易单位均是10吨/手；而在郑州商品交易所交易的期货品种中，普通小麦的交易单位是50吨/手，棉花的交易单位是5吨/手。又如，美国芝加哥期货交易所规定小麦期货合约的交易单位为5 000蒲式耳（每蒲式耳约为27.22千克），每张小麦期货合约都是如此。如果交易者在该交易所买进一手（也称一张）小麦期货合约，就意味着在合约到期日需买进5 000蒲式耳小麦。

(4) 质量等级条款。商品期货合约规定了统一的、标准化的质量等级（即交割品级），一般采用国际上普遍认可的商品质量等级标准。例如，由于我国大豆在国际贸易中所占的比例较大，所以日本名古屋谷物交易所就以我国所产大豆为该交易所大豆质量等级的标准产品。

(5) 交割地点条款。期货合约为期货交易的实物交割指定了标准化的、统一的实物商品的交割仓库，以保证实物交割的正常进行。

(6) 交割期条款。商品期货合约对进行实物交割的月份做了规定，一般规定几个交割月份，由交易者自行选择。例如，郑州商品交易所的干制红枣期货合约的交割月份有1月、3月、5月、7月、9月、12月，仓单交割的最后交割日是合约交割月份的第13个交易日，车船板交割的最后交割日是合约交割月份的次月10日；美国芝加哥期货交易所为小麦期货合约规定的交割月份有7月、9月、12月，以及下一年的3月和5月，交易者可自行选择交割月份进行交易。如果交易买进7月的合约，要么在到期前平仓了结交易，要么在7月进行实物交割。

(7) 最小变动价位条款。期货交易规定了买卖双方报价时所允许的最小变动价位，每次报价时价格的变动必须是这个最小变动价位的整数倍。例如，在上海期货交易所，铜期货的最小变动价位是10元/吨，天然橡胶期货的最小变动价位是5元/吨，燃料油期货的最小变动价位是1元/吨。在大连商品交易所，大豆、豆粕、玉米期货的最小变动价位均是1元/吨。在郑州商品交易所，普通小麦期货的最小变动价位是1元/吨，棉花期货的最小变动价位是5元/吨。

(8) 每日价格最大波动幅度限制条款，即涨跌停板制度。这一制度是指，每一交易日期货合约的成交价不能高于或低于该合约上一交易日结算价的一定幅度，达到该幅度则自动限制价格的继续上涨或下跌。例如，郑州商品交易所的干制红枣期货合约的每日价格的波动幅度上下界是上一交易日结算价±5%，并且应遵守《郑州商品交易所期货交易风险控制管理办法》的相关规定。芝加哥期货交易所小麦期货合约的每日价格最大波动幅度为每蒲式耳不高于或低于上一交易日结算价 20 美分（每张合约为 1 000 美元）。

(9) 最后交易日条款，即期货合约停止买卖的最后截止日期。每种期货合约都有一定的限制，到了合约月份的一定日期，就要停止合约的买卖，准备进行实物交割。例如，芝加哥期货交易所规定，玉米、大豆、豆粕、豆油、小麦期货的最后交易日均为交割月最后营业日之前的第 7 个营业日。

(10) 保证金。交易者只需按期货合约价格的一定比率（通常为 5%～10%）交纳少量资金作为履行期货合约的财力担保，便可参与期货合约的买卖，并视价格变动情况确定是否需要追加资金。所交的这种资金就是保证金。

(11) 交易手续费。它是期货交易所按成交合约金额的一定比例或按成交合约手数收取的费用。

表 2-1 为郑州商品交易所期货合约的样本。

表 2-1　郑州商品交易所期货合约的样本

交易品种	普通小麦（简称“普麦”）
交易单位	50 吨/手
报价单位	元（人民币）/吨
最小变动价位	1 元/吨
每日价格最大波动幅度限制	上一交易日结算价±4%及《郑州商品交易所期货交易风险控制管理办法》相关规定
最低交易保证金	合约价值的 5%
交割月份	1 月、3 月、5 月、7 月、9 月、11 月
交易时间	上午 9：00—11：30，下午 13：30—15：00，以及交易所规定的其他交易时间
最后交易日	合约交割月份的第 10 个交易日
最后交割日	仓单交割：合约交割月份的第 13 个交易日 车（船）板交割：合约交割月份的次月 20 日
交割品级	符合《中华人民共和国国家标准小麦》（GB1351-2008）的三等及以上小麦，且物理指标等符合《郑州商品交易所普通小麦期货业务细则》规定要求
交割地点	交易所指定交割仓库及指定交割计价点
交割方式	实物交割
交易代码	PM
上市交易所	郑州商品交易所

第二节 主要国际期货市场

现代有组织的商品期货交易以美国芝加哥期货交易所的成立为开端。世界主要期货市场集中在北美、欧洲和亚太地区。

一、北美主要期货市场

美国是现代金融期货交易的发祥地，交易量占世界金融期货交易量的很大一部分。重要的交易所有芝加哥期货交易所、芝加哥商业交易所、纽约商业交易所和纽约棉花交易所等。加拿大有三个主要的交易所，即多伦多证券交易所、多伦多期货交易所和蒙特利尔交易所。

（一）芝加哥期货交易所

芝加哥期货交易所（CBOT）是当前世界上交易规模最大、最具代表性的农产品交易所。19 世纪初期，芝加哥是美国最大的谷物集散地。随着谷物交易的不断集中，1848 年，谷物交易商发起组建了芝加哥期货交易所。该交易所成立后，对交易规则不断加以完善，于 1865 年用标准化期货合约取代了远期合约，并实行了保证金制度。芝加哥期货交易所除提供玉米、大豆、小麦等农产品期货交易外，还为中长期美国政府债券、股票指数、市政债券指数、黄金和白银等品种提供期货交易市场，并为农产品、金融及金属提供期权交易市场。芝加哥期货交易所的玉米、大豆、小麦等品种的期货价格，不仅成为美国农业生产的重要参考价格，而且成为国际农产品贸易中的权威价格。

（二）芝加哥商业交易所

芝加哥商业交易所（CME）的前身为芝加哥农产品交易所，由一批农业经销商于 1874 年创建。当时在该交易所上市的主要商品为黄油、鸡蛋、家禽和其他非耐储藏农产品。1898 年，黄油和鸡蛋合约退出芝加哥农产品交易所，组建了芝加哥黄油和鸡蛋交易所。重新调整机构并扩大上市商品范围后，1919 年该交易所更名为芝加哥商业交易所。1972 年，该交易所为进行外汇期货交易而组建了国际货币市场，推出世界上第一张金融期货合约。此后，该交易所在外汇期货的基础上又增加了短期国债期货和欧洲美元期货等。该交易所的指数和期权市场分部成立于 1982 年，主要进行股票指数期货和期权交易。该分部最有名的指数合约为标准普尔 500 指数期货及期权合约。1984 年，芝加哥商业交易所与新加坡国际金融交易所率先在世界上进行了交易所之间的联网交易，交易者可在两个交易所之间进行欧洲美元、日元、英镑和德国马克的跨交易所期货交易。为了应对来自欧洲和亚太地区衍生工具交易所的竞争压力，CME 与 CBOT 于 2007 年 7 月合并，成立 CME 集团。2008 年 CME 集团进一步将纽约商业交易所（NYMEX）纳入麾下。这一系列并购使 CME 集团在美国商品期货市场的占有率接近百分之百。

二、欧洲主要期货市场

欧洲地区的期货交易所有英国的伦敦国际金融期货期权交易所（LIFFE）、法国国际期货交易所、德国期货交易所、瑞士期权与金融期货交易所等。其中伦敦国际金融期货期权交易所成立于1982年，1992年与伦敦期权交易市场合并，1996年收购伦敦商品交易所。交易品种主要有英镑、欧元、美元、日元、瑞士法郎等外汇期货和期权，英国股票期权，《金融时报》100指数期货和期权等。

2000年9月，荷兰阿姆斯特丹、法国巴黎、比利时布鲁塞尔的三家证券交易所根据荷兰法律，通过合并方式设立泛欧交易所。该交易所取代LIFFE成为欧洲第一大衍生工具交易所，并对CME集团全球衍生工具交易的龙头地位形成挑战。自2002年起，泛欧交易所进一步扩大，先是兼并了LIFFE，后又与葡萄牙证券交易所（BVLP）合并，成为欧洲领先的、证券与期货产品兼备的、集交易与清算于一身的跨国证券交易机构。

三、亚太地区主要期货市场

亚太地区主要有大阪证券交易所、东京证券交易所、东京国际金融期货交易所、新加坡国际金融交易所、香港期货交易所、澳大利亚悉尼期货交易所、新西兰期货交易所等。其中东京国际金融期货交易所是一个以短期利率期货为主要交易品种的交易所，成立于1989年4月，同年6月30日正式开业。由于当时利率和汇率自由浮动，日本金融机构面临着前所未有的风险。以欧洲日元计价的贷款、债券、大额可转让存单和商业票据的大幅增长，使金融企业寻找相应的金融保值工具的需求非常迫切。东京国际金融期货交易所的建立顺应了日本金融市场化和国际化的发展趋势，推动了日本金融期货的发展进程。

东京国际金融期货交易所是一个会员制的非营利组织，会员可分为结算会员及非结算会员两种，包括日本及其他国家主要银行、券商、保险公司、货币市场经纪商及期货经纪商等。东京国际金融期货交易所为日本金融期货市场提供了交易平台、中心交易对手、结算交割服务等，并负责维护市场的公平性及透明度，主要交易金融期货、期权、利率互换和复合型衍生品。

东京国际金融期货交易所在成立后的前几年发展很快，1989年6月，推出欧洲日元3个月期利率期货交易，随后又推出美元/日元期货交易，1991年7月推出欧洲日元3个月期利率期权交易，1992年推出1年期欧洲日元期货交易，成为世界上最重要的金融期货交易中心之一。但是，随着欧元的出现，日元作为国际储备货币和结算货币的地位受到挑战，加之欧洲日元期货合约在芝加哥商业交易所上市交易，东京国际金融期货交易所的主流期货合约的成交量出现大幅萎缩。

亚太地区衍生工具交易所中值得一提的是印度国家证券交易所和韩国交易所。印度国家证券交易所成立于20世纪90年代初，其上市的股指期货、股指期权、外汇期货、外汇期权等衍生工具合约交投活跃，使该交易所近年来在国际同行中声名鹊起，2019年一跃成为全球成交量排名第一的衍生工具交易所。韩国证券交易所（后来与其他机构合并为韩国交易所）于1996年上市交易韩指期货、期权。韩国Kospi 200指数期权合约近几年是全球最活跃的期权合约之一，韩国交易所也因此坐上过衍生工具市场成交规模的头把交椅。

四、中国的衍生工具交易所

除了中国香港和中国台湾的衍生工具交易所之外，中国内地（大陆）目前有四家衍生工具交易所，分别是郑州商品交易所、大连商品交易所、上海期货交易所以及中国金融期货交易所。

郑州商品交易所成立于 1990 年 10 月 12 日，是经国务院批准成立的国内首家期货市场试点单位，在现货交易成功运行两年以后，于 1993 年 5 月 28 日正式推出期货交易。郑州商品交易所隶属于中国证券监督管理委员会（简称证监会）垂直管理。郑州商品交易所曾先后推出小麦、玉米、大豆、绿豆、芝麻、棉纱、花生仁、建材和国债等期货交易品种，当前经中国证监会批准交易的品种有小麦、棉花、白糖、菜籽粕等期货品种，其中小麦包括优质强筋小麦和普通小麦。“郑州价格”已成为全球小麦、白糖和棉花价格的重要指标。

大连商品交易所成立于 1993 年，是经国务院批准的期货交易所之一，是实行自律性管理的法人。大连商品交易所当前的交易品种主要有棕榈油、铁矿石、玉米、黄大豆 1 号、黄大豆 2 号、豆粕和豆油。

上海期货交易所成立于 1999 年，是由上海金属交易所、上海商品交易所和上海粮油商品交易所合并而成。当前上海期货交易所上市交易的有螺纹钢、铜、铝、镍、天然橡胶、燃料油等品种的期货合约，其中螺纹钢、镍和天然橡胶期货合约是全球同类期货市场中最活跃的几种合约。

中国金融期货交易所是经国务院同意、中国证监会批准，由上海期货交易所、郑州商品交易所、大连商品交易所、上海证券交易所（简称上交所）和深圳证券交易所（简称深交所）共同发起设立的交易所，于 2006 年 9 月 8 日在上海成立。中国金融期货交易所的主要交易品种为沪深 300 股指期货、中证 500 股指期货、上证 50 股指期货以及 2 年期、5 年期、10 年期国债期货等。未来该交易所有望进一步研究开发更多外汇期货、股指期货等金融衍生工具。

值得一提的是，2015 年 2 月 9 日，上证 50ETF 期权合约在上海证券交易所挂牌上市，从此上海证券交易所变成一家集股票、债券、期权等交易于一体的综合性交易所。深圳证券交易所于 2019 年 12 月 23 日上市沪深 300ETF 期权合约，从此，深交所亦变成一家综合性交易所。

五、外国的衍生工具交易所

继美国、英国之后，日本、法国、德国等主要工业发达国家都相继建立了衍生工具交易所，并展开了激烈的对交易中心地位的角逐，新加坡、巴西、南非、菲律宾等新兴国家也先后建立了自己的衍生工具交易所。据不完全统计，截至 2019 年年底，全球从事衍生工具交易的交易所超百家。其中部分属于综合性交易所，从事股票、商品期货、金融期货与期权交易；部分属于商品期货交易所，专门从事农产品、能源等商品期货与期权交易。为了节约成本和方便投资者交易，近年来有些专业的商品期货交易所与其他衍生工具交易所以及股票交易所合并，从专门从事商品期货交易的交易所走向综合性交易所。

第三节 期货头寸

买入期货合约后持有的头寸被称为多头头寸，简称“多头”。例如，假设以 200 元/吨买进 10 手今年 9 月到期的豆粕期货合约。这笔交易若是客户的第一次买卖，则被称为开仓交易。与多头头寸相对应，投资者卖出期货合约则称其建立了空头头寸，简称“空头”。在期货市场上，开仓买入或卖出期货合约均相当于签署了一张远期交割合约。除了开仓之外，与期货头寸相关的另外两个重要概念是持仓和平仓。

持仓量也称未平仓合约量或者未平仓头寸量，是指开仓之后尚没有做平仓处理的合约量。交易者开仓之后可以选择两种方式平仓了结所持有的期货合约：对冲平仓或者保留至最后交易日实物交割平仓。对冲平仓是指将买入的期货合约卖出，或将卖出的期货合约买回的交易，即通过买入或者卖出与其所持期货合约的品种、数量及交割月份相同但交易方向相反的期货合约来对冲原有的期货合约，以此了结期货交易，解除到期实物交割的义务。这种买回已卖出合约或卖出已买入合约的行为就叫对冲平仓。例如，假设你以 200 元/吨买进 10 手今年 9 月到期的豆粕期货合约，那么你在 9 月到期前卖出 10 手同一合约就完成了对冲平仓。如果交易者将该期货合约保留到最后交易日结束，就必须通过实物交割来了结这笔期货交易。

第四节 理解期货交易信息

期货的一些市场术语是理解期货交易信息的关键。

头寸：是一种市场约定，指已经持有还未进行对冲处理的买入或卖出的期货合约的数量。敞口头寸等于多头头寸或空头头寸的数目。

交易价格：是指某一期货合约的交割标准品在基准交割仓库交货的含增值税价格。

开盘价：是指某一期货合约开市前 5 分钟内经集合竞价产生的成交价。集合竞价未产生成交价的，以集合竞价后第一笔成交价为开盘价。

收盘价：是指某一期货合约当日交易的最后一笔成交价。

当日结算价：是指某一期货合约当日成交价按照成交量加权平均后的价格。当日无成交价的，以上一交易日的结算价作为当日结算价。

涨跌停板：指当某一期货合约在某一交易日收盘前 5 分钟内出现只有停板价位的买入（卖出）申报、没有停板价位的卖出（买入）申报，或者一有卖出（买入）申报就成交但未打开停板价位的情况。只有买入申报的情形为涨停板，只有卖出申报的情形为跌停板。

最高价与最低价：最高价是指一定时间内某一期货合约成交价中的最高成交价；最低价是指一定时间内某一期货合约成交价中的最低成交价。

最新价：是指某交易日某一期货合约交易期间的即时成交价。

涨跌幅：是指某交易日某一期货合约交易期间的最新价与上一交易日结算价之差。

最高买价与最低卖价：最高买价是指某一期货合约当日买方申请买入的即时最高价；

最低卖价是指某一期货合约当日卖方申请卖出的即时最低价。

申买量与申卖量：申买量是指某一期货合约当日交易所交易系统中未成交的最高价位申请买入的下单数量；申卖量是指某一期货合约当日交易所交易系统中未成交的最低价位申请卖出的下单数量。

成交量：指某一合约在当日交易期间所有成交合约的双边数量。

持仓量：也称空盘量，是指期货交易者所持有的未平仓合约的双边数量。

持仓限额：指期货交易所对期货交易者的持仓量规定的最高数额。不同类型的期货交易者，其持仓限额有所不同，且随距离交割月时间远近也会有变化。

表 2-2 列示的是上海期货交易所每日收盘时提供的主要交易信息。

表 2-2　上海期货交易所期货成交情况——20××年 9 月 23 日（周五）

品种	最高价（元）	最低价（元）	加权平均价（元）	成交量（手）	成交额（元）
铝	17 070	16 155	16 501	284 454	23 468 771 450
铜	58 500	56 870	57 354	652 380	187 083 029 100
燃料油	4 950	4 785	4 815	7 870	382 426 000
天然橡胶	31 115	28 725	29 223	1 043 202	152 433 905 750
锌	16 370	14 865	15 257	792 408	60 449 375 300
螺纹钢	4 820	4 455	4 500	826 360	37 187 123 300
黄金	367.00	355.86	360.01	237 848	85 628 201 640

第五节　期货保证金制度与逐日盯市制度

一、期货保证金制度

在期货市场上，交易者只需按期货合约价格的一定比率（通常为 5%～10%）交纳少量资金作为履行期货合约的财力担保，便可参与期货合约的买卖，并视价格变动情况确定是否追加资金，这种制度就是保证金制度。所交的资金就是保证金，有时又称按金。例如一张合约的人民币期货合约规模为 100 000 美元，以 2023 年 3 月 31 日汇率（6.87 元人民币兑 1 美元）来计算大约相当于 687 000 元人民币，但客户只需按规定交存 8 519 元（大约相当于合约总值的 1.24%），就可以买入或卖出一张美元期货合约了，这 8 519 元人民币就是保证金。

在我国，客户保证金的收取比例由期货公司自主规定，但有关法规规定不得低于交易所对会员收取的交易保证金。该保证金属于客户所有，期货公司按照中国证监会的规定为客户向期货交易所交存保证金、进行交易结算，严禁将该保证金挪作他用。

保证金的收取是分级进行的，可分为期货交易所向会员收取的保证金和期货公司向客户收取的保证金，即分为会员保证金和客户保证金。保证金应当以货币资金交纳，可以上市流通的国库券、标准仓单可以按规定折抵期货保证金。

在我国，期货保证金按性质与作用的不同，可分为结算准备金和交易保证金两大类。

结算准备金一般由会员按固定标准向期货交易所交纳，是为交易结算预先准备的资金。

交易保证金是会员或客户在期货交易中因持有期货合约而实际支付的保证金，它又分为初始保证金和追加保证金两类。

初始保证金是交易者新开仓时所需交纳的资金。它是根据交易金额和保证金比率确定的，即初始保证金＝交易金额×保证金比率。我国现行的最低保证金比率为交易金额的5%，国际上一般为3%～8%。例如，大连商品交易所的大豆期货最低保证金比率为5%，如果某客户以2 700元/吨的价格买入5张大豆期货合约（每张10吨），那么他必须通过期货公司向期货交易所支付6 750元的初始保证金。

交易者在持仓过程中会因市场行情的不断变化而产生浮动盈亏（结算价与成交价之差），因而保证金账户中实际可用来弥补亏损和提供担保的资金就会随时发生增减。浮动盈利将增加保证金账户余额，浮动亏损将减少保证金账户余额。当每日结算后客户保证金低于期货交易所规定或双方约定的保证金水平时，期货公司应当按规定向客户发出保证金追加通知。客户应于规定时间内补齐保证金缺口。这部分需要新补充的保证金就被称为追加保证金。保证金账户中必须维持的最低余额叫维持保证金，维持保证金＝结算价×持仓量×保证金比率×维持保证金比率k(k为常数，在我国通常为0.75)。当保证金账户余额低于维持保证金时，交易者必须在规定时间内补充保证金，使保证金账户的余额≥结算价×持仓量×保证金比率。也就是说，当保证金余额低于维持保证金时，客户必须补足保证金至初始保证金的水平，否则在下一交易日，交易所或代理机构有权实施强行平仓来弥补保证金缺口。这里我们说的结算价是指开仓时的合约结算价，是固定不变的。仍按上例，假设客户以2 700元/吨的价格（合约结算价）买入50吨大豆后的第三天，大豆市场成交价下跌至2 600元/吨。由于价格下跌，客户的浮动亏损为5 000[＝(2 700－2 600)×50]元，客户保证金账户余额为1 750(＝6 750－5 000）元。由于这一余额小于维持保证金[2 700×50×5%×0.75＝5 062.5(元)]，客户需将保证金补足至6 750元，需补充的保证金5 000(＝6 750－1 750）元就是追加保证金。

期货交易保证金对于保障期货市场的正常运转具有重要作用：

（1）保证金交易制度的实施降低了期货交易成本，使交易者用5%的保证金就可从事100%的远期贸易，发挥了期货交易的资金杠杆作用，促进了套期保值功能的发挥。

（2）期货交易保证金为期货合约的履行提供了财力担保。保证金制度可以保证所有账户的每一笔交易和持有的每一个头寸都具有与其所面临风险相适应的资金，交易中发生的盈亏不断得到相应的处理，杜绝了负债现象。因此这一制度的严格执行为期货合约的履行提供了安全可靠的保障。

（3）保证金是交易所控制投机规模的重要手段。投机者和投机活动是期货市场的润滑剂，但过度的投机则会加大市场风险，不利于期货市场的稳健运行。当投机过度时，可通过提高保证金的办法来增加入市成本，以抑制投机行为，控制交易的规模和风险。反之，当期货市场低迷、交易规模过小时，则可通过适量降低保证金来吸引更多的市场参与者，活跃交易气氛。在正常情况下，保证金为已成交的合约总值的10%左右。保证金实质上是交易者经过经纪商付给交易所的一笔资金，并不计算任何利息，以保证交易者有能力支付佣金以及可能出现的亏损。但交易保证金绝不是买卖期货的订金。

二、逐日盯市制度

期货交易中一方的盈利必然来源于另一方的亏损。然而，盈亏结算并不直接在交易双方之间进行，而是由交易所通过对双方保证金账户划转盈亏来实现。当亏损方在交易所保证金账户中的资金不能承担其亏损（在扣除亏损后，保证金余额出现负数）时，交易所作为成交合约的担保者，必须代为承担这部分亏损，以保证盈利者能及时地得到全部盈利。这样，亏损方便向交易所拖欠了债务。为防止这种负债现象的发生，逐日盯市制度（又称每日无负债结算制度）便应运而生了。

逐日盯市（mark-to-market）是期货交易结算的特点之一。它是指结算部门在每日收盘后计算、检查保证金账户余额，对所有客户的持仓根据结算价进行结算，有盈利的划入，有亏损的划出，通过适时发出追加保证金通知，使保证金余额维持在一定水平之上，以防止负债现象发生的结算制度。其具体执行过程如下：在每一交易日结束之后，交易所结算部门根据全日成交情况计算出当日结算价，据此计算每个会员持仓的浮动盈亏，调整会员保证金账户的可动用余额。若调整后的保证金余额小于维持保证金，交易所便发出通知，要求在下一个交易日开市之前追加保证金。若会员单位不能按时追加保证金，交易所将有权强行平仓。

逐日盯市制度对于控制期货市场风险、维护期货市场的正常运行具有重要作用：

（1）逐日盯市制度对所有账户的交易及头寸按不同品种、不同月份的合约分别进行结算，保证每一交易账户的盈亏都能得到及时的、具体的、真实的反映，为及时调整账户资金、控制风险提供依据。

（2）由于这一制度规定以一个交易日为最长的结算周期，在一个交易日中，要求所有交易的盈亏都得到及时的结算，保证会员保证金账户上的负债现象不超过一天，因而能够将市场风险控制在交易全过程的一个相对小的时间单位之内。

第六节　交割方式

商品期货交易的平仓（即了结）一般有两种方式：一是对冲平仓；二是实物交割平仓。实物交割就是用实物交收的方式来履行期货交易的责任。因此，期货交割是指期货交易的买卖双方于合约到期时，对各自持有的到期未平仓合约按交易所的规定履行实物交割、了结其期货交易的行为。商品期货交易一般采用实物交割方式。虽然最终进行实物交割的期货合约的比例非常小，但正是这极少量的实物交割将期货市场与现货市场联系起来，为期货市场功能的发挥提供了重要的前提条件。

根据交割的具体时间不同，我们可以将期货交割方式分为以下两类：

（1）集中性交割，即所有到期合约在交割月份最后交易日过后一次性集中交割的方式。

（2）分散性交割，即除了在交割月份的最后交易日过后所有到期合约全部配对交割外，在交割月份的第一个交易日至最后交易日之间的规定时间也可进行交割的交割方式。

我国期货合约的交割结算价通常为该合约交割配对日的结算价或为该期货合约最后交易日的结算价。交割商品计价以交割结算价为基础，再加上不同等级商品质量的升贴水以及异地交割仓库与基准交割仓库的升贴水。

尽管实物交割的期货合约在期货合约总量中所占的比例很小，但正是实物交割和这种潜在的可能性，使得期货价格的变动与相关现货价格的变动具有同步性，并随着合约到期日的临近而逐步趋近。实物交割就其性质来说是一种现货交易行为，但在期货交易中发生的实物交割则是期货交易的延续，它处于期货市场与现货市场的交接点，是期货市场和现货市场的桥梁和纽带，所以，期货交易中的实物交割是期货市场存在的基础，是期货市场两大经济功能得以发挥的根本前提。

在期货市场上，实物交割是促使期货价格和现货价格趋向一致的制度保证。一些熟悉现货流通渠道的套期保值者在实际操作中，根据现货市场的有关信息，直接在期货市场上抛出或购进现货，获取价差。这种期现套利在一定程度上消除了价格因素所带来的风险，在客观上起到了引导生产、保证利润的作用。例如，当由于过分投机发生期货价格严重偏离现货价格的现象时，交易者就会在期货、现货两个市场间进行套利交易。当期货价格过高而现货价格过低时，交易者在期货市场上卖出期货合约，在现货市场上买进商品。这样，现货需求增多，现货价格上升，期货合约供给增多，期货价格下降，期现价差缩小。当期货价格过低而现货价格过高时，交易者在期货市场上买进期货合约，在现货市场上卖出商品。这样，期货需求增多，期货价格上升，现货供给增多，现货价格下降，使期现价差趋于正常。以上分析表明，通过实物交割，期货、现货两个市场得以实现相互联动，期货价格最终与现货价格趋于一致，使期货市场真正发挥价格“晴雨表”的作用。

期货交割的程序一般如下：

1. 第一交割日

（1）买方申报意向。买方在第一交割日内向交易所提交所需商品的意向书。内容包括品种、牌号、数量及指定交割仓库名等。

（2）卖方交标准仓单。卖方在第一交割日内将已付清仓储费用的有效标准仓单交至交易所。

2. 第二交割日

交易所分配标准仓单。交易所在第二交割日根据已有资源，按照“时间优先、数量取整、就近配对、统筹安排”的原则，向买方分配标准仓单。不能用于下一期货合约交割的标准仓单，交易所按所占当月交割总量的比例向买方分摊。

3. 第三交割日

（1）买方交款、取单。买方必须在第三交割日 14 时前到交易所交付货款并取得标准仓单。

（2）卖方收款。交易所在第三交割日 16 时前将货款付给卖方。

4. 第四交割日、第五交割日

卖方交增值税专用发票。标准仓单在交易所进行实物交割的，其流转程序如下：

（1）卖方投资者背书后交卖方经纪会员；

（2）卖方经纪会员背书后交至交易所；

（3）交易所盖章后交买方经纪会员；

（4）买方经纪会员背书后交买方投资者；

（5）买方非经纪会员、买方投资者背书后交至仓库办理有关手续；

（6）仓库或其代理人盖章后，买方非经纪会员、买方投资者方可提货或转让。

期货合约的买卖双方有下列行为之一的，构成交割违约：

（1）在规定交割期限内卖方未交付有效标准仓单的；

（2）在规定交割期限内买方未解付货款或解付不足的；

（3）卖方交付的商品不符合规定标准的。

会员在期货合约实物交割中发生违约行为，交易所应先代为履约。交易所可采用征购和竞卖的方式处理违约事宜，违约会员应负责承担由此引起的损失和费用。交易所对违约会员还可处以支付违约金、赔偿金等处罚。

第七节　场外交易与远期合约

根据交易场所的不同，衍生工具交易可分为场内交易和场外交易。场内交易，又称交易所交易，是指所有的供求方集中在交易所进行竞价交易的交易方式。这种交易方式具有交易所向交易参与者收取保证金同时负责进行清算和承担履约担保责任的特点。此外，由于每个投资者都有不同的需求，交易所事先设计出标准化的金融合约，由投资者选择与自身需求最接近的合约和数量进行交易。所有的交易者集中在一个场所进行交易，这就增加了交易的密度，一般可以形成流动性较高的市场。期货交易和部分标准化期权合约交易都属于这种交易方式。

场外交易，又称柜台交易，是指交易双方直接成为交易对手的交易方式。这种交易方式有许多形态，可以根据每个使用者的不同需求设计出内容不同的产品。同时，为了满足客户的具体要求，出售衍生品的金融机构需要有高超的金融技术和风险管理能力。场外交易不断产生金融创新。但是，由于每个交易的清算都是由交易双方直接进行的，交易参与者仅限于信用程度高的客户。互换交易和远期交易是具有代表性的场外交易的衍生品。

远期合约，是指合约双方同意在未来日期按照固定价格交换金融资产的合约。远期合约规定了将来交换的资产、交换的日期、交换的价格和数量，但是与期货的标准化条款不同的是，远期合约的条款因合约双方的需要不同而不同。远期合约的种类很多，但是总的来说，主要有远期利率协议、远期外汇合约、远期股票合约。

期货交易与远期交易有许多相似之处，其中最突出的一点是两者都是买卖双方约定于未来某一特定时间以约定价格买入或卖出一定数量的商品。远期交易是期货交易的雏形，期货交易是在远期交易的基础上发展起来的。二者均采用先成交、后交割的交易方式。

然而，期货交易与远期交易也有很多不同之处。前面我们已经提到，期货合约采用标准化条款，但是远期合约的内容是可以根据交易需要而改变的。具体来说，我们可以将二者的不同之处列举如下：

（1）交易场所不同。期货交易与远期交易的第一项区别在于期货必须在指定的交易所内交易，交易所必须能提供一个特定集中的场地，交易所也必须保证客户的订单在公平合理的交易价格下完成。期货合约在交易厅内公开交易，交易所还必须保证将当时的买卖价格及时并广泛地传播出去，使得期货交易具有透明化的优点。期货合约在交易所内交易，具有公开性。相比之下，远期合约大多在场外进行交易，组织较为松散，没有交易所，也没有集中的交易地点，交易方式也不是集中式的。

（2）合约是否标准化。期货合约是符合交易所规定的标准化合约，它是由交易所事先规定好的，对于交易商品的品质、数量、交割日期等都有严格而详尽的规定。而远期合约中交易商品的品质、数量、交割日期等均由交易双方自行决定，没有固定的规格和标准。

（3）是否有保证金以及是否逐日结算。远期交易通常不交纳保证金，合约到期后才结算盈亏。期货交易则不同，必须在交易前交纳合约金额的5%～10%作为保证金，并由结算公司进行逐日结算，如有盈余，可以支取，如有损失且账面保证金低于维持水平，必须及时补足，这是避免交易所信用危机的一项极为重要的安全措施。

（4）结束头寸的方式不同。结束期货头寸的方式有两种：第一，对冲结束原头寸，即买卖与原头寸数量相等、方向相反的期货合约；第二，实物交割。远期合约由于是交易双方依各自的需要而达成的协议，因此，对价格、数量、期限均无固定的规格和标准。倘若一方中途违约，通常不易找到能无条件接替该权利以及义务的第三方，因此，违约一方只能提供额外的优惠条件要求解约或找到第三方来接替其原有的权利和义务。

（5）交易的参与者不同。远期合约的参与者大多是专业化生产商、贸易商和金融机构；而期货交易更具有大众意义，市场的流动性和效率都很高，参与交易的可以是银行、公司甚至个人。

（6）交易风险不同。期货合约的结算通过专门的结算公司，这是独立于买卖双方的第三方，投资者无须对对方负责，不存在信用风险，而只有价格波动风险。远期交易从交易达成到最终完成实物交割有相当长的一段时间，在此期间市场会发生各种变化，各种不利于履约的行为都有可能出现。例如，买方资金不足，不能如期付款；卖方生产不足，不能保证供给；市场价格趋涨，卖方不愿按原定价格交货；市场价格趋跌，买方不愿按原定价格付款等。这些都会使远期交易不能最终完成，加之远期合约不容易转让，从而使得远期交易具有较高的信用风险。

（7）履约责任不同。期货合约具备对冲机制，履约的回旋余地较大，实物交割比例极低。远期合约如要中途取消，必须经双方同意，任何单方意愿均无法取消合约，其实物交割比例较高。

（8）功能作用不同。期货交易的两个基本功能是对冲风险和价格发现。期货交易是众多的买家和卖家根据期货市场的规则，通过公开、公平、公正、集中竞价的方式进行的期货合约的买卖，易于形成一种真实而权威的期货价格，指导企业的生产经营活动，同时又可为套期保值者提供规避、转移价格波动风险的机会。远期交易尽管在一定程度上也能起到调节供求关系、减少价格波动的作用，但由于远期合约缺乏流动性，所以其价格的权威性、分散风险的作用大打折扣。

本章小结

在本章中，我们学习了期货和远期市场的一些基本术语以及基本概念，对期货以及远期市场的基本操作和功能等有了一个大概的认识。具体来说，在本章中，我们知道了什么是期货合约以及期货合约的核心条款。接着，我们了解了世界上主要的期货市场，并学习了期货的开仓、持仓以及平仓等与期货头寸相关的概念。紧接着，我们学习了如何正确理解期货交易信息。其中最重要的是一些基本的期货市场术语。再然后，我们学习了期货的两个最主要的特征——期货保证金制度以及逐日盯市制度，明白了它们的具体概念、应用以及它们在期货交易中所发挥的具体作用。在本章中，我们还了解了期货的交割方式。最后，我们学习了远期合约。远期合约与期货合约的异同点是本章的重点。总体来说，在这一章中我们学习的都是基础性的知识，但是这些概念性知识为我们后面学习期货以及远期市场的定价等打下了基础。

练习题

1. 什么是期货合约？期货合约按标的资产可主要分为哪几类？

2. 期货合约的核心条款包括哪些？

3. 期货合约相对于远期合约有哪些特点？期货的两个最主要的特征是什么？

4. 期货交易的两个基本功能是什么？

5. 请解释远期多头与远期空头的区别。

6. 试分析远期价格为每吨 50 000 元的铜锭合约和成交价为每吨 50 000 元的铜多头期货合约之间的异同。

7. 芝加哥商业交易所交易标的资产为中长期国债的期货合约。试分析什么样的投资者会使用这种期货合约。

8. 结合美国次贷危机的实际，分析场外衍生工具交易的优势和劣势。

9. 请解释下面这句话：“一张远期合约多头等于一张欧式看涨期权合约多头和一张欧式期权合约空头。”

10. 20 世纪 50 年代，CME 洋葱期货价格被人为操纵；美国众议院成立专门调查组赴 CME。CME 的总裁哈里斯（Harris）对调查组说：“期货市场根本无法决定价格，我们只是提供交易场所，希望获得公平、公正的价格……我们像记录温度的温度计一样，你不会因为我们刚刚记录到了短暂的零下气温，就通过对温度计不利的法律……”谈谈你对上述论断的看法。

11. 什么是期货保证金？其经济功能是什么？

12. 比较美国标普 500 指数期货合约与沪深 300 股指期货合约的保证金制度的异同，并分析其原因。

13. 试从泛欧交易所的成立和发展路径中总结其成功经验。试分析它对现代交易所的发展的启示。

参考文献

[1] 黄达，张杰．金融学．6版．北京：中国人民大学出版社，2024.

[2] 斯坦利·克罗．克罗谈投资策略．2版．刘福寿，等译．北京：中国经济出版社，2003.

[3] 汪昌云．金融经济学．北京：中国人民大学出版社，2006.

[4] 约翰·赫尔．期货与期权市场基本原理：英文版·第9版．北京：清华大学出版社，2021.

第三章

期货与远期合约定价

本章导读

美国著名经济学家、诺贝尔经济学奖得主米勒先生指出："没有期货市场的经济称不上是市场经济。"期货市场的发达程度已经成为一个国家市场经济发达程度的重要标志，同时也是世界经济一体化的重要内容和手段。期货市场作为市场经济的高级形式，其完善的交易规则、健全的运作机制都是市场经济发展所必须具备的。而期货定价原理探讨的是期货市场价格形成的内在机理，是期货市场研究的核心内容之一。对期货定价原理的研究，不仅有助于深刻理解期货市场的价格形成机理，加深对期货市场的了解，而且是发现和把握套利机会的理论基础。对商品期货定价原理国际上已进行了较多的研究，在本章中，我们将介绍期货和远期合约定价的基本原理，并着重介绍期货定价的持有成本理论。

第一节　几个基本概念

一、连续复利

1. 概念

在日常生活中，计息通常是以年或者月为频率的。当然，计息的频率可以比按月计息更加频繁，有时候可能是按日计息的。从理论上讲，利息的支付甚至可能更加频繁——按小时、分钟甚至秒计息。一个符合逻辑的结论是：可能有无限次的利息支付。这种无限次利息支付，我们称之为连续复利。

2. 连续复利公式的推导

设某顾客向银行存入本金 p 元，年利率为 r，n 年后他在银行的存款额是本金与利息之和。试根据下述不同的结算方式计算顾客 n 年后的存款额：

（1）每年结算一次。

（2）每月结算一次，每月的复利率为 $r/12$。

（3）每年结算 m 次，每个结算周期的复利率为 r/m。证明存款额随 m 的增加而增加。

（4）当 m 趋于无穷时，结算周期变为无穷小，这意味着银行连续不断地向顾客支付利息，这种计息方法称为连续复利。试计算连续复利情况下顾客的存款额。

解：（1）当每年结算一次时，第一年后顾客的存款额为：

$$p_1=p+pr=p(1+r)$$

第二年后顾客的存款额为：

$$p_2=p_1(1+r)=p(1+r)^2$$

根据这样的递推关系可知，n 年后顾客的存款额为：

$$p_n=p(1+r)^n$$

（2）当每月结算一次时，复利率为 $r/12$，共结算 $12n$ 次，故 n 年后顾客的存款额变为：

$$p_n=p(1+r/12)^{12n}$$

令 $y_m=\left(1+\dfrac{r}{m}\right)^m$，由牛顿二项式公式，有：

$$\begin{aligned}y_m&=\left(1+\frac{r}{m}\right)^m\\&=1+\frac{m}{1!}\times\frac{r}{m}+\frac{m(m-1)}{2!}\left(\frac{r}{m}\right)^2+\cdots+\frac{m(m-1)\cdots(m-m+1)}{m!}\left(\frac{r}{m}\right)^m\\&=1+r+\frac{1}{2!}\left(1-\frac{1}{m}\right)r^2+\cdots+\frac{1}{m!}\left(1-\frac{1}{m}\right)\left(1-\frac{2}{m}\right)\cdots\left(1-\frac{m-1}{m}\right)r^m\end{aligned}$$

将上式中的 m 换为 $m+1$，有：

$$\begin{aligned}y_{m+1}&=\left(1+\frac{r}{m+1}\right)^{m+1}\\&=1+r+\frac{(m+1)m}{2!}\left(\frac{r}{m+1}\right)^2+\cdots\\&\quad+\frac{(m+1)(m)(m-1)\cdots1}{(m+1)!}\left(\frac{r}{m+1}\right)^{m+1}\\&=1+r+\frac{1}{2!}\left(1-\frac{1}{m+1}\right)r^2+\cdots\\&\quad+\frac{1}{(m+1)!}\left(1-\frac{1}{m+1}\right)\cdots\left(1-\frac{m}{m+1}\right)r^{m+1}\end{aligned}$$

比较 y_{m+1} 与 y_m 的展开式，可以看到，除前两项以外，y_m 的每一项都小于 y_{m+1} 的对应项，且 y_{m+1} 还多了最后一项，其值大于 0，于是有：

$$y_m<y_{m+1}$$

所以数列 $\{y_m\}$ 是单调递增的。

注意到 $p_n^m=p(y_m)^n$，$p_n^{m+1}=p(y_{m+1})^n$，可知：

$$p_n^m<p_n^{m+1}$$

即结算次数越多，顾客的存款额也就越多。

（3）当每年结算 m 次时，复利率为 r/m，共结算 mn 次，将 n 年后顾客的存款额记为 p_n^m，则

$$p_n^m=p\left(1+\frac{r}{m}\right)^{mn}$$

（4）在连续复利的情况下，最终顾客的存款额为：

$$p_n=\lim_{m\to\infty}p_n^m=\lim_{m\to\infty}p\left(1+\frac{r}{m}\right)^{mn}=pe^{rn}$$

在连续复利的情况下，计算总收益的公式为：

$$R=Pe^{rt}$$

式中，P 为本金；e 为数学中一个奇妙的数字，e=2.718 281 828 459…；r 为年利率；t 为投资的年数。

3. 不同利息计算方法导致的差异

为了说明不同利息计算方法的效果，我们可以将它们进行比较。

［例 3－1］ 计算投资期限为一年的 1 000 元投资在不同的利息计算方法下的总收益。假设年利率为 3%，则

$$\text{当每年支付一次利息时，每年的总收益}=1\,000\times\left(1+\frac{0.03}{1}\right)^{1}=1\,030(\text{元})$$

$$\text{当每个月支付一次利息时，每年的总收益}=1\,000\times\left(1+\frac{0.03}{12}\right)^{12}=1\,030.42(\text{元})$$

$$\text{在连续复利的情况下，每年的总收益}=1\,000\times e^{0.03\times 1}=1\,030.45(\text{元})$$

从例 3－1 可以看到，计息的频率越高，再投资的频率也越高，投资的总收益也越大；对于贷款来说，则是承担的利息越高。因此，在任何给定的利率下，连续复利的计息方式都提供了最大的收益可能。虽然在现实生活中没有一种常规存款的利息是用这种方式支付的，但是许多金融衍生品都是用这种方法计息的。

二、投资型资产与消费型资产

我们将资产分为投资型资产和消费型资产。投资型资产如金、银的持有人的目的在于投资以获得未来的价差收入；而消费型资产如铜、石油等的持有人的目的在于消费。如此区分主要是为了讨论期货定价。在这里，我们简要介绍一下二者的期货在定价时的区别。理论上我们最常用的期货定价原理是无套利原理。如果期货到期时和现货之间存在着价格差，我们可以通过简单地买入现货、卖出期货或者相反的操作来获取利润。可是我们知道，在一个有效市场中，这样的获利机会是不存在的。因此，当期货到期时，期货价格等于现货价格。当我们对投资型资产期货定价时，我们可以根据上述原理来得到准确的期货定价。但是，在对消费型资产期货进行定价时，由于大部分资产是用于消费而非投资，持有人并不愿意卖出资产而持有期货。也就是说，期现套利只在一个方向上有效。因此，我们并不能得到消费型资产期货的准确定价，只能得到它的上限。在我们下面的讲解中，如无特殊说明，资产指的是投资型资产。

三、卖空机制

1. 概念

根据美国证券交易委员会 SEC3B－3 规则的规定，卖空交易是指投资者出售自己并不拥有的证券的行为，或者投资者用自己的账户以借来的证券完成交割的任何出售行为。简单来说，卖空即卖出并不拥有的证券。例如，你的经纪人帮你从另一位客户那里借入某种证券，然后在市场上卖出。在某个阶段你需要再买回这种证券，将其还给那位客户，你必

须通过经纪人将股利以及其他获利还给证券所有者。2010 年 3 月 31 日启动融资融券试点之前，中国内地（大陆）的股票禁止卖空，但是中国香港和中国台湾地区有比较成熟的股票卖空机制。

1609 年，一位商人在阿姆斯特丹证券交易所对荷兰东印度公司的股票进行了卖空。这是有记录的最早的卖空交易。最初的卖空用于投机，即估计当前股价过高，通过预先卖空股票，锁定收益，然后待股价下跌后再买回标的股票。随着市场的发展，卖空已成为基础交易制度的一个重要组成部分。在成熟的证券市场中，卖空的目的渐趋多样化，投资者利用卖空机制来设计一系列复杂的交易策略，以达到对冲或套利等目的。当前，大多数发达证券市场已经引入卖空交易机制；而由于新兴证券市场还处于发展阶段且存在较多制度性问题，因而绝大多数新兴证券市场不允许卖空。但是随着各国证券市场对外开放度的增加和自身市场的发展，一些新兴市场国家如阿根廷、智利等也在不断尝试引入卖空交易机制。

2. 卖空机制的作用

卖空机制为股市提供了流动性、一种价格发现机制与一种投资形式。

首先，股市上的卖空行为增加了市场上股票的供给量，降低了投资者由于市场供给不足而不得不以较高价格购入股票的风险，同时卖空者的对冲行为增加了市场的需求量，使得投资者能在固定的价位上大量卖出股票。卖空机制的存在活跃了市场的交易行为，扩大了市场的供求规模，有利于提高市场的流动性。

其次，卖空机制的存在使市场客观上能产生一种价格发现机制，促使股市的价格接近实际价值。卖空机制的存在使整个市场存在着大规模的股票供给和需求力量，这种大规模的交易量以及由此衍生的价格竞争将会大大提高股票定价的有效性。而且卖空交易行为实际上反映了市场对股票的未来价格的评价，它使价格所反映的信息更加充分。此外，卖空力量的存在还有助于改变市场上股价高估的现象。

最后，卖空机制的存在为市场参与者提供了一种兼具投资与保值双重功能的投资形式。

然而，卖空机制也有扰乱市场的负面作用。卖空行为在通过保证金交易方式降低交易成本的同时也创造出了虚拟的供给和需求，这会导致市场信号的失真，给市场带来负面影响，甚至在某种程度上会加速市场下跌。当市场上出现大量的卖空时，这会使投资者看空市场，不愿入市；同时大量的卖空又会引致后续的卖空行为甚至引起投资者的恐慌，引发股票的盲目抛售。也正因为如此，各国在引入卖空机制的同时都加大了对卖空行为的监管，要求卖空行为的信息更加透明，目的更加正当。

四、套利

1. 概念

套利交易与纯粹的单向投机不同，它是利用期货和现货之间或者期货合约之间的价格关系来获利。通常的做法是：针对两种或多种有关联的合约，在市场上同时开立正反两方面的头寸，期望在未来的价差变动于己有利时获利了结。它是期货投机的特殊方式，丰富和发展了期货投机的内容，并使期货投机不只局限于期货合约绝对价格的变化，而是更多地转向期货合约相对价格的变化。

2. 套利的基本形式

一是从操作方式来看，套利交易可分为期现套利、跨期套利、跨市套利、跨商品套利。

（1）期现套利是指现货商人在期货和现货市场之间套利。若期货价格偏高，则卖出期货并同时买进现货，等期货到期之日再在期货市场上交割。而当期货价格偏低时，则买入期货，并在期货市场上进行实物交割以获得商品，再将它转到现货市场上卖出获利。

期现套利一般仅涉及现货商人，因为涉及期货和现货两个市场，如果进行实物交割，还要占用大量资金，且需要有相应的现货供销渠道来买进或卖出现货，这样的条件一般投机者是不具备的，所以一般投机者很少在即将到期的缺乏流动性的合约上操作。而期现套利者最关注进入交割月份的期货合约品种。

（2）跨期套利是针对同一期货品种的不同月份的合约建立数量相等、方向相反的交易头寸，并以对冲或交割方式结束交易的一种操作方式。

（3）跨市套利是在两个不同期货交易所同时买进和卖出同一期货品种、同一交割月份的合约，以便在未来两个合约的价差变动于己有利时再对冲获利。

（4）跨商品套利是在同一交易所利用走势具有较高相关性的商品之间（如替代品之间、原料和下游产品之间）的强弱对比关系所进行的套利活动。

二是从操作原理来看，套利交易可分为价值套利和趋势套利两种。

（1）价值套利是应用最普遍的传统套利方法。它依据的是在交割月份，同一品种期货价格和现货价格逐渐聚合的原理。操作的关键是估算套利成本，当市场显示的价差超过成本价差时，从成本角度可考虑进行套利交易。

（2）趋势套利是根据价差的趋势变化获利。同价格变化的特征一样，合约间价差的变化也分为随机变化、周期变化与趋势变化三种。在大部分时间，价差呈随机变化或周期变化，波动空间不大。在少数情况下，价差会产生明显的趋势变化。

菲利普·H. 戴布维格和斯蒂芬·A. 罗斯给出了一个关于套利的学术性的权威定义：套利是这样一个投资策略，即保证在某些偶然情况下获取正收益而没有负收益的可能性，也无须有净投资。换句话讲，套利是一个可以以零成本建立投资组合并能够保证组合的价值增加或者保持为零的机会。

套利有如下几个前提：无卖空限制；无交易成本；无买入价和卖出价之间的差别；收益和损失的税率相同；借款利率等于贷款利率。

我们可以通过一个简单的例子来理解套利的含义。若两个投资策略提供相同的收益，则它们的成本必须相同。但是，若它们的成本不同，如 $C_A > C_B$，则可以卖空 A 同时买入 B，即可马上获得无风险收益 $C_A - C_B$，而未来收支相抵，不需付出任何成本。

因此，套利有两个核心特征：第一，存在一个无风险的收益，即所谓的保证获取正收益而没有负收益，我们以 $V(t)$ 表示投资组合在时点 t 的价值，P 表示事件出现的概率，$P[V(t)=0]+P[V(t)>0]=1$；第二，存在一个自融资策略，即所谓的无须有净投资，$V(0)=0$，或者如美国著名金融工程学家约翰·马歇尔所言，头寸完全可以用贷款来融资（即无资本）。

3. 卖空机制与套利的关系

完善的卖空机制的存在是进行套利的基本前提。我们发现，在进行套利分析时，一般都暗含着市场容许“卖空”的假设。当投资者发现股票价格被高估时，可通过卖空这只股票来获得将来它的价格下降时所带来的收益。同时，可以想象，在没有卖空机制的资本市场，投资者将不会持有空头头寸，当其发现某只股票价格被高估而即将下跌时，由于没有持有该只股票，投资者将无法表达自己对股价下跌的预期，从而不利于股票回归其真实价值。研究表明，在缺乏卖空机制的市场上，一般都存在着股票价格被高估的现象。卖空机制的引入可以在股票价格出现过度上涨时使预计其即将下降的投资者得以卖出股票，平抑市场行情的上升。在股票价格真的下降之后，卖空者又会在较低的价位上买入股票，以偿还先前借入的股票并实现利润，由此增加市场需求，阻抑股票价格过度下跌，最终使得股票价格充分接近其内在价值。

下面以股指期货为例，具体介绍在引入卖空机制的情况下一种套利——跨期套利的具体操作方法。跨期套利是指利用相同期货品种不同到期月份的期货合约之间的价差进行相反交易以从中获利的套利行为。期货套利交易与单边头寸相比，面临的风险小，交易成本低，因为在市场价格的变化下，交易者在一种期货合约交易中的亏损会被另一种期货合约中的盈利所弥补。跨期套利根据其采用的方法可分为两种：多头跨期套利和空头跨期套利。下面我们对多头跨期套利（用于市场上涨时）做一介绍。

当股票市场趋势向上且远月期货合约价格比近月期货合约价格上升更快时，进行多头跨期套利的投资者会在出售近月期货合约的同时买入远月期货合约，到未来价格上升时再买入近月期货合约、卖出远月期货合约（见表 3-1)。当股票市场趋于向上且近月期货合约价格比远月期货合约价格上升更快时，投资者就会在买入近月期货合约的同时卖出远月期货合约，到未来价格上升时，再卖出近月期货合约、买入远月期货合约（见表 3-2)。

表 3-1　股指期货多头跨期套利
（远月期货合约价格比近月期货合约价格上升更快）

	近月期货合约	远月期货合约	收益（美元）
开始	以 95.00 美元卖出 1 张 6 月标普 500 指数期货合约	以 97.00 美元买入 1 张 12 月标普 500 指数期货合约	−2.00
结束	以 95.50 美元买入 1 张 6 月标普 500 指数期货合约	以 98.00 美元卖出 1 张 12 月标普 500 指数期货合约	2.50
收益（美元）	−0.50	1.00	0.50

若正如套利者所料，市场上涨，远月即 12 月期货合约价格与近月即 6 月期货合约价格之间的差距扩大，则产生利润 $(1.00-0.50)\times 500=250$(美元)。

表 3-2 股指期货多头跨期套利
（近月期货合约价格比远月期货合约价格上升更快）

	近月期货合约	远月期货合约	收益（美元）
开始	以 95.00 美元买入 1 张 6 月标普 500 指数期货合约	以 97.00 美元卖出 1 张 12 月标普 500 指数期货合约	2.00
结束	以 95.50 美元卖出 1 张 6 月标普 500 指数期货合约	以 97.25 美元买入 1 张 12 月标普 500 指数期货合约	−1.75
收益（美元）	0.50	−0.25	0.25

在此多头跨期套利交易中，远月期货合约价格与近月期货合约价格的差距缩小，该套利者可获得的利润为 0.25×500＝125(美元)。

第二节 期货价格与远期价格

在本节中，我们将讨论期货与远期的定价。我们已经知道，虽然期货与远期有着很多相同点，但是，期货与远期的定价并不是完全相同的。远期比期货更容易定价，因为它没有逐日盯市制度。但是，到期日相同的远期和期货的价格是非常接近的。因此，远期的定价方法一般也同样适用于期货。关于远期价格和期货价格之间关系的详尽讨论和证明，参见本章附录。

在讨论期货价格与远期价格之前，我们有几个共同的假设条件：

（1）没有交易费用和税收。

（2）市场参与者能以相同的无风险利率借入和贷出资金。

（3）期货合约没有违约风险。

（4）允许现货卖空行为。

（5）当出现套利机会时，市场参与者将参与套利，直至套利机会消失。理论价格就是没有套利机会时的均衡价格。

（6）期货合约的保证金账户支付同样的无风险利率。这意味着任何人均可以零成本地取得远期和期货的多头和空头头寸。

与所有的市场商品的价格一样，期货价格和远期价格也是由市场供求关系决定的。当市场需求大于供给时，价格上涨；当市场需求小于供给时，价格下跌。

期货价格还受到诸多因素的影响，因此我们在市场上观察到的期货价格是不断变动的。但是，通过对各种统计数据的分析，我们可以得到以下两个基本规律：

（1）期货的价格是收敛于现货价格的；

（2）距到期日越近，期货的价格波动越小，反之亦然。

远期合约不在交易所上市，它依靠的是两个公司之间的场外协议。对于远期合约，我们也可以得到以下三个基本规律：

（1）合约最初签订时无现金交易，合约在到期日执行，因此合约的初始价值为零；

（2）远期合约的价格就是使合约价值为零的价格；

（3）远期合约的价格因期限不同而不同。

我们可以用无套利原理来获得简单的定价公式，但是此方法有一个典型的缺陷，那就是此方法忽视了远期合约与期货合约的差异。在通常情况下，我们假定远期价格与期货价格相同。当利率不确定时，在理论上，两者存在较小的差别：当标的资产的价格与利率高度正相关时，期货价格稍高于远期价格，反之亦然。在通常的利率波动范围内，远期价格与期货价格可以认为没有区别。在本章，我们视期货价格和远期价格没有差异。

下面我们将举例说明此方法的基本思路。在推导过程中，有两个问题值得大家思考：

（1）当前的期货价格与当前的现货价格之间的关系如何？

（2）当前的期货价格与交割日的现货价格之间的关系如何？

下面我们以黄金为例来说明基本的定价思路，其中 F_0 为期货价格，S_0 为现货价格，r 为无风险利率，t 为期货的到期期限，在此例中假定黄金不存在存储成本。

（1）若 $F_0>S_0e^{rt}$，投资者采用以下策略：以利率 r 借入 t 年的 S_0，买入 1 克黄金现货，同时卖出 1 克黄金的期货合约。

在 t 时刻，1 克黄金的售价为 F_0，S_0e^{rt} 被用于偿还借款，投资者可以获得无风险收益 $F_0-S_0e^{rt}$。

（2）若 $F_0<S_0e^{rt}$，拥有 1 克黄金的投资者可以以 S_0 的价格卖出黄金，将该收入用于投资，投资收益率为 r，投资期限为 t，同时买入 1 克黄金的期货合约。

在 t 时刻，收回投资本息 S_0e^{rt}，同时执行期货，买回黄金，支付 F_0，投资者可以获得无风险收益 $S_0e^{rt}-F_0$。

从以上例子中我们可以看出，如果 F_0 与 S_0e^{rt} 不相等，那么就存在套利机会，而且在有效市场的假定下，投资者将抓住一切获利机会。若 $F_0>S_0e^{rt}$，投资者将都去借款买入黄金，同时卖出期货合约，这时借款利率将会上升，黄金的现货价格也将上升，而期货价格下降，直至 F_0 等于 S_0e^{rt}，套利机会消失，套利行为停止。反之亦然。

因此，在有效市场中，期货的理论价格 $F_0=S_0e^{rt}$。

第三节　以无收益资产为标的物的期货定价

在上一节，我们知道了期货定价的基本原理。从这一节起，我们将对这一基本原理进行拓展。本节我们将讨论以无收益资产为标的物的期货定价问题。

注意投资型资产与消费型资产的区分，投资型资产的远期价格和期货价格能够确定，而消费型资产的远期价格和期货价格不能确定。

投资型资产期货合约的定价分为三种情况：

（1）标的证券不提供股利；

（2）标的证券提供确定的现金股利；

（3）标的证券提供确定的股利收益率（即股利率）。

我们先来看一个例子。假设有一只股票现在的价格为 10 元，并且在将来的 1 年内没有股利分配。1 年期的无风险利率为 5%，采用连续复利计息的方法。

假设现在1年期的股票期货的价格为15元。也就是说，买入或卖出该期货，意味着在1年之后能够以15元的价格买入或者卖出该股票。套利者将采用以下方法进行套利：

(1) 借入1年期的利率为5%的现金1 000元；

(2) 购买100股股票；

(3) 卖出100股股票的1年期期货。

在1年后，该套利者将进行如下操作：

(1) 偿还借款1 051.3（$=1\ 000\times e^{0.05}$）元；

(2) 以15元的价格卖出100股股票，获取收益1 500（$=15\times 100$）元。

通过以上分析我们可以看到，套利者将会获得448.7元的无风险收益。期货的交割价格越高，套利者的收益将会越大。

假如现在1年期的股票期货的价格为8元，套利者将采取如下策略来获取收益：

(1) 卖空100股股票；

(2) 将1 000元以5%的年利率贷出；

(3) 购买100股股票的1年期期货。

在1年后，此套利者将进行如下操作：

(1) 收回贷款1 051.3（$=1\ 000\times e^{0.05}$）元；

(2) 以8元的价格买入100股股票，支付800（$=8\times 100$）元。

通过以上分析我们可以看到，套利者将会获得251.3元的无风险收益。期货价格越低，套利者的收益将会越大。

从以上讨论中我们可以得出一个结论，那就是只有在期货价格等于一个固定的值时，才不存在套利机会。当期货价格太高时，套利者将通过卖空期货、买入股票来赚取收益。当期货价格太低时，套利者将通过买入期货、卖空股票来赚取收益。通过计算，我们可以得知，此固定值为1 051.3元，即 $F_0=S_0e^{rt}$ 或 $S_0=F_0e^{-rt}$。

现在我们将讨论一种现实情况：假如市场不存在卖空机制怎么办？没有关系，我们将换一种方法来讲述以无收益资产为标的物的远期合约价格和现货价格之间的关系。考虑以下两个策略：

策略A：买入价格为 F_0 的股票远期合约，投资 F_0e^{-rt} 于无风险资产，T 时刻将投资所得 F_0 用来支付执行远期合约的支出。

策略B：以 S_0 买入股票并持有，成本为 S_0。

两个策略的期末价值均为 S_t，因此期初价值也应该相同，即 $S_0=F_0e^{-rt}$ 或 $F_0=S_0e^{rt}$。

在本例中，策略B被称为复制策略，因为它未使用衍生品而最终获得了与衍生品相同的收益。

[例3-2] 一只股票当前的价格是10元，并且在来年没有股利分配。无风险利率是4%。标的物为该股票的1年期期货的价格是多少？

我们有两种方法来获得1年以后的该股票。

策略A：以 F_0 的价格买入1单位股票期货，并且购入 F_0e^{-rt} 的无风险资产。

$$\text{此种策略需投入的成本}=F_0e^{-rt}$$

策略B：购买1单位股票并持有。

$$\text{此种策略需投入的成本}=10$$

这两种策略的结果是相同的，因此成本也应该相同，即 $F_0e^{-rt}=10=S_0$。因此，$F_0=S_0e^{rt}=10.4$(元)。

第四节　以含收益资产为标的物的期货定价

一、支付确定现金收益证券的远期合约

支付确定现金收益证券的远期合约的定价公式为：

$$F_0=(S_0-I)e^{rt}$$

式中，I 为现金收益的现值。

例如，一只股票在时间 $0<t_1<t$ 内有大小为 D 的收益，该收益的现值为 $I=De^{-rt_1}$。

为得到上述定价公式，我们考虑以下两个策略：

策略 A：购买 1 单位价格为 F_0 的股票远期合约，并同时购买 F_0e^{-rt} 的无风险资产。

此种策略需投入的成本 $=F_0e^{-rt}$

策略 B：在 0 时刻购买 1 单位价格为 S_0 的股票并且持有，借入 I 的现金并用股票收益去偿还它。

此种策略需投入的成本 $=S_0-I$

这两种策略所需的期初成本必须相同，因为它们具有相同的终值 S_t。所以，我们可以得到 $S_0-I=F_0e^{-rt}$。收益减少了持有股票的成本，但是并不影响远期合约的交易。

[例 3-3]　1 单位股票今天的价格为 10 元，并且每 3 个月将有 1 元的收益。无风险利率为 3%。那么，在 6 个月后交割的此股票远期合约的价格是多少？

该例子已知 $S_0=10$，$r=0.03$，$T=1/2$，$I=1\times e^{-r/4}=0.992\,5$，求 F_0 等于多少。

如果要拥有 6 个月以后的股票，我们有以下两种策略：

策略 A：购买 1 单位 F_0 的远期合约，并且购买 F_0e^{-rt} 的无风险资产。

此策略需投入的成本 $=F_0e^{-rt}=F_0e^{-0.03\times0.5}=F_0e^{-0.015}$

策略 B：购买 1 单位价格为 S_0 的股票，借入 I 的现金并用股票收益去偿还。将此股票持有 6 个月。

此策略需投入的成本 $=S_0-I=9.01$(元)

这两种策略在期末的时候都会得到相等的现金流，所以它们的期初价格必须相等，即

$$F_0=(S_0-I)e^{rt}=9.15(\text{元})$$

二、支付固定资产收益率的资产的远期合约

用与支付确定现金收益证券的远期合约类似的方法，可以得出：

$$F_0=S_0e^{(r-q)t}$$

式中，q 为合约期间的平均年收益率（连续复利）。

[例 3-4]　一张 6 个月期的股票远期合约有着 4% 的平均年收益率，股票价格为 25 元，无风险利率为 10%，则此股票远期合约的价格为 $25\times e^{(0.10-0.04)\times0.5}=25.76$(元)。

三、支付存储成本的投资型资产期货合约

现在我们要考虑一个特殊情况，即投资型资产在持有期内必须支付存储成本。设U为持有期内所有存储成本的现值，我们可以将U看作持有现货的一个负的收益。利用前面的公式，我们可以得到：

$$F_0=(S_0+U)e^{rt}$$

如果u是存储成本与商品价格的比率，我们可以把u看作持有现货的一个负的收益率。同样，我们可以得到：

$$F_0=S_0e^{(r+u)t}$$

第五节　消费型资产期货的定价

在前面的章节中，我们简要介绍了投资型资产和消费型资产的不同。在本节中，我们将详细讲述以消费型资产为标的物的期货并不能得到准确的定价，而只能得到它的上限。

在前面我们为了得到投资型资产期货的定价，研究的是套利者的行为。在研究消费型资产期货的定价时，我们依然研究套利者。

当$F_0>(S_0+U)e^{rt}$时，套利者将采取如下套利策略：

（1）以无风险利率借入（S_0+U）的资金，购买1单位消费型资产并且支付存储成本。

（2）卖空1单位期货合约。

这样，套利者将获得无风险收益$F_0-(S_0+U)e^{rt}$。套利决定了消费型资产期货价格的上限$F_0\leqslant(S_0+U)e^{rt}$。这一点与投资型资产的分析一样。

当$F_0<(S_0+U)e^{rt}$时，由于大部分商品被用于消费，持有人并不愿意卖出商品购买期货，因此，此套利并不存在。

因此，对消费型资产期货来说，并不能得到它的准确定价，只能得到期货价格的上限。

当U为存储成本的现值时，$F_0\leqslant(S_0+U)e^{rt}$。

当u为存储成本率时，$F_0\leqslant S_0e^{(r+u)t}$。

第六节　持有成本理论

持有成本（cost of carry）理论起源于商品期货的定价方式，后来被广泛应用于各种期货的定价中。持有成本原指在持有现货商品（如谷物）期间所支付的仓储费和保险费等。由于购买期货和人们在现货市场买入相关资产并持有至期货到期日的策略结果是一致的，因此，购买期货合约相当于免去了对现货资产的持有，因此必须支付一定的持有成本。从这个意义上讲，持有成本是在理论上导致现货价格和期货价格差异的重要原因。

假设期货市场是一个完全竞争的市场，且没有税收和交易成本，没有任何市场摩擦，那么，敏锐而频繁的套利行为将有助于期货价格和现货价格保持稳定的差异，这个差异就

是持有成本。期现套利是指投资者利用期货市场与现货市场的价格差异，通过在两个市场套利而获取无风险利润的行为。可以说，套利机会的出现正是市场出现非均衡状态的反映，也正是套利行为使市场重新达到均衡。均衡的市场是不存在套利机会的。因此，我们可利用套利概念来建立持有成本模型。

一方面，当现货价格相对于期货价格较低时，交易者会通过购买现货并卖出期货而套利，获得无风险收益。为了避免套利的出现，期货价格应不大于相关资产的现货价格与持有至交割时的持有成本之和，即

$$F\leqslant S+C \quad 或 \quad F\leqslant Se^{ct}$$

式中，F 为期货合约的价格；S 为相关标的资产的现货价格；C 为从现时持有至期货交割时的持有成本之和；c 为以连续复利表示的持有成本率。

另一方面，当现货价格相对于期货价格较高时，交易者会通过卖出现货并买进期货而进行套利。为了防止套利，期货价格应不小于相关资产现货价格与持有成本之和，即

$$F\geqslant S+C \quad 或 \quad F\geqslant Se^{ct}$$

综合以上两式，我们可以得出期货价格的持有成本模型为：

$$F=S+C \quad 或 \quad F=Se^{ct}$$

在上一节我们介绍过，对于消费型资产，上述恒等式不成立。期货价格为：

$$F\leqslant S+C \quad 或 \quad F\leqslant Se^{ct}$$

为使上面的不等式变成恒等式，我们引入一个新的变量 Y 或 y（以连续复利形式度量），则有：

$$F=S+C-Y \quad 或 \quad F=Se^{(c-y)t}$$

这就是持有成本理论中期货价格的总公式。上式中的 Y 或 y 被称作便利收益（convenience yield）。便利收益是指消费型资产持有人持有现货资产所得到的收益，实际上是在商品现货短缺时资产持有人愿意借出持有的资产所获得的补偿。

持有成本模型只是一种理论定价模型，在实际市场中，由于存在着一定的交易成本和市场摩擦，所以市场的无套利区间扩大，F 有可能会在一定程度上偏离 $S+C-Y$ 水平而得不到纠正。

第七节　交易成本与期货定价：以黄金期货为例

黄金期货的价格和其他期货一样，受交易成本影响。如果黄金的市场价格与交易成本所决定的均衡价格不一致或相互背离，那么市场上就会出现套利行为，从而使期货市场价格又回到原有的价格水平。

一、现金持有套利

假设现在 1 年期的黄金期货价格为 450 元/克，黄金现货价格为 400 元/克，利率为 10%，$F_0>S_0(1+r)^t$。套利者将采取如下操作：

在 $t=0$ 时刻：

（1）以 10%的利率借入 1 年期的 400 元。

(2) 在现货市场上以 400 元购入 1 克黄金。

(3) 卖出 1 年期的黄金期货。

在 $t=1$ 时刻：

(1) 利用买入的黄金交割期货。

(2) 偿还借款并支付利息。

现金流分析如下：

交易		现金流
$t=0$	借入 1 年期的 400 元	+400 元
	在现货市场上买入 1 克黄金	−400 元
	卖出 1 年期的黄金期货	0 元
	总现金流	0 元
$t=1$	利用买入的黄金交割期货	+450 元
	偿还借款并支付利息	−440 元
	总套利收益	10 元

二、反向现金持有套利

假设 1 年期的黄金期货价格为 450 元/克，黄金现货价格为 420 元/克，利率为 10%，$F_0<S_0(1+r)^t$，套利者将采取如下操作：

在 $t=0$ 时刻：

(1) 卖空 1 克黄金现货得到 420 元。

(2) 以 10%的利率借出 420 元。

(3) 买入 1 年期的黄金期货。

在 $t=1$ 时刻：

(1) 收回贷款。

(2) 黄金期货交割。

(3) 利用期货交割获得的黄金去偿还卖空的黄金。

现金流分析如下：

交易		现金流
$t=0$	卖空黄金现货	+420 元
	借出现金	−420 元
	买入黄金期货	0 元
	总现金流	0 元
$t=1$	收回贷款	+462 元
	黄金期货交割	−450 元
	利用期货交割获得的黄金去偿还卖空的黄金	0 元
	套利收益	+12 元

三、现金持有套利：存在交易成本时的黄金套利交易

假设 1 年期的黄金期货价格为 450 元/克，黄金现货价格为 400 元/克，利率为 10%，

交易成本为3%。

套利者将采取如下操作：

在$t=0$时刻：

（1）以10%的利率借入412美元。

（2）买入1克黄金现货并支付交易成本。

（3）卖出1年期的黄金期货。

在$t=1$时刻：

（1）交割黄金期货。

（2）偿还借款并支付利息。

现金流分析如下：

交易		现金流
$t=0$	借入412元	+412元
	在现货市场上买入黄金并支付交易成本	−412元
	卖出黄金期货	0元
	总现金流	0元
$t=1$	买入黄金期货交割的黄金	+450元
	偿还借款并支付利息	−453.2元
	总现金流	−3.2元

四、反向现金持有套利：存在交易成本时的黄金套利交易

假设1年期的黄金期货价格为450元/克，黄金现货价格为420元/克，利率为10%，交易成本为3%。

套利者将采取如下操作：

在$t=0$时刻：

（1）卖空1克黄金现货并支付交易成本。

（2）以10%的利率借出407.4元。

（3）买入1年期的黄金期货。

在$t=1$时刻：

（1）收回贷款。

（2）黄金期货交割，买入1克黄金。

（3）利用交割来的黄金去偿还卖空的黄金现货。

现金流分析如下：

交易		现金流
$t=0$	卖空1克黄金现货并支付交易成本	+407.40元
	借出407.40元	−407.40元
	买入1年期的黄金期货	0元
	总现金流	0元
$t=1$	收回贷款	+448.14元
	黄金期货交割	−450.00元

利用交割来的黄金去偿还卖空的黄金	0 元
总现金流	－1.86 元

从上例可以看出，在实际市场中，在存在一定交易成本的情况下，套利利润被交易成本侵蚀，市场的无套利区间扩大，期货价格有可能会在一定程度上偏离理论水平而得不到纠正。

本章小结

在本章中，我们学习了期货定价的基本原理，并将期货分为不同种类，如以无收益资产为标的物的期货、以含收益资产为标的物的期货等，且分开阐述。我们介绍的主要期货定价理论为持有成本理论。简单来讲，持有成本理论认为，期货价格取决于期货合约标的物的商品现货价格，以及持有该现货商品至期货合约交割日之间的持有成本。在实际市场运作过程中，由于市场的不完全性，套利行为常常不能顺利进行，原持有成本理论也需要进行适度的修正，市场的无套利区间扩大。

练习题

1. 简述期货套利交易与纯粹的单向投机的不同之处。

2. 什么是卖空？卖空交易的一般程序是怎样的？

3. 卖空机制的作用是什么？

4. 简述无风险套利的前提并构造一个简单的无风险套利的例子。

5. 简述持有成本理论的基本内涵以及它的缺陷。

6. 简述你对持有成本理论及其拓展形式的理解。

7. 现有一张期限为 4 个月的股指期货合约，其价格为 405 元。现在其标的资产的价格水平为 400 元。该股票指数的现金股利率为 4%。假设市场上无风险收益率为 10%。该现货市场与期货市场之间有无套利机会？如何执行该套利交易？

8. 试解释远期合约与期货合约的价值有何不同。

9. 股指期货价格是高于还是低于其将来的预期价格？为什么？

10. 白银的现价为每盎司 15 美元，每年存储成本为每盎司 0.24 美元，存储成本需要每季度提前支付。设年无风险利率为 10%（连续复利），请计算 9 个月后到期的白银期货价格。

11. 解释便利收益与持有成本的含义。期货价格、现货价格、便利收益及持有成本的关系式是什么？

12. 设 f_1 和 f_2 分别是期限为 t_1 和 t_2 的期货合约的价格，两张合约的标的资产相同。r 为无风险利率。试证明：

$$f_2 \leqslant f_1 e^{r(t_2-t_1)}$$

13. 6 月 5 日，买卖双方签订了一张 3 个月后交割一篮子股票组合的远期合约。该一篮子股票组合与恒生指数的构成完全对应。此时的恒生指数为 15 000 点，恒生指数的合约乘数为 50 港元，市场年利率为 8%。该股票组合在 8 月 5 日可收到 10 000 港元的股利。

此远期合约的合理价格是什么？

14. 当前股票价格为 30 元，3 个月后支付股利 5 元，年无风险利率为 12%（连续复利）。若签订一张期限为 6 个月的股票远期合约，则远期价格应为多少？

15. 2011 年 3 月华东沿海某油脂公司想要订购 5 万吨美国大豆，采用 FOB（船上交货）方式，3 月 31 日完成期货作价，期货点价成本是 1 400 美分/蒲式耳，FOB 升水是 70 美分/蒲式耳，海运费是 56 美元/吨，大豆的进口关税是 3%，进口增值税税率是 13%，其他各项杂费合计 120 元/吨，汇率按 1 美元兑换 6.5 元人民币计算（单位换算：1 吨大豆等于 36.74 蒲式耳大豆）。试计算该公司的大豆进口成本。

参考文献

[1] Black, Fischer, "The Pricing of Commodity Contracts," *Journal of Financial Economics*, 1976 (3): 167-179.

[2] Cox, John C., Jonathan E. Ingersoll Jr., and Stephen A. Ross, "The Relation Between Forward Prices and Futures Prices," *Journal of Financial Economics*, 1981 (9): 321-346.

[3] 黄达，张杰．金融学．6 版．北京：中国人民大学出版社，2024.

[4] 约翰·赫尔．期货与期权市场基本原理：英文版·第 9 版．北京：清华大学出版社，2021.

拓展阅读

第三章附录

第四章

均衡期货价格：理论与实践

本章导读

市场均衡条件下的期货定价是金融学术界长期争论的问题之一。凯恩斯早在其1930年的《货币论》中就指出，期货市场实质上是向部分市场参与者提供保险的一种场所，对冲者到期货市场进行套期保值，降低或消除风险，因此，他们应该为得到的这种保险支付一定的“溢价”。通过支付这种“溢价”给其他交易者以吸引他们到期货市场中承担风险。这类交易者就是投机者。换句话说，投机者到期货市场承担对冲交易者转移过来的风险就必须得到“补偿”。这就是学术界所谓的现货溢价理论或延期交割费理论。凯恩斯的现货溢价理论后来被发展成内涵更丰富的对冲压力理论。与现货溢价理论针锋相对的是赌场论。赌场论认为，期货市场就是一种特定形式的“赌场”，投机者不但不必向对冲者支付溢价，投机者作为一个群体将愿意为参与赌博付出一定代价（多以赌博损失的形式）。最早从理论上提出赌场论的是哈蒂（Hardy，1940）。① 在20世纪中期有关凯恩斯和哈蒂论战的著名文献有特尔泽（Telser，1958）、库特纳（Cootner，1960）和霍撒克（Houthakker，1957）等。② 哈蒂的赌场论在多年的争论后逐渐为人们所淡忘。第三种有关市场均衡条件下期货定价的理论是证券组合理论。该理论的早期代表人物是杜萨克（Dusak，1973）。③ 杜萨克用理论和实证方法证明了期货与一般股票或债券组合没有实质差别，修正后的资本资产定价模型也同样适用于期货定价。由于篇幅所限，本章就现货溢价理论、对冲压力理论和证券组合理论做一简介，并讨论了市场均衡条件下期货定价理论的有关发展。

第一节　现货溢价理论及其数学描述

凯恩斯在《货币论》中首先提出了现货溢价理论。凯恩斯认为，期货市场的套期保值

---

① Hardy，G. H.，*A Mathematician's Apology*，Cambridge：Cambridge University Press，1940.

② Telser，L. G.，“Futures Trading and the Storage of Cotton and Wheat，” *Journal of Political Economy*，1958（66）：233－255. Cootner，P. H.，“Returns to Speculators：Telser versus Keynes，” *Journal of Political Economy*，1960（68）：396－404. Houthakker，H. S.，“An International Comparison of Household Expenditure Patterns Commemorating the Centennial of Engel's Law，” *Econometrica*，1957（25）：532－551.

③ Dusak，K.，“Futures Trading and Investor Returns：An Investigation of Commodity Market Risk Premiums，” *Journal of Political Economy*，1973（81）：1387－1406.

功能和价格形成功能不可能同时得到满足，在商品期货中存在现货溢价问题，即期货价格要低于其远期交割时的预期价格，而且期货价格会随着期货合约交割日期的临近而逐渐上升，直至交割日期时等于现货价格。其理由是，套期保值者通过期货市场避免了价格波动的风险，他们必须为这种保险提供风险贴水给投机者。而期货价格与现货价格之间的价差则成为风险承担者——投机者——的风险报酬或收益。凯恩斯认为，寻求降低风险的交易者（如农场主）参与期货市场的目的在于锁定未来的收益，投机者参与交易的动机则在于获得期货与现货之间的价差，为吸引他们购买期货合约，农户只能以较低的期货价格出售自己的产品，让渡一定的风险报酬给投机者，凯恩斯称这一风险报酬为延期交割费。在凯恩斯“现货溢价”概念的基础上，1939 年，希克斯提出了资金的流动性偏好理论。希克斯认为，为稳定未来的资金供给，资金的借方总是希望借贷期越长越好；而资金的贷方为避免未来收益的不确定性则希望借贷期越短越好，期限越长，资金的流动性越差。投机者的存在弥合了资金借贷和供求在期限长短上的错位，他们借短而贷长，同时索求相应的期限溢价以补偿损失的资金流动性和所承担的风险，自然地，期货商品的收益水平隐含的远期利率高于未来短期债券的预期即期利率，两者之间的差额就是所谓的期限风险溢价。在讨论现货溢价理论的数学描述之前，我们首先对“现货溢价”的概念进行界定。

在期货市场上，无套利原理要求期货价格必须与交割日期的现货价格保持一致。令 $F_{i,T}$ 代表一个还有 T 日到期并进行交割的第 i 个期货合约的期货价格，令 $S_{i,T}$ 代表第 i 个期货合约尚有 T 日到期的标的资产的现货价格。那么，无套利原理要求对于任意的期货合约 i 存在以下关系：

$$S_{i,0}=F_{i,0}$$

在到期日，期货价格必然等于现货价格。这个无套利原理使人们可以用 $F_{i,0}$ 来代替到期日的现货价格。

凯恩斯的现货溢价理论认为，如果不断上升的期货价格给投机者提供了利润作为他们承担风险的溢价，那么到期日前的期货价格应该低于到期日时的期货时点价格的期望值，即

$$E[F_{i,T}-F_{i,0}]<0$$

凯恩斯的现货溢价理论的核心在于期货价格会随着交割期的临近而逐渐上升。这表明以下两个等式必须成立：

$$E\left[\ln\left(\frac{F_{i,T}}{F_{i,T+1}}\right)\right]>0 \quad \text{且} \quad E\left(\frac{F_{i,T}}{F_{i,T+1}-1}\right)>0$$

凯恩斯提出现货溢价理论时并没有用数学模型。为方便论述以及与后续讨论相一致，我们试图以一种简单的数学模型来表述现货溢价理论下的期货定价。

设某一标的资产的现时现货价格为 S_0，其中 S_0 服从正态分布 $S_0\sim N(\bar{s}, \sigma^2)$。该标的物有一期货合约，其现时期货价格为 F_0。市场参与者有两类：一类为同质的对冲者，数量为 N 人；另一类为同质的投机者，数量为 M 人。

设某一对冲者 I（如农场主）的风险暴露为 z_i，需要在期货市场上卖出 h_i 单位期货合约以达到风险最小化的目标。该期货合约的期限为 T 年，到期的期货和现货价格为 S_T（即基差为零）。

期货定价问题就是要在市场均衡状态下求出 F_0 的表达式。

每一对冲者和投机者都是风险厌恶型的，并遵循均值方差效用函数，即

$$U=E(R)-\frac{\alpha}{2}\mathrm{Var}(R)$$

式中，U 表示效用函数；$E(R)$ 表示期望财富；$\mathrm{Var}(R)$ 表示财富的方差；α 表示绝对风险厌恶系数。为使数学表达简便，我们设定投机者和对冲者的风险程度相同。

对冲者在时间 T 的期望财富为 $E^H(R)=E(S_T)z_i+[F_0-E(S_T)]h_i$，则其期望财富的方差为 $\mathrm{Var}^H(R)=z_i^2\sigma^2+h_i^2\sigma^2-2z_ih_i\sigma^2$，其期望效用函数为：

$$E^H(U)=E(S_T)z_i+[F_0-E(S_T)]h_i-\frac{\alpha}{2}(z_i^2\sigma^2+h_i^2\sigma^2-2z_ih_i\sigma^2) \tag{4.1}$$

对式（4.1）关于 h_i 求一阶导数，我们得到该对冲者的最优对冲策略（或最优套期保值比率）为：

$$h_i^t=z_i+\frac{F_0-E(S_T)}{\alpha\sigma^2} \tag{4.2}$$

式（4.2）的右边有两项，其经济学含义为，风险厌恶型对冲者的最优对冲策略由两部分构成：第一部分为纯对冲头寸（z_i），即有 1 单位的风险暴露，则在期货市场上建立 1 单位的期货头寸来完全消除风险；第二部分为纯投机头寸 $\frac{F_0-E(S_T)}{\alpha\sigma^2}$，其头寸的大小与风险暴露规模完全无关，而与对冲者的预期价格和期货价格的差额相关，即与其信息集相关。

所有对冲者的头寸总和为 $\sum_{i=1}^{N}h_i^*$，即

$$H=\sum_{i=1}^{N}h_i^*=Nz_i+\frac{F_0-E(S_T)}{\frac{\alpha}{N}\sigma^2} \tag{4.3}$$

与上述类似，投机者的投机头寸总和为 $\sum_{j=1}^{M}s_j^*$，其中 s_j^* 表示第 j 个投机者的最优期货头寸，$s_j^*=-\frac{F_0-E(S_T)}{\alpha\sigma^2}$。投机者的头寸总和为：

$$S=\sum_{j=1}^{M}s_j^*=-\frac{F_0-E(S_T)}{\frac{\alpha}{M}\sigma^2} \tag{4.4}$$

期货市场均衡的条件是：期货市场净多头头寸等于净空头头寸，即 $S=H$，整理后可得：

$$F_0=E(S_T)-\frac{z_i\alpha\sigma^2}{\frac{M}{N}+1} \tag{4.5}$$

式（4.5）表明市场均衡状态下的期货价格受到以下因素的影响：（1）市场预期未来价格；（2）交易者的风险厌恶程度；（3）对冲者的现货市场风险暴露规模；（4）现货价格（收益）方差；（5）投机者与对冲者的数量比。其中，对冲者风险暴露越大，交易风险厌恶程度越高，现货价格波动率越大，期货价格越低于预期的未来现货价格。这表明对冲者需要付出更大的代价来吸引投机者入市，这种代价就是以低于预期未来现货价格的期货价格卖出期货合约，预期的期货价格将逐渐随到期日的临近而上扬到现货价格水平，持有净多头头寸的投机者将获得正的预期利润。如果投机者的净头寸为空头头寸，期货价格将高

于预期的现货价格。同时，投机者也以正的预期利润而被吸引到期货市场中。

从式（4.5）还可以看出，如果对冲者数量一定而投机者充斥市场，投机者之间的竞争可使对冲者付出较小的代价。当$M\to\infty$时，式（4.5）的后一项趋近于零，这时的期货价格与预期现货价格相等。因此，我们通常所说的期货价格等于预期现货价格只有在特殊情况下才会出现。

值得注意的是，即使期货价格与预期现货价格由于对冲者的出现而产生了系统性偏差，也不表明期货市场的价格发现功能消失。只要这个偏差是确定的，期货价格和预期现货价格偏差与期货市场的价格发现功能就不矛盾。

第二节　证券组合理论与期货价格

证券组合理论的核心观点是：期货合约与股票等风险资产一样，其预期收益（价格）由该合约的系统性风险来决定。这就是夏普-林特纳-莫辛的资本资产定价理论。其中，夏普提出的资本资产定价理论下风险与收益的关系可由下式表示：

$$E(R_i)=R_f+[E(R_m)-R_f]\beta_i \tag{4.6}$$

式中，$E(R_i)$ 为风险资产的预期收益；R_f为无风险收益率；$E(R_m)-R_f$为预期的市场风险溢价；β_i为资产 i 的系统性风险，其公式如下：

$$\beta_i=\frac{\mathrm{Cov}(R_i, R_m)}{\sigma_{R_m}^2}$$

然而，在期货定价方面直接套用式（4.6）有较大的理论上的阻碍。与股票、债券不同，期货合约的买卖是保证金交易，即投资者只需支付相当于合约金额一小部分比例的保证金就可以建立该合约的一个头寸。保证金不是一般意义上的资本，因此期货合约也非一般意义上的风险资产。由于期货合约的这一属性，期货收益的理论含义也成为一个学术难题。

杜萨克指出，期货收益率应仅被理解为期货价格变化的百分比，并且一个多头头寸期货合约可以被当作全额借贷（无风险借贷）下的资本资产投资，即购买期货合约下的标的资产。以S_0为现货价格，R_f为无风险利率，S_T为时间 T 的现货价格，则式（4.6）可表示为：

$$S_0(1+R_f)=E(S_T)-[E(R_m)-R_f]S_0\beta_i \tag{4.7}$$

注意，$S_0(1+R_f)$表示完全借贷条件下的资产价格。调整式（4.7）可得：

$$\frac{F_0-S_0(1+R_f)}{S_0}=\beta_i[E(R_m)-R_f] \tag{4.8}$$

式（4.8）就是杜萨克提出的期货定价公式。式（4.8）左侧为期货的风险溢价——期货价格的变化值除以期初现货价格。在不考虑基差的情况下，期货的风险溢价有两种等价的衡量方法：（1）期货的风险溢价等于扣除存储成本的现货超额收益率（即价格变化率减去无风险利率）乘以资产 i 的系统性风险；（2）期货的风险溢价等于期货价格变化的百分比。

第三节　非完全市场条件下的均衡期货定价——对冲压力理论

证券组合理论下的期货定价利用了资本资产定价模型的所有假设条件，其中包括完全市场假设。放松完全市场假设的期货定价理论就是著名的对冲压力理论。对冲压力理论是凯恩斯的现货溢价理论与证券组合理论的有机结合，即期货收益由系统性风险（systema-tic risk）和不可交易风险共同决定。

我们这里介绍的对冲压力理论模型基本建立在德龙等（De Roon et al.，2000）的理论基础上。其理论框架与 1976 年迈耶提出的理论框架有很多相似之处。考虑一期模型：在时期 0，投资者决定其资产分配决策；在时期 T，投资者卖出资产离开市场。假设一个市场存在 K 种资本资产和 F 种期货合约供投资者选择。资本资产 i 的收益为$R_K^i=(P_{i,T}-P_{i,0})/P_{i,0}$，其中 $i=1$，…，K。期货合约 i 的收益为 $R_F^i=(F_{i,T}-F_{i,0})/F_{i,0}$，其中 $i=1$，…，F。除此之外，市场上部分参与者持有 S 种不可交易资产，其收益可表示为$R_S^i=\dfrac{S_{i,T}-S_{i,0}}{S_{i,0}}$，其中 $i=1$，…，S。设某一投资者 j 既投资于资本资产和期货合约，也持有不可交易资产。其投资组合的收益为：

$$R^j=W_K^{j'}R_K+W_F^{j'}R_F+q^{j'}R_S \tag{4.9}$$

式中，$W_K^{j'}$ 表示K 种资本资产在证券组合中的权重向量；$W_F^{j'}$表示F 种期货合约的头寸权重向量；$q^{j'}$ 是S 种不可交易资产规模的向量。

定义投资者 j 的可交易资产（资本资产和期货合约）的权重向量为 $W^j=(W_K^{j'}\quad W_F^{j'})'$，收益向量为 $R=(R'_K\quad R'_F)'$。该投资者服从标准的均值方差效用函数，投资者 j 的资产选择问题就可由下列方程表示：

$$\max U^j=\max U^j[E(R^j),\mathrm{Var}(R^j)] \tag{4.10}$$

约束条件为：

$$E(R^j)=W^{j'}E(R)+q^{j'}E(R_S) \tag{4.11}$$

$$\mathrm{Var}(R^j)=W^{j'}\mathrm{Var}(R)W^j+2W^{j'}\mathrm{Cov}(R,R_S)q^j+q^{j'}\mathrm{Var}(R_S)q^j \tag{4.12}$$

$$W_A^{j'}l=1 \tag{4.13}$$

式中，$W_A^{j'}$是投资组合权重向量，l 是一个纬度为 K 的单位向量。对式（4.9）中的组合权重求一阶导数，市场均衡状态下的资本资产和期货合约的预期收益分别为：

$$E(R_K)-\eta l=\gamma^j[\mathrm{Cov}(R_K,R_F)W^{j*}+\mathrm{Cov}(R_K,R_S)q^j] \tag{4.14}$$

$$E(R_F)=\gamma^j[\mathrm{Cov}(R_F,R_K)W^{j*}+\mathrm{Cov}(R_F,R_S)q^j] \tag{4.15}$$

式中，$\gamma^j=-\dfrac{1}{2}\dfrac{U_2^j(\cdot)}{U_1^j(\cdot)}$，$\eta$ 为拉格朗日乘数。

如果将投资者 j 的总财富记作 Y^j，市场上所有 N 个交易者的不可交易资产总头寸 q^m为：

$$q^m=\frac{\sum_{j=1}^{N}Y^j q^j}{\sum_{j=1}^{N}Y^j} \tag{4.16}$$

q^m代表财富水平加权的不可交易风险，是一个经济体内的总体不可交易风险。结合式（4.14）～式（4.16），资本资产和期货的预期收益可简化为：

$$E(R_K)-\eta l=\beta_K E(R^m-\eta)+\sum_{s=1}^{S}\theta_K q^m \tag{4.17}$$

$$E(R_F)=\beta_F E(R^m-\eta)+\sum_{s=1}^{S}\theta_F q^m \tag{4.18}$$

式中，

$$\beta_K=\frac{\mathrm{Cov}(R_K, R^m)}{\mathrm{Var}(R^m)}$$

$$\beta_F=\frac{\mathrm{Cov}(R_F, R^m)}{\mathrm{Var}(R^m)}$$

$$\theta_K=\gamma^m[\mathrm{Cov}(R_K, R_S)-\beta_K\mathrm{Cov}(R^m, R_S)]$$

$$\theta_F=\gamma^m[\mathrm{Cov}(R_F, R_S)-\beta_F\mathrm{Cov}(R_F, R_S)]$$

式中，β_K和β_F分别为资本资产和期货合约的β系数，γ^m为市场上的平均风险厌恶系数。

从式（4.17）和式（4.18）中我们可以清楚地看到，总体不可交易风险对资本资产和期货合约的预期收益都产生了影响。这就是对冲压力理论的一种常见表述。式（4.18）的结果与迈耶的存在不可交易资产情况的资本资产定价理论所得出的结论一致。

1988年，赫什莱弗也提出了一个度量对冲压力及其对均衡期货价格影响的理论模型。赫什莱弗的理论模型是建立在以下两个观察基础上的：第一，部分期货标的资产不可以在市场上自由买卖交易，尤其是一些标的资产的收益权，不能够像买卖股票那样自由交易；第二，投资者对期货市场的参与也将受到固定成本的限制，这也就意味着将有一部分投资者不能够参与期货市场，对标的资产的风险分散有可能是不完全的。这两点与默顿的证券市场不完全参与效应类似。默顿证明，当期货市场达到供求均衡时，期货风险溢价既取决于系统性风险，也取决于交易者参与受限或交易成本引起的残余风险（或对冲风险），且残余风险溢价的符号取决于净对冲压力的符号。

第四节　均衡期货定价理论的实践

前几节讨论了三种均衡期货定价理论。究竟哪一种期货定价方法更准确地描述了实际的期货价格行为需要实证证据的支持。有关期货定价的研究还考察了其他影响期货价格的因素，包括投资者情绪等非理性因素。由于篇幅所限，这里仅做一些简要的介绍。

德龙等（De Roon et al.，2000）利用美国20个主要期货市场的数据，实证分析了期货定价的两个风险因素（系统性风险和对冲压力）在期货定价方面的作用。其期货市场压力以美国商品期货交易委员会要求各交易所和大型交易者上报的某一期货合约对冲者的头寸总和来衡量。系统性风险以各期货合约的β系数来衡量（以S&P 500指数近似作为市场组合）。就某一期货合约s而言，其时间t的净对冲压力的计算公式为：

$$q_{s,t}^m=\frac{\text{空头对冲头寸总量}-\text{多头对冲头寸总量}}{\text{对冲头寸总量(空头头寸}+\text{多头头寸)}}$$

他们建立了如下实证模型：

$$R_{i,t}=\alpha_i+\beta_i R_t^m+\sum_{s=1}^{S}\theta_{i,s}q_{s,t-1}^m+\varepsilon_{i,t} \tag{4.19}$$

设$\alpha_i=-\beta_i\eta_i$，$E(\varepsilon_{i,t})=0$，$E(R_t^m, \varepsilon_{i,t})=E(q_{s,t}^m, \varepsilon_{i,t})=0$。$R_{i,t}$表示时间$t$期货合约$i$的收益率，$\beta_i$是相对于S&P 500指数的期货合约$i$的$\beta$值。考虑到期货市场上的交叉

对冲压力——某一期货合约的对冲压力对同类标的物的其他期货合约价格的影响，德龙等（De Roon et al.，2000）的实证分析模型可进一步表述为：

$$R_{i,t}^{j}=\alpha_i^j+\beta_i^j R_t^{S\&P500}+\sum_{s=1}^{S}\theta_{i,s}^{j}q_{s,t-1}^{j}+\varepsilon_{i,t}^{(j)} \tag{4.20}$$

式（4.20）中按标的物近似度分组，$j=4$，它们分别是金融期货、农产品期货、矿产品期货和外汇期货。每一组都含有 5 个期货合约，即 $i=5$。德龙等（De Roon et al.，2000）的主要实证结果在表 4-1 中列示。

表 4-1 对冲压力与期货定价

第一组：金融期货							
标的物	$\hat{\theta}_{S\&P500}$	$\hat{\theta}_{价值线}$	$\hat{\theta}_{长期国债}$	$\hat{\theta}_{短期国债}$	$\hat{\theta}_{欧洲美元}$	$W_{全部}$	$W_{其余}$
S&P 500	−0.95	−0.00	−0.10	−0.14	−0.23	34.96	32.59
	(−1.25)	(−0.01)	(−0.18)	(−0.54)	(−0.32)	(0.00)	(0.00)
价值线	1.77	−0.22	1.12	−2.50	0.87	24.81	24.78
	(1.05)	(−0.98)	(0.58)	(−3.63)	(1.07)	(0.01)	(0.00)
长期国债	1.47	0.37	5.29	3.10	−3.34	57.31	31.18
	(0.45)	(1.01)	(2.75)	(3.65)	(−1.07)	(0.00)	(0.00)
短期国债	−0.05	0.05	0.58	0.39	−0.02	87.92	7.11
	(−0.15)	(1.21)	(2.05)	(3.53)	(−0.06)	(0.00)	(0.53)
欧洲美元	0.05	0.06	0.76	0.50	−0.00	103.53	91.65
	(0.18)	(1.49)	(3.00)	(5.43)	(−0.01)	(0.00)	(0.00)
第二组：农产品期货							
标的物	$\hat{\theta}_{小麦}$	$\hat{\theta}_{玉米}$	$\hat{\theta}_{大豆}$	$\hat{\theta}_{活牛}$	$\hat{\theta}_{糖}$	$W_{全部}$	$W_{其余}$
小麦	4.76	2.13	−0.02	0.32	2.54	43.54	9.46
	(4.61)	(1.01)	(−0.02)	(0.17)	(1.47)	(0.00)	(0.31)
玉米	2.35	10.89	−1.13	−0.59	3.22	39.71	8.34
	(1.83)	(5.39)	(−0.59)	(−0.28)	(1.56)	(0.00)	(0.40)
大豆	0.81	3.11	5.38	3.00	0.85	35.10	19.74
	(0.84)	(5.39)	(3.12)	(1.37)	(0.54)	(0.00)	(0.01)
活牛	1.19	−0.07	−1.35	1.40	−1.02	6.00	4.40
	(1.37)	(−0.06)	(−1.20)	(1.26)	(−1.13)	(0.82)	(0.82)
糖	−0.04	−10.27	5.71	−9.35	17.07	41.46	15.56
	(−0.01)	(−2.36)	(1.68)	(−2.26)	(5.11)	(0.00)	(0.05)

续表

第三组：矿产品期货							
标的物	$\hat{\theta}_{黄金}$	$\hat{\theta}_{白银}$	$\hat{\theta}_{白金}$	$\hat{\theta}_{原油}$	$\hat{\theta}_{燃料油}$	$W_{全部}$	$W_{其余}$
黄金	2.88 (2.81)	3.03 (1.92)	2.03 (2.16)	2.74 (0.87)	2.56 (1.28)	58.05 (0.00)	19.36 (0.01)
白银	2.10 (0.99)	8.07 (2.75)	5.22 (3.15)	−2.91 (−0.51)	1.22 (0.35)	29.95 (0.00)	15.99 (0.04)
白金	−1.63 (−1.09)	6.20 (2.44)	6.51 (4.37)	−0.70 (−0.11)	1.99 (0.52)	38.74 (0.00)	16.38 (0.04)
原油	2.95 (0.97)	−0.07 (−0.02)	−4.94 (−1.52)	15.56 (1.59)	24.41 (4.03)	34.77 (0.00)	28.15 (0.00)
燃料油	1.46 (0.42)	3.05 (0.74)	−4.29 (−1.20)	12.99 (1.46)	19.93 (3.92)	35.51 (0.00)	6.98 (0.54)
第四组：外汇期货							
标的物	$\hat{\theta}_{马克}$	$\hat{\theta}_{英镑}$	$\hat{\theta}_{日元}$	$\hat{\theta}_{加拿大元}$	$\hat{\theta}_{瑞士法郎}$	$W_{全部}$	$W_{其余}$
马克	4.44 (5.09)	0.61 (1.50)	0.60 (1.18)	−0.66 (−1.83)	−0.15 (−0.23)	125.34 (0.00)	19.47 (0.01)
英镑	2.29 (2.49)	2.90 (6.76)	0.01 (0.02)	−0.06 (−0.17)	−0.95 (−1.25)	100.70 (0.00)	18.73 (0.02)
日元	1.99 (1.89)	0.07 (0.16)	3.13 (6.31)	−0.13 (−0.36)	−0.33 (−0.48)	90.53 (0.00)	11.26 (0.19)
加拿大元	−0.01 (−0.03)	0.05 (0.31)	−0.21 (−1.19)	0.91 (6.63)	0.14 (0.63)	62.03 (0.00)	10.05 (0.26)
瑞士法郎	2.82 (2.91)	0.54 (1.21)	0.90 (1.71)	−0.65 (−1.67)	1.17 (1.74)	130.58 (0.00)	25.41 (0.00)

注：括号中的数值为 t 值。

表 4-1 中的最后两列 $W_{全部}$ 和 $W_{其余}$ 是 Wald 显著性检验的结果。$W_{全部}$ 检验的假设为：所有对冲压力系数全部为零。$W_{其余}$ 检验的原假设为：除自身对冲压力系数以外的所有交叉对冲压力系数均为零。

德龙等（De Roon et al.，2000）的核心结论可以归结如下：（1）式（4.19）和式（4.20）的期货定价模型得到普遍支持；（2）不仅期货合约的自身对冲压力，其他相关期货市场由于交叉对冲而带来的交叉对冲压力也会对期货价格产生显著影响；（3）只有小部分期货市场中系统性风险对期货预期的收益产生了显著影响。

汪昌云（Wang，2003）系统分析了美国主要期货市场上投机者和对冲者的投资决策行为，以及美国主要期货合约定价和交易者的业绩表现。汪昌云（Wang，2003）利用相关数据从一个全新的角度重新探索和验证了现货溢价理论和对冲压力理论。简单地说，汪昌云（Wang，2003）的思路是：如果对冲者的净头寸变动与未来期货收益负相关，则表明对冲者增加净多（空）头头寸时，未来期货价格将下跌（上涨）。这实际上是现货溢价理论或对冲压力理论的另一种表述。汪昌云（Wang，2003）还分析了各类交易者交易行为的决定因素。结合前人关于交易决策影响因素的讨论，他建立的分析模型如下：

$$\Delta NI_{t+1}^{i}=\alpha_0^i+\alpha_1^i\Delta SI_t+\alpha_2^i r_t+\sum\beta_j^i\Phi_{jt}+\varepsilon_{t+1}^i \tag{4.21}$$

式中，ΔNI_{t+1}^{i} 是交易者 i(投机者或对冲者）在 $t+1$ 期的净头寸变化，净头寸被定义为多头头寸减去空头头寸的值；ΔSI_t是市场共识指数（market consensus index）在 t 期的变化；r_t是期货在 t 期的收益；Φ_{jt}是在 t 期市场上所有交易者都可以得到的信息变量集，包括用来表示期望通货膨胀率或短期贴现率的 3 个月期短期国库券收益，用来表示违约风险溢价的穆迪 BAA 级长期公司债券收益与 AAA 级短期公司债券收益之差，以及 S&P 500 指数月收益，当经济增速缓慢或衰退时，其值较大。

对美国 15 个主要期货市场的实证研究发现，对于投机者，市场共识指数系数为正，而且除了金融和大豆期货以外都显著异于零，而滞后收益的系数为负且除了大豆期货外都很显著。这说明在控制了风险因子后，当市场呈现牛市（熊市）时，投机者会增加（减少）净头寸，而当本月价格高于（低于）上月价格时，投机者又会减少（增加）下期净头寸。因此，投机者对市场共识指数变化会做出正向反应并表现出负向反馈策略。但是信息变量集系数却不显著异于零，这说明信息变量不对投机者的交易决策产生影响。对冲者的检验结果与投机者的检验结果迥然相异。市场共识指数系数为负，而且除了短期国库券、国债和大豆期货以外显著异于零，而滞后收益的系数为正且显著异于零。因此，当市场表现为牛市（熊市）时，对冲者会减少（增加）净头寸，而当本月价格高于（低于）上月价格时，对冲者又会增加（减少）净头寸。对冲者这样的交易策略被称为正向反馈策略。信息变量集系数的符号和投机者的相反。

汪昌云（Wang，2003）进一步分析了各类交易者的绩效表现。其实证模型为：

$$R_{t+1}=\gamma_0^i+\gamma_1^i\Delta NI_t^i+\sum\varphi_j^i\Phi_{jt}+\varepsilon_{t+1}^i \tag{4.22}$$

式中，R_{t+1} 表示期货合约的未来收益；ΔNI_t^i 表示第 i 类交易者在 t 期的净头寸变化；Φ_{jt} 表示在 t 期第 i 类交易者的信息集。实证结果表明，除少数期货合约外，投机者的头寸变化与未来收益正相关，而对冲者的头寸变化与未来收益负相关。这一结论与现货溢价理论和对冲压力理论的预测一致，表明对冲者总体上支付溢价，而投机者的收益总体上为正，其实质是对其承担风险的一种补偿。

本章小结

本章对均衡期货定价理论进行了简要的介绍，包括现货溢价理论、证券组合理论以及对冲压力理论。这些理论还在不断完善和发展中。实证研究这些理论的文献也浩如烟海。从总体看，这些理论都在不同程度上得到了实证证据的支持，表明期货价格的影响因素比我们在上一章有关套利定价的讨论中要复杂，市场不完全性、交易成本、风险水平等对期货价格产生了系统性影响。除此之外，研究还发现，投资者行为偏差、投资者情绪等对期货价格也会产生影响。这说明，与股票等的定价类似，非理性因素也会对期货定价产生影响。因此，期货定价尤其是均衡期货定价理论尚需进一步发展。

练习题

1. 现货溢价理论的内涵是什么？其理论假设有哪些？

2. 市场不完全条件下期货定价的方法有哪些？它们与持有成本理论有什么联系？

3. 从现货溢价理论中如何理解投机？

4. 在现实世界中，期货价格与预期的到期日现货价格往往不相等，这样现货溢价理论中关于对冲者取得负的预期收益的结论不一定成立。如何理解这一现象？

5. 假设所有数据均可得，如何实证检验现货溢价理论和对冲压力理论？

6. 有人认为远期汇率是未来即期汇率的无偏估计。在什么情况下这一说法成立？

7. 试推导杜萨克的证券组合理论框架下的期货定价公式，并分析它与其他均衡期货定价方法的联系与区别。

8. 1988 年赫什莱弗提出的不完全市场下的均衡期货定价理论与 1976 年迈耶的模型有何异同？

9. 有人认为商品的名义价格从长期看呈上升趋势，那么在存在现货溢价的市场中空头套期保值总会遭受巨额现金亏损。你如何看待这一评述？

10. 试以一种数学方法证明凯恩斯的现货溢价理论。

参考文献

[1] De Roon et al.，“Hedging Pressure Effects in Futures Markets，” *Journal of Finance*，2000（55）：1437－1456.

[2] Keynes，J. M.，*A Treatise on Money*，vol. Ⅱ，London：Macmillan，1930.

[3] Wang，C.，“Investor Sentiment and Return Predictability in Agricultural Futures Markets，” *Journal of Futures Markets*，2001（21）：929－952.

[4] Wang，C.，“The Behavior and Performance of Major Types of Futures Traders，” *Journal of Futures Markets*，2003（23）：1－31.

[5] 约翰·赫尔. 期货与期权市场基本原理：英文版·第 9 版. 北京：清华大学出版社，2021.

第五章
套期保值策略

本章导读

期货市场的基本经济功能之一就是为部分交易者提供风险管理的手段。为规避价格风险，最常用的手段便是套期保值。利用衍生工具合约来抵消或降低现货市场价格波动带来损失的交易行为称为套期保值。

本章分析了套期保值的基本动因，主要研究利用期货进行套期保值的方法，介绍了方差最小化和效用最大化两种套期策略的选择，并介绍了有关风险管理与风险对冲策略的案例。

第一节　套期保值概述

一、套期保值

套期保值（hedge）又称“对冲”，是一种以规避现货价格风险为目的的期货交易行为，通过在期货市场和现货市场进行反向操作来实现。由于期货和现货市场价格走势基本一致，一个市场盈利，则另一个市场亏损，盈亏相抵后使得交易者的收益稳定在预期水平。根据在期货市场上操作方式的不同，套期保值可分为买入（多头）套期保值（long hedge）和卖出（空头）套期保值（short hedge）。

买入套期保值是指套期保值者先在期货市场上买入与其将在现货市场上买入的现货商品数量相等、交割日期相同或相近的该商品期货合约，然后在现货市场上实际买入该种现货商品时，在期货市场上卖出原先买入的该商品的期货合约，从而为其在现货市场上买进现货商品的交易进行保值。

卖出套期保值是指套期保值者先在期货市场上卖出与其将在现货市场上卖出的现货商品数量相等、交割日期相同或相近的该商品期货合约，然后在现货市场上实际卖出该种现货商品时，在期货市场上买入原先卖出的该商品的期货合约，从而为其在现货市场上卖出现货商品的交易进行保值。

具体来说，套期保值所涉及的资产既可以是农产品（例如大豆）、自然资源（例如铁）、外汇（例如美元），也可以是金融资产（例如股票）等。如果没有特殊指明，我们在本章中所讨论的套期保值策略均指运用期货合约的买卖进行风险对冲。

下面举个例子说明套期保值策略。A 企业与外商签订了为期 1 年的生产合同，在合同到期时，A 企业将按照合同签订时规定的金额收到对方企业支付的 1 000 万美元。假设目前人民币兑美元的汇率为 6.4 元/美元，1 年后美元对人民币既有可能升值，也有可能贬值。A 企业为了避免美元过度贬值造成未来现金流损失，选择买入 1 年期执行价格为 6.3 元/美元的期货合约。如果到期时汇率变为 6.1 元/美元，则该企业在美元现货市场损失了 0.3×1 000 万元，同时在期货市场盈利 0.2×1 000 万元，企业的总损失恒定为 100 万元。如果不采用套期保值策略，企业的损失将为 300 万元。如果合约到期时汇率变为 6.5 元/美元，则企业仍有 100 万元的总损失。与不采用套期保值策略相比，情况似乎更糟了（因为如果没有买入期货合约，A 企业将在美元现货市场上获利 100 万元）。

从以上例子可以看出，套期保值并不会创造价值，它是企业为了将风险锁定在所能承受的范围内的一种保值策略。

二、关于套期保值的一些争议

套期保值的好处很明显。由于多数企业从事专门的生产经营，它们没有能力对由利率、汇率等宏观经济因素引起的风险波动进行预测和规避，因此必要的套期保值策略是必不可少的，这使企业能够将精力集中在自己的主营业务上，同时将风险锁定在合理的范围内。

也有一些观点对套期保值策略进行质疑：

（1）企业可以通过业务分散化进行风险规避，如开展跨国业务，从而避免因为同一地区、国家汇率和利率的波动而产生的收入或支付风险。

（2）企业的股东可以通过分散投资来进行风险对冲。例如，当某股东持有以大豆为原材料进行生产的企业的股票时，他可以同时持有生产大豆的企业的股票，这样无论大豆的价格是涨还是跌，股东都不会遭受超额的损失。然而，投资者自行对冲风险是建立在他们拥有与企业同样的信息水平和交易费率的基础之上的。而事实上，在实践中，企业往往比投资者拥有更多的内部信息，并且机构的大宗合约交易费率也要低于中小投资者，从而使个人的风险对冲变得困难。

（3）企业的对冲有可能受到竞争对手的对冲策略的影响。如果行业中的竞争对手都不采取相应的对冲策略，对冲策略会变得无效。例如在炼钢行业，如果只有一个企业对铁矿石的价格进行套期保值交易，其他企业并不进行相应的风险控制，当铁矿石的价格上升的时候，行业产成品钢的价格会整体上浮，此时对冲策略作为抵消成本的措施并没有必要；而当铁矿石价格没有上升的时候，进行对冲操作的企业则比它的竞争对手多损失用于支付对冲策略的成本，因而竞争力下降。

（4）当企业因多头头寸资产的价格在未来上升而盈利时，相对应的对冲策略中的期货合约将出现亏损，很容易让人产生期货对冲策略失败的想法，尽管策略的初衷是将两项资产的风险相互抵补。

（5）套期保值的基本原理是利用持有相反头寸的资产，使其投资组合等价于无风险资产，在这样一种零和博弈中难以创造出超额的收益。

拓展阅读

警惕“异化”的套期保值

三、套期保值的基本动因

从以上分析中我们可以看出，企业的套期保值策略从理论上讲并不能够进行价值创造，但是现实中却有很多企业在运用套期保值策略，主要的原因与企业的日常经营活动有关。

（一）融资成本论

制造类企业在运营过程中经常会有大量的存货，企业的规模也会受限于其所能承受的存货投资的水平。为了扩大生产规模，企业常常将存货作为抵押进行贷款。如果企业的存货经过对冲，意味着银行的抵押资产风险较小，银行会更加愿意发放贷款，企业的融资成本也就因此降低。

（二）税收负担论

现有的税收体系使得对冲策略能够使企业的处境变得更好，其原因主要在于通过对冲策略，企业的收入流更加稳定，不会出现一年盈利很多而另一年亏损很多的局面。现有的税收政策对盈利年份进行征税，但是并不对亏损年份进行完全的税收返还，因此在平均年收入相同的情况下，收入稳定的企业较收入波动大的企业少纳税。我们以下面的例子进行说明。

A 企业从事进出口贸易，面临美元汇率风险，所得税税率为 40%，其利润情况如表 5-1 所示。

表 5-1　A 企业不同情况下的税前、税后利润及期望利润　　单位：百万美元

策略	美元升值（50%）	美元贬值（50%）	期望利润
税前无套期保值	100	−20	40
税前进行套期保值	35	35	35
税后无套期保值	60	−20	20
税后进行套期保值	21	21	21

表 5-1 显示，在没有税收的情况下，无套期保值的期望利润要高于进行套期保值的期望利润，但是由于税收的存在，在无套期保值策略下，税收的负担明显加重，使得该策略下的期望利润比进行套期保值策略下的期望利润低。因此，在存在税收的情况下，进行套期保值是更好的选择。

（三）财务困境论

企业的股东和债权人对于企业的决策有不同的倾向，当企业无法偿债的时候，债权人倾向于变卖企业财产，从而得到补偿，而企业的经营者倾向于等待新的投资机会。这时企业的股东和债权人之间可能会产生冲突，银行会向企业收取更高的利息，从而增加财务困境成本。鉴于以上原因，企业的决策层会尽量采取套期保值策略从而降低企业发生财务困境的可能性。

以下例子是某企业在不同的经济形势下的利润情况（见表5-2）。

表5-2 某企业在不同的经济形势下的利润情况 单位：百万美元

情形	没有套期保值的策略		有套期保值的策略	
	经济形势好	经济形势差	经济形势好	经济形势差
美元升值	150	95	165	110
美元贬值	200	125	185	110

假设该企业拥有100万美元的债务，在经济形势较差且美元升值的情况下，该企业资不抵债，出现财务困境，因此对于该企业，采取套期保值的策略更好。

（四）财务杠杆论

经过上面的论述，我们知道通过套期保值策略，企业可以在一定程度上解决财务困境问题，从而减轻过高的杠杆带来的财务困境成本，使企业能够在允许的条件下尽量地增加杠杆，因为债务利息可以在企业税前扣除，减少企业缴纳的税收。也就是说，套期保值可以使企业杠杆增加从而使债务的税盾作用得以增强。

第二节 基差风险

在上一节给出的例子中，我们讨论的套期保值策略将资产到期的损益锁定，从而完全对冲了风险，而在实际操作中，这种完美的对冲是很难实现的，以下一些原因使得套期保值策略并不一定能完全对冲风险。

首先，我们想要进行保值的资产与交易所交易的期货合约中的资产并不一定完全相同，而当我们无法在交易所找到与手中资产完全相同的合约时，往往会用价格波动相近的资产合约进行对冲，然而这样做会降低套期保值的有效性。

其次，资产的到期日与合约的到期日难以精确地匹配。资产的持有人可能不确定套期保值策略的具体时限，从而难以选择合适的期货合约，或者现货资产在现有交易的期货合约到期之前一段时间到期。

套期保值只可以大体抵消现货市场中价格波动的风险，但不能使风险完全消失，主要原因是存在“基差”这个因素。要深刻理解并运用套期保值，避免价格风险，就必须掌握基差及其基本原理。

一、基差的含义

基差是指某一特定商品在某一特定时间和地点的现货价格与该商品在期货市场上的期货价格之差，即基差＝现货价格－期货价格。

例如，假设9月28日黑龙江省的一个大豆产地的大豆的现货价格为1 810元/吨，当日的下年度3月大连商品交易所大豆期货合约的价格是1 977元/吨，则基差是－167元/吨。又如，9月28日上海地区的油脂厂买进大豆，当地的现货价格是2 080元/吨，那么，基差为 103 元/吨。

由此可知，基差既可以是正数，也可以是负数，这主要取决于现货价格是高于还是低于期货价格。若现货价格高于期货价格，则基差为正数，又称为远期贴水或现货升水；若现货价格低于期货价格，则基差为负数，又称为远期升水或现货贴水。

图 5-1 和图 5-2 分别是基差为正和基差为负时现货价格和期货价格的波动情况。当合约到期日逐渐临近时，期货的价格将逐渐趋向现货的价格，在到期的时候，期货价格与现货价格相等。也就是说，如果某套期保值策略的期限与合约的期限一致，那么该策略的基差风险为零。而基差风险主要来自提前套期保值，即套期保值时间早于期货合约到期时间，套期保值和期货合约的期限结构并不完全一致。

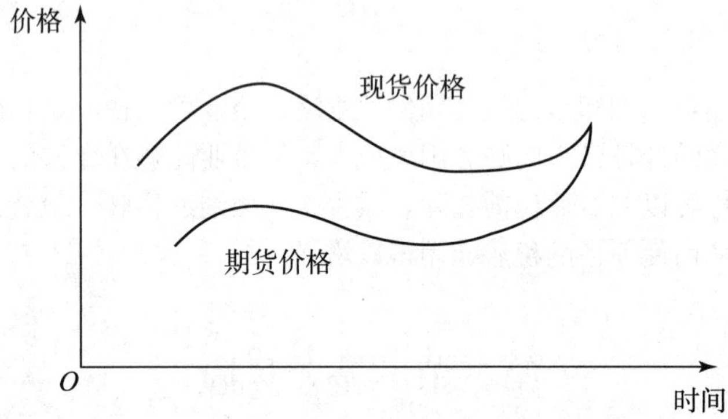

图 5-1　基差为正时现货价格和期货价格的波动情况

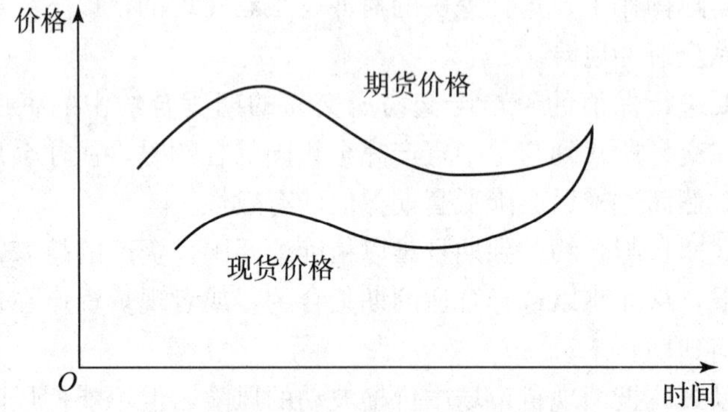

图 5-2　基差为负时现货价格和期货价格的波动情况

对于多头合约来说，套期保值策略对应的是未来某时点资产的买入。假设 F_0 是初始期货价格，F_1 是最终期货价格，S_1 是最终资产价格，那么最终购买标的资产的花费为：

$$S_1-F_1+F_0= F_0+\text{基差风险}$$

对于空头合约来说，套期保值策略对应的是未来某时点资产的卖出，从而最终实现的收入为：

$$S_1-F_1+F_0= F_0+\text{基差风险}$$

因为初始期货价格是确定的，所以套期保值策略的风险主要来源于基差风险。

二、基差风险举例

在 2022 年 11 月，一家珠宝制造企业存有 100 000 克黄金，为了防止黄金价格下降，企业决定采用如下套期保值策略。

在 2022 年 11 月 15 日，该企业售出 100 张每张 1 000 克黄金且 12 月到期的黄金期货合约，风险头寸在 11 月 26 日消失，因此企业将在 11 月 26 日从期货市场上买回相同数量的黄金期货合约。套期保值策略的损益情况见表 5-3。

表 5-3 套期保值策略的损益情况

单位：元

项目	11 月 15 日	11 月 26 日	变化
黄金现货价格	379.10	367.40	−11.70
黄金期货价格	379.00	368.50	−10.50
黄金现货总价值	37 910 000.00	36 740 000.00	−1 170 000.00
黄金期货损益	—	1 050 000.00	1 050 000.00
套期保值策略的价值	37 910 000.00	37 790 000.00	−120 000.00

在上述案例中，期货的 1 050 000 元收益部分对冲了黄金现货 1 170 000 元的损失，但是并没有实现完全套期保值，其中的原因是基差发生了变化。我们看到，在 2022 年 11 月 15 日，现货和期货的基差为每克 0.1 元，而到了 2022 年 11 月 26 日，现货和期货的基差变为每克−1.1 元，也就是说，基差的变化造成了套期保值策略的最终结果并不是完全套期保值的。

第三节 方差最小化与最优套期保值比率

在套期保值后，投资者所承担的与基差相关的不确定性被称为基差风险。基差为零的套期保值是完全套期保值，而现实中的大部分交易都是非完全套期保值，都面临着基差风险。影响基差风险的关键因素有两个，即期货合约的选择和套期保值比率或对冲比率的确定。期货合约的选择通常包括两个方面：一是选择期货合约的基础资产；二是选择交割月份。对于第一个方面，通常要求期货合约的期货价格与打算保值的资产价格的相关性最大。对于交割月份的选择，尽量选择接近套期保值到期日的那个交割月份，因为套期保值的到期日与合约交割月份之间的时间越长，基差风险越大。交割月份应选在稍迟于套期保值到期日的月份，之所以不选择当月交割合约，是因为交割月份的期货合约缺乏流动性，期货价格非常不稳定。在设定用何种期货合约作为套期保值工具后，还必须确定用多少张这样的合约才能达到预期的套期保值目标，即套期保值比率的确定。套期保值比率［又称对冲比率（hedge ratio，HR）］是指套期保值者持有期货合约的头寸大小与需要套期保值的基础资产之间的比率，实际上就是对每一单位现货头寸套期保值者所建立的期货合约头寸。套期保值者在套期保值中所使用的期货合约数和套期保值比率的关系为：

$$N=h\left(\frac{N_s}{Q_s}\right) \tag{5.1}$$

式中，N_s表示被套期保值的现货头寸大小；Q_s表示每张期货合约的头寸大小；N 表示套期保值中选择的期货合约数；h 表示套期保值比率。

下面来说明套期保值者要想达到价格风险最小化的目的，套期保值比率为 1 并非最优。假定 S_1为 t_1时刻现货的价格；S_2为 t_2时刻现货的价格；F_1为 t_1时刻期货的价格；F_2为 t_2时刻期货的价格；h 为套期保值比率。$\Delta S=S_2-S_1$；$\Delta F=F_2-F_1$。

对于一个空头套期保值者来说，在 t_1时刻持有现货多头和期货空头，在 t_2时刻出售现货资产，同时进行期货平仓。在该期间套期保值者头寸的价值变化为 $\Delta S-h\Delta F$。相反，对一个多头套期保值者来说，在该期间套期保值者头寸的价值变化为 $h\Delta F-\Delta S$。令 σ_S是 ΔS 的标准差，σ_F是 ΔF 的标准差，则 $\sigma_S^2=\text{Var}\Delta S$，$\sigma_F^2=\text{Var}\Delta F$。

用 ρ 表示 ΔS 和 ΔF 的相关系数，则 $\rho=\text{Cov}(\Delta S, \Delta F)/(\sigma_S\sigma_F)$，其中 $\text{Cov}(\Delta S, \Delta F)$ 表示 ΔS 和 ΔF 的协方差。

考虑上面两种情况套期保值头寸价值变化的方差，显然，

$$\text{Var}(\Delta S-h\Delta F)=\text{Var}(h\Delta F-\Delta S)$$

不妨用 σ^2表示组合价值的方差，则

$$\begin{aligned}\sigma^2&=\text{Var}(\Delta S-h\Delta F)\\&=E[(\Delta S-h\Delta F)-E(\Delta S-h\Delta F)]^2\\&=E[(\Delta S-E\Delta S)-h(\Delta F-E\Delta F)]^2\\&=E(\Delta S-E\Delta S)^2+h^2E(\Delta F-E\Delta F)^2-2hE(\Delta S-E\Delta S)(\Delta F-E\Delta F)\\&=\text{Var}\Delta S+h^2\text{Var}\Delta F-2h\text{Cov}(\Delta S, \Delta F)\\&=\sigma_S^2+h^2\sigma_F^2-2h\rho\sigma_S\sigma_F\end{aligned} \tag{5.2}$$

从式（5.2）我们可以看出，由于 σ_S、σ_F、ρ 是常数，因此 σ^2是 h 的函数。

现在来考虑当 h 为何值时，价格变化的方差最小（价格风险最小）。对式（5.2）求 σ^2关于 h 的一阶导数，可得到：

$$\frac{\mathrm{d}\sigma^2}{\mathrm{d}h}=2h\sigma_F^2-2\rho\sigma_S\sigma_F \tag{5.3}$$

再求 σ^2关于 h 的二阶导数，得到 $\mathrm{d}^2\sigma^2/\mathrm{d}h^2=4\sigma_F$，注意 $\mathrm{d}^2\sigma^2/\mathrm{d}h^2>0$。由微积分知识我们知道，使 σ^2最小的值是满足式（5.3）$\mathrm{d}\sigma^2/\mathrm{d}h=0$ 的 h 值，我们得到：

$$h^*=\frac{\rho\sigma_S}{\sigma_F} \tag{5.4}$$

将 h^* 代入式（5.2）有关 σ^2的表达式中，可得到 σ^2的最小值为 $\sigma^{2*}=(1-\rho^2)\sigma_S^2$。

由以上分析可见，最优套期保值比率 h^* 等于 ΔS 和 ΔF 之间的相关系数乘以 ΔS 的标准差与 ΔF 的标准差的比率。若 $\rho=1$，$\sigma_S=\sigma_F$，则最优套期保值比率为 1。若 $\rho=1$，且 $\sigma_S=2\sigma_F$，则最优套期保值比率为 0.5。从上面的分析中我们还可以看到，当相关系数 $\rho=1$ 时，h^* 确定为 σ_S/σ_F，则有方差 $\sigma^2=0$。也就是说，这时完全消除了价格风险，做到了完全套期保值。而只要 $\rho<1$，则无论怎样确定 h，方差 σ^2 总是满足 $\sigma^2\geqslant(1-\rho^2)\sigma_S^2$，这时没有做到完全套期保值。

下面我们通过一个具体例子来说明如何计算最优套期保值比率。一家航空公司预期采购 200 万加仑（1 加仑= 4.546 1 升）飞机燃料油，并且决定使用燃料油期货合约进行套

期保值。我们假定表 5-4 给出了连续 15 个月燃料油期货价格和现货价格的相关变化数据；σ_F为期货价格变化的标准差，σ_S为现货价格变化的标准差，x_i为第 $i(i=1, 2, \cdots, n; n=15)$ 个月期货价格的相对变化量，y_i为第 i 个月现货价格的相对变化量。

表 5-4 计算使风险最小化的 h^* 的数据

月份	每加仑期货价格的变化量（x_i）	每加仑现货价格的变化量（y_i）
1	0.021	0.029
2	0.035	0.020
3	−0.046	−0.044
4	0.001	0.008
5	0.044	0.026
6	−0.029	−0.019
7	−0.026	−0.010
8	−0.029	−0.007
9	0.048	0.043
10	−0.006	0.011
11	−0.036	−0.036
12	−0.011	−0.018
13	0.019	0.009
14	−0.027	−0.032
15	0.029	0.023

$$\sum x_i = -0.013 \quad \sum y_i = 0.003$$

$$\sum x_i^2 = 0.0138 \quad \sum y_i^2 = 0.0097 \quad \sum x_i y_i = 0.0107$$

$$\sigma_F = \sqrt{\frac{\sum x_i^2}{n-1} - \frac{(\sum x_i)^2}{n(n-1)}} = 0.031$$

$$\sigma_S = \sqrt{\frac{\sum y_i^2}{n-1} - \frac{(\sum y_i)^2}{n(n-1)}} = 0.026$$

$$\rho = \frac{n\sum x_i y_i - \sum x_i \sum y_i}{\sqrt{n\sum x_i^2 - (\sum x_i)^2}\sqrt{n\sum y_i^2 - (\sum y_i)^2}} = 0.925$$

可以计算出最优套期保值比率：$h^* = \rho\sigma_S/\sigma_F = 0.925 \times 0.026/0.031 = 0.78$。

在 NYMEX，每张燃料油期货合约的头寸为 42 000 加仑，根据式（5.1），可求出选择的期货合约数为：

$$N = h^*\left(\frac{N_s}{Q_s}\right) = 0.78 \times \frac{2\,000\,000}{42\,000} = 37.14$$

最接近的整数为 37，故该航空公司应在期货市场上买进 37 张期货合约才能最小化价格波动的风险。从以上分析中可看出，套期保值比率确定得是否恰当，直接关系到套期保值者能否利用期货交易来最好地规避风险，使风险最小化。同样，在大多数情况下套期保值比率为 1 不是最优选择，它可能扩大了套期保值的价格风险。

第四节　效用最大化与最优套期保值比率

在上一节中我们所讨论的最优套期保值比率是建立在方差最小化基础之上的，目的是将预期收益的波动率控制到最小。在现实中人们除了关注收益的方差外，往往还关注收益的期望，也就是在方差相同的情况下，收益越大，效用值越高；在收益相同的情况下，方差越小，效用值越高。

一、无基差风险的情况

无基差风险的情况，即 $F_T=S_T$，我们可以用效用函数来表示套期保值策略下的效用水平，即

$$E(U)=E(R)-0.5a\mathrm{Var}(R) \tag{5.5}$$

式中，R 是在 T 时刻的收入；a 是风险厌恶系数。

企业在 0 时刻拥有 z 数量不确定价格的资产，现货资产的价格风险为 σ^2。为了进行风险对冲，以 F_0 的价格卖出 H 单位的期货合约，因此，

$$R=zS_T+H(F_0-S_T) \tag{5.6}$$

此时，

$$\mathrm{Var}(R)=z^2\sigma^2-2zH\sigma^2+H^2\sigma^2 \tag{5.7}$$

将式（5.7）代入式（5.5），得到：

$$E(U)=zE(S_T)+H[F_0-E(S_T)]-0.5a(z^2\sigma^2-2zH\sigma^2+H^2\sigma^2) \tag{5.8}$$

求 $E(U)$ 的最大值，利用一阶偏导为 0，$\dfrac{\mathrm{d}E(U)}{\mathrm{d}H}=F_0-E(S_T)+za\sigma^2-aH\sigma^2=0$，得到：

$$H^*=z+\frac{F_0-E(S_T)}{a\sigma^2} \tag{5.9}$$

从式（5.9）中我们可以看出，最优套期保值数目可以分解为两部分：纯套期保值部分 z 和纯投机部分 $\dfrac{F_0-E(S_T)}{a\sigma^2}$。如果期货的价格是无偏的，即 $F_0=E(S_T)$，则 $H^*=z$，此时的套期保值策略就是完全套期保值（$h=1$）。

事实上，大多数投资者的套期保值策略都包含了这两个部分，他们会将个人对市场的预期和理解加入操作中。当期货价格高于对未来现货价格的预期时，除了完全套期保值（z）外，还要多卖出 $\dfrac{F_0-E(S_T)}{a\sigma^2}$ 单位的期货，以求获取投机利润；反之，当期货价格低于对未来现货价格的预期时，则少卖出 $\dfrac{F_0-E(S_T)}{a\sigma^2}$ 单位的期货，以求获利。我们认为这是一种完全套期保值和投机的组合策略。

二、存在基差风险的情况

假设企业在期货平仓的时候以价格 P 而不是 S_T 进行交易，也就是说，在整个套期保值策略中存在基差风险，基差为 $P-S_T$，则有

$$R=zS_T+H(F_0-P) \tag{5.10}$$

此时的最优套期保值数目为：

$$H^*=\frac{\rho\sigma_S z}{\sigma_P}+\frac{F_0-E(P)}{a\sigma_P^2}$$

在没有基差风险的时候，$P=S_T$，$\sigma_S=\sigma_P$，并且 $\rho=1$，这样就回到了式（5.9）的最优套期保值数目方程中。

由于 ρ 在一般情况下总是小于 1，所以在存在基差风险的情况下，最优套期保值数目总是小于没有基差风险时的最优套期保值数目，因此最优套期保值比率也是如此。

第五节　现实生活中的套期保值策略

一、卖出套期保值（空头对冲）

某企业在 2 月 15 日持有价格为 150 元的股票多头，并且计划在 3 个月后卖出该股票，但是企业经营者担心在未来的 3 个月中该股票价格会下跌。目前期货市场上该股票 3 个月后交割的期货价格为 151 元，为了对冲多头风险，企业应该采取卖出期货合约的策略，即空头对冲。由于期货的交割月与企业计划卖出股票的月份十分接近，3 个月后的期货与现货价格会十分接近。

在 5 月 15 日，如果股票价格下跌到 130 元，期货价格也相应下跌至 130 元。由于最初期货合约是空头，此时可以用更低的价格买入期货合约进行平仓，这样就得到了 21（=151－130）元的利润，这部分利润可以用来弥补在股票现货市场上的损失，因此在 3 个月后整个投资组合的价值 V 是：

现货价格＋期货合约的收益＝130＋(151－130)＝151(元)

具体的计算结果见表 5－5。

表 5－5　某企业卖出套期保值　　单位：元

	2 月 15 日	5 月 15 日
套期保值数据	$S_0=150$ $F_0=151$	$S_1=130$ $F_1=130$
套期保值结果	卖出股票：$S_1=130$ 期货合约的收益：$(F_0-F_1)=151-130=21$ 总收益：$S_1+(F_0-F_1)=F_0+(S_1-F_1)=151$	

在上面的例子中期货合约在交割时平仓，使得基差风险为零，而在一般情况下期货合

约在交割之前就平仓（如上面的例子中企业决定在 2 个月后而不是 3 个月后卖出股票），我们很难保证基差为零。

在现实生活中，在到期日前冲销期货合约要优于持有期货合约至到期日，因为这样不用支付交割时的交易费用就可以锁定标的资产的价格，否则就必须在价格为 F_0 时交割资产。如果是实物期货而不是金融资产，与冲销期货合约相比，进行交割的成本会更高。

二、买入套期保值（多头对冲）

某企业在 7 月需要购进棕榈油，在 5 月时该企业考虑到国内当前市场棕榈油的库存偏少，棕榈油的进口成本逐步抬高，且随着后期气温逐渐升高，棕榈油的需求会出现明显的增加，担心届时棕榈油的价格极有可能出现大幅上涨，于是想即期买入 10 000 吨棕榈油现货，但企业的流动资金又显得有点紧缺，一时拿不出这么大笔的资金。该企业高层了解到期货市场可以进行套期保值，并且是保证金交易，有利于企业资金的流动且完全符合企业的利益，便考虑在棕榈油期货市场进行套期保值。

5 月 15 日，该企业在大连商品交易所买入棕榈油期货合约进行套期保值，共计买入 8 月棕榈油期货合约 1 000 手，成交均价为 6 130 元/吨，现货价格为 6 100 元/吨，期货价格呈现远期升水。

随着气温的升高和节后油脂需求的增加，棕榈油的期货价格和现货价格都出现了明显上涨，且由于资金买入的推动，期货市场的涨幅大于现货市场的涨幅。到 7 月 15 日，该企业选择在期货市场卖出 1 000 手 8 月棕榈油期货合约平仓，期货成交均价为 6 480 元/吨；同时向贸易商购买 10 000 吨棕榈油现货，现货价格为 6 430 元/吨。该企业买入套期保值的结果见表 5-6。

表 5-6 某企业买入套期保值

单位：元/吨

	5 月 15 日	7 月 15 日
套期保值数据	$S_0=6\ 100$ $F_0=6\ 130$	$S_1=6\ 430$ $F_1=6\ 480$
套期保值结果	买入现货价格：$S_1=6\ 430$ 期货合约的收益：$F_1-F_0=6\ 480-6\ 130=350$ 总成本：6 430−350=6 080	

在以上例子中，基差从−30 元变为−50 元。在企业的买入套期保值操作下，由于期货盈利大于现货亏损，套期保值者得到了完全的保护，并且获得了 20(=350−330) 元/吨的额外收益。

三、交叉套期保值（交叉对冲）

如果投资者在进行套期保值操作时所用的合约的标的资产与投资者持有的资产不同，我们称这种套期保值为交叉套期保值（又称交叉对冲），此时就会出现额外的风险来源。假设 S_1^* 是期货合约中标的资产的价格，S_1 是投资者持有的资产的价格，显然，F 与 S_1^* 的相关性要高于与S_1的相关性。因此，基差风险可能会相对大一些。

在套期保值中，收到或支付的价格是：

$$F_0+(S_1-F_1)$$

我们可以把上式写成：

$$F_0+(S_1^*-F_1)+(S_1-S_1^*)$$

由此可以看出由于多了一项（$S_1-S_1^*$），增加了额外的基差风险。

拓展阅读

应该给套期保值正名

在理论上套期保值策略与投机交易之间的区别很明显，但在现实经济生活中套期保值往往在实施中变成投机，并给企业带来巨额亏损甚至使企业倒闭。此处拓展阅读中的内容解析了企业在套期保值过程中出现亏损的情况。本章第六节以两个典型案例进一步分析了套期保值策略导致企业亏损的原因。

四、向前滚动的套期保值（期货展期）

如果企业持有风险头寸的时间长于期货市场上可选择的期货的到期期限，企业便可以采取展期策略，即连续购买期货合约，在上一期货合约到期时平仓，同时买入下一期合约，反复操作，直至风险头寸到期，使整个交易平仓。

例如，某企业在6月15日持有100万元人民币的股票，计划在18个月后卖出，期货市场上可供选择的期货合约的到期月份分别是3月、6月、9月和12月。企业决策者可以根据市场上交易的期货合约进行组合。由于考虑到期限较长的合约的流动性比较差，企业可以选择3月、6月和9月的合约。例如，企业可以在6月进行9个月后到期的空头期货交易，在转年的3月平仓，同时又进行下一期9个月的展期，最终在12月平仓；或者投资者可以采取3次6个月期限的交易。

进行展期的好处是它能在长期保护原始资产的价值，即使期限较长的期货合约不存在。然而，每一次展期都意味着付出一次交易费用，并且每一次期货合约的转换也意味着承担一次基差风险。因此，当基差变化不稳定的时候，运用短期合约进行长期的展期交易具有很大的风险。

如果处于一个期货溢价的市场，并且负的基差不断扩大，那么对于一个多头对冲的投资者来说，损失会不断加大；如果处于一个现货溢价的市场，并且正的基差不断扩大，那么对于一个空头对冲的投资者来说，损失会不断加大（见图5-3和图5-4）。

第六节　风险管理与风险对冲策略：两个案例

一、巴林银行的破产

1995年2月，英国中央银行突然宣布巴林银行不得继续从事交易活动并将申请资产清理。这一消息让全球震惊，因为这意味着具有200多年历史、在全球范围内掌管270多亿英镑资产的巴林银行宣告破产。具有悠久历史的巴林银行曾创造了无数令人瞠目的业绩，

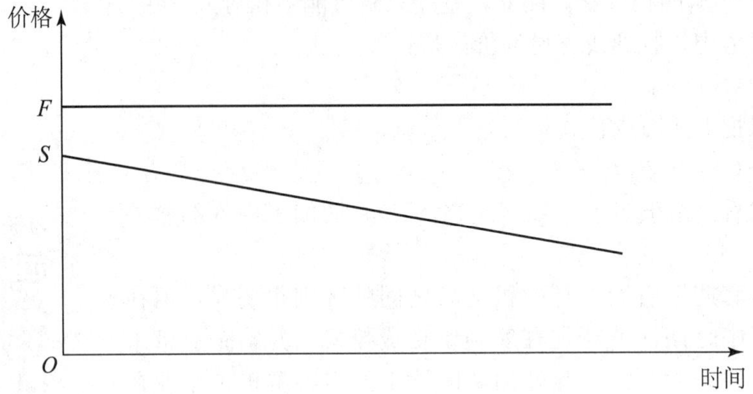

图 5-3　期货溢价，现货价格下降

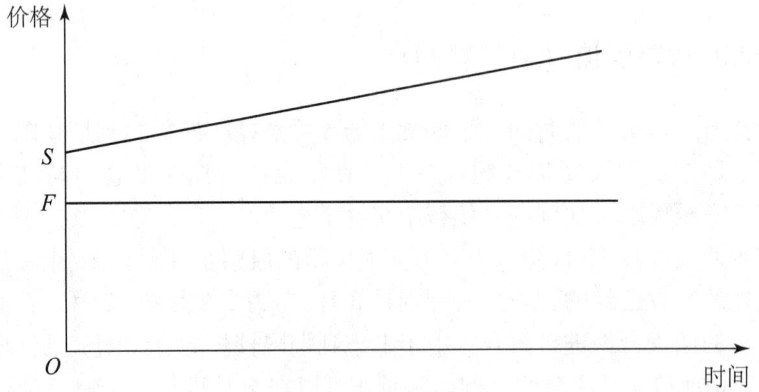

图 5-4　现货溢价，现货价格上升

其雄厚的资产实力使它在世界证券史上拥有特殊的地位。可以这样说：巴林银行是金融市场上一座耀眼辉煌的金字塔。然而，就是这座百年金字塔，竟会葬身于一个“期货与期权结算方面的专家”——里森之手。

究其原因，还得从时任巴林新加坡期货有限公司执行经理的里森说起。他一个人身兼首席交易员和清算主管两职。有一次，里森手下的一个交易员因操作失误造成亏损，里森因害怕事情暴露影响他的前程，便决定动用“88888”错误账户。而所谓错误账户，是指银行对代理客户交易过程中可能发生的经纪业务错误进行核算的账户。此后，为了其私利，他一再动用错误账户，造成银行账户上显示的均是盈利。随着时间的推移，使用错误账户的恶性循环使公司的损失越来越大。

为了赚回足够的钱来补偿所有损失，里森开始承担越来越大的风险，从事大量跨市头寸交易，因为当时日经 225 指数（简称日经指数）稳定，里森可以从此类交易中赚取期权费。但若运气不好，日经指数变动剧烈，此类交易将使巴林银行承受极大的损失。里森在一段时间内做得还很顺手。到 1993 年 7 月，他将错误账户亏损的 600 万英镑转为略有盈余。如果里森就此打住，那么，巴林银行的历史就会改变。

1995 年 1 月 17 日，日本神户发生大地震，其后数日日经指数大幅下跌，里森一方面遭受了很大的损失，另一方面购买了更庞大数量的日经指数期货合约，希望日经指数涨到理想的价格范围。1 月 30 日，里森以每天 1 000 万英镑的速度从伦敦获得资金，买进日经指数期货合约，并卖空日本政府债券合约。2 月 10 日，里森已握有 55 000 张日经期货合约及 2 万张日本政府债券合约。交易数量越大，损失越大。

所有这些交易均进入错误账户。对于账户上的交易，里森以其兼任清算主管之职权予以隐瞒，但追加保证金所需的资金却是无法隐藏的。里森以各种借口继续转账。

1995 年 2 月 23 日，在巴林银行期货交易的最后一天，里森影响市场走向的努力彻底失败。日经指数收盘降至 17 885 点，而里森的日经指数期货多头头寸已达 6 万余张合约。里森为巴林银行带来了巨额亏损，造成了世界老牌银行巴林银行命运的终结。

巴林银行破产案充分显示了期货交易中存在的投资风险和对交易行为监督不力而形成的各种风险等。巴林银行管理层对期货投机的管理失控、对风险的估计不足等，特别值得引以为戒。对于尚处在期货市场起步阶段的中国来说，尤其需要引起重视。

在巴林银行破产案发生之后，新加坡金融管理局对巴林银行的期货过度投机进行了详细的调查，发现里森曾身兼两职，既是该银行的交易员，又是清算员。他利用工作之便在新加坡国际金融交易所参与期货交易时，就已经以欺骗手段开立了一个虚假的“88888”错误账户，他平时利用该账户掩盖不时出现的交易损失。之所以发生此类情况，深层原因则是机构管理存在重大漏洞，它助长了机构职员利用职权进行投机的欲望。

巴林银行破产案反映出国际金融市场瞬息万变，现代金融工具特别是衍生工具的投资具有极大的风险性。即使是金融巨头，稍有闪失也会在瞬间倒闭破产。巴林银行期货交易员的过度投机对人们的启示是：投资者一定要正确认识期货投资的风险；机构则要深刻认识机构本身存在的风险，既要对期货交易加强管理，又要对机构自身加强管理。

此处拓展阅读介绍了中信泰富 2008 年在使用澳大利亚元衍生工具对冲澳大利亚元对港元升值风险中出现亏损的情况。

拓展阅读

中信泰富巨亏的背后

二、德国 MGRM 公司期货交易案

Metallgesellschaft AG 是德国最大的金属和能源公司。Metallgesellschaft Refining and Marketing，Inc.（MGRM 公司）是该公司旗下涉及原油业务的一家美国分公司。

MGRM 公司与客户签订了一系列长达 10 年的销售合约，合约中承诺在未来 10 年内以高于当时市价的固定价格提供给客户约 1.6 亿桶石油商品。由于当时能源价格较低，客户认为可以通过这种形式在未来获得低价供给，而 MGRM 公司认为这样可以大规模切入美国能源市场，建立自己的长久客户源，以期建立一条产、供、销的完整供给链，获得稳定的市场份额。

为了规避这个合约可能产生的风险，MGRM 公司不得不利用期货、远期、互换等形式进行风险管理。

MGRM 公司采取了展期套期保值。因为当时的纽约商业交易所（NYMEX）最长的合约是 18 个月，但几乎没有交易。MGRM 公司这么大的头寸根本无法在冷清月份内实现，所以只能选择较短期限合约的展期交易来实现长期的套期保值。

在 1993 年下半年，MGRM 公司在 NYMEX 建立了涵盖原油、无铅汽油和 2 号取暖油

的 55 000 张期货合约。这些套期保值头寸都是多头头寸。

1993 年年底，石油输出国组织（OPEC）未能在减产问题上达成协议，油价直线下滑，MGRM 公司在期货市场上出现了很大的损失。12 月初，关于 MGRM 公司大量亏损、资金困难的消息开始在金融市场传播，NYMEX 为了防止出现违约，要求 MGRM 公司提供“超级”保证金，数额是平常保证金的两倍。之后，NYMEX 宣布撤销对 MGRM 公司头寸的套期保值豁免，这意味着 MGRM 公司不得不大量平仓。虽然 MGRM 公司在现货市场通过长期供油合约积累了大量的潜在利润，但这些利润由于难以变现而形同虚设。

庞大的资金缺口逼迫子公司向母公司寻求资金援助。MGRM 公司的母公司考虑到可能存在的风险，及时做出了撤换分公司高层并且平仓的决定，把损失减到最小。尽管如此，MGRM 公司在能源衍生品交易上的损失仍高达 13 亿美元，其后，MGRM 公司又花了 10 亿美元来解除与 Castle 能源公司的合约。上百家德国银行和其他国际银行对 MGRM 公司采取了一个数额高达 19 亿美元的拯救行动，才使得 MGRM 公司避免了破产。

本章小结

套期保值策略分为买入套期保值和卖出套期保值两种。

套期保值的基本动因包括融资成本论、税收负担论、财务困境论及财务杠杆论。

基差是指某一特定商品在某一特定时间和地点的现货价格与该商品在期货市场上的期货价格之差，即基差＝现货价格－期货价格。由于基差风险的存在，套期保值不一定能够完全对冲风险。

套期保值比率是指套期保值者持有期货合约的头寸大小与需要套期保值的基础资产之间的比率。常用的确定套期保值比率的方法有方差最小化和效用最大化两种。

在现实生活中，套期保值策略不一定都能给企业带来正的收益，从巴林银行和德国 MGRM 公司的案例中我们可以看出，如果操作不当，套期保值有可能给企业带来灾难性的损失。

练习题

1. 有人认为，股东可以自己管理上市公司面临的所有风险，这样就不需要上市公司利用衍生工具管理风险。你对此有何评价？

2. 某年 3 月 1 日，黄金现货价格为 300 元/克，该年 12 月到期的黄金期货价格为 315 元/克。同年 11 月 1 日黄金现货价格为 280 元/克，12 月到期的黄金期货价格为 281 元/克。3 月 1 日，一家黄金首饰公司决定用黄金期货对冲其 11 月的 500 000 克黄金产出价格风险。假定在 11 月 1 日该公司黄金出库，则该公司实际收到的价格为多少？

3. 最优套期保值比率可由期货价格（y 轴）回归于现货价格（x 轴）的回归线的斜率估计值得出。这种表述准确吗？为什么？

4. 中国航油（新加坡）股份有限公司（简称中航油）2004 年年底公告由于衍生品投

机损失5.5亿美元。请了解中航油衍生品的投机情况，分析衍生品交易的风险控制机制到底出现了什么问题。这对国有企业风险管理有何启示？

5. 若某资产的期货价格通常低于现货价格，则多头对冲头寸会很吸引人。请解释这一观点。

6. “如果没有基差风险，最优套期保值比率总等于1。”这种说法是否正确？为什么？

7. 假设你是一位向法国出口电子设备的公司的财务经理。请讨论：你将采用什么样的策略来对冲外汇风险？你将如何用这一策略来获得公司董事会以及公司高管的认可？

8. 请解释使用期货来对冲风险时，为什么按市场价格定价会产生现金流问题。

9. 完全套期保值是否总能成功地将未来交易的价格锁定在当前的现货价格上？请解释你的观点。

10. 2011年3月华东沿海某油脂企业想要订购5万吨美国大豆，采用FOB方式，3月31日完成期货作价，期货点价成本是1 400美分/蒲式耳，FOB升水是70美分/蒲式耳，海运费是56美元/吨，大豆进口关税是3%，进口增值税税率是13%，其他各项杂费合计120元/吨，汇率按1美元兑换6.5元人民币计算。(单位换算：1吨大豆等于36.74蒲式耳大豆。)

(1) 该公司的大豆进口成本是多少？

(2) 该公司完成大豆进口采购后，为防范大豆价格波动的不利风险，将进行套期保值。请讨论一下其可以采用的套期保值方式。

(3) 5月17日该公司利用这批进口大豆压榨出的豆油和豆粕开始在当地销售，当日当地豆油现货价格为9 750元/吨，豆粕现货价格为2 970元/吨，该公司每吨大豆的压榨费用为100元，该批大豆出油率为18%，出粕率为78%，则每吨大豆的压榨利润为多少？

11. 某铅锌生产企业已敲定年度加工费，锌加工费基价规定为：当锌价是20 000元时，每吨锌精矿的加工费是2 500元；当锌价高于20 000元且低于25 000元时，加工费上浮5%；当锌价高于25 000元时，加工费上浮9%；当锌价低于20 000元时，加工费下调6%。假设提供给该企业的锌精矿的锌含量为50%，锌精矿冶炼利用率为85%。

(1) 当锌价为23 000元时，按照年度加工费计算，加工费为多少？一吨锌精矿的成本是多少？冶炼一吨精炼锌，冶炼厂需支付给矿产商多少费用？

(2) 讨论在正向市场和反向市场出现哪种情况将使企业卖出期货套期保值出现亏损。

(3) 假设该企业锌精矿的买入量是10 000吨，锌精矿现货价格日波动方差是1.4，锌锭现货价格的日波动方差是1.5，锌期货价格的日波动方差是1.6。锌精矿现货价格的日波动对锌期货价格的日波动做一元回归，方程的拟合优度为0.81；锌锭现货价格的日波动对锌期货价格的日波动做一元回归，方程的拟合优度为0.902 5。该企业对此锌精矿进行卖出套期保值，则对应的期货合约的头寸数量为多少？

参考文献

[1] Ederington, L. H., “The Hedging Performance of the New Futures Markets,” *Journal of Finance*, 1979 (34): 157-170.

[2] Franckle, C. T., "The Hedging Performance of the New Futures Markets: Comment," *Journal of Finance*, 1980 (35): 1273-1279.

[3] Wang, C. and S. Low, "Hedging with Foreign Currency Denominated Stock Index Futures," *Journal of Multinational Financial Management*, 2003 (13): 1-17.

[4] 勒内·M. 斯塔茨. 风险管理与衍生产品. 殷剑锋，程炼，杨涛，译. 北京：机械工业出版社，2004.

第六章
股指期货

本章导读

股指期货（stock index future）是指由交易双方签订的，约定在将来某一特定时间和地点交收“一定点数的股票指数”的标准化期货合约，即以股票指数为交易标的的一种期货合约。它是一种防范系统性风险的有效的金融衍生工具。股指期货是 20 世纪 80 年代发展起来的新型投资工具，具有价格发现、规避风险和资产配置等功能。特别是在进入 20 世纪 90 年代以后，随着国际资本流动的日益全球化，机构投资者逐渐成为金融市场的主导力量，对投资工具和风险管理手段的创新提出了更高的要求。在此背景下，世界上绝大多数国家和地区都相继开设了股指期货，形成了股指期货热。股指期货已经成为全球最活跃的金融衍生工具之一。我国首个金融期货品种沪深 300 股指期货合约已于 2010 年 4 月 16 日在中国金融期货交易所上市交易。股指期货的面市改变了我国长期依赖单一的商品期货市场的格局，是我国金融衍生工具市场及至资本市场发展的主要里程碑。

第一节　股指期货简史

股指期货是现代资本市场的产物。20 世纪 70—80 年代，西方各国受石油危机的影响，通货膨胀日益严重，投机和套利活动盛行，股票市场价格大幅波动，股市风险日益突出。股票投资者迫切需要一种能够有效规避风险、实现资产保值的手段。自 1982 年美国堪萨斯期货交易所推出价值线指数期货合约后，国际股票指数期货不断发展，目前已成为国际资本市场中最有活力的风险管理工具之一。

1982 年 2 月，美国堪萨斯期货交易所推出了第一张股指期货合约——价值线指数期货合约。同年 4 月，芝加哥商业交易所推出了 S&P 500 指数期货合约。1982 年 5 月，纽约期货交易所推出了纽约证券交易所指数期货合约。自美国堪萨斯期货交易所推出价值线指数期货合约 3 年后，投资者逐渐改变了以往进出股市的传统方式，即挑选某只股票或某组股票。此时诞生了其他投资方式，例如：(1) 合成指数基金，即投资者可以通过同时买进股指期货及国债的方式，达到买进成分指数股票投资组合的同样效果；(2) 运用指数套利，获取几乎没有风险的利润。这是由于在股指期货推出的最初几年，市场效率较低，常常出现现货价格与期货价格之间基差较大的现象，交易技术水平较高的专业投资者可通过同时交易股票和股票期货的方式获取几乎没有风险的利润。

股指期货经过几年的交易后，市场效率逐步提高，股指期货作为动态交易工具被广泛使用。此时股指期货的应用主要集中在以下两个方面：第一，通过动态对冲技术，实现投资组合保险，即利用股指期货来保护股票投资组合的跌价风险；第二，进行策略性资产分配，期货市场具有流动性高、交易成本低、市场效率高的特征，恰好符合金融国际化、自由化的客观需求，为迅速调整投资组合这一难题提供了一条有效的途径。

1987 年 10 月 19 日，美国华尔街股市暴跌，股指期货一度被认为是“元凶”之一，从而陷入停滞期。为防范股票市场价格的大幅下跌，各证券交易所和期货交易所均采取了多项限制措施，例如股指期货合约的涨跌停板制度等，借以冷却市场发生异常时的恐慌或过热情绪。这些措施奠定了 20 世纪 90 年代股票指数期货繁荣的基础。

目前金融期货品种的交易量已占到全球期货交易量的 80%，而股指期货是金融期货中历史最短却发展最快的金融衍生品。特别是在进入 20 世纪 90 年代以后，随着全球证券市场的迅猛发展，国际投资日益广泛，投融资者及作为中介机构的投资银行对于套期保值工具的需求猛增，这使得股指期货的数量增长很快，无论是发达国家还是新兴市场国家，股指期货交易都呈现出良好的发展势头。

北美是全球股指期货的发源地。美国堪萨斯期货交易所推出了第一张股指期货合约，在 1990 年以前，北美的股指期货成交量一直处于全球领先地位。在这段时间内，亚太地区股指期货的成交量一直紧随北美之后，在 1990 年之后，终于超过了北美。此后，欧洲市场逐渐兴起，并在较长一段时间稳坐头把交椅。2000 年之后，由于产品的创新，尤其是各类迷你型产品的推出，如标普 500 指数电子迷你期货合约、纳斯达克 100 指数微型电子迷你期货合约等，北美股指期货市场重现生机与活力。

2022 年，全球股指期货成交量排前 5 名的合约分别是巴西 Ibovespa 迷你指数期货（巴西）、标普 500 指数电子迷你期货（美国）、纳斯达克 100 指数微型电子迷你期货（美国）、标普 500 指数微型电子迷你期货（美国）和欧洲斯托克 50 指数期货（欧洲）。迷你型合约由于合约规模比较小、入市门槛比较低，符合中小投资者的需求，并且大多采用电子化交易方式，因而成交量飞速增长。以标普 500 指数电子迷你期货为例，该产品由 CME 于 1997 年 9 月推出。2001 年该产品的成交量已是标普 500 指数期货的 1.75 倍。至 2004 年两者的差距进一步扩大，标普 500 指数电子迷你期货的成交量是标普 500 指数期货的 8 倍。而在股指期货历史上声名远扬的一些老合约品种已有点老态渐显。从 2022 年全球股指期货成交量排名看，迷你型合约牢牢占据着股指期货市场的主导地位。

1986 年，新加坡国际金融交易所推出的日经 225 指数期货开了亚洲股指期货交易的先河。1986 年，中国香港期货交易所推出了恒生指数期货。1987 年，日本大阪证券交易所（OSE）推出了 OSE 50 指数期货。日本为了争回日经 225 指数期货的主动权，在新加坡国际金融交易所推出日经 225 指数期货的两年后，由大阪证券交易所推出了日经 225 指数期货。同年，东京证券交易所推出了 TOPIX 指数期货。这些指数期货的推出奠定了亚洲在全球股指期货市场占据三分之一份额的基础。

自 2000 年以来，亚洲股指期货市场最大的变化就是新兴市场的崛起。以印度、韩国，以及中国大陆和中国台湾地区股指期货市场最具代表性。1996 年，韩国证券交易所推出了韩国 Kospi 200 指数期货。该产品深受市场欢迎，2000 年的成交量就已逼近标普 500 指数期货，2001 年的成交量则超过了标普 500 指数期货，2003 年、2004 年的成交量在所有股指期货合约中均排名第 4 位。至 2019 年，韩国 Kospi 200 指数期货的成交活跃度依然保持在全球前 30 位。2010 年 4 月 16 日，沪深 300 股指期货合约在中国金融期货交易所上市，上市后运行平稳，交易活跃，2014 年中国股指期货市场跃升为全球主要股指期货市场之列。在 2015 年中国股市大幅波动后，监管部门对股指期货交易采取了较为严格的措施，直至 2018 年后股指期货交易逐渐恢复至正常水平。自 2000 年以来，亚太地区和北美地区争夺区域成交量冠军的竞争异常激烈，亚太地区凭着印度、中国市场的快速发展，2022 年以绝对优势超越北美地区，跃居榜首。

第二节　股指期货合约条款

发展股指期货面临的一个最为重要的问题便是合约的设计问题。一张设计合理的合约，不但可以有效地控制风险，而且能够使市场保持充分的流动性。股指期货合约是以股票指数为交易标的的期货合约。股指期货合约的主要条款包括标的指数、合约单位、最小变动价位、每日价格最大波动幅度限制、保证金、交割月份、最后交易日、交易时间、交割方式和最后结算价等。其中每一个条款都与交易策略的运用紧密相关。

要设计一张成功的股指期货合约，首先必须遵循一些普遍原则，也就是该期货合约必须至少满足以下四个条件：

（1）期货合约必须保证套期保值的效果，使市场参与者能够通过期货市场回避风险。

（2）期货合约必须保证市场的流动性，必须能够吸引一般投机者并得到广大市场人士的认同，否则套期保值者无法转移其风险。

（3）期货合约的设计必须使得市场发挥价格发现功能，通过广泛的市场人士的参与，使各种影响价格的信息以最快的速度反映到交易价格上，形成合理的预期价格。

（4）期货合约的设计必须防止价格操纵行为的发生，使期货市场能够安全运作。

一、标的指数

股指期货的合约标的就是股票指数。在选用股票指数作为期货合约的标的时，投资者最熟悉的指数未必是最适用的。一般认为，合适的标的指数应该具备以下几个方面的特征：指数应能够方便地实现期货市场和现货市场之间的套利，以确保期货市场价格正确反映基础资产的真实价格；指数应当使用即时报价的算术平均数来计算，而不是用交易价格的几何平均数来计算；指数的样本股应该是交易活跃的股票，以便在出现定价偏差时方便地实现套利交易；指数应当合理地覆盖大多数市值较大的公司，以防止价格操纵行为；指数应能够迅速地计算出来。标的指数既可以是综合指数，也可以是成分指数或分类指数；既可以是某一国某一个市场的股票指数，也可以是跨国跨市场的区域股票指数。国际上运行成功、交易量大的股指期货，其标的指数都是该市场具有影响力的著名指数，这些指数具有充分的市场代表性，而且样本相对稳定，市场认同度高，指数市值覆盖面大。比如标普 500 指数期货、恒生指数期货、《金融时报》100 指数期货、日经 225 指数期货等。

二、合约单位

合约单位又称合约规模、交易单位，是以股指的点数与某一规定货币金额的乘积来表示的，这一规定的货币金额叫作乘数。乘数是合约设计时交易所规定的，赋予每一指数点一个固定价值的金额。比如，标普 500 指数期货合约单位为每指数点乘以 250 美元，恒生指数期货为每指数点乘以 50 港元，《金融时报》100 指数期货为每指数点乘以 10 英镑。我国的沪深 300 股指期货为每指数点乘以 300 元人民币。合约单位决定了股指期货合约的价值。比如，恒生指数在 15 000 点时，其合约金额就是 15 000×50 港元=750 000 港元；标普 500 指数在 1 100 点时，其合约金额就是 250 美元×1 100=275 000 美元，如果指数涨到了 1 200 点，合约金额就增长了 25 000 美元。在指数一定的情况下，乘数的大小决定了合约金额的大小。合理的合约单位在很大程度上决定了合约交易成功与否。一个水平适度的合约单位有利于增强股指期货市场的流动性并降低交易成本。一般来说，合约单位越大，则中小投资者参与的能力就越小，并且每张合约潜在的风险就越大，合约交易的活跃性就越低。如果合约单位过小，则会加大交易成本，从而影响投资者利用股指期货交易避险的积极性。合约单位的设计要考虑到投资者结构和现货市场一般资金额的大小。

三、最小变动价位

最小变动价位即交易中所允许的最小价格变动，在交易上是指买入价和卖出价之间所允许的最小差额。最小变动价位既可以用标的指数的点数来表示，也可以用一定的金额来表示。买入价和卖出价之间的差额，就是场内交易商的收益。场内交易商的活跃程度从根本上决定了市场的活跃程度。最小变动价位的确定应考虑如下因素：(1) 标的指数点数的大小。一般来说，指数点数越大，最小变动价位也越大。美国、日本、新加坡等国的合约设计一般为最小变动价位占总指数的万分之一至万分之七。(2) 应充分反映市场价格趋势。最小变动价位过大，会影响市场流动性；最小变动价位过小，则不能及时反映市场价格趋势，且太繁杂。(3) 应便于计算。如果中国股指期货合约规模为 10 万元，则最小变动价位应设定为 50 元，即一个指数点。这样计算不但方便，而且符合国际惯例（最小变动价位约占总指数的万分之五）。

四、每日价格最大波动幅度限制

每日价格最大波动幅度限制又称每日限价或涨跌停板制度，是通过在交易合约的上一日结算价的基础上增加或减少一定金额或幅度计算出来的，它是交易所设定的每日价格波动的最大幅度。当日价格波动超过这一限额时，交易会立即停止，从而起到稳定市场、保护投资者利益的作用。在 1987 年 10 月全球股灾之前，除了《金融时报》100 指数期货外，其他股指期货都没有每日价格最大波动幅度限制。在此后，绝大多数交易所的股指期货都规定了每日价格最大波动幅度限制。波动幅度的大小直接影响到股指期货交易自身风险的大小及其避险功能的发挥程度。幅度过大，不但股指期货交易的风险过大，使投资者止步，而且其限价作用也不明显；幅度过小，不仅投资者的避险操作难度大，而且经常出现涨跌停板的市场休克现象，也破坏了市场内部自身运行的连贯性。波动幅度应该能覆盖大部分正常的市场波动，同时防止在突发事件或极端情况下的非理性行为。

五、保证金

保证金是指股指期货交易的参与者在进行交易时必须存入的一定数量的履约保证款项，其主要作用是在期货价格发生波动时能保证期货合约的到期履约。一般规定保证金比率是交易额的5%～18%。保证金是防范违约风险的一个重要机制。从世界各国主要股票指数期货合约来看，有些合约采取固定的保证金比率，而有些则采用动态调整的方式。对于保证金的设计，低比率可使投资者用小额的金钱做大额的交易，但为了确保在发生亏损时保证金足以抵偿投资损失，保证金比率不能设得太低，保证金比率与股指的波动幅度应是正相关的关系，在股指波动幅度大的市场中保证金比率应定得高一些。保证金有时不以比率的形式存在，而以具体的金额形式存在，但本质基本相同。保证金水平主要与股指的历史最大波动幅度相适应，且其比率依据头寸风险的不同有所区别。风险较大的头寸的保证金比率要比风险较小的头寸的保证金比率高，合约价格波动大的保证金比率要比波动小的保证金比率高。就股指期货而言，套利头寸的保证金比率最小，套期保值头寸的保证金比率次之，而投机头寸的保证金比率最大。确定保证金比率考虑的主要因素是所代表股指的历史波动幅度及预计未来的波动幅度。保证金水平定得过高，就会影响股指期货的吸引力和流通量，但若定得过低，就会增加市场风险，进而影响投资大众对市场的信心。保证金水平的设定应考虑投资者的承受能力、市场波动的大小、风险和收益的匹配等因素。一般来说，期限越长、股指波动越大的合约，保证金比率越高。追加保证金的条款对保证金比率也有显著的影响，如果保证金可得到及时追加，则保证金可以定得较低。此外，波动幅度的限制对保证金比率的影响也较为显著。从理论上讲，如果没有波动幅度的限制，任何低于100%的保证金比率都是不安全的。合理的保证金比率也许要经过一段时间的探索才能确定。

六、交割月份

交割月份（也称合约月份）是指股指期货合约的交割时间。大多数交易所的交割月份为固定的3月、6月、9月、12月。例如，美国标普500指数期货合约、韩国Kospi 200指数期货合约、日经225指数期货合约等是按季交投；也有将最近3个月合约滚动推出的，比如恒生指数期货合约。沪深300股指期货合约的交割月份是当月、次月和随后的两个季月。合约交割月份不同，可以产生不同的期货品种，以满足投资者长短期避险或投机需要。由于股利收益风险和利率风险的存在，交割日近的合约较交割日远的合约将具有更小的基差风险，因此，交割日近的合约的套期保值效果更好。但是如果设计的合约期限较短，那些希望长期持有头寸的人就会增加滚动交易的成本。

七、最后交易日

最后交易日是指某一合约在到期月份中进行交易的最后一天。在最后交易日收盘后，所有未对冲平仓的持仓合约都应进入交割。由于交割的最后期限一般都是在月底，所以最后交易日往往与股票市场当月的最后交易日对应。

八、交易时间

由于股指期货交易涉及现货、期货两个市场的联动作用，交易时间应该尽可能同步进行。但是，为避免市场操纵者在开市之初操纵开市价格以影响股市，美国许多交易所在1987年股灾之后规定期货市场稍早于现货市场开市。另外，从期货市场的收市时间看，多数国家较现货市场推迟一段时间。现在大多数交易所采用期货市场比现货市场早开市、迟收市的做法。早开市的好处在于：期货市场可以对前一日收盘后到第二天开盘前的市场信息做出反应，有效地扮演价格发现者的角色；可以帮助现货市场在开市前建立均衡价格，从而减小现货市场开市后的波动幅度。迟收市的好处在于：减小现货市场收市时的波幅；在现货市场收市后为投资者提供对冲工具；方便一些根据现货市场收市价做指标的套期保值盘。

九、交割方式

股指期货合约最终以现金方式交割（结算），这是股指期货交易的一个特色。

十、最后结算价

股指期货市场主要采用两种计算方法确定股指期货合约的最后结算价。一种是以合约最后交易日的开盘价或收盘价作为最后结算价。例如，价值线指数期货以最后交易日的收盘价作为最后结算价。另一种是以最后交易日一段时间内价格的平均数作为股指期货合约的最后结算价。中国金融期货交易所股指期货的最后结算价是当日最后一个小时的成交价格按照交易量计算的加权平均价，《金融时报》100指数期货合约和恒生指数期货合约也都采取了第二种方法。两种方法各有特点：第一种方法适应了套期保值者的交易需要。套期保值者在期货市场和现货市场中进行反向交易，以收盘价作为最后结算价，有利于确保现货与期货价格收敛以及锁定早期股指期货定价错误所带来的盈利。但这种定价有时可能会被人为控制。第二种方法以最后交易日一段时间内价格的平均数作为结算价，不容易被操纵，因为市场操纵者很难操纵一段时间内多个时间点的指数价格。

以上我们阐述的是股指期货合约的一些核心条款。在实际生活中，各个国家（和地区）自身的市场条件不同，因此股指期货合约也有一些差异。下面我们来看看比较成熟的股指期货合约（见表6-1至表6-4）。

表6-1 CME的标普500指数期货合约

合约名称	标普500指数期货
交易单位	250美元×标普500指数
每日价格最大波动幅度限制	按上一交易日结算价的5%、10%、15%和20%的跌幅逐级放开
最小变动价位	直接报价：0.10点＝25.00美元 日历价差：0.05点＝12.50美元
合约月份	3月、6月、9月和12月

续表

交易时间	公开喊价：周一至周五上午 8：30 到下午 3：15 GLOBEX：周一至周五前一日下午 5：00 到下午 4：15；上午 8：15 至下午 3：30 休市
最后交易日	公开喊价：合约月份的第三个周五 GLOBEX：展期日当日
头寸限制	净多或净空 20 000 张合约（所有月份合约合计）
交割方式	现金交割

注：GLOBEX 为 CME 的全球电子交易系统。

表 6-2　CME 的纳斯达克 100 指数期货合约

合约名称	纳斯达克 100 指数期货
交易单位	100 美元×纳斯达克 100 指数
每日价格最大波动幅度限制	按上一交易日结算价的 5%、10%、15%和 20%的跌幅逐级放开
最小变动价位	直接报价：0.50 点=50.00 美元 日历价差：0.05 点=5.00 美元
合约月份	最近的 3 个季月
交易时间	公开喊价：周一至周五上午 8：30 到下午 3：15 GLOBEX：周一至周五前一日下午 5：00 到下午 4：15；上午 8：15 至下午 3：30 休市
最后交易日	合约月份第三个周五之前的周四
头寸限制	净多或净空 5 000 张合约（所有月份合约合计）
交割方式	现金交割

表 6-3　恒生指数期货合约

合约名称	恒生指数期货
合约单位	恒生指数×50 港元
每日价格最大波动幅度限制	无
持仓限额	无论多头仓位还是空头仓位，恒生指数期货、恒生指数期权、小型恒生指数期货及小型恒生指数期权所有合约月份持仓净头寸均不超过 10 000 张合约
大额持仓申报	每一会员公司账户及每一客户账户，任何合约月份多头或空头持仓超过 500 张便需申报
最小变动价位	一个指数点（每张合约 50 港元）
交割月份	短期期货：现月、下 3 个月及之后 3 个季月 远期期货：再之后 3 个 6 月及 12 月，另加之后 3 个 12 月

续表

交易时间	上午 9：15 至中午 12：00，下午 1：00 至下午 4：30，以及下午 5：15 至凌晨 3：00（在最后交易日收市时间为下午 4：00）
最后交易日	交割月份的倒数第二个营业日
结算方式	现金结算
最后结算价	以最后交易日当天下列时间所报指数点的平均数为依归，下调至最接近的整数指数点：（ⅰ）香港联合交易所持续交易时段开始后的 5 分钟起直至持续交易时段完结前的 5 分钟止期间每隔 5 分钟所报的指数点；（ⅱ）香港联合交易所收市时
保证金	由交易所制定并公布

表 6-4　沪深 300 指数期货合约

合约名称	沪深 300 指数期货
合约乘数	每点 300 元
报价单位	指数点
最小变动价位	0.2 点
交割月份	当月、次月及随后的 2 个季月
交易时间	上午 9：30 至 11：30，下午 1：00 至 3：00
每日价格最大波动幅度限制	上一个交易日结算价的±10%
保证金	合约价值的 8%
最后交易日	合约到期月份的第三个周五，遇国家法定假日顺延
交割日期	同最后交易日
交割方式	现金交割

第三节　指数套利与量化交易

从前面的学习中我们了解了股指期货的一些基本概念。股指期货是指证券市场中以股票价格综合指数为标的物的金融期货合约。交易双方不是买卖股票或指数，而是买卖一定价值的股指期货合约。投资者利用现货与期货两大市场中的反向操作来减少价格变动带来的风险，进行套期保值或投机获利。股指期货合约的基础是股票指数。股指期货合约的价格是以股票指数的"点"来表示的，每张股指期货合约所代表的价值是指数中的点数和一个约定乘数的乘积，即股票指数中的 1 点代表一定的金额。股指期货合约的结算是以现金结算的方式进行的，而不是以点数结算的方式进行的。期货市场的重要功能之一是价格发现，而价格发现是通过套利机制实现的，我们首先介绍利用股指期货进行套利的策略，即指数套利。

一、指数套利

指数套利是利用指数期货合约与基础指数的价格失衡进行交易从而获利的交易策略。我们假设股指期货合约的理论价格为 P，即无论是投资于股指期货市场，还是投资于股票现货市场，都没有获得额外收益的价格。如果现在市场上期货价格偏高（$F_0>P$），则卖空期货合约而买入指数中的股票。如果期货价格偏低（$F_0<P$），则投资者可以通过买入期货合约而卖出指数中的股票进行套利，获取无风险收益。

从指数套利的定义中我们可以知道，正确对股指期货进行定价是进行指数套利的前提。对股指期货进行理论上的定价，是投资者做出买入或卖出合约决策的重要依据。股指期货的标的物就是指数所涵盖的股票所构成的投资组合，期货的价格和投资组合的价值也密切相关。同其他金融工具的定价一样，股指期货合约的定价在不同的条件下也会出现较大的差异。但是由于市场套利活动的存在，期货的真实价格应该与理论价格保持一致，至少在趋势上是这样的。

在说明股指期货定价原理的时候，我们采取的是和之前期货定价一样的分析方法。我们假设投资者既进行股指期货交易，又进行股票现货交易，并假定：

（1）投资者首先构造出一个与股票指数完全一致的投资组合（即二者在组合比例、股指的“价值”与股票组合的市值方面都完全一致）。

（2）投资者可以在金融市场上很方便地借款用于投资（无风险利率为 r）。

（3）投资者卖出 1 张股指期货合约。

（4）投资者买入股票组合并持有至股指期货合约的到期日，并将所收到的所有股利用于投资。虽然单独来看，股票指数的成分股在股指期货存续期间的股利分发在数量和时间上没有确定的规律，但由于股票指数覆盖面很广，从整体上看股票指数的股利分发可以认为是连续的，即存在连续股利收益率 q。

（5）在股指期货合约交割日立即卖出全部股票组合。

（6）对股指期货合约进行现金结算。

（7）用卖出股票和平仓期货合约的收入来偿还原先的借款。

回顾我们在第三章学过的期货定价公式，股指期货合约可以被看作有确定股利收益率 q 的期货合约。1983 年康奈尔（Cornell）和弗伦奇（French）在一系列假设之下推导出了完全市场假定中的期货持有成本定价模型。用数学公式表示为：

$$F_0=S_0\mathrm{e}^{(r-q)t}$$

由此可见，股指期货合约的定价（F）主要取决于三个因素：现货市场上的市场指数（S_0）；金融市场上的借款利率（r）；股票市场上的股利收益率（q）。

因此，我们可以直接套用公式 $F_0=S_0\mathrm{e}^{(r-q)t}$。需要指出的是，上述公式给出的是在前述假设条件下的股指期货合约的理论价格，在现实生活中要全部满足上述假设存在一定的困难。第一，在现实生活中，再高明的投资者要想构造一个完全与股票指数结构一致的投资组合也几乎是不可能的，当证券市场规模很大时更是如此；第二，在短期内进行股票现货交易，往往使得交易成本较大；第三，各国市场交易机制存在差异，如一些国家不允许卖空股票，这在一定程度上会影响到股指期货交易的效率；第四，股利收益率在实际市场上是很难得到的，因为不同的公司、不同的市场在股利政策（如发放股利的时机、方式等）上都不同，并且股票指数中的每只股票发放股利的数量和时间也是不确定的，这必然会影响到正确判定股指期货合约的价格。

从国外股指期货市场的实践来看，实际股指期货价格往往会偏离理论价格。理论上，当实际股指期货价格大于理论股指期货价格时，投资者可以通过买进股指所涉及的股票并卖空股指期货而谋利；反之，投资者可以通过上述交易的反向操作而谋利。这种交易策略被称作指数套利，通过指数套利可以使股指期货价格回归理论价格。然而，在成熟市场中，由于存在交易成本等不满足假设的情况，实际股指期货价格和理论期货价格的偏离总处于一定的幅度内，也就是说，无套利不仅仅在一个点成立，而是扩展到一个价格区间都成立。例如，美国标普 500 指数期货的价格通常位于其理论值的上下 0.5%幅度内。

二、量化交易

由于信息工具的普及，市场的无效性小了很多，与 10 年前相比，现在指数套利的利润就小了很多，要获得利润就需要更大的成交量和更复杂的模型。不仅模型很重要，同样重要的还有很强的计算能力、很低的交易费用和很低的资金成本。在这样的趋势下，量化交易（亦称程式交易，program trading）应运而生。广义而言，量化交易是指将交易条件写进电脑程序，由计算机监测市场状况，一旦出现预定的交易条件，即由计算机自动下单买卖。量化交易有多种形式，早期纽约证券交易所把量化交易定义为包含 15 只或 15 只以上指数成分股的组合交易，其价值超过 100 万美元，这些组合交易是同时进行的。简单地说，量化交易就是同时买进或卖出一篮子股票的交易，也有少数量化交易是既买进又卖出股票的混合型程式交易。量化交易主要是机构投资者的交易工具，它们同时或几乎同时买进或卖出整个股票组合。量化交易可分为套利型和非套利型两种基本类型。套利型量化交易即指数套利交易，它包括所有采取识别指数套利或指数替代的策略的交易。指数套利的利润来源是股指期货与现货的实际价值关系相对于理论价值关系的偏离，指数套利是量化交易的一种重要形式。非套利型量化交易是指不以套利为目的的量化交易，主要包括投机类或套期保值类交易。

除了指数套利外，量化交易的策略包括便利的清算、风险对冲、期货换现货的股票头寸的清算等。2014 年迈克尔·刘易斯（Michael Lewis）出版的一本财经畅销书《高频交易员》（*Flash Boys*）专门描述了华尔街高频交易的内幕，并指出美国股票市场中的绝大多数交易是由计算机完成的，2012 年以来量化交易占全部成交量的 70%以上。摩根大通 2017 年公布的一份研究报告称，量化交易占美国证券交易总额的比例已经超过 90%。

拓展阅读

上海证券交易所破获特大操纵期货市场犯罪案

第四节　对冲股票组合风险

股指期货是一种以股票价格指数作为标的物的金融期货合约。股市投资者在股市上面临的风险分为两种：一种是股市的整体风险，又称系统性风险，即所有或大多数股票的价格一起波动的风险；另一种是个股风险，又称非系统性风险，即单只股票市场价格波动的风险。在进入 20 世纪 70 年代以后，西方国家股市波动日益加剧，投资者规避股市系统性风险的需求越来越迫切。由于股票指数基本上能代表整个市场股价的变动趋势和幅度，人们开始尝试将股票指数改造成一种可交易的期货合约，并利用它对所有股票进行套期保值，规避系统性风险，于是股指期货应运而生。投资者利用股指期货进行套期保值是根据股票指数和股价变动的同方向趋势，在股票的现货市场和股票指数的期货市场上做相反的操作，抵消股价变动的风险。

下面我们将通过举例来说明空头对冲的原理。空头对冲主要适用于手中已持有股票组合的投资者，他们惧怕因股票组合价格下跌而遭受损失，因此预先在期货市场上卖出相应的股指期货。如果市场下跌，投资者手中股票的损失就可以通过股指期货的空头收益来弥补，从而回避了投资的风险。其原理可以概括为“持股不动、卖空期货”。

［例 6－1］　假设某投资经理管理着总价值为 4 500 万元人民币的股票组合（该股票组合与沪深 300 股指的波动情况完全相同），由于担心某些利空因素导致股票价格下跌从而遭受损失，他利用沪深 300 股指期货合约进行空头对冲。有效的股指期货对冲将使对冲者整体风险为零，从而整体投资近似以无风险利率增长，并且对每 1 元的投资组合价值都相应地卖出 1 元的股指期货合约来进行风险对冲。

假设当前市场上沪深 300 股指期货合约的价格为 3 000 点，每点价值为 300 元。为了达到完全风险对冲，需要卖出的合约张数为多少?

每一张合约的价值为：3 000×300＝900 000(元)。要达到完全风险对冲，需要卖出的合约张数为：45 000 000÷900 000＝50(张)。

假设 3 个月后股指下跌至 2 800 点。这时，投资者在股票现货市场上由于股价下跌而亏损了 321.4［＝4 500×(3 000－2 800)/3 000］万元，空头期货合约却在市场下跌后产生了 300［＝(3 000－2 800)×300×50］万元的盈利。现货市场和期货市场基本达到盈亏相抵。

股指期货套期保值的构建与调整可以通过以下过程实现：确定是否需要进行风险对冲；确定风险对冲的类型；选择合理的套期保值合约；选择合理的风险对冲时机；选择适当的套期保值比率进行套期保值操作；根据市场变化适时调整套期保值比率，提前或到期结束套期保值。股指期货对冲的风险主要包括基差风险、交叉风险、对冲风险、逐日结算风险和期现市场交易规则的差异导致的风险等，针对这些可能的风险，投资者应采取相应的应对措施，力争实现风险最小化。

例 6－1 中是一种简单的对冲策略，并不一定是最优对冲策略。投资者的最优对冲策略需要与投资者的目标函数相联系。最常见的目标函数是风险（方差）最小化。下面对风险最小化最优对冲进行讨论。假设投资者的股票组合价值为 P，此即投资者的风险暴露。该组合的系统性风险为 β_P。市场上有以市场组合为标的资产的股指期货合约，一张合约的价值为 A。考虑一个一期模型：在时点 0 进行对冲决策，在时点 1 期货合约到期。从时点 0 到时点 1 的市场组合的收益率为 r_F，股票组合的预期收益率以 r_P 表示。该投资者利用股指期货合约对冲股票价格风险后的预期收益率为：

$$Pr_P - Mr_F$$

式中，M 为期货合约的总价值。以 h 表示该投资者的套期保值比率，$h=M/P$，即一单位现货资产需要多少价值的期货合约来实现套期保值。将上述 h 的表达式代入投资者的预期收益率，得 $P(r_P-hr_F)$。该式的方差为 $P^2(\sigma_P^2+h^2\sigma_F^2-2h\rho\sigma_P\sigma_F)$，$\sigma_P^2$ 为股票组合收益率的方差，σ_F^2 为期货收益率的方差，ρ 表示股票组合收益率与期货收益率之间的相关系数。对上式求关于 h 的一阶偏导并令其等于零，可得该投资者的最优套期保值比率为：

$$h^*=\rho\frac{\sigma_{r_P}}{\sigma_{r_F}}$$

由于我们这里讨论的期货合约以市场组合为标的资产，因此 $E(r_F)=E(r_M)$。这样，上式可以表达为：

$$h^*=\rho\frac{\sigma_{r_P}}{\sigma_{r_F}}=\rho\frac{\sigma_{r_P}}{\sigma_{r_M}}=\beta_P$$

由上式可见，利用股指期货合约对冲股票组合风险的最优套期保值比率是该股票组合的系统性风险水平，即其 β 系数。拓展阅读进一步介绍了股指期货在对冲系统性风险中的作用。在下一节中，我们将进一步讨论股指期货风险对冲与证券组合管理问题。

拓展阅读

股指期货让股民不再“靠天吃饭”

第五节　风险对冲与证券组合管理

股指期货日益成为资产管理与投资中应用最广泛、最具活力的风险管理工具。通过证券组合投资，可以有效地化解股票市场的非系统性风险；而导致股票市场整体变动的系统性风险，则需要在资产配置中加入股指期货才能有效规避，为证券组合进行套期保值。对于以证券市场为主要投资对象的机构投资者而言，股指期货的引入使机构投资者获得了对股票市场系统性风险进行管理的低成本金融工具。相比过去通过直接交易现货证券调整组合在股票和债券等不同资产间的配置以应对系统性风险的手段，股指期货具有交易成本和冲击成本低、流动性好等优势。

这里我们进一步讨论股指期货的最优风险对冲。实际上，股指期货还可以为资产管理人提供对证券组合进行积极管理的手段，如改变证券组合的 β 值、合成指数基金等。在这一节中我们的重点是介绍如何利用股指期货来对冲风险以及如何利用它来调整 β 值。

一、理论基础

单只证券或单个证券组合的系统性风险用 β 系数来衡量。β 系数对理解和进行风险对冲操作以及管理证券组合具有非常重要的作用。β 系数用于衡量某只股票对于同一时期市场的平均波动程度。当 β 系数等于 1 时，说明股票的涨跌幅度与指数的涨跌幅度相当；当 β 系数大于 1 时，说明股票的波动或风险程度高于以指数衡量的整个市场；而当 β 系数小于 1 时，说明股票的波动或风险程度低于以指数衡量的整个市场。β 系数是一个非常有用的数字，将在风险对冲及套利交易的测算中发挥重要作用。当然，若以实际数据验证，会有一定的误差。投资者拥有的股票往往不止一只，当拥有多只股票时，即拥有一个证券组合时，会面临着测度这个组合与指数的关系问题。而其中最重要的就是计算这个组合的 β 系数。它表明了这个组合的涨跌幅度是指数涨跌幅度的 β 倍。假定某组合 P 由 n 只股票组成，第 i 只股票的资金比例为 $x_i(x_1+x_2+x_3+\cdots+x_n=1)$；$\beta_i$ 为第 i 只股票的 β 系数，则有：$\beta=\beta_1x_1+\beta_2x_2+\cdots+\beta_nx_n$。

注意，β系数是根据历史资料统计得到的，在应用中，通常就用历史的β系数来代表未来的β系数。组合的β系数比单只股票的β系数可靠性要高，在实际应用中，也有一些使用者为了提高预测能力，对β系数做了进一步的修改与调整。

二、风险对冲

风险对冲是指运用股指期货对冲实际将要发生的现货交易，也就是说，现货交易与股指期货交易是匹配的。这类策略主要用于所管理的组合在未来有明确的现货交易计划的情况。它在大型基金、养老基金等的资产管理中的典型运用包括在基金分红、养老年金给付、指数基金建仓以及对资产配置进行战略性调整时进行的风险对冲交易。空头风险对冲（卖出套保）是指通过卖出股指期货合约达到保值目的。这是针对股市看跌的一种保值措施，它是通过期货合约的收益弥补股市下跌造成的持有股票的损失，为现货市场中已持有的股票进行保值的一种手段。

在上一节中我们得出风险最小化目标函数下套期保值者的最优套期保值比率是证券组合的β值（即β系数的值）。套期保值者按照这个套期保值比率来管理证券组合风险，对冲的结果是最优对冲，就是使股票组合的β值变为零。换句话说，风险最小化对冲策略彻底消除了证券组合的系统性风险。根据上一节的最优套期保值比率，套期保值需要买卖的期货合约数的计算公式为$\beta\dfrac{P}{A}$，其中P为股票总价值，A为期货合约的价值，即

$$\text{期货合约数}=\frac{\text{现货总价值}}{\text{期货指数点}\times\text{每点乘数}}\times\beta\text{系数}$$

从公式中不难看出，当现货总价值和期货合约的价值确定后，所需买卖的期货合约数就与β系数的大小有关，β系数越大，所需买卖的期货合约数就越多，反之则越少。

［例6-2］　假设沪深300股指为3 000点，股票价值为60 000 000元，股票的β值为1.5，我们需要怎样运用股指期货，才能够实现风险最小化对冲？

我们将数据代入上述公式，得：

$$1.5\times\frac{60\ 000\ 000}{3\ 000\times300}=10(\text{张})$$

由此计算可以得到，要完全套期保值，需卖空10张（手）股指期货合约。

股指期货可以用来调整证券组合的β值，所以在投资中有着很广泛的应用。例如，封闭式基金一般在会计年度结束时就能够依据基金契约确定分红的数额，但通常此时距离将股利分派给基金持有人还有一段时间。此时，基金管理人可以选择用股指期货对准备变现的那部分证券组合进行保值，在真正分红前基金管理人可以分批卖出证券组合并同时将对应的期货头寸平仓，这样可以保证证券组合的价值没有大的变化。套期保值还可用于基金管理人对证券组合的资产配置进行战略性调整。

在上述公式中，现货市场上现货价格的波动风险完全被期货头寸所对冲，对冲后的系统性风险为零。在现实世界中，投资者的风险对冲策略往往与其对后市的预期有关，并非一定要在套期保值与指数套利之间进行选择，也不一定进行最优对冲，还可进行不完全对冲。不完全对冲可以看作最优对冲和指数套利的合成。投资者可以通过改变买卖股指期货

的数量来改变整个组合与市场的相关性，即β值的大小，以实现不完全对冲。如果一个风险偏好型投资者拥有了一个较好的证券组合，但对该组合的β值不满意，希望在股市向好时获得超过大盘的收益，那么该投资者需要增大β值。投资者也可以通过此方式把β值缩小至合意大小。我们将在下面详细讲解这一点。

三、调整证券组合的β值

股指期货的重要功能之一是动态调整证券组合的风险-收益特征，结合证券组合管理者对市场的判断和资产状况，买入或卖出股指期货，对证券组合的β值进行调整。从这个意义来看，最优对冲只是调整证券组合β值的一个特例。在最优对冲案例中，目标无非变成了将证券组合的β值调整为零，使证券组合的价值不再受到证券市场波动的影响。在现实世界中股指期货合约可以实现将证券组合的系统性风险水平调整到任何水平的目的。

如果投资者所持有证券组合的目标系统性风险水平为β_1，现有的风险水平为β_0，利用股指期货将系统性风险水平调整至目标风险水平所需要的股指期货的数量可由下式表示：

$$(\beta_1-\beta_0)\frac{P}{A}$$

式中，P为股票总价值，A为期货合约的价值。结果的正负号分别对应着股指期货的多头和空头。

［例 6-3］ 接上例，如果我们想要将证券组合的β值调整到0.75，应该如何运用股指期货进行操作？如果想要将β值提高到2，又应该怎么操作？

在上例中我们看到，要将β值调整为0，$(0-1.5)\times\frac{60\ 000\ 000}{3\ 000\times 300}=-10$(张)，即投资者需要卖空10张股指期货合约。

现在，我们要将β值调整到0.75，$(0.75-1.5)\times\frac{60\ 000\ 000}{3\ 000\times 300}=-50$(张)，则投资者需要卖空50张股指期货合约。

如果我们要将β值调整到2，$(2-1.5)\times\frac{60\ 000\ 000}{3\ 000\times 300}=33.3$（张），即投资者需要买入33张股指期货合约。

从上例中我们可以看到，我们可以根据市场的变化来调整β值，以达到增加收益和控制风险的目的。当预期股票市场价格上涨时，则买入股指期货合约，提高投资组合的β值；当预期股票市场价格可能下跌时，则卖出股指期货合约，降低投资组合的β值。

四、合成指数基金与合成无风险债券

合成指数基金、合成无风险债券等股指期货的应用也是利用了股指期货可以改变证券组合β值的特征，将无风险债券和股指期货的多头进行组合，使得初始β值接近或等于1的证券组合具有证券市场股票指数所具有的风险-收益特征，获得市场收益。合成指数基金的原理为：证券组合的多头＝无风险债券＋股指期货的多头；或者将证券组合加入股指期货的空头来拟合无风险债券的收益特征。合成无风险债券的原理为：无风险债券＝证券组合的多头＋股指期货的空头。

本章小结

在本章中，我们学习和讨论了股指期货的基本概念以及股指期货的一些基本功能，其中最重要的就是股指期货的风险对冲功能。股指期货可以管理投资者持有股票的风险。股指期货与利率期货等一样，是一个较常用的期货品种。它的特征、定价等跟我们前面学到的期货类似。中国股指期货市场经过几年的平稳运行，融资融券业务逐渐完善，股指期货市场功能逐渐显现。相信中国股指期货市场对进一步推动我国资本市场的发展将发挥重要的作用。

练习题

1. 股指期货合约的核心条款一般有哪些？

2. 简述指数套利的基本原理，并比较其与商品期货套利的异同。

3. 什么是量化交易？量化交易对现货市场的波动有何影响？

4. 某基金经理计划用半个月后收到的15万元购买A公司股票5 000股。当时股票市价为每股30元，由于预期股票市价上涨，他便决定用多头股指期货套期保值。假定股指期货从3 000点上升到3 200点（每点价值300元），且A公司股票为每股33元，那么该经理能购买多少A公司的股票？

5. 我国自2010年4月推出股指期货已有多年，请谈谈你对中国股指期货所发挥作用的看法。

6. 假设沪深300股指期货合约报价为3 000点，请问1手合约的价值为多少元？

7. 北京某股指期货客户的可用保证金余额为1 000万元，其于股指期货合约4 000点时买入40手。交易所规定的保证金收取比例为12%，期货公司追加比例为3%；当日市场下跌，该股指期货合约收于3 650点，当日结算价为3 680点。问：（1）客户建仓时，保证金为多少？（2）客户当日是否有盈亏？若有，是多少？（3）当日收盘后，客户实际占用多少保证金？（4）当日收盘是否要通知客户追加保证金？（5）如果客户无法追加保证金，愿意接受平仓释放保证金，则最少需要平仓几手？

8. 试推导方差最小化目标下的股指期货最优套期保值比率。

9. 股指跨期套利和期现套利隐含着何种不同的假设条件？这种套利的风险点何在？

10. 讨论卖空限制与卖空成本对股指期货定价效率的影响，并以实际数据比较中国和美国市场卖空限制与卖空成本的差异。

参考文献

[1] 黄达，张杰．金融学．6版．北京：中国人民大学出版社，2024.

[2] 汪昌云，类承曜，谭松涛．投资学．5版．北京：中国人民大学出版社，2023.

[3] 约翰·赫尔．期货与期权市场基本原理：英文版·第9版．北京：清华大学出版社，2021.

第七章

利率期货

本章导读

利率期货合约是指交易双方在未来约定的时间按照约定的条件买卖一定数量的同利率相关的金融工具的协议。利率期货合约在期货市场上占有非常重要的地位。利率期货最早产生于美国，1975 年美国的芝加哥期货交易所首次推出了利率期货合约——政府国民抵押协会抵押凭证期货合约。在利率期货推出后，利率期货的交易量占期货交易总量的比例逐渐增大，而且利率期货的品种越来越多，几乎世界上所有的交易所都展开了利率期货交易。我国于 2013 年 9 月 6 日正式上市交易 5 年期国债期货合约，在合约设计和交易机制方面借鉴了美国的国债期货合约；2015 年和 2018 年又相继上市了 10 年期和 2 年期国债期货合约；2023 年 4 月 21 日，首批 3 个 30 年期国债期货合约上市交易。在本章中，我们将首先介绍利率的种类，其次讨论远期利率与远期利率协议，再次根据期货合约的基础债券期限的长短，分别讨论中长期国债期货与短期国债期货，最后介绍债券久期与风险对冲策略。

第一节　利率的种类

利率的一般形式就是利息与本金的比率，但利率的具体存在形式复杂多样。现实中利率的种类很多，结构也较为复杂。为便于掌握利率的特性和加强管理，需要按不同标准对利率的种类加以划分。

一、名义利率与实际利率

名义利率就是指以名义货币即按现行单位货币购买力（现行物价水平）表示的利息与本金的比率，或者说是包含着通货膨胀率的利率。

实际利率是指以货币能够交换到的商品或劳务表示的利息与本金的比率，也就是剔除通货膨胀因素以后的真实利率。

实际利率与名义利率最大的区别就在于，实际利率考虑了通货膨胀对利率的影响，而名义利率则没有考虑通货膨胀对利率的影响。因此，简单来讲，实际利率就等于名义利率减去通货膨胀率。其数学表达式为：

$$r=i+p \tag{7.1}$$

式中，r 为名义利率；i 为实际利率；p 为通货膨胀率。

需要注意的是，判断利率水平高低不能只看名义利率水平的高低，而必须以实际利率为主要依据。

二、固定利率与浮动利率

固定利率是指在整个借贷期限内，不随借贷货币资金供求状况的变动而变动的利率。但是，由于通货膨胀等原因，市场利率的变化通常是十分频繁的，而且变动的幅度也比较大。实行固定利率，在市场利率趋于下跌时，债权人不会因此而减少收益，债务人也不会因此而减少筹资成本；在市场利率趋于上升时，债权人不会因此而增加收益，债务人也不会因此而增加筹资成本。这种利率在借款期限较短或市场利率变化不大的条件下是可以采用的，但在融资期限较长、利率变动幅度较大时，由于其变化趋势很难预测，借款者或贷款者可能要承担较大的利率变化的风险，其不适用性就会十分明显地表现出来。

浮动利率通常是指在借贷期限内不固定，而是每过一段时间根据市场利率的变化重新加以确定的利率。浮动利率一般是根据市场短期利率的变化，每 3 个月或 6 个月调整一次。在市场利率趋于上升时，实行浮动利率对债权人有利、对债务人不利；相反，在市场利率趋于下降时，实行浮动利率有利于债务人而不利于债权人。浮动利率与固定利率相比，借款者在计算借款成本时要困难一些，利息负担也可能加重，但是，借贷双方承担的利率变化风险较小，利息负担同资金供求状况紧密结合，因此，中长期贷款一般采用浮动利率。

三、市场利率与官定利率

市场利率是指在借贷货币市场上由借贷双方通过竞争而形成的利率。

官定利率是指金融管理当局或中央银行确定的、体现政府意向的利率。官定利率主要包括两类利率：第一类是中央银行对商业银行的再贷款和再贴现利率；第二类是中央银行对商业银行等金融机构的存贷款利率进行直接管制和对金融市场上的债券利率进行直接管制所形成的利率。官定利率产生的原因是利率本身是政府对经济进行调控的杠杆，金融管理当局或中央银行担负着使利率水平维持在一定水平上以实现政府对经济进行调控的职责。

欧美发达国家和日本等已实现了利率自由化，金融市场上的利率完全由资金供求状况决定，中央银行对融资利率的调整也反映了资金供求状况的变化，因此，基本上已不存在真正意义上的官定利率。我国对利率仍然进行比较严格的管制，国务院批准和授权中国人民银行制定的各种利率均为官定利率，其他任何单位和部门均无权变动。

我国的利率有三种类型，即中央银行利率、商业银行利率和市场利率。与市场经济发达国家相比，在我国的利率体系中，中央银行利率仍然是主导利率，商业银行的利率浮动权较小，市场利率还需要进一步发展和完善。从各种利率之间的关系或其传导机制来看，我国各种利率之间的传导主要有两种方式：一种方式是中央银行调整对商业银行的再贴现利率，调节商业银行的可贷资金量，影响商业银行的存贷款利率，进而调节金融市场上货币资金的供求状况，使市场利率朝着中央银行的调节目标变动；另一种方式是中央银行直接在金融市场上买卖有价证券，调节市场货币资金供求状况，进而调节商业银行利率和市场利率。此外，中央银行一般把市场利率作为其货币政策的中间目标，依此监测货币政策的执行效果，根据市场利率变动情况相应采取调节措施。

四、基准利率与无风险利率

基准利率是金融市场上具有普遍参照作用的利率，其他利率水平或金融资产价格均可根据这一基准利率水平来确定。存在一个广泛认可的基准利率是利率市场化的重要前提之一。在利率市场化条件下，融资者衡量融资成本，投资者计算投资收益，客观上都要求有一个公认的利率水平作为参考。因此，基准利率是利率市场化机制形成的核心。

在市场经济中，基准利率是指通过市场机制形成的无风险利率。利息可以界定为投资者让渡资本使用权而索要的补偿，利率则反映补偿的力度。一般来说，利息包含对机会成本的补偿和对风险的补偿，利率则包含机会成本补偿水平和风险溢价，于是形成了这样一个表达式：

$$\text{利率}=\text{机会成本补偿水平}+\text{风险溢价} \tag{7.2}$$

在这里，之所以叫风险“溢价”，是因为有风险的存在就必须付出超出机会成本的金额。

利率中用于补偿机会成本的部分往往由无风险利率表示。在这个基础上，由于风险的大小不同，风险溢价程度也千差万别。相对于千差万别的风险溢价，无风险利率也就成为“基准利率”。

五、长期利率与短期利率

长期利率与短期利率的划分是以信用行为的期限长短为依据的。正如贷款有长期和短期之别，存款有活期和定期以及不同定期之别一样，债券可划分为短期债券、长期债券和无期债券等。相应地，利率也不尽相同。一般来说，与1年期以下的信用行为（通常称短期信用）相应的利率就是短期利率；与1年期以上的信用行为（通常称中长期信用）相应的利率就是中长期利率。短期利率与长期利率又各有长短不同的期限之分。

总的来说，较长期的利率一般高于较短期的利率，但在不同种类的信用行为之间，由于有种种不同的信用条件，不能简单对比。至于同一类之间，较长期借贷由于风险较大，利率中风险溢价成分也更大，从而利率较高，但也并不总是这样，有时候也会出现短期利率高于长期利率的现象。

六、一般利率与优惠利率

这是根据对不同的贷款对象执行不同利率水平的情况来划分的。一般利率就是按照正常标准执行的利率。优惠利率则是指对于需要重点扶持的贷款对象和贷款项目，执行低于正常标准的利率。由于享受优惠利率的贷款对象和贷款项目一般都是在国家产业政策的优惠范围内的，因此，优惠利率大都是由得到政府财力支持的金融机构提供的。优惠利率通常都有一定的标准。

在我国，优惠利率属于官定利率。优惠利率的授予对象与国家的产业政策相联系，一般被提供给国家认为有必要重点扶持的行业、部门及企业。在经济发展过程中，优惠利率对于推动国家产业政策的实现有一定作用，但滥用优惠利率往往达不到预期的目标，反而会有消极的后果，如掩盖管理不善和经营落伍、支持不平等竞争等。

七、年利率、月利率和日利率

年利率、月利率和日利率是按计算利息的期限单位划分的。年利率是以年为单位计算利息；月利率是以月为单位计算利息；日利率是以日为单位计算利息。按日计息，多用于金融业之间的拆借，习惯称“拆息”或“日拆”。年、月、日这三种利率在经济生活中都有广泛的使用领域。西方工业国家习惯以年利率作为主要的标示形式。中国过去习惯以月利率为主，现在已经和国际接轨，正式采用年利率标示。

第二节　远期利率与远期利率协议

一、远期利率

远期利率是从未来某时点起算的一段时间的利率，例如从 1 年后起算的半年期或两年期利率；相对地，即期利率是从目前时点起算的利率。虽然远期利率是从未来时点起算的利率，无法直接从市场上观察到，但依据市场上的无套利原理，仍可计算出远期利率的值。例如，一笔资金先投资 3 年（收益率为 3 年期即期利率），再将本利和投资 2 年（收益率为 3 年后的 2 年期远期利率），其总收益应该等于直接投资 5 年（收益率为 5 年期即期利率）的收益，否则便有套利机会。关于远期利率的计算，我们将在下面详细介绍。

二、远期利率的计算

在计算远期利率前，我们要弄懂的一个概念是 n 年期即期利率。它是指从即日起计算并持续 n 年的投资利率。这里考虑的投资是中间没有任何支付的纯粹投资，即所有的本金和利息在 n 年末一次性支付给投资者，一般也被称为 n 年期零息票利率，即 n 年期的零息票债券的收益率。

我们以 r_{12} 表示第一年年末至第二年年末这段时期的远期利率，r_1 表示 1 年期的即期利率，r_2 表示 2 年期的即期利率，r_{12} 的计算方法为：

$$(1+r_2)^2=(1+r_1)(1+r_{12}) \tag{7.3}$$

它的含义为：为期 2 年的投资可以按照两种方法进行：第一种方法是先投资 1 年，然后将第一年投资的收益连同投资的本金一起再投资 1 年；第二种方法是直接投资 2 年。由于市场是无套利的，所以两种投资的收益也是一样的，即由远期利率和第一年的即期利率所得的收益与采用 2 年期即期利率所得的收益相同。由此可得

$$r_{12}=\frac{(1+r_2)^2}{1+r_1}-1 \tag{7.4}$$

同理，我们可以计算其他的远期利率。如果用 R_1 表示 T_1 年期的即期利率，R_2 表示 T_2

年期的即期利率，显然 T_1 与 T_2 期间的远期利率 R_F 满足（$T_2>T_1$）：

$$(1+R_2)^{T_2}=(1+R_1)^{T_1}(1+R_F)^{T_2-T_1} \tag{7.5}$$

可得：

$$R_F=\left[\frac{(1+R_2)^{T_2}}{(1+R_1)^{T_1}}\right]^{1/(T_2-T_1)}-1 \tag{7.6}$$

在实际的计算中，为了简便，一般近似可得：

$$1+T_2R_2=1+T_1R_1+(T_2-T_1)R_F \tag{7.7}$$

即

$$R_F=\frac{T_2R_2-T_1R_1}{T_2-T_1} \tag{7.8}$$

三、远期利率协议的基本概念

远期利率协议（forward rate agreement，FRA）是自 1983 年以来在欧洲货币市场上出现的为管理远期利率风险和调整利率不匹配（指资产和负债的浮动利率和固定利率形式不一致）而产生的金融创新工具之一，是一种新的场外交易的远期利率合约方式。它原来主要在伦敦银行同业间进行，后来扩大到银行与非银行金融机构之间以及银行与其他客户之间。

远期利率协议交易实际上是在远期存款市场基础上发展而来的。协议的买方为避免利率上升的风险，协议的卖方为避免利率下跌的风险，双方商定就未来某个期限的一笔资金使用事先约定的一个协议利率，并规定以何种利率为参考利率；在将来的利息起算日，按规定的协议利率、期限和本金额，由当事人一方向另一方支付协议利率与参照利率利息差额的贴现值。

远期利率协议交易的发展历史不长，最早出现于英国伦敦，开始是银行同业间的无形场外远期利率交易市场，市场的参加者主要是美国的大型商业银行以及英国的一些商人银行和清算银行等，后来也有非银行金融机构和公司通过与银行签订合约来规避远期借款利率上升的风险。国际上主要的远期利率协议市场集中在伦敦，其次是纽约。市场交易的币种主要有美元、英镑、瑞士法郎、日元和欧元，其中美元利率的交易占到总交易量的 90% 以上。伦敦市场上的远期利率协议一般采用英国银行家制定的规范化协议。一般由 A、B、C、D、E、F 六部分组成。A 部分介绍远期利率协议的发生、结算利率、协议文件的影响及其发展；B 部分是有关专用术语的定义；C 部分简要说明报价的惯例做法；D 部分是远期利率协议的条款和条件等详细内容；E 部分给出了超过 1 年期的远期利率协议结算金额的计算过程或部分确认样本。远期利率协议的期限通常为 3～12 个月，最常用的有“3 个月对 6 个月”“6 个月对 9 个月”“6 个月对 12 个月”，不是整数的期限也可通过协商达成交易。

远期利率协议实质上是不通过期货交易所而在场外交易的远期金融合约。比较而言，它不是标准化的，交易金额、交割日期都不受限制，也不需要缴纳保证金，可以适用于一切可兑换货币，与金融期货相比更灵活、更简便，尤其对于没有期货合约的货币，远期利率协议具有特别的吸引力。与此同时，银行能够不改变资产负债表的流动性而调整其利率风险，由于其交易的本金不流动，利率也进行差额结算，资金流动量较小，故常被银行用来调整其同业往来账目。但远期利率协议也有不足的地方，主要表现在：远期利率协议是场外交易，无集中市场，相互寻找适合的交易对手不容易；在期货交易所内的期货合约既可买进，也可卖出，而远期利率协议买入后不能出售，只能与另一笔远期利率协议对冲；期货交易买卖双方均以统一的清算机构为交易对手，不用管买卖双方是谁，其信用风险极小，但远期利率协议由于实际场外交易对手信誉度的不同而面临较大的信用风险。

在远期利率协议中，双方商定市场参考利率和协议的本金额，但无须交付本金，它只是用来计算利息。如清算日的结算利率高于协议利率，则协议卖方向买方支付利差，反之则由买方向卖方支付利差，采用现金结算。

为了更好地了解远期利率协议，需要先弄清以下内容：远期利率协议的价格是指从利息起算日开始的一定期限的协议利率，远期利率协议的报价方式和货币市场拆出拆入利率的表达方式类似，但远期利率协议的报价多了合约指定的协议利率期限。远期利率协议市场定价每天随着市场的变化而变化，该市场价格仅作参考之用，实际交易价格要由每个报价银行来决定。远期利率协议市场报价的一个例子见表 7-1。

表 7-1 远期利率协议市场报价举例

	期限	远期利率协议买卖价
7月13日	3×6	8.08%～8.14%
	2×8	8.16%～8.22%
	6×9	8.03%～8.09%
	6×12	8.17%～8.23%

表 7-1 中报价第三行“6×9”“8.03%～8.09%”的市场术语的解释如下：“6×9”（6 个月对 9 个月，英语称为 six against nine）表示期限，即从交易日（7 月 13 日）起 6 个月末（即次年 1 月 13 日）为起息日，而交易日后的 9 个月末为到期日，协议利率的期限为 3 个月。“8.03%～8.09%”为报价方报出的远期利率协议买卖价：前者是报价银行的买价，若与询价方成交，则意味着报价银行（买方）在结算日支付 8.03%的利率给询价方（卖方），并从询价方处收取参考利率。后者是报价银行的卖价，若与询价方成交，则意味着报价银行（卖方）在结算日从询价方（买方）处收取 8.09%的利率，并支付参考利率给询价方。

四、利用远期利率协议进行风险管理的技巧

远期利率协议是防范将来利率变动风险的一种金融工具，其特点是预先锁定将来的利率。在远期利率协议市场中，远期利率协议的买方为了防止利率上升引起筹资成本上升，希望在现在就锁定将来的筹资成本。用远期利率协议防范将来利率变动的风险，实质上是用远期利率协议市场的盈亏抵补现货资金市场的风险，因此远期利率协议具有预先决定筹资成本或预先决定投资收益率的功能。

五、远期利率协议与利率期货的联系与区别

从形式上看，远期利率协议具有和利率期货类似的优点，即避免利率变动风险，但它

们之间也有区别（见表 7-2）。

表 7-2　远期利率协议与利率期货的区别

项目	远期利率协议	利率期货
交易形态	场外交易市场成交，交易金额和交割期都不受限制，灵活简便	交易所内交易，标准化契约交易
信用风险	双方均存在信用风险	极小
交割前的现金流	不产生现金流	保证金账户内有现金净流动
适用货币	一切可兑换货币	交易所规定的货币

第三节　中长期国债期货及其定价

一、中长期国债期货

美国中长期国债是美国政府的一项债务，按季度于 2 月、5 月、8 月和 11 月发行。每次发行的债券包括 3～4 年期、7～10 年期的中期债券以及 20～30 年期的长期债券。由于该类债券可以由债券持有人在市场上转让，因此其二级流通市场很大，而且流动性很强。中长期国债期货（treasury bond future）是建立在中长期债券基础上的利率衍生品，其标的资产为中期国债或者长期国债。芝加哥期货交易所交易的中长期国债期货以及伦敦国际金融期货期权交易所交易的金边债券期货都属于这种类型。美国中长期国债期货合约的规格包括以下几个方面：（1）交易单位。美国芝加哥期货交易所的每张中长期国债期货合约的金额为 10 万美元。（2）交割方式。中长期国债期货的交割涉及三天。第一天称持仓日（position day），是期货合约交割月份的第一个营业日前的两天。第二天称意向通知日（notice of intention day），在该日，清算所从众多的未平仓多头之中选择买方。一旦选定，卖方就会对某特定的交割债券开出发票，买方则准备支付款项。第三天称交割日（delivery day），即实际交割和付款日。（3）标价方式。行情表上的期货报价（quoted price）是标准交割国债的价格。标准交割国债的价格是通过选用某种虚拟的标准债券为交割标的计算得出的，一般选择期限为 15 年、息票率为 6%的国债作为标准债券。价格是以合约金额的一定百分比标出的，1%以下的数是以 1/32 为基础计算的。例如，96-16 表示期货的标准交割价格等于合约金额的 0.965 倍。（4）交割债券价格的折算。为了防止流动性不足和价格操纵，美国市场规定，除了标准交割国债以外，空方也可以选择期限长于 15 年且在 15 年内不可赎回的其他国债用于交割。由于各种债券息票率不同，期限也不同，因此其他债券的价格都需要折算成标准交割国债价格的一定比例。这个比例被称为转换因子（conversion factor）。转换因子是中长期国债期货的一个非常重要的概念，是确定各种不同的可交割债券价格的不可缺少的系数。通过转换因子的调整，各种不同剩余期限、不同票面利率的可交割债券的价格均可折算成期货合约里的标准交割国债价格的一定倍数。转换因子在数值上等于面值为 1 美元的可交割债券在有效期限内的现金流以标准债券的息票率 6%（每半年计算复利一次）为贴现率贴现到交割月第一天的价值。如息票率为 10%的 20 年期的债

券的转换因子为 $\sum_{t=1}^{40}\frac{0.05}{1.03^t}+\frac{1}{1.03^{40}}=1.462\,3$。由此可见，对于有效期限相同的债券，息票率越高，转换因子就越大。对于息票率相同的债券，若息票率高于6%，则到期日越远，转换因子越大；若息票率低于6%，则到期日越远，转换因子越小。转换因子通常由交易所计算并公布。在实际交割时，卖方给买方开出的发票金额是由下式决定的：

$$发票金额=\left(10\text{万美元}\times\frac{\text{标准交割}}{\text{国债价格}}\times\text{转换因子}\right)+\text{应计利息} \tag{7.9}$$

这里对应计利息做一说明。由于中长期国债持有人是按一定的期限取得利息收入，在交割时，债券的持有人或空头要向买入债券的人收取从上次息票支付之日到交割日的持有债券的利息收入。因此，应计利息=(n×息票年利率×债券票面额)/365，其中，n 是从上次息票支付之日到交割日的天数。

我国2013年9月6日正式在中国金融期货交易所上市交易国债期货合约。在合约设计和交易机制上我国国债期货合约参考了美国国债期货合约。具体而言，我国国债期货标的为面值100万元、票面利率为3%的名义中期国债，包括所有的合约到期月首日剩余期限为4~7年的记账式附息国债（在可交割债券的期限上明显比美国的短）。我们之后介绍的国债期货的相关原理和方法适用于我国国债期货合约。

二、中长期国债期货的定价

由于中长期国债是可存储的期货商品，交易者可以选择不同的交割月份实现实物交割，因此，在期货市场上，即期与远期交割月份之间的价格差异主要受持仓成本的制约。换言之，中长期国债期货的价格应等于即期价格加上从即期至远期交割月份的持仓成本。该项持仓成本主要包括两项内容：(1) 现货市场的短期利率。在持仓成本中，短期利率可以认为是交易者在短期内对可存储金融工具持仓的机会成本。(2) 持有金融工具的收益。它是指交易者在持有中长期国债时，按票面利率取得的息票收入。与短期利率形成持仓成本相反，息票收入是中长期国债持有人在持仓阶段获得的收益。因此，可存储的金融期货的价格应等于即期价格加上净持仓成本，即

$$F=S_t+(r-y)\times\frac{T-t}{360}\times S_t \tag{7.10}$$

式中，F 为 T 时的期货价格；S_t 为即期价格；r 为短期利率；y 为中长期国债的票面利率；$(T-t)/360$ 为债券的持仓期限。

三、转换因子与最低交割成本债券

前面我们曾简单介绍了转换因子以及如何由转换因子得出不同交割债券的价格，其公式为：

$$发票金额=\left(10\text{万美元}\times\frac{\text{标准交割}}{\text{国债价格}}\times\text{转换因子}\right)+\text{应计利息}$$

下面再以一个例子进行具体说明。

对交割的每一张面值为100美元的债券，我们给出如下条件：每一张合约必须交割面值为10万美元的债券；假定报出的期货价格为90.00美元，所交割债券的转换因子为

1.380 0，在交割时每一张面值为100美元的债券的应计利息为3.00美元。当空头方交割债券时，交割每一张面值为100美元的债券，他收到的现金（交割时由多方支付）为：

$$(1.380\,0\times 90.00)+3.00=127.20(\text{美元})$$

因此，每一张合约空头方收到的现金为 $\frac{127.20}{100}\times 100\,000=127\,200(\text{美元})$。

转换因子在数值上等于面值为1美元的可交割债券在有效期内的现金流以标准交割国债的息票率6%（每半年复利一次）为贴现率贴现到交割月第一天的价值。在此基础上，CBOT给出了对应的换算表。在计算转换因子时，债券的剩余期限只取3个月的整数倍，多余的月份舍掉。如果取整数后债券的剩余期限为半年的倍数，就假定下一次付息是在6个月之后，否则就假定在3个月后付息，并从贴现值中扣掉应计利息，以免重复计算。

在任意时刻，有许多债券可以用来交割CBOT的中长期国债期货合约。考虑息票利息和到期日，它们之间的区别是很大的，存在相对便宜和昂贵的交割债券。空头方可以选择最便宜的债券进行交割，该债券通常被称为最低交割成本债券（cheapest to deliver bond，CDB）。CDB的具体确定方法如下：

由于

$$\text{空头方收到的价款}=(\text{期货报价}\times\text{转换因子})+\text{应计利息} \tag{7.11}$$

因而，

$$\text{购买债券的成本}=\text{债券报价}+\text{应计利息} \tag{7.12}$$

因此，最低交割成本债券就是“债券报价－(期货报价×转换因子)”最小的债券。逐个计算每张可用来交割的债券，通过比较就可以找出最低交割成本债券。

在CBOT交易的中长期国债期货合约于芝加哥时间下午2点停止交易。但是，中长期国债现货一直要交易到下午4点。另外，空头方在下午8点以前都可以向清算所下交割通知。如果下达了交割通知，交割应付价格是以当天的期货结算价为基础计算的，即在下午2点响铃以前进行交易的价格。这样就给了空头方一个选择权，我们称它为威尔德卡游戏（wild card play）。如果在下午2点以后债券的价格下降，空头方就可以发出交割通知，开始购买最低交割成本债券并为交割做准备。如果债券的价格并没有下降，空头方继续持有头寸，等到第二天运用相同的策略。就像空头方拥有的其他选择权一样，威尔德卡游戏也不是免费的。它的价值反映在期货价格中，当不存在该选择权时，期货价格要便宜一些。

由于空头方涉及的交割时间选择权和交割债券选择权不容易进行估价，因此，精确地确定中长期国债期货的理论价格也是很困难的。但是，如果我们假定最低交割成本债券和交割日期是已知的，则中长期国债期货合约是这样一种期货合约，即该合约的标的资产可向其持有人提供已知的收益。根据公式，期货价格 F 与现货价格 S 的关系是

$$F=(S-I)e^{r(T-t)} \tag{7.13}$$

式中，I 是期货合约有效期内息票利息的现值；T 是期货合约的到期时刻；t 是现在的时刻；r 是在 $t\sim T$ 期间适合的无风险利率；F 是期货的现金价格；S 是债券的现金价格。确定正确的期货报价的过程如下：

（1）根据报价计算最低交割成本债券的现金价格；

（2）运用式（7.13）根据债券的现金价格计算期货的现金价格；

(3) 根据期货的现金价格计算出期货报价；

(4) 考虑到最低交割成本债券与标准的15年期、息票率为6%的债券之间的区别，将以上求出的期货报价除以转换因子。

第四节 短期国债期货及其定价

一、短期国债期货

以美国期货市场中的短期国债期货合约为例，常见的短期国债期货合约大致包括以下内容：

(1) 交易单位。短期国债期货合约代表着一定数量的短期国债，例如每张芝加哥商业交易所90天期国债期货合约代表着100万美元的90天期短期国债。

(2) 交割月份。短期国债期货合约的交割月份为每个季度的最后1个月，即每年的3月、6月、9月、12月。

(3) 价格。在短期国债期货合约的报价中，期货合约的价格是通过市场的报价指数来计算的，而报价指数和贴现率紧密相关。具体的计算方法是1减去年度化的贴现率再乘上100，即

报价指数＝(1－贴现率)×100

一张90天到期交割的短期国债期货的实际价格约为：

100－(100－报价指数)×90/360(万美元)

例如，如果年度化的贴现率为7%，期货合约的报价指数就为93，90天的贴现率为7%×90/360＝1.75%，而到期日的实际价格就是：

100－(100－93)×90/360＝98.25（万美元）

芝加哥商业交易所对短期国债期货合约价格的涨跌幅做出了规定，其最小变动价位为1/2个基点，合12.5（＝1 000 000×0.005%/4）美元。

(4) 交割方式。短期国债期货合约是允许实际交割的期货合约。按照芝加哥商业交易所的规定，交易在合约月份第三个星期三之前的星期一终止，如果星期一不是工作日，那么交易将在下一个工作日终止。在最后交易日这一天，愿意进行实际交割的持有空头头寸或多头头寸的交易者要通知清算所准备进行实际交割。这些多头头寸或空头头寸由清算所来配对，然后由清算所通知多头头寸或空头头寸的银行第二天进行付款或交货。短期国债期货合约的交割方式在金融期货中是最简单和最方便的。

表7－3列出了芝加哥商业交易所90天期国债期货合约的基本指标。

表7－3 芝加哥商业交易所90天期国债期货合约的基本指标

交易单位	1 000 000美元面值的短期国债
交割月份	3月、6月、9月、12月
最后交易日	交易在合约月份第三个星期三之前的星期一终止，如果星期一不是工作日，那么交易将在下一个工作日终止

续表

报价指数	100减去未来利率的百分点数
最小变动价位	0.005%

二、短期国债期货的定价

短期利率期货合约的价格形成基础是隐含远期利率。当合约的利率水平与隐含远期利率不相等时，交易者就会在市场上进行大量套购和套利交易。这样就使得短期利率期货市场的利率水平与隐含远期利率趋于一致，从而形成短期利率期货合约的价格水平。这是我们有关短期国债期货定价的基本原理。

隐含远期利率是指市场中通行的未来借贷利率，即按照目前的利率体系确定的未来货币借贷的价格。这项特殊利率的算法可以以90天的利率和180天的利率为例求出。假设180天的利率为10%，90天的利率为9.5%，贷款者既可以直接发放180天的贷款，也可以先发放90天的贷款，期满后连本带利再次发放90天的贷款，在第181天收回本金和利息。在完全理性的市场中，这两种投资方案的最终收益应该是相等的，否则便会有无风险套利行为使之恢复均衡。于是，$1+10\%\times180/360=(1+9.5\%\times90/360)\times(1+r\times90/360)$，求得隐含远期利率$r$为10.26%。隐含远期利率的实质是：投资于长期债券的收益应该等于投资于短期债券并进行滚动投资而取得的收益，也就是在相同的期限内，无论投资于长期债券还是投资于短期债券，投资者取得的收益应相等。

短期国债也被称为折价债券，因为其间它不单独支付利息。在期货合约到期日前，标的资产可被看作长于90天的短期国债。例如，如果期货合约在160天后到期，标的资产就是250天期短期国债。

美国的短期国债是按实际天数/360的惯例来计息的。短期国债是用根据贴现率计算出的价格指数来报价的，价格指数=100－年贴现率×100。而贴现率和价格存在一一对应的关系，假定Y是面值为100美元、距离到期日还有n天的短期国债现金价格，则贴现率为：

$$\frac{360}{n}(100-Y)\times100\% \tag{7.14}$$

贴现率是短期国债在360天内提供的以年来计算的收益率，用占本息和的百分比来表示。例如，对于一个90天期短期国债来说，如果现货价格Y为98，则贴现率就为8.00%。贴现率与短期国债获得的收益率并不相同。贴现率要低于收益率，因为后者是以收益除以成本来计算的。在前面的例子中，年贴现率为8.00%，则收到的利息为2美元，初始成本为100－2=98(美元)，收益率为2/98，即每90天的收益率为2.04%。如果按照实际天数/360的计息习惯，这个值将是：

$$\frac{2}{98}\times\frac{360}{90}=0.081\,6$$

即年收益率为8.16%。如果按照实际天数/365的计息习惯，这个值将是：

$$\frac{2}{98}\times\frac{365}{90}=0.082\,8$$

即年收益率为8.28%。这两个收益率都是90天期按复利计算的年收益率。我们有时将第二个收益率称为债券等价收益率，因为它可与政府债券所报出的收益率直接比较。

90天期短期国债期货合约是交割1 000 000美元的短期国债。短期国债期货也采用指数方式报价，具体方式参见本节第一部分内容。

如果短期国债期货价格中隐含的远期利率不同于短期国债本身所隐含的远期利率，就存在潜在的套利机会。假设45天期短期国债的年利率为10%，135天期短期国债的年利率为10.5%，还有45天到期的短期国债期货价格对应的隐含远期利率为10.6%（所有的利率均为连续复利率，计息基础为实际天数）。根据公式，在45～135天这一段时间内，短期国债本身隐含的远期利率为：

$$\frac{135\times 10.5\% - 45\times 10\%}{90} = 10.75\%$$

这就高于短期国债期货价格中隐含的10.6%的远期利率。套利者可以在45～135天的期限内以10.6%的利率借入资金并按10.75%的利率进行投资。这可以通过以下策略来进行：

（1）卖空45天后到期的短期国债期货合约；

（2）以10%的年利率借入45天的资金；

（3）将借入的资金按10.5%的利率进行135天的投资。

我们将以上策略称为第一类套利。该策略的第一个交易确保了在45天后能够卖出收益率为10.6%的短期国债。该策略的第二个和第三个交易确保了在45天后的90天内获得的年收益率。

如果情况与此相反，即短期国债期货隐含的远期利率高于10.75%，就可以采用如下相反的策略：

（1）买入45天后到期的短期国债期货合约；

（2）以10.5%的年利率借入期限为135天的资金；

（3）将借入的资金以10%的利率进行为期45天的投资。

我们将以上策略称为第二类套利。

这两类套利的操作都要求以短期国债利率或与短期国债利率接近的利率借入或贷出资金。在验证短期国债市场是否存在套利机会时，交易者经常计算所谓的隐含再购回利率。如果隐含再购回利率高于实际的短期国债利率，在理论上就可能进行第一类套利。如果隐含再购回利率低于短期国债利率，在理论上就可能进行第二类套利。

第五节 债券久期与风险对冲策略

一、债券的期限

从债券发行日到还本付息日之间的间隔被称为债券的期限，当然，很多债券在未到期时依然可以通过市场进行交易。债券的期限可以从发行者（融资者）的角度来看：从通过金融工具将债券发行出去到彻底完成还本付息的这个过程所间隔的时间被称为债券的期限。债券按期限可分为短期债券、中期债券及长期债券。

二、利率期限结构理论

由多种多样的利率所构成的系统中存在着多种结构，其中，利率的期限结构受到特别关注。任何一种利率大多对应着不同的期限。例如，存款利率，对应着长短不同的期限而高低不同，这是存款利率的期限结构；国债利率，也对应着长短不同的期限而有高有低，这是国债利率的期限结构；等等。由于市场经济中的利率是不断变动的，所以利率的期限结构总是对应着某一特定时点的期限结构。概括来说，同一类的不同期限利率构成该产品类的利率期限结构；而期限结构则是利率与利率期限相关关系的反映。需要注意的是，利率期限结构只能就与某种信用品质相同的债务相关的利率，或同一发行者所发行的债务相关的利率来讨论；加入信用品质等其他因素后，期限不再具有可比性。利率期限结构对于金融活动具有十分重要的意义。各种债券价格的制定都是以它为基础的。比如，某个被评为BB级的企业欲发行3年期债券，债券的发行价格以及票面利率的确定就要参考这时市场上同期国债的收益率；然后在企业债券收益率的基础上确定债券的发行价格或者债券的票面利率。此外，利率期限结构也可以帮助确定其他金融产品，如股票的价格等。

在任一时点上，都有三种因素影响期限结构的形状：对未来利率变动方向的预期；债券预期收益中可能存在的流动性溢价；在市场效率低下的情况下资金从长期（短期）市场向短期（长期）市场流动可能存在的障碍。利率期限结构理论就是基于这三种因素分别建立起来的。

（1）市场预期理论。市场预期理论，又称无偏预期理论，认为利率期限结构完全取决于对未来即期利率的市场预期。如果预期未来即期利率上升，则利率期限结构呈上升趋势；如果预期未来即期利率下降，则利率期限结构呈下降趋势。要注意，在市场预期理论中，某一时点的各种期限债券的收益率虽然不同，但是针对某一特定时间区间，市场上预计长期投资和滚动的短期投资都将取得相同的收益，即市场是均衡的、无套利的。

（2）流动性偏好理论。流动性偏好理论的基本观点是：投资者并不认为长期债券是短期债券的理想替代物。这一方面是由于投资者意识到他们对资金的需求可能会比预期的早，因此他们有可能在预期的期限前被迫出售债券；另一方面，他们认识到，如果投资于长期债券，基于债券未来收益的不确定性，他们要承担较高的价格风险。因此，投资者在接受长期债券时就会要求对与较长偿还期相联系的风险给予补偿，这便导致了流动性溢价的存在。在这里，流动性溢价便是远期利率和未来的预期即期利率之间的差额。债券的期限越长，流动性溢价就越大，体现了期限长的债券拥有较高的价格风险。在流动性偏好理论中，远期利率不再只是对未来即期利率的无偏估计，它还包含了流动性溢价。因此，利率曲线的形状是由对未来利率的预期和延长偿还期所需要的流动性溢价共同决定的。由于流动性溢价的存在，在流动性偏好理论中，如果预期利率上升，其利率期限必然是向上倾斜的；如果预期利率不变，其利率期限也必然是向上倾斜的；如果预期利率下降的幅度较小，其利率期限结构仍有可能是向上倾斜的；只有当预期未来的利率将下降较多时，利率期限结构才会出现向下倾斜的形状。按照该理论，在预期利率水平上升和下降的时期大体相当的条件下，期限结构上升的情况要多于期限结构下降的情况。

（3）市场分割理论。市场预期理论和流动性偏好理论都假设市场的参与者会按照他们的利率预期从债券市场的一个偿还期部门自由地转移到另一个偿还期部门，而不受任何阻碍。市场分割理论的假设却恰恰相反。该理论认为，在贷款或融资活动进行时，贷款者和借款者并不能自由地在利率预期的基础上将证券从一个偿还期部门替换到另一个偿还期部门。在市场存在分割的情况下，贷款者和借款者由于偏好或者某种投资期限习惯的制约，他们的贷款或融资活动总是局限于一些特殊的偿还期部门；而且在其最严格的限制形式下，即使现行的利率水平说明如果他们进行市场间的转移会获得比实际更高的预期利率，贷款者和借款者也不会离开自己的市场而进入另一个市场。这样的结果使市场分为两大部分：一部分是短期资金市场；另一部分是长期资金市场。利率期限结构在市场分割理论下，取决于短期资金市场供求状况和长期资金市场供求状况的比较，或者说取决于短期资金市场供需曲线交叉点的利率与长期资金市场供需曲线交叉点的利率的对比。如果短期资金市场供需曲线交叉点的利率高于长期资金市场供需曲线交叉点的利率，则利率期限结构呈现出向下倾斜的趋势；如果短期资金市场供需曲线交叉点的利率低于长期资金市场供需曲线交叉点的利率，则利率期限结构呈现出向上倾斜的趋势。

总而言之，从这三种理论来看，期限结构主要是由对未来利率变化方向的预期决定的，流动性溢价可以起到一定作用，但期限在 1 年以上的债券的流动性溢价大致是相同的。有时，市场的不完善和资本流向市场的形式也起到了一定作用，使得期限结构暂时偏离对未来利率变化方向进行估计所形成的形状。

三、久期

在运用利率期货进行套期保值时，一个重要的概念是久期（duration）。久期衡量的是债券价格对市场利率变动的敏感性。久期的直观意义是持有人收到现金流的平均时间。n 年期限的附息债券的久期小于 n 年。这是由于持有人在第 n 年之前就收到一些利息了。

假定现在是 0 时刻，债券持有人在 t_i 时刻收到的利息为 $c_i(1\leqslant i\leqslant n)$。债券的价格 B 和以连续复利计息的收益率 y 的关系为：

$$B=\sum_{i=1}^{n} c_i \mathrm{e}^{-yt_i} \tag{7.15}$$

债券久期 D 的定义为：

$$D=\frac{\sum_{i=1}^{n} t_i c_i \mathrm{e}^{-yt_i}}{B} \tag{7.16}$$

也可以写成：

$$D=\sum_{i=1}^{n} t_i\left(\frac{c_i \mathrm{e}^{-yt_i}}{B}\right) \tag{7.17}$$

式中，括号中的项为 t_i 时刻支付的现金流现值与债券价格的比率。债券的价格是将来所有本息的现值和。久期是付款时间的加权平均值，对应 t_i 时刻的权重等于 t_i 时刻所有支付的现值占债券价格的比率。权重之和为 1。我们现在来说明为什么在套期保值中久期是一个重要的概念。

根据债券的价格 B 和连续计算复利的收益率 y 的关系，有：

$$\frac{\partial B}{\partial y}=-\sum_{i=1}^{n} c_i t_i \mathrm{e}^{-yt_i} \tag{7.18}$$

根据债券久期 D 的定义式，上面的式子又可以写为：

$$\frac{\Delta B}{\Delta y}=-BD \tag{7.19}$$

即

$$\frac{\Delta B}{B}=-D\Delta y \tag{7.20}$$

这表明，债券价格变化的百分比等于久期乘以收益率曲线的平行增量。我们可以将债券组合的久期定义为组合中单个债券久期的加权平均，权重为单个债券的价格占组合价格的百分比。上面的公式表明，收益率曲线平移 Δy 对债券价格的影响即为该组合的久期乘以 Δy。举例来说，如果组合的久期为 10 年，当利率上升 1%时，债券组合的价值将下降 10%。这一分析是在假定 y 为连续复利率的基础上得出的。如果 y 为年复利率，则上面的公式变为：

$$\Delta B=-\frac{BD\Delta y}{1+y} \tag{7.21}$$

更一般地，如果 y 表示每年计算 m 次复利的复利率，则

$$\Delta B=-\frac{BD\Delta y}{1+y/m} \tag{7.22}$$

式中，$\dfrac{D}{1+y/m}$ 有时被称为修正的久期。

下面我们讨论基于久期的套期保值策略及其局限性。假设有某个利率依赖型资产的头寸，这些资产可以是债券组合或货币市场证券，我们这里考虑运用利率期货合约对该利率头寸进行套期保值。定义 F 为利率期货合约的合约价格；D_F 为期货合约的标的资产的久期；S 为需进行套期保值的资产的价值；D_S 为需进行套期保值的资产的久期。

我们假定收益率的变化为 Δy，对所有期限来说都一样，即我们假定收益率曲线只发生平行移动。根据公式 $\dfrac{\Delta B}{\Delta y}=-BD$，得到一个近似公式：

$$\Delta S=-SD_S\Delta y \tag{7.23}$$

通过合理的近似，下式也同样成立：

$$\Delta F=-FD_F\Delta y \tag{7.24}$$

因此，为了对冲 Δy 的不确定性，对冲所需要的合约数为：

$$N^*=\frac{SD_S}{FD_F} \tag{7.25}$$

这就是基于久期的套期保值比率。有时我们也将它称为价格敏感的套期保值比率。按照这种方法对冲债券价格风险，它可使整个头寸的久期为零。当用于对冲的工具是中长期国债期货合约时，对冲者必须以 D_F 为基础假设交割某只特殊的债券。这意味着在实施对冲的时刻，对冲者必须估计哪一种合适的债券可能是最低交割成本债券。以后，如果利率环境发生变化以致另外一只不同的债券看起来是最低交割成本债券，对冲的效果也许比预期的要差。

久期的概念为利率风险管理提供了一个简单易行的方法，然而它所提供的套期保值并不完美。这主要有两方面的原因：首先涉及凸性的概念；其次涉及收益率曲线平移的基本假定。

对于收益率曲线的一个很小的平移，组合价值的变动只取决于它的久期。当考虑到利率发生中等或重大变化时，所谓的凸性因素就变得重要了。通过研究两个具有相同久期的证券组合的价值百分比和收益率变化之间的关系，我们发现，当收益率发生很小的变化时，两个组合价值变化的百分比相同，这就与公式 $\frac{\Delta B}{\Delta y}=-BD$ 保持一致。当利率发生较大的变化时，两个组合的行为就不同了。如果组合 X 的凸性或曲率比组合 Y 的凸性或曲率大，当收益率下降时，组合 X 价值增加的百分比要高于组合 Y 价值增加的百分比；当收益率上升时，组合 X 价值减少的百分比要低于组合 Y 价值减少的百分比。

衡量凸性的一个方法为：

$$\frac{\partial^2 B}{\partial y^2}=\sum_{i=1}^{n} c_i t_i^2 \mathrm{e}^{-yt_i} \tag{7.26}$$

这个关系式可以用来衡量 ΔB 和 Δy 之间关系的曲率（二阶导数）。为了减少利率变动所带来的风险，一些金融机构在管理资产和负债的同时，总是尽量使其资产的久期和凸性与负债的久期和凸性相互匹配。

下面讨论久期理论中的非平行移动理论。基于久期的套期保值策略应用的一个严重问题是：它假定所有利率的变化幅度都相同。实际上，通常短期利率的波动率高于长期利率的波动率，且两者之间的相关性并不是很好，甚至有时短期利率的变化方向和长期利率的变化方向恰好相反。因此，金融机构经常通过下面的做法来对冲其利率风险，即将零息票收益率曲线划分为区间，并确保每一区间都进行了对冲。假设第 i 个区间是零息票收益率曲线中从 t_i 到 t_{i+1} 的这一段，金融机构可以检验以下情况的影响，即到期日在 $t_i\sim t_{i+1}$ 期间的所有零息票收益率增加 Δy 而其他区间的收益率保持不变时的影响。如果风险大到难以接受，就需要慎重地选择金融工具进行进一步的交易来减少风险。在银行资产和负债组合管理的教科书中，这一方法被称作缺口管理。

本章小结

本章主要介绍的是利率期货的知识。利率期货合约是标的资产价格依附于利率水平的期货合约，在这一章我们描述了利率期货运作的机制以及如何对其进行定价。我们也解释了期货价格和现货价格的相互关系，讨论了久期的概念，考虑了包含利率期货的对冲策略。对冲某公司的利率风险暴露比对冲诸如铜价之类的风险暴露更加复杂，这是因为为了完全描述利率水平，需要描述整个利率的期限结构，而铜价可以由单一数字来描述。希望对冲利率风险暴露的公司不仅必须确定它所要求对冲的数量，而且必须确定它的风险暴露的利率期限，然后它还必须寻找合适的利率期货合约以获得相应的对冲。但无论如何，只有更好地掌握了利率期货合约以及其他利率期货的知识，才能发现与头寸有关的利率风险的暴露程度，才能选取合适的利率期货合约进行对冲。

在本章中我们讨论了两种最普遍的利率期货合约：中长期国债期货合约和短期国债期货合约。与此同时，我们也阐述了将这两种合约运用在套期保值中的不同方法。由于债券价格与利率反方向变化，因此空头套期保值可以用来防止利率上升带来的损失；多头套期保值可以用来防止利率下降带来的损失。在中长期国债期货合约中，空头方拥有一些有利的交割选择权，这些选择权将降低空头方卖出期货的价格。

利率期限结构是一个对利率期货有着重要意义的概念。有关影响利率期限结构的因素有很多，总的来说，大体有三类：(1) 对未来利率变动方向的预期；(2) 债券预期收益中可能存在的流动性溢价；(3) 在市场效率低下的情况下资金从长期（短期）市场向短期（长期）市场流动可能存在的障碍。利率期限结构理论就是基于这三种因素分别建立起来的，它们分别被称为市场预期理论、流动性偏好理论和市场分割理论。

在对冲利率风险的套期保值中，久期也是一个重要的概念。$\frac{\Delta B}{\Delta y}=-BD$ 这一公式使套期保值者能够借助久期评价某种债券对收益率微小变化的敏感性，也可以帮助套期保值者评价利率期货价格对标的债券收益率微小变化的敏感性，并由此计算出对冲所需期货合约的数量，以便确保债券或债券组合不受利率微小变化的影响。基于久期的保值策略的一个关键假设是：所有利率的变化幅度都相同。这意味着在利率期限结构图中只允许平行移动。实际上，一般短期利率比长期利率变动剧烈，并且当期货合约的标的债券的久期与要进行保值的资产的久期之间存在显著的不同时，保值的效果可能会更糟。

练习题

1. 为什么在利率上升时，利率期货合约的价格下降？

2. 在市场经济中，试从无风险利率的角度出发阐述利率是如何决定的。

3. 什么是利率期货？它有什么特点？

4. 假定当前报出的期货价格是 81.00 元，所交割债券的转换因子为 1.290，而交割时每一面值为 100 元的债券的应计利息是 2.50 元。当空头方交割债券时，交割每一面值 100 元的债券，空头方收到的现金是多少？

5. 简述利率期限结构理论中的流动性偏好理论。

6. 简述久期理论中的非平行移动理论。

7. 美国国债期货今日价格为 101－12。下列四个债券中哪一个是 CDB?

债券	价格	转换因子
1	125－05	1.213 1
2	142－15	1.379 2
3	115－31	1.114 9
4	144－02	1.402 6

8. 假设今天是 2017 年 1 月 30 日。一位美国债券基金经理管理一个价值 600 万美元的债券组合。6 个月后该组合的久期为 8.2 年。9 月到期的国债期货合约报价为 108－15，到 9 月 CDB 的久期为 7.6 年。该基金经理应如何管理未来 6 个月的利率风险？

参考文献

[1] Kolb，R. and R. Chiang，“Improving Hedging Performance Using Interest Rate Futures,” *Financial Management*，1981 (10)：72－79.

[2] 汪昌云，类承曜，谭松涛．投资学．5版．北京：中国人民大学出版社，2023.

[3] 约翰·赫尔．期货与期权市场基本原理：英文版·第9版．北京：清华大学出版社，2021.

第八章
外汇期货

本章导读

外汇期货是金融期货中最早出现的品种。自 1972 年芝加哥商业交易所的国际货币市场（IMM）推出第一张外汇期货合约以来，随着国际贸易的发展和世界经济一体化进程的加快，以及其他国家和地区的群起仿效，外汇期货交易连续多年保持着旺盛的发展势头。当然，随着欧元的流通，很多欧洲国家货币的期货产品被替代，市场上的交易品种和交易量也都有所下降。但作为管理汇率风险的有效工具，外汇期货仍是金融期货中的重要产品之一。

本章主要介绍外汇远期和外汇期货的联系与区别、外汇期货的定价原理，以及如何使用外汇期货进行套利、套期保值和风险管理。

第一节　外汇远期与外汇期货

一、外汇远期合约

外汇远期合约交易非常活跃。绝大部分银行在它们的外汇交易室中都专门设立了一张“远期交易桌”来进行外汇远期合约交易。远期汇率的报价一般是基于即期汇率报价。例如，人民币对美元的即期汇率为 0.139 美元/元人民币，而在美元贬值的预期作用下，30 天远期汇率为 0.147 美元/元人民币，如果忽略佣金和其他交易成本，它表示买卖 30 天期人民币远期合约的远期价格（或者远期汇率）为每元人民币 0.147 美元。

与期货合约一样，远期合约也可以用来进行对冲。假定一家中国公司在 90 天之内要支付 100 万美元，此时 90 天远期美元的价格是 6.803 元人民币/美元。该公司就可以无成本地进入远期市场购买美元远期多头，在 90 天后用 680.3 万元人民币购买 100 万美元。通过这种途径，公司就可以将汇率锁定在特定的水平，避免汇率变动风险。同样，一家在 90 天内要收到 100 万美元的公司也可以无成本地进入远期市场卖出远期美元，在 90 天后出售 100 万美元获得 680.3 万元人民币。这样，该公司通过远期市场锁定了即将收到的美元的人民币价值，避免了汇率变动风险。

远期合约不但可以做对冲，也可以用来进行投机。一个认为未来美元相对人民币的价格会上升的投机者会购买远期美元成为多头；而一个认为未来美元相对人民币的价格会下跌的投机者会卖出远期美元成为空头。我们假定 90 天远期美元的价格为 6.803 元人民币/美元，而90天后，美元对人民币的即期汇率为7.194元人民币/美元。这样，远期美元多头的持有人就可以以6.803元人民币/美元的价格买入价值为7.194元人民币/美元的美元，投机者每美元可以获得0.391元的收益，而远期美元空头头寸的持有人每美元将产生0.391元的损失。

投机者事先要交纳保证金，但保证金只是标的资产价值的很小一部分。像期货合约一样，远期合约也为投资者提供了杠杆效应。

通常资产远期合约多头到期时的损益是：

$$S_T-K$$

式中，K是交割价格；S_T是合约到期时资产的即期价格。类似地，资产远期合约空头到期时的损益是：

$$K-S_T$$

式中，若$S_T=7.194$(元)，$K=6.803$(元)，则$S_T-K=0.391$(元)，$K-S_T=-0.391$(元)。由于签署远期合约时没有成本，合约的损益也就是投资者从该合约中所得的总盈利或总亏损。

虽然远期合约的应用较为广泛，但是每次签订合约都要设定条款且存在违约风险，这就限制了远期合约市场的发展。远期合约的参与者必须就特定的合约条款达成一致意见，而有些时候参与双方达成一致意见是十分困难的。此外，违约风险在一定程度上也制约了远期合约的应用。对于遭受损失的一方，违约要比履行合约更有好处。这种潜在的激励使得远期合约具有很大的风险及相对较低的流动性，从而限制了交易量。

二、外汇期货合约

外汇期货价格可以使用直接标价法和间接标价法表示。以每单位外币等于多少单位本币的形式表示的方法，我们称之为直接标价法。以每单位本币等于多少单位外币的形式表示的方法，我们称之为间接标价法。远期价格总是与即期价格的报价方式相同。若远期报价与外汇期货市场的报价采用相同的标价法，则可以直接进行比较，否则需要转换才可以进行比较。例如，对于人民币来说，1元人民币等于0.157美元的期货报价相当于1美元等于6.369元人民币的远期报价。

外汇期货合约的合约规模和每种合约允许的最小变动价位等信息都会在合约中列示。比如CME美元/离岸人民币期货合约标准版的合约规模（也称“交易单位”）是100 000美元，最小变动价位是每一张合约10元人民币；CME欧元/美元期货合约的合约规模是125 000欧元，最小变动价位是每一张合约12.50美元。

合约价格表上登载了每一张合约每一天的开盘价、最高价、最低价和结算价等情况。结算价是计算逐日盯市保证金要求的基础，通常是每天的收盘价。在每栏数字下面还列出了日成交量。另外，未平仓合约数也列示出来了。未平仓合约数是指现有的没有对冲的未清偿期货合约的数量。当一张合约进行初次交易时，未清偿期货合约的数量为零，也就是没有任何未平仓合约；在完成第一笔交易后，合约卖方有义务向合约买方进行交割，这样就形成了一张未平仓合约；在到期之前，如果合约卖方再购买一张品种、期限、数量等都相同的合约进行平仓，就减少了一张未平仓合约；在到期交割后，未平仓合约数将再次为零。未平仓合约数被用来衡量承担风险的大小和合约净头寸，每天未平仓合约数的变化情况都会被列示出来。

芝加哥商业交易所集团是主要的外汇期货市场之一，外汇期货合约也在其他市场上交易。美国洲际交易所的美元指数期货合约衡量的是美国 6 个贸易伙伴国的货币以贸易额加权构成的货币篮子。当持有一个和美元相对或者和其他一篮子外币组合相对的总体头寸时，美元指数期货合约非常有用。除此之外，美国还存在交叉汇率期货合约，比如英镑/欧元汇率期货合约、欧元/日元汇率期货合约。

在美国以外的地区，美元属于一种外汇，许多交易员希望防范其风险或者对其进行投机。许多国家都有美元期货合约交易，它们用 1 美元所能兑换的本币数量来标价。

三、外汇远期合约和外汇期货合约的比较

与其他期货合约一样，外汇期货合约同样要求每日清算，而外汇远期合约只需要在到期日进行一次结算即可。因此，外汇远期合约和外汇期货合约的市场价格常常是不一样的。而且，与外汇远期合约相比，外汇期货合约的合约金额一般比较小。需要在商业操作中进行大额外汇交易的大银行机构和公司是外汇远期合约的主要使用者。而需要进行避险或者从事投机的个人以及小公司则通常运用外汇期货合约进行操作。

外汇远期合约和外汇期货合约的损益也有所不同。在外汇远期合约中，整个损益在到期后实现；而在外汇期货合约中，由于逐日盯市制度的存在，当日的损益都能通过保证金的增减实现。

第二节　外汇期货定价

在到期时，期货合约和远期合约的价格都收敛于即期价格。换句话说，在两天内交割的远期合约与即期合约是完全相同的，因为按照惯例，即期合约也是在两天内进行交割的。

需要应付的更为困难的问题是在到期日以前远期合约或者期货合约的公平价格的确定。绝大多数经济学家认为，在理论上，期货合约和远期合约的价格应反映下面几个因素：对未来利率或汇率的预期；反映预期不确定性的风险报酬；对未来不能形成理性预期所产生的定价误差和由于一些未预期事件造成的定价误差的反映。

确定远期合约价格的最常用的方法就是所谓的持有成本模型。该理论认为，基础资产或者商品的远期价格等于即期价格再加上存储成本。就外汇市场而言，有形的存储成本基本上为零。重要的问题在于财务成本，它是指我们借入货币所付的利息与持有外币所得的利息抵扣后的余额。利率平价理论表明，在时点 t 交割时的远期汇率（以美元/外币为例）为：

$$F_t = S_0(1 + i_{美元,t})/(1 + i_{外币,t})$$

式中，S_0 为（美元/外币）即期汇率，在远期合约中，两个利率都有相同的期限。

利率平价理论有助于我们了解远期汇率是如何形成的。但是，它并不是一个完整的答案，因为等号右边的变量是内生变量，它们又由其他经济变量决定。

尽管人们可以通过远期合约和期货合约订立一个在未来有约束力的协议，但是我们已

经注意到，这些合约有不同的制度特征。

按照惯例，在到期日之前，远期合约不要求投入任何资金，不会有任何现金运动。只有在合约到期时，或是进行交割或对合约的盈利（或亏损）进行现金结算时，才会产生资金交易。

对于在有组织的期货交易所进行交易的期货合约来讲，它要求合约买方（或者卖方）提供初始保证金，并且做出承诺：在合约价值下降时提供额外保证金（或者在合约价值上升时积累额外保证金）。如果投机者期望在合约有效期内积累更多的现金，期货价格就会超过远期价格。投机者宁愿尽早取得这些收益。但如果投机者期望在合约有效期内期货合约被要求追加保证金，期货的价格就会低于远期价格。由于在理论上同时存在两种可能性，因此我们很难得出一种结论。

另外还有两个因素影响期货合约和远期合约的吸引力。由于不能在事前确定期货合约将会盈利还是亏损，我们可以得出结论：期货合约逐日盯市的特点会使其面临现金流风险，而远期合约则不存在这方面的问题。从理论上讲，一方面，与远期合约相比，这种风险会降低期货合约的吸引力。从另一方面来讲，因为期货合约在交易所进行交易，所以与远期合约相比，其流动性得到提高。由于投资者和投机者都把流动性作为一个利好因素，因此与远期合约相比，这一因素提高了期货合约的吸引力。总的来讲，目前期货价格和远期价格之间的关系在理论上是非常模糊的。

在经验验证方面，有些学者已经就同一基础金融资产的期货合约与远期合约之间是否存在定价差别问题进行了研究。1981 年，康奈尔和雷格农（Reinganum）在一项早期研究中考察了外汇期货价格和远期价格之间的区别。他们的研究结果表明，期货价格和远期价格之间的平均差异并不是显著地不为零。1990 年，卡罗琳·张（Carolyn Chang）和杰克·张（Jack Chang）的研究报告对上述结果做了进一步的更新，他们更细心地把期货合约和远期合约的交割日期联系起来。上述验证结果并没有受到影响。卡罗琳·张和杰克·张认为，从统计上讲，外汇期货价格和远期价格相互之间并没有区别。

根据上述结果，我们认为期货合约定价和远期合约定价是基本相同的，我们还认为外汇方面的研究结果在其他市场上也同样适用。但是，重要的在于牢记期货合约和远期合约之间存在不同的制度特征，这些特征会对不同类型的市场参与者产生吸引力。

我们通过一个例子来理解外汇的远期合约和期货合约的定价。变量 S 代表以美元表示的一单位外汇的即期价格，F 则表示外汇的远期价格。外汇持有人能获得货币发行国的无风险利率的收益（例如持有人能将外汇投资于以该国货币标价的债券）。我们设 r_f 为外汇的无风险利率，假定计息方式为连续复利。

考虑某个投资者采用以下策略：

（1）购买 e^{-r_fT} 金额的即期外汇；

（2）卖空 1 单位外汇远期合约。

由于收到利息的缘故，投资者在时间 T 将持有 1 单位外汇。根据远期合约条款，在时间 T 可以将这 1 单位外汇以 F 的价格卖出。这样，期初现金流出为 Se^{-r_fT}，期末现金流入为 F，流入和流出的现值相等（以本币无风险利率贴现），因此有：

$$Se^{-r_fT}=Fe^{-rT}$$

即

$$F=Se^{(r-r_f)T}$$

这就是国际金融领域著名的利率平价关系。在合理近似的情况下，F 大致上也是外汇期货的价格。从上式可以看到，外汇与支付已知股利收益率的投资资产是一样的。这里的股利收益率就是外汇的无风险利率。

当外汇的利率大于本国利率（$r_f>r$）时，可以知道 F 始终小于 S，且随着合约到期日 T 的临近，F 值减小。同样，当外汇的利率小于本国利率（$r_f<r$）时，可以知道 F 始终大于 S，且随着合约到期日 T 的临近，F 值增大。现实中的外汇期货定价的影响因素众多，例如国家宏观基本面变化、战争、投机程度、投资者情绪等。读者通过查看拓展阅读中的内容可增强对外汇期货定价的理解。

拓展阅读

小投资者大炒外汇

第三节　抛补套利

利率平价在即期和远期货币市场与国内外证券市场之间建立了某种即时联系。利率平价的形成基于这样一个原则：在收支平衡状态下，风险相同的两笔投资具有相同的收益率。利率平价得以维持要归功于套利行为，其中抛补套利（covered interest arbitrage）是一种双向套利，这种套利行为有助于强化利率平价。

一、完全资本市场上的利率平价

假设一位投资者将 1 元用于购买某种国内证券，其一个时期的利率水平为 $i_{¥}$，到期一次性付息。这笔投资的最终收益为：

$$1\times(1+i_{¥})$$

该投资者把 1 元按照当前的即期汇率（S_t）兑换成美元，然后将所得美元用于购买某种美元证券。该证券在同一个时期的利率水平为 $i_{\$}$。与此同时，这位投资者按照当前的远期汇率 $F_{t,1}$ 出售美元证券投资的全部收入（包括本金和利息）。我们说这位投资者通过在远期市场上出售美元的投资收入抵补了美元汇率变化可能带来的风险。这笔美元证券投资以人民币表示的最终收益可用公式表示为：

$$1\times\frac{1}{S_t}\times(1+i_{\$})\times F_{t,1}$$

如果以上两种证券除了计值币种不同以外，其他各方面（包括期限、信用风险、流动性）均相同，那么以同一种货币计算，这两笔投资应该获得同等的收益，用公式表示为：

$$1\times\frac{1}{S_t}\times(1+i_{\$})\times F_{t,1}=1\times(1+i_{¥})$$

该公式可以重写为：

$$\frac{F_{t,1}}{S_t}=\frac{1+i_{¥}}{1+i_{\$}}$$

等式两边同时减去 1 即得到：

$$\frac{F_{t,1}-S_t}{S_t}=\frac{i_{¥}-i_{\$}}{1+i_{\$}}$$

等式左边是用百分比表示的远期升（贴）水，右边是用百分比表示的利差。

上面是对利率平价条件形成过程的表述。分母 $1+i_{\$}$ 有时可以忽略不计，因为在通常情况下，某一时段的利率水平（如年利率的 1/12 所代表的月利率，或者年利率的 1/4 所代表的季度利率）数值非常小。但该项的省略会导致最终答案只是一个近似值，从而影响答案的准确度。这里 $(F_{t,1}-S_t)/S_t$ 被称为远期升（贴）水。当 $F_{t,1}>S_t$ 时，美元在远期市场上的价格较为昂贵，因此它很自然地被定义为远期升水；当 $F_{t,1}<S_t$ 时，美元在远期市场上的价格较为低廉，因此，当出现 $(F_{t,1}-S_t)/S_t<0$ 时，我们称之为远期贴水。

下面是利率平价的实例。

假定 3 个月期人民币证券的年利率为 5.96%，3 个月期美元证券的年利率为 8.00%，即期市场上人民币对美元的比价为 1 美元＝6.800 元人民币，3 个月的远期汇率为 1 美元＝6.766 元人民币。某投资者花 100 元购买了期限为 3 个月的人民币证券，他最终获得的收益为：100×(1＋0.059 6/4)＝101.49(元)；与此同时，另一位投资者用 100 元人民币购买了即期美元并购买了期限为 3 个月的美元证券，并通过远期市场操作抵补了汇率风险。后面这位投资者以人民币表示的最终收益为 100×(1＋0.08/4)×(6.766/6.800)＝101.49(元)。因此我们可以看到，两笔投资的最终收益完全相同。请注意，这里所有的年利率都被转换为某一时段（3 个月）的利率，从而可以算出投资者 3 个月投资所获得的实际利息收入。另外，还有一点需要注意的是，美元的远期贴水 [(6.766－6.800)/6.800＝－0.50%] 正好等于人民币与美元的利差 [(0.059 6/4－0.08/4)/(1＋0.08/4)＝－0.50%]，利率平价成立，因此不存在套利机会。

当美元处于远期贴水状态时，如果利率平价有效，说明美国的利率水平高于中国的利率水平，反之亦然。

利用对利率平价的偏离可以进行抛补套利。假设在上例中，远期汇率为 6.820 元人民币/美元而非 6.766 元人民币/美元。我们知道，远期汇率越高，投资者则越倾向于投资美元，而不是投资人民币，因此，投资者倾向于通过无风险的抛补套利操作，将投资从人民币转向美元。对于最初持有人民币证券的投资者来说，需要进行几笔交易，见表 8－1。

表 8－1　一项抛补套利资本外流的交易

交易内容	对市场价格的附带影响
(1) 以 5.96%的利率水平出售人民币证券	人民币利率上升
(2) 以 1 美元＝6.800 元人民币的即期汇率将人民币兑换成美元	即期汇率上升
(3) 以 8.00%的利率水平购入美元证券	美元利率下降
(4) 以 1 美元＝6.820 元人民币的远期汇率出售美元	远期汇率下降

这 4 笔交易就是抛补套利的操作过程。在这些交易中，每元人民币投资所获利润为 0.02 元，基本上等于用百分比表示的利率平价的偏离程度，用公式表示为：

$$dt=\frac{F_{t,1}-S_t}{S_t}-\frac{i_{¥}-i_{\$}}{1+i_{\$}}$$

抛补套利的每一步带来的利率和汇率的变化都将缩小套利空间，最终使得利率平价成立，套利机会消失。

二、完全资本市场假设条件的放松

在打破完全资本市场假设条件的限制后，交易成本、税收因素和其他不确定性因素的引入会对利率平价产生影响。

（一）交易成本

套利交易起到强化利率平价的作用。直觉告诉我们，只有当利率平价的偏离程度超过套利交易成本时，交易才有可能执行。这一限制导致了“中立地带”的形成。在这个“中立地带”内不会出现抛补套利交易。交易成本使得利率平价的微小偏离持续存在，因为套利者对这种得不偿失的交易毫无兴趣。

尽管交易成本在某种意义上成了执行套利交易的“绊脚石”，但对于“中立地带”内的各点来说，交易成本的引入没有理由推动各点正向或者反向地偏离平价条件。也就是说，交易成本只会加剧与利率平价的偏离，而不确定会朝哪个方向偏离。当引入交易成本因素时，所有位于“中立地带”的各点，而不仅仅是原平价线上的那些点，都成了平衡点。

（二）税收因素

在金融市场上，交易行为要纳税，如印花税、过户税等，这些税收支出应该被纳入交易成本中。因此，税收因素的引入拓宽了位于原平价线周围的“中立地带”。

所得税和资本收益税对市场的影响不同于对商品征收的关税或者过户税。我们上面讲述了利率平价条件使投资于两种不同币种证券获得的最终收益完全相同。这里的收益实际上指的是税前利润。显然，套利商对于税后收益更感兴趣。如果交税是由同一个税收机构执行，而且两种投资的税率相同，那么套利商在两种投资之间的选择不会因为税收因素而改变。这时，原来的利率平价条件无论从税前还是税后的角度考虑，都是投资者在决策时参照的因素。

（三）其他不确定性因素

尽管抛补套利交易中的所有价位在交易前就已经知道，但这里还存在一些风险性因素。例如，套利商根据报价做出交易决策需要一定的考虑时间，而这一期间市场价位可能发生变化，套利商拿不准是否在改变后的价位上进行交易。另外，在进行外币投资时，也存在一些本币投资所不具有的风险。例如，外币投资通常牵涉银行出具的远期合约，这里面就包含了违约风险。又如，外币投资的地点可能选在另一国市场上，套利者于是面临国家风险或者外汇管制风险。所有这些风险无疑阻碍了套利交易的顺利实施，同时扩大了传统利率平价线周围的“中立地带”。

第四节　远期贴水之谜

基于抛补与非抛补利率平价理论，远期汇率应该具有对未来即期汇率的预测能力。但是国际金融文献显示，远期汇率对于未来即期汇率的预测是有偏的。

远期汇率由外汇远期合约的交易决定。例如，一个在 t 日签订的 T 期的人民币-美元远期合约规定了一定数量的人民币可以在 $t+T$ 那一天购买相应数量的美元。这个汇率决定了 T 期人民币-美元远期合约的汇率。根据抛补利率平价理论，市场主体可能以 T 期名义利率 $1+i_t$购买 $1/s_t$单位的美元，其中 s_t代表即期汇率，然后将这些资金投资于以美元标价的债券，而债券会为其带来 $1+i_t^*$ 的收益，之后投资主体再以汇率 F_t将美元债券的本息卖出。由于按照利率平价理论进行的上述交易没有风险而且交易成本几乎为零，这种投资策略在均衡的市场中将得到零利润，进而可以得出远期汇率和即期汇率以及两种货币利率之间的关系，即

$$F_t=s_t(1+i_t)/(1+i_t^*)$$

大量经验分析表明，远期汇率持续偏移预期的即期汇率（这个差值被称为远期汇率的偏移），按照教科书的观点，这意味着市场存在着超常收益。但不能解开的疑团是，如果外汇市场真的是一个非有效市场，即存在着可以预测的超常收益，那么，为了获得市场的这份超常收益，对汇率走势做技术面分析应该比做基本面分析的预测效果更好。但事实上，二者的预测效果无明显的差异。这意味着什么？

现代汇率研究成果表明，远期汇率的偏移（见图 8－1）并不能被单纯地认为是市场的非有效带来的投机性超常收益，而有可能是由其他原因造成的。这些原因归纳起来主要有以下三种：一是交易成本；二是风险溢价；三是市场的理性程度。

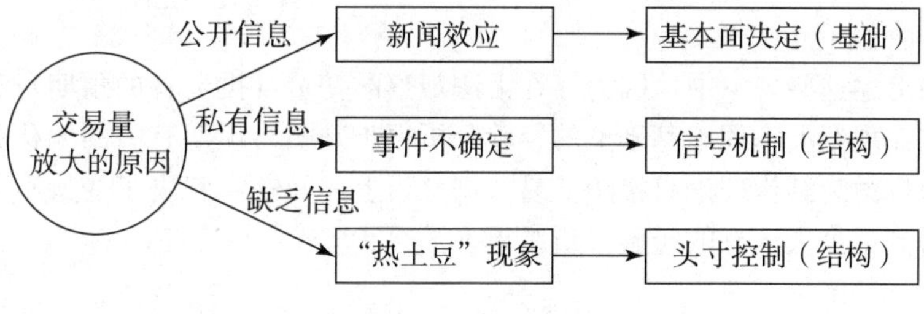

图 8－1　远期汇率的偏移

首先是交易成本的观点，即主张偏移是由资本管理或市场摩擦带来的。但是，经验分析表明，即使通过选取离岸市场的利率指标或控制偏移的范围等方法去除这部分交易成本的影响，明显的“偏移”依然存在。

其次是风险溢价的观点。一部分学者主张这剩下的“偏移”可能是投资者厌恶（由内外资产的不完全替代性带来的）风险而需要的那部分收益补偿，称为“风险溢价”。风险溢价的度量问题是近年汇率理论的一个研究焦点。研究方法主要有两种：一种是基于资本资产定价理论的部分均衡方法（最优的投资组合）；还有一种是基于卢卡斯理性预期理论的一般均衡方法（最优的消费选择）。这些研究尽管都指出了风险溢价随时间推移而变化

的特征，但其结果不能很好地反映现实交易中的超常收益的变化。

在实证研究上，对于风险溢价存在性的检验在不同的研究中有不同的结论。在 1991 年弗兰克尔（Frankel）和弗鲁特（Froot）的文章中，他们运用了从 1981 年 6 月至 1988 年 8 月的数据，得出几乎不存在随时间变化而变化的风险溢价的结论。相反，当 1994 年卡瓦格利亚（Cavaglia）等检验从 1986 年 1 月至 1990 年 12 月的数据时，他们发现了支持随时间变化而变化的风险溢价的证据。这些相互矛盾的结论可能源于小样本或者由时间段不一样造成的结构性差异。

最后一种观点认为这种"偏移"与投资者的预期变化（即市场的理性程度）有关，其表现形式有以下三种情况：一种是非理性预期；另一种是学习过程；还有一种是比索问题。理性泡沫是非理性预期表现的一个特殊例子。所谓"泡沫"或"黑子"就是指资产价格不断偏离基础水平的现象，它随时可能发生。尽管现在的汇率水准实际上已经偏离基础水平，但是，只要外汇交易者认为目前的汇率还会增值，他们就会继续做多。正是因为大家都有这种选择，才实现了汇率的增值，从而达到投资者获利的目的。因此，只要市场普遍认为泡沫还会继续下去，那么，这种成功的"理性"交易就会不断发展下去，远期偏移也会一直存在，直到有一天预期发生变化，泡沫因此而破灭为止。学习过程也会导致"偏移"，它的原理是比较直观的。假如政府现在推出一套不同于以往的扩张性货币政策，由于开始阶段预期汇率的变化还是受到旧体系下汇率可能贬值的观点影响，所以出现了预测误差和远期贴水之间的负相关现象（远期偏移也可以表示为远期贴水与预测误差之间的偏移）。但是，在对这套紧缩型货币政策效果的学习过程中，对于出现未预料到的规律性增值现象，人们开始渐渐地认识到，旧体系下的汇率贬值效果在新体系下不起作用，于是修正自己的预期。最终，预测误差和远期贴水之间的负相关现象就会消失。所谓"比索问题"是指市场交易者得到了影响汇率的信息，从而改变自己的预期，但事实上价格后来没有按照预期立刻发生变化，这也同样会造成远期贴水与预测误差发生规律性的偏移。从学习过程和比索问题中我们可以看出，市场的非有效性的影响不像理性泡沫，它只能给一部分人带来超常收益。

总之，在上述这些现象中，因为存在无法观察的变量（投资者的预期）和小样本的问题，所以建立在现有汇率理论基础上的经验分析很难判明与预期有关的偏移究竟符合哪一种解释，而市场微观结构理论直接用交易数据分析上述问题，解决了变量不可观察的制约问题，因此得到了令人满意的经验分析结果。

第五节　外汇套期保值与风险管理

一、外汇风险及其种类

外汇风险又称汇率风险，是指一个经济实体或个人在国际经济交易中以外币计价的资产与负债因汇率变动而引起价值上升或下跌的可能性。对于持有外汇资产与负债的人来说，外汇风险可能有两个结果：获得利益和遭受损失。

外汇风险种类主要有买卖风险、外汇结算风险、交易风险、国际借贷风险和外汇储备风险等。在进出口贸易中，交易风险是企业面临的最主要的风险，是企业进行外汇管理的关键。所谓交易风险又称营业风险，是指交易后在某一确定日期进行收付时因汇率变动而造成外汇损失的风险。交易风险通常产生于购买或出售以外币标价并结算的商品和劳务。例如，中国进口商从加拿大进口价值 100 万加拿大元的机器，双方约定 6 个月后付款。若买卖成交时的即期汇率为 1 加拿大元＝5.44 元人民币，则 100 万加拿大元折合 544 万元人民币，如果 6 个月后付款时即期汇率变为 1 加拿大元＝5.62 元人民币，则中国进口商付 100 万加拿大元需 562 万元人民币，比起买卖成交时多付 18 万元，这就是外汇风险给中国进口商带来的损失。

二、外汇期货套期保值

既然在进出口贸易中存在外汇风险，进出口商就应该采取一些措施防止外汇风险，以期把汇率变动带给自己的损失降至最小。

外汇期货套期保值是指人们通过外汇期货交易将汇率锁定于某一水平，从而将汇率变动所造成的风险转移出去的行为。其操作程序是：买进或卖出与现货数量相等但交易方向相反的期货合约，以期在未来某一时间，通过平仓获利来抵偿因现货市场价格变动带来的价格损失。

外汇期货套期保值可分为多头（买入）套期保值和空头（卖出）套期保值两种。

（一）多头（买入）套期保值

多头套期保值是指人们先买进一定数量的某种外汇期货合约，而于合约到期前再卖出该合约。多头套期保值一般应用于在未来某个时间将发生外汇支出的场合，如人们从国外进口商品、出国旅游、跨国公司的母公司向其在国外的子公司供给资金、债务人到期偿还贷款等。下面从一个出国旅游的例子分析外汇期货多头套期保值策略。

假设玛丽（美国人）在 2016 年 1 月计划于 6 月去法国旅行 3 个月。她预计在这次旅行中将花费 125 000 欧元，为了防止 6 个月后欧元升值使她多支付美元的风险，她便在 IMM（国际货币市场）购买了一张 6 月交割的欧元期货合约，1 月 12 日的即期汇率为 1.250 0 美元/欧元，当时的期货价格为 1.251 1 美元/欧元。到 6 月 6 日她准备去法国，于是她在外汇市场上以美元买进所需的欧元，可这时欧元的即期汇率已升至 1.272 8 美元/欧元。这样她为买进 125 000 欧元支付了 159 100 美元，比她在 1 月预计的 156 250 美元多支付了 2 850 美元。这就是因欧元升值而使她在现货市场蒙受的损失。不过，由于她在 1 月已买进一张欧元期货合约，而此时期货合约的汇率也涨到了 1.273 9 美元/欧元，所以她现在可以卖出这张合约，从中获利 2 850 美元。可见玛丽在期货市场上所得的收益正好抵补了她在现货市场上的损失。

其实简单地讲，外汇期货多头套期保值策略就是一个“先买后卖”的过程，也就是在投资者预计未来外币要升值时，先买进外汇期货合约，当合约到期时再卖出外汇期货合约，这样就可以用期货合约的收益弥补投资者在现货市场上为购买外汇而多支付的本币。

（二）空头（卖出）套期保值

空头套期保值，是指人们先卖出一定数量的某种外汇期货合约，而于合约到期前再买进该合约的策略。空头套期保值一般应用于在未来某时间取得外汇收入的场合，如向国外出口商品、提供劳务、对外投资获得收益、到期收回贷款等。现以出口商品为例说明外汇期货空头套期保值策略的应用。

假设美国出口商在 2016 年 3 月 15 日签订向英国出口 125 000 英镑仪器的协议，约定于同年 6 月交货付款，到时需将英镑兑换成美元核算盈亏。签订协议时英镑的即期汇率为 1.670 0 美元/英镑，若按即期汇率计算，美国出口商会收到 208 750 美元。若美国出口商预测 3 个月后英镑的即期汇率将要下跌，为避免英镑贬值带来的风险，它在 IMM 卖出两张 6 月 15 日交割的英镑期货合约，成交的期货汇率是 1.671 0 美元/欧元。3 个月后英镑即期汇率下跌为 1.648 0 美元/欧元，这时美国出口商收到的 125 000 英镑只能兑得 206 000 美元，比签订协议时预计的收入少了 2 750 美元。幸好美国出口商当时已卖出两张 6 月 15 日交割的英镑期货合约，现在期货汇率也已下跌为 1.647 0 美元/欧元，因此它买进这两张英镑期货合约可以获利 3 000 美元，弥补其现货市场的损失之后还有余。

外汇期货空头套期保值策略可以简单地概括为"先卖后买"的过程，即在投资者预计未来外币要贬值时，先卖出外汇期货合约，当合约到期时再买进外汇期货合约。这样可以通过期货市场的收益弥补投资者在现货市场上由于汇率变动而遭受的损失。

需要注意的是，在现实中，外汇期货市场与外汇现货市场的汇率变动并不是完全一致的，因此外汇期货套期保值很难完全消除由汇率变动带来的损失，但它可以把损失尽可能地减小。此外，在外汇期货套期保值中，无论是多头套期保值还是空头套期保值，其实质都是一样的，都是通过用一个市场上的盈利去弥补另一个市场上的亏损，从而避免或减少由汇率变动引起的损失。

本章小结

外汇远期和外汇期货都是管理利率风险的金融工具，但在信用风险、流动性、结算制度等方面存在差异，需要投资者根据自己的特定情况进行选择。外汇期货的定价是持有成本理论的一个具体应用。外汇的远期汇率取决于即期汇率和两国的利差，这个关系又被称为抛补利率平价。如果不满足这个利率平价，就存在无风险套利的机会。当然，现实中存在的交易成本和税收等因素会扩大无风险套利的区间。外汇期货的重要功能之一就是用于套期保值，防范汇率风险。外汇套期分为多头套期保值和空头套期保值，而它们的思路是一致的，都是通过期货市场和现货市场的盈亏相抵来实现对汇率风险的转移和规避。

练习题

1. 在持有成本理论中，外汇期货合约的价格是如何确定的？

2. 分析国内外利率变动如何影响外汇期货价格，并讨论如何识别和运用其中的套利机会进行无风险套利。

3. 什么是抛补利率平价？它与外汇远期或期货合约价格有何关系？

4. 什么是外汇期货对冲中的基差风险？试分析该基差风险的成因及其对风险对冲效果的影响。

5. 假定某年 3 月某美国进口商 3 个月后需支付货款 500 000 欧元，目前即期汇率为 1

欧元=1.250 00 美元。为避免3个月后欧元升值的风险，该进口商决定买入4张（假设1张合约可以交易125 000欧元）6月到期的欧洲美元期货合约，成交价为1欧元=1.280 0美元。6月欧元果然升值，即期汇率为1欧元=1.310 0美元，相应地期货合约价格变为1欧元=1.300 0美元。如果不考虑佣金、保证金及利息，试计算该进口商的净盈亏。

6. 某日外汇市场行情为：即期汇率为1.552 0美元/英镑，90天远期汇率为1.530美元/英镑，美国出口商向英国出口价值200万英镑的货物，预计3个月后才收汇。假如3个月后英镑对美元的汇率下跌为1.511 5美元/英镑，美国出口商不进行保值，3个月后英镑贬值损失多少？如何利用外汇远期、外汇期货进行套期保值？

7. 外汇期货与外汇远期有何异同？在外汇衍生工具市场上为何外汇远期交易的活跃程度超过外汇期货？

8. 下面对外汇远期交易的表述哪个不正确？

a. 一般由银行和其他金融机构相互通过电话、传真等方式达成。

b. 交易数量、期限、价格自由商定，比外汇期货更加灵活。

c. 远期交易的价格具有公开性。

d. 远期交易的流动性低，且面临对方违约风险。

9. 什么是远期贴水之谜？试以三种理论来解释远期贴水形成的可能原因。

参考文献

［1］Benet，B.，“Commodity Futures Cross Hedging of Foreign Exchange Exposure，” *Journal of Futures Markets*，1990（10）：287－306.

［2］Edwards，F. R. and C. W. Ma，*Futures and Options*，New York：McGraw-Hill，1992.

［3］Hammer，J.，“Hedging and Risk Aversion in the Foreign Currency Market，” *Journal of Futures Markets*，1988（8）：657－686.

［4］Korajczyk，R.，“The Pricing of Forward Contracts for Foreign Exchange，” *Journal of Political Economy*，1985（93）：346－368.

第九章
互换合约与互换市场

本章导读

国际金融互换市场的产生是国际金融领域的重大突破。金融互换与其他金融技术不同，它的发展为国际资本市场及融资技术的开发带来了根本的变化，突出表现在以下几个方面：第一，国际互换市场的规模正在迅速扩大。自 20 世纪 80 年代初互换交易产生以来，国际互换交易额迅速增长，尤其是在资本市场上，互换交易的地位日益重要。从量的方面来考察，互换交易额已经大大超过资本市场上其他金融衍生工具的交易额。第二，互换市场的参与者越来越多。在当今的西方国家中，几乎各种大小规模的金融机构都通过建立自己的互换部门加入互换交易的行列之中，这对互换市场的发展起到了极大的推动作用。西方著名的跨国公司及官方机构都已先后涉足互换市场。可以说，互换交易早已被西方国家视为融资和风险管理中不可缺少的策略之一。第三，互换交易的功能正在不断被开发。在当今的发达国家中，企业为了降低融资成本，增加资产投资收益，往往借助互换交易在不同的资本市场上套利。此外，企业也纷纷利用互换降低资产和负债组合中的汇率和利率风险。近年来，互换衍生品不断被开发出来。例如，人们已将期权融入互换交易中，互换已延伸到商品和股票市场中，等等。因此可以说，互换市场已日益与其他金融衍生交易有机地结合在一起，它在企业的资产与负债组合管理中的作用日益增大。自 20 世纪 80 年代以来，互换交易已成为国际资本市场的最主要的内容，并将继续成为国际资本市场的主流。

本章重点介绍互换合约的概念、重要的互换合约、互换的业务程序、互换定价以及风险管理功能等。

第一节　互换合约与互换市场概览

互换，亦称掉期，是指双方达成的在未来一定期限内交换若干现金流的一项协议。互换交易的核心工具有利率互换、外汇互换、远期利率协议、长期外汇交易和长期利率（上限和下限）期权等。这些互换核心工具可被广泛运用于资产与负债管理中。

近年来，随着互换变种的不断出现，互换交易已经逐步延伸到其他金融市场中。互换变种主要涉及互换方式和双方交换的现金流形式的一系列特殊变化，具体包括时间选择、到期日选择以及名义本金等其他方面现金流方式的重新设计等。此外，互换期权市场近年来发展迅速，具有隐含利率和外汇期权特点的混合互换交易也相继出现。在商品和股票等其他金融市场上，人们也越来越多地使用了互换技术，商品互换、股票指数互换以及将隐含在商品和股票市场的证券发行中的远期和期权头寸证券化的结构互换日益受到欢迎。

总之，互换产品和互换市场的发展反映了金融衍生工具市场的强劲发展势头。包括期货和期权等在内的各种场内和场外交易的发展为人们规避风险提供了极大的便利，而互换产品作为衍生工具市场中的一个重要组成部分，也得到了极大的发展。

一、互换的功能

互换交易主要有两方面的经济功能：一方面将国际资本市场和国内资本市场融为一体；另一方面提高了利率和汇率风险的管理效率。

（1）互换交易将国际资本市场和国内资本市场融为一体。

互换交易将商品和劳务市场的比较优势理论延伸到国际资本市场中，进而成为各国资本市场的联系纽带。国际贸易中的比较优势理论强调，贸易中的各方应该生产并出口其占有比较优势的产品，通过贸易换取各自不具有比较优势的产品，这样双方的福利都可以得到相应的增加。从根本意义上讲，互换交易使得各机构在国际资本市场中也可以达到类似的目的，即互换双方利用各自相对的比较优势去借款或投资，然后通过利率互换和外汇互换等手段来改变其借款或者投资的利率基础或外汇种类，以获得自己真正需要的投融资项目，并降低整体的成本。

（2）互换交易提高了利率和汇率风险的管理效率。

互换是表外业务，它在时间和融资方面独立于各种借款或投资，即具体的借款或投资行为与互换中的利率基础和汇率基础无关。因此，资产与负债组合的管理效率可以通过互换得以提高。在具体的借款或投资过程中，借款者或投资者通过有效地使用利率或外汇互换便可得到其所希望的外汇种类或利率基础。既然互换在时间选择上具有独立性，那么企业通过期货价格等渠道获得利率或汇率走势方面的新信息就可以对其现有的资产和负债进行有效的管理。具体来说，借款者或投资者在得到借款或进行投资之后，可以通过互换交易改变其现有的负债或资产的利率基础或外汇种类，而不需要借助还旧债借新债等改变资产负债表的方式，就可以达到从利率或汇率的变动中获利的目的。

外汇互换的发展促使外汇市场进一步成熟。以往人们的外汇远期交易的期限主要为两年或一年以下；然而，自 20 世纪 80 年代初互换交易问世以来，外汇远期市场的流动性得以增强，外汇远期交易的期限因此而被延长至 5～10 年。外汇远期市场交易流动性的增强使企业可以借助于外汇远期交易规避其未来现金流面临的汇率风险，从而使它们在借款或投资过程中对未来现金流的管理更具灵活性。

同样，特殊形式的互换工具为人们进行套利或实施资产与负债策略提供了便利。其中，商品互换和股票指数互换及其衍生工具促进了基础资产价格风险的管理。例如，股票指数互换也是一种独立交易，即双方不必是股票投资者，便可通过在股票市场的互换交易达到避险或套利的目的。

二、互换市场的起源和基础

在互换市场出现以前就存在交易双方同意对金融支付额进行长期交换的概念。回顾这些情况有助于我们更好地理解现代互换合约。

（一）资本管制的作用

假设存在一家在英国从事经营活动的英国公司和一家在荷兰从事经营活动的荷兰公司，该英国公司的母公司希望向它在荷兰的附属公司提供贷款，而这一交易需要纳税。在第二次世界大战以后的一段时间内，英国实行了各种各样的资本管制，"投资性美元"只是其中的措施之一。根据这项规定，英国企业必须从一个数量有限的资金池中购买进行海外投资所需的外币。由于这些资金数量不足，因此需要按照溢价进行交易。

为了回避这种外汇管制，该英国公司可以（合法地）安排荷兰公司的母公司向该英国公司在荷兰的附属公司提供贷款，与此同时，该英国公司向该荷兰公司在英国的附属公司提供贷款。这种"双向贷款"安排有时候被称为背对背贷款或者平行贷款。由于进行直接贷款时该英国公司需支付一定的税费，因此它愿意在背对背贷款中向荷兰公司的母公司支付稍微高一点的利率，向荷兰公司在英国的附属公司收取稍微低一点的利率，以便达到为其在荷兰的附属公司进行间接融资的目的。

按照同样的方式，假设一家美国母公司的巴西子公司累积了大量利润，远远超过它在当地再投资的需要，或者超过政策允许汇回国内的数量，该子公司就可以通过向一家法国公司在巴西的子公司提供贷款，而该法国公司通过同时向该子公司的美国母公司提供贷款的方式，有效地解决向美国母公司划转资金的问题。由于资金汇回存在法律上的限制，这就增加了资金汇回成本，所以该美国公司愿意给法国公司一些财务上的优惠，促使该法国公司加入进来并达成该笔交易。

尽管背对背贷款或者平行贷款非常有效，但是它们都有一些不足。首先，寻找交易对手非常耗费时间，而且成本很高。其次，最初的资本市场限制是通过两笔贷款来绕过的，尽管在交易双方看来这些贷款属于相互关联的一对贷款，但从法律上讲它们都是独立的贷款。交易对手在一笔贷款项下的违约行为并不能自动解除另外一方执行第二笔贷款合同约定义务的责任。最后，由于这些业务确实属于"贷款"，出于会计或者管理的目的，它们必须反映在双方公司的财务报表中或资产负债表内，因此这必然会对公司声誉、借款能力、信用等级等产生一定的影响。

（二）有利于互换发展的因素

在 20 世纪 80 年代早期，外汇互换主要作为简化和加速交易双方外汇现金流量交换的一种途径而得到发展。在引进这种新的金融产品时，较低的交易成本是一个基本但又关键的因素。另外，外汇互换把两种现金流量有效地联系在一起，交易双方可以比较彼此的现金流量，并只对其净差额进行支付。如果 A 公司有义务向 B 公司支付 100 万元人民币，B 公司有义务向 A 公司支付 100 万挪威克朗，此时，若即期汇率为 1 元人民币＝1.6 挪威克朗，则 A 公司只需要向 B 公司支付 375 000 元人民币即可。

互换的现金流量是有联系的。如果 A 公司不能向 B 公司支付款项，则 B 公司也有理由不向 A 公司支付款项。互换是否永远都能反映这种“抵消权”，这一点非常关键，在后面我们将对此进行详细讨论。最后，外汇互换作为一项新业务，任何会计披露和证券登记的要求中都没有对此予以规定。企业可以把外汇互换放到表外科目中，这表明它是公司的一项或有支付（或者收入）责任。如果自己不披露，投资者和监管者没有办法估计这些或有要求权的价值或风险。

克服资本国际流动限制需要付出成本，而降低这些成本的要求在外汇互换市场的发展中发挥了主要作用，当然，其他因素也是非常重要的。企业知名度、税收地位以及创新金融产品的设计都为一些企业提供了成本上的优势，推动它们使用互换。

（三）互换余额、成交量和总暴露

互换市场发展非常迅速，它在 20 世纪 80 年代初刚刚诞生，到 1995 年 3 月时，外汇互换、利率互换等主要互换合约的名义价值（即互换余额的名义金额）已达约 20 万亿美元。2022 年 6 月，这个数字高达约 427 万亿美元，其中利率互换合约的名义价值就达 397 万亿美元。互换合约的名义价值是据以计算互换支付额的基础数量。尽管互换首先是从外汇互换开始的，但是利率互换后来居上，迅速拔得头筹，目前利率互换几乎占据全部互换合约名义价值的 93%。①

现在外汇互换大都涉及美元，而利率互换则在很多外汇当中进行。早期外汇互换的情况是，在 1991 年，美元/日元外汇互换在外汇互换市场中占据最大份额，占全部市场份额的 24.4%，但是外汇互换中仍有超过一半与美元没有关系。但是到 1995 年，美元/日元或者美元/其他货币的外汇互换得到很大的增长。而利率互换的情况则有所不同，1991 年，超过一半（57.1%）的利率互换都涉及美元利率，其余的利率互换市场涉及德国马克、日元和其他货币的利率。自 20 世纪 90 年代中期以来，非美元互换的成交量显著增长，约占利率互换总成交量的 2/3。

互换市场已经具备了一定的设施基础，互换交易可以在银行间市场或者柜台市场的交易商之间进行，也可以和最终客户直接交易。大部分互换交易还是与最终客户进行直接交易的，但是其所占比重已经下降。包括证券公司、投资公司和保险公司在内的金融机构已经成为最大的最终客户群。交易商市场的发展速度要远远超过最终用户市场的发展速度。但我们仍然注意到，和我们在外汇市场上观察到的情况相比，在互换市场上，交易商市场所占的份额还是比较低。

互换余额的名义金额在 2022 年 6 月约为 427 万亿美元，这种衡量方法极大地夸大了需要交换的支付金额和风险资本的价值。一个比较有意义的衡量互换余额经济重要性的指标是互换的市场总价值，它反映的是当一方违约时，另一方为了重新建立互换头寸，根据当前的市场价格所必须付出的成本。

总的来讲，外汇互换和利率互换的市场总价值约占互换余额的名义金额的一小部分。但是，互换市场通常采用双边净额协议及抵押协议，因此，互换交易商的总暴露大大低于市场总价值。

---

① 详见国际清算银行网站。

（四）人民币外汇货币互换（掉期）与利率互换

2005年11月25日，中国人民银行在银行间外汇市场与包括4家国有银行在内的10家商业银行首次进行了美元与人民币1年期货币互换业务操作，共成交60亿美元，招标价为1美元兑7.85元人民币。这笔交易标志着我国货币互换业务正式被推出。为完善我国金融体系，发展外汇市场，满足国内经济主体规避外汇风险的需求，中国人民银行于2007年8月发布《中国人民银行关于在银行间外汇市场开办人民币外汇货币掉期业务有关问题的通知》，决定在银行间外汇市场开展人民币外汇货币互换交易。中国银行间外汇市场开展了人民币兑美元、欧元、日元、港元、英镑5种货币的货币互换交易。为满足国内经济主体管理外汇风险的需求，2011年1月，国家外汇管理局发布《国家外汇管理局关于外汇指定银行对客户人民币外汇货币掉期业务有关外汇管理问题的通知》（已废止），允许外汇指定银行对客户开展人民币外汇货币互换业务。2011年3月，美国银行上海分行与某一家亚洲食品行业的跨国公司在上海签署了4笔人民币外汇货币互换业务合同，标志着中国国内金融机构对客户人民币外汇货币互换业务的开端。2019年，我国货币互换共成交高达113.8亿元人民币，成为人民币外汇衍生工具交易的主要品种。

相比人民币外汇货币互换市场，人民币利率互换起步稍晚，但发展速度很快。2006年2月，中国人民银行发布《中国人民银行关于开展人民币利率互换交易试点有关事宜的通知》，国家开发银行与光大银行首笔人民币利率互换交易正式生效，标志着人民币利率互换市场的诞生。经历两年试点后，中国人民银行于2008年1月发布《中国人民银行关于开展人民币利率互换业务有关事宜的通知》，人民币利率互换交易正式全面推进，成交量逐年放大。2010年、2011年和2012年利率互换名义价值分别达到1 231亿元、2 047亿元和2 396亿元。人民币利率互换交易品种（按浮动端参考利率分）主要有三类：第一类是银行间质押式回购利率，主要以7天回购定盘利率（FR007）为基准，这类互换也称IRS-Repo；第二类以上海银行间同业拆放利率（Shibor）为基准；第三类以央行参考利率为基准，包括1年定存、半年贷款、1年贷款、3年贷款、5年贷款等的利率。在上述三类利率互换中，第一类利率互换在市场中占主导地位。2022年人民币利率互换交易量与2021年相比基本持平，约为20.97万亿元。其中，FR007利率互换交易量约为18.75万亿元，占比约为89.4%。[①]

第二节　利率互换

一、利率互换及其基本结构

利率互换是指互换双方同意以名义（或假设的）本金为基础交换现金流，一方支付固定利率，另一方支付浮动利率。

在一定的利率环境下，利率互换可被互换参与者用于改变其利息支付形式。例如，一方用固定利率换取另一方的浮动利率，或用一种浮动利率换取对方的另一种浮动利率。

---

① 详见中国货币网。

最常见的利率互换形式是在两方之间进行的。例如，如果一个想支付固定利率的借款者已经借入了浮动利率资金，而一个想支付浮动利率的借款者已经借入了固定利率资金，那么，这两个借款者可以将其各自现有的负债进行互换，而不必借入新的资金。于是，双方可以达成利率互换合约，各自只向对方定期支付以其期望利率基础算出的利息成本，而不必进行本金的支付。利率互换的结果是双方以可接受的条件得到了期望的利率基础。利率互换的基本结构见图 9-1。

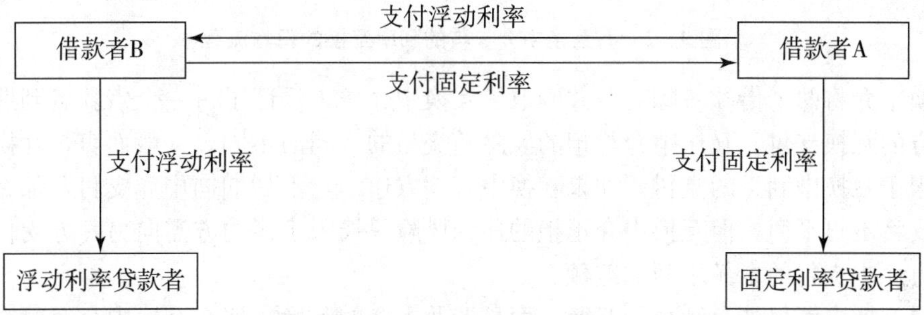

图 9-1 利率互换的基本结构

二、利率互换的基本特征及结构变化

（一）利率互换的基本特征

（1）互换交易额被称为名义本金，互换双方不必进行实际本金互换，因为双方彼此互换相同金额的同种外汇毫无意义。但名义本金的作用在于它是互换中计算利息的基础。

（2）对于互换中的任何一方而言，互换与实际借款都是相互独立的行为，即融资的来源、形式及时间选择都与互换行为无任何直接联系。

（3）任何一个贷款者都不是互换对手，每一个借款者始终有义务对各自的贷款者偿还本金和利息。实际上，贷款者根本没有必要关心其借款者是否进行了互换。互换中的每一方都承受了对方不如期支付的风险，一旦一方违约，则另一方将遭受不能收到对方利息支付的风险。但是，互换并未使双方推卸其向各自的贷款者如期偿还本金和利息的义务。

（二）利率互换的结构变化

随着互换的普及和发展，利率互换结构已发生了以下几种变化：一是有互换中介介入；二是双方不一定同时与互换中介进行互换；三是在互换交易中计算净额而不再是总额。

在前面讨论的基本结构中，两个借款者直接就其各自贷款的利息支付进行互换，每一方都承担了另一方不履行利息支付的风险。然而，在当今的互换市场实际操作中，大多数利率互换并非由双方直接进行。一般而言，如果有一方或双方不愿承担对方的不支付风险，那么银行或其他金融机构可充当两个借款者的互换中介，创造一个中介互换。每一个借款者可单独与互换中介签订互换合约。在这种中介互换形式下，两个借款者只要各自与互换中介交易即可，不需要互相认识和了解彼此的信用状况，具体流程如图 9-2 所示。

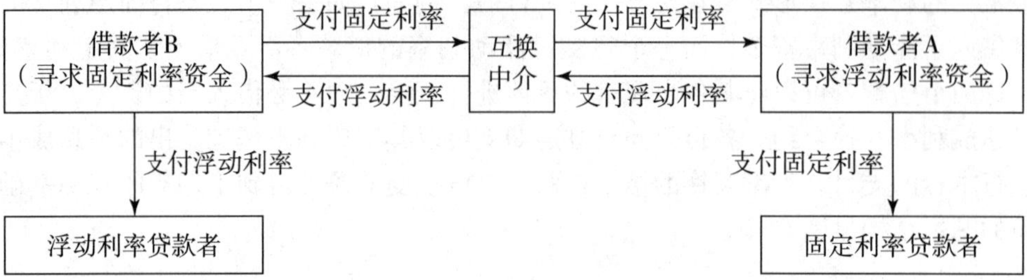

图 9-2　有互换中介参与的利率互换的基本流程

互换中介将两个借款者隔离开并赚取了互换中介费，保证了每一个借款者到期都能够收到对方的互换支付。互换中介承担的风险随交易的不同而不同。一般而言，互换中介的保证只限于互换中利息的支付。如果互换中有一方违约，不如期向中介支付，那么，互换中的收支将不再平衡，但互换中介承担的违约风险只局限于违约方需向另一方支付的金额与另一方原本支付的金额之间的差额。

如果互换中不仅涉及利息的互换，而且涉及本金的互换，那么互换中介会对本金和净利率互换支付都做出保证。互换中介将依据互换本金额或从利率互换中收取的利息额及承担的风险程度来收取中介费。

互换中介的存在使互换双方不必使其头寸完全对应，因为互换中介单独与两个互换对手签订互换合约，满足互换各方的不同需要。例如，有一个信誉很好的借款者为取得规模经济和定价优势，可以发行数额很大的债券，并通过互换将所筹资金的利息基础转换为浮动利率。互换中介的介入在互换对手提前终止互换合约之时提供了灵活性。由于中介互换具有上述优点，所以在互换市场上很受欢迎。

在一些交易结构的实际操作中，借款者没有必要成为利率互换的对手。例如，由于法律方面的原因，如果一个借款者不想或不能从事互换，可采用一个特殊互换结构，使互换支付能够在其贷款者和互换中介之间进行。通过这一安排，寻求固定利率资金的借款者从浮动利率贷款者那里得到了固定利率融资，而贷款者通过与互换中介进行互换，将其贷款的利率基础转换成浮动利率。互换中介则进一步与一个寻求浮动利率资金的固定利率借款者进行一个补充性互换。在这一结构中，尽管借款者的利息支付与有关风险和成本在很大程度上由不是自己参与的利率互换来决定，但借款者最终还是达到了获得固定利率资金的目的。这一利率互换流程见图 9-3。

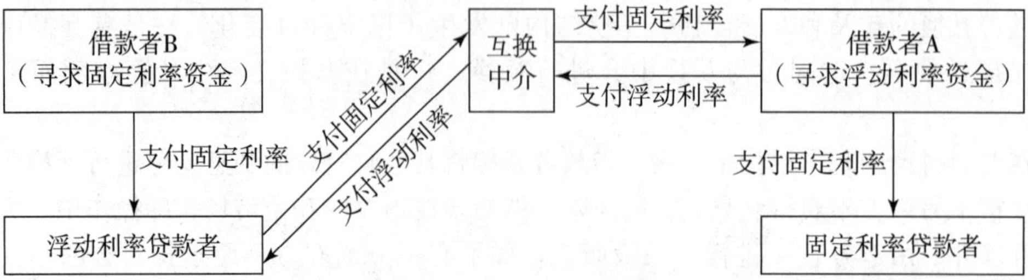

图 9-3　一种变形的利率互换流程

在互换交易中结算净额而不是总额的这一做法的目的是取消互换中双方彼此支付足额

利息的现金流的现象。取而代之的是互换交易中双方各自应支付获得的金额与利息的轧差，最终由双方进行净额结算。除了借入新的负债作为互换基础以外，即使没有负债也可以从事互换，互换可被纯粹地用于投机。此外，互换的期限也不必与实际借款期限一致，例如，借款者可以依据其对利率的预测将一笔 3 年期负债的头两年利率进行互换。

第三节　利率互换合约定价

如果我们假设没有违约的可能性，利率互换估值有两种方法：一种方法是将互换看成一种债券多头与另一种债券空头的组合；另一种方法则是将互换看成一系列远期利率协议的组合。

一、互换估值与债券价格的关系

互换的价值可以看作两个债券之间的差值。假设 A 公司与金融机构 B 之间进行利率互换，支付 5.015%的固定年利率，而收入为 6 个月期 Shibor。尽管本金并不交换，但在不改变互换的价值的情况下，我们可以假设在互换结束时，金融机构 B 付给 A 公司 1 000 万元人民币的名义本金，A 公司付给金融机构 B 相同的名义本金，于是互换与下面的一项安排相同：

（1）A 公司以 6 个月期 Shibor 贷给金融机构 B 1 000 万元人民币；

（2）金融机构 B 以每年 5.015%的固定利率贷给 A 公司 1 000 万元人民币。

另一种实现方法是，金融机构 B 出售给 A 公司 1 000 万元人民币浮动利率为 Shibor 的债券，从 A 公司购买 1 000 万元人民币固定年利率为 5.015%的债券。因此，对金融机构 B 而言，互换的价值就是两种债券价值的差额。

根据互换条款，假设金融机构在时间 t_i（$1\leqslant i\leqslant n$）收到固定收入 k，同时支付浮动利率 Shibor。我们定义：V_{swap}为互换的价值；B_{fix}为互换中的固定利率债券的价值；B_{fl}为互换中的浮动利率债券的价值；Q 为互换合约中的名义本金。遵循以下公式：

$$V_{\text{swap}}=B_{\text{fix}}-B_{\text{fl}}$$

在一个互换中，我国习惯上用 Shibor 来贴现现金流。隐含的假设是与互换现金流相联系的风险等同于银行同业之间的借贷风险。从一系列互换报价中，我们可以计算出 Shibor 的零息票收益率。为此目的，我们假设以行情买价和卖价的平均价格签署的互换合约价值为零。由于以 Shibor 贴现，互换中的浮动利率债券一定是平价的，这说明固定利率债券也是平价的。因此，利率互换参考报价定义了一系列平价的固定利率债券。这就是所谓的平价收益债券。

例如我们考虑以下例子。假设 5 年期互换的报价为 6.49%，与 Shibor 进行互换，而且互换中的固定和浮动双方所用的债券都是平价收益债券。为与零息票 Shibor 曲线相匹配，我们假设带有 6.49%年息票的 5 年期债券为平价收益债券。类似地，7 年期互换的报价为 6.665%，我们假设带有 6.665%年息票的 7 年期债券为平价收益债券，依此类推。运用息票剥离方法，从市场的互换报价和这些平价收益债券中得出零息票收益率曲线。这些零息票收益率曲线给出了适当的贴现率，用于为现存的互换合约定价。

为了了解方程是如何使用的，定义 r_i 为与到期时间 t_i 相应的贴现率；B_{fix} 是在 t_i（$1 \leqslant i \leqslant n$）时刻支付利息 k 以及在 t_n 时刻支付本金 Q 的债券的价值：

$$B_{fix} = \sum_{i=1}^{n} k e^{-r_i t_i} + Q e^{-r_n t_n}$$

然后考虑浮动利率债券 B_{fl}。在支付日后的短暂时间内，B_{fl} 总是等于名义本金 Q。在支付日之间，我们利用这样一个事实，即在下一个支付日后的短暂时间内，B_{fl} 等于 Q。在符号表示中，下一个支付日为 t_1，由此我们得到：

$$B_{fl} = Q e^{-r_1 t_1} + k^* e^{-r_1 t_1}$$

式中，k^* 是在时间 t_1 将支付的浮动利率利息（已知）。

在金融机构支付固定利率利息并收取浮动利率利息的情况下，B_{fix} 与 B_{fl} 按同样的方式计算，并且

$$V_{swap} = B_{fl} - B_{fix}$$

注意，当互换合约开始签订时，互换的价值为零，而随着时间的推移，互换的价值可能变为正值，也可能变为负值。

二、互换估值与远期利率协议的关系

利率互换可以分解为一系列远期利率协议。在金融机构 B 与 A 公司之间互换合约的例子中，金融机构 B 同意将 5.015%的年利率适用于未来各个时期，而不管市场利率为多少。每个时期的协议就成为一个远期利率协议（FRA）。整个互换就是远期利率协议的组合。

在假设远期利率实现的基础上，可以估计 FRA 的价值。由于互换是一系列远期利率协议的组合，因此可以进一步估算互换的价值。过程如下：

（1）对决定互换现金流的每一个 Shibor，计算远期利率；

（2）假设 Shibor 将等于远期利率，计算互换现金流；

（3）设定互换价值等于这些现金流的现值。

在互换合约签署生效时刻，它的价值近似为零。这意味着只是以互换为基础的 FRA 的价值总和为零。然而，这并不意味着单个 FRA 的价值为零。通常，有些 FRA 的价值为正，而有些 FRA 的价值为负。

在以金融机构 B 和 A 公司间的互换为基础的远期合约中，对金融机构 B 而言：当远期利率大于 5.015%时，FRA 的价值小于 0；当远期利率等于 5.015%时，FRA 的价值为 0；当远期利率小于 5.015%时，FRA 的价值大于 0。

假设互换合约签署时的利率期限结构是向上倾斜的，这意味着远期利率随着远期合约到期日的临近而上升。既然远期合约的价值总和为 0，这一定意味着在较早的支付日远期利率小于 5.015%，而在后面的支付日远期利率大于 5.015%。对金融机构 B 而言，与较早支付日对应的 FRA 的价值因此为正，而那些与较后支付日对应的 FRA 的价值为负。如果互换合约签署时的利率期限结构是向下倾斜的，则与较早支付日对应的 FRA 的价值因此为

拓展阅读

应重视利率互换的风险管理

负，与较后支付日对应的 FRA 的价值为正。

互换交易本身存在风险。鉴于篇幅约束，这里不做深入分析。拓展阅读讨论了利率互换的风险问题。

第四节　货币互换

一、货币互换的基本流程

货币互换与平行贷款或背对背贷款相似。在货币互换中，互换双方彼此不进行借贷，而是通过达成协议将外汇卖给对方，并承诺在未来固定日期换回该外汇。

货币互换中两种外汇的金额由双方依据当时的即期汇率确定。在货币互换中，低利率国家的互换一方向高利率国家的互换对手定期支付利息，利息成本约为两国的利差。利率既可以是固定利率，也可以是浮动利率。

货币互换与贷款的一个很重要的区别在于：所有货币互换都包括双方在未来彼此买卖不同外汇的现金流。就货币互换的定义而言，一个远期有条件的承诺是一笔或有负债，因此货币互换属于表外业务。

现举例说明。例如，A 公司借入年利率为 14%且每年支付利息的 5 年期 1 亿澳大利亚元，而 B 公司借入 5 年期浮动利率为 SOFR（担保隔夜融资利率）+0.50%、金额相当于 1 亿澳大利亚元的 6 500 万美元贷款，其利息每半年支付一次（假设即期汇率为 1 澳大利亚元兑换 0.65 美元）。

货币互换将分三个步骤进行：初始本金互换、利息的定期支付和到期本金的再次互换。

互换一开始，A 公司会将其借入的澳大利亚元资金出售给 B 公司，并得到 B 公司所筹美元资金，初始本金互换中使用的汇率是当时的即期汇率。同时，它们彼此承诺偿还对方的债务，即 A 公司支付 B 公司贷款的利息，而 B 公司也将支付 A 公司贷款的利息。在该例中，假设 A 公司向 B 公司支付的贷款利率不高于 SOFR。到期时，双方只是将原先换来的外汇再（按原先的即期汇率）出售给对方，即 A 公司向 B 公司出售 6 500 万美元，并得到对方出售的 1 亿澳大利亚元。货币互换的基本结构如图 9-4 所示。

B 公司的筹资成本为澳大利亚元的年利率 14%加上每半年支付一次且高于 SOFR 的价差 0.50%，A 公司的筹资成本为 SOFR。该筹资成本未涉及两家公司的期初借款成本。假设 A 公司和 B 公司都以发行公募债券方式筹集资金，那么，在计算成本时必须把期初发行费和其他发行支出考虑进去。

需要指出的是，在上述货币互换中，B 公司每 6 个月收入 SOFR，并且每年支付 SOFR+0.25%，所以，并没有完全消除汇率风险。每年 0.25%的美元缺口是正常互换结构的结果。然而，在实际操作中，B 公司会通过寻找一个中介再安排一个互换来消除这一不对称风险。

因此，货币互换结构与利率互换结构非常相似。二者主要的不同点在于：在货币互换中，双方需要在一开始和最终进行外汇本金的交换。通过外汇本金的交换，互换双方在互换期间各自得到所需外汇而不必承担汇率风险。

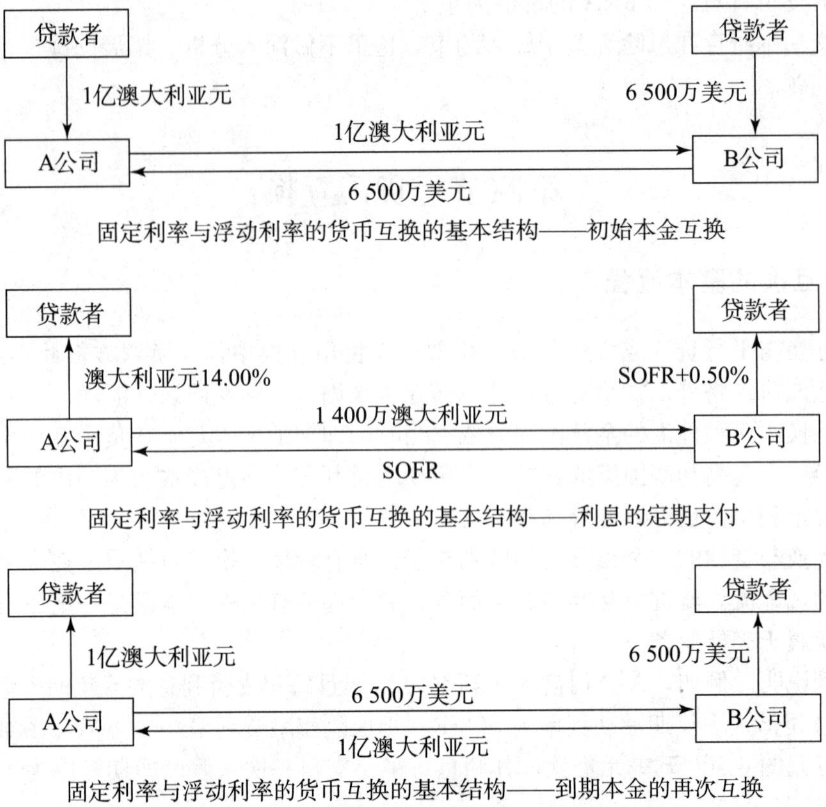

图 9-4　货币互换的基本结构

货币互换中的初始本金互换也可取消。若不进行外汇的初始本金互换，双方进行一次即期外汇交易就可获得各自所需外汇，见图 9-5。然而，初始本金互换的取消并不是说不需要在相关外汇之间确定一个参考即期汇率，这一汇率在互换到期时将用于外汇的再次互换。

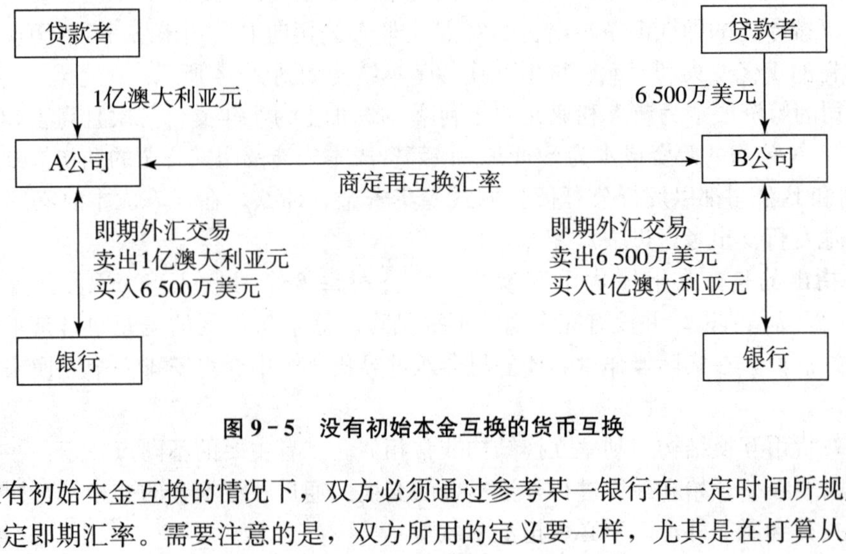

图 9-5　没有初始本金互换的货币互换

在没有初始本金互换的情况下，双方必须通过参考某一银行在一定时间所规定的市场汇率来确定即期汇率。需要注意的是，双方所用的定义要一样，尤其是在打算从事多边互换时要记住这一点。如果互换的双方将报价搞错，那么买卖价差造成的金额不对应也会导致汇率风险，并影响到互换交易的总成本。

到期本金的再次互换也可以取消。互换双方只要进行适当的即期外汇交易并由一方支付另一方汇率变动的价差（它反映外汇的升值或贬值），即可替代到期本金的再次互换。与结算金额相关的这笔即期外汇交易的结果与按原先制定的汇率进行外汇再互换一样，见图 9-6。

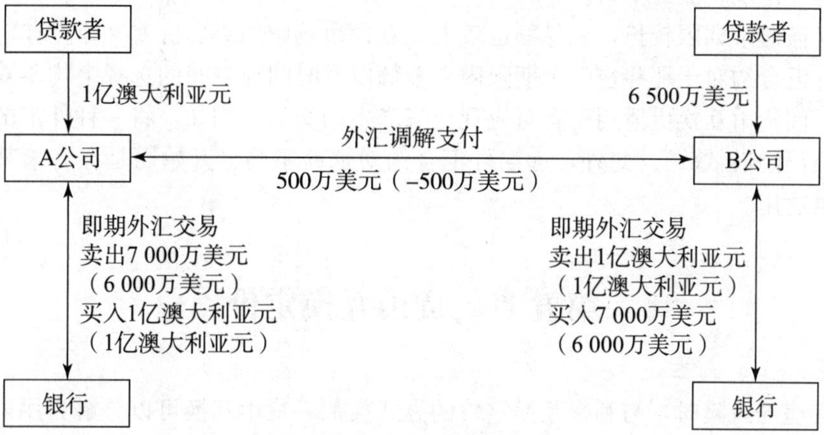

图 9-6　没有到期本金的再次互换的货币互换

到目前为止，我们在分析中假设的初始本金互换是按当时市场的即期汇率进行的。其实，在货币互换中，人们也可规定一个偏离市场的即期汇率。此外，人们还可采用其他互换结构，如将互换中涉及的外汇差额计入利率中。

利率互换中的各种结构差异也全部适用于货币互换交易。不过，在货币互换中不常用净额结算；若采用净额结算，则必须将互换中的现金流折算为同一种外汇（通常是美元）。

二、远期外汇合约与货币互换的比较

货币互换与远期外汇合约相似。实际上，货币互换相当于平价远期外汇合约。

远期外汇合约是直接远期交易，其目的是避免外汇风险。远期外汇合约一般要求在未来某日进行某一具体交易或在未来几年中进行一系列交易。例如，一家有英镑债务的美国公司决定购买远期英镑以避免英镑升值风险。与此同时，英国某航空公司打算购买美国飞机，并且想锁住购买的价格。此时，可利用远期外汇合约满足双方避险的要求。美国公司向英国公司出售美元并购买其英镑，而英国公司将用所获得的美元去支付其以美元计价的货款。这样，两家公司承担的汇率风险以两种外汇之间的远期升水或贴水为代价得以规避。

远期外汇合约的价格，即升水或贴水可由双方协商而定。但一般来说，它反映相同到期日的两种外汇当时的市场利率差异。通常，由于较长期限的市场比较清淡，因此，远期外汇合约的期限越长，买卖价差就越大。一旦签订了远期外汇合约，双方就必须到期履约，协议条件可由双方协商。

货币互换中的远期外汇承诺（即外汇的买和卖）与一般的远期外汇合约非常相似。然而，货币互换与远期外汇合约相比，在结构上更具灵活性。例如，在货币互换中，正常的平价远期结构（反向货币互换按原先的初始汇率进行）意味着远期汇率中的升水或贴水是通过互换双方的定期利息支付来体现的。这样做对互换各方的资产负债表也有益，因为远期汇率与交易一开始时的即期汇率相同。

货币互换也比一系列直接远期外汇合约更容易管理，因为不同期限的远期外汇合约，其升水或贴水的计算也不同，因而有一系列不同的远期汇率。因此，外汇现金流的对应将意味着基础外汇现金流的不对应。

货币互换通常期限较长，交易额也较大，互换市场中的买卖价差（即使有）也很小。

远期外汇合约对于那些在整个期限内在金额以及时间或空间的选择上均不对称的交易尤为适用，而货币互换更适用于有对应现金流产生的交易（例如，将一种外汇的借款转换为另一种外汇的借款等）。此外，远期外汇合约对那些不马上开始而是在将来某个时刻开始的交易也适用。

第五节　货币互换定价

在没有违约风险时，与利率互换定价的方式类似，货币互换可以分解为用两种债券之差表示的情况。考察下面的例子，一个是支付12%年利率英镑债券的多头，另一个是支付9.4%年利率美元债券的空头。如果用 V_{swap} 表示互换的价值，对支付美元利率的那一方而言，

$$V_{swap}=SB_F-B_D$$

式中，B_F表示在互换中以外币（此处指英镑）形式衡量的外币债券价值；B_D表示互换中美元债券的价值；S 表示即期汇率（以每单位外币等于若干国内外汇数量来表示）。因此，互换的价值可以通过国内外汇的利率期限结构、外币的利率期限结构以及即期汇率来确定。

在互换定价时，也可将货币互换分解为一系列远期合约。假如每年有一个支付日，在每一个支付日 B 公司同意收取 120 万英镑（等于 1 000 万英镑的 12%）并支付 141 万美元（等于 1 500 万美元的 9.4%）。另外，在最后支付日，它同意收取 1 000 万英镑并支付 1 500 万美元。这些交换的每一项都代表一张远期合约。假设 $t_i(1\leqslant i\leqslant n)$ 为第 i 个结算日，$r_i(1\leqslant i\leqslant n)$ 为对应时间长度为 t_i 的美元连续复利利率，$F_i(1\leqslant i\leqslant n)$ 为对应时间长度为 t_i 的远期汇率。在所有情况下，远期合约多头的价值等于远期价格超过交割价格的现值。考察在时刻 t_i 发生的利息交换，B 公司的远期合约价值为：

$$(120F_i-141)\mathrm{e}^{-r_it_i}$$

式中，$1\leqslant i\leqslant n$。同样地，考察发生在时间 t_n 的本金交换，B 公司的远期合约价值为：

$$(1\,000F_n-1\,500)\mathrm{e}^{-r_nt_n}$$

这表明由远期汇率和国内利率的期限结构总是可以计算出货币互换的价值。

假设用两种外汇表示的本金数量在货币互换开始时完全相等。这时，互换的总价值为零，然而这并不意味着互换中的每一张远期合约的价值也为零。它表明，当两种外汇利率明显不同时，低利率外汇的支付者处于这样的情形：对应于早期利息现金流交换的远期合

约价值为正，而对应于最后本金交换的远期合约价值为负。高利率外汇的支付者所处的情形正好相反，即对应于早期利息现金流交换的远期合约价值为负，而对应于最后本金交换的远期合约价值为正。

第六节　其他互换合约

近年来出现了越来越多的在普通互换基础上发展演变而来的特殊互换交易。人们创造出特殊互换交易的目的主要有以下两方面：(1) 通过互换创造具有特殊结构的基础融资和证券交易，以便人们利用资本市场上的套利机会进行套利；(2) 便于人们更好地进行资产与负债管理，并增强基本互换交易的灵活性。

一、分期偿还互换

分期偿还互换是指互换交易的本金以分期偿还（增加或减少）的名义本金为基础。分期偿还互换与资产及负债结构的分期偿还有关。例如，在一个分期偿还贷款中，无论是从借款者的角度还是从贷款者的角度来看，贷款的利率和外汇基础的转换通常要借助于分期偿还互换来完成。

在一些项目的融资贷款中，常常涉及贷款在未来的一系列提款事宜。此时，利用一个不断增加本金余额的互换交易便可将未来负债中的利息成本固定下来。分期偿还互换也可被用于资产互换中，即通过沉淀资金或早期偿还条款，将分期偿还的固定利率证券转换为浮动利率证券；或者运用分期偿还互换产生与抵押担保证券或应收款担保证券的预期提前偿还计划相对应的现金流，从而降低再投资风险。

虽然债券的平均期限约为 3 年，但分期偿还互换中的现金流集中在债券的最后两年。因此，债券市场对该债券的定价比一般 3 年期一次性偿还的债券的价格要稍高一些。

二、延迟起始互换

延迟起始互换是指当互换中的一方希望其互换现金流与其基础融资的展期日完全对应时，双方可以商定对本期固定利率进行调整并计算应计利息，然后按照商定的利率在未来一定时间内（通常为 6 个月）开始进行互换。

远期互换与延迟起始互换相似。二者唯一的不同是，远期互换交易的延迟起始时间较长，通常是在 2～3 年之后的某一天按照双方协议的利率从事互换。此类延迟起始互换通常被当作一个标准互换来定价，并对定价进行调整，以反映自该互换执行日到远期起始日这段时间的持有成本（即互换中的固定利率与短期利率的价差）。该定价调整可以通过计算本期互换收益和本期短期利率之间的价差得出；或者通过计算利用证券避险并对其融资所耗费的成本得出。

三、远期互换

远期互换是指一个在未来的某一时间起始的利率互换交易。例如，若互换双方在达成美元利率互换合约 2 年之后从事一个期限为 3 年的美元利率互换交易，那么，该互换交易就是远期互换。

如同在普通利率互换交易中一样，从事交易的一方可通过互换将其浮动（固定）利率负债转换为固定（浮动）利率负债。远期互换交易有两种类型：

（1）远期互换——从事互换的一方是固定利率支付者；

（2）反向远期互换——从事互换的一方是浮动利率支付者。

此外，还有其他类型的互换，如可延长互换、可赎回互换、带有利率互换选择权的互换、常数期限互换、指数递减比率互换、差异互换和股权互换等。

在可延长互换中，一方有权延长某个互换的期限超过指定时期。在可赎回互换中，一方有权提早终止互换。利率互换选择权本质上是将一种固定利率债券交换为一种浮动利率债券的权利。由于在互换开始时，浮动利率债券的价值就是它的面值，利率互换选择权也可被看作基于固定利率债券价值的执行价格等于其面值的选择权。常数期限互换是一种将互换利率的浮动部分转换为某个互换率的协议。指数递减比率互换，有时也被称为指数本金互换，是一种本金依利率水平而减少的互换。差异互换是一种将国内外汇浮动利率转换为外国外汇浮动利率的互换，两个利率都只适用于同样的国内本金。股权互换是将某个股权所实现的股利及资本利得收益率转换为固定利率或浮动利率的协议。证券组合的管理者可用股权互换将一种债券的投资转换为一种股权的投资，反之亦然。而基于商品的互换交易也在日益增加。

本章小结

互换合约产生于 20 世纪 80 年代，其历史较短。但是，自首笔互换交易以来，特别是自 20 世纪 80 年代末期以来，互换交易异常活跃。从互换交易量看，互换合约成为成交额最大的金融衍生工具。我国自 21 世纪初开展利率互换和货币互换以来，互换业务已经成为金融机构风险管理的重要工具之一。本章介绍了互换的概念、种类以及业务流程，重点讨论了利率互换和货币互换两种市场上最常见的互换合约。我们也粗略介绍了其他主要互换合约种类。互换合约作为衍生工具的一大类，种类繁多。近年来，互换合约条款中越来越多地利用了其他衍生工具如远期和期权，互换合约的创新种类层出不穷。这一方面增加了互换合约分析尤其是定价方面的难度；另一方面也为互换市场增添了活力。

练习题

1. 试分析利率互换与货币互换的异同。

2. 一家银行的资产与负债不匹配。它吸收浮动利率存款，而贷款主要采用固定利率形式。如果你是这家银行的首席风险官，你将如何运用互换来管理风险？

3. 试分析互换交易中的比较优势理论。

4. A 银行与一家 B 公司签订了一张利率互换合约。根据该合约，A 银行收取 10%的年利率，支付 6 个月期的 SOFR，本金为 1 000 万美元，为期 5 年，每 6 个月支付一次。假设 B 公司未能进行第 6 次支付，当时所有期限的利率都为 8%（按半年复利计息）。A

银行的损失为多少？（假设第 3 年年中 6 个月期的 SOFR 为 9%/年。）

5. 公司 A 和公司 B 从市场上获得以下 5 年期 2 000 万元人民币的年利率报价：

	浮动利率	固定利率
公司 A	Shibor+0.1%	5%
公司 B	Shibor+0.6%	6.4%

公司 A 希望借入浮动利率贷款，公司 B 希望借入固定利率贷款。假设互换中介的中介费为 0.1%。试从互换中介的角度为这两家公司设计一个互换合约。

6. 解释在金融合约中信用风险和市场风险的区别和联系。

7. 试解释为什么互换合约中由违约带来的预期损失较等本金信贷合约违约的预期损失小。

8. 请讨论一种货币的浮动利率贷款与另一种货币的固定利率贷款的互换合约定价问题。

9. 某英国制造商 A 希望借入美元固定利率贷款，而某美国跨国公司 B 希望借入英镑固定利率贷款。下表给出了它们的借贷条件：

	英镑	美元
公司 A	11.0%	7.0%
公司 B	10.6%	6.2%

试为这两家公司设计一个互换合约（中介手续费为 10 个基点）。

10. 公司 A 和公司 B 分别面临下面的利率情况：

	公司 A	公司 B
美元（浮动利率）	SOFR+0.5%	SOFR+1.0%
加拿大元（固定利率）	5.0%	6.5%

公司 A 希望借入浮动利率美元，公司 B 希望借入固定利率加拿大元。互换银行需要 50 个基点的利差作为手续费。如何设计一个互换合约以使公司 A 和公司 B 平等获益来进行互换交易？

参考文献

［1］Bicksler，J. and A. H. Chen，"An Economic Analysis of Interest Rate Swaps，" *Journal of Finance*，1986（41）：645－655.

［2］Litzenberger，R. H.，"Swaps：Plain and Fanciful，" *Journal of Finance*，1992（47）：831－850.

［3］Turnbull，S. M.，"Swaps：A Zero Sum Game?" *Financial Management*，1987（16）：15－21.

第十章

期权与期权市场组织结构

本章导读

从本章开始，我们将陆续介绍期权的相关知识。第十章主要对现实中的期权与期权市场组织结构做一个简单的介绍，具体的期权定价理论将在第十一章学完基本数学知识之后再系统地展开。但是，对于期权的基本思想、期权发展的历史、期权市场的交易特征以及期权基础头寸等的学习将有助于我们对期权的理解。期权在本质上与远期、期货和互换合约是不同的。期权最主要的特点是赋予期权持有人做某件事情的权利，但该持有人不需要承担任何义务。对于这一点的展开将使得我们彻底改变对日常生活中一些合约的理解。期权最基本的类型是看涨期权和看跌期权，把握住它们的运动规律将有助于把握更为复杂的期权的定价和损益分析。本章还介绍了以美国期权市场为代表的交易规则，交易规则的设计最大限度地防止了金融风险。上海证券交易所于 2015 年 2 月 9 日正式推出我国首个规范的期权合约：上证 50ETF 期权。

第一节　期权的类型

一、看涨期权和看跌期权

期权可分为看涨期权和看跌期权。看涨期权（call option）有时称买权，是一种赋予期权持有人（option holder）在未来某个时点，按照合约规定的价格，购买一定数量标的资产的权利的合约。持有人购买标的资产的价格是在期权合约中规定的，被称为期权的执行价格或行权价格（exercise price）。期权购买者事先需要支付一笔期权费（option premium），当标的资产价格运动到大于执行价格时，持有人执行看涨期权是有利可图的。但是这个购买的权利只在某个时期内有效，我们称之为有效期（time to expiration）。

与看涨期权相反，看跌期权（put option）又称卖权，它赋予期权持有人在未来某个时点，按照合约规定的价格，卖出一定数量标的资产的权利，但不是义务。当标的资产价格运动到小于执行价格时，持有人执行看跌期权是有利可图的。看跌期权的执行同样具有有效期。

二、欧式期权与美式期权

看涨期权和看跌期权在何时执行？依执行时间可将期权分为两种类型：欧式期权

(European option) 和美式期权 (American option)。欧式期权规定期权持有人只能在期权到期日行权。美式期权却赋予持有人很大的自由度，从合约签订时刻到合约终止时刻，期权持有人都有权行使其权利。但是不管是何种期权，一旦过了有效期，期权即便没有被执行也没有任何价值可言了。欧式期权和美式期权的差别参见图 10-1。

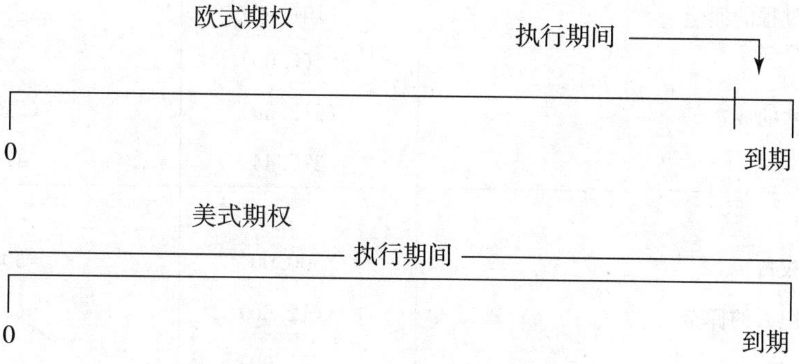

图 10-1 欧式期权和美式期权

三、场内期权与场外期权

交易所上市交易的期权被称为场内期权或交易所交易期权 (exchange-traded option)。金融机构和大公司双方或多方直接进行期权交易的市场被称为场外期权 (over-the-counter option) 市场。场外期权的优点是具有灵活性，金融机构可以根据客户的实际情况量体裁衣，因此期权合约的设计有许多非标准化的特征。场外期权的执行价格和到期日不必与场内期权相一致。与场外期权相比，场内期权交易成本低，可以使交易双方的福利得到改善。交易成本的降低使得即便很小的交易量也成为可能，从而鼓励了投资者的交易热情，加大了市场的流动性。

[例 10-1] 假设买者用 500 美元购买了 1 张股票看涨期权合约 (1 张合约的规模为 100 股)，股票的执行价格为 50 美元。当股票价格上升到 60 美元时，买者执行期权合约，在不考虑交易成本时，从每张期权合约中他可以获得 1 000 美元的收入，即 (60－50)×100＝1 000(美元)。期权卖者事先购买了 500 股股票用于交割，对于每张期权合约而言，假设他通过股票可以获得 500 美元的收入。考虑到他在每张期权合约上亏损了 1 000 美元，他的净亏损为 500 美元/张。

在存在交易成本的情况下，双方的损益在场外期权市场与场内期权市场上的比较见表 10-1 (以下数字都是基于每张期权合约的运算)。

表 10-1 双方的损益在场外期权市场与场内期权市场上的比较 单位：美元

项目	场外期权市场	场内期权市场
买者头寸		
买者支付的期权费	500.00	500.00
买者支付给经纪人的佣金	12.50	12.70
买者构建期权头寸的成本	512.50	512.70

续表

项目	场外期权市场	场内期权市场
出售看涨期权的毛收益	1 000.00	1 000.00
场内期权市场的佣金		(17.20)
出售期权整个过程的佣金	(107.06)	
证券交易税	(5.00)	
减去：构建头寸的成本	(512.50)	(512.70)
买者净利润	375.44	470.10
卖者的头寸		
买者支付的期权费	500.00	500.00
卖者支付给经纪人的佣金	(12.50)	(12.70)
经纪人价差	(75.00)	
卖者净收益	412.50	487.30
从买者手中回购期权的成本	1 000.00	1 000.00
加上：场内期权市场的佣金		17.20
购买起初股票的佣金	30.13	30.13
出售起初股票的佣金	33.58	33.58
回购剩余股票的佣金		33.58
出售股票的佣金	50.83	
证券交易税	5.00	2.50
减去：净收益	(412.50)	(487.30)
拥有股票产生的利润	(500.00)	(500.00)
卖者净损失	173.46	129.69
买者净利润	375.44	470.10
减去：卖者净损失	(173.46)	(129.69)
投资者总利润	201.98	340.41
总交易成本	331.60	126.01
减去：场内市场总交易成本	(126.01)	
场外期权市场与场内期权市场交易成本的差距	205.59 美元/张	

第二节　期权头寸

期权交易成交后买者持有多头头寸（long position），卖者则持有空头头寸（short position）。我们将以股票期权为例，描述期权多头与空头在不同状态下的损益情况。

一、看涨期权的损益状态

设 t 时刻的股票价格为 S_t，期权合约中规定的执行价格为 C，期权合约的有效期为 T，看涨期权的持有人在 0 时刻支付期权费 c。当 $S_t>C$ 时，如果持有人立即执行期权可获得正的现金流，这时我们称该期权处于实值状态（in-the-money）；当 $S_t<C$ 时，如果持有人立即执行期权将获得负的现金流，这时该期权处于虚值状态（out-of-the-money）；如果 $S_t=C$，则我们说该期权处于平值状态（at-the-money），执行该期权没有现金流。

因此，t 时刻看涨期权多头的损益 X 为：

$$X=\max[0,\ S_t-C]-c$$

相反，对于看涨期权的空头，其损益状态正好与多头的情况相反。

二、看跌期权的损益状态

看跌期权的买者在 0 时刻支付期权费 p，当 $S_t<C$ 时，期权持有人执行期权产生的现金流为正，该期权处于实值状态；当 $S_t>C$ 时，该期权处于虚值状态；当 $S_t=C$ 时，该期权处于平值状态。

此时多头的损益 X 为：

$$X=\max[0,\ C-S_t]-p$$

看跌期权空头的损益状态读者可以自己描述。

三、期权头寸的图示

在这一节中我们通过图示来描述持有不同期权头寸的损益状态，在后面的各章中我们会发现，复杂期权的损益是由最基本头寸的损益组成的。对于初学者来说，他不可能一下子就掌握并且运用期权定价的数学公式，但是通过直观的图形，期权的特征可以一目了然。

为了避免抽象的讨论，在这里我们设定一些特殊的指标：

（1）投资者可以以年利率 7%的收益从事信贷或者短期债券的投资。

（2）投资者从经纪人或者银行借款的年利率为 9%。

（3）投资者买卖股票并且以此作为期权的标的物。

（4）假定可获得的上市交易的看涨期权离到期日有 6 个月。到期日时执行价格为 100 美元，每张看涨期权合约的价值为 10 美元。

（5）看跌期权条件与（4）类似，但是每张看跌期权合约的价值为 11 美元。

除非特别说明，期权的损益图中不包括对股利、佣金、税收、利率和机会成本的调整。每一个投资头寸或者投资策略都被描述在标准的损益图中。损益图描述了投资者在任何可能的股票价格下的盈利或者亏损。

（一）看涨期权多头

利用前面设定的数据，把期权费和执行价格，即 10 美元和 100 美元代入公式，可得 $X=\max[0,\ S_t-100]-10$。如图 10-2 所示，当股票价格小于 100 美元时，看涨期权多头是不会执行期权合约的，这时他损失的是期权费。当股票价格在 100 美元以上运行时，执行期权合约对多头是有利的。

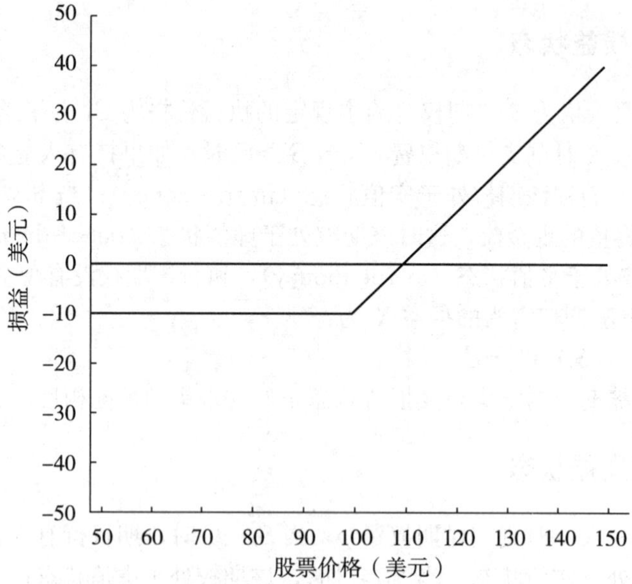

图 10-2　看涨期权多头的损益

（二）看涨期权空头

看涨期权空头的损益表达式为 $X=c-\max[0, S_t-C]$，把执行价格和期权费代入，得到 $X=10-\max[0, S_t-100]$。由图 10-3 可知，看涨期权空头的损益图与多头正好相反。当股票价格在 100 美元以下运行时，由于看涨期权多头不会执行期权合约，因此空头的收益为期权费用。当股票价格运行到 100 美元以上时，由于多头执行期权合约，为了履行合约中规定的义务，空头必须以高于 100 美元的价格购买股票并且以 100 美元的价格卖给期权的多头，此时空头遭受了损失。

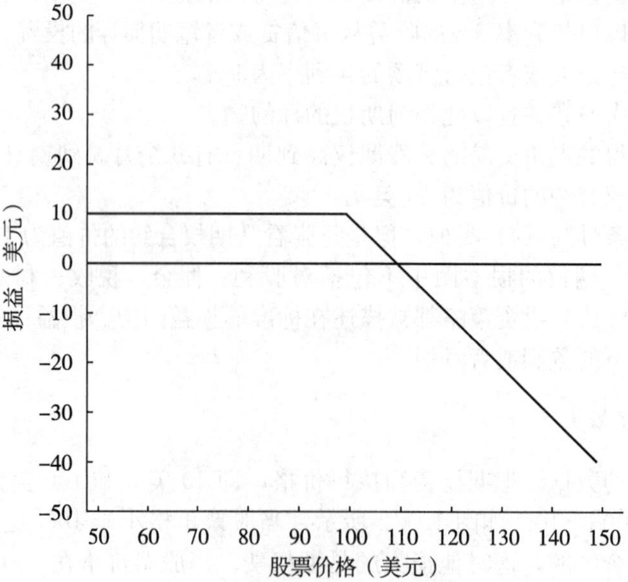

图 10-3　看涨期权空头的损益

(三) 看跌期权多头

看跌期权多头的损益为 $X=\max[0, C-S_t]-p$，把期权执行价格和期权费代入公式，可得 $X=\max[0, 100-S_t]-11$，如图 10-4 所示。

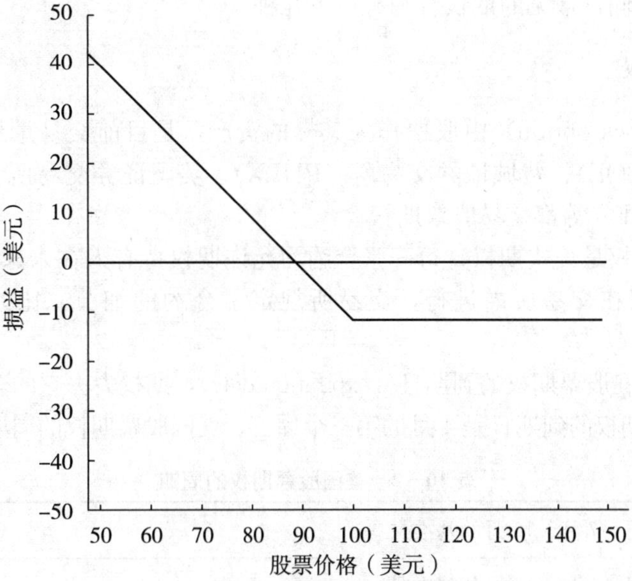

图 10-4　看跌期权多头的损益

(四) 看跌期权空头

看跌期权空头的损益表达式为 $X=p-\max[0, C-S_t]$，代入期权执行价格和期权费，可得 $X=11-\max[0, 100-S_t]$，如图 10-5 所示。

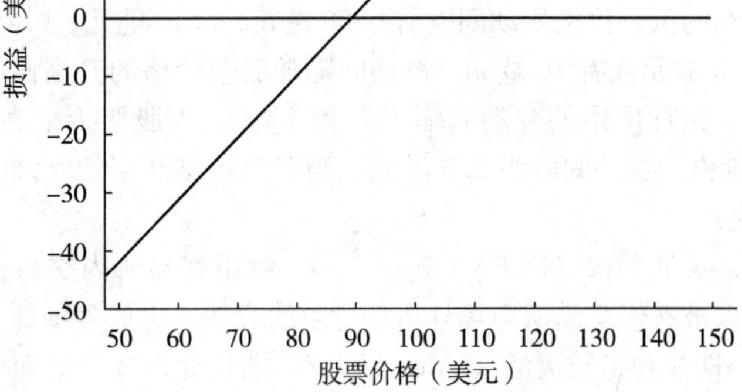

图 10-5　看跌期权空头的损益

第三节　主要期权合约

按标的资产不同，常见的期权合约有以下几种。

(一) 股票期权

股票期权（stock option）由股票作为其标的资产，是目前交易量最大的期权。芝加哥期权交易所（CBOE）、费城证券交易所（PHLX）、美国证券交易所（AMEX）和纽约证券交易所（NYSE）等都交易股票期权。

标准的股票期权是美式期权，每一张合约均允许期权持有人在未来购买或者出售 100 股股票。股票期权在交易所内进行，交易所规定了合约的细节，比如到期日、执行价格等。

(1) 到期日。在股票期权的到期日（expiration date），期权失去它的全部价值。比如说，4 月份的谷歌看涨期权的到期日是 4 月的第三个周五。美国股票期权的周期见表 10－2。

表 10－2　美国股票期权的周期

1 月周期＝1 月、4 月、7 月、10 月的基准月
2 月周期＝2 月、5 月、8 月、11 月的基准月
3 月周期＝3 月、6 月、9 月、12 月的基准月

［**例 10－2**］　对于在 1 月周期内交易的股票来说，到期月份是当前月、下一个月以及 1 月周期的下两个月份。因此，在 1 月初，交易所交易的是到期月份为 1 月、2 月、4 月和 7 月的期权。当 1 月的期权到期时，则加入 3 月的期权，当 2 月的期权到期时，则加入 10 月的期权，当 4 月的期权到期时，则加入 5 月的期权。这样就能保证一直有当月、下一个月和 1 月周期的下两个月份到期的期权在进行交易。

(2) 执行价格。对于美国股票期权来说，通常执行价格的变动间隔为 2.5 美元、5 美元或者 10 美元（股票分拆或者分红时例外）。根据规定，当股票价格低于 25 美元时，则执行价格的变动间隔为 2.5 美元；当股票价格高于 25 美元但低于 200 美元时，执行价格的变动间隔为 5 美元；当股票价格高于 200 美元时，执行价格的变动间隔为 10 美元。香港交易所中权证合约的执行价格变动间隔有 0.05 港元、0.10 港元、0.25 港元、0.5 港元、1 港元、2.5 港元、5 港元或者 10 港元，变动间隔随股票价格的升高而增大，例如当股票价格低于 2 港元时，执行价格的变动间隔为 0.05 港元；当股票价格高于 50 港元但低于 200 港元时，执行价格的变动间隔为 2.5 港元；当股票价格高于 500 港元时，执行价格的变动间隔为 10 港元。

(3) 灵活期权。灵活期权（FLEX option）是一种由交易所内交易员提供的非标准化条款的期权。它可以被看作交易所与场外市场竞争的表现。比如美国证券交易所的股票灵活（equity FLEX）期权和指数灵活（index FLEX）期权允许客户对期权合约的关键部分进行修改，比如对执行价格、到期日和执行方式进行修改，甚至允许客户享受超过交易量限制的待遇。

（4）股利和股票分拆。场外股票期权是受股利保护的，如果公司要派发现金股利，则该公司股票期权的执行价格就应减去股利。但是场内股票期权通常不受股利保护，公司派发现金股利时，期权价格通常不做调整。

场内股票期权会根据股票分拆进行调整。股票分拆并不影响公司的资产和盈利能力，对股东的权益也不产生影响。一般来说，在 a 对 b 的股票分拆后，执行价格降为原来的 b/a，每一期权合约所包含的股票数额将增加为原来的 a/b。如果股票价格按照预期的那样降低，则期权合约买卖双方的头寸保持不变。

［例 10-3］　假设索尼公司派发 25％的股票股利，即每拥有 4 股该公司股票的股东将收到 1 股新股。与股票分拆类似，股票股利对公司的资产和盈利能力均无影响。索尼公司送股后，预期的公司股票价格将会下降。25％的股票股利等于 5 对 4 的股票分拆。在其他条件不变时，这种送股将导致股票价格下降到原价格的 4/5。与股票分拆的方式类似，期权合约中的相应条款将有所调整。

（5）头寸限额和执行限额。头寸限额（position limit）规定了每一投资者在单边市场中可持有的期权合约的最大数量。执行限额（exercise limit）等于头寸限额。例如，对美国数字设备公司股票来说，在订立合约时，头寸限额（执行限额）为 8 000 张合约。头寸限额和执行限额的设置是为了防止个人投资者和机构投资者的大规模买进或者卖出对市场造成不利的波动。

［例 10-4］　纳斯达克证券交易所规定，对于单只股票期权来说，当标的股票是那些市场股本比例很高而且交易量很大的股票时，期权的头寸限额为 75 000 张合约（在同一方市场上）。看涨期权多头和看跌期权空头处于市场看涨的同一方，因为当标的股票的价值上升（下降）时，期权合约的价值也随着上升（下降）。也就是说，多头看涨期权的价格与空头看跌期权的价格存在正相关。看涨期权空头和看跌期权多头处于市场看跌的同一方。香港交易所股票期权的头寸限额有 50 000 张、100 000 张和 150 000 张。在芝加哥期权交易所交易的标普 500 指数期权没有头寸限额，但是当一个交易日的头寸超过100 000 张合约时，会员机构就必须向市场监管部门报告。

（二）股票指数期权

股票指数期权（stock index option，简称股指期权、指数期权）的标的物是股票指数。在美国，最著名的两只指数期权在芝加哥期权交易所交易，分别为 S&P 100 指数期权和 S&P 500 指数期权，其中 S&P 500 指数期权是欧式期权，S&P 100 指数期权是美式期权。中国金融期货交易所的沪深 300 股指期权、中证 1 000 股指期权和上证 50 股指期权分别于 2019 年 12 月 23 日、2022 年 7 月 22 日和 2022 年 12 月 19 日正式挂牌交易。股票指数各种各样，有些指数大体上反映了一国股市整体运作情况，有些反映了某种特殊行业股票的行情，还有一些则反映了国外股票市场的行情。

股票指数期权的成功是由一系列因素促成的：标的指数（underlying index）与市场其他指数的高度关联性；之前的标准期权合约的引进使得股票指数期权有了参考对象；CBOE 交易厅中已经有了大批技术熟练的交易人员；在已经存在的证券账户中加入股票指数期权非常方便等。

技术熟练的交易人员的价值是难以估量的。CBOE 和 AMEX 的股票指数期权之所以能够顶住纽约证券交易所（NYSE）的强大挑战并且最终取得成功，正是因为有了一批经验丰富的交易人员。

另外，行业板块的股票指数期权也已经开始出现，比如，石油股、技术股、太空股板块的指数期权，以及标普行业板块指数期权。

所有指数期权都是用现金结算而不是交割指数所包含的那些股票。比如，看涨期权的持有人收入为大小为 S_t-C 的现金，期权空头必须支付这笔现金。现金支付以执行指令发出那一天收市的指数值为准。

[例 10-5] 股票指数期权用现金结算。以沪深 300 股指期权为例，如果指数为 3 000 点，每一指数点的价值为 100 元人民币，那么一张股票指数期权合约的价值为 300 000 元。如果到期日指数为 3 000 点，而合约的执行价格为 3 100 点，那么一个看跌期权的多头将收到 100×(3 100−3 000)=10 000(元)。

（三）外汇期权

外汇期权（foreign exchange option）的标的资产是外汇。世界上最主要的外汇期权交易所是芝加哥商业交易所、费城证券交易所等，其中费城证券交易所同时提供欧式期权与美式期权的交易，标的物包括欧元、澳大利亚元、日元、加拿大元等几种货币。期权合约的大小取决于货币种类。很多银行或者金融机构随时买卖外汇期权，这些外汇期权的执行帮助它们规避了某些风险。公司客户如果想要为手头持有的外币头寸保值，选择外汇期权远比选择远期合约更为优越。比如说，耐克公司在未来某个确定时间将支付日元给某日本公司，它可以购买那个时刻到期的日元看涨期权来对冲风险。而在某一时间将收到美元的松下公司则可以购买同一时期到期的美元看跌期权来对冲风险。

外汇期权的交易始于 1982 年的费城证券交易所，从此以后规模增长非常迅速。在场外交易方面，也存在大规模的外汇期权交易。外汇期权的价格和日期也都可以定制，为此许多银行和金融机构会随时买卖外汇期权。

费城证券交易所对上市交易的外汇期权做了一些规定。表 10-3 列示了其主要的外汇期权合约规定。比如在表 10-3 中的欧元一栏，读者可以发现如下信息：每张欧元期权的合约规模规定在 10 000 欧元，期权头寸限制在 600 000 张合约，基础货币是美元，标的货币是欧元，最小变动价位为 0.01 点=1 美元，保证金需要用美元支付。

表 10-3　外汇期权合约规定

	澳大利亚元	英镑	加拿大元	欧元	日元	新西兰元	瑞士法郎
合约规模	10 000 澳大利亚元	10 000 英镑	10 000 加拿大元	10 000 欧元	1 000 000 日元	10 000 新西兰元	10 000 瑞士法郎
期权头寸的限制	600 000 张	600 000 张	600 000 张	600 000 张	600 000 张	600 000 张	600 000 张
基础货币	美元	美元	美元	美元	美元	美元	美元
标的货币	澳大利亚元	英镑	加拿大元	欧元	日元	新西兰元	瑞士法郎

续表

	澳大利亚元	英镑	加拿大元	欧元	日元	新西兰元	瑞士法郎
最小变动价位	0.01点=1美元	0.01点=1美元	0.01点=1美元	0.01点=1美元	0.01点=1美元	0.01点=1美元	0.01点=1美元
保证金	美元	美元	美元	美元	美元	美元	美元

[例10-6]　假设欧元看涨期权的多头给予投资者以汇率1.27美元/欧元、在到期日后收到31 250欧元的权利（即执行价格为1.27美元/欧元，合约规模为31 250欧元）。假如1月份的、标的为欧元的看涨期权价格是0.02美元/欧元，如果3月份到期时欧元价格为1.30美元/欧元，那么：

利润=(1.30−1.27)×31 250=937.5(美元)

每张合约的票面价格=31 250×0.02=625(美元)

净利润=937.5−625=312.5(美元)

如果到期时欧元价格小于执行价格，期权不会被执行，损失每张合约的票面价格。

盈亏相抵的汇率为：

1.27+0.02=1.29(美元/欧元)

(四) 期货期权

期货期权（futures option或option on futures）的标的资产是期货合约。世界上交易最活跃的期货期权是CBOT的中长期国债期货期权、CME的欧洲美元期货期权，以及标的为日元、加拿大元、原油及其他油制品、黄金、玉米和糖的期货期权。对于一张期货看涨期权合约，持有人执行它后可以得到该期货的多头头寸加上一笔等于期货当前价格减去执行价格的现金。如果持有人执行一张期货看跌期权合约，他将获得该期货的空头头寸外加一笔数额等于执行价格减去期货当前价格的现金。

期货期权的标的物既可以是金融期货，也可以是商品期货。期权合约的到期日通常比标的期货合约的最早交割日要早几天或同时到期。比方说，纽约证券交易所指数期货期权合约与标的期货合约同一天到期；国际货币市场外汇期货期权合约的到期日比期货合约的到期日要早两个交易日；在中国，商品期货期权合约的到期日（即最后交易日）通常为标的商品期货合约交割月份前一个月的第n个交易日（n=3，5），而股指期权到期日则为合约交割月份的第三个周五。

期货期权的到期日相当复杂，因为期权合约交割的期货合约本身也包含了一个到期日。比如，美国中长期国债期货期权的到期月是合约名称中的月份之前的月份，即到期月之前的那个月，到期日是月底之前的第一个周五，到期日和月底之间必须有5个以上工作日。再比如，恒生指数期货期权的合约到期日为合约月份的第三个星期五，如非交易日，到期日及最后交易日为紧贴该日的前一个交易日。行权时的结算为实物交割，所有价内期权在到期时自动行权。而恒生指数期货的到期日是合约月份的倒数第二个交易日（营业日）。恒生指数期货期权的正式结算价由结算所决定，并以到期日当天相应合约月份恒生指数期货在下列时间所报恒生指数期货价格的平均数为依归，下调至最接近的整数：下午3：55至4：00期间每隔五秒钟所报的恒生指数期货价格。

期货期权成交活跃，深受投资者喜爱。其原因可以概括为以下几点：

（1）期货合约的特点决定了期货市场的流动性要强于现货市场。

（2）股票指数期货期权进行交割的成本相对较低。由于期权到期时交割的是期货合约，投资者可以用很低的成本进行平仓，因此即便是大豆或者黄金的期货期权，交易成本也是非常低的。但是，现货期权交割的是标的资产，成本相对较高。

（3）在CBOT交易的现货期权的标的资产往往是在其他地方（比如股票和股票指数是在NYSE）交易的。因此，在期货交易所拥有会员资格的个人不得不通过CBOT的经纪人来交易现货期权。但是期货期权的交易池一般与期货的交易池相邻，这就大大方便了期货期权和底层期货的交易。然而，由于电子化交易模式的普及，这一点现在变得不是太重要了。

（五）利率期权

利率期权（interest rate option）以利率作为其标的物，是以现金结算美国国债的欧式期权，其中分为短期利率期权、中期利率期权和长期利率期权。投资者根据自己对利率走向的判断，可以方便地通过利率期权来进行投资。在场内交易的利率期权一般分为长期国债期货期权、中期国债期货期权和欧洲美元期货期权。

当利率下降时，利率期货价格上升；当利率上升时，利率期货价格下降。认为短期利率将会上升的投资者可以通过购买基于欧洲美元期货的看跌期权进行投机，而认为利率将要下降的投资者可以通过购买基于欧洲美元期货的看涨期权进行投机。认为长期利率将要上升的投资者可以通过购买基于中期国债期货或长期国债期货的看跌期权来投机，而认为长期利率将会下降的投资者可以通过购买基于这些期货的看涨期权来投机。

（六）上证50ETF期权

我国交易所交易的首个标准化的期权合约是上证50ETF期权合约。它不同于上述按标的资产分类的五种期权合约。上证50ETF期权合约的标的资产既非单只股票，也非股票指数，而是上海证券交易所上市交易的上证50交易型开放式指数证券投资基金（50ETF，交易代码为510050）。合约的具体规定见表10-4。

表10-4 上证50ETF期权合约

合约项目	具体规定
标的资产	上证50交易型开放式指数证券投资基金（50ETF）
履约方式	欧式
合约类型	认购期权和认沽期权
合约单位	10 000份
交割方式	实物交割（业务规则另有规定的除外）
合约月份	当月、次月、随后两个季月
执行价格	9个（1个平值合约、4个虚值合约、4个实值合约）

续表

合约项目	具体规定
执行价格间距	3元或以下为0.05元，3元至5元（含）为0.1元，5元至10元（含）为0.25元，10元至20元（含）为0.5元，20元至50元（含）为1元，50元至100元（含）为2.5元，100元以上为5元
最后交易日	每月第四个周三
到期日	到期月份的第四个星期三（遇法定节假日顺延）
行权日	同合约到期日，行权指令提交时间为9：15—9：25，9：30—11：30，13：00—15：30
交收日	行权日次一交易日
最小变动价位	0.000 1元
交易时间	上午9：15—9：25，9：30—11：30（9：15—9：25为开盘集合竞价时间） 下午13：00—15：00（14：57—15：00为收盘集合竞价时间）
涨跌幅限制	认购期权最大涨幅＝max{合约标的前收盘价×0.5%，min[(2×合约标的前收盘价－执行价格)，合约标的前收盘价]×10%} 认购期权最大跌幅＝合约标的前收盘价×10% 认沽期权最大涨幅＝max{执行价格×0.5%，min[(2×执行价格－合约标的前收盘价)，合约标的前收盘价]×10%} 认沽期权最大跌幅＝合约标的前收盘价×10%
熔断机制	连续竞价期间，期权合约盘中交易价格较最近参考价格涨跌幅度达到或者超过50%且价格涨跌绝对值达到或者超过10个最小变动价位时，期权合约进入3分钟的集合竞价交易阶段
开仓保证金最低标准	认购期权义务仓开仓保证金＝[合约前结算价＋max(12%×合约标的前收盘价－认购期权虚值，7%×合约标的前收盘价)]×合约单位 认沽期权义务仓开仓保证金＝min[合约前结算价＋max(12%×合约标的前收盘价－认沽期权虚值，7%×执行价格)，执行价格]×合约单位
维持保证金最低标准	认购期权义务仓维持保证金＝[合约结算价＋max(12%×合约标的收盘价－认购期权虚值，7%×合约标的收盘价)]×合约单位 认沽期权义务仓维持保证金＝min[合约结算价＋max(12%×合约标的收盘价－认沽期权虚值，7%×执行价格)，执行价格]×合约单位

上证50ETF期权分为认购期权和认沽期权两种类型，均为欧式期权。上证50ETF认购期权是在到期日以执行价格买入约定数量的50ETF份额的权利。上证50ETF认沽期权是在到期日以执行价格卖出约定数量的50ETF份额的权利。其中执行价格是指期权合约中规定的买入/卖出标的资产的价格。购买期权付出的资金称为期权费，期权的买方向卖方支付期权费，获得相应的权利。无论是认购期权还是认沽期权，为确保期权卖方随时具备履约的能

拓展阅读

上证50ETF期权上市这一年

力，期权卖方都需要缴纳保证金。期权买方在期初已经付出了期权费，有权利但没有义务买卖 50ETF，因此无须缴纳保证金。需要注意的是，在期货市场买卖双方均需要缴纳保证金，且期货买卖双方的权利义务是对等的，而期权买卖双方的权利义务是不对等的。上证 50ETF 期权还涉及除权除息时的合约调整。当标的资产 50ETF 除权除息导致价格变化时，交易所将在除权除息当日对所有未到期上证 50ETF 期权合约的合约单位、执行价格进行调整，并对除权除息后的标的重新挂牌新的期权合约。调整方式如下：新合约单位=[原合约单位×(1+流通股份实际变动比例)×除权（息）前一日合约标的收盘价]/{[除权（息）前一日合约标的收盘价－现金红利]+配股价格×流通股份实际变动比例}；新执行价格=原执行价格×原合约单位/新合约单位。

第四节　期权交易

一、期权交易所——以 CBOE 为例

作为期权革命的标志，CBOE 的成立具有历史性纪念意义。CBOE 的三大制度性创新大大提高了期权的流动性和交易量：

(1) 期权合约执行价格和到期日实行了标准化。

(2) 期权合约的可替代性和可转换性（interchangeability）消除了买卖双方的直接联系，二级市场迅速发展壮大。

(3) 与场外市场相比，交易成本大大降低，二级市场的组织性增强。

由于世界其他国家期权市场的运作都仿效了 CBOE，因此这里以 CBOE 作为案例，介绍上市交易的期权特征。

作为二级市场发育的润滑剂，标准期权合约功不可没。由于场外期权市场的期权合约都是以量体裁衣的方式签订的，执行价格和到期日各有特殊规定，因此期权合约的流动性大大降低，这直接妨碍了二级市场的发展。与此相反，除非有股利发放或者其他资产变动情况出现，在 CBOE 上市的标准期权合约的执行价格一般来说遵循以下规定：当股票价格在 5～25 美元之间时，执行价格的变动级距为 2.5 美元；当股票价格高于 25 美元但不高于 200 美元时，执行价格的变动级距为 5 美元；当股票价格高于 200 美元时，执行价格的变动级距为 10 美元。执行价格会根据拆分、重新资本化等情况进行调整。

除了执行价格的标准化之外，在 CBOE 上市的期权合约的到期日也实行了标准化。期权合约的到期日均为到期月份的第三个周五。

作为繁荣二级市场的润滑剂，标准期权合约的可替代性和可转换性使得具有相同到期日和执行价格的期权合约可以互相交易。而在此之前，场外交易市场的合约卖者和买者之间签订的是一个排他性合约。由于这个原因，客户很难以溢价的方式买卖自己想要的期权或者终止期权合约中的义务，除非与交易对手进行谈判，而这又会增加交易成本。在 CBOE，由于只和期权清算公司（option clearing corporation）建立关系，期权交易的任何一方都可以通过二级市场的买卖或者做反方向交易随时消除合约中的权利和义务。交易者的义务只是相对期权清算公司而言的，并非针对他偶然在交易所碰上的交易对手。

廉价的交易成本是 CBOE 成功的又一个重要原因，它增加了流动性和交易量。买卖价差的缩小可以增加交易量。如果期权买者支付期权价格 500 美元给卖者，扣除 100 美元的交易费用，卖者的净所得为 400 美元，这样一来，愿意接受 425 美元的卖者和愿意支付 475 美元的买者将会被驱逐出这个市场。相反，随着期权交易费用的下降、买卖价差的缩小，更多的交易者会进入市场，交易量自然会放大。

二、股票期权交易

（一）做市商

当询价方向做市商（market maker）询价时，它应该报出该期权的买入价和卖出价。买入价（bid price）是做市商准备买入的价格，卖出价（ask price）是做市商准备卖出的价格。卖出价与买入价之间的差额叫作买卖价差（bid-ask spread）。交易所通常会设定买卖价差的上限。比如，如果期权价格低于 0.50 美元，期权的买卖价差不得超过 0.25 美元；如果期权价格为 0.50～10 美元，买卖价差不得超过 0.50 美元；如果期权价格为 10～20 美元，买卖价差不得超过 0.75 美元；如果期权价格超过 20 美元，买卖价差不得超过 1 美元。

交易所内做市商的存在为期权市场增加了流动性，因为它们可以保证买卖指令在某一个价格立即执行而没有任何拖延。

（二）场内经纪人

场内经纪人（floor broker）执行社会公众的交易指令。期权投资者的经纪人通常把购买或者卖出期权的指令传达给场内经纪人。如果该经纪人公司没有自己的场内经纪人，它通常会通过一位独立的场内经纪人或其他公司的场内经纪人进行交易。同时，场内经纪人可以与其他场内经纪人交易，也可以与做市商交易。

（三）交易

任何在芝加哥期权交易所购买了席位的个人都可以成为做市商或场内经纪人，或同时成为两者［但不能是同一天，否则属于双重交易（dual trading）］。在交易所内拥有席位的场内经纪人仅仅代表他们的客户买卖期权，而且通常每进行一笔交易即可获得一笔佣金。他们没有自己的账簿，也没有为期权市场做市的义务。如果你的经纪人不能立即执行你的指令，比如以不超过最高价（比如说 4 美元）的价格购买一张看涨期权合约，那么在芝加哥期权交易所，他就可以将该限价指令传递给指令登记员（后者是交易所的会员），指令登记员会将该指令输入到他的计算机。做市商了解最好的公众限价指令，如果有一个做市商将它的买入价降低到 4 美元，那么指令登记员就执行你的指令。而公众限价指令通常在做市商指令执行前即被执行。芝加哥期权交易所还有一个“零售自动执行系统”（retail automatic execution system）。该系统可以通过将交易指令输入计算机的方式来使买方和卖方的公众指令得以匹配。另外，它的电子登记制度使得大规模交易的指令得以匹配。

（四）指令

场内经纪人通过和其他场内经纪人进行交易来代表客户买卖期权。很多指令是限价指令，只能在特定价格执行，但有些指令能够立即被执行。

如果投资者打算购买谷歌公司股票的看涨期权，投资者的经纪人会把投资者的指令以电子方式通知交易所内的一名会员，该会员是场内经纪人或者是做市商。经纪人凭借交易赚取佣金。如果买方喊出 15 美元的买入价，并接受向他喊出的最低的卖出价 15.2 美元，则最终购买一张谷歌公司股票的看涨期权合约的价格会被敲定在 1 520 美元（每张合约交割的股票数量是 100 股）。众多报价纸条上的内容最终会被输入期权清算公司的计算机里。这些信息在两分钟内就会被显示在交易所的场内交易屏幕上，然后场内经纪人和投资者的经纪人做一些相互传递文书的工作。

大多数传递给场内经纪人的指令是限价指令。比如，当做市商报出的看涨期权的买入价是 4.375 美元并且卖出价为 5.25 美元时，则以 5 美元买入看涨期权的指令不能立即被执行。指令登记员将该指令紧随其他人的限价指令输入计算机，确保了市场价格一旦达到限价，指令就会立刻得到执行。限价指令的信息必须向所有交易者公开。

做市商和指令登记员组成的体系叫作做市商/指令登记员系统（market maker/order book official system），是股票交易中最普遍的交易体制。也有例外，比如 AMEX 和费城证券交易所使用专家系统（specialist system），在那里，专家作为做市商并且保存限价指令的记录，但是专家并不将限价指令提供给其他交易者。

（五）冲销指令

冲销指令用来结清原来的头寸。期权的购买者可以通过发出一个出售相同期权的冲销指令来结清头寸，同样，期权的出售者也可以通过发出一个购买相同期权的冲销指令来结清头寸。当某一期权合约正在交易时，如果交易双方的投资者都没有冲销现有的期权头寸，则未平仓合约数增加 1；如果一个投资者正在冲销某个原有的头寸而另一个投资者并不冲销原有头寸，则持仓量保持不变；如果双方都在冲销原有的头寸，则未平仓合约数保持不变；如果双方都在冲销现有的头寸，则未平仓合约数减少 1。

（六）期权的执行

如果你作为看涨期权的买方要求执行期权，那么你的经纪人就会通知清算公司，通过它对原来的交易进行清算。然后清算公司向期权清算公司发出执行指令。期权清算公司会指定某个持有相同期权空头的会员。被指定者不一定就是你的看涨期权合约原来的空头方。如果到期的 S&P 500 指数期权要求以现金结算，那么该被指定者只需要向你的清算公司支付相应数量的美元即可。如果看跌或看涨期权到期时处于虚值状态，你就什么都不用做了。期权清算公司会从清算公司的记录中将期权合约除去。严格来讲，大约 10%的芝加哥期权交易所交易的看涨期权在到期日被执行，30%～40%的期权在到期日处于虚值状态。

三、佣金

不同的经纪人对小额投资者收取不同的佣金（commission）。经纪人分为贴现经纪人和全面服务经纪人两类。收取的佣金包括固定成本加上交易金额的某个百分比。贴现经纪人的佣金收取办法如表 10－5 所示。

表 10－5　贴现经纪人的佣金收取办法

交易金额	佣金额
＜2 500 美元	20 美元＋交易金额的 2％
2 500～10 000 美元	45 美元＋交易金额的 1％
＞10 000 美元	120 美元＋交易金额的 0.25％

［**例 10－7**］　考虑一个投资者，他购买了一个执行价格为 50 美元、股票价格为 49 美元的看涨期权。假定期权价格是 4.50 美元，那么一张合约的成本是 450 美元。假定采用表 10－5 给出的佣金收取办法，购买该期权所支付的佣金为 29 美元。当股票价格上升到 60 美元时执行该期权。假设投资者为股票支付了 1.5％的佣金，则当执行期权时应付的佣金为：

$$0.015\times60\times100=90(\text{美元})$$

因此，支付的总佣金为 119 美元，该投资者的净利润为：

$$1\,000-450-119=431(\text{美元})$$

如果投资者可以按 1 股股票挣 10 美元出售期权而不是执行它，他将节省 90 美元的佣金。佣金制度倾向于让投资者出售期权而不是执行期权。

期权交易中的一个隐含成本是做市商的买卖价差。假设在我们刚才讨论的例子中，在购买期权时，期权的买价是 4.00 美元，而卖价是 4.50 美元，则期权的公平价格为 4.25 美元。在做市商体系中，卖方成本和买方成本就是这个公平价格与所支付的价格之间的差值，在本例中是 0.25 美元，即每张期权合约 25 美元。

上证 50ETF 期权的交易佣金与经纪人和交易规模相关。不同经纪人的佣金标准在每张 3～20 元人民币之间（含手续费和结算费，双向收费）。除经纪人收取佣金外，交易者的交易费用还包括上海证券交易所的经手费和中国证券登记结算有限责任公司的登记费，前者大约每张 2 元，后者每张 0.2 元。

第五节　保证金与清算

一、保证金

投资者在购买看涨期权或者看跌期权的时候，必须支付全额期权费用，而不能用保证金账户。由于期权实际上包含了一定的杠杆率，按保证金方式购买期权将使这一杠杆率上升到难以承受的水平。当投资者出售期权时，必须在保证金账户里保留一定数额的资金，这是为了确保投资者不会违约。

［例 10-8］ 无保护期权（naked option）是指期权头寸中没有包含冲销该期权头寸的标的股票头寸的期权。比如以美国股票期权为例，投资者出售 4 张无保护的看涨期权，期权费为 5 美元，执行价格为 40 美元，股票价格为 38 美元。期权处于虚值状态，期权的虚值为 2 美元。如果按照出售期权的所有收入加上期权头寸的标的股票价值的 50%减去期权处于虚值状态的数额计算保证金，则

$$400\times(5+0.5\times38-2)=8\ 800(\text{美元})$$

如果按照出售期权的所有收入加上期权的标的股票价值的 50%计算保证金，则

$$400\times(5+0.5\times38)=9\ 600(\text{美元})$$

最终初始保证金以上面两个计算结果中较大的一项为准，即 9 600 美元。

（一）逐日盯市

逐日盯市是指在每天交易结束后，保证金账户要进行调整，以反映投资者的盈利和损失。比如，某投资者于 2015 年 3 月 23 日从芝加哥期权交易所购买了 100 张谷歌公司的股票期权合约。我们假设每一合约的初始保证金为 10 美元，即初始保证金的总金额为 1 000 美元。假如 3 月 23 日交易结束时股票期权的价格跌落到 9.25 美元，则投资者损失了 75 美元。这时保证金账户里要减少 75 美元。同样，如果股票期权在第一个交易日结束后上升到 10.75 美元，保证金账户余额也应该相应地增加 75 美元。随后，在每个交易日结束时，都要进行盯市结算。到了交割期，由期权空头方履行交割，收取的价格通常为合约最后盯市时的期权价格。

逐日盯市制度不仅仅涉及经纪人及其客户之间的协议。当期权价格下降后损失 75 美元时，期权多头投资者的保证金账户减少了 75 美元，该投资者的经纪人必须向交易所支付 75 美元，交易所将这笔资金转交给空头投资者的经纪人。类似地，当期权价格上升时，空头方的经纪人将资金交给交易所，交易所将其转交给多头方的经纪人。

（二）维持保证金

投资者有权提走保证金账户中超过初始保证金的那部分资金。为确保保证金账户的资金余额在任何情况下都不为负值，期权交易中设置了维持保证金。维持保证金的数额通常低于初始保证金。如果保证金账户的余额低于维持保证金，投资者就会收到保证金催付（margin call）通知，要求在一个很短的期限内将保证金账户内的资金补足到初始保证金的水平。这一保证金追加行为增加的资金叫作变动保证金（variation margin）。如果投资者不能提供变动保证金，经纪人将出售该合约来平仓。

（三）一些细节

有些经纪人允许对投资者保证金账户的余额支付利息。在公平利率的情况下，保证金账户的余额不一定代表真实的成本。为了满足初始保证金的要求，投资者可以将有价证券存放在他的经纪人那里。通常短期国债可以按面值的 90%来代替现金。股票有时也可以代替现金，但通常大约为其面值的 50%。

逐日盯市的结果是期权合约每日进行结算而不是在其最后期限才进行结算。在每个交易日结束时，将投资者的盈利（亏损）加入其保证金账户（从保证金中扣除）。这再次将

期权合约的价值变为零。一张期权合约实际上是每天平仓并以新的价格重新开仓。

交易所设置初始保证金的最低水平。个别经纪人要求客户存放的保证金比交易所规定的要高，但是，经纪人要求客户存放的保证金不得低于交易所规定的保证金水平。保证金数额是由标的资产价格的变动程度来决定的。波动率越大，要求的保证金水平就越高。维持保证金通常为初始保证金的75%。

当日交易（day trade）是指交易者向其经纪人宣布他计划在同一天中平仓的交易。如果交易者已经开了一个多头，则计划在同一天的晚些时候做空头平仓。如果交易者已经开了一个空头，则计划在同一天的晚些时候做多头平仓。价差交易是指交易者在持有某一交割月份合约的多头的同时还持有另一交割月份合约的空头的交易。

要求的保证金数额可能取决于客户的目的。对于一个真正的套期保值者来说，对他的保证金要求通常低于对投机者要求的保证金。通常当日交易和价差交易要求的保证金低于套期保值者交易的保证金。

二、清算

（一）清算所

作为期权交易的媒介或者中介人，清算所（clearing house）是交易所的附属机构。清算保证金（clearing margin）是清算所要求会员在清算所设立的保证金。与投资者保证金账户的操作方式类似，清算所会员的保证金账户余额在每一交易日结束时也按照其盈利和亏损进行调整。但是，对清算所会员来说，只有初始保证金，没有维持保证金。每一天每一种合约的保证金账户的余额必须维持一定的金额，即必须等于初始保证金乘以流通在外的合约数。因此，清算所会员在每个交易日结束时，根据这一天发生的交易和价格变动，可能必须在其清算保证金账户中追加资金。此外，他也可能发现他此时可以从清算保证金账户中抽出资金。经纪人如果本身不是清算所的会员，则必须在清算所会员那里开设保证金账户。

（二）期权清算公司

期权清算公司的功能类似于期货市场中的清算所。在美国的期权市场中，期权清算公司将合约标准化，并且充当中间人的角色，有效地保证了期权的履行。当交易者购买了谷歌公司股票的看涨期权后，期权清算公司会保证合约的履行。当然，期权清算公司也会面临信用风险，比如期权的出售方可能没有资金在NYSE购买足够的谷歌股票。因此，期权清算公司要求谷歌股票期权的卖方缴纳不低于标的股票价值10%的现金作为保证。期权购买者必须在下一个营业日支付全部期权费，该资金就存放在期权清算公司中。期权的出售方在其经纪人那里开设一个保证金账户，而经纪人在负责结清其交易的期权清算公司会员那里开立一个账户，期权清算公司的会员必须在期权清算公司那里开设一个保证金账户。清算公司应确保期权的出售方履约，同时记录多头和空头头寸状况的信息。所有期权交易均必须通过清算所的会员来完成。会员如果不能满足最低限额的要求，就必须动用之前提供的特种基金。

［**例10-9**］ 投资者花费1 520美元购买一张谷歌股票看涨期权合约，一旦交易达

成，投资者的经纪人在第二个交易日清晨之前将 1 520 美元存到期权清算公司的会员清算公司的账户。这笔钱将被划入期权卖方的清算公司的账户，该清算公司同时也收取期权出售方的保证金。然后双方的会员清算公司将它们的客户交易汇总起来，按照事先确定的公式，在期权清算公司的账户下存入一定金额的资金，以确保合约的安全履行。由此期权清算公司保证了看涨期权多头方最终能买到股票。因为会员清算公司承担着一定的风险，所以期权清算公司对它们有最低资本金的要求。

（三）清算账户

清算账户（clearing account）是清算所要求会员在清算所开立的账户，并在交易日结束时按其盈利或者亏损进行调整。

（四）总值与净值

清算所有两种结算保证金的方式：基于总值（gross basis）和基于净值（net basis）。基于总值方式是将客户开的多头总数与客户开的空头总数相加。基于净值方式是允许多头和空头相互抵消。假定某清算所有两个客户，一方持有 40 张合约的多头，另一方持有 30 张合约的空头。基于总值方式是以 70 张合约为基础来计算清算保证金；而基于净值方式是以 10 张合约为基础来计算清算保证金。绝大多数清算所运用基于净值方式来计算清算保证金。保证金制度的最终目的是减少市场参与者由于对方违约而蒙受损失的可能性。整体来说，该制度是非常成功的，主要的交易所由于违约而产生的损失几乎是可忽略不计的。

在执行期权之前，投资者必须通知他的经纪人。经纪人接着通知负责结清其交易的期权清算公司。该会员于是向期权清算公司发出执行指令。期权清算公司随机地选择某个持有相同期权空头的会员。这个会员按事先订立的程序，选择某个特定的出售该期权的投资者。如果期权是看涨期权，则出售该期权的投资者必须按照执行价格出售股票。如果是看跌期权，则出售该期权的投资者必须按照执行价格购买股票。该投资者被称为被指定者（the assigned）。期权的未平仓合约数将随着期权合约的执行而减少。

第六节　场外期权市场

在 1973 年之前，也就是在 CBOE 成立之前，场外期权市场被称为传统市场（conventional market），它承载着所有期权交易。在 CBOE 成立之前，场外期权市场的交易量一直缓慢增长，反映出期权日益受到美国投资者的欢迎。与上市交易的期权合约相反，场外期权市场的合约没有标准的执行价格和到期日，没有二级市场，买卖双方直接建立联系。为了与 1973 年以后的期权市场相比较，有时也称它为传统市场。场外期权市场非常大，大约为场内期权市场规模的 10 倍，但是它的二级市场规模很小。然而，活跃在场外期权市场的二级市场确实存在，特别是针对商业用户的外汇欧式期权银行间市场。考虑一个投资组合经理，他希望通过一个看跌期权（经常为一篮子期权）对他管理的股票组合（我们假设这个股票组合不与任何可用的股票指数匹配）进行对冲，这就可以充分体现场外期权市场的优越性了。

通过表 10－6 的比较，我们很快就可以了解场外期权市场和场内期权市场即交易所上市交易的期权市场的区别。

表 10－6 场外期权市场和场内期权市场的比较

项目	场外期权市场	场内期权市场
合约交易类型	看涨、看跌和期权组合	看涨、看跌和允许交易的期权组合
执行价格	双方商议决定	标准化的价格以 5 美元、2.5 美元、0 美元为基准
到期日	双方商议决定	到期月份的第三个周五
到期时间	美国东部时间下午 3 时 15 分	美国东部时间下午 5 点
现金股利的调整	股利发放日执行价格下降	股利发放后执行价格不变
股票股利、股票分拆和反向分拆的调整	期权合约中所包含的执行价格和数量都会产生相应调整，以反映变化	
对权证的调整	执行价格下降	
买卖同一种股票期权的限制	无	同一个头寸（比如看涨期权多头或者看跌期权空头）的合约数量为 3 000～8 000 张，具体数量根据标的股票资产的交易量而定，并且对任何截止日期都生效。头寸的限制每 6 个月就会有调整
交易单位	每一张期权合约的标的资产为 100 股股票	
期权价格的决定方式	买卖双方通过经纪人协商	市场拍卖产生
二级市场	受到限制	每天都非常活跃
买者对期权合约市场业绩的追索权	NYSE 的经纪人负主要责任	期权清算公司负主要责任
所有权凭证	持有人确认	经纪人确认
清算过程	通过买卖股票得到实际执行	很少执行，合约被冲销
交易成本	高	一般
佣金结构	根据买者和卖者所支付的期权费，经纪人通过协商决定	从 1975 年 5 月 1 日开始协商佣金率
期权的标的股票	几乎所有股票	越来越多
定价信息	经纪人以期权费通知买卖双方	真实交易价格每天公布
执行程序	买者通知经纪人执行	买者的经纪人通知期权清算公司，期权清算公司随机选择交易对象
展期	双方同意时产生	不可以

场外期权市场的核心是专业看跌期权和看涨期权经纪人。在“CBOE 革命”之前，期

权交易市场是以期权经纪人和交易商协会的形式存在的，这就是传统的期权市场。经纪人的首要职责是把期权的买者和卖者集中起来，充当一种“经纪人的经纪人”（broker's broker）角色，而其客户在1973年之前主要是在NYSE上市的公司。经营场外期权市场的公司都采用一种公开谈判协商定价的方式，因此交易成本比后来的CBOE要高。

奇异期权（exotic option，又称新型期权）是比标准的欧式或美式看涨和看跌期权盈亏状态更加复杂的期权种类。大多数奇异期权在场外交易，它们是由金融机构设计以满足市场特殊需求的产品。场外期权市场交易的主要优点是金融公司可以根据客户的需要订立期权合约，同样，期权的设计中有许多非标准化的特征。比如，百慕大期权（Bermudan option）可在其有效期的某些特定天数之内执行，而亚式期权（Asian option）的损益状态是根据确定时期内标的资产的平均价值来确定的。

[例10-10] 打包期权（package option）是由标准欧式看涨期权、标准欧式看跌期权、远期合约、现金及标的资产本身构成的证券组合。金融机构经常设计零初始成本的打包期权。一个例子就是范围远期期权。范围远期期权在外汇市场上非常普遍。假定2015年4月2日中国电信在120天后需要日元，则中国电信可以购买120天的远期合约，远期价格为每100日元兑换6.848 9元人民币。它也可以购买范围远期期权，在6.848 9元人民币两边设置一个汇率区间，从每100日元兑换6.650 0元人民币到每100日元兑换6.950 0元人民币。在到期日，如果即期汇率低于每100日元兑换6.650 0元人民币，公司按每100日元兑换6.650 0元人民币的价格支付；如果即期汇率为每100日元兑换6.650 0元人民币到6.950 0元人民币，公司按照即期汇率支付；如果即期汇率高于每100日元兑换6.950 0元人民币，公司按照每100日元兑换6.950 0元人民币的价格支付。

本章小结

期权是一种合约，它赋予买者在未来某个时期做某件事情的权利——通常是买进或者卖出某个标的资产，但它没有束缚买者必须做这件事情的义务。期权的早期交易模式是场外期权市场，以CBOE为代表的场内期权市场的出现扩大了期权交易量。不同类型的期权有不同类型的期权合约条款，其中详细规定了买卖双方应当做什么。掌握看涨期权和看跌期权的运动规律对以后了解更为复杂的期权至关重要。

大多数期权交易所实行做市商制度。做市商同时报出买入价和卖出价，提高了市场的流动性并能确保迅速执行期权合约，做市商自身也从买卖期权价差中获益。由于期权的出售方具有潜在的负债，因此他们在经纪人那里必须保有一定的保证金。保证金账户一般开设在期权清算公司的会员公司那里，而该会员公司在期权清算公司那里开设一个保证金账户。

练习题

1. 卖出跨式期权也称顶部跨式期权。同时出售执行价格相同的看涨期权和看跌期权可构造顶部跨式期权，这是一个高风险的策略。试画出它的损益图。

2. 耐克公司的看涨期权可以按照30美元的价格购买它的100股股票。假定公司进行一分为二的股票分拆，则该条款将变为持有人有权以多少美元的价格购买多少股股票？

3. 欧元看跌期权的多头给予投资者以汇率 1.27 美元/欧元在到期日后卖出 31 250 欧元的权利，期权合约的价格是 2 美分/欧元。试描述当汇率跌到 1.20 美元/欧元时投资者的利润，并且计算使盈亏相抵的汇率。

4. 如果在例 10－9 中合约是一张看跌期权合约，它处于实值状态，实值为 2 美元，要求的保证金将会是多少？

5. 范围远期期权由一个远期多头、一个看跌期权空头构成。选择执行价格使得看涨期权等于看跌期权。由于远期合约的初始价值为零，整个打包期权的价值为零。试画出一幅可行的损益图。

6. 描述在图 10－3 中看涨期权空头损失形成的机理。

7. 描述在图 10－5 中看跌期权空头损失形成的机理。

8. 一个投资者购买股票的价格为 38 美元，购买执行价格为 35 美元的看跌期权的价格为 0.50 美元。投资者卖出执行价格为 40 美元的看涨期权的价格为 0.50 美元。这个头寸的最大利润和损失各是多少？画出这个策略的损益图，把它们当作到期日股票价格的函数。

9. 期权可以被用来扩大或减少整个投资组合的风险。风险增加和风险减少的例子各有哪些？请逐一解释。

10. 一个考虑卖出已有投资组合的看涨期权的投资者，他需要权衡什么？

11. 一个考虑卖出已有投资组合的看跌期权的投资者，他需要权衡什么？

12. 为什么绝大多数交易活跃的期权接近于平值？

13. 设想你持有 5 000 股股票，现在售价是每股 40 美元。你准备卖出股票，但是出于税收原因更愿意把交易推迟到下一年。如果你一直持有股票至 1 月，你将面临年底前股票价格下跌的风险。你决定使用一个双限期权来限制下跌风险，且不用花费大笔额外的现金。执行价格为 35 美元的 1 月看涨期权的售价是 2 美元，执行价格为 45 美元的 1 月看跌期权的售价是 3 美元。如果最终股票价格为 (a) 30 美元，(b) 40 美元，(c) 50 美元，1 月你的投资组合的价值（期权的净收益）各是多少？把以上各种情况下的收益与你仅持有股票时的收益进行对比。

参考文献

[1] Chicago Board Options Exchange, *Reference Manual*, Chicago: CBOE, 1982.

[2] Chicago Board Options Exchange, *Understanding Options*, Chicago: CBOE, 1985.

[3] Cuthbertson, K. and D. Nitzsche, *Financial Engineering: Derivatives and Risk Management*, New Jersey: John Wiley & Sons, 2001.

[4] Gastineau, G., *The Stock Options Manual*, New York: McGraw-Hill, 1979.

[5] McDonald, R., *Derivatives Markets*, Boston, MA: Addison Wesley, 2003.

第十一章

基本数学知识

本章导读

数学在期权定价中的应用十分普遍，其中不仅包括概率统计、微积分等简单的内容，也包括测度论、随机数学、时间序列等较为高深的内容。本书由于篇幅所限，不可能将期权定价中所需的所有数学知识一一介绍。因此，我们着重介绍基本的内容，力图让读者形成一种金融数学的思维。如果读者希望进一步研究，可以翻阅专门的数学书籍和文献。本章主要介绍三个方面的内容。第一个方面是概率，我们在初等概率的基础上适当加入一些测度论的内容，希望能借此帮助读者更深入地理解概率。第二个方面是在金融学中非常重要的两个分布：正态分布和对数正态分布。在研究金融资产的价格以及收益时，经常用到这两个分布。例如1964年，斯普伦克尔提出了“股票价格服从对数正态分布”的假设，并肯定了股价发生随机漂移的可能性。第三个方面是如何利用SPSS软件检验正态分布、对数正态分布和如何利用Excel求解这两种分布的概率。

第一节　概　率

一、引例

人们的思维方式往往习惯于确定性问题，当面对概率问题时，人们常常无所适从，做出错误的判断。即使数学素养很高的人，也经常被概率问题所迷惑。天才数学家保罗·爱多士的传记中提到，曾经有一道简单的抽签题难倒了那个年代几乎所有的数学家。心理学家丹尼尔·卡尼曼和阿莫斯·特沃斯基也举出了一个例子来说明概率的迷惑性。

一辆出租车涉及一起夜间肇事逃逸事故。相关资料如下：

(1) 在这个城市里，85%的出租车是绿色的，15%是蓝色的。

(2) 一位目击者认定这辆出租车是蓝色的，法庭在与出事当夜相同的环境下测试了目击者的可信度，并得出结论：在80%的时间里，目击者能正确识别两种颜色，在另外20%的时间里不能正确识别。

问肇事车辆是蓝色的概率是多少？

绝大多数人认为答案是80%，而正确答案为41%。即肇事车辆是绿色而非蓝色的可能性更大。不难想象，如果这是一个真实案例，那么被误判的可能性很大。

这个问题可以用古典概型来解答，也可以用条件概率和全概率公式来解答。相信读者在看完本节的内容后会知道如何求解。

二、概率空间

抛一枚质地均匀的硬币，我们不能预知硬币落下后会是正面朝上还是反面朝上；掷一枚骰子，我们无法预知会出现几点。像这种无法预知其结果的现象，我们称之为随机现象。在金融中也普遍存在随机现象。例如我们无法准确预知未来股票的价格、成交量等。"随机"并不代表没有规律性，我们可以通过概率统计来寻求其内在的规律。比如，1981年班泽（Banz）发现公司规模对股票收益率具有显著的解释能力，小公司股票的平均收益率要比大公司股票的平均收益率高。我们把对随机现象的观察称为随机试验。我们把随机试验的每一个可能结果称为一个样本点，用 ω 表示。我们把所有的样本点组成的集合称为样本空间，用 Ω 表示。

［例 11－1］　在掷骰子观察其点数的试验中，有 6 个样本点：1，2，…，6。样本空间为：

$$\Omega=\{1, 2, \cdots, 6\}$$

［例 11－2］　观察一只股票的价格，其样本点为无穷多个：$0\leqslant P<+\infty$，单位为元。样本空间为：

$$\Omega=[0, +\infty)$$

定义 11.1　我们把以集合 E 的子集为元素的集称为 E 上的集族。设 F 是 Ω 的某些子集组成的集族，如果满足下述条件，则称 F 为 σ 代数或 σ 域。把 (Ω, F) 称为可测空间，F 中的元素称为事件：

(1) $\Omega\in F$，即集族 F 包含了空间 Ω 本身。

(2) 若 $A\in F$，则 $C_F A\in F$，即如果 A 包含于集族 F，则它的补集 $C_F A$ 也包含于集族 F。

(3) 若 $A_n\in F$，$n=1, 2, \cdots$，则 $\bigcup\limits_{n=1}^{\infty} A_n\in F$，即如果 Ω 的可列子集属于 F，则这些可列子集的并集也属于 F。

从 σ 代数的定义中很容易推出它对可列子集的交也封闭，因此 σ 代数对可列运算（交、并、补）封闭。对于一个给定的样本空间 Ω，其最小的 σ 代数由空集 $\varnothing$ 和样本空间 Ω 组成，最大的 σ 代数由 Ω 的所有子集组成，共有 2^n 个元素（n 为 Ω 中样本点的个数）。

为了更好地理解以上概念，我们考虑一种特殊的情况。令 R 为全体实数组成的集，我们称之为实数空间。设 a、b 表示任意两个实数，且 $a\leqslant b$。用 B 表示 R 中全体半开半闭区间 $[a, b)$ 组成的集族，R 中由 B 产生的 σ 代数 $\sigma(B)$ 被称为 R 中的博雷尔（Borel）集族。博雷尔集族是包含了所有 R 区间族的最小的 σ 代数，它包含了 R 中所有的开集和闭集。也可以直观地理解为，博雷尔集族是从 R 区间开始，经过一系列所有可能的有限的可列集合运算（交、并、补）而得到的。

定义 11.2　概率是一种特殊的测度。设 (Ω, F) 为可测空间，$P(\cdot)$ 是定义在 F 上的实值函数，如果满足下述条件，则称 P 为 (Ω, F) 上的概率，称 (Ω, F, P) 为概率空间，称 $P(A)$ 为事件 A 的概率：

（1）对于任意 $A\in F$，$0\leqslant P(A)\leqslant 1$。

（2）$P(\Omega)=1$。

（3）对两两不相容的事件 A_1，A_2，…，有 $P(\bigcup\limits_{i=1}^{\infty}A_i)=\sum\limits_{i=1}^{\infty}P(A_i)$。

概率空间不一定是完备的。令（Ω，F，P）为一个概率空间，N 为 Ω 的一个子集。如果存在集合 $C\in F$，使得 $N\subset C$ 且 $P(C)=0$，则 N 是可以忽略的。如果 F 中包含了所有可忽略的子集，则称此概率空间是完备的。本书中总是假定概率空间是完备的。

由上述定义出发，我们可以得到概率测度的一些基本性质：

（1）$P(\varnothing)=0$。

（2）$P(\overline{A})=1-P(A)$。

（3）$P(A-B)=P(A)-P(AB)$。

（4）$P(A\cup B)=P(A)+P(B)-P(AB)$。

定义 11.3 考虑概率空间（Ω，F，P）的一列事件 $\{A_n\}$，则定义：$\lim\limits_{n\to\infty}\sup A_n=\bigcap\limits_{n=1}^{\infty}\bigcup\limits_{k=n}^{\infty}A_k$，$\lim\limits_{n\to\infty}\inf A_n=\bigcup\limits_{n=1}^{\infty}\bigcap\limits_{k=n}^{\infty}A_k$ 分别为 $\{A_n\}$ 的上极限和下极限。上极限表示 F 中属于无穷多个 A_n 的元素 x 所组成的集；下极限表示只在有限多个 A_n 里不存在的元素 x 所组成的集。当上极限和下极限存在且相等时，我们称 $\{A_n\}$ 极限存在，用 $\lim\limits_{n\to\infty}A_n$ 表示。

三、数字特征

随机变量可以完全由它的累积分布函数（简称分布函数）来描述，但是在实际研究中，我们很难确切地求解出随机变量的分布。因此，我们在多数情况下删繁就简，通过随机变量的数字特征来研究问题。数字特征中最常用的是期望、方差以及矩。

（一）随机变量的期望和方差

我们首先给出随机变量的数学化定义。

定义 11.4 设 X 是定义在完备概率空间（Ω，F，P）上、取值于 R 的函数。如果对于任意实数 x，满足 $\{\omega: X(\omega)\leqslant x\}\in F$，则称 $X(\omega)$ 是 F 上的随机变量。函数 $F(x)=P\{\omega: X(\omega)\leqslant x\}$ 被称为随机变量 X 的分布函数。如果函数 $f(x)$ 满足 $F(x)=\int_{-\infty}^{x}f(t)\mathrm{d}t$，则称 $f(x)$ 为随机变量 X 的分布密度（也称密度函数、概率密度）。如果 X 有分布密度，则称 X 为连续型随机变量；如果 X 最多以正概率取可数多个（可以是无限个）值，则称 X 为离散型随机变量。

定义 11.5 取值为 $\{x_i\}$ 的离散型随机变量如果能满足收敛的条件，则它的数学期望 EX 定义为：

$$EX=\sum_i x_i p_i=\sum_i x_i P\{X=x_i\}$$

［例 11-3］ 设盒中有 5 个球，其中 2 个是红球，3 个是绿球，从中随意取出 3 个球。记 X 为取出的红球数，求数学期望 EX。

解：

$$EX=0\times\frac{C_3^3}{C_5^3}+1\times\frac{C_3^2C_2^1}{C_5^3}+2\times\frac{C_3^1C_2^2}{C_5^3}=1.2$$

定义 11.6 令 $F(x)$ 为连续型随机变量 X 的分布函数，而且 $f(x)$ 是其分布密度，如果 $\int_{-\infty}^{+\infty}|x|\mathrm{d}F(x)<\infty$（即收敛），则它的数学期望 EX 定义为：

$$EX=\int_{-\infty}^{+\infty}x\mathrm{d}F(x)=\int_{-\infty}^{+\infty}xf(x)\mathrm{d}x$$

［例 11－4］ 设随机变量 X 的密度函数为

$$f(x)=\begin{cases}x, & 0\leqslant x<1\\ -x, & -1\leqslant x\leqslant 0\\ 0, & \text{其他}\end{cases}$$

求数学期望。

解：

$$EX=\int_{-\infty}^{+\infty}xf(x)\mathrm{d}x=\int_0^1 x^2\mathrm{d}x+\int_{-1}^0(-x^2)\mathrm{d}x+0=0$$

在实际问题中，我们不仅要对随机变量本身的数字特征进行研究，还要对随机变量的函数进行研究。设有随机变量 X 和实函数 $g(x)$，则 X 与 $g(x)$ 复合而成 $Y=g(X)$。因为 $g(x)$ 是一个确定性的函数，所以经过复合运算后，Y 与 X 的关系也是确定性的，Y 也成为一个随机变量。Y 的随机性完全由 X 的随机性决定，Y 的分布完全由 X 的分布决定。由此我们可以得出下列定理：

定理 11.1 (1) 若 X 是离散型随机变量，分布为 $P\{X=x_i\}=p_i$，$i=1, 2, \cdots$，且 $\sum_{i=1}^{\infty}|g(x)|p_i<\infty$，则 Y 的数学期望存在，且

$$Eg(X)=\sum_{i=1}^{\infty}g(x)p_i$$

(2) 若 X 为连续型随机变量，$f(x)$ 是其分布密度，且 $\int_{-\infty}^{+\infty}|g(x)|f(x)\mathrm{d}x<\infty$，则 Y 的数学期望存在，且

$$Eg(X)=\int_{-\infty}^{+\infty}g(x)f(x)\mathrm{d}x$$

数学期望可以理解为对随机变量总体水平的综合评价，但在很多情况下我们还需要了解随机变量的变化程度。比如，在购买股票（或投资组合）时，我们不仅关心该股票未来的收益水平，还关心风险即收益的波动程度，前者往往用数学期望来度量，后者多用方差或标准差来度量。

定义 11.7 如果随机变量 X 的数学期望存在，则称 $X-EX$ 为 X 的离差，如果 $E(X-EX)^2$ 也存在，则称 $E(X-EX)^2$ 为随机变量 X 的方差，记作 $\mathrm{Var}X$、σ_X^2 或 DX，并称其平方根 $\sqrt{DX}$ 为随机变量 X 的标准差。

根据定理 11.1，取 $g(X)=(X-EX)^2$，即可计算方差。

若 X 是离散型随机变量，分布为 $P\{X=x_i\}=p_i$，$i=1, 2, \cdots$，则

$$\mathrm{Var}X=E(X-EX)^2=\sum_i(x_i-EX)^2p_i$$

若 X 为连续型随机变量，$f(x)$ 是其密度函数，则

$$\mathrm{Var}X=E(X-EX)^2=\int_{-\infty}^{+\infty}(x-EX)^2 f(x)\mathrm{d}x$$

另外，也可将 $E(X-EX)^2$ 拆分后计算方差，即

$$\mathrm{Var}X=EX^2-(EX)^2$$

由以上公式可以推导出方差的一些基本性质：

设 c 为常数，X 的方差存在，则

$$\mathrm{Var}(c)=0$$

$$\mathrm{Var}(X+c)=\mathrm{Var}X$$

$$\mathrm{Var}(cX)=c^2\mathrm{Var}X$$

对于方差存在的两个随机变量 X 和 Y，它们的协方差定义为：

$$\mathrm{Cov}(X, Y)=E[(X-EX)(Y-EY)]=E(XY)-EX\cdot EY$$

如果 X 和 Y 是独立的，则它们的协方差为 0（注意，反之不成立）。

如果它们的方差是非零且有限的，我们定义 X 和 Y 的相关系数为：

$$\rho(X, Y)=\mathrm{Cov}(X, Y)/\sigma_X\sigma_Y$$

相关系数的取值范围是［-1，1］，相关系数为零时称 X 与 Y 不相关，大于零时称 X 与 Y 正相关，小于零时称 X 与 Y 负相关。

但是简单的相关系数在一些情况下无法较为真实、准确地度量事物之间的相关关系，往往有夸大的影响。例如，在研究商品的需求量和价格、消费者收入之间的关系时会发现，需求量和价格之间的相关关系实际上还包含了消费者收入对商品需求量的影响。同时，收入对价格也产生了影响，并通过价格变动传递到对商品需求量的影响中。在这种情况下，简单地计算相关系数，显然不能准确地反映事物之间的相关关系，而需要在剔除其他因素影响的条件下计算相关系数。偏相关分析正是用于实现这个目的的。

以 3 个变量 Y、$X1$、$X2$ 为例，用 r_{y1}、r_{y2}、r_{21} 分别表示 Y 与 $X1$ 和 $X2$ 以及 $X2$ 与 $X1$ 之间的相关系数，$r_{y_{2.1}}$ 表示固定 $X1$ 时 Y 与 $X2$ 之间的偏相关系数，则

$$r_{y_{2.1}}=\frac{r_{y2}-r_{y1}r_{21}}{\sqrt{(1-r_{y1})^2(1-r_{21})^2}}$$

相关系数和偏相关系数在使用时间序列模型［AR(p)，MA(q)，ARMA(p，q)，ARIMA 等］时能起到一定的作用。

（二）随机变量的矩

随机变量的数学期望和方差可以进一步扩展到矩的范畴。

定义 11.8 设存在随机变量 X，实数 $k>0$，如果 EX^k 存在（即 $E|X|^k<\infty$），则称 EX^k 为 X 的 k 阶原点矩，称 $E|X|^k$ 为 X 的 k 阶绝对矩。

定理 11.2 如果随机变量的 t 阶矩存在，当 $s<t$ 时，则其 s 阶矩也存在。

该定理的证明过程很简单，读者可自己完成。

定义 11.9 设存在随机变量 X，k 为正整数，如果 $E(X-EX)^k$ 存在，则称 $E(X-EX)^k$ 为 X 的 k 阶中心矩，称 $E|X-EX|^k$ 为 X 的 k 阶绝对中心矩。

通过以上两个定义可以看出，数学期望 EX 是 X 的一阶原点矩，方差 $\mathrm{Var}X$ 是 X 的

二阶中心矩。根据定理 11.2 可知，当 EX^2 存在（即 $EX^2<\infty$）时，X 的期望和方差必然也存在。

接下来，我们介绍两个著名的与矩有关的不等式。

定理 11.3（马尔可夫不等式）　设随机变量 X 的 k 阶矩存在，则对任意 $\varepsilon>0$，均有：

$$P\{|X|\geqslant\varepsilon\}\leqslant\frac{E|X|}{\varepsilon}$$

定理 11.4（切比雪夫不等式）　设随机变量 X 的方差存在，则对任意 $\varepsilon>0$，均有：

$$P\{|X-EX|\geqslant\varepsilon\}\leqslant\frac{\sigma_X^2}{\varepsilon^2}$$

切比雪夫不等式可以看作马尔可夫不等式的简化形式，这两个不等式在概率统计中有着广泛的应用。

四、条件概率和全概率公式

条件概率是指当我们有关于试验结果的额外信息时，求试验结果的概率。比如，已知事件 A 已发生，求事件 B 发生的可能性。先举个例子，张三和李四去打猎。张三的枪法十发二中，李四的枪法十发三中，两人各发一枪打野兔，已知野兔被一发子弹击中，求该子弹属于张三的概率。在这个例子中，“野兔被一发子弹击中”是一个已知的事件，“子弹属于张三”是一个未知的事件，它的概率要在已知事件发生的条件下求解，这就是条件概率。下面我们给出严格的定义。

定义 11.10　给定概率空间 (Ω,F,P)，A、B 是该概率空间上的两个事件，且 $P(A)>0$，则称

$$P(B|A)=\frac{P(AB)}{P(A)}$$

为已知事件 A 发生的条件下，事件 B 发生的条件概率。显然，这样定义的映射 $P(\cdot|A)$：$F\rightarrow[0,1]$ 是 F 上的测度，因此我们将该映射称为 A 发生条件下的条件概率测度，它也是一种测度，满足概率测度的性质。特别是，当 $A=\Omega$ 时，$P(\cdot|A)$ 就是原来的概率测度 $P(\cdot)$。

通过定义我们很容易得到条件概率测度的三条公理：

（1）$P(A|A)=1$。

（2）$P(B|A)\geqslant 0$。

（3）对可数个两两不相容的事件 A_i，有 $P(\bigcup\limits_{i=1}^{\infty}A_i|A)=\sum\limits_{i=1}^{\infty}P(A_i|A)$。

在计算某个复杂问题时，可以把事件根据不同的情况分成几个部分，并分别计算每一部分的概率，然后相加。这就是全概率公式的基本思想。

定理 11.5（全概率公式）　设 $\{A_i\}$ 是一系列有限或可数个两两不相容的非零概率事件，且 $\bigcup\limits_{i=1}^{\infty}A_i=\Omega$，则对任意事件 B，有：

$$P(B)=\sum_i P(A_i)P(B|A_i)$$

［例 11-5］　基本利率的变化一般会影响到股票的价格。现在假设利率下调的概率为

30%，利率不变的概率为 70%。根据以往经验，在利率下调的情况下，该只股票上涨的概率为 80%；在利率不变的情况下，其价格上涨的概率为 10%。求该只股票价格将上涨的概率。

解： 记事件 A 为利率下调，事件 $\overline{A}$ 为利率不变，事件 B 为股票价格上涨，根据全概率公式可知，该只股票价格上涨的概率为：

$$\begin{aligned} P(B) &= P(A)P(B|A)+P(\overline{A})P(B|\overline{A}) \\ &= 30\% \times 80\% + 70\% \times 10\% \\ &= 31\% \end{aligned}$$

第二节　正态分布

正态分布在统计学理论和实际应用方面都有着重要的地位。许多实际问题都可以用正态分布进行刻画。比如，股票价格日收益率的分布可以近似地被看作正态分布。对于正态分布已经发展出了一整套科学的统计方法，可以得到很多令人满意的结果。

一、正态分布的定义

正态分布是一个连续型分布，下面我们给出它的严格定义。

定义 11.11　如果一个连续型随机变量 X 的密度函数为：

$$\phi(x)=\frac{1}{\sqrt{2\pi\sigma^2}}\mathrm{e}^{-\frac{(x-\mu)^2}{2\sigma^2}} \qquad (-\infty<x<+\infty)$$

式中，μ 和 σ 为常数，且 σ 为正数，则称连续型随机变量 X 服从参数为 μ 和 σ^2 的正态分布，记作 $N(\mu, \sigma^2)$，其中 μ 为其数学期望，σ^2 为其方差。

特别地，当 $\mu=0$，$\sigma=1$ 时，称 X 服从标准正态分布，其密度函数和分布函数分别为：

$$\phi(x)=\frac{1}{\sqrt{2\pi}}\mathrm{e}^{-\frac{x^2}{2}}$$

$$\Phi_0(x)=\frac{1}{\sqrt{2\pi}}\int_{-\infty}^{x}\mathrm{e}^{-\frac{t^2}{2}}\,\mathrm{d}t$$

一般来说，如果 X 服从正态分布 $N(\mu, \sigma^2)$，可以通过变量代换将其转化为标准正态分布。

中心极限定理使正态分布有了更广泛的应用。根据该定理，n 个独立同分布变量的均值在观测数 n 增加时收敛为一个正态分布，该定理对于任意分布均成立。如果定义 $\overline{X}=\frac{1}{n}\sum_{i=1}^{n}X_i$，其中 $X_i(i=1, 2, \cdots, n)$ 独立同分布，均值为 μ，方差为 σ^2，则有：

$$\overline{X}\to N\left(\mu, \frac{\sigma^2}{n}\right)$$

该定理解释了怎样将有许多独立风险来源的投资组合的风险分散，尤其在保险中得到了极大的应用。

二、正态分布密度函数的特征

正态分布密度函数具有以下性质：

（1）如图 11－1 所示，正态分布密度函数具有钟形特征，中间大、两头小。这与实际生活中的许多现象相吻合。比如考察一个班级男生的身高，特别高的和特别矮的都比较少，在平均身高附近的比较多。

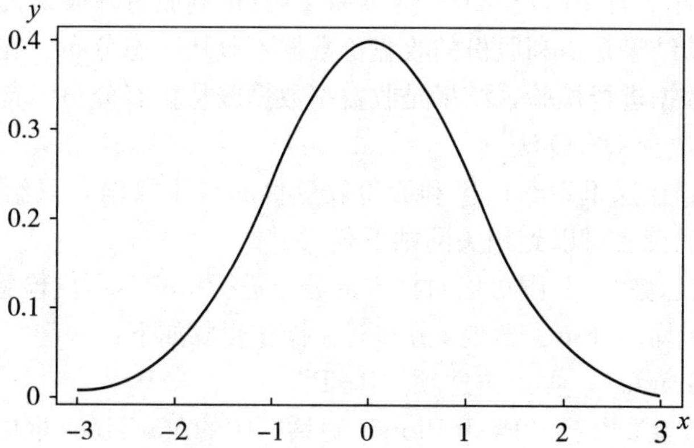

图 11－1　正态分布密度函数

（2）曲线关于直线 $X=\mu$ 左右对称。$X-\mu$ 无论是正还是负，只要绝对值相等，正态分布密度函数的值就相等。

（3）中位数、平均数、众数重合。

（4）x 离 μ 越远，$f(x)$ 的值越小，当 $x=\mu$ 时，$f(x)$ 取得最大值。这表明对同样长度的区间，离 μ 越远，X 落在这个区间上的概率越小。

（5）离 μ 左右 1 个 σ 处为曲线拐点。在 $\mu\pm\sigma$ 以内曲线向下弯曲，在 $\mu\pm\sigma$ 以外曲线则向上弯曲。

（6）曲线平缓程度不同（见图 11－2），σ 越大，曲线越平缓。

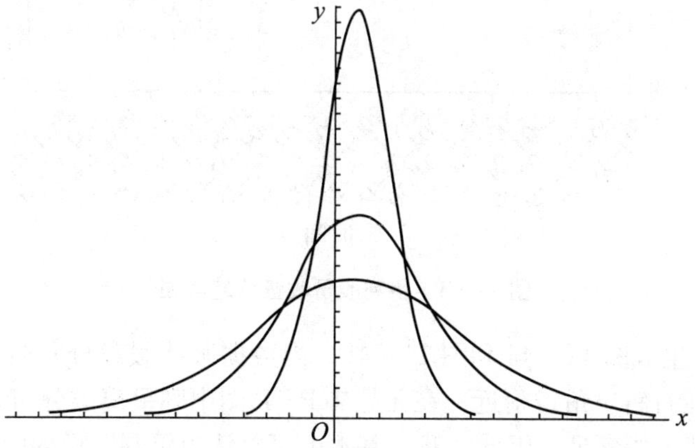

图 11－2　曲线形状和 σ 的关系

三、正态分布的识别

许多数据的处理过程都要有一个前提，即数据服从正态分布，因此我们必须先通过检验确定数据服从正态分布，然后才能应用正态分布的性质和相关的统计方法。鉴于现在金融学研究中数据的复杂性，用手工实现检验过程非常烦琐。因此，在本小节我们只介绍如何通过软件（以 SPSS 软件为例）来实现这一过程。

我们采用 2004 年 3 月 10 日至 2004 年 9 月 10 日伊利股份（股票代码为 600887）的每日收盘价数据。检验结果是伊利股份的收盘价数据不服从正态分布。在第四节中我们将对该股份的日收益率数据进行检验，结果是收益率数据服从正态分布。具体方法如下：

方法一：P－P 法和 Q－Q 法

限于篇幅，我们在这里不给出伊利股份收盘价的具体数据，只给出它的趋势图（见图 11－3）。感兴趣的读者可以到相关网站下载。

用 P－P 图或无趋势 P－P 图可以对样本的分布进行检验。可供检验的分布包括正态分布、对数正态分布、均匀分布、学生 t 分布等。操作步骤如下：

（1）先点击“Graphs”，再点击选项“P－P”。

（2）将变量“收盘”移到“P－P Plots”对话框中的 Variables 框中。在“Test Distribution”方框中选择“Normal”选项。

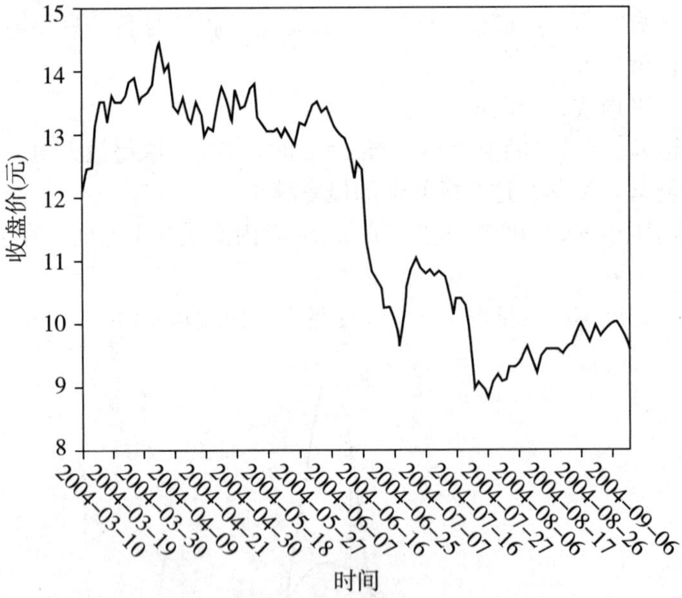

图 11－3　伊利股份收盘价趋势图

点击“OK”，生成图 11－4a 和图 11－4b。当数据服从假设分布时，各数据对应的点在图 11－4a 中应在右斜对角线附近，在无趋势 P－P 图中则呈离散分布。在图 11－4a 和图 11－4b 中这两点都不能满足，因此，我们基本上可以认为伊利股份的收盘价不服从正态分布。Q－Q 法和 P－P 法的操作步骤基本一致。

方法二：Kolmogorov-Smirnov 法和 Shapiro-Wilk 法

前一种方法比较直观，但是统计经验不足的人很难通过 P－P 法或 Q－Q 法进行正确的判断。而 Kolmogorov-Smirnov 法和 Shapiro-Wilk 法则可以给出一个确定的统计量，进行判断很简单。用 SPSS 对所有数据进行 Kolmogorov-Smirnov 检验，对样本小于 50 的数

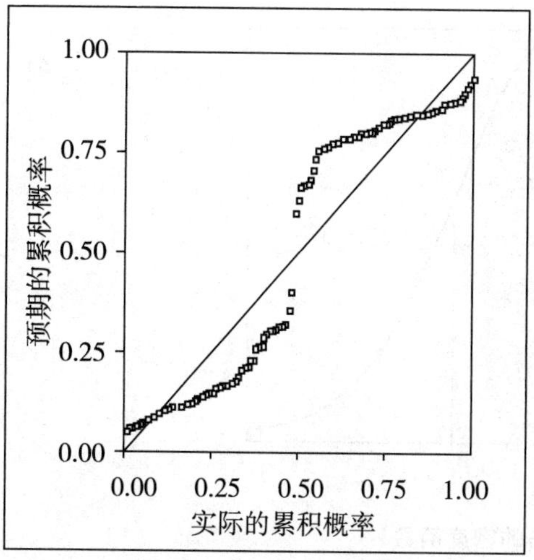

图 11-4a　预期的与实际的累积概率

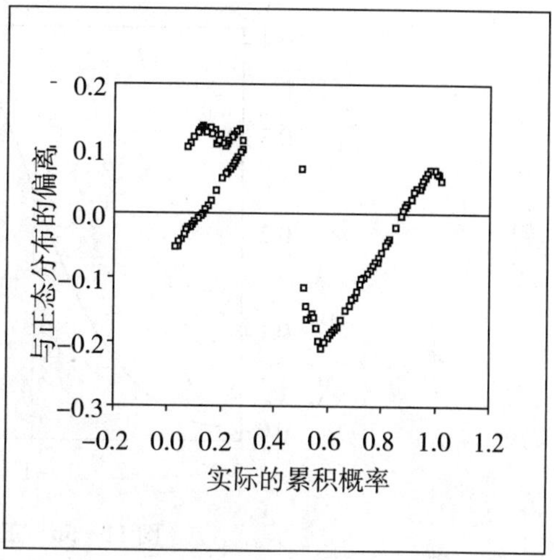

图 11-4b　与正态分布的偏离和实际的累积概率关系图

据还需进行 Shapiro-Wilk 检验。具体步骤如下：

（1）打开“Analyze”，选择“Descriptive statistics”，再选择“Explore”。

（2）将变量“收盘”移到“Dependent list”里。

（3）点击“Plot”选项，选择“Normality plots with test”，点击“Continue”。

点击“OK”，在输出结果中会出现以下内容：

Tests of Normality

Kolmogorov-Smirnov[a]

	Statistic	df	Sig.
收盘	.213	124	.000

a. Lilliefors Significance Correction

显著性远小于 0.05，故拒绝原假设，即在该期间内伊利股份的收盘价不服从正态分布。该检验也会同时给出两幅 Q-Q 图。

第三节　正态累积分布函数

在上一节中我们主要介绍了正态分布的含义以及正态分布密度函数的性质。密度函数和分布函数是两个不同的概念。在本章第一节中我们已经给出了两者的严格数学定义。简而言之，密度函数代表密度，分布函数代表概率。如图 11-5a 所示，对于正态分布来说，密度函数就是一条钟形的曲线，分布函数则是密度函数下面的面积，该面积的总和为 1，在图 11-5b 中我们给出了它的图形。

[例 11-6]　求当 $x=1$ 时标准正态分布的密度函数值和分布函数值。

解： 当 $x=1$ 时，标准正态分布的密度函数值为 $f(x)=\frac{1}{\sqrt{2\pi}}e^{-\frac{1}{2}}\approx 0.24$，分布函数值为 $F(x)=\int_{-\infty}^{1} f(x)\,dx=0.84$。

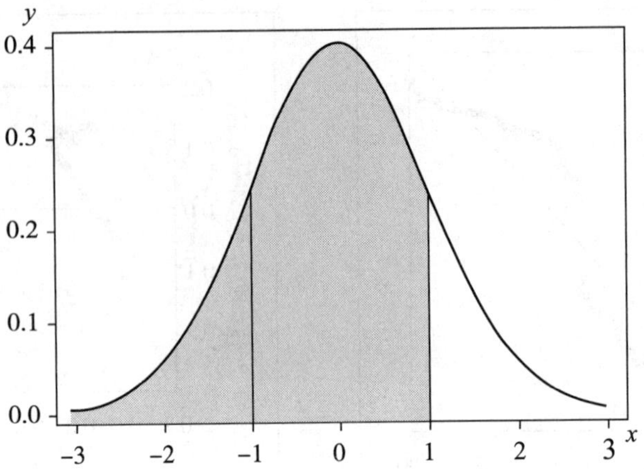

图 11-5a　正态分布的密度函数

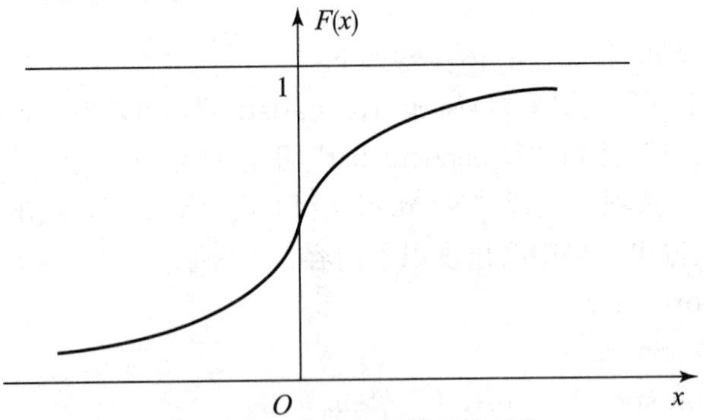

图 11-5b　正态分布的分布函数

在正态分布密度函数曲线下，任意两条垂线间的面积都表示随机变量的概率，它是这一部分包围的面积的值。正态分布有大约 68%的概率落在 $-\sigma$ 和 σ 之间，即正态分布密度函数图中这两点之间的面积占总面积的 68%，同理，有 95%的概率落在 -2σ 和 2σ 之间。给定 x 值后，求正态累积分布函数值有两种方法：查表法和 Excel 法。

一、用查表法求解正态累积分布函数值

一般统计方面的书籍的附录中都有常用统计分布表，其中包含标准正态分布函数值表。该表给出的是 $-\infty$ 到某个正数之间的面积。负数则可以通过正态分布的性质来求解，即 $F(-x)=1-F(x)$。如果要求的正态分布不是标准的，可以根据定理 11.6 将其标准化，然后求解。

定理 11.6　设 $X\sim N(\mu, \sigma^2)$，$Y=aX+b$，a、b 均为常数，且 $a\neq 0$，则 $Y\sim N(a\mu+b, a^2\sigma^2)$。

根据该定理，给定 $X\sim N(\mu, \sigma^2)$，对它进行 $\gamma=\dfrac{X-\mu}{\sigma}$ 变换后，$\gamma\sim N(0, 1)$。

[例 11-7]　已知 $X\sim N(9, 2^2)$，求 $\Phi(12)$。

解：$\Phi(12)=P\{X\leqslant 12\}=P\left\{\frac{X-9}{2}\leqslant\frac{12-9}{2}\right\}=P\left\{\frac{X-9}{2}\leqslant 1.5\right\}$

$=\Phi_0(1.5)=0.933\,19$

有时我们要求两个数 a、b 之间的区间概率。例如，我们希望得到一只股票的收益率介于5%和7%之间的概率。可以通过三个步骤来解决这个问题：（1）标准化，即根据定理11.6将该正态分布转化为标准正态分布；（2）通过查表，分别求解 $x=a$，b 时的分布函数值；（3）两者相减就是区间概率。

［例 11-8］　已知一只股票的收益率服从正态分布，均值为4.5%，标准差为1%，求该股票的收益率介于5%和7%之间的概率。

解：标准化可得

$$x_1=\frac{5\%-4.5\%}{1\%}=0.5$$

$$x_2=\frac{7\%-4.5\%}{1\%}=2.5$$

查表得 $x_1=0.5$ 和 $x_2=2.5$ 对应的分布函数值分别为0.691 5和0.993 8。

因此，该股票的收益率介于5%和7%之间的概率为 $0.993\,8-0.691\,5=30.23\%$。图11-6中的阴影部分面积即为所求的概率值。

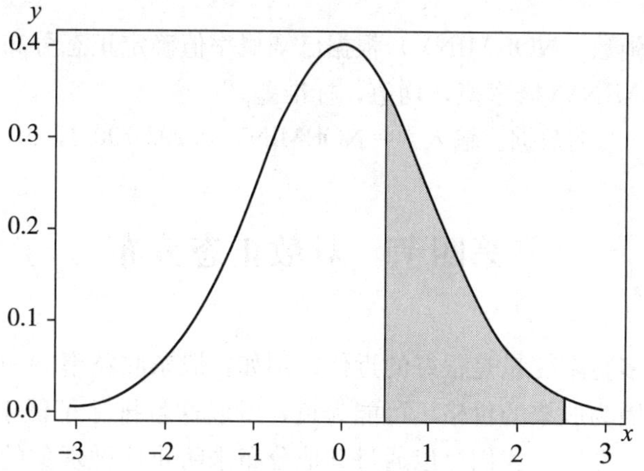

图 11-6　正态分布密度函数

二、用 Excel 法求解正态累积分布函数值

许多软件给出了求解正态累积分布函数值的函数，如Excel、SAS等。通过软件求解比通过查表法求解要快捷得多。因为Excel的应用十分广泛，我们在该部分中介绍如何通过软件给定的函数来求解。

（一）标准正态分布函数

标准正态分布函数（NORMSDIST）可用来求解标准正态分布的函数值。它的语法结构为“=NORMSDIST(x)”，其中 x 为需要计算其概率的数值。

例：$x=1.9$，求它对应的分布函数值。在 Excel 中选择任意一个空白格，输入"=NORMSDIST(1.9)"，点击"Enter"键，结果为 0.971 283。

（二）正态分布函数

正态分布函数（NORMDIST）不要求正态分布是标准的，但要求给出均值和标准差。其语法结构为"=NORMDIST(x，均值，标准差，返回累积分布函数)"。如果"返回累积分布函数"为 true，则计算累积分布函数值；如果"返回累积分布函数"为 false，则计算密度函数值。

例：利用例 11-8 的数据。输入"=NORMDIST(0.05，0.045，0.01，true)"，得 0.691 462 5；输入"=NORMDIST(0.07，0.045，0.01，true)"，得 0.993 790 3。

（三）标准正态分布的反函数

标准正态分布的反函数（NORMSINV）可以根据已知概率值确定标准正态分布随机变量的取值。其语法结构为"=NORMSINV(概率值)"。

例：求与 $P=0.84$ 对应的随机变量值。输入"=NORMSINV(0.84)"，得 0.994 458。

（四）正态分布的反函数

正态分布的反函数（NORMINV）根据已知概率值确定正态分布的随机变量值。其语法结构为"=NORMINV(概率值，均值，标准差)"。

例：利用例 11-8 的数据。输入"=NORMINV(0.993 790 3，0.045，0.01)"，得 7%。

第四节　对数正态分布

正态分布对许多金融变量是很好的近似，例如，股票收益率 $r=(P_1-P_0)/P_0$。然而，这并不是很严格，因为股票的价格不可能为负，所以这就排除了低于−1 的收益率，即股票收益率的分布没有左尾。我们可以通过其他分布来防止这种现象的发生。对数正态分布就是这样的分布之一。

一、对数正态分布的定义和性质

如果一个随机变量 X 的对数 $Y=\ln(X)$ 是正态分布的，那么我们就称该随机变量服从对数正态分布。因为当 $r\to 0$ 时，$e^r\to 1+r$，所以对 $1+r$ 取对数即可得 r。我们定义 $Y=\ln(P_1/P_0)$，Y 就近似为股票收益率。经过这样的处理后，当 P_1 趋向于 0 时，Y 趋向于$-\infty$，这就解决了上面提到的左尾问题。

对数正态分布的密度函数表达式为：

$$f(x)=\frac{1}{x\sqrt{2\pi\sigma^2}}\exp\left[-\frac{(\ln x-\mu)^2}{2\sigma^2}\right],\ x>0$$

对数正态分布的均值、方差分别为：

$$EX = \exp\left(\mu + \frac{1}{2}\sigma^2\right)$$

$$\mathrm{Var}X = \exp(2\mu + 2\sigma^2) - \exp(2\mu + \sigma^2)$$

在这里我们需要注意一点：μ 和 σ 并不是该对数正态分布的均值和标准差，而是它对应的正态分布的均值和标准差。

对数正态分布的密度函数图形和正态分布的密度函数图形有很大区别，不再是对称的了（见图 11－7）。

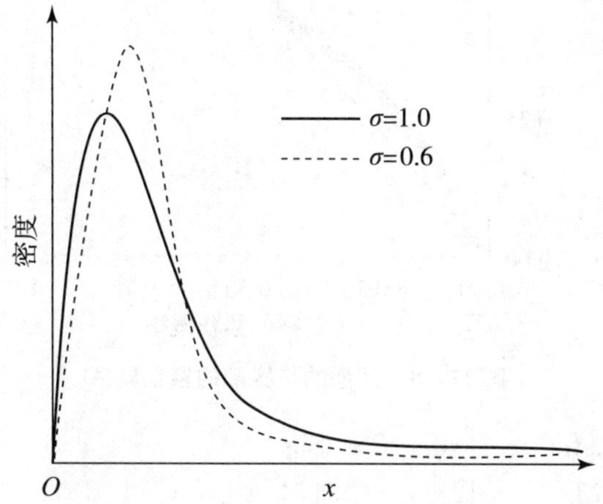

图 11－7　对数正态分布的密度函数

图 11－7 给出了 μ 为 0 以及 σ 分别为 1.0 和 0.6 时的对数正态分布的密度函数图形。由图 11－7 可知，σ 越大，尾部越长，高度越低，均值越大。这一点通过对数正态分布均值的公式也可以很容易推出来。

二、对数正态分布的识别

在本章第二节中我们对 2004 年 3 月 10 日至 2004 年 9 月 10 日伊利股份的每日收盘价数据进行了检验。检验结果显示，伊利股份的收盘价数据不服从正态分布。在本节中我们将对该股份的日收益率数据进行检验。我们定义 $Y=\ln(P_t/P_{t-1})$，对 Y 进行正态分布检验。检验结果通过，证实 Y 服从正态分布，P_t/P_{t-1} 服从对数正态分布。可以使用两种方法来进行检验：

方法一　先求 P_t/P_{t-1}，命令为"＝收盘价/lag(收盘价)"，然后我们利用 P－P 图对它进行对数正态分布检验。步骤和检验正态分布时基本相同，只需在选择分布时选择"Lognormal"。结果如图 11－8 所示，各点基本分布在右斜对角线的周围，因此我们可以认为 P_t/P_{t-1} 服从对数正态分布。

方法二　对 P_t/P_{t-1} 求 ln，生成 Y（也可以先对收盘价求 ln，再求差值），再对 Y 进行正态检验。我们利用第二节中介绍的第二种方法（Kolmogorov-Smirnov 法和 Shapiro-Wilk 法），结果如下：

Tests of Normality

Kolmogorov-Smirnov[a]

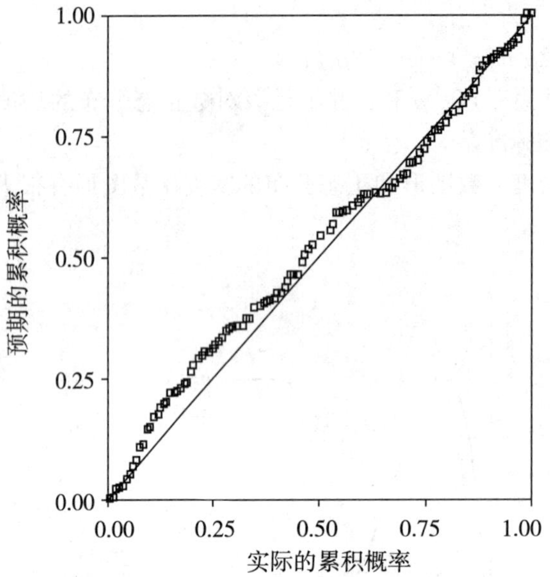

图 11-8　预期的与实际的累积概率

	Statistic	df	Sig.
R	.073	123	.174

a. Lilliefors Significance Correction

显然，Kolmogorov-Smirnov 检验通过，Y 服从正态分布。从该检验附带给出的 Q-Q 图我们也能得到相同的结论（见图 11-9）。

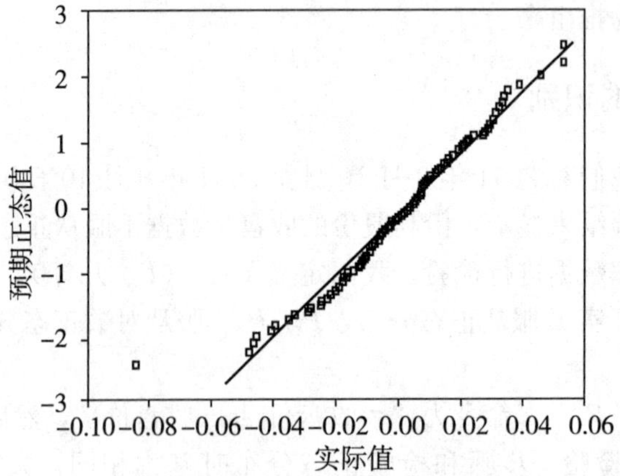

图 11-9　与正态分布的偏离

第五节　对数正态分布概率的计算

在本章第三节中我们介绍了求正态累积分布函数值的两种方法：查表法和 Excel 法。

同样，对数正态分布概率的计算也有两种方法。但是对数正态分布概率的计算要比正态分布概率的计算复杂一些。如果只给出对数正态分布的均值和方差，我们要先求出与之对应的正态分布的 μ 和 σ。下面我们逐一介绍这两种方法。

一、用查表法求对数正态分布概率

我们通过一个例子来说明这种方法。已知随机变量 X 服从对数正态分布，该对数正态分布的均值为 1.648 7，方差为 4.670 8，求 $P(X\leqslant 1.6487)$。

第一步，我们要求出与该对数正态分布对应的正态分布的 μ 和 σ。根据对数正态分布均值和方差的表达式，我们可得：

$$EX=\exp\left(\mu+\frac{1}{2}\sigma^2\right)=1.6487$$

$$\mathrm{Var}X=\exp(2\mu+2\sigma^2)-\exp(2\mu+\sigma^2)=4.6708$$

解该方程组得 $\mu=0$，$\sigma=1$。

第二步，求对应的 $\ln(X)$ 值。$\ln(1.6487)=0.5$。

第三步，根据定义，$\ln(X)$ 服从正态分布 $N(0,1)$。查标准正态分布函数值表，与 0.5 对应的概率值为 0.691 5，则

$$P(X\leqslant 1.6487)=69.15\%$$

我们回顾一下对数正态分布的图形，它是一个右侧拖尾的不对称图形，如果从密度函数曲线的最高点画一条垂线，垂线右侧的面积明显大于左侧的面积。这也就告诉我们，对数正态分布的均值并不是在最高点，而是在最高点的右侧。这一点从对数正态分布的密度函数表达式中也可以推算出来，因为它的密度函数分母中有一个 x，所以与它对应的正态分布的密度函数达到最大值时，它并不是最大值。

二、用 Excel 法求对数正态分布概率

我们可以根据查表法的思路，先求出与它对应的正态分布，再用 NORMDIST 等命令实现。在 Excel 中也给出了两个专门的有关对数正态分布的函数。

（一）对数正态分布函数

对数正态分布函数（LOGNORMDIST）的语法结构为"=LOGNORMDIST(x，μ，σ)"。其中 $\ln(x)$ 服从参数 μ 和 σ 的正态分布 $N(\mu,\sigma^2)$。以上面的例子为例，$P(X\leqslant 1.6487)=$ LOGNORMDIST(1.648 7，0，1)=0.691 5。

注意，这里的 μ 和 σ 也是与它对应的正态分布的参数，如果已知条件只给出了对数正态分布的均值和方差，需要根据方程组把 μ 和 σ 求出来。

（二）对数正态分布函数的反函数

对数正态分布函数的反函数（LOGINV）的语法结构为"=LOGINV(概率值，μ，σ)"。μ 和 σ 与上面的含义相同。仍然以上面的例子为例，应有 $x=$ LOGINV(0.691 5，0，1)=1.648 7。

本章小结

本章主要介绍了基本的概率知识和两个重要的分布——正态分布和对数正态分布。第一节涉及测度论基础上的概率空间、随机变量的数字特征、条件概率和全概率公式等几个方面的内容，基本上囊括了概率论的基础知识。此外，我们还对正态分布、对数正态分布进行了介绍，研究其密度函数和分布函数的性质。为了便于应用，我们以 2004 年 3 月 10 日至 2004 年 9 月 10 日伊利股份的每日收盘价数据和收益率数据为例，介绍了如何用 SPSS 检验分布的类型。本章也介绍了如何使用查表法和 Excel 法求解这两种分布的概率及其逆运算。希望读者通过本章的学习，既能形成一种金融数学的思维，又能掌握使用软件分析金融数据的方法。

练习题

1. 一种疾病的流行率是 0.1%。探测这种疾病的一次检查有 5%的假阳性率，求一个被发现结果呈阳性的人患这种疾病的概率。

2. 试证明 σ 代数对可列子集的交封闭。

3. 10 个网球都是新球，每次比赛时随机取出 2 个，用完后再放回去，求第三次比赛时取出的 2 个球都是新球的概率。

4. 一个投资组合的年收益是正态的，期望为 4 000 万元，标准差为 1 800 万元。一年后投资组合的价值大于 4 200 万元的概率有多大?

5. 标准正态分布的密度函数图中（$-a$，a）之间的面积是总面积的 99.9%，求 a 的值。

6. 已知随机变量 X 服从正态分布 $N(2,3)$，$P(X\leqslant a)=85\%$，求 a 的值。

7. 随机变量 X 服从均值为 1.133、方差为 0.365 的对数正态分布，求与它对应的正态分布的均值和方差。

8. 已知 $\ln(X)$ 服从均值为 1、方差为 1.5 的正态分布。用查表法和 Excel 法分别求解 $P(e^{-0.5}\leqslant X\leqslant e^{2.5})$，是否有更简单的求解该问题的方法?

9. 找一只股票的价格数据，用 P-P 法和 Kolmogorov-Smirnov 法以及 Shapiro-Wilk 法检验它的收益率是否符合正态分布。能否求出赚钱的天数的概率？是否和 50%无显著差别?

10. 期货的价格变动 P_t/P_{t-1} 是否符合对数正态分布？不妨以天然橡胶期货为例进行研究。

参考文献

[1] 程士宏．测度论与概率论基础．北京：北京大学出版社，2004.

[2] 菲利普·乔瑞．金融风险管理师考试手册：第 6 版．王博，刘伟琳，赵文荣，译．北京：中国人民大学出版社，2012.

[3] 龙永红．概率论与数理统计．4版．北京：高等教育出版社，2020.

[4] 钱敏平，等．应用随机过程．北京：高等教育出版社，2011.

[5] 苏金明，等．统计软件SPSS系列：应用实战篇．北京：电子工业出版社，2002.

[6] 特里·J. 沃特沙姆，基思·帕拉莫尔．金融数量方法．陈工孟，陈守东，译．上海：上海人民出版社，2004.

[7] 于洪彦．Excel统计分析与决策．北京：高等教育出版社，2001.

[8] 中山大学概率论教研室．测度与概率基础．广州：广东科技出版社，1981.

第十二章
期权定价初论

本章导读

在讨论期权定价问题之前，本章将以股票期权为例讨论期权价格的一些基本特性和关系。

在前两节中，我们将期权的价值按照产生原因的不同分解为内在价值和时间价值，进而可以定性分析影响股票期权价格的各种因素。虽然还没有学习期权定价的具体方法，但是我们可以在不知道股票价格概率分布的宽松条件下，利用套利的思想来探讨欧式期权价格、美式期权价格和标的资产价格的关系。第三节、第四节就是在市场完全和完善的条件下确定在无股利支付和有股利支付的情况下欧式期权的价格区间。第五节则确立了欧式看涨期权与看跌期权之间的平价关系。第六节分析了美式看涨期权和看跌期权提前执行的问题。在此基础上，第七节和第八节讨论了美式期权价格区间以及美式看涨期权与看跌期权之间的平价关系。①

本章是后继学习的基础。只有了解了几种因素对股票期权价格的影响以及看涨期权和看跌期权之间的平价关系，我们才能在第十三章展开对期权交易策略的分析；对影响期权价格因素的定性讨论有助于我们理解第十四章、第十五章的期权定价公式。本章的第三节至第八节对期权价格区间以及期权和标的资产价格关系的分析几乎处处用到了无套利原理，而对无套利原理的掌握和熟练运用是学习衍生品定价和金融工程的基本功，因此应熟练掌握本章的知识和分析方法。

为书写统一和讨论的方便，本章对符号做如下约定：

S：股票现价；

X：执行价格；

T：期权的到期期限；

t：股票除息日；

S_T：在 T 时刻股票的价格；

r：期权有效期内的无风险利率（连续复利）；

σ：标的股票收益（价格）波动率；

c：欧式看涨期权的价格；

① 第六节中有股利支付的美式看涨期权提前执行问题和第七节中有股利支付的美式期权价格区间的讨论供有兴趣的读者学习，一般本科生在学习中如果觉得有难度可暂时跳过这些内容。

p：欧式看跌期权的价格；
C：美式看涨期权的价格；
P：美式看跌期权的价格；
D：期权有效期内标的股票现金股利的现值。

第一节　期权的内在价值与时间价值

一、期权的价值状态

期权的价值状态可以分为实值状态、平值状态和虚值状态三类。处于这三种状态中的哪一种取决于期权标的资产的价格与期权执行价格之间的关系。对于看涨期权，当标的资产的价格超过期权的执行价格时，期权处于实值状态；当标的资产的价格等于期权的执行价格时，期权处于平值状态；当标的资产的价格低于期权的执行价格时，期权处于虚值状态。对于看跌期权，期权的价值状态与价格关系之间的对应关系恰好与看涨期权相反。这些关系可以通过表 12 - 1 进行概括。

表 12 - 1　期权的价值状态

价格关系	看涨期权	看跌期权
$S>X$	实值	虚值
$S=X$	平值	平值
$S<X$	虚值	实值

［例 12 - 1］　表 12 - 2 是新浪股票（股票代码为 SINA）在 2005 年 3 月 15 日期权的收盘价，当日新浪股票的收盘价为 31.27 美元。我们依据表 12 - 1 的关系来讨论表 12 - 2 中新浪股票期权的价格，可以推知执行价格为 20 美元、25 美元、30 美元的看涨期权都处于实值状态，执行价格为 35 美元、40 美元、45 美元的看涨期权都处于虚值状态。而相应的看跌期权的价值状态则恰好相反。

表 12 - 2　新浪股票期权价格（2005 年 3 月 15 日）　单位：美元

执行价格	看涨期权				看跌期权			
	2005 年 3 月 21 日	2005 年 4 月 18 日	2005 年 6 月 20 日	2005 年 9 月 19 日	2005 年 3 月 21 日	2005 年 4 月 18 日	2005 年 6 月 20 日	2005 年 9 月 19 日
20.0	11.20	11.40	11.40	12.00	0.05	0.10	0.30	0.65
25.0	6.00	7.00	7.20	8.10	0.05	0.40	1.10	1.70
30.0	1.35	2.80	4.50	5.60	0.15	1.60	3.00	3.80
35.0	0.05	0.90	2.20	3.30	3.70	4.60	6.00	6.50
40.0	0.05	0.30	1.25	2.00	7.60	8.60	9.50	10.50
45.0	0.10	0.30	0.55	1.30	14.70	13.80	12.40	13.80

资料来源：美国证券交易所。

另外，当看涨期权的标的资产价格远远超过期权的执行价格时，或者当看跌期权的标的资产价格远远低于期权的执行价格时，我们通常称该期权处于深度实值状态（deep in the money）；类似地，当看涨期权的标的资产价格远远低于期权的执行价格时，或者当看跌期权的标的资产价格远远高于期权的执行价格时，我们通常称该期权处于深度虚值状态（deep out of the money）；当期权处于实值或虚值状态但是离平值状态不远时，我们通常称该期权处于近值状态。

二、内在价值与时间价值概述

期权的价格是其内在价值（intrinsic value）和时间价值（time value）之和。这种划分的依据是价值产生的不同原因。

（一）期权的内在价值

期权的内在价值是指期权购买者立即执行该期权能够获得的收益。如果立即执行期权不能产生正的期权价值，则内在价值为零。因此，期权的内在价值就是下列两者中较大的一个：(1) 期权处于实值状态的量；(2) 零。用数学公式来描述期权的内在价值就是：

$$\text{看涨期权的内在价值}=\max(S-X,\ 0) \tag{12.1}$$

$$\text{看跌期权的内在价值}=\max(X-S,\ 0) \tag{12.2}$$

内在价值给出了期权价值的底线，若期权价格低于内在价值，投资者可以获得无风险套利的机会。这个道理可从下例中非常直观地看出。

[例 12-2]　假设表 12-2 中执行价格为 30 美元的新浪股票看涨期权定价为 0.50 美元，低于其内在价值 1.27 美元，那么会出现怎样的情况？

此时，市场中会有套利者以 0.50 美元购买该看涨期权并立即执行，这样套利者取得一股新浪股票的总成本是 30.50 美元：以 0.50 美元购买期权和以 30 美元执行期权购入一股股票。而市场上的新浪股票正在以 31.27 美元的价格进行交易，因此，套利者可立即卖出刚刚得到的新浪股票，从而获得 31.27－30.50＝0.77(美元) 的净利润。实际上，只要该期权的价格低于其内在价值 max(31.27－30，0)＝1.27(美元)，在不考虑交易成本的情况下，上述套利机会就会存在。由于套利者执行的这一“购买—执行—出售”的策略是无风险的，因此，持续的套利行为必然会促使期权价格上涨到不低于其内在价值的位置。

（二）期权的时间价值

期权的时间价值是指期权购买者为购买期权而支付的费用超过该期权内在价值的部分，这部分价值源于期权到期前标的资产价格波动可能给投资者带来的收益，即期权购买者希望在期权到期前，标的股票的市场价格会向有利的方向变动，执行期权将获得更好的收益。

[例 12-3]　分别计算于 2005 年 9 月 19 日到期和于 2005 年 6 月 20 日到期的、执行价格同为 30 美元的新浪股票的看涨期权的时间价值。

在表 12-2 中，2005 年 9 月 19 日到期的执行价格为 30 美元的新浪股票看涨期权的价格为 5.60 美元，新浪股票当日的价格为 31.27 美元，因此，该期权的内在价值为 max(31.27－30，0)＝1.27(美元)，其时间价值为 5.60－1.27＝4.33(美元)。

同理，可以计算得到于 2005 年 6 月 20 日到期的执行价格同为 30 美元的新浪股票看涨期权的时间价值为 4.50−1.27=3.23(美元)。

可以看到，在其他条件相同时，期权的时间价值将随距离到期日时间的增加而增加，因为在更长的时期内出现有利的价格变动的机会更大。

(三) 期权价格、期权的内在价值和时间价值之间的关系

三者之间的关系可以用公式表达为：

期权价格=期权的内在价值+期权的时间价值 (12.3)

看涨期权的内在价值=max($S-X$, 0) (12.4)

看跌期权的内在价值=max($X-S$, 0) (12.5)

图 12-1 则更为直观地描述了期权价格、期权的内在价值和时间价值之间的关系。

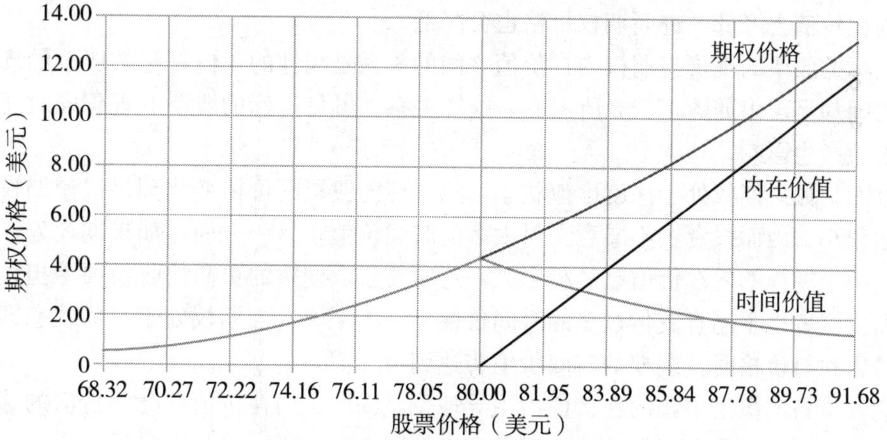

图 12-1 期权价格、期权的内在价值和时间价值之间的关系

注：该看涨期权的相关参数为 $X=80$，$T=1$，$\sigma=40\%$，$r=8\%$。

第二节 影响股票期权价格的因素

在上一节中我们已经将期权的价格分解为内在价值和时间价值两个部分，因此，影响期权内在价值和时间价值的因素也就成为影响期权价格的因素。期权的内在价值由标的股票的现价和期权的执行价格决定；标的股票的现价、期权的执行价格、到期期限、标的股票收益波动率、期权有效期内的无风险利率和预期发放的股利都会影响期权持有人预期获得的收益，从而构成影响期权时间价值的因素。因此，在完全和完善的市场下，影响股票期权价格的因素有以下六种：

(1) 标的股票的现价 (S)；

(2) 执行价格 (X)；

(3) 期权的到期期限 (T)；

(4) 标的股票收益波动率 (σ)；

(5) 期权有效期内的无风险利率 (r)；

（6）期权有效期内标的股票现金股利的现值（即期权到期日前的预期股利）（D）。

在本节中，我们将考虑在保持其他因素不变时，各个因素的变化对期权价格变动的影响。为了使读者更直观地看到这些影响，我们在进行定性讨论的同时，还选取参数为 $S=80$、$X=80$、$T=1$、$\sigma=40\%$、$r=8\%$的基准股票期权，用图形表示出各单个因素对期权价格变动的影响。

一、标的股票的现价

对于看涨期权，当其处于实值状态时，其执行的收益即内在价值为股票现价和执行价格之差，因此，当保持其他因素不变时，随着标的股票现价的上升，期权的内在价值将会增加，进而期权价格也将上升。而看跌期权则恰好相反，随着标的股票现价的上升，看跌期权的内在价值会降低，进而期权价格也会降低。

虽然标的股票的现价与期权内在价值之间的关系是线性的，但是标的股票的现价与期权价格之间却呈现出如图 12－2 所示的非线性关系。可见，标的股票的现价同时还对期权的时间价值产生影响。

一方面，如果期权处于深度虚值状态，那么标的股票的价格变化到足以使期权成为实值的希望很小，因而投资者不愿意支付太多的时间价值；另一方面，如果期权处于深度实值状态，由于期权的内在价值已经相当大，这时要获取期望的更高的收益要承担很大的风险，因而投资者也不愿意支付过多的时间价值。一般来说，当期权处于平值状态即标的股票价格等于执行价格时，期权的时间价值将达到极大值。①

在期权价格的决定中，内在价值占主导地位，因此，内在价值和时间价值的综合影响就使得标的股票的现价和期权价格之间呈现出如图 12－2 所示的曲线关系。

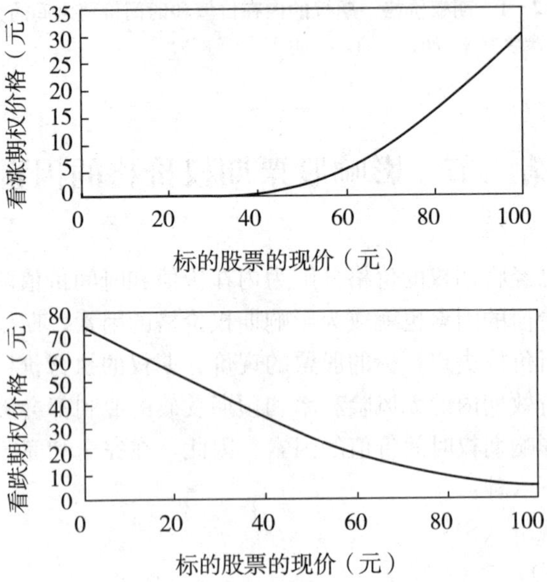

图 12－2　标的股票的现价与期权价格

① 其实从图 12－1 中我们可以非常直观地看出：当股票价格等于执行价格时，期权的时间价值将达到极大值。

二、执行价格

在期权处于实值状态时，执行价格越高，看涨期权的内在价值就越低。对于看跌期权，同理可以得到正好相反的结论，即执行价格越高，期权的内在价值就越高。

与分析标的股票的现价对期权时间价值的影响类似，我们可以知道，当执行价格等于标的股票的现价时，期权的时间价值达到极大值。

不过，在期权价格的决定中，内在价值占主导地位，因此，在其他条件相同的情况下，执行价格越高，看涨期权的价格越低，看跌期权的价格越高。但执行价格与期权价格的关系也不是线性的，而是呈现出如图 12－3 所示的曲线关系。[①]

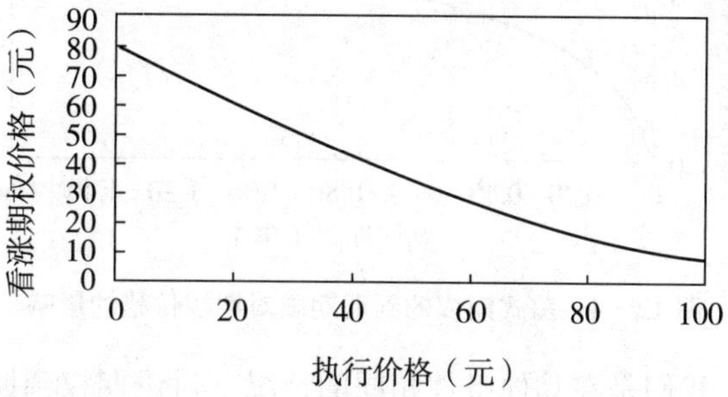

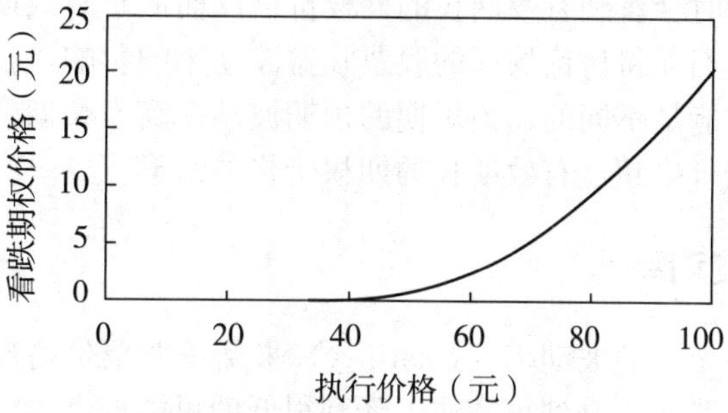

图 12－3　执行价格对期权价格的影响

三、期权的到期期限

当期权的到期期限增加时，美式看涨期权和美式看跌期权的价格都会上涨。考虑其他条件都相同、只是到期日不同的两只期权，有效期长的美式期权的执行机会较有效期短的美式期权更多，因此，有效期长的美式期权的价格总是大于或等于有效期短的美式期权的价格。美式期权到期期限对期权价格的影响呈现出如图 12－4 所示的形状。

但是对于只能在到期日选择执行与否的欧式期权来说，上述关系可能并不成立，因为还需要考虑标的股票发放股利的影响。如果在两个欧式看涨期权的到期日之间公司将支付一大笔股利，这也有可能会使得较短期限的欧式看涨期权价格高于较长期限的欧式看涨期权价格。

---

① 有兴趣的读者不妨用无套利原理考虑一下本章末的练习题第 3 题，即证明看涨期权价格与期权执行价格的关系曲线是凸向原点的。

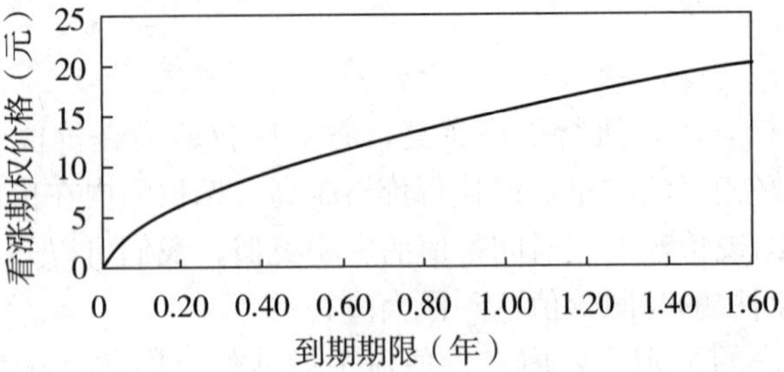

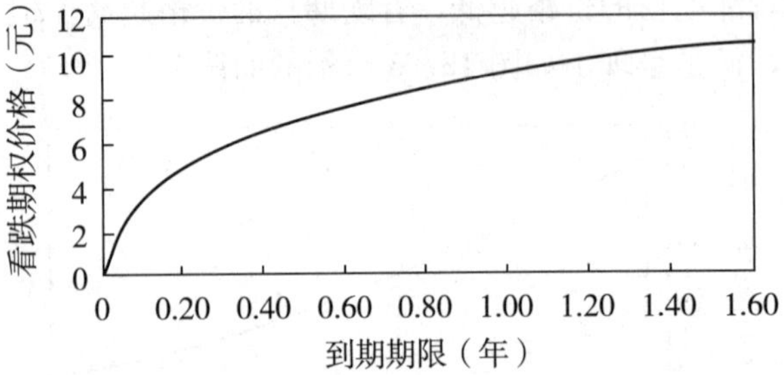

图 12-4　美式期权的到期期限对期权价格的影响

还有一点要注意，我们是在其他条件相同的情况下讨论期权到期期限与期权价格的关系。在现实中，我们有时会看到有效期长的期权价格反而低于有效期短的期权价格，这是因为期权价格还受到我们即将讨论的标的股票收益波动率的影响，在两个不同的有效期内标的股票收益波动率可能是不同的，当短期的预期波动率高于长期的预期波动率时，就可能出现有效期短的期权价格超过有效期长的期权价格的情形。

四、标的股票收益波动率①

通常我们用标的股票收益波动率（volatility）来衡量股票价格变动的不确定性。标的股票收益波动率越高，股价上升到很高或下降到很低的可能性越大。对于看涨期权的持有人来说，由于期权损益结构的不对称性（即股价上升带来的获利可以是无限的，而在股价下跌时只承受有限的损失），标的股票收益波动率较大对看涨期权的持有人更加有利，因为股价上升到很高的概率越大，其未来获得的期望收益就越高。因此，购买期权的投资者就愿意为这类期权支付更高的价格，即波动率越大，看涨期权的价值越大。同样的道理对于看跌期权也是成立的。于是，标的股票收益波动率对看涨期权和看跌期权的价格呈现出如图 12-5 所示的影响。

五、期权有效期内的无风险利率

当整个经济中的利率上升时，股票价格的预期增长率也倾向于上升，即预期未来的股票价格会更高，从而将增加看涨期权的价值、减少看跌期权的价值。但同时，对于看涨期权或看跌期权的持有人而言，他只有在未来对其有利的情况下才会执行期权，即执行期权

---

① 影响期权价格的波动率准确地讲是指投资者预期股票收益波动率，而不是股票历史收益波动率，误用后者来分析期权定价可能会得到错误的结果。这一点我们在第十五章还会详细讨论。

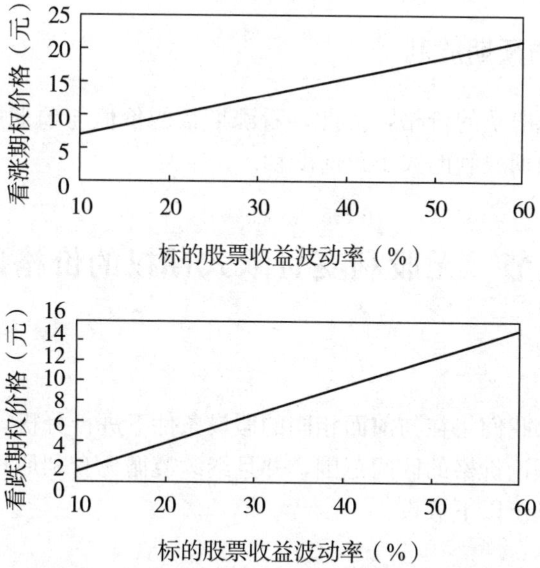

图 12－5　标的股票收益波动率对期权价格的影响

时看涨期权或看跌期权的持有人都会有正的现金流入，而利率的提高会使其未来收益的现值更低，从而降低看涨期权或看跌期权的价值。期权有效期内的无风险利率对看跌期权价值的两方面影响都是负向的，因此总的影响也是负向的，即无风险利率越高，看跌期权价格越低；无风险利率对看涨期权两方面的影响有正有负，不过可以证明前者的影响是主要的，因此无风险利率越高，看涨期权的价格越高。期权有效期内的无风险利率和期权价格的相互关系见图 12－6。

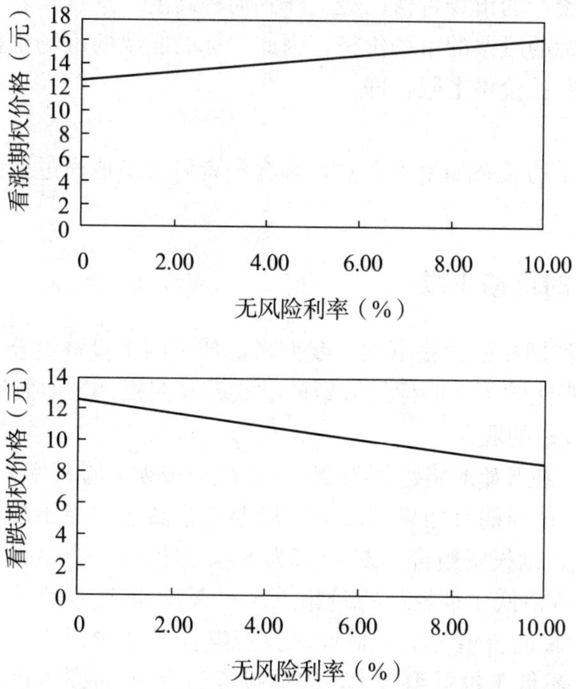

图 12－6　期权有效期内的无风险利率对期权价格的影响

六、期权到期日前的预期股利

股利的发放会降低股票的价格，因此，看涨期权的价值与预期股利的大小反向变动，而看跌期权的价值与预期股利的大小正向变动。

第三节　无股利支付欧式期权的价格区间

一、假设

在下面的分析中，我们将在与前面相同的假设条件下进行分析，即在市场是完全和完善的假定下分析期权理论价格的区间范围，并且继续遵循无套利原理，因此，后面关于期权价格区间的讨论是基于以下假设：

（1）没有交易成本；

（2）不考虑所得税的影响；

（3）可以按照无风险利率借入或贷出资金；

（4）信息是完全的；

（5）不存在套利机会或者任何可利用的套利机会都将很快消失。

二、欧式看涨期权的价格上限

看涨期权赋予期权持有人按事先约定的执行价格购买规定数量的标的资产（如股票）的权利，而不管标的资产的市场价格已经上涨到何种高度。这意味着看涨期权的价值在任何情况下都不会超过标的股票的市场价格。因此，标的股票的市场价格构成了欧式看涨期权（和美式看涨期权）的价格上限，即

$$c \leqslant S \tag{12.6}$$

式（12.6）所表示的关系如果不成立，则套利者可轻易地通过购买股票并卖出看涨期权而获得无风险收益。

三、欧式看涨期权的价格下限

为了给出欧式看涨期权的价格下限，我们考虑如下两个投资组合。

投资组合 A：1 张能购买 1 股标的股票的欧式看涨期权，另加数额为 Xe^{-rT} 的现金。

投资组合 B：1 股标的股票。

对于投资组合 A，在开始时将数额为 Xe^{-rT} 的现金按无风险利率 r 进行投资，则在到期日（T）其价值为 X。在到期日如果市场上的股票价格高于或等于期权的执行价格（$S_T \geqslant X$），投资者执行期权，则投资组合 A 的价值为 S_T，与投资组合 B 此时的价值相等；如果在到期日股票的市场价格低于期权执行价格（$S_T < X$），则期权价值为零，投资者将放弃执行期权，投资组合 A 的价值为 X，而此时投资组合 B 的价值为 $S_T < X$。可以看到，投资组合 A 的价值总是不低于投资组合 B，因而投资组合 A 的成本也必须不低于投资组合 B，即 $c + Xe^{-rT} \geqslant S$。移项后有：

$$c \geqslant S - Xe^{-rT}$$

因此，如果股票期权在有效期内无股利支付，欧式看涨期权的价格不应低于标的资产的市场价格与期权执行价格现值之差，否则将出现无风险套利机会。同时，考虑到欧式看涨期权的价格不能为负，于是可以得到关于欧式看涨期权价格下限的关系式：

$$c \geqslant \max(S - Xe^{-rT}, 0) \tag{12.7}$$

下面我们通过例 12－4 来演示一下当式（12.7）所描述的关系不成立时，会出现怎样的无风险套利机会。

［例 12－4］　假定在某完全和完善市场上有一欧式股票看涨期权，合约的有效期为 4 个月，在此期间内无股利支付，期权的执行价格为 28 美元，该股票的现行市场价格为 30 美元，市场上以连续复利计算的无风险利率为 6%（年利率）。若该期权的价格为 1.50 美元，则存在怎样的套利机会？

根据式（12.7），我们可以计算得到该看涨期权的价格下限为 2.55 美元，即

$$c \geqslant \max(S - Xe^{-rT}, 0) = \max(30 - 28e^{-0.06 \times 4/12}, 0) = 2.55\text{（美元）}$$

而现在该期权的价格只有 1.5 美元，因此套利者可通过买进看涨期权同时卖空股票的方式来获取无风险收益。

通过表 12－3 对套利者的投资和现金流情况的演示可以看到，当该看涨期权的价格（1.50 美元）低于下限（2.55 美元）时，套利者可以通过如表 12－3 所示的操作获取不低于 1.05 美元的收益（并且在 $S_T < X$ 时能够得到更高的收益）。套利机会的存在将迫使该欧式看涨期权的价格上涨至其下限 2.55 美元之上。

表 12－3　欧式看涨期权的价格低于下限（即 $c < S - Xe^{-rT}$）时的套利

套利者目前的投资组合	目前的现金流量	期权合约到期时的现金流量	
		如果 $S_T \geqslant X$	如果 $S_T < X$
买进看涨期权	$-c = -1.50$(美元)	$+(S_T - X)$	0
卖空股票	$+S = 30.00$(美元)	$-S_T$	$-S_T$
按无风险利率投资	$-Xe^{-rT} = -27.45$(美元)	$+X$	$+X$
合计	$-c + S - Xe^{-rT} = 1.05$(美元)>0	0	$-S_T + X > 0$

四、欧式看跌期权的价格上限

与欧式看涨期权类似，欧式看跌期权赋予合约持有人按事先约定的执行价格出售规定数量标的股票的权利，而不管该标的股票的价格已经下跌到何种程度。从理论上分析，对于看跌期权的持有人来说，最有利的情况就是到期日的股票价格下跌到零①，这时看跌期权的价值与其执行价格相等。

对于欧式期权来说，它在期权到期日（T 时）的价值永远不能超过期权的执行价格。考虑到时间价值的影响，欧式看跌期权的价格必须小于或等于期权执行价格的现值，即

$$p \leqslant Xe^{-rT} \tag{12.8}$$

---

①　实际上，除非公司破产，否则市场中交易的股票的价格是永远都不会跌到零的。

如果式（12.8）所表示的关系不成立，则套利者可通过出售期权并将所得收入以无风险利率进行投资，轻易获得无风险收益。

［例 12-5］ 某欧式股票看跌期权的执行价格为 40 美元，有效期为 6 个月。无风险利率为 10%。若该欧式看跌期权的价格为 39 美元，则市场上存在怎样的套利机会？假定市场上以连续复利计息。

$$Xe^{-rT}=40\,e^{-0.10\times 6/12}=38.05\text{（美元）}<p$$

故套利者可以出售该看跌期权并将所得中的 38.05 美元以无风险利率进行投资，即可获得无风险收益。

通过表 12-4 对套利者的投资和现金流情况的演示可以看到，该欧式看跌期权的价格为 39 美元，高于其上限 38.05 美元，套利者可以通过如表 12-4 所示的操作获取无风险收益。无风险套利机会的存在将迫使该看跌期权的价格下降到其上限 38.05 美元之下。

表 12-4 欧式看跌期权的价格高于上限（即 $p>Xe^{-rT}$）时的套利

套利者目前的投资组合	目前的现金流量	期权合约到期时的现金流量	
		如果 $S_T\geqslant X$	如果 $S_T<X$
出售看跌期权	$+p=+39.00$(美元)	0	$-(X-S_T)$
按无风险利率投资	$-Xe^{-rT}=-38.05$(美元)	X	X
合计	$+p-Xe^{-rT}=0.95$(美元)>0	$X>0$	$+S_T>0$

五、欧式看跌期权的价格下限

为了给出欧式看跌期权的价格下限，我们也考虑如下两个投资组合：

投资组合 C：1 张能卖出 1 股标的股票的欧式看跌期权，另加 1 股标的股票。

投资组合 D：一笔金额为 Xe^{-rT} 的现金。

先看投资组合 D，将 Xe^{-rT} 的现金按照无风险利率进行投资后，在到期日，本息和将增加到 X。

再分析投资组合 C 的情况。在期权到期日（T），如果市场上的股票价格高于期权的执行价格（$S_T>X$），则期权不会被执行，看跌期权的价值为零，投资组合 C 的价值为 S_T，注意到 $S_T>X$，因而此时投资组合 C 的价值高于投资组合 D；如果市场上的股票价格等于或低于期权的执行价格（$S_T\leqslant X$），则看跌期权会被执行，即股票按照执行价格 X 被卖出，投资组合 C 的价值为 X，与投资组合 D 的价值相等。

在期权合约到期日，投资组合 C 的价值不低于投资组合 D 的价值，无风险套利原则必然要求投资组合 C 的现行价格不低于投资组合 D，即 $p+S\geqslant Xe^{-rT}$，移项后可得：

$$p\geqslant Xe^{-rT}-S$$

考虑到期权价格不能为负，因此欧式看跌期权的价格应满足：

$$p\geqslant \max(Xe^{-rT}-S,\ 0) \tag{12.9}$$

这里，我们也通过一个例题来演示一下当式（12.9）的关系不成立时会出现怎样的套利机会。

［例 12-6］ 假定在某完全和完善的市场上有一欧式股票看跌期权，合约的有效期为

4个月，在此期间内无股利支付，期权的执行价格为35美元，该股票的现行市场价格为30美元，市场上以连续复利计算的无风险利率为6%（年利率）。若该看跌期权的价格为3.00美元，则存在怎样的套利机会？

根据式（12.9），我们可以计算得到该看跌期权的下限为4.31美元，即

$$p \geqslant \max(Xe^{-rT}-S,\ 0)$$
$$=\max(35e^{-0.06\times 4/12}-30,\ 0)$$
$$=\max(4.31,\ 0)=4.31\ (\text{美元})$$

而现在该期权的价格只有3.00美元，因此套利者可通过借入资金买进股票和看跌期权的方式来获取无风险收益。

通过表12-5对套利者的投资和现金流情况的演示可以看到，当该看跌期权的价格为3.00美元，低于下限4.31美元时，套利者可以通过如表12-5所示的操作获取不低于1.31美元的收益（并且在 $S_T>X$ 时能够得到更高的收益）。这样的套利机会迫使看跌期权的价格上升到其下限4.31美元之上。

表12-5　欧式看跌期权的价格低于下限（即 $p<Xe^{-rT}-S$）时的套利

套利者目前的投资组合	目前的现金流量	期权合约到期时的现金流量	
		如果 $S_T \geqslant X$	如果 $S_T<X$
按无风险利率借入资金	$+Xe^{-rT}=+34.31$(美元)	$-X=-35.00$(美元)	$-X=-35.00$(美元)
买进股票	$-S=-30.00$(美元)	$+S_T$	$+S_T$
买进看跌期权	$-p=-3.00$(美元)	0	$X-S_T$
合计	$+Xe^{-rT}-S-p=1.31$(美元)>0	$+S_T-X>0$	0

第四节　股利对欧式期权价格区间的影响

一、股利对股票价格的影响

在场内交易的股票期权的期限一般不超过8个月，在这段时间内，标的股票常常会有股利或股利支付，并且通常可以合理地估计股利的金额。股利的发放会降低股票的价格，从而对股票期权的定价产生影响。

除息日（ex-dividend date）是指股票开始除息买卖的日期。截至股权登记日（除息日的前一个交易日）登记在册的股东将得到股利，而在之后买进股票的投资者则无权参与本次股利的分配。由于这个原因，股票价格会在除息日做出调整。虽然除息日股价调整的大小在现实中比较复杂，但在理论上可以认为股价下降的幅度恰好等于支付的股利数额。

看涨期权的持有人虽然拥有按执行价格购买股票的权利，但在执行期权合约、买进股票之前，他并没有资格参与股利的分配。看跌期权的持有人在执行期权合约、抛售股票之前并不丧失参与股利分配的资格。因此，可以预期上市公司宣布派发股利将使看涨期权的价值下降，而使看跌期权的价值上升。

二、股利对欧式看涨期权价格下限的影响

在除息日（t）支付现值为 D①的股利将会使股票价格和期权的内在价值下降 D。因此，在支付股利的情况下，欧式看涨期权的价格下限应满足：

$$c \geqslant \max(S-D-Xe^{-rT},\ 0) \tag{12.10}$$

式（12.10）的推导过程与式（12.7）类似，只需要构造下面两个投资组合：

投资组合 E：一张可购买 1 股标的股票的欧式看涨期权，另加一笔金额为 $D+Xe^{-rT}$ 的现金。

投资组合 F：1 股标的股票。

投资组合 F 的情况比较简单，至期权到期日其价值为：

$$S_T+De^{rt}\times e^{r(T-t)}=S_T+De^{rT}$$

对于投资组合 E，在开始时将数额为 $D+Xe^{-rT}$ 的现金按无风险利率 r（连续复利）进行投资，则至期权到期日（T），这部分现金的价值将增至 $De^{rT}+X$。如果到期日市场上股票的价格高于或等于期权的执行价格（$S_T \geqslant X$），则投资者将执行期权，投资组合 E 的价值为 S_T+De^{rT}，与投资组合 F 相等；如果到期日市场上股票的价格低于期权执行价格（$S_T<X$），则期权价值为零，投资组合 E 的价值为 $De^{rT}+X$，高于投资组合 F 的价值 S_T+De^{rT}（因为此时 $S_T<X$）。

可以看到，投资组合 E 的价值总是不低于投资组合 F，因而投资组合 E 的当前价格也必须不低于投资组合 F，即 $c+D+Xe^{-rT} \geqslant S$，移项后有：

$$c \geqslant S-D-Xe^{-rT}$$

再加上期权价值不能为负的条件，即可得到式（12.10）。

[例 12-7] 假定在某完全和完善的市场上有一欧式股票看涨期权，合约的有效期为 4 个月，期权的执行价格为 30 美元，该股票的现行市场价格为 35 美元。在此期间，期权的标的股票将有 1.6 美元的股利支付，目前距离除息日恰好还有 2 个月。市场上以连续复利计算的无风险利率为 6%（年利率）。根据式（12.10）计算该看涨期权的价格下限。

注意，要先将 1.6 美元的股利换算为其现值，即 $D=1.6\times e^{-0.06\times 2/12}=1.58$（美元）。

于是，根据式（12.10）可以得到该看涨期权的价格下限为 4.01 美元②，即

$$\begin{aligned} c &\geqslant \max(S-D-Xe^{-rT},\ 0)\\ &=\max(35-1.58-30e^{-0.06\times 4/12},\ 0)\\ &=4.01\ (\text{美元}) \end{aligned}$$

[例 12-8] 假定例 12-7 中该项欧式看涨期权的现行价格为 3 美元，那么存在怎样的套利机会？

由于欧式看涨期权的现行价格低于其价格下限，因此，套利者可以通过买进看涨期权同时卖空股票的方式来获得无风险收益。套利者的投资和现金流情况如表 12-6 所示。

---

① 注意 D 表示股利的现值。如果在欧式看涨期权有效期内有多次股利支付，则 D 是所有股利的现值总和。

② 此时看涨期权的内在价值为 35－30＝5(美元)。也就是说，在有股利支付的条件下，欧式看涨期权的价格下限可以低于看涨期权的内在价值。这是由于在有股利支付的条件下，期权的内在价值包含了股利的现值这部分价值，而欧式期权的持有人无法获得这部分股利价值。

表 12-6　有股利支付的欧式看涨期权价格低于其下限（$c<S-D-Xe^{-rT}$）时的套利

套利者目前的投资组合	目前的现金流量	除息日的现金流量	期权合约到期时的现金流量	
			如果 $S_T \geq X$	如果 $S_T < X$
买进看涨期权	$-c=-3.00$(美元)	0	$+(S_T-X)$	0
卖空股票	$+S=35.00$(美元)	$-De^{rt}=-1.60$(美元)	$-S_T$	$-S_T$
按无风险利率投资 D	$-D=-1.58$(美元)	$+De^{rt}=+1.60$(美元)	0	0
按无风险利率投资 Xe^{-rT}	$-Xe^{-rT}=-29.41$(美元)	0	$+X$	$+X$
合计	$-c+S-D-Xe^{-rT}=$ 1.01(美元)>0	0	0	$-S_T+X>0$

通过表 12-6 对套利者的投资和现金流情况的演示可以看到，当该看涨期权的价格为 3.00 美元，低于下限 4.01 美元时，套利者可以通过如表 12-6 所示的操作获取不低于 1.01 美元的收益，并且在 $S_T<X$ 时能够得到更高的收益。这种套利行为的存在必将迫使看涨期权的价格上涨至 4.01 美元之上。

三、股利对欧式看跌期权价格下限的影响

采用与上一小节类似的方法，可以得到在有股利支付的情况下，欧式看跌期权应满足：

$$p \geq \max(Xe^{-rT}+D-S,\ 0) \tag{12.11}$$

为推导出式（12.11），我们使用的两个投资组合是：

投资组合 G：一张可出售 1 股标的股票的欧式看跌期权加上 1 股标的股票。

投资组合 H：金额为 $Xe^{-rT}+D$ 的现金。

读者不妨自己分析一下，投资组合 G 的价值总是不低于投资组合 H，因而投资组合 G 的当前价格也必须不低于投资组合 H，即 $p+S \geq Xe^{-rT}+D$，移项后可得：$p \geq Xe^{-rT}+D-S$，再考虑到期权价值不能为负，就可得到式（12.11）了。

［例 12-9］　假定在某完全和完善的市场上有一欧式股票看跌期权，合约的有效期为 8 个月，期权的执行价格为 35 美元，该股票的现行市场价格为 30 美元，市场上以连续复利计算的无风险利率为 6%（年利率）。在期权到期前，标的股票有两次股利支付，第一次除息日是在 2 个月后，派发的股利为 1.00 美元；第二次除息日是在 6 个月后，派发的股利为 0.80 美元。利用式（12.11）计算该看跌期权的价格下限。若该看跌期权的价格为 3.00 美元，则存在怎样的套利机会？

两次股利的现值总和为：

$$D=d_1e^{-rt_1}+d_2e^{-rt_2}=1.00\,e^{-0.06\times 2/12}+0.80\,e^{-0.06\times 6/12}$$
$$=0.99+0.78=1.77\ (\text{美元})$$

根据式（12.11），我们可以计算得到该看跌期权的下限为：

$$p \geq \max(Xe^{-rT}+D-S,\ 0)=\max(35\,e^{-0.06\times 8/12}+1.77-30,\ 0)$$
$$=5.40\ (\text{美元})$$

而现在该期权的价格只有 3.00 美元，因此套利者可通过借入资金买进股票和看跌期权的

方式来获取无风险收益。

通过表 12-7 对套利者的投资和现金流情况的演示可以看到，当该看跌期权的价格为 3.00 美元，低于下限 5.40 美元时，套利者可以通过如表 12-7 所示的操作获取不低于 2.40 美元的收益，并且在 $S_T>X$ 时能够得到更高的收益。这样的套利机会迫使看跌期权的价格上升到其下限 5.40 美元之上。

表 12-7　有股利支付的欧式看跌期权价格低于下限（即 $p<Xe^{-rT}+D-S$）时的套利

套利者目前的投资组合	目前的现金流量	第一次除息日的现金流量	第二次除息日的现金流量	期权合约到期时的现金流量	
				如果 $S_T>X$	如果 $S_T\leqslant X$
按无风险利率借入资金 Xe^{-rT}	$+Xe^{-rT}=$ +33.63(美元)	0	0	$-X=$ −35.00(美元)	$-X=$ −35.00(美元)
按无风险利率借入资金 $d_1e^{-rt_1}$	$+d_1e^{-rt_1}=$ +0.99(美元)	$-d_1=$ −1.00(美元)	0	0	0
按无风险利率借入资金 $d_2e^{-rt_2}$	$+d_2e^{-rt_2}=$ +0.78(美元)	0	$-d_2=$ −0.80(美元)	0	0
买进股票	$-S=$ −30.00(美元)	$+d_1=$ 1.00(美元)	$+d_2=$ 0.80(美元)	$+S_T$	$+S_T$
买进看跌期权	$-p=$ −3.00(美元)	0	0	0	$X-S_T$
合计	$+Xe^{-rT}+d_1e^{-rt_1}+d_2e^{-rt_2}-S-p=$ 2.40(美元)>0	0	0	$+S_T-X>0$	0

第五节　欧式期权平价关系

前面都是在单独讨论看涨期权或看跌期权的价格区间问题，本节将分析针对同一标的股票、具有相同执行价格的欧式看涨期权和欧式看跌期权之间的平价关系。

一、无股利支付情况下的欧式期权平价等式

先分析无股利支付情况下的平价关系。考虑前面章节使用过的两个投资组合：

投资组合 A：1 张能购买 1 股标的股票的欧式看涨期权，另加数额为 Xe^{-rT} 的现金。

投资组合 C：1 张能卖出 1 股标的股票的欧式看跌期权，另加 1 股标的股票。

投资组合 A 和投资组合 C 在期权到期日的收益见图 12-7。

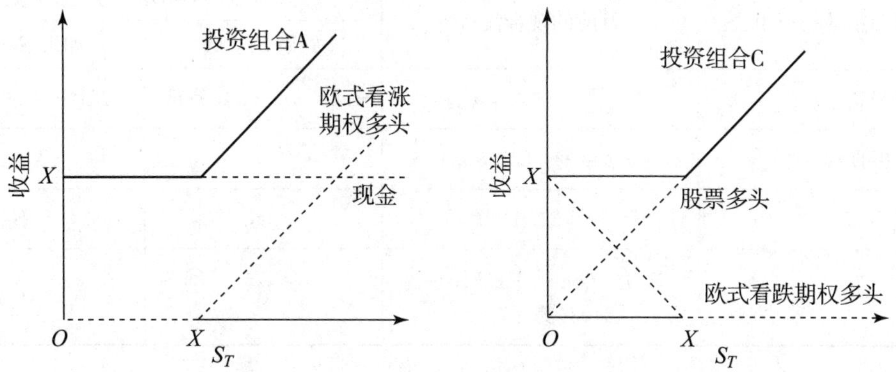

图 12-7　投资组合 A 和 C 在期权到期日的收益图

这两项投资组合在期权到期日的价值都为 $\max(S_T, X)$。欧式期权在合约到期前不能执行，因此，这两项投资组合当前的价值也必须相等，即得到欧式看涨期权和看跌期权之间的平价等式（也称 put-call 等式、平价关系、平价公式）：

$$c+Xe^{-rT}=p+S \tag{12.12}$$

欧式看涨期权和看跌期权之间的平价等式具有非常重要的作用和意义。

其一，平价关系描述了两类欧式期权之间内在的价值联系，它表明欧式看跌期权的价格可以根据具有相同标的股票、执行价格和到期日的欧式看涨期权的价格推导出来，反之亦然。如果 put-call 等式不成立，市场中就存在套利机会。

下面是在 $c+Xe^{-rT}<p+S$ 的情况下，通过套利赚取无风险收益的例子。

［例 12-10］　某股票的市场价格为 31.00 美元，以该股票为标的资产的 6 个月期的欧式看涨期权的价格为 3.30 美元，期权合约的执行价格为 35 美元，无风险利率为 3.0%（为年利率），而相同标的股票、执行价格和到期日的欧式看跌期权的价格为 8.80 美元。市场中存在怎样的套利机会？

式（12.12）所揭示的关系未能成立，即

$$c+Xe^{-rT}=3.30+35\,e^{-0.03\times 6/12}=37.78\text{（美元）}$$

$$p+S=8.80+31=39.80\text{（美元）}$$

$$c+Xe^{-rT}<p+S$$

这说明，相对于投资组合 A 来说，投资组合 C 的定价偏高。因此，可以通过买进看涨期权和部分无风险资产（即投资组合 A 中的证券）、同时卖出看跌期权和股票（即投资组合 C 中的证券）来获取无风险收益。表 12-8 展示的是套利者的投资组合和现金流量情况。

表 12-8　平价关系不成立（$c+Xe^{-rT}<p+S$）时的套利

套利者目前的投资组合	目前的现金流量	期权合约到期时的现金流量	
		如果 $S_T \geqslant X$	如果 $S_T<X$
买进看涨期权	$-c=-3.30$(美元)	$+S_T-X=$ $S_T-35.00$(美元)	0

续表

套利者目前的投资组合	目前的现金流量	期权合约到期时的现金流量	
		如果 $S_T \geqslant X$	如果 $S_T < X$
无风险投资 Xe^{-rT}	$-Xe^{-rT}=-34.48$(美元)	$+X=+35.00$(美元)	$+X=+35.00$(美元)
卖出看跌期权	$+p=+8.80$(美元)	0	$-X+S_T$
卖空股票	$+S=+31.00$(美元)	$-S_T$	$-S_T$
合计	$-c-Xe^{-rT}+p+S=$ 2.02(美元)>0	0	0

读者不妨再思考一下：

(1) 除了上述这个套利方法外，还有其他的套利方法吗？

(2) 当发生 $c+Xe^{-rT}>p+S$ 的情况时，可以采取哪些套利手段来获取无风险收益？

其二，平价关系还揭示了利用不同投资组合来构筑各种特定投资头寸的可能性。它告诉我们，市场上只要有欧式看涨期权或者欧式看跌期权，就可以满足投资者购买两类欧式期权的要求。[①] 将式 (12.12) 移项，可变形得到：

$$p=c+Xe^{-rT}-S \tag{12.13}$$

$$c=p+S-Xe^{-rT} \tag{12.14}$$

式 (12.13) 和式 (12.14) 表明，投资者既可以通过购买看涨期权、卖空股票和持有部分无风险资产的组合来构造看跌期权，也可以通过购买看跌期权、买入股票和按无风险利率借入现金的组合来构造看涨期权。

对式 (12.12) 采用另一种变形可以发现，现货[②]的投资头寸也可以通过期权的组合来实现，即

$$S=c-p+Xe^{-rT} \tag{12.15}$$

$$-S=p-c-Xe^{-rT} \tag{12.16}$$

式 (12.15) 和式 (12.16) 告诉我们，买进股票现货或期货等价于在买进看涨期权、卖出执行价格和到期期限相同的看跌期权的同时借入现值为 Xe^{-rT} 的资金；卖出股票现货或期货等价于在买进看跌期权、卖出执行价格和到期日相同的看涨期权的同时进行现值为 Xe^{-rT} 的无风险投资。

上述分析表明，根据欧式看涨期权与看跌期权之间的平价关系，人们可以将不同的交易组合成某种期权头寸、现货头寸。在下一章，我们将详细讨论各种期权组合策略。

其三，可以在已知市场的股票价格、期权执行价格、欧式看涨期权和看跌期权价格的情况下，通过平价关系得到市场隐含的无风险利率水平。由此得出的无风险利率水平也被

① 如果没有交易成本，市场中完全可以只保留欧式看涨期权而不需要欧式看跌期权，或者只保留欧式看跌期权而不需要欧式看涨期权。欧式看涨期权和欧式看跌期权同时在市场上交易主要是由交易成本导致的。而且，即使出于交易成本的原因需要两类欧式期权，我们还是常常会发现一只股票的欧式看涨期权非常活跃，而相对应的看跌期权通常相对不太活跃，这说明很多投资者仅使用看涨期权就可以实现大多数头寸调节。

② 期货的投资头寸也可以通过与式 (12.15) 及式 (12.16) 类似的关系来构造。

称为期权隐含的无风险利率（收益率）。读者可以参见本章的练习题第 10 题。

二、有股利支付情况下的欧式期权平价关系

在期权到期日前如果派发股利，则欧式看涨期权和看跌期权之间的平价关系需要做相应的调整，式（12.12）会变成：

$$c+D+Xe^{-rT}=p+S \tag{12.17}$$

要证明式（12.17），只需要考虑前面使用的两个投资组合：

投资组合 E：一张可购买 1 股标的股票的欧式看涨期权，另加一笔金额为 $D+Xe^{-rT}$ 的现金。

投资组合 G：一张可出售 1 股标的股票的欧式看跌期权加上 1 股标的股票。

这两个投资组合在期权合约到期日的价值都为 $\max(S_T, X)+De^{-rT}$。欧式期权在合约到期前不能执行，因此，这两个投资组合当前的价值必须相等，即得到式（12.17）的有股利支付情况下的欧式看跌期权和看涨期权的平价关系。

第六节　美式期权提前执行

欧式期权和美式期权之间最大的区别就在于美式期权可以提前执行。因此，在从欧式期权转向美式期权的分析前，我们不妨先考虑一下美式期权在何种条件下会提前执行。

一、提前执行：无股利支付的美式看涨期权

在本节中我们将给出一个有点让人意外的结论：在无股利支付的情况下，美式看涨期权不会被提前执行。对于这个结论，我们先给出比较正式的证明，然后再做详细的解释。

考虑以下两个投资组合：

投资组合 I：一张可买进 1 股标的股票的美式看涨期权加上金额为 Xe^{-rT} 的现金。

投资组合 J：1 股标的股票。

用 τ 表示期权到期日前的任一交易日；S_τ 表示股票在 τ 时刻的价值，也是投资组合 J 在 τ 时刻的价值。

如果在 τ 时刻看涨期权被提前执行，则投资组合 I 的价值为：

$$S_\tau-X+Xe^{-r(T-\tau)}<S_\tau$$

如果看涨期权到期时才被执行，则投资组合 I 的价值为：

$$\max(S_T, X)\geqslant S_T$$

以上两式的意思是：美式看涨期权被提前执行时，投资组合 I 的价值小于投资组合 J 的价值；美式看涨期权到期才被执行时，投资组合 I 的价值不低于投资组合 J 的价值，并且存在前者大于后者的可能（在 $X>S_T$ 的情况下）。因此，在到期日之前，不支付股利股票的看涨期权被提前执行是不明智的。

为了更直观地看清上面证明的实质，我们分析下面这个例子。

［**例 12-11**］　一张不支付股利的美式股票看涨期权距到期日还有两个月，其执行价

格为 25 美元，股票现在的市场价格为 34 美元，连续计息的无风险利率为 6%。

期权此时的内在价值已经达到 9 美元，期权的持有人可能会想立即执行它从而获得可观的收益。然而分析一下股票未来的走势和投资者可以选择的方案就可以发现，提前执行并不是最优的选择。

股票未来的走势无非有以下三种情况：

（1）若股价继续上升，期权的内在价值也同幅度上升，留待未来执行可以获得更高的收益，显然，现在就执行期权不是最优的选择。

（2）若股价在未来继续保持 34 美元，如果投资者选择立即执行期权，意味着需要马上支付 25 美元买进价值 34 美元的股票，而如果投资者不提前执行该期权，则可以在两个月之后再支付这 25 美元，这意味着提前执行期权将损失利息 $25e^{0.06\times 2/12}-25=0.25$（美元），因此在这种情况下，提前执行看涨期权也是不理性的。

（3）若股票价格在未来出现下跌，特别是出现大幅下滑跌至执行价格 25 美元之下，似乎投资者没有提前执行美式看涨期权会遭受损失，因此有人可能会认为提前执行美式看涨期权可以“落袋为安”，将未实现的投资收益转化为已实现的利润。然而，这样考虑忘记了“未到期的期权具有时间价值”这个事实。由于该期权还具有一定的时间价值，而本章第一节已经分析过，期权价值＝期权的内在价值＋期权的时间价值，因此，该美式看涨期权在市场上交易的价格一定高于目前的内在价值 9 美元，这样，投资者此时更好的选择是出售该期权。① 因此，即使该美式看涨期权的持有人认为股票价格已经到达高点，其理性的做法也不是提前执行期权而是出售该期权。

分析至这里本可告一段落，不过，初学者偶尔会针对第三种情况提出这样的问题：如果市场中所有人都认为 34 美元的股价是最高点，有哪个傻瓜愿意以 9 美元以上的价格接受该美式看涨期权呢？基于有效市场假说，现在的股价已经反映了所有能够得到的未来的信息和市场的预期，股价能够达到 34 美元，说明市场上有一部分人预期股价存在上升到 34 美元之上的可能。如果市场中所有人都认为未来股价最高只能达到 34 美元，那么当前的股价根本就不可能达到 34 美元。

得出无股利支付的美式看涨期权不会被提前执行这个结论非常有意义，因为我们可以据此得出一个关于美式看涨期权和欧式看涨期权的关系：无股利支付的美式股票看涨期权与相同标的资产、相同到期日的欧式看涨期权在价值上必然相等，即

$$C=c \tag{12.18}$$

同时，无股利支付的美式看涨期权不会被提前执行这个结论还具有很大的实务意义，感兴趣的读者可利用这个结论来分析练习题第 11 题中关于“实物期权”（real option）的问题。

二、提前执行：无股利支付的美式看跌期权

美式看跌期权的情况要复杂一些，本小节分析得出的结论将告诉我们，当美式看跌期权的时间价值非常小的时候，投资者选择提前执行期权可能是最优的选择。我们将通过下面两个例子来说明这一结论。

---

① 另外，继续持有该期权、同时卖空股票也是很好的选择。

[例 12－12]　假定某美式股票看跌期权的执行价格为 40 美元，而股票的市场价格几乎已经跌至零，同时假设当前连续复利计息的无风险利率为 12%。分析该美式看跌期权持有人会做出怎样的决策。

我们比较一下在下列三种可能的选择下投资者在期权到期日获得的收益。

(1) 通过立即执行该期权，投资者可以得到近 40 美元的收益，并可将这部分资金存入银行获取利息收入，因而 1 年后一共可得到 $40\times e^{0.12}$ 美元。

(2) 继续持有该期权。但由于股票价格不会小于零，因而投资者最终实现的期权到期日的收益绝对不会高于 40 美元。

(3) 出售该期权。对于这种选择，我们需要考虑的是市场参与者都知道股票价格不会跌至零以下，因而肯定没有人愿意按照 40 美元的价格买进该看跌期权，所以出售期权的收益也不会超过 40 美元。

从三种选择的比较可以看出，立即执行该期权是有利的。

例 12－12 只是从股价 S 非常低这一角度考虑时间价值非常小的情况。不过，初学者在阅读例 12－12 时可能会认为是由于股票价格已经几乎跌至零才导致看跌期权被执行，这样的理解显然不够全面和准确。事实上，是否提前执行美式看跌期权是投资者在货币的时间价值与看跌期权的时间价值之间权衡的结果。例 12－13 可以让我们更好地理解这一点。

[例 12－13]　某美式股票看跌期权的执行价格为 60 美元，而目前即 $t=0$ 时股票的市场价格为 10 美元。假设该股票的波动率较小，每一个交易日的价格相对于前一个交易日的价格变动在 -1% 和 1% 之间。同时假设当前连续计息的无风险利率为 12%。分析该美式看跌期权持有人是否会提前执行该期权。(为了分析的简便，在这里我们考虑 $t=0$，1，2，…，即时间为离散的交易日的情况。有能力的读者可以在连续时间的情况下按照下面的思路进行分析和讨论。)

我们同样比较该美式看跌期权持有人的几种选择的收益情况。

(1) 立即执行该期权，投资者可以得到 50 美元的收益，并可将这部分资金存入银行获取利息收入，并且我们还可计算出投资者在此后的第一个交易日得到的利息收入为 $50\times(e^{0.12/360}-1)=0.017$ (美元)。

(2) 持有该期权，在 $t=0$ 之后的某个交易日执行期权。

由于该股票每一交易日的价格最多只会比上一交易日下降 1%，因此，如果在 $t=1$ 的交易日执行该期权，则最多将得到收益 50.01 美元＜(50＋0.017) 美元，即在 $t=1$ 的交易日执行该期权得到的收益小于立即执行该期权的收益。

读者可以按照上述思路计算证明，在 $t=0$ 后的任何一个交易日执行该看跌期权所得到的收益均小于在 $t=0$ 的交易日立即执行该期权并投资于无风险资产所得到的收益。

(3) 卖出该看跌期权。由于市场上所有的参与者都知道该股票未来的波动率很小，在 $t=0$ 的交易日执行比在其后任何交易日执行更优，而在 $t=0$ 的交易日执行该期权得到的收益的现值为 50 美元，因此，购买该看跌期权的投资者从该期权上最多只能获得现值为 50 美元的收益。所以，该美式看跌期权在 $t=0$ 的交易日在市场上出售的价格绝对不会超过 50 美元。

通过以上分析可以看到，在 $t=0$ 的交易日提前执行该美式看跌期权是最优的策略。

例 12-13 说明，如果执行看跌期权并卖出股票所得到的现金按市场利率计息所产生的利息高于在相同时间段内期权时间价值的增加值，则提前执行该美式看跌期权是可行的。

由此可以看出，美式看跌期权是否被提前执行，关键取决于该期权的时间价值相对于货币的时间价值（即利息）的大小。因此，美式看跌期权可能被提前执行的具体情况包括：

（1）期权的执行价格比较高，而标的股票的市场价格比较低，即看跌期权处于深度实值状态。

（2）市场上的无风险利率比较高。

（3）股票价格的波动率很小。

（4）不支付股利的美式看涨期权不会被提前执行，而美式看跌期权可能会被提前执行。为什么会出现这种差异？我们可以从最直观的角度来回答这个问题。执行美式看涨期权意味着投资者需要支付现金购买股票，考虑货币的时间价值，当然是越晚支付越有利；而执行美式看跌期权则是投资者卖出股票获得现金，既然货币有时间价值，当然是越早得到越好。

三、提前执行：有股利支付的美式看涨期权

从本节第一小节的分析中我们知道，在无股利支付条件下美式看涨期权永远不会被提前执行。那么在存在股利支付预期的情况下，美式看涨期权是否有可能被提前执行？本小节对这个问题分析得出的答案是：有可能被提前执行，并且只可能在除息日前的某个瞬间被执行。

为简单起见，我们考虑只支付一次股利的股票期权问题。[①]

假定某只股票预期在 t 时刻支付数额为 d 的股利，设支付股利后股票价格为 S_t，则除息日前一时刻股票价格为 S_t+d。[②] 我们将期权的有效期划分为两个区间：一是从 0 时刻至 t 时刻；二是从 t 时刻至到期日 T。

（1）考虑期权在除息日前被执行的情况。在除息日前的第一个时间段内股票是没有股利的，因此，如果期权在这一时间段内被执行，那么一定是在 t 时刻之前的某个瞬间被执行（因为无股利支付的美式看涨期权是不会被提前执行的）。这样，该期权在除息日前的某个瞬间被执行，投资者付出现金 X，获得价值为 S_t 的股票。同时由于执行期权得到了股票，投资者还可在 t 时刻获得股利收益 d。因此，在 t 时刻投资者的总收益为 S_t-X+d。

（2）如果该期权没有在除息日前被执行，则在股利支付后，该期权又成为一个无股利支付美式看涨期权了。与前面同样的道理，这个期权不会在 $[t, T]$ 的时间被执行，该期权的价值和在此有效期内的欧式看涨期权的价值相等。我们用 $c(t)$ 表示有效期为 $[t, T]$、执行价格为 X 的欧式看涨期权的价格，用 $C(t)$ 表示相应的美式看涨期权的价格。由式（12.18）的结论可知，$C(t)=c(t)$。同时，由式（12.7）有 $c(t)\geqslant S-Xe^{-r(T-t)}$。故 $C(t)\geqslant S_t-Xe^{-r(T-t)}$。因此，如果投资者在除息日前不执行期权，他在 t 时刻的投资组

① 多次支付股利的分析从原理上看是类似的，有兴趣的读者可查阅约翰·赫尔所著的《期货与期权市场基本原理》（英文版·第 9 版）中的证明和分析。

② 在这里我们依然假定股利支付导致股价下降的幅度恰好等于支付的股利数额。

合价值将不低于 $S_t-Xe^{-r(T-t)}$。

从上述（1）和（2）的分析可以看出，投资者选择提前执行期权时在 t 时刻获得的收益 S_t-X+d 并不必然比选择不提前执行期权在 t 时刻获得的投资收益 $C(t)\geqslant S_t-Xe^{-r(T-t)}$ 低。因此，当 $S_t-X+d\geqslant S_t-Xe^{-r(T-t)}$，即

$$d\geqslant X[1-e^{-r(T-t)}] \tag{12.19}$$

成立时，有股利支付的美式看涨期权提前执行是可能的。[①]

同时，由（1）中的分析知道，如果有股利支付的美式看涨期权被提前执行，则提前执行的时间一定是在除息日前的某个瞬间。

［例 12-14］　某美式看涨期权的执行价格为 50 美元，期权有效期为 6 个月，标的股票的市价也为 50 美元。2 个月后该股票将支付 0.5 美元的股利。已知市场上连续计息的无风险利率为 10%。请问：该美式看涨期权是否应该被提前执行？

由于 $X[1-e^{-r(T-t)}]=50\times[1-e^{-0.1\times(6-2)/12}]=1.64$(美元)，而支付的股利为 0.5 美元，故 $d<X[1-e^{-r(T-t)}]$，因此，该美式看涨期权不会被提前执行。

第七节　美式期权价格区间

一、无股利支付的美式看涨期权的价格区间

在第六节中我们已经得到了这样的结论：无股利支付的美式股票看涨期权与相同标的资产、相同到期日的欧式看涨期权在价值上必然相等，即 $C=c$，因此，无股利支付条件下欧式看涨期权的价格区间也正是美式看涨期权的价格区间。结合式（12.6）和式（12.7），我们可以轻松得到美式看涨期权的价格区间为：

$$S\geqslant C\geqslant \max(S-Xe^{-rT},\ 0) \tag{12.20}$$

欧式和美式看涨期权的价格区间可用图 12-8 来表示。

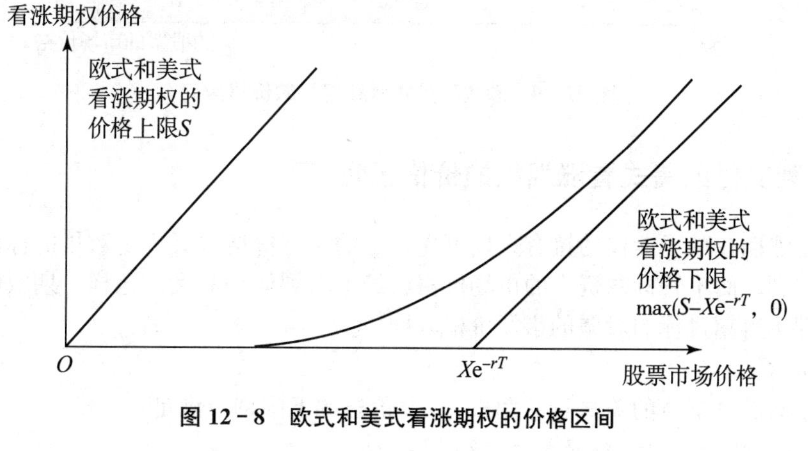

图 12-8　欧式和美式看涨期权的价格区间

① 需要提醒读者注意的是：我们上面推导得出的式（12.19）只是有股利支付的美式看涨期权被提前执行的必要条件，并未得出它是充分条件的结论。只有在股票价格遵循随机过程的假设并且股价足够高时，式（12.19）才能成为充分条件。

二、无股利支付的美式看跌期权的价格区间

如果无股利支付的美式看跌期权价格 $P<X-S$，那么套利者就会在以 P 的价格买进美式看跌期权和以 S 的价格买进股票的同时，根据看跌期权所赋予的权利按照 X 的执行价格出售股票，从而实现 $X-S-P>0$ 的无风险收益。因此，如果股票在期权有效期内无股利支付，则美式看跌期权的价格应满足：

$$P\geqslant \max(X-S,\ 0)$$

美式看跌期权赋予合约持有人按事先约定的执行价格出售规定数量的标的股票的权利，而不管该项标的股票的价格已经下跌到何种程度。对于美式看跌期权的持有人来说，最有利的情况就是在某一交易日股票价格下跌到零，这时看跌期权的价值与其执行价格相等。因此，无股利支付的美式看跌期权的价格上限是：

$$P\leqslant X$$

于是，我们可以得到无股利支付的美式看跌期权的价格区间为：

$$X\geqslant P\geqslant \max(X-S,\ 0) \tag{12.21}$$

图 12-9 同时绘出了欧式看跌期权和美式看跌期权的价格区间。从图中我们可以直观地看出，美式看跌期权的价格范围从整体上看要大于欧式看跌期权。

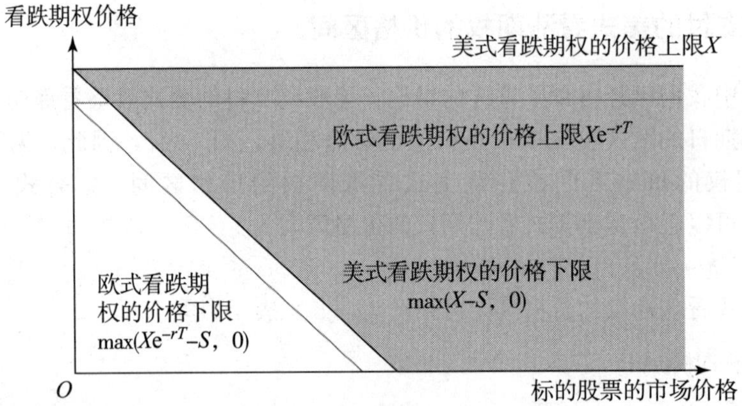

图 12-9 欧式和美式看跌期权的价格区间

三、有股利支付的美式看涨期权的价格区间

美式看涨期权赋予期权的持有人按事先约定的执行价格购买规定数量的标的资产（如股票）的权利，而不管标的资产的市场价格已经上涨到何种高度。这样，期权的价值在任何情况下都不得超过标的股票的市场价格，即

$$S\geqslant C \tag{12.22}$$

而对于有股利支付的美式看涨期权[①]，其价格的下限则应满足：

$$C\geqslant \max(S-D-Xe^{-rT},\ S-Xe^{-rt},\ 0) \tag{12.23}$$

---

① 这里，我们仍然只分析在期权有效期内股票只支付一次股利的情形。有兴趣的读者不妨推导一下在支付多次股利情况下的美式看涨期权的价格下限。

式中，D 为股利贴现到当前时刻的现值；T 为期权的有效期限；t 为当前距离股利支付的时间。

下面我们来分别证明 $C \geqslant S - Xe^{-rt}$ 和 $C \geqslant S - D - Xe^{-rT}$。

(1) 先考虑如果 $C < S - Xe^{-rt}$，会存在怎样的套利机会。

套利者可购买 1 张美式看涨期权，同时卖空 1 股股票，另外，按无风险利率投资 Xe^{-rt}，即可赚取无风险收益，现金流情况如表 12-9 所示。

表 12-9　有股利支付的美式看涨期权价格出现 $C < S - Xe^{-rt}$ 时的套利

套利者目前的投资组合	目前的现金流量	t 时的现金流量	
		如果 $S_t \geqslant X$	如果 $S_t < X$
买进美式看涨期权	$-C$	$+S_t - X$	0
卖空股票	$+S$	$-S_t$	$-S_t$
无风险投资 Xe^{-rt}	$-Xe^{-rt}$	$+X$	$+X$
合计	$-C + S - Xe^{-rt} > 0$	0	$-S_t + X > 0$

套利机会的存在将很快迫使美式看涨期权价格上涨到不低于下限 $S - Xe^{-rt}$ 的位置，即 $C \geqslant S - Xe^{-rt}$。

(2) 再考虑如果 $C < S - D - Xe^{-rT}$，会存在怎样的套利机会。

套利者可购买 1 张美式看涨期权，卖空 1 股股票，另外按无风险利率投资 $D + Xe^{-rT}$，即可赚取无风险收益，现金流情况如表 12-10 所示。

表 12-10　有股利支付的美式看涨期权价格出现 $C < S - D - Xe^{-rT}$ 时的套利

套利者目前的投资组合	目前的现金流量	除息日的现金流量	期权合约到期时的现金流量	
			如果 $S_T \geqslant X$	如果 $S_T < X$
买进看涨期权	$-C$	0	$+(S_T - X)$	0
卖空股票	$+S$	$-De^{rt}$	$-S_T$	$-S_T$
按无风险利率投资 D	$-D$	$+De^{rt}$	0	0
按无风险利率投资 Xe^{-rT}	$-Xe^{-rT}$	0	$+X$	$+X$
合计	$-C + S - D - Xe^{-rT} > 0$	0	0	$-S_T + X > 0$

同样地，套利机会的存在也会使美式看涨期权价格上涨到不低于 $S - D - Xe^{-rT}$ 的位置。

另外，期权的价格显然不能为负，于是式 (12.23) 得到证明。

[例 12-15]　假设某公司股票现在的市场价格为 32 美元，执行价格为 30 美元的该公司美式股票看涨期权的价格为 5.60 美元，该期权的有效期还有 4 个月。同时，市场预期该公司将会在 2 个月后支付每股 1.5 美元的股利。假定按连续复利计算的无风险利率为 12%（年利率）。要使市场中不存在无风险套利机会，则该美式看涨期权的价格下限是多少？

解：股利的现值为：

$$D=1.5\times e^{-0.12\times 2/12}=1.47(\text{美元})$$

因而，

$$S-D-Xe^{-rT}=32-1.47-30\times e^{-0.12\times 4/12}=1.71(\text{美元})$$

$$S-Xe^{-rt}=32-30\times e^{-0.12\times 2/12}=2.59(\text{美元})$$

由式（12.23）有 $C\geqslant\max(S-D-Xe^{-rT}, S-Xe^{-rt}, 0)=2.59$(美元)。故该美式看涨期权的价格不得低于 2.59 美元。读者可以按照表 12-9 来分析一下当该美式看涨期权的价格低于 2.59 美元时会有怎样的套利机会。

四、有股利支付的美式看跌期权的价格区间

与有股利支付的美式看涨期权类似，有股利支付的美式看跌期权的价格上限仍然是股票的执行价格，即

$$X\geqslant P \tag{12.24}$$

下面我们将证明有股利支付的美式看跌期权的价格下限，即

$$P\geqslant\max(Xe^{-rt}-S+D, X-S, 0) \tag{12.25}$$

式中，D 为股利贴现到当前时刻的现值；t 为当前距离股利支付的时间。

我们这里只给出 $P\geqslant Xe^{-rt}-S+D$ 的论证，$P\geqslant X-S$ 的证明比较简单，请读者自行完成。

如果 $P<Xe^{-rt}-S+D$，我们将发现市场存在套利机会，即套利者可以通过按无风险利率借入资金 $Xe^{-rt}+D$，同时买进股票和看跌期权来获取无风险收益。具体现金流量分析如表 12-11 所示。套利机会的存在会使美式看跌期权的价格很快上升到不低于 $Xe^{-rt}-S+D$ 的位置。

表 12-11　有股利支付的美式看跌期权价格出现 $P<Xe^{-rt}-S+D$ 时的套利

套利者目前的投资组合	目前的现金流量	除息日的现金流量		
		股利支付	如果 $S_t\leqslant X$，除息日后立即执行期权的现金流量	如果 $S_t>X$，除息日后按市价出售股票并还贷的现金流量
借入资金 Xe^{-rt}	$+Xe^{-rt}$	0	$-X$	$-X$
借入资金 D	$+D$	$-De^{rt}$	0	0
买进股票	$-S$	$+De^{rt}$	$+S_t$	$+S_t$
买进看跌期权	$-P$	0	$+(X-S_t)$	0
合计	$Xe^{-rt}+D-S-P>0$	0	0	$-X+S_t>0$

第八节　美式期权平价关系

一、无股利支付的美式看跌期权与看涨期权的平价关系

由于无股利支付的美式看涨期权的价格与欧式看涨期权的价格相等，即 $C=c$，而美式看跌期权的价格要高于欧式看跌期权的价格，即 $P>p$，因此美式看涨期权和看跌期权并不存在与欧式期权类似的等式关系，它们只存在一个不等式关系。由 $c+Xe^{-rT}=p+S$ 可以推得美式看跌期权和看涨期权之间的关系为：

$$P+S>C+Xe^{-rT} \tag{12.26}$$

此外，我们通过对以下两个投资组合的分析可以得出另一个结论。

投资组合 K：一张可购买 1 股标的股票的美式看涨期权和金额为 X 的现金。

投资组合 L：一张可卖出 1 股标的股票的美式看跌期权和 1 股标的股票。

如果投资组合 L 的美式看跌期权在 t 时刻提前执行，则在 t 时刻投资组合 L 的价值为 X，而此时投资组合 K 中的现金按照无风险利率已经变成 Xe^{rt}，因此投资组合 K 的价值高于投资组合 L 的价值。

如果投资组合 L 的美式看跌期权没有被提前执行，则在 T 时刻投资组合 L 的价值为 $\max(S_T,X)$；而此时投资组合 K 的价值为 $\max(S_T-X,0)+Xe^{rT}=\max(S_T,X)+X(e^{rT}-1)$。投资组合 K 的价值仍然高于投资组合 L 的价值。

由于在任何情况下投资组合 K 的价值均高于投资组合 L 的价值，因此投资组合 K 的当前成本（价格）也应高于投资组合 L，即

$$C+X>P+S \tag{12.27}$$

因此，在无股利支付条件下，美式看涨期权和看跌期权的价格应满足以下关系：

$$C+X>P+S>C+Xe^{-rT} \tag{12.28}$$

［例 12-16］　某不支付股利的美式看涨期权的执行价格为 30 美元，到期期限为 4 个月，期权价格为 4.2 美元。若股票现在的市场价格为 28 美元，按连续复利计算的无风险年利率为 6%，试确定具有相同标的股票、执行价格为 30 美元、到期期限为 4 个月的美式看跌期权的价格区间。

根据式（12.28）有：

$$C+Xe^{-rT}-S<P<C+X-S$$

于是可得到该美式看跌期权的价格区间为：

$$5.61\text{ 美元}<P<6.2\text{ 美元}$$

二、有股利支付的美式看跌期权与看涨期权的平价关系

下面我们再考虑一下当股票在期权有效期内会支付股利时，美式看跌期权和看涨期权存在怎样的关系。

由于在无股利支付条件下有

$$P_{\text{无股利}}+S>C_{\text{无股利}}+Xe^{-rT}$$

而股票支付股利会增加看跌期权的价值，同时减少看涨期权的价值，即

$$P>P_{无股利}$$

$$C_{无股利}>C$$

因此，可以得到下式：

$$P+S>C+Xe^{-rT} \tag{12.29}$$

此外，我们通过对以下两个投资组合的分析可以得出另一个结论。

投资组合 M：一张可购买 1 股标的股票的欧式看涨期权和金额为 $D+X$ 的现金。

投资组合 N：一张可卖出 1 股标的股票的美式看跌期权和 1 股标的股票。

同前面一样，我们分析在不同情况下投资组合 M 和投资组合 N 的价值。

如果投资组合 N 中的美式看跌期权在股票支付股利之前的 τ 时刻被提前执行，则投资组合 N 在 τ 时刻的价值为 X。而此时投资组合 M 中现金的价值已经达到（$D+X$）$e^{r\tau}$，且看涨期权价值不低于零，投资组合 M 的价值显然高于投资组合 N 的价值。

如果投资组合 N 的美式看跌期权在股票支付股利之后的 τ 时刻（包含到期日 T）被执行，由于投资组合 N 在 t 时刻能够获得 De^{rt} 的股利，则 τ 时刻投资组合 N 的价值为 $X+De^{r\tau}$。此时投资组合 M 中现金的价值就已经达到（$D+X$）$e^{r\tau}$，且看涨期权价值不低于零，因而投资组合 M 的价值仍然高于投资组合 N 的价值。

如果投资组合 N 的美式看跌期权没有被执行，则在到期日投资组合 N 的价值为 S_T+De^{rT}，并且有 $S_T>X$(否则看跌期权就会被执行)。由于 $S_T>X$，投资组合 M 中的欧式看涨期权会被执行，因而在到期日投资组合 M 的价值为 $S_T-X+(D+X)e^{rT}>S_T+De^{rT}$，也高于投资组合 N 的价值。

因此，在任何情况下投资组合 M 的价值均大于投资组合 N 的价值。这就要求投资组合 M 的成本（价格）也高于投资组合 N 的成本（价格），即

$$c+D+X>P+S$$

在有股利支付的条件下，美式看涨期权由于可以选择提前执行，因此其价格必然不低于欧式看涨期权，即 $C\geqslant c$，因此可得到：

$$C+D+X>P+S \tag{12.30}$$

将式（12.29）和式（12.30）结合在一起即得到有股利支付条件下美式看跌期权和看涨期权价格的关系为：

$$C+D+X>P+S>C+Xe^{-rT} \tag{12.31}$$

本章小结

本章对期权价格的构成和影响因素进行了定性分析，同时利用无套利原理确定了期权的价格区间和价格之间的关系。具体来说，本章讨论了以下内容。

1. 期权价值构成。

期权价值＝期权的内在价值＋期权的时间价值

看涨期权的内在价值＝max($S-X$，0)

看跌期权的内在价值＝max($X-S$，0)

2. 各因素对期权价格的影响可总结为下表：

影响因素	欧式		美式	
	看涨期权	看跌期权	看涨期权	看跌期权
股票现价（S）	+	−	+	−
期权执行价格（X）	−	+	−	+
到期期限（T）	+(*)	+(*)	+	+
标的股票收益波动率（σ）	+	+	+	+
无风险利率（r）	+	−	+	−
股利（D）	−	+	−	+

注："+"表示期权价格与相应变量之间是正相关关系；"−"表示期权价格与相应变量之间是负相关关系；"+(*)"表示在无股利支付条件下是正相关关系。

3. 美式期权的提前执行问题。

(1) 在无股利支付情况下，美式看涨期权不会被提前执行。

(2) 在无股利支付情况下，当美式看跌期权的时间价值非常小时，投资者选择提前执行期权可能是最优的选择。是否提前执行美式看跌期权是投资者在货币的时间价值与看跌期权的时间价值之间权衡的结果。

(3) 有股利支付的美式看涨期权有可能在除息日前的瞬时被提前执行。

4. 欧式股票期权和美式股票期权的价格区间可总结为下表：

项目	无股利支付条件下的价格区间	有股利支付条件下的价格区间
欧式看涨期权	$S\geqslant c\geqslant \max(S-Xe^{-rT},\ 0)$	$S\geqslant c\geqslant \max(S-D-Xe^{-rT},\ 0)$
欧式看跌期权	$Xe^{-rT}\geqslant p\geqslant \max(Xe^{-rT}-S,\ 0)$	$Xe^{-rT}\geqslant p\geqslant \max(Xe^{-rT}+D-S,\ 0)$
美式看涨期权	$S\geqslant C\geqslant \max(S-Xe^{-rT},\ 0)$	$S\geqslant C\geqslant \max(S-D-Xe^{-rT},\ S-Xe^{-rt},\ 0)$
美式看跌期权	$X\geqslant P\geqslant \max(X-S,\ 0)$	$X\geqslant P\geqslant \max(Xe^{-rt}-S+D,\ X-S,\ 0)$

5. 欧式期权的平价关系和美式期权的平价关系。

(1) 期权有效期内无股利支付情况下的欧式期权平价关系：

$$c+Xe^{-rT}=p+S$$

(2) 期权有效期内有股利支付情况下的欧式期权平价关系：

$$c+D+Xe^{-rT}=p+S$$

(3) 在无股利支付情况下，美式期权的平价关系：

$$C+X>P+S>C+Xe^{-rT}$$

(4) 在有股利支付情况下，美式期权的平价关系：

$$C+D+X>P+S>C+Xe^{-rT}$$

练习题

1. 请根据例 12-1 提供的新浪股票期权数据，找出 2005 年 9 月 19 日到期的、时间价值最大的新浪股票看涨期权。

2. 假设你是一家公司的唯一所有者和经理，目前的所有债务将在 1 年后到期。如果债务到期时公司的价值高于债务的面值，偿还债务后剩余的价值归你所有；如果公司的价值小于债务的面值，公司将破产，债务人取得公司所有的财产。

（1）以公司价值作为期权的标的物，描述你在不同情况下的头寸状况。

（2）你可以采用哪些方法来提高自己的头寸价值？

3. 设 $c(X_i)$ 表示具有相同标的股票和到期日、执行价格为 X_i、期权有效期内股票不支付股利的欧式看涨期权的价格。如果 $X_1<X_2$，$1\geqslant\lambda\geqslant0$，试用无套利原理证明：

$$c[\lambda X_1+(1-\lambda)X_2]\leqslant\lambda c(X_1)+(1-\lambda)c(X_2)$$

对于欧式看跌期权，类似的结论成立吗？

4. “期权价格取决于标的股票收益波动率。既然资本市场理论认为波动率的适宜测度是股票的 β 值，那么期权的价格应该取决于股票的 β 值。”解释为什么你同意或者不同意这种观点。

5. 假定市场上有一张欧式股票看跌期权合约，合约有效期为 4 个月，期权执行价格为 65 美元，标的股票的现行市价为 60 美元，股票在期权有效期内无股利支付，市场上以连续复利形式计算的无风险利率为 6%（年利率）。如果该看跌期权的交易价格为 2 美元，请问套利者存在怎样的套利机会？套利者可以如何操作来获取无风险收益？

6. 假定市场上有一张无股利支付股票的看涨期权合约，合约有效期为 4 个月，执行价格为 60 美元，目前股票的价格为 65 美元。假如市场上以连续复利形式计算的无风险利率为 6%，请问该看涨期权的价格下限是多少？

7. H 公司目前的股票价格为 34 美元，市场投资者预期该公司将在 2 个月后支付每股 1.3～1.5 美元的股利。假定此时市场上以该公司股票为标的资产的欧式看涨期权的有效期为 6 个月，执行价格为 30 美元，市场上以连续复利形式计算的无风险利率为 6%（年利率）。在本章第二节所做的假设条件下，确定该欧式看涨期权的价格下限。

8. P 公司目前的股票价格为 36 美元，市场投资者预期 P 公司将分别在 1 个月后和 4 个月后每股派发 1.2 美元和 1.0 美元的股利。而此时以 P 公司股票为标的物、执行价格为 30 美元、6 个月后到期的欧式看涨期权的价格为 3 美元，市场上以连续复利形式计算的无风险利率为 6%（年利率）。请问市场上存在怎样的套利机会？

9. 已知 S 公司目前的股价为 31 美元，并且在未来 3 个月内不会支付股利。以连续复利形式计算的无风险利率为 10%（年利率）。3 个月到期、执行价格为 30 美元的欧式看涨期权的价格为 3 美元。如果此时的欧式看跌期权价格为 2.25 美元，那么有怎样的套利机会？如果此时的欧式看跌期权价格为 1.00 美元，又有怎样的套利机会？

10. K 公司目前的股票价格为 60 美元，此时执行价格为 55 美元、6 个月后到期的 K 公司股票的欧式看涨期权的市场价格为 7.13 美元，具有相同标的股票、执行价格和到期日的欧式看跌期权的市场价格为 1.04 美元。假设此时市场完全、完善并且不存在套利机会，请问市场隐含的无风险利率是多少？

11. 利用本章学过的理论分析一个关于实物期权的问题。B 公司得到了 100 年内独家在 A 地区开采金矿的权利，并且该开采权可以自由转卖。假定任何时候开采单位黄金的成本都是固定不变的，而黄金的价格随市场波动，那么 A 地区的金矿在 100 年内会被开采吗？为什么？你得出的结论与现实是完全一致的吗？为什么？

12. 是否提前执行美式看跌期权是投资者在货币的时间价值与看跌期权的时间价值之间权衡的结果。请解释这一说法。

13. 由本章例 12-1 的数据可知新浪股票在 2005 年 3 月 15 日的收盘价为 31.27 美元，并且假定新浪股票在 2005 年 9 月 19 日之前无股利支付。执行价格为 30 美元、2005 年 9 月 19 日到期的新浪股票美式看涨期权价格为 5.6 美元。已知市场按连续复利形式计算的无风险利率为 3.4%。请推导出相同标的股票、执行价格、到期日的美式看跌期权的价格区间。再比较一下表 12-2 所给出的执行价格为 30 美元、2005 年 9 月 19 日到期的新浪股票美式看跌期权的价格，你认为此时市场上存在套利机会吗？

14. 某投资者持有 Y 公司的股票 10 000 股，Y 公司股票现在的市场价格为 55 美元。该投资者由于担心 Y 公司股票会在 6 个月内出现大幅下跌，希望通过金融衍生品对手中的股票套期保值，可是市场中不存在 55 美元左右的 Y 公司股票远期合约。而此时市场中有执行价格为 55 美元、6 个月到期的 Y 公司股票欧式看涨期权和看跌期权交易。假设每张期权的标的资产是 100 股 Y 公司股票，市场中连续复利的无风险利率为 6%。如果该投资者希望完全对冲 Y 公司股票的风险，则他应该如何操作？

15. 在本题中，我们推导欧式看跌期权与看涨期权的平价关系，股票在到期日前支付股利。为简单起见，假定在期权到期日股票一次性支付每股股利 D。

a. 在期权到期日，股票加看跌期权头寸的价值是多少？

b. 现在考虑一个投资组合，由一个看涨期权、一个零息票债券组成，两者的到期日相同，债券面值为 $(X+D)$。在期权到期日，该组合的价值是多少？你会发现，不管股票价格是多少，这个价值都等于股票加看跌期权头寸的价值。

c. 在 a 和 b 两个部分中，建立两个投资组合的成本各是多少？使这两个成本相等，你就可以得到看跌期权与看涨期权的平价关系，并写出该表达式。

参考文献

［1］Cox，J. C.，M. Rubinstein，*Options Markets*，New York：Prentice-Hall，1985.

［2］Galai，D.，"Empirical Tests of Boundary Conditions for CBOE Options，" *Journal of Financial Economics*，1978（6）：187-211.

［3］Merton，R.，"The Relationship between Put and Call Option Prices：Comment，" *Journal of Finance*，1973（28）：183-184.

［4］Wang，Changyun，W. Zhang，and W. K. Tan，"American Futures Options Arbitrage：Evidence from the Nikkei 225 Options Market，" *Quantitative Finance*，2008（8）：313-320.

［5］约翰·赫尔．期货与期权市场基本原理：英文版·第 9 版．北京：清华大学出版社，2021.

第十三章
期权交易策略

本章导读

本章我们主要介绍关于期权的各种交易策略，不同的期权组合有着不同的损益状态。看涨期权、看跌期权和期货（标的资产）等金融工具的组合能够形成各种形式的收益，我们将这些组合统称为合成证券。我们先分析单只股票期权头寸与股票本身头寸组合的损益情况，并讨论如何利用股票和期权的组合增加收益、降低风险。然后我们讨论期权展期策略，介绍如何展期以及展期策略的时机问题，并以出售有抵补的美式看涨期权为例具体分析期权的展期策略。最后我们着重讨论期权的复合交易策略，研究如何组合期权以对标的资产的未来价值（或价值的范围）进行投机。我们介绍了基于对未来股票价格变化方向的预测的投机策略，如牛市价差策略与熊市价差策略等，以及基于对股票未来价格变动幅度的预测的策略，如跨式价差策略等。在本章中除非有特殊说明，否则我们所指的期权均为欧式期权。

第一节　合成证券

一、合成证券的理论背景

根据金融工程的理论，我们可以将各种金融工具看作零部件，采用各种不同的方式组装起来，就能创造出具有特定流动性和收益与风险特征的新型金融产品，并以此来满足客户的需要。这就像一台完整的机床可以由若干零部件按照适当的规则组装而成。复杂的金融工具是由一些基本的金融工具组合得到的。例如，债券和期权的组合形成了可转换债券，股票和期权的组合形成了认股权证。

金融工程的“零件”是各种现有的金融工具和金融手段，其中最主要的是目前大量涌现的证券衍生工具，如远期、期货、互换、期权等，无论多么复杂的金融产品和工具都可以分解成各种基本的金融工具，它们是各种基本的金融工具的组合。

看涨期权、看跌期权和期货（标的资产）等金融工具的组合可以形成各种不同形式的收益，我们可将这些组合统称为合成证券。我们在前面所提到的看涨期权和看跌期权平价关系就是合成证券的一个例子。同时，任何一种证券都能由其他证券的组合拼凑出来。当一个期权组合的收益与另一项目标资产的收益完全相同时，我们便创造出了合成证券。确定要准确地拼凑出某种目标证券所需要的证券种类和数量是一个非常复杂的问题，涉及数学和统计学的诸多知识。在金融工程领域中，金融工程师可能出于不同的目的来创造合成证券，有的可能只是简单地希望以更低的成本获得一定形式的融资，例如金融工程师将债券和期权组合起来合成新的融资工具——可转换债券，降低了公司的融资成本；也有的可能比较复杂，例如股指期货的套利行为就是利用真实证券与证券组合之间的价格不一致来套利。

二、合成证券的几个例子

（一）标的资产和看跌期权的组合

我们考虑如下两个投资策略。

策略 A：投资者买入一部分资产，同时还买入以此种资产为标的物的平价看跌期权。如果资产价格下降，期权到期时是实值期权，投资者会执行期权，以执行价格交割资产获得收入。由于期权购入时处于盈亏平衡状态（平价看跌期权），执行价格正好抵消了原来买入资产所支付的价格；只要资产价格低于执行价格，就会发生这种情况，投资者的净损失将锁定为购买看跌期权所支付的期权费。相反，如果资产价格高于执行价格，看跌期权到期时是虚值期权，期权不会被执行。投资者可以以市场价格卖出资产获得收入，资本利得减去期权费则为投资者的净收益。总之，如果在到期日资产价格低于看跌期权的执行价格，投资者的损失为买入看跌期权的费用，是一个常数；如果在到期日资产价格高于看跌期权的执行价格，投资者的收益与资产价格同步上涨。

策略 B：投资者不买入资产，而是买入这种资产的平价看涨期权。如果在到期日资产价格低于执行价格，看涨期权不会被执行，因而投资者的损失只是期权费；如果在到期日资产价格高于执行价格，投资者所获收益与资产价格同步上涨。

所以从定性分析的角度来看，这两个投资策略的收益是一样的。实际上我们可以证明，资产的多头加上看跌期权的多头可以合成看涨期权的多头，在下一节中我们将用看涨期权和看跌期权平价公式具体证明这一点。这里我们可以用图形来说明这一点。如图 13 - 1 所示，从图中我们可以看到，持有一项资产和一张看跌期权的组合与持有有同样执行价格的看涨期权的收益是相同的。当资产价格低于约定价格时，资产收益和看跌期权收益的两条斜线相抵消，其结果等于看涨期权收益的水平线；当资产价格高于约定价格时，看跌期权收益的水平线并不影响资产收益向上的斜线，结果显示，组合的收益是一条向上的斜线，与看涨期权的图形相同。

此外，我们还可以用符号命名法来做这种期权算术。我们将结果是负斜率定义为（－1），表示收益与股票价格之间的负相关关系：当股票价格上升（下降）时，收益下降（上升）。将正斜率定义为（＋1），表示收益与股票价格之间的正相关关系：当股票价格上升（下降）时，收益也随之上升（下降）。将水平线定义为（0），表示收益与股票价格的变化不相关，无论股票价格是上升还是下降，收益均不变。不同情况下的收益状态可以依此排列并用逗号隔开，例如购买看涨期权的结果可以表示为（0，＋1），这表示如果该看涨期权到期时为虚值期权，则结果为水平线（0），否则为正斜率线（＋1）。

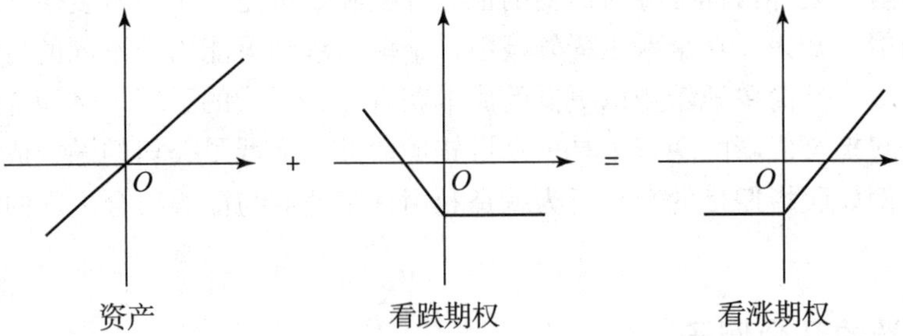

图 13-1　持有一项资产和一张看跌期权的组合与持有该资产的看涨期权的收益相同

在符号命名法下，图 13-1 中的关系可以表示如下（见表 13-1）。

表 13-1　投资组合的收益分解

买入一项资产	（+1，+1）
买入一张看跌期权	（−1，0）
净效果	（0，+1）

显而易见，投资组合最后的净效果与买入一张看涨期权相同。

（二）看涨期权、看跌期权和远期（期货）的组合

假设现在我们有三种资产，即看涨期权、看跌期权和远期（期货），三者具有相同的到期日。看涨期权与看跌期权的执行价格均为 X，远期的多头可以以价格 X 购买股票（也就是说，远期合约最初具有远期价格 $F_0=X$）。我们将看到，利用三种金融工具中的任意两种都可以把第三种资产复制出来，也就是说，我们能够创造出合成的看涨期权、看跌期权和远期（期货）。

假设标的资产是一只股票，远期的多头最终要在到期日交割合约中的股票。远期的多头实际上相当于今天借入现金，买入股票，因此持有股票和远期的多头的收益曲线形状应一样。这样远期的多头的收益为（+1，+1），两者空头的收益均为（−1，−1）。

图 13-2 演示了一个合成的看跌期权空头和一个合成的远期多头。

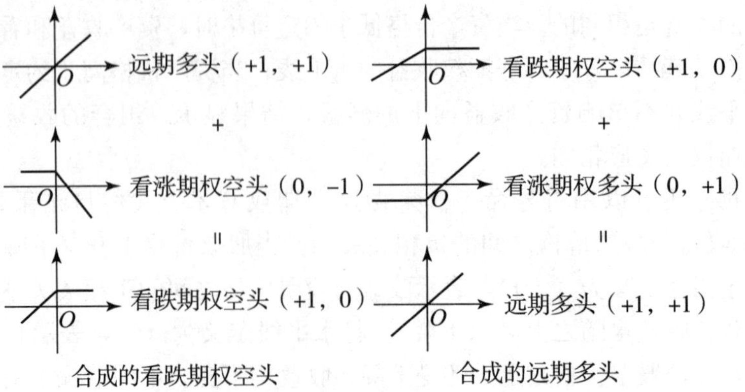

图 13-2　合成的看跌期权空头和远期多头

三、价差头寸

金融工程中的组合技术主要是在同一类金融产品和金融工具之间进行搭配，通过构造对冲头寸规避或抑制风险暴露，增加收益。根据组合技术，利用一种以上期权组合，我们可以构成价差头寸，构造出很多不同形式的收益。

在衍生品交易中，投资者使用价差（组合）策略是因为这种策略比没有保护的头寸风险更小，但这种风险的减小是以利润的降低为代价的。价差策略分为三种：垂直价差策略、水平价差策略和对角价差策略。

垂直价差策略又被称为价格价差策略，它是由具有相同到期日但是不同执行价格的看涨期权或看跌期权构造的。

水平价差策略又被称为时间价差策略或日历价差策略，它是由具有相同执行价格但是不同到期日的看涨期权或看跌期权构造的。

对角价差策略又被称为斜线价差策略，它是由具有不同执行价格以及不同到期日的看涨期权或看跌期权构造的。

“垂直价差”一词来源于报纸行情专栏的格式，报纸在报价时，通常将不同执行价格的报价列在同一列中。“水平价差”这一称谓来源于不同到期日的报价一般印在同一行里。

价差多头也称买入价差，指的是在 0 时刻有净现金支付的策略。例如我们以 C_1 的价格买入一张执行价格为 $X_1=100$ 的看涨期权，同时以 C_2 的价格卖出一张执行价格为 $X_2=110$ 的看涨期权，两者都是 6 月份到期，因为 $C_1>C_2$，所以在 0 时刻有一个净现金支付。这通常被称为 6 月份 100/110 看涨期权价差，其中数字 100 指买入的看涨期权的执行价格。而 6 月份 100/110 看跌期权价差则是价差空头（卖出价差）。对于执行价格相同的水平价差，视买入期限较长的期权合约、卖出期限较短的期权合约为多头，反之则为空头。例如，7 月/4 月 100 看涨期权价差是一个多头头寸，因为投资者购买 7 月份期权合约的支出要大于出售 4 月份期权合约的收入，在 0 时刻有净现金支付。

第二节 包含股票期权与股票的交易策略

在股票市场上投资者面临股价变动的风险，其收益的大小取决于投资者对股价变动预测的准确程度，然而现实中没有人可以准确地预料到市场的变动情况。股票期权为投资者提供了一种很好的规避风险的工具，我们可以利用看涨期权和看跌期权来防范风险的发生，增加收益。

单纯地运用看涨期权或看跌期权来防范风险是股票期权最简单的应用，在衍生品的交易中，投资者还可以通过用股票与期权组合交易的形式构造具有众多不同盈亏分布特征的证券组合来规避风险，增加收益。例如，我们可以把一张简单的股票看涨或看跌期权和一股标的股票组合起来进行交易。利用一张简单的股票期权和一股标的股票构造的组合有许多不同的种类，形成了不同的损益状态：

（1）买入 1 股股票，卖出 1 张以该股票为标的的看涨期权。

（2）卖空 1 股股票，买入 1 张以该股票为标的的看涨期权。

（3）卖空 1 股股票，买入 1 张以该股票为标的的看跌期权。

（4）买入 1 股股票，卖出 1 张以该股票为标的的看跌期权。

一、股票与期权组合的损益状态

股票与期权可以有多种不同的组合交易策略，从而形成不同的损益状态。1 张简单的股票期权和 1 股标的股票构造的不同组合的损益状态如图 13－3 所示。图中，虚线代表构造该组合的单只证券（股票或期权）的收益与股票价格变动之间的关系，实线代表整个组合的收益和股票价格变动之间的关系。

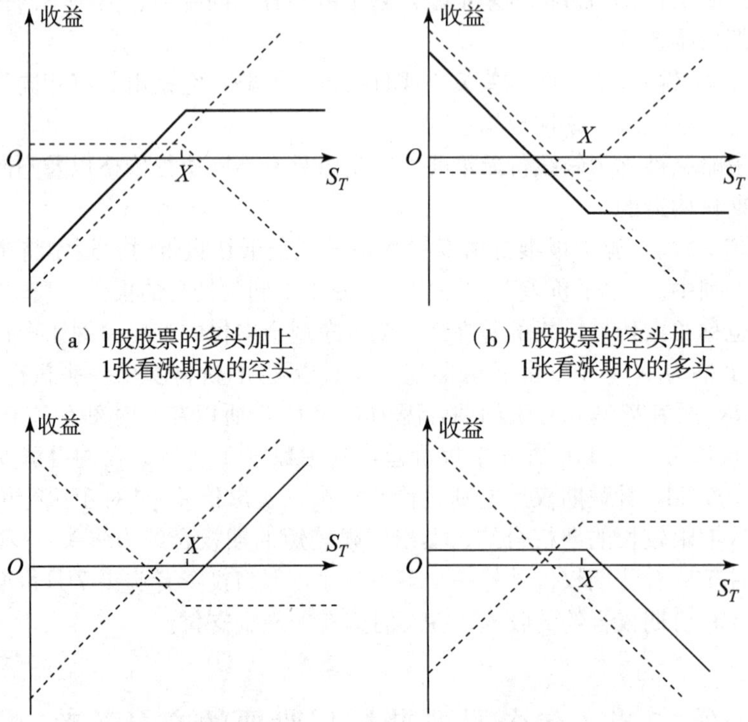

（a）1股股票的多头加上1张看涨期权的空头

（b）1股股票的空头加上1张看涨期权的多头

（c）1张看跌期权的多头加上1股股票的多头

（d）1张看跌期权的空头加上1股股票的空头

图 13－3　包括 1 张简单期权和 1 股股票的各种组合的损益状态图

在图 13－3（a）中的组合交易策略即出售 1 张有抵补（或有担保）的看涨期权（a covered call）。它是指购买 1 股股票，同时出售 1 张标的物为该股票的看涨期权，股票多头能保护投资者免受股票价格急剧上升导致的巨大损失，它的损益状态与出售 1 张相同标的股票的看跌期权一样。

在图 13－3（b）中，组合交易策略是卖空 1 股股票，同时买入 1 张该股票的看涨期权，其损益状态与出售 1 张有抵补的看涨期权的损益状态相反，与买入 1 张具有相同标的股票的看跌期权一样。

在图 13－3（c）中，组合交易策略包括买入 1 张看跌期权同时买入 1 股股票，它的损益状态与买入 1 张具有相同标的股票的看涨期权的损益状态相同，这一策略有时被称为有保护的看跌期权（protective put）策略。因为单独投资于股票的风险很大，同时买入 1 张看跌期权，可以降低投资的风险。

在图 13-3（d）中，组合交易策略是出售 1 张看跌期权，同时卖空 1 股股票，其损益状态与有保护的看跌期权的损益状态正好相反，它相当于卖出 1 张同样标的股票的看涨期权。

在图 13-3 中，损益状态与我们前面介绍过的出售看跌期权、购买看跌期权、购买看涨期权和出售看涨期权的损益状态具有相同的形状。正如我们前面在合成证券中所提到的，图 13-3 恰好说明了如何合成看跌期权空头、看跌期权多头、看涨期权多头以及看涨期权空头。下面我们用看涨期权和看跌期权之间的平价公式来证明这一点。

回顾在第十二章中所学到的看涨期权与看跌期权之间的平价关系，在股票和期权组合状态下看涨期权和看跌期权之间的平价公式为：

$$p+S=c+Xe^{-r(T-t)}+D \tag{13.1}$$

式中，p 为欧式看跌期权的价格；S 为股票价格；c 为欧式看涨期权的价格；X 为看涨期权和看跌期权的执行价格；r 为无风险利率；$T-t$ 为看涨期权和看跌期权的到期期限；D 为期权有效期内预期所获股利的现值。

式（13.1）表明看跌期权的多头加上股票的多头等同于看涨期权的多头加上金额为 $Xe^{-r(T-t)}+D$ 的现金，现金的收益与股票价格变动无关，所以图 13-3（c）的损益状态与看涨期权多头的损益状态相同。图 13-3（d）的头寸与图 13-3（c）的头寸正好相反，因此其损益状态类似于看涨期权空头的损益状态。

将式（13.1）变形可得：

$$S-c=Xe^{-r(T-t)}+D-p$$

上式表明，一个股票的多头加上一个看涨期权的空头等同于一个看跌期权的空头加上金额为 $Xe^{-r(T-t)}+D$ 的现金，现金的收益与股票价格变动无关，所以图 13-3（a）的损益状态类似于看跌期权空头的损益状态。而图 13-3（b）的头寸正好与图 13-3（a）的头寸相反，因此其损益状态类似于看跌期权多头的损益状态。

二、股票与期权的组合交易策略

（一）进取型策略

进取型策略是指提高股票投资收益的增值策略。下面介绍采用怎样的股票与期权的组合交易策略可以提高投资者持股的收益。进取型策略最常用的方法是出售有抵补的看涨期权，即持有股票并卖出所持股票的看涨期权。它最大的好处是比单独持股多获得期权费收益。我们来看一个例子。

［例 13-1］ 假设某投资者持有 XYZ 公司 10 000 股股票，当时股价为 100 元，投资者认为 XYZ 公司的股票在接下来几个月内不会上涨，而且很可能保持不变，因此他卖出了这些股票的 2 个月期的平价看涨期权，每股期权费为 5 元，在到期时会出现如下三种结果：

（1）XYZ 公司的股票价格如预期般保持在 100 元，期权到期无价值，投资者则收入 5 元的期权费，这就比只持有股票增加了收益。

（2）XYZ公司的股票价格上涨，期权到期时为实值期权，投资者以执行价格100元交割其持有的XYZ公司的股票，但由于期权费收益的存在，相当于投资者以105元的价格出售股票。

（3）XYZ公司的股票价格下跌，期权到期无价值。投资者继续持有股票，在市场下跌的时候并没有有力的保护措施，但是5元的期权费抵消了股票价格下跌的一部分损失。

总之，出售有抵补的看涨期权适用于预测股价会基本保持稳定的情形，以获取期权费，达到提高持股投资收益的增值目的。但在股价大涨时，持有股票的收益将被售出期权的损失抵消，这一投资策略会阻碍增值，收益有上限，不如直接持股；在股价下跌时，有限的期权费远远不能抵补持股的损失，也就是说，它对股价下跌的风险缺乏有力的保护作用。

（二）保守型策略

保守型策略是指控制风险的保值策略，前面所讨论的增值策略是用来提高预期价值的，所用的策略涉及出售期权以获得期权费收入，但这一策略限制了投资组合的最高收益。这里讨论的保值策略则有着相反的目标，它限制了投资组合的最大亏损水平。当股票价格发生不利变动时，股票组合价值不会下滑到这一水平之下；但在股票价格发生有利变动时，投资者能够继续获得收益。常用的保守型策略主要有两种：（1）持有股票并买入看跌期权策略，即有保护的看跌期权策略；（2）卖空股票并购买看涨期权策略。我们以有保护的看跌期权策略为例来说明。

［例13-2］ 假设某投资者买入XYZ公司10 000股股票，准备持有3个月，当时股价为100元，投资者担心XYZ公司的股票在接下来的几个月内会下跌，因此他买入了这些股票的3个月期的平价看跌期权，每股期权费为5元，在到期时会出现如下三种结果：

（1）XYZ公司的股票价格仍保持在100元，期权到期无价值，投资者损失5元的期权费。

（2）XYZ公司的股票价格下跌，期权到期时为实值期权，投资者以执行价格100元交割其持有的XYZ公司的股票，但由于期初投资者支付了期权费，因此投资者将净损失5元的期权费。

（3）XYZ公司的股票价格上涨，期权到期无价值。但投资者可以以市场价格（高于执行价格100元）卖出自己持有的股票，获得的净收益为股票的净利润减去期初支付的期权费。

可见，无论股价如何波动，投资组合的最大损失都只是期初支付的期权费，而随着股价上涨而增加的收益却是无限的，因此采用有保护的看跌期权策略可以规避风险，增加收益。

第三节 期权展期策略

一、展期的定义

展期指的是将证券的到期期限向前延展。期权是标准化证券，期限一般较短，可能无法满足投资者交易的实际需求。例如，某投资者计划长期持有微软的股票，为降低股价下跌时的损失，投资者决定出售有抵补的看涨期权，而投资者需要保值的实际期限比期权的标准期限长，在这种情况下，投资者可以考虑期权展期策略。展期包括两个交易：在期权到期前买入同样的 1 张先前出售的期权将空头平仓，再出售 1 张标的物和执行价格相同但到期期限更晚的期权。投资者可以通过将期权多次展期来使得其实际投资期限与展期后的期权期限一致。

例如，我们考虑期权空头持有人计划的投资期限时间长度为 T，但市场能够提供的该类期权最长的期限为 $t(t<T)$，在不同时期，市场上存在各类期权品种 1，2，3，…，n（注意在 0 时刻并不是所有的期权都可以在市场上交易），它们的到期日逐个后延。在这种情况下投资者可以运用如下期权展期策略：

t_1时刻：卖空期权 1。

t_2时刻：将期权 1 平仓，卖空期权 2。

t_3时刻：将期权 2 平仓，卖空期权 3。

…………

t_n时刻：将期权 $n-1$ 平仓，卖空期权 n。

T 时刻：将期权 n 平仓。

期权展期交易是一种差额交易指令，即投资者并非先按照特定价格买回其先前出售的期权然后再出售另一张到期期限更晚的期权，而是同时以净额交易的方式执行这两个交易指令。例如，某个投资者试图以 1 元的价格买回 4 月份到期的执行价格为 45 元的期权合约，以 5 元的价格出售 7 月份到期的执行价格为 45 元的期权合约，他的交易指令将变为一个差额交易指令，贷方余额为 4 元，即投资者净收入 4 元。

二、展期策略的时机问题

在展期策略中存在的最大问题是时机问题。我们注意到在上述例子中，对时机的选择是非常重要的。以 t_2时刻的选择为例，在期权 1 到期以前，在不同的 t_2时刻期权 1 和期权 2 有不同的价格。出于投资收益最大化的目的，投资者应该尽量选择在期权 1 价格相对较低而期权 2 价格相对较高即期权 1 与期权 2 的价差相对较大的时刻进行展期。

我们以某股票看涨期权的多头持有人为例，如果股票价格一直原地盘整不动，那么投资者应该等到现有期权到期或者缩水较小时才进行展期。但是股价的波动一般都比较大，因此投资者很可能需要承受由于等待时间过长而使得通过展期获得的收益减少很多的风险。如果现在期权处于虚值状态同时股价正在下跌，投资者延长持续期能取得的期权收益将减少；如果现在期权处于实值状态同时股价正在上涨，展期的期权差额收益也将减少。只有当现有期权合约的未来时间价值已经滑落到未来潜在收益无法与持有股票的风险相匹配时，投资者才应当实施期权展期。

三、出售有抵补的美式看涨期权的展期策略

在期权的交易中，如果投资者为某只他准备长期持有的股票设计了一系列连续的出售有抵补的美式看涨期权的计划，以提供股票的跌价保护，那么在实施期权展期策略时，等

到现有期权到期再出售下一系列期权是非常不明智的。

假如投资者出售的期权现在是实值期权，那么期权在快到期的最后几个星期内被提前执行的可能性非常大。这类情况经常发生在期权价格与其实际现金价值差异很小时，在股票除息日之前尤为普遍。如果投资者等到现有期权到期时再展期，那么他将失去所持有的股票并且还要支付以执行价格出售股票的手续费。如果投资者计划再出售一张新的股票期权合约，那么他只能再次支付佣金重新购入股票。这样，投资者将蒙受双重损失。

如果投资者出售的期权现在是虚值期权，期权不会被提前执行，此时投资者也不应该等到期权到期再进行展期。假设某投资者以 40 元的价格买入某股票，再出售执行价格为 40 元的美式看涨期权获得 4 元的期权费，这样如果期权到期时股价为 36 元，则投资者处于盈亏平衡状态（暂不考虑佣金的影响）。假设在期权到期前的最后一周，股价为 39 元，现有期权价格已经跌到 0.25 元。如果投资者直到期权到期时再出售新的期权，那么他不需要支付 0.25 元买回原期权，可节省 0.25 元的成本。但是在一周前和一周后出售新期权获得的期权费也是有差异的。投资者出售期权的目的在于获得的期权费可以在股价下跌时提供一定的保护。若股价继续下跌，那么投资者获得的期权费收益的减少值将远大于节省的 0.25 元的成本，若等待期权到期，投资者将得不偿失。

因此，在确定出售有抵补的美式看涨期权的展期策略时，我们应该进行损益权衡，也就是要在继续持有期权到期再出售新期权可能获得更高的收益率与通过展期得到更加确定的平均收益率之间进行取舍。也就是说，我们在进行展期决策时，不能只看一期的持有期收益率的大小，而应该综合考虑整个投资期限的平均收益率。这就类似于决定汽车何时更换旧轮胎，显然，如果继续使用旧轮胎还能多跑几千公里，今天更换则损失了剩余的公里数；但是如果轮胎在下周内有可能爆胎，结果就大不同了，这时保留轮胎的成本将远高于提前几周更换新轮胎的成本。

总之，在实际投资决策过程中，何时将期权展期并不是一件容易决策的事情。投资者在面对如何抉择的问题时，应该先考虑自己投资的初始目的所在。例如在本例中，出售有抵补的看涨期权的目的在于为长期持股提供跌价保护，那么当现在期权价值已经降到很低以致无法提供有力的保护时，投资者应该将期权进行展期滚动以提供新的跌价保护。

第四节　复合交易策略

一、价差组合策略

价差组合策略是指持有相同类型的两个或多个期权头寸，即同时买进和卖出不同执行价格或不同期限的股票看涨期权或看跌期权的投资策略。在采用价差组合策略时，投资者既收入期权费，又支出期权费。价差组合策略可以在投资者预测到股票市场价格将上涨时使用，这种价差组合策略叫作牛市价差组合策略（即“牛市价差策略”）；也可以在投资者预测到股票市场价格将下跌时使用，这种价差组合策略叫作熊市价差组合策略（即“熊市价差策略”）。

（一）牛市价差策略

牛市价差策略是最常见的价差策略类型之一，它是指在购买一张确定执行价格的股票看涨期权的同时出售一张具有相同标的物、执行价格更高的股票看涨期权，两张期权的到期日相同。该策略的损益状态如图 13－4 所示。图中，两条虚线分别表示两个期权头寸各自的损益状态。整个策略的损益为用两条虚线表示的损益之和，在图中用实线表示。

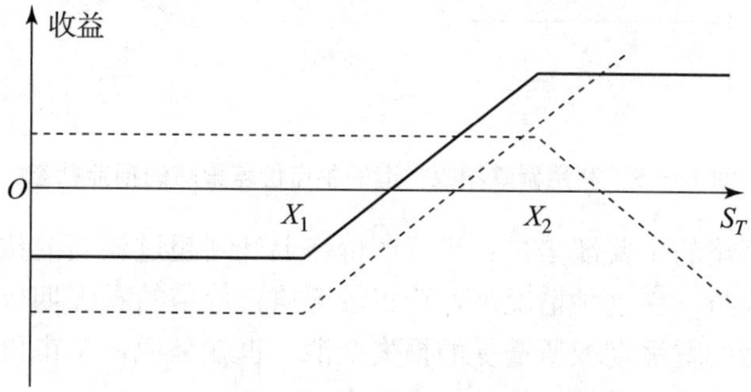

图 13－4　利用看涨期权构造的牛市价差策略的损益状态

随着执行价格的上升，看涨期权的价格通常下降，出售的执行价格较高期权的价值总是小于购买的执行价格较低期权的价值。因此，用看涨期权组成牛市价差期权时，构建该价差头寸需要初始投资，属于价差多头（或买入价差）。

假定 X_1 为购入看涨期权的执行价格，X_2 为出售看涨期权的执行价格，S_T 为期权到期日的股票价格。表 13－2 显示了在不同情况下，不考虑初始投资，牛市价差期权将实现的损益状态。

表 13－2　牛市价差策略的损益状态

股票价格范围	买入看涨期权的损益	卖出看涨期权的损益	总损益
$S_T \geqslant X_2$	$S_T - X_1$	$X_2 - S_T$	$X_2 - X_1$
$X_1 < S_T < X_2$	$S_T - X_1$	0	$S_T - X_1$
$S_T \leqslant X_1$	0	0	0

如果股票价格上涨并高于较高的那个执行价格 X_2，则损益为两个执行价格之差 $X_2 - X_1$。如果在到期日股票价格在两个执行价格之间，则损益为 $S_T - X_1$。如果在到期日股票价格低于较小的那个执行价格，则损益为 0。

牛市价差策略也可以通过购买较低执行价格的看跌期权和出售较高执行价格的看跌期权来构建，其损益状态如图 13－5 所示。与用看涨期权建立的牛市价差期权不同，在用看跌期权建立的牛市价差期权中，投资者开始时会得到一个正的现金流（忽略保证金要求），因此用看跌期权建立的牛市价差期权的最终收益低于用看涨期权建立的牛市价差期权的最终收益。

当投资者认为资产价格会上升时，通常采取牛市价差策略，这样不仅可以通过期权锁定利润，而且所支付的费用要少于购买单张平价期权的费用。出售一张较高执行价格的看涨期权所获得的收入可以减少购买期权时所花的费用。

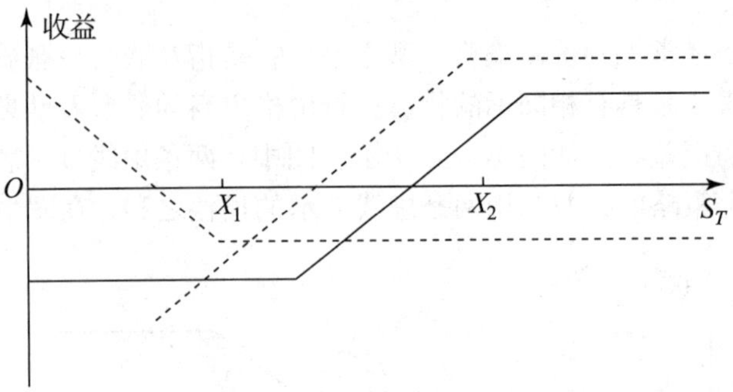

图 13-5　利用看跌期权构造的牛市价差策略的损益状态

采取牛市价差策略的主要缺陷是：当资产价格上升到超过较高的执行价格时，采取此策略会丧失潜在的收益。在这种情况下，购买较低执行价格的看涨期权所获得的利润将会被出售较高执行价格的看涨期权所遭受的损失抵消。也就是说，牛市价差策略的利润是有限的，即为两个执行价格的差减去初始的净支出。

（二）熊市价差策略

熊市价差策略可通过购买某一较高执行价格的看涨（看跌）期权并出售另一较低执行价格的看涨（看跌）期权来构造。该策略的损益状态如图 13-6 所示。图中，两条虚线分别表示两个期权头寸各自的损益状态。整个策略的损益为两条虚线表示的损益之和，在图中用实线表示。

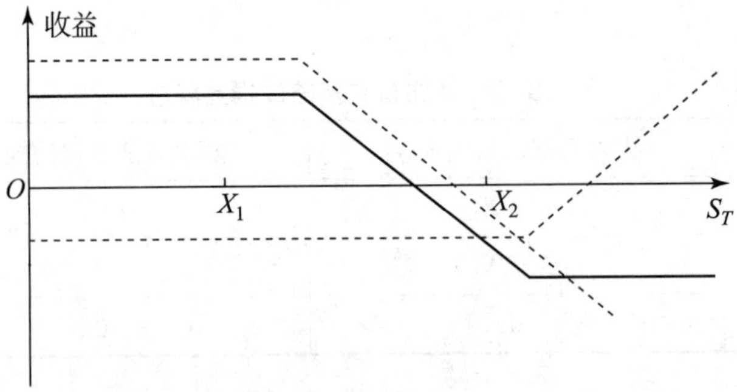

图 13-6　利用看涨期权构造的熊市价差策略的损益状态

随着执行价格的上升，看涨期权的价格通常下降，出售的执行价格较低期权的价值总是高于购买的执行价格较高期权的价值。因为出售的看涨期权的价格高于购买的看涨期权的价格，投资者用看涨期权构造的熊市价差期权可以获得一个初始的现金流入（忽略保证金的要求）。

假定执行价格为 X_1 和 X_2，且 $X_1<X_2$。表 13-3 显示了在不同情况下，不考虑初始现金流入时熊市价差策略的损益状态。

如果股票价格高于 X_2，则损益为 $-(X_2-X_1)$。如果股票价格低于 X_1，则损益为 0。如果股票价格在 X_1 和 X_2 之间，则损益为 $-(S_T-X_1)$。

表 13－3 熊市价差策略的损益状态

股票价格范围	买入看涨期权的损益	卖出看涨期权的损益	总损益
$S_T \geqslant X_2$	$S_T - X_2$	$X_1 - S_T$	$-(X_2 - X_1)$
$X_1 < S_T < X_2$	0	$X_1 - S_T$	$-(S_T - X_1)$
$S_T \leqslant X_1$	0	0	0

熊市价差策略也可以用看跌期权来构造。投资者购买执行价格较高的看跌期权并出售执行价格较低的看跌期权，其损益状态如图 13－7 所示。持有由看跌期权构造的熊市价差策略需要初始投资，属于价差多头（买入价差）。本质上，投资者购买某一执行价格的看跌期权，并通过出售某一执行价格较低的看跌期权而放弃了一些潜在的盈利机会。作为对放弃盈利机会的补偿，投资者获得了出售期权的期权费。

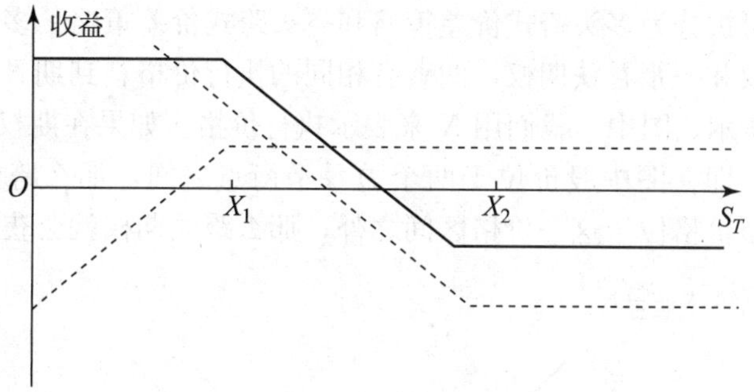

图 13－7 利用看跌期权构造的熊市价差策略的损益状态

当投资者认为资产价格会下跌时，通常采取熊市价差策略。与牛市价差期权类似，熊市价差期权同时限制了股价向有利方向变动的潜在盈利和股价向不利方向变动的损失。

（三）价差组合策略的应用

期权价差组合策略的本质在于利用期权价格的变动来投机获利。股票价格的变动与期权价格的变动之间有着密切的联系，看涨期权的期权费会随着股票价格的上涨而上涨，看跌期权的期权费会随着股票价格的上涨而下跌。价差组合的最终收益完全取决于股票价格的整体变动方向：如果股价上升，牛市价差交易最终会获利；如果股价下跌，熊市价差交易最终会获利。这就为期权套期保值提供了条件，即利用价差组合的收益或损失来对冲股票现货的损失或收益，以达到套期保值的目的并以此来规避股票的价格风险。例如，如果投资者手中持有股票现货，他不确定股价将如何变化，也不想承受股价变动的风险，他唯一的目的在于维持该股票在一定持有期内的价值，那么他可以进行熊市看涨期权价差交易或是熊市看跌期权价差交易。如果股市呈现牛市，则现货受益，而熊市价差组合交易则有损失，收益与损失相互对冲；如果股市呈现熊市，则现货受损，而熊市价差组合交易则有收益，收益与损失也可以相互对冲。总之，投资者的收益可以锁定在一定水平。

应用牛市价差策略或熊市价差策略时，投资者或投机者必须考虑如下因素：（1）净支出费用；（2）资产价格可能的变动方向；（3）时间因素。如果预期价格可能会有很大的变动，投机者就会选择执行价格非常分散的期权组合策略。但是在一定程度上，很高的期权费支出和非常不利的时间价值衰减影响将会抵消投机者所获得的收益，直到市场价格重新变动而达到均衡。

二、波动率策略

波动率策略是根据波动率的变动而设计的期权交易策略。当投资者认为股票价格将发生很大变化但是不确定价格变化的方向时，一般采用波动率策略。这种策略可以为投资者提供一定的保险（限幅），如果股票价格上升或下降的幅度较大，投资者将获得利润，同时该策略也能将投资者的损失控制在一定范围内。常见的波动率策略有：跨式价差策略、宽跨式价差策略和蝶式价差策略。

（一）跨式价差策略

跨式价差策略可被分为多头跨式价差策略和空头跨式价差策略。多头跨式价差策略是指购入一张看涨期权和一张看跌期权，两者有相同的执行价格、到期日和标的资产，其损益状态如图 13-8 所示。图中，我们用 X 来表示执行价格。如果在期权到期日，股票价格非常接近执行价格，即在图中股价位于两个盈亏平衡点之间，那么跨式期权就会发生损失；但是，如果股票价格位于这一价格区间之外，那么跨式期权就会获得大量的利润。

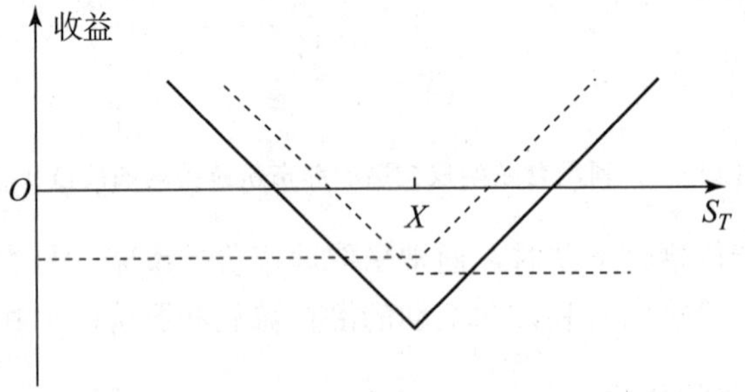

图 13-8　多头跨式价差策略的损益状态

因此，当预计到资产价格将会发生很大幅度的变动时，投资者可以采用跨式价差策略。例如，当一个电脑供应商在等待一大宗政府合同的最终“签或不签”的结果时，我们可以对其股票的期权建立多头跨式价差头寸。当签约成功时，公司股价大涨，投资获益；当签约失败时，股价大跌，投资同样获益。又比如，当一家公司与另一家公司可能会兼并时，我们也可以对其股票期权建立多头跨式价差头寸。当兼并成功时，公司股价大涨，投资获益；当兼并不成功时，股价大跌，投资同样获益。但是当市场预计股价会剧烈变化时，这类股票的期权费往往很高。因此，只有当投资者认为股价的波动幅度将大于市场预期的波动幅度时，才会采用多头跨式价差策略。

空头跨式价差策略是指卖出一张看涨期权和一张看跌期权，两者有相同的执行价格、到期日和标的资产。空头跨式价差策略的风险非常大，当股票价格位于执行价格附近的某个区间内时，投资者将获得大量的利润；但是一旦股价变动超过这一范围，投资者将有巨额亏损。在世人皆知的巴林银行的衍生品交易丑闻中，交易员里森就在空头跨式价差策略上承受了巨大的损失。

（二）宽跨式价差策略

多头宽跨式价差策略也被称为底部垂直价差组合策略，这一策略与多头跨式价差策略非常相似，不同点仅在于买入的看涨期权与看跌期权的执行价格不同，其损益状态如图 13－9 所示。

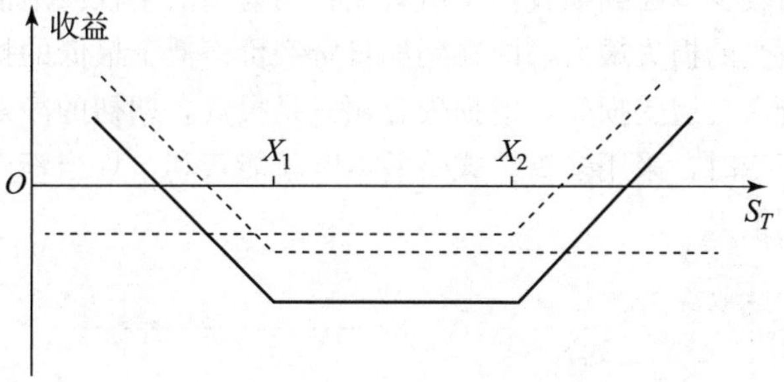

图 13－9　多头宽跨式价差策略的损益状态

多头宽跨式价差策略与多头跨式价差策略类似，当投资者预期股票价格会有大幅变化但不能确定股价是上升还是下降时也可采用多头宽跨式价差策略。但在多头宽跨式价差策略中，两个盈亏平衡点之间的距离大于跨式价差，也就是说，多头宽跨式价差策略要获利，股价的变动幅度要比多头跨式价差策略中股价的变动幅度更大。但是，当股价最终处于两个盈亏平衡点之间时，多头宽跨式价差策略的亏损也较小。

空头宽跨式价差策略也被称为顶部垂直价差组合策略，当投资者认为股价不会发生大幅波动时，可以采用此种策略。但是与空头跨式价差策略类似，该策略的风险极高，当股价变动幅度超过某一价格区间时，投资者可能蒙受巨额损失。

（三）蝶式价差策略

多头蝶式价差策略是指投资者买进一张执行价格较低的看涨期权和一张执行价格较高的看涨期权，同时卖出两张执行价格介于上述两个执行价格之间的看涨期权。它的损益状态如图 13－10 所示。

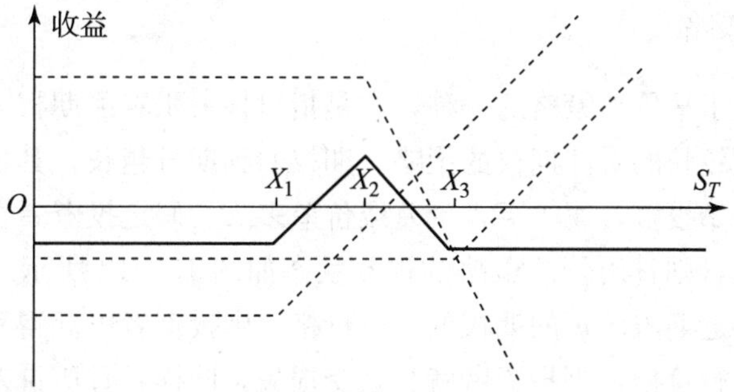

图 13－10　利用看涨期权构造的多头蝶式价差策略的损益状态

当然，多头蝶式价差策略也可以用看跌期权来构造，买进一张执行价格较低的看跌期权和一张执行价格较高的看跌期权，同时卖出两张执行价格介于上述两个执行价格之间的看跌期权。其损益状态与用看涨期权构造的多头蝶式价差策略是一样的，如图 13-11 所示。另外，我们可以用看涨期权和看跌期权的平价关系证明，用看涨期权或看跌期权构造多头蝶式价差策略的成本也是一样的。

由于购买和出售的期权数量相等，因此构建多头蝶式价差策略的初始投资所需金额即期初的净期权费支出较少。在到期日，当所有期权均为实值期权或虚值期权时，多头蝶式价差策略的投资者遭受的损失最大，即在到期日资产价格低于最低的执行价格或高于最高的执行价格时，投资者会遭受损失，但损失金额只是投资者期初的净期权费支出。当在到期日资产价格几乎不变时，采用多头蝶式价差策略就能获利，且当资产价格接近中间执行价格时，投资者获利最大。

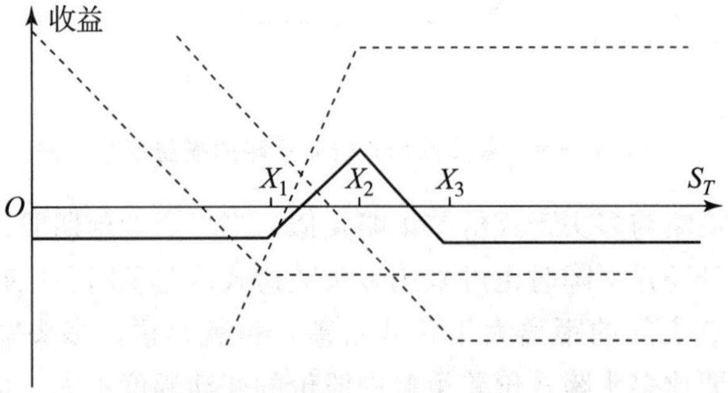

图 13-11 利用看跌期权构造的多头蝶式价差策略的损益状态

空头蝶式价差策略与多头蝶式价差策略的操作正好相反，是指投资者卖出一张执行价格较低的看涨期权和一张执行价格较高的看涨期权，同时买进两张执行价格介于上述两个执行价格之间的看涨期权。一般而言，多头蝶式价差策略适用于投资者预期市场价格相对平稳的场合，空头蝶式价差策略适用于投资者预期市场价格将有较大变动但又无法确定方向的场合。

三、其他复合交易策略

（一）日历价差策略

日历价差策略是水平价差策略的一种，它是指出售一张看涨期权，同时购买一张具有相同执行价格且期限较长的看涨期权的策略。期权的到期日越长，其价格越高，因此日历价差策略需要一个初始投资，属于买入价差或价差多头。假定投资者在期限短的期权到期时出售期限长的期权，则日历价差策略的损益状态如图 13-12 所示。如果期限短的期权到期时股票的价格接近期限较短的期权的执行价格，则投资者可获得利润；如果股票价格远高于或远低于该执行价格，则投资者就会蒙受损失。同样，日历价差策略也可以用看跌期权来构造。投资者购买一张期限较长的看跌期权，同时卖出一张期限较短的看跌期权。其损益状态与使用看涨期权构造的日历价差策略的损益状态类似。

逆日历价差策略是指投资者购买期限短的期权，同时出售期限长的期权。它的损益状

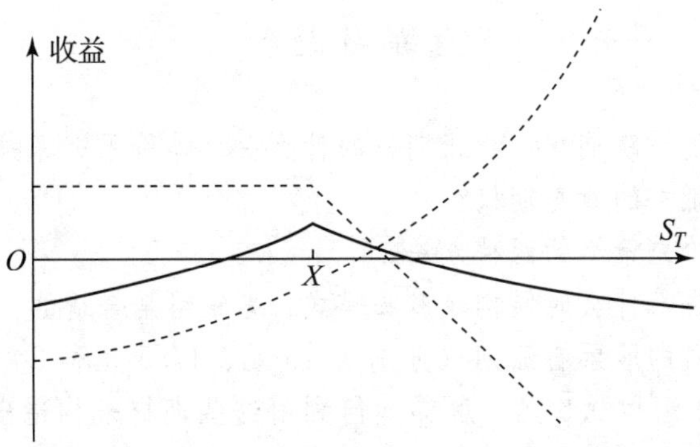

图 13－12　利用两张看涨期权构造的日历价差策略的损益状态

态正好与图 13－12 所示相反。当期限短的期权到期时，如果股票价格远高于或远低于该期权的执行价格，则投资者会获得少量利润；如果股票价格与该期权执行价格接近，则投资者会蒙受损失。

（二）对角价差策略

对角价差策略又被称为斜线价差策略。我们上面所提到的牛市、熊市和日历价差策略都可通过在购买一张期权的同时出售另一张相同类型的期权来构造。在构造牛市和熊市价差策略时，两张期权的执行价格不同而到期日相同；在构造日历价差策略时，两张期权的执行价格相同而到期日不同。而在构造对角价差策略时，两张期权的执行价格和到期日都不相同。对角价差策略有许多不同的种类，它的损益状态通常随相应的牛市或熊市价差策略损益状态的变化而变化。

本章小结

看涨期权、看跌期权和期货（标的资产）等金融工具的组合能够形成各种形式的收益，我们将这些组合统称为合成证券。用简单的期权和股票可以合成看涨期权和看跌期权的多头和空头。出售有抵补的看涨期权这一进取型策略可以在股价不变时提高投资者的持股收益，但它并不能给投资者提供完全的保护；而有保护的看跌期权策略等保守型策略则可以在限制投资者的最大损失水平的同时并不限制收益的上限。期权的价差头寸可以通过购买一张期权并出售一张有着不同的执行价格或到期日的同种期权来构成，其中执行价格相同但是到期期限不同的价差称为水平价差，执行价格不同而到期期限相同的价差称为垂直价差，执行价格和到期期限都不同的价差称为对角价差或斜线价差。期权的复合交易策略包括期权的价差组合策略和波动率策略。价差组合策略是基于预测未来股票价格变化方向的投机策略，而波动率策略是在投资者认为股票价格将发生很大变化但是不确定价格变化的方向时采用的策略。价差组合策略主要包括基于对股价下跌的预测的熊市价差策略和基于对股价上涨的预测的牛市价差策略；波动率策略主要有跨式价差策略、宽跨式价差策略和蝶式价差策略。

练习题

1. 什么是有保护的看跌期权？看涨期权的什么头寸等价于有保护的看跌期权？

2. 什么是出售有抵补的看涨期权？

3. 解释构造熊市价差策略的两种方法。

4. 对于投资者来说，什么时候构建多头蝶式价差策略是合适的？

5. 有效期为 3 个月的股票看涨期权分别有 15 元、17.5 元和 20 元的执行价格，其期权价格分别为 4 元、2 元和 0.5 元。解释如何利用这些期权来构造出多头蝶式价差策略，并用表格说明多头蝶式价差策略的损益如何随股票价格的变化而变化。

6. 如何构造出逆日历价差策略？

7. 宽跨式价差策略与跨式价差策略之间有何不同？

8. 执行价格为 50 元的看涨期权成本为 2 元，执行价格为 45 元的看跌期权成本为 3 元，解释用这两种期权如何构造宽跨式价差策略以及宽跨式价差策略的损益状态是怎样的。

9. 某投资者买进一张看涨期权同时卖出一张具有相同标的资产、相同期限、相同执行价格的看跌期权，请描述该投资者的状况。

10. 有保护的看跌期权是如何促进期权交易的？

11. 设 c_1、c_2、c_3分别表示执行价格为 X_1、X_2、X_3的欧式看涨期权的价格，其中 $X_3>X_2>X_1$且 $X_3-X_2=X_2-X_1$，所有期权的到期日均相同，试证明 $c_2\leqslant 0.5(c_1+c_3)$。

12. 试阐述出售有抵补的看涨期权和无保护的看涨期权的区别。两个策略包含的风险是类似的还是不同的？请说明原因。

13. 箱式价差组合由看涨期权的牛市价差组合和看跌期权的熊市价差组合组成。这两个价差组合的执行价格都是 X_1和 X_2，所有期权的期限都一样。请分析该箱式价差组合的结果。

14. 某蝶式价差策略按执行价格 X_1买入一张看涨期权，按执行价格 X_2卖出两张看涨期权，按执行价格 X_3买入一张看涨期权。X_1小于 X_2，X_2小于 X_3，三者是等差关系。所有看涨期权的到期日均相同。画出此策略的收益图。

15. 某垂直价差策略按执行价格 X_2买入一张看涨期权，按执行价格 X_1买入一张看跌期权，X_2大于 X_1。画出此策略的收益图。

参考文献

[1] Cuthbertson, K. and D. Nitzsche, *Financial Engineering: Derivatives and Risk Management*, New Jersey: John Wiley & Sons, 2001.

[2] McDonald, R., *Derivatives Markets*, Boston, MA: Addison Wesley, 2003.

[3] Slivka, R., "Call Option Spreading," *Journal of Portfolio Management*, 1981 (7): 71-76.

[4] Wang, Changyun, W. Zhang, and W. K. Tan, "American Futures Options Arbi-

trage: Evidence from the Nikkei 225 Options Market," *Quantitative Finance*, 2008 (8): 313－320.

[5] Welch, William W., *Strategies for Put and Call Option Trading*, Cambridge, MA: Winthrop, 1982.

[6] Yates, J. W. and R. W. Kopprasch, "Writing Covered Call Options: Profits and Risks," *Journal of Portfolio Management*, 1980 (7): 74－79.

[7] 洛伦兹·格利茨．金融工程学：管理金融风险的工具和技巧．北京：经济科学出版社，1998.

[8] 约翰·赫尔．期货与期权市场基本原理：英文版·第9版．北京：清华大学出版社，2021.

[9] 约翰·马歇尔，维普尔·班赛尔．金融工程．宋逢明，朱宝宪，张陶伟，译．北京：清华大学出版社，1998.

第十四章

二叉树期权定价模型

本章导读

在前面的章节中我们已经介绍了影响股票期权价格的因素，并得出了股票期权的价格区间以及看涨期权和看跌期权的平价关系，但是我们并未给出股票期权的准确定价方法。在本章中我们将着重介绍一种非常有用和常见的股票期权定价方法——二叉树期权定价模型（可简称为二叉树定价模型、二叉树模型等），即通过构造二叉树图标明股票价格在期权有效期内可能遵循的路径，并基于该图建立包含标的资产及期权头寸的无风险投资组合来确定期权价格。我们首先介绍单期二叉树定价模型的无套利分析方法或者说 delta 对冲方法，并在此基础上介绍用股票和债券合成期权的组合复制法，接着介绍风险中性定价原则及其与无套利分析方法及传统现金流贴现方法之间的关系。其次我们将单期二叉树定价模型扩展为多期二叉树定价模型，并阐述其在美式期权定价以及派发股利股票的欧式期权定价中的应用。在本章的最后我们将介绍股票价格分布与二叉树参数之间的关系，以及如何估计波动率这一参数。

第一节　单期二叉树定价模型

在数学上，期权定价非常复杂，为了更好地理解期权价格的许多重要结果和性质，1979 年，考克斯（Cox）等人利用二叉树期权定价模型直观解释期权定价。1979 年，伦德尔曼（Rendleman）和巴特（Bartter）进一步发展了这一模型。这些研究阐述了如何使用这一模型对期权进行定价，并证明了二叉树期权定价模型与布莱克-斯科尔斯（Black-Scholes）期权定价模型之间的内在联系。相对于布莱克-斯科尔斯期权定价模型，二叉树期权定价模型更加灵活，且在处理可能提前行权的期权如美式期权和奇异期权定价方面有得天独厚的优势，从而被广泛应用。为纪念考克斯等人对二叉树期权定价模型所做出的卓越贡献，二叉树期权定价模型也被称为考克斯-罗斯-鲁宾斯坦（Cox-Ross-Rubinstein）定价模型。

二叉树期权定价模型假设资本市场是完全竞争和无摩擦的（不存在交易费用和税收），不存在无风险套利机会，股票和期权是无限可分的，股票在下一期的价格只有两种可能：要么上升，要么下跌。二叉树期权定价模型对股价变动的这一强假设大大简化了期权定价过程。

一、计算期权的价格

我们先通过一个简单的例子来说明如何应用二叉树定价模型对期权定价。

［**例 14-1**］　假设一种股票的当前价格为 100 元，3 个月为 1 期，且已知 3 个月后的价格可能为 120 元或者 80 元。假设股票不支付股利，无风险年利率为 12%（连续复利），我们要对一张 3 个月后可以以 110 元的执行价格买入股票的欧式看涨期权进行定价。若到期股票价格为 120 元，则期权价值将是 10 元；若股票价格为 80 元，则期权价值将是 0 元（如图 14-1 所示）。

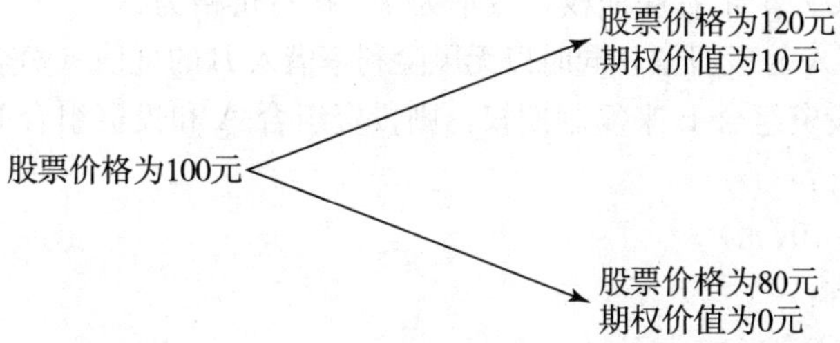

图 14-1　单期二叉树定价模型中的股票价格和期权价值变动

根据模型假设，市场中不存在无风险套利机会，因此投资者无法利用期权和股票组合来套利，也就是说，我们可以利用期权和股票来构造一个无风险投资组合，使其在 3 个月后的价值是确定的。这样由于该组合无风险，它的收益率一定等于无风险收益率，而它在期末的价值是已知的，所以我们可以反推得出构造该组合所需的成本，从而得出该期权的价格。

问题是：这个无风险投资组合应如何构建？我们考虑这样一种有价证券组合——包含 Δ 股股票多头和一张看涨期权的空头，则该组合到期的总收益如表 14-1 所示。

表 14-1　Δ 股股票多头和一张看涨期权空头组合的总收益

股票价格状态	无风险投资组合损益状态(元)
股价上升到 120 元	$120\Delta-10$
股价下跌到 80 元	80Δ

下面求期权的价格 f。

由于是无风险投资组合，因此无论股票价格出现哪种情况，投资组合的到期收益都应是一样的，即

$$120\Delta-10=80\Delta$$

解得 $\Delta=0.25$(股)。

因此，一个无风险投资组合应由 0.25 股股票多头以及一张看涨期权的空头构成。

如果股票价格上升到 120 元，该投资组合的价值为：

$$120\times0.25-10=20(\text{元})$$

如果股票价格下跌到 80 元，该投资组合的价值为：

$$80\times0.25=20(\text{元})$$

无论股票价格是上升还是下降，期权到期时投资组合的价值总是 20 元。而我们假设对投资者而言不存在无风险套利机会，故这个无风险投资组合的收益率必定为无风险利率。

于是我们有：

$$(100\times0.25-f)\times e^{0.12\times0.25}=20(\text{元})$$

可得 $f=5.6$(元)，即期权的当期价格为 5.6 元。

二、合成期权（组合复制法）

我们可以用股票和债券来合成期权。继续例 14－1，我们考虑如下两个投资组合。

投资组合 A：买入 1 张看涨期权，成本为 f，执行价格为 X。

投资组合 B：买入 Δ 股股票，同时以无风险利率借入 B 的现值（卖空面值为 B 的债券）。

如果我们要用投资组合 B 来复制期权，则投资组合 A 和投资组合 B 的损益应相等。

当股价上升时有：

$$120\Delta-B=10(\text{元})$$

当股价下跌时有：

$$80\Delta-B=0(\text{元})$$

所以 $\Delta=0.25$(股)，$B=20$(元)。

因为投资组合 A 和投资组合 B 的损益相等，所以成本也应该一样，故

$$f=0.25\times100-e^{-0.12\times0.25}\times20=5.6(\text{元})$$

结果和前一种方法一致。

三、对错误定价的套利

例 14－1 中在不存在无风险套利机会的情况下，该期权的价值一定为 5.6 元。因为如果该期权价值高于或低于 5.6 元，则投资者均可获得无风险收益。下面我们将延续例 14－1 来介绍如果现实中观察到的期权价格不同于理论价格，如何实现无风险套利。

1. 期权被过高定价

假设市场上该期权的价格为 8 元，此时我们可以在卖出 1 张期权的同时买入 0.25 股股票并以无风险利率借款 19.4 元。此时我们的现金流为：

$$8-0.25\times100+19.4=2.4(\text{元})$$

其中，8 元为卖出期权所获收益，25(＝0.25×100) 元为买入股票的成本，19.4 元为无风险利率借款。我们的净收益 2.4 元恰好为期权的理论价格与市场价格之间的差异。

到期时，我们的损益如表 14－2 所示。

表 14－2　期权被过高定价的损益情况　　单位：元

项目	一年后的股票价格	
	80	120
卖出的看涨期权的损益	0	－10
0.25 股已购买的股票的损益	20	30

续表

项目	一年后的股票价格	
	80	120
偿还 19.4 元的损益	−20	−20
净损益	0	0

从表 14-2 可知，当期权到期时，套利投资组合的现金流总是为零，即这一投资组合是无风险的，所以我们可以获得无风险套利的净收益 2.4 元。

2. 期权被过低定价

假设市场上该期权的价格为 4 元，我们可以通过在买入一张看涨期权的同时卖空 0.25 股股票并投资 19.4 元于国库券（无风险债券）来实现套利。此时我们的现金流为：

$$-4+0.25\times100-19.4=1.6(\text{元})$$

其中，4 元为买入期权所需成本（期权费），25（=0.25×100）元为卖空股票的收益，19.4 元为投资于无风险债券的金额。我们的净收益 1.6 元恰好为期权的理论价格与市场价格之间的差异。

到期时，我们的损益如表 14-3 所示。

表 14-3　期权被过低定价的损益情况　　单位：元

项目	一年后的股票价格	
	80	120
买入的看涨期权的损益	0	10
平仓 0.25 股卖空的股票的损益	−20	−30
19.4 元的无风险债券的损益	20	20
净损益	0	0

从表 14-3 我们可知，当期权到期时套利投资组合的现金流总是为零，即这一投资组合是无风险的，所以我们可以获得无风险套利的净收益 1.6 元。

四、定价公式的一般形式

我们将上述例子拓展到一般情况，假设一只无股利支付的股票的当前价格为 S，无风险年利率为 r(连续复利)，该股票的一张执行价格为 X 的期权的当前价格为 f，期权的有效期为 T。根据假设，在期末时，股票价格要么上涨到 Su，上升的比率为 $u-1$，此时期权价值即期权收益为 f_u；股票价格要么下跌到 Sd，下跌的比率为 $1-d$，此时期权价值即期权收益为 f_d。在例 14-1 中，$Su=120$，$u=1.2$，$Sd=80$，$d=0.8$，$f_u=10$，$f_d=0$。此时的模型如图 14-2 所示。

值得注意的是，无风险利率 r 必须满足条件 $u>e^{rT}>d$，即投资于无风险债券的收益率必须介于股票价格上升时的收益率和股票价格下跌时的收益率之间，这样才能保证不存

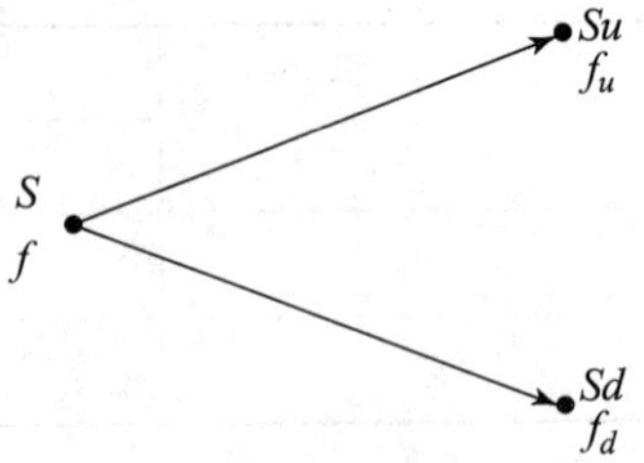

图 14-2　一般情况的单期二叉树定价模型中的股票价格和期权价值变动

在无风险套利机会。假如无论股价上升还是下跌，债券的收益率均高于股票的收益率，即 $e^{rT}>u>d$，那么投资者卖空 1 元的股票再将所获资金投资于债券，将获得收益 e^{rT}，无风险净收益为 $e^{rT}-u$ 或者 $e^{rT}-d$，两者均为正。同理，若 $u>d>e^{rT}$，我们也可通过相似的方法获得无风险收益。

如例 14-1 所述，我们构造一个由 Δ 股股票多头和 1 张看涨期权的空头组成的无风险投资组合，其损益状态如下：

当股票价格上升时，股票价格为 Su，期权的价值为 f_u，组合的价值为 $\Delta Su-f_u$；

当股票价格下降时，股票价格为 Sd，期权的价值为 f_d，组合的价值为 $\Delta Sd-f_d$。

要求两种情况下组合的价值相等，故

$$\Delta Su-f_u=\Delta Sd-f_d$$

解得

$$\Delta=\frac{f_u-f_d}{Su-Sd}$$

上式说明，当股票价格在未来的两个节点之间变动时，Δ（delta）是期权价格变化与股票价格变化之比。我们构造无风险投资组合的策略也被称为 delta 对冲策略，这一组合被称为 delta 中性头寸。在后面的章节中，我们将进一步详细分析其含义。

由于该组合的收益率必为无风险收益率，故其期末收益的现值为：

$$(\Delta Su-f_u)e^{-rT}$$

而构造该组合的成本为 $\Delta S-f$，故

$$(\Delta Su-f_u)e^{-rT}=\Delta S-f$$

从而我们可以求得该期权的价格为：

$$f=e^{-rT}[pf_u+(1-p)f_d]$$

式中，$p=\dfrac{e^{rT}-d}{u-d}$。

仔细分析单期二叉树定价模型，我们可得出如下结论：

(1) 期权的价格不依赖于股票价格上升或下跌的概率，即股价在未来涨跌的概率不影响期权价格。尽管这和我们的直觉相违背，但是公式表明，影响期权价格的因素只有股票当前的价格、股价升降的幅度、期权执行价格以及无风险利率。这是因为股票价格是决定期权价值的唯一随机变量，而股价未来上升和下跌的概率已反映在现在的股票价格中。

(2) 投资者对风险的态度与期权定价公式无关，只需假设投资者偏好更多的财富即可。

第二节　风险中性定价原则

一、风险中性概率

在上一节中，我们在推导单期二叉树定价模型时令 $p=\dfrac{e^{rT}-d}{u-d}$，我们通常将 p 称为风险中性概率，而期权的定价公式可以理解为在风险中性概率条件下，期权价格是其到期收益的期望值按无风险利率贴现的现值。根据公式 $f=e^{-rT}[pf_u+(1-p)f_d]$，通过风险中性概率 p 来给期权定价，这就是我们所说的风险中性定价原则。它在所有类型期权的定价中都发挥着重要作用。

风险中性定价原则并不要求投资者是风险中性的，相反，在现实世界中投资者往往是风险厌恶型的或者说是风险规避型的。当面临多种预期收益相同的投机方式时，风险厌恶型投资者将选择具有较大确定性的投机方式。假设现在有两个投资计划：（a）确定获得1 000 元收益；（b）有 50%的概率获得 2 000 元收益，有 50%的概率获得零收益。一个风险厌恶型投资者将选择（a）计划，因为尽管两个投资计划的期望收益均为 1 000 元，但（b）计划有风险。要使投资者选择（b）计划，我们必须提供额外的补偿，这就是风险溢价或风险补偿。而对于风险中性的投资者，则（a）计划和（b）计划是无差异的，我们不需要提供风险贴水，即风险中性的投资者只关注期望收益。

在风险中性的世界中，所有投资者皆视风险大小为无差异的，即不存在风险补偿，因此所有证券的期望收益率都是无风险利率。假设在风险中性的世界中，股价上升的概率为 q，而股票的期望收益率为无风险利率 r，即平均来说股价以无风险利率增长，则

$$qSu+(1-q)Sd=e^{rT}S$$

解得：

$$q=\frac{e^{rT}-d}{u-d}$$

$q=p$，所以我们可以将 p 理解为在风险中性的世界中股票价格上升的概率，这也就是我们将 p 称为风险中性概率的原因。值得再一次强调的是，我们并未假定投资者是风险中性的，风险资产的实际期望收益率也不可能是无风险利率，我们所提出的风险中性的世界只是对期权定价公式的一种解释说明。在本节接下来的部分我们将说明，风险中性定价原则与前面使用的无套利分析方法以及使用实际概率的传统现金流贴现方法所得出的结论是一致的。

二、用风险中性定价原则对期权定价

为了进一步说明风险中性定价原则，我们继续讨论例 14－1。

已知股票的当前价格为 100 元，3 个月为 1 期，且 3 个月后的价格可能为 120 元或者 80 元。假设股票不支付股利，无风险年利率为 12%（连续复利），我们要对一张 3 个月期限的执行价格为 110 元的欧式看涨期权进行定价。

因为在风险中性的世界中股价以风险中性概率 p 上升，而股票的期望收益率必定等于

无风险利率 12%，于是有：

$$120p+80(1-p)=100\times e^{0.12\times0.25}$$

求得 $p=0.5761$。

故期权到期时价值为 10 元的概率为 0.576 1，价值为 0 元的概率为 0.423 9。因此期权价值的期望值为：

$$0.5761\times10+0.4239\times0=5.761(\text{元})$$

再利用无风险利率贴现可得期权现在的价格为：

$$5.761\times e^{-0.12\times0.25}=5.6(\text{元})$$

从上例中我们可以看出，使用风险中性定价原则对期权定价与我们原来所用的无套利分析方法得出的结果是一致的。

三、用实际概率计算期权的价格

继续例 14-1 中的题设条件，假定该股票的连续复利期望收益率为 ∂，则我们可以计算出股价实际上升的概率 q，即

$$quS+(1-q)dS=e^{\partial T}S$$

解得 $q=\dfrac{e^{\partial T}-d}{u-d}$。

因为 $0<q<1$，所以必有 $u>e^{\partial T}>d$，满足不存在无风险套利机会的条件。因此，期权到期时的期望收益为：

$$qf_u+(1-q)f_d=\frac{e^{\partial T}-d}{u-d}f_u+\frac{u-e^{\partial T}}{u-d}f_d$$

现在的问题是：我们应以什么样的收益率来对期望值贴现？当我们使用股票上升的实际概率时，显然我们不能再用无风险利率。在上一节中我们已经证明了一个期权可以由持有 Δ 股股票同时卖空面值为 B 的无风险债券的投资组合来复制，而任何投资组合的收益率都等于该投资组合中各资产收益率的加权平均。因此，设该期权的期望收益率为 γ，则有

$$e^{\gamma T}=\frac{S\Delta}{S\Delta-B}e^{\partial T}+\frac{-B}{S\Delta-B}e^{rT}$$

于是期权的价格为：

$$f=e^{-\gamma T}\left(\frac{e^{\partial T}-d}{u-d}f_u+\frac{u-e^{\partial T}}{u-d}f_d\right)$$

注意对股票的连续复利期望收益率 ∂ 的不同假设值将求得不同的股价上升概率 q 以及期权的期望收益率 γ，但所求得的期权价格 f 是相同的。如果我们假设股票的连续复利期望收益率 ∂ 等于无风险利率 r，则期权的期望收益率 γ 也等于 r，此时传统现金流贴现方法下的期权定价公式等价于风险中性定价原则下的期权定价公式。

我们继续用例 14-1 来说明如何使用实际概率对期权定价。假设股票的连续复利期望收益率为 15%，则该股票价格上升的实际概率为：

$$q=\frac{e^{0.15\times0.25}-0.8}{1.2-0.8}=0.5955$$

期权价值的期望值为：

$$0.5955\times10+0.4045\times0=5.955(\text{元})$$

贴现率 γ 可由下式求解：

$$e^{\gamma\times 0.25}=\frac{0.25\times 100}{0.25\times 100-20}e^{0.15\times 0.25}+\frac{-20}{0.25\times 100-20}e^{0.12\times 0.25}=1.0692$$

解得 $\gamma=26.78\%$。

在上一节中已经计算出 $\Delta=0.25$(股)，$B=20$(元)，故期权的价格为：

$$f=e^{-0.2678\times 0.25}\times 5.955=5.6(\text{元})$$

从上例中我们可以看出，使用风险中性定价原则对期权定价的结果与使用传统现金流贴现方法对期权定价的结果是一致的。这说明风险中性假设并不意味着衍生证券只能在风险中性的世界中进行定价。在风险中性的世界中衍生证券的价值等于在风险厌恶的世界中衍生证券的价值。但是用风险中性定价原则对期权定价不需要估计股票的期望收益。此外，传统现金流贴现方法需要估计期权期望收益的正确贴现率，从而增加了计算的复杂程度，因此用风险中性定价原则给期权定价要比传统现金流贴现方法简单。

第三节　多期二叉树定价模型概述

一、两期二叉树定价模型与欧式看跌期权定价

我们先通过一个欧式看跌期权定价的例子来讨论两期二叉树定价模型。

[例 14-2]　如图 14-3 所示，假设股票现在的价格为 100 元，不支付股利，以 3 个月为 1 期，在 3 个月内股价可能上涨到原来的 1.2 倍，也可能下跌到原来的 0.8 倍，无风险利率为 12%（连续复利）。试求 6 个月后到期的执行价格为 110 元的欧式看跌期权的价格。

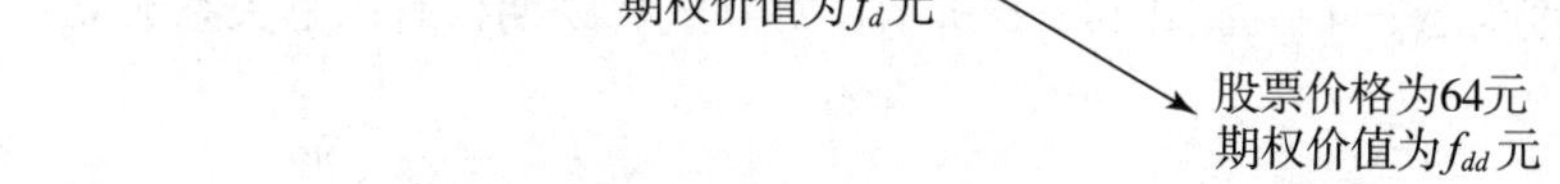

图 14-3　两期二叉树定价模型中的股票价格与期权价值变动

如图 14-3 所示，在第 1 期期末，股价或上升到 $Su=120$(元)，或下跌到 $Sd=80$(元)。在第 2 期期末，股价有三种可能：在两期内股价都上涨，则 $Su^2=144$(元)；股价一期上涨一期下跌，则 $Sud=Sdu=96$(元)；在两期内股价都下跌，则 $Sd^2=64$(元)。注意股价在第 1 期上涨、第 2 期下跌与股价在第 1 期下跌、第 2 期上涨到期时产生的股票价格是相同的。这被称为重合树，即一次价格上升运动加上一次价格下降运动与一次价格下降运动加上一次价格上升运动的结果是无差异的。如果产生的股票价格不同，我们称其为非重合树。一个重合树的节点比非重合树要少，因此计算更简单。在第五节有关股利与二叉树期权定价的内容中，我们将看到非重合树的例子。

我们将现在的时刻记为 $t=0$，3 个月后的时刻记为 $t=1$，6 个月后的时刻记为 $t=2$。

当 $t=2$ 时，$Su^2=144$(元)，欧式看跌期权处于虚值状态，$f_{uu}=0$(元)；$Sud=Sdu=96$(元)，期权处于实值状态，$f_{ud}=f_{du}=110-96=14$(元)；$Sd^2=80$(元)，期权处于实值状态，$f_{dd}=110-80=30$(元)。

当 $t=1$ 时，在节点 f_u处，离期权到期只差一个时期，且股价在 $t=2$ 时只有两种可能，如图 14-4 所示。

因此，我们可用单期二叉树定价模型计算出在节点 f_u处的期权价值为：

$$f_u=e^{-0.12\times0.25}\left(0\times\frac{e^{0.12\times0.25}-0.8}{1.2-0.8}+14\times\frac{1.2-e^{0.12\times0.25}}{1.2-0.8}\right)=5.758\ 7(\text{元})$$

同样地，在节点 f_d处我们可计算出期权价值为：

$$f_d=e^{-0.12\times0.25}\left(14\times\frac{e^{0.12\times0.25}-0.8}{1.2-0.8}+30\times\frac{1.2-e^{0.12\times0.25}}{1.2-0.8}\right)=20.168\ 7(\text{元})$$

当 $t=0$ 时，我们再次利用风险中性定价原则，可算出期权价格为：

$$f=e^{-0.12\times0.25}\left(5.758\ 7\times\frac{e^{0.12\times0.25}-0.8}{1.2-0.8}+20.168\ 7\times\frac{1.2-e^{0.12\times0.25}}{1.2-0.8}\right)$$
$$=11.87(\text{元})$$

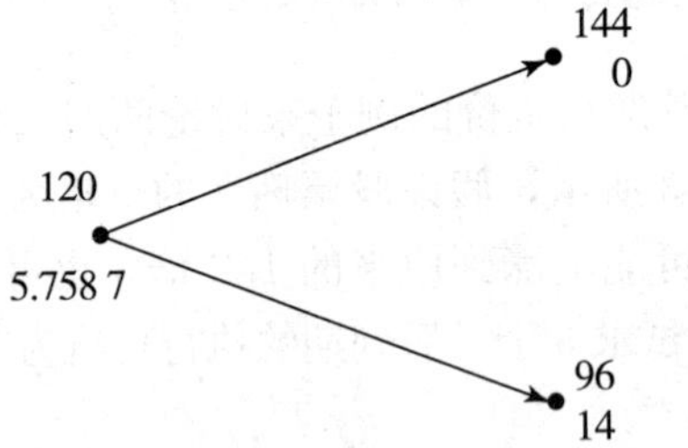

图 14-4　节点 f_u处的期权定价(元)

注：图中每个节点处上面的数字表示股票价格，下面的数字表示期权价值。后同。

我们可以将上述例子推广到一般结论。假设股票的初始价格为 S，在每个单期二叉树图中，股价或上升到原来的 u 倍，或下跌到原来的 d 倍，无风险利率为 r(连续复利)，每个时期的长度为 ΔT 年，如图 14-5 所示，对欧式看跌期权有以下关系成立：

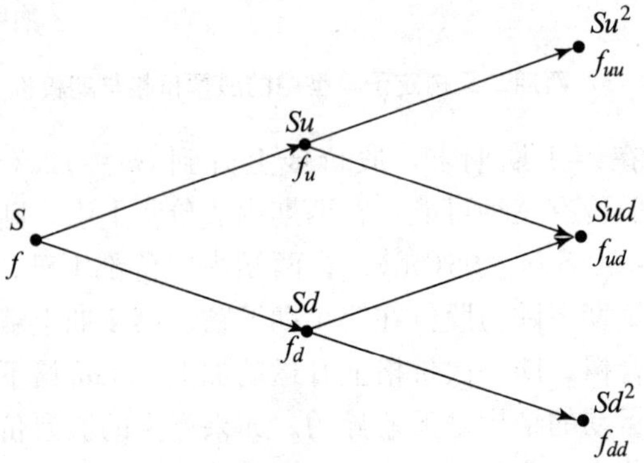

图 14-5　一般的二叉树模型中的股票价格与期权价格

在节点 f_{uu}处，$f_{uu}=\max(X-u^2S,\ 0)$；

在节点 f_{ud}或 f_{du}处，$f_{ud}=f_{du}=\max(X-udS,\ 0)$；

在节点 f_{dd}处，$f_{dd}=\max(X-d^2S,\ 0)$。

我们可以利用风险中性定价原则算得：

在节点 f_u处，$f_u=e^{-r\Delta T}[pf_{uu}+(1-p)f_{ud}]$；

在节点 f_d处，$f_d=e^{-r\Delta T}[pf_{du}+(1-p)f_{dd}]$。

初始时刻期权价格 $f=e^{-r\Delta T}[pf_u+(1-p)f_d]$，我们将 f_u和 f_d的计算公式代入，可得：

$$f=e^{-2r\Delta T}[p^2f_{uu}+2p(1-p)f_{ud}+(1-p)^2f_{dd}]$$

需要注意的是，在公式中，p^2、$2p(1-p)$、$(1-p)^2$恰好是股价达到上、中、下三个点的风险中性概率，也就是说，两期二叉树定价模型下的期权定价公式仍然符合风险中性定价原则，期权价值等于在风险中性概率下，两期时收益期望值以无风险利率贴现的现值。

二、delta 对冲策略

在单期二叉树定价模型中我们已经介绍过 delta 对冲策略，股票期权的 delta 具有其经济含义，它代表了一个风险对冲策略。delta 表示标的股票价格的一个小变化对期权价值的影响，即期权价格对标的资产价格变化的敏感性，具体的计算公式是期权价格的变化与股票价格的变化之比。为了构造无风险头寸，投资者每出售一张期权应该购买数量为 Δ 的股票，故 delta 又被称为最优套期保值比率或最优对冲比率。看涨期权的 delta 为正值，看跌期权的 delta 为负值。

在例 14－1 中，$\Delta=\dfrac{10-0}{120-80}=0.25$，意味着当股票价格从 80 元变化到 120 元时，期权价格从 0 元变化到 10 元；或者说投资者每卖出一张欧式看涨期权，必须购买 0.25 股股票来对冲风险。

在例 14－2 中，当 $t=0$ 时，最优套期保值比率为：

$$\Delta=\frac{5.7587-20.1687}{120-80}=-0.36$$

当 $t=1$ 时，若在第一个时段内股价有一个向上的变动，即价格运动到节点 f_u处，最优套期保值比率为：

$$\Delta=\frac{0-14}{144-96}=-0.29$$

当 $t=1$ 时，若在第一个时段内股价有一个向下的变动，即价格运动到节点 f_d处，最优套期保值比率为：

$$\Delta=\frac{14-46}{96-64}=-1$$

在例 14－2 中，delta 是随着时间的变化而变化的（从－0.36 变化到－0.29 或者－1）。这说明 delta 对冲策略需要定期调整投资组合中所持有的股票数量。在第十七章中我们将进一步讨论 delta 的时变性。

三、多期二叉树定价模型

目前无论是单期二叉树定价模型还是两期二叉树定价模型都存在一个很大的缺陷：在期权到期时股票的价格只有两个或三个不同的值，这显然与现实不相符，因而利用单期或者两期二叉树定价模型计算出来的期权价格可能并不精确。为了解决这个问题，我们将引入多期二叉树定价模型，即将期权的期限划分为更多的时段，如图 14－6 所示。

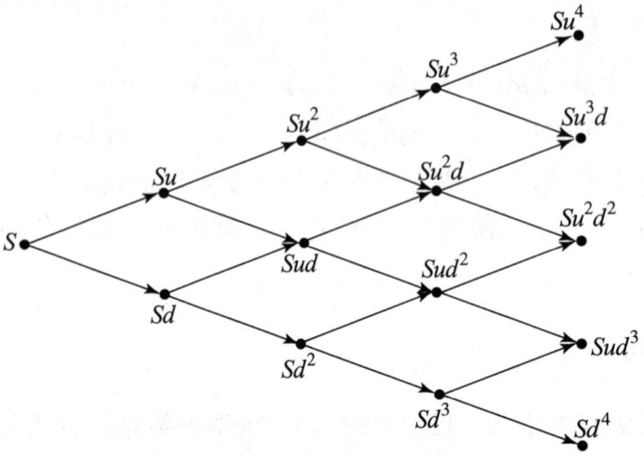

图 14－6　多期二叉树定价模型的股票价格分布图

在图 14－6 中，当时间为 0 时，已知股票价格为 S；当时间为 Δt 时，股票价格有两种可能，即 Su 或 Sd；当时间为 $2\Delta t$ 时，股价有三种可能，即 Su^2、Sud 和 Sd^2。依此类推，一般情况下，在 $i\Delta t$ 时刻，股价有 $i+1$ 种可能，分别为：Su^jd^{i-j}，其中 $j=0, 1, \cdots, i$。

与两期二叉树定价模型类似，多期二叉树定价模型对期权定价是从二叉树的末端（即期权到期时刻 T）开始向前倒推进行计算的。而期权到期时的价值是已知的，欧式看跌期权的价值为 $\max(X-S_T, 0)$，欧式看涨期权的价值为 $\max(S_T-X, 0)$，其中 X 为期权的执行价格，S_T 为期权到期时的股票价格。根据风险中性定价原则，在 $T-\Delta t$ 时刻每个节点上的期权价值都可以用 T 时刻期权价值的期望值以无风险利率 r 在 Δt 时间内贴现求得。类似地，$T-2\Delta t$ 时刻的每个节点的期望值都可以用 $T-\Delta t$ 时刻的期望值以无风险利率 r 在 Δt 时间内贴现求得，其他节点依此类推。

下面我们用一个例子来说明这种计算方法。

[例 14－3]　假设股票现在的价格为 100 元，不支付股利，以 3 个月为 1 期，3 个月内股价可能上涨到原来的 1.2 倍，也可能下跌到原来的 0.8 倍，无风险利率为 12%（连续复利）。试求 9 个月后到期的执行价格为 110 元的欧式看涨期权的价格。

图 14－7 描述了这张期权的股票价格和期权价值树，在每个节点上有两个数字，上面的数字表示该节点的股票价格，下面的数字表示该节点的期权价值，单位为元。

我们先计算风险中性概率：

$$p=\frac{e^{0.12\times0.25}-0.8}{1.2-0.8}=0.576\ 1$$

即每一个小阶段股价上升的风险中性概率都为 0.576 1，下跌的概率为 0.423 9。

再计算每个节点的股票价格，在 $i\Delta t$ 时刻第 j 个节点（从下往上数，$j=0$，1，…，i）的股票价格为 $Su^j d^{i-j}$。例如，在节点 $D(i=2，j=2)$ 处的股票价格为 $100\times1.2^2=144$（元）。最后一列节点的期权价值可用 $\max(S_T-X，0)$ 来计算。例如在节点 G 处期权价值为：115.2－110＝5.2(元)。

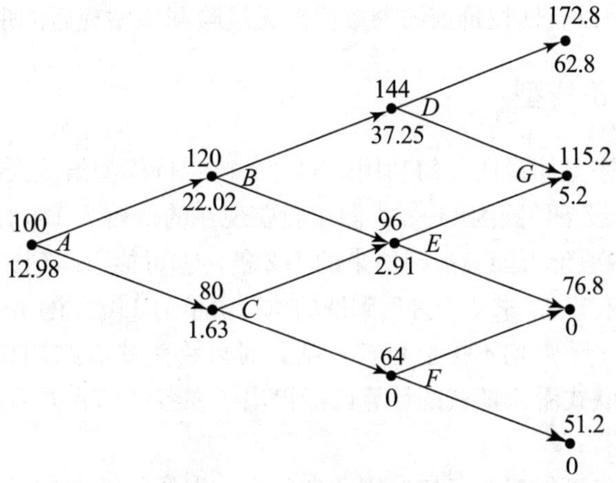

图 14－7　不支付股利的欧式看涨期权的二叉树图（元）

然后我们从最后的节点倒推，可计算出倒数第 2 期各节点的期权价值。例如在节点 E 处的期权价值为：$e^{-0.12\times0.25}(0.5761\times5.2+0.4239\times0)=2.91$(元)。其余节点依此类推。

最后，可以计算出期权的价格为：

$$e^{-0.12\times0.25}(0.5761\times22.02+0.4239\times1.63)=12.98(\text{元})$$

第四节　二叉树与美式期权定价

一、美式期权提前执行

迄今为止，我们讨论的都是在到期日执行的欧式期权的定价。美式期权与欧式期权的最大不同在于它可以提前行权。是否提前行权取决于立即行权的价值与继续持有期权的价值的大小比较，如果立即行权具有更大的价值就应该提前行权。关于美式期权是否提前行权，有如下三个结论：

定理 14.1　以不支付股利的股票为标的物的美式看涨期权不会被提前执行，因此这类美式期权的价值和对应的欧式期权完全一样。

定理 14.2　当标的股票支付股利时，美式看涨期权可能被提前执行。

定理 14.3　无论标的股票是否支付股利，美式看跌期权都有可能被提前执行。

在本节中，我们只讨论不支付股利的美式期权的定价，对支付股利的美式期权的定价将在第十八章中详细介绍。因此，在本节中我们所说的美式期权指的是不支付股利的美式期权。

利用二叉树模型给美式看跌期权定价，在每个时间段股价上升和下降的幅度以及股价上升的风险中性概率和欧式看跌期权一样。类似地，期权价格仍然是从二叉树的末端出发向前倒推得来的。在二叉树的末端，美式看跌期权的价值即其内在价值为 $\max(X-S_T, 0)$，但在其他非末端点，由于美式看跌期权可能提前行权，期权的价值是下面两者中的较大值：(1) 立即行权的价值；(2) 继续持有期权的价值。如果在某个节点美式看跌期权被提前执行了，那么该节点的期权价值就是其内在价值；如果继续持有 Δt 时间，该节点期权的价值就是 Δt 时间以后期权价值的期望值以无风险利率贴现后的现值。

二、两期二叉树定价模型

下面我们用例子来具体说明如何利用两期二叉树定价模型给美式看跌期权定价。

[例 14－4]　题设条件同例 14－2，假设股票现在的价格为 100 元，不支付股利，以 3 个月为 1 期，3 个月内股价可能上涨到原来的 1.2 倍，也可能下跌到原来的 0.8 倍，无风险利率为 12%（连续复利）。试求 6 个月后到期的执行价格为 110 元的美式看跌期权的价格。

我们先假定在各个节点均不提前行权，则此时可将美式看跌期权视为欧式看跌期权。在例 14－2 中我们对欧式看跌期权的计算已经得出了在各个节点均不提前行权时的期权价值，如图 14－8 所示。

由于美式看跌期权可能提前行权，因此在每个节点我们要决定是否提前行权。在两期二叉树定价模型中，我们只需要考察 $t=1$ 时是否存在提前行权的可能性。在节点 B 处，期权的内在价值为 0，故不会提前行权，在节点 B 处的期权价值仍为 5.758 7；在节点 C 处，期权的内在价值为 30，大于 20.168 7，所以在这种情况下提前行权更优，因此节点 C 处的期权价值应为 30。于是我们得出了美式看跌期权的价格为：

$$f = e^{-0.12\times 0.25}\left(5.758\ 7\times\frac{e^{0.12\times 0.25}-0.8}{1.2-0.8}+30\times\frac{1.2-e^{0.12\times 0.25}}{1.2-0.8}\right)$$
$$=15.56(\text{元})$$

该美式看跌期权定价的两期二叉树图如图 14－9 所示。

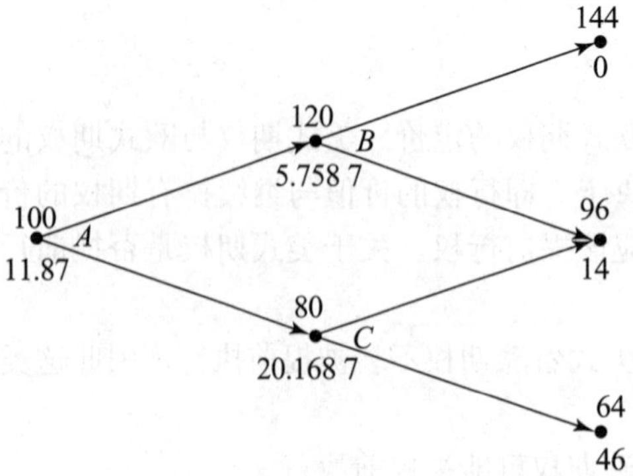

图 14－8　各个节点均不提前行权时的两期二叉树图(元)

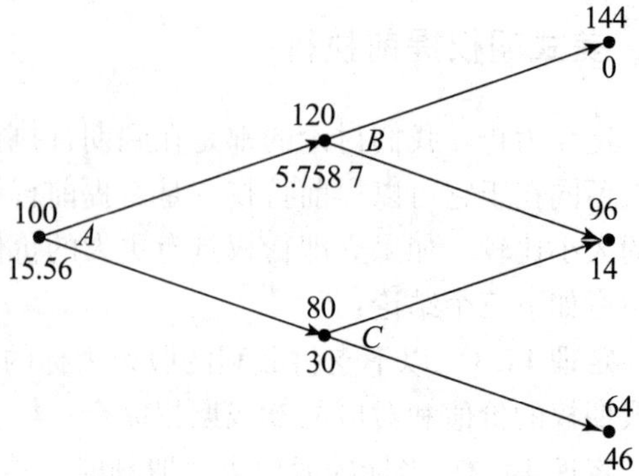

图 14－9　美式看跌期权定价的两期二叉树图(元)

与例 14－2 的结果比较我们不难发现：在其他条件均相同的前提下，美式看跌期权的价格高于欧式看跌期权的价格。这是因为美式看跌期权可以提前执行，比欧式看跌期权多了一个选择权。

三、多期二叉树定价模型

前面我们提到以不支付股利的股票为标的物的美式看涨期权不会提前执行。下面我们用一个例子来说明这一结论。

[例 14－5]　题设条件同例 14－3。假设股票现在的价格为 100 元，不支付股利，以 3 个月为 1 期，3 个月内股价可能上涨到原来的 1.2 倍，也可能下跌到原来的 0.8 倍，无风险利率为 12%（连续复利）。试求 9 个月后到期的执行价格为 110 元的美式看涨期权的价格。

类似于两期二叉树定价模型，我们先假定在各个节点均不提前行权，此时各个节点的期权价值与例 14－3 中的计算结果一致，我们可得到不提前行权时各节点的期权价值，如图 14－10 所示。

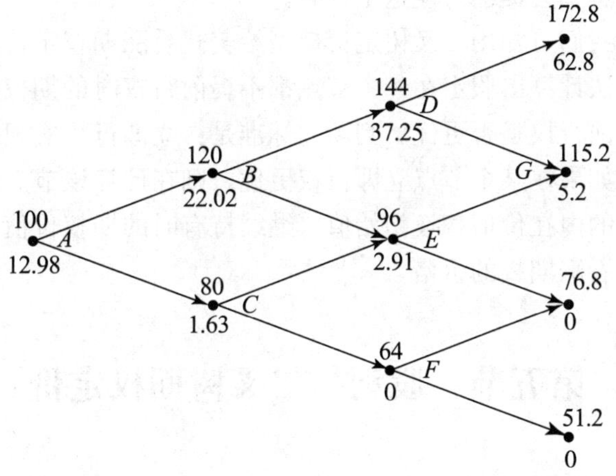

图 14－10　各个节点均不提前行权时的多期二叉树图（元）

现在我们来考察在各个节点提前行权是否更优，各个节点提前行权时的期权价值如图 14－11 所示。

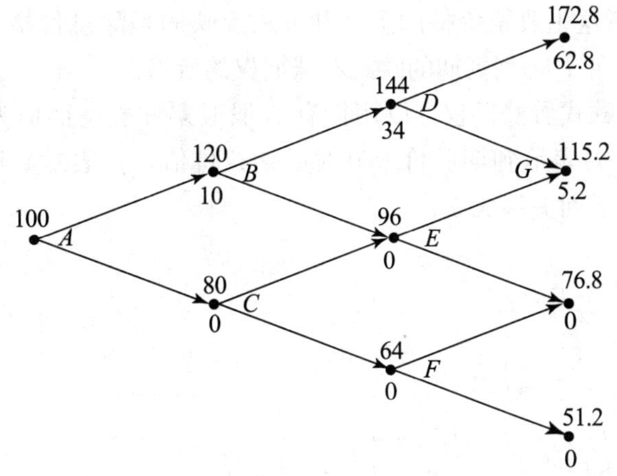

图 14－11　各个节点均提前行权时的期权价值（元）

比较图 14-10 与图 14-11 我们不难发现，美式看涨期权在各个节点提前行权的期权价值均不大于继续持有期权时的价值，所以不支付股利的美式看涨期权不应该提前执行。

在不支付股利的情况下，美式看涨期权实质上与欧式看涨期权一致。我们可以从看涨期权的价值角度来分析。看涨期权的价格可以被分解为内在价值和时间价值两个部分。所谓内在价值，即 $\max(S-X,\ 0)$，它是期权立即执行所获得的收益；而时间价值是期权价格高于其内在价值的部分。简单来说，美式看涨期权不提前执行的原因有两点：一方面，由于货币存在时间价值，看涨期权价格的下限值是 $S-X$，提前执行将使持有人只获得 $S-X$ 的底价而丧失时间溢价。基于同样的理由，在投资者认为当前股价被高估时，投资者也不应提前执行期权并卖出股票，出售该期权才是最优的选择，此时，总会有其他想持有股票的投资者会购买该看涨期权。另一方面，看涨期权提供保险，即使股价跌至执行价格之下，持有人也不会遭受损失，而一旦提前执行，就放弃了这种保险。因此，在不支付股利的情况下，投资者不会提前行使这个权利。

由上述两个例子我们可知用二叉树定价模型给美式看涨期权定价的方法：先按照给欧式看涨期权定价的方法计算出假定在各个节点都不提前行权时的期权价值，然后用倒推的方式逐个节点检验提前行权是否更优。判断的标准是：立即行权实现的收益是否大于继续持有时的期权价值。如果在某个节点立即行权更优，则在计算该节点前一个节点的期权价值时应用该节点期权的内在价值替换初始值（继续持有时的期权价值）进行计算。依此类推，最后计算出美式看涨期权的价格。

第五节　股利与二叉树期权定价

一、连续股利支付

当股票支付股利时，二叉树会变得相当复杂。为了简化问题，我们假定股票有一个连续的股利收益率 δ，这些股利被继续投资到股票中。这样我们在 0 时刻买入的 1 股股票，在 T 时刻将变为 $e^{\delta T}$ 股股票。假定股票现在的价格为 S，在 T 时刻，股价将向上变动到 Su 或者下跌到 Sd，注意这里股票价格的上升和下跌反映的是除息价格。我们需要计算一个以该股票为标的物、在 T 时刻到期的欧式看涨期权的价格。

在前面我们提到欧式看涨期权可以用持有 Δ 股股票并卖空面值为 B 的无风险债券的投资组合来复制。令 f_u表示到期股价上升时的期权价值，f_d表示到期股价下跌时的期权价值，则在到期时有下列关系成立：

当股价上升时：

$$\Delta\times Su\times e^{\delta T}-B=f_u$$

当股价下跌时：

$$\Delta\times Sd\times e^{\delta T}-B=f_d$$

解得 $\Delta=e^{-\delta T}\left(\dfrac{f_u-f_d}{Su-Sd}\right)$，$B=\dfrac{df_u-uf_d}{u-d}$。

根据组合复制法，期权应与所构造的投资组合的成本相同，所以期权的价格为：

$$f=\Delta S-\mathrm{e}^{-rT}\times B=\mathrm{e}^{-rT}\left[\frac{\mathrm{e}^{(r-\delta)T}-d}{u-d}f_u+\frac{u-\mathrm{e}^{(r-\delta)T}}{u-d}f_d\right]$$

注意，在这里为保证不产生无风险套利机会，条件 $u>\mathrm{e}^{(r-\delta)T}>d$ 必须成立。

当股票支付股利时，我们要调整投资组合中股票的数量 Δ 以抵消股利收入，即存在股利收入时的最优套期保值比率小于不存在股利时的最优套期保值比率。此时在风险中性定价原则下的风险中性概率也相应地由原来的 $p=\frac{\mathrm{e}^{rT}-d}{u-d}$ 调整为 $p=\frac{\mathrm{e}^{(r-\delta)T}-d}{u-d}$。因为在风险中性的世界中，如果股票的收益率等于无风险利率 r，但同时股票以 δ 的速率支付股利，则股价的期望增长率必定等于 $r-\delta$。对于单期二叉树定价模型，与不支付股利的股票期权定价公式相比，支付连续股利的股票期权定价公式中只有风险中性概率 p 的计算发生了变化，这同样适用于多期二叉树定价模型。

这样，我们将二叉树定价模型扩展到了支付连续股利的股票期权。而股票指数、货币和大量的期货合约都可被视为支付连续股利的股票，所以以这些资产为标的物的期权定价都可以使用二叉树定价模型。

二、已知股利支付比率

现实中股利的支付往往不是连续的，因此我们要进一步放松连续股利支付的假设。假定在未来某一确定的时间将支付一次股利，且已知股利与股票价格之比为 δ。我们可以将期权的期限 T 划分为 n 个时段，每个时段长为 Δt，则 $n=T/\Delta t$。例如 $T=30$ 天，我们选取 $\Delta t=1/360$ 年，那么 $n=30$，每个节点表示实际上的 1 天。如果第 $i\Delta t$ 时刻在除息日之前（$i=1$，2，…，n），那么该节点的股票价格为：Su^jd^{i-j}，其中 $j=0$，1，…，i；如果第 $i\Delta t$ 时刻在除息日之后（$i=1$，2，…，n），那么该节点的股票价格为 $Su^jd^{i-j}(1-\delta)$，其中 $j=0$，1，…，i。

例如在第二个节点前支付一次股利，此时二叉树的结构如图 14－12 所示。

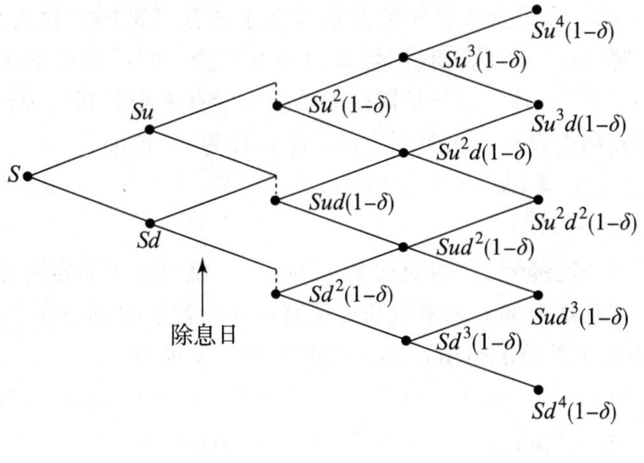

图 14－12　在一个特定时刻支付已知比率股利的股票的二叉树图

如果在期权的有效期内有多次已知的股利支付，可以采用类似的处理办法。假设 δ_i 为

第 $i\Delta t$ 时刻之前所有除息日的总股利支付率，则第 $i\Delta t$ 时刻节点的相应股票价格为：

$$S(1-\delta_i)u^j d^{i-j} \quad (j=0,1,\cdots,i)$$

三、已知现金股利

在现实中，股利的支付比率往往不是股价的某一固定比例。我们假设已知股利支付的金额会更符合现实。当支付股利后，如果不考虑税收因素，股价会下跌与股利 D 相等的数量。如果在除息日股价变化不等于 D，则存在无风险套利机会。例如，如果股价下跌数量为 $Z<D$，那么投资者可以在股票除息日前买入股票，在得到股利 D 后马上以 $S-Z$ 的价格卖出，从而获得 $D-Z=[D-S+(S-Z)]$ 的净收益（忽略现金延期支付的贴现问题）。

如果股价仍按 u 和 d 的倍数变化，那么二叉树的节点将不再重合，这就产生了我们前面提到的非重合树，如图 14－13 所示。

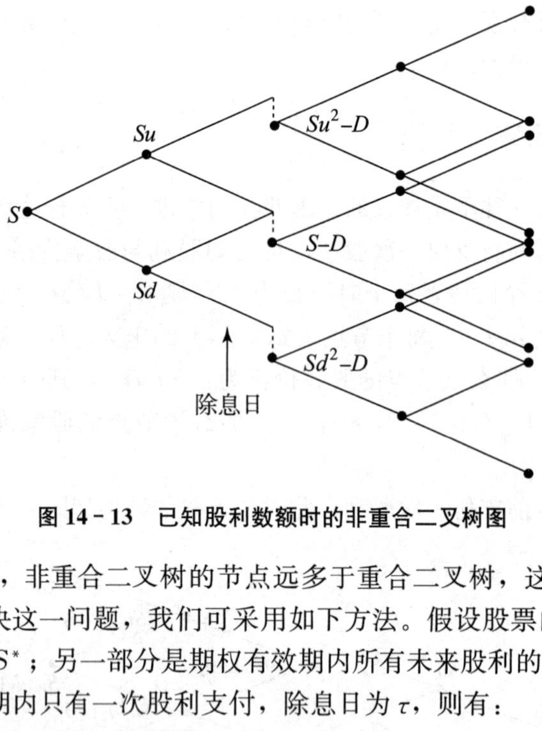

图 14－13　已知股利数额时的非重合二叉树图

如图 14－13 所示，非重合二叉树的节点远多于重合二叉树，这大大增加了期权定价计算的难度。为了解决这一问题，我们可采用如下方法。假设股票的价格由两部分组成：一部分是不确定部分 S^*；另一部分是期权有效期内所有未来股利的现值。为使问题简化，我们假设在期权有效期内只有一次股利支付，除息日为 τ，则有：

除息日之前：$S=S^*+De^{-r(\tau-i\Delta t)}(i\Delta t\leqslant\tau)$。

除息日之后：$S=S^*(i\Delta t>\tau)$。

我们只要知道不确定部分 S^* 的变动率 u_* 和 d_*，就可以用通常的方法构造 S^* 的可以重合的二叉树，在此基础上加上未来股利的现值，我们就能得到 S 的二叉树。假设 S_0^* 是在 $t=0$ 时刻股价不确定部分的价值，那么股价 S 的二叉树为：

除息日之前：$S=S_0^*\,u_*^j\,d_*^{i-j}+De^{-r(\tau-i\Delta t)}(j=0,1,\cdots,i;\ i\Delta t\leqslant\tau)$。

除息日之后：$S=S_0^*\,u_*^j\,d_*^{i-j}\ (j=0,1,\cdots,i;\ i\Delta t>\tau)$。

例如，已知股票在第 3 期后将支付 10 元的股利，计算得到股利的现值为 8 元，股价 $S=100$(元)，那么 $S^*=92$(元)。然后若我们能求得 S^* 的变动率 u_* 和 d_*，就可以求出 S^* 的可以重合的二叉树，进而求得 S 的二叉树，再利用二叉树定价模型从期权到期日起

沿着 S 的二叉树进行回溯，就可以求出欧式看涨（看跌）期权的价格。因此，关键在于如何求得 S^* 的变动率 u_* 和 d_*，我们将在下一节中介绍求解过程。

第六节　股票价格分布与二叉树参数

一、随机游走假说

在 20 世纪 30 年代，一些统计学家诸如考尔斯（Cowles，1933）、沃金（Working，1934）以及考尔斯和琼斯（Cowles and Jones，1937）对一些金融数据做了实证分析[①]，试着去回答这个问题：金融资产价格的走势是否可预测？在这些论文中，作者经由对大量数据的统计分析发现，资产的后续价格变化和资产市场之间似乎没有任何关联。但因为此结论与当时盛行的认为价格可由呈现节奏性、周期性、趋势性的现象而预测的观点相异，故未引起广泛的注意。

经过一段时间的沉寂之后，在 20 世纪 50 年代初，计算机的应用使得人们可以研究更长时间的价格数据。1953 年，伦敦政治经济学院的肯德尔（Kendall）教授在英国皇家统计学会主办的杂志上发表了一篇题为《经济时间序列分析，第一篇：价格》的文章。肯德尔原本想要经由对股票及商品价格的分析找出其周期性，但出乎意料的是，在分析实际资料后，他发现这些价格并没有任何节奏性、周期性或趋势性。他进而得出结论：在相隔较短的时间内不断观察价格的变化，会发现随机性的变化非常大，相比之下能观察到的系统效应是非常小的，价格数据非常像随机游走序列。

然而从历史的角度来看，法国天才数学家巴舍利耶（Bachelier）才是第一位利用随机游走假说去描述价格走势的学者。他在其博士学位论文《投机理论》中提到，过去的、现在的甚至是将来可预期到的事情都反映在了市场价格中，但是与未来的价格变化没有明显的联系。他假设在 $k\Delta$ 时刻股票的价格 $S_{k\Delta}^{(\Delta)}$ 为：

$$S_{k\Delta}^{(\Delta)}=S_0+\zeta_{\Delta}+\zeta_{2\Delta}+\cdots+\zeta_{k\Delta} \tag{14.1}$$

式中，S_0 为初始价格；Δ 为一个时间间隔长度；$\zeta_{i\Delta}$ 为独立同分布的随机变量，且取值为 $\sigma\sqrt{\Delta}$ 及 $-\sigma\sqrt{\Delta}$ 的概率各为 $\frac{1}{2}$。因此，

$$ES_{k\Delta}^{(\Delta)}=S_0 \qquad \mathrm{Var}\, S_{k\Delta}^{(\Delta)}=\sigma^2\cdot(k\Delta)$$

令 $k=\left[\frac{t}{\Delta}\right]$，$t>0$，$\Delta\to0$，巴舍利耶发现，式（14.1）的极限过程为 $S=(S_t)_{t\geqslant0}$，其中 $S_t=\lim\limits_{\Delta\to0}S_{\left[\frac{t}{\Delta}\right]\Delta}^{(\Delta)}$（注意此极限是在某特定的概率意义下的极限），且有下列表达式：

$$S_t=S_0+\sigma W_t$$

式中，$W=(W_t)_{t\geqslant0}$（$W_0=0$，$EW_t=0$，$EW_t^2=t$）为标准布朗运动（standard Brownian motion），又称维纳过程。

巴舍利耶的随机游走模型是最早描述股票价格分布的模型，虽然其数学性质简单，但它存在诸多问题：（1）股票价格可能为负值。假设现在股票价格为 5 元，价格每次将上升

---

① 沃金研究了不同种类的价格时间序列；考尔斯研究了美国股票价格的情况。

或下降 1 元，按照巴舍利耶的随机游走模型，在经历连续 6 次价格下降后，股票的价值将变为－1 元。（2）股价的变动率取决于选取的时间间隔的长短和股票现在的价格水平。（3）总的来说，股票应该有一个正的收益，但模型并不能保证这一点。如果假定股票的连续复利收益率是随机游走的，就能够很好地解决这些问题。

二、连续复利收益率

将 S_i 定义为在第 i 个时间段末的股票价格，则第 i 个时间间隔内股票的连续复利收益率为：

$$\mu_i=\ln\left(\frac{S_i}{S_{i-1}}\right)$$

它具有如下性质：

（1）股票的连续复利收益率是可加的，假设 μ_1，μ_2，μ_3，…，μ_n 分别为股票在第 1 个时间间隔、第 2 个时间间隔、第 3 个时间间隔直到第 n 个时间间隔内的连续复利收益率，那么在这 n 个时间间隔内，股票总的复利期望收益率为 $\mu=\sum_{i=1}^{n}\mu_i$。

（2）连续复利收益率可以为负，即使连续复利收益率是一个很大的负数，它仍然能保证股票价格为正。假设 S_0 为在 $t=0$ 时刻股票的价格，S_1 为经过一个时间间隔后的股票价格，μ_1 表示第一个时间间隔内的连续复利收益率，则 $S_1=e^{\mu_1}S_0$。因为对于任意 μ_1，e^{μ_1} 总为正，所以股票的价格也总为正值。

（3）如果我们把 1 年拆为长度为 τ 的 n 个时间间隔（$\tau=1/n$），那么在长度为 τ 的时间间隔内，标准差为 $\sigma\sqrt{\tau}$，其中 σ 为年度连续复利收益率的标准差。

下面我们通过几个例子来验证这些性质。

［例 14－6］ 假定某股票在 4 个连续交易日内价格分别为 100 元、103 元、97 元和 98 元，则日连续复利收益率为：

$$\ln(103/100)=0.029\,56$$
$$\ln(97/103)=-0.060\,02$$
$$\ln(98/97)=0.010\,26$$

相加得：

$$0.029\,56+(-0.060\,02)+0.010\,26=-0.020\,2$$

从第 1 天到第 4 天的连续复利收益率为 $\ln(98/100)=-0.020\,2$，等于 3 日连续复利收益率之和。

［例 14－7］ 假定现在的股票价格为 100 元，而从今天起 1 年后价格将变为 20 元，则年复利收益率为 $\ln(20/100)=-1.609\,4$，但股价仍然为正值。

［例 14－8］ 试证明：年度连续复利收益率的方差 σ^2 等于月度连续复利收益率的方差的 12 倍，即月度连续复利收益率的标准差 $\sigma_m=\sigma/\sqrt{12}$。

证明：假定第 i 个月内股票的连续复利收益率为 μ_{im}，则年度连续复利收益率为：

$$\mu_a=\sum_{i=1}^{12}\mu_{im}$$

年度连续复利收益率的方差为：

$$\mathrm{Var}(\mu_a)=\mathrm{Var}\left(\sum_{i=1}^{12}\mu_{im}\right)$$

因为连续复利收益率是随机游走的，所以连续复利收益率在时间上具有不相关性，每个月的方差相同，故年度方差为：

$$\sigma^2=12\times\sigma_m^2$$

上式两边同时除以 12 再开方，有：$\sigma_m=\sigma/\sqrt{12}$ 。

命题得证。

现在我们来看，当假定股票的连续复利收益率是随机游走的时，是否解决了之前讨论的随机游走模型中存在的问题。经过 Δt 的时间间隔后，股价 $S_{t+\Delta t}=S_t\mathrm{e}^{r\Delta t\pm\sigma\sqrt{\Delta t}}$ 。

在 Δt 的时间间隔内，股票的连续复利收益率由两部分构成：确定的部分 $r\Delta t$ 和不确定的将导致股价上涨或下跌的部分$\pm\sigma\sqrt{\Delta t}$ 。我们易知：(1) 股票价格不可能为负。即使连续复利收益率多次向下运动并得到一个较大的负收益率也将生成一个正的股票价格。(2) 当时间间隔更短时，连续复利收益率向上和向下变动的幅度也变得更小，而年度波动率总是相同的。因为连续复利收益率遵循随机游走假说，所以不论股票价格水平如何，价格的百分比变化都是相同的。(3) $r\Delta t$ 的存在可以保证股票的期望收益率为正。

三、二叉树参数

现实中要给期权定价，先要构造二叉树。二叉树的参数包括：股票价格 S；期权期限 T；执行价格 X；时间间隔长度 Δt；二叉树的期数 N；股票价格波动率 σ。其中，股票价格 S、期权期限 T、执行价格 X 都是已知的。二叉树的期数 N 的设定一般依靠做市商的经验，通常来说超过 30 个时段的二叉树的计算将变得很复杂，一般来说 20 个时段是一个比较好的选择。同时，在确定节点的时候要尽量使公司出现大事的日子成为节点，例如公司上市、送股以及分红派息等，这样有利于二叉树更好地模拟股票的价格分布。

由公式 $S_{t+\Delta t}=S_t\mathrm{e}^{r\Delta t\pm\sigma\sqrt{\Delta t}}$ 我们可以计算出在一个时间间隔 Δt 内的股价变动率 u 和 d：$u=\mathrm{e}^{r\Delta t+\sigma\sqrt{\Delta t}}$ ，$d=\mathrm{e}^{r\Delta t-\sigma\sqrt{\Delta t}}$ 。这样我们就可以构造出相应的二叉树来给期权定价。

除了本节中所提到的方法外，还可以用“远期树”构造法和考克斯-罗斯-鲁宾斯坦方法来构造二叉树。我们将在第十八章第三节中更详细地介绍其他方法。

第七节　波动率估计

一、估计波动率的一般方法

在现实中我们用二叉树定价模型给一张股票期权定价的时候，必须求出模型中的全部参数以构造二叉树来求得期权价值。而股票价格的波动率 σ 无疑是最重要的参数，因为只有已知波动率，我们才能求得股价变动率 u 和 d 与风险中性概率 p。股票价格的波动率 σ

是股票年度连续复利收益率的标准差，通常被用来衡量股票收益的不确定性。典型的股票价格的波动率介于 0.2 和 0.4 之间。

在现实中我们无法直接从股价变动中观察出波动率，一种常用的估计方法是利用股票的历史连续复利收益率的标准差来度量 σ，这样计算出来的 σ 被称为历史波动率。根据历史数据估计股票价格的波动率，应在固定的时间间隔观察股票价格（例如每天、每周或每月）；然后对每个时间段求出该时间段末的股票价格与该时间段初的股票价格之比的自然对数；再用这些对数的标准差除以以年为单位计量的时间长度的平方根，就是估计的历史波动率。注意在估计波动率的过程中，在计算时间长度时通常应扣除交易所闭市的日子。下面我们将具体说明如何用历史数据来估计波动率。

二、估计波动率的具体过程

在根据历史数据估计股票价格的波动率时，观察股票价格的时间间隔通常是固定的（例如每天、每周或每月）。假设总共的观察次数为 $n+1$ 次，S_i 为在第 i 个时间段末的股票价格，τ 为以年为单位表示的一个时间间隔的长度。令

$$\mu_i=\ln\left(\frac{S_i}{S_{i-1}}\right) \qquad (i=1, 2, \cdots, n)$$

则 $S_i=S_{i-1}e^{\mu_i}$，其中 μ_i 是第 i 个时间间隔的连续复利（并非年度复利）收益率，易知 μ_i 的标准差的估计值 s 为：

$$s=\sqrt{\frac{1}{n-1}\sum_{i=1}^{n}(\mu_i-\bar{\mu})^2}$$

即

$$s=\sqrt{\frac{1}{n-1}\sum_{i=1}^{n}\mu_i^{\,2}-\frac{1}{n(n-1)}\left(\sum_{i=1}^{n}\mu_i\right)^2}$$

式中，$\bar{\mu}$ 为 μ_i 的均值。

在上一节中我们已知 μ_i 的标准差为 $\sigma\sqrt{\tau}$，因此变量 s 是 $\sigma\sqrt{\tau}$ 的估计值。设 σ 的估计量为 s^*，从而有 $s^*=\frac{s}{\sqrt{\tau}}$。这样我们就可以计算出 σ 的估计值。

注意：在估计波动率时，确定一个合适的观察次数 n 很关键。一般来说，观察值越多，估计的精确度越高。但是，数据越多，时间也就越长，太久远的历史数据对于预测将来的波动率可能并不起作用。通常而言，20～50 个观察值可以得到较为合理的结果。此外，还有多种调节方法，如将估计波动率的数据时间长度设定为应用波动率所对应的时间长度会有较好的效果，例如要对一个 1 年期的欧式期权定价，就可以使用 1 年的历史数据；或者可以让最近的价格占据较高的权重；还可以将股价的日变化幅度与收盘价结合起来计算。但是无论方法如何复杂，我们估计出来的都是历史波动率。

为了解释具体如何计算波动率，下面我们来看一个例子。

［例 14－9］ 表 14－4 列出了上证指数和上海宝钢股份从 2006 年 3 月 10 日到 2006 年 7 月 28 日为期 20 周的收盘价，我们用 Excel 中的 STDEVA 函数计算出了股票连续复利收益率的标准差。

表 14-4　上证指数和上海宝钢股份每周收盘价和连续复利收益率

日期	上证指数		上海宝钢股份	
	点数	$\ln(S_t/S_{t-1})$	价格(元/股)	$\ln(S_t/S_{t-1})$
2006 年 3 月 10 日	1 245.65	—	3.56	—
2006 年 3 月 17 日	1 269.46	0.018 934	3.49	−0.019 860
2006 年 3 月 24 日	1 294.70	0.019 687	3.54	0.014 225
2006 年 3 月 31 日	1 298.30	0.002 777	3.53	−0.002 830
2006 年 4 月 07 日	1 342.96	0.033 820	3.55	0.005 650
2006 年 4 月 14 日	1 359.54	0.012 270	3.69	0.038 679
2006 年 4 月 21 日	1 416.79	0.041 247	3.73	0.010 782
2006 年 4 月 28 日	1 440.22	0.016 402	3.55	−0.049 460
2006 年 5 月 12 日	1 602.83	0.106 975	3.66	0.030 516
2006 年 5 月 19 日	1 659.55	0.034 776	4.18	0.132 848
2006 年 5 月 26 日	1 613.89	−0.027 900	4.13	−0.012 030
2006 年 6 月 02 日	1 669.40	0.033 817	4.04	−0.022 030
2006 年 6 月 09 日	1 551.38	−0.073 320	3.89	−0.037 840
2006 年 6 月 16 日	1 574.47	0.014 774	3.82	−0.018 160
2006 年 6 月 23 日	1 605.71	0.019 647	3.77	−0.013 180
2006 年 6 月 30 日	1 672.21	0.040 580	4.01	0.061 716
2006 年 7 月 07 日	1 730.19	0.034 085	3.94	−0.017 610
2006 年 7 月 14 日	1 665.21	−0.038 280	3.78	−0.041 460
2006 年 7 月 21 日	1 665.33	0.000 072 1	3.75	−0.007 970
2006 年 7 月 28 日	1 662.03	−0.001 980	3.76	0.002 663
标准差	—	0.036 874	—	0.041 894
标准差 $\times\sqrt{52}$	—	0.265 901	—	0.302 099

三、波动率估计中可能存在的问题

历史波动率并不等同于未来波动率，在这里我们用历史波动率来估计未来股价的波动率是基于股票的连续复利收益率是独立同分布的假设。举例来说，若股票的连续复利收益率正如上一节中所提到的那样是随机游走的，则采用上述过程来估计波动率是合理的。但是如果收益率不是相互独立的，就像某些商品的价格走势那样，是相互关联的，那么波动率的估计将变得更加复杂，在这种情况下我们再用上述过程来估计波动率就可能存在问题。例如，今天的黄金价格走高会导致需求减少而供给增加，此时投资者会期望黄金价格在未来下降。在这种情况下，价格表现出均值回归的特性，T 时期价格的波动率将小于 $\sigma\sqrt{T}$ 。

实际上，利用历史波动率来估计未来的波动率并不一定科学。例如，在1987年股市暴跌后，标准普尔500指数的20天波动率从其通常的12%狂升到150%，如果做市商完全依赖历史波动率，那么在股市暴跌后的一个月，它们是基于将会发生另外一场暴跌（或者大繁荣）给股票期权定价的，这将会是极其不合理的。在下一章中我们将讲到的隐性波动率可以在一定程度上解决这一问题。

本章小结

在本章中我们着重介绍了如何用二叉树期权定价模型给期权定价。该模型假设股票的价格在任意时点只有两种可能：从 S 上升到 Su 或下降到 Sd，通过构造一个包含股票多头和看涨期权空头的无风险组合可以为期权定价。期权价格由 u、d、无风险利率 r、股票当前的价格、执行价格和到期时间决定。风险中性定价原则是指在风险中性的概率条件下，期权价格是其到期收益的期望值按无风险利率贴现的现值。多期二叉树定价模型对期权的定价是从二叉树的末端（即期权到期时刻 T）开始向前倒推计算的，期权到期时欧式看跌期权的价值为 $\max(X-S_T,\ 0)$，欧式看涨期权的价值为 $\max(S_T-X,\ 0)$，其中 X 为期权的执行价格，S_T 为期权到期时的股票价格。根据风险中性定价原则，在 $T-\Delta t$ 时刻每个节点上的期权价值都可以用 T 时刻期权价值的期望值以无风险利率 r 在 Δt 时间内贴现求得。类似地，$T-2\Delta t$ 时刻的每个节点的期望值可以用 $T-\Delta t$ 时刻的期望值以无风险利率 r 在 Δt 时间内贴现求得，其他节点依此类推。如果对美式期权定价，则还要考虑提前行权的可能性，从后到前逐个节点检验，若某个节点提前行权更有利，那么该节点的期权价值应为立即执行期权所获得的收益。

练 习 题

1. 假设某只股票现在的价格为40元，1个月后股价将变为42元或38元，无风险年利率为8%（连续复利）。试为执行价格为39元、期限为1个月的欧式看涨期权定价。

2. 请用单期二叉树定价模型分别说明无套利分析方法和风险中性定价原则是如何为欧式期权定价的。

3. 什么是股票期权的delta?

4. 假设某只股票现在的价格为50元，6个月后价格将上升到55元或下降到45元。无风险年利率为10%(连续复利)。试求期限为6个月、执行价格为50元的欧式看跌期权的价格。

5. 假设某只股票现在的市场价格为100元，有两个连续的时段，每个时段长度为6个月，在每个时段股价将上涨或下跌10%，无风险年利率为8%（连续复利）。求执行价格为100元的1年期欧式看涨期权的价值。

6. 上题中若为欧式看跌期权，其他条件不变，则其价值为多少？试证明欧式看涨期权和欧式看跌期权满足看涨期权和看跌期权之间的平价关系。

7. “假如在某只欧式期权的有效期内，股价变动符合两期二叉树变动模式，则由股票和期权构成的头寸在期权的整个有效期内不可能一直是无风险的。”这一说法是否正确?

为什么？

8. 某只不分红的美式看跌期权的期限为 3 个月，股票市价与执行价格均为 60 元，无风险年利率为 10%，年波动率为 45%。试构造时间间隔为 1 个月的二叉树定价模型来为该期权定价。

9. 如果有这样一种期权，它的最终损益为期权到期时的股票价格高于有效期内平均股价的部分，则这种期权能否用二叉树定价模型来定价？

10. “对于支付股利的股票，其股价的二叉树不重合，但是从股价中减去将来的股利的现值后，二叉树重合。”请解释这一说法。

11. “通用电气看涨期权的 beta 值高于通用电气股票的 beta 值。”这一说法是否正确？

12. “执行价格为 1 130 的标准普尔 500 指数看涨期权的 beta 值高于执行价格为 1 140 的标准普尔 500 指数看涨期权的 beta 值。”这一说法是否正确？

参考文献

[1] Blattberg, R. C. and N. J. Gonedes, “A Comparison of the Stable and Student Distributions as Statistical Models for Stock Prices,” *Journal of Business*, 1974 (47): 244 - 280.

[2] Boyle, P. P., “A Lattice Framework for Option Pricing with Two State Variables,” *Journal of Financial and Quantitative Analysis*, 1988 (23): 1 - 12.

[3] Cowles, A., “Can Stock Market Forecasters Forecast?” *Econometrica*, 1933 (1): 309 - 324.

[4] Cowles, A. and H. E. Jones, “Some A Posteriori Probabilities in Stock Market Action,” *Econometrica*, 1937 (5): 280 - 294.

[5] Cox, J. C. and S. A. Ross, “The Valuation of Options for Alternative Stochastic Processes,” *Journal of Financial Economics*, 1976 (3): 145 - 166.

[6] Cox, J. C., S. A. Ross, and M. Rubinstein, “Option Pricing: A Simplified Approach,” *Journal of Financial Economics*, 1979 (7): 229 - 263.

[7] Kon, S. J., “Models of Stock Returns: A Comparison,” *Journal of Finance*, 1984 (39): 147 - 165.

[8] Rendleman, R. J. Jr. and B. J. Bartter, “Two-State Option Pricing,” *Journal of Finance*, 1979 (34): 1093 - 1110.

[9] Samuelson, P. A., “Proof That Properly Anticipated Prices Fluctuate Randomly,” *Industrial Management Review*, 1965 (6): 41 - 49.

[10] Working, H., “A Random-Difference Series for Use in the Analysis of Time Series,” *Journal of the American Statistical Association*, 1934 (29): 11 - 24.

[11] 约翰·赫尔. 期货与期权市场基本原理：英文版·第 9 版. 北京：清华大学出版社，2021.

第十五章
布莱克-斯科尔斯期权定价理论

本章导读

20 世纪 70 年代初期，布莱克、斯科尔斯和默顿在股票期权定价方面取得了重大突破。布莱克和斯科尔斯提出了广为人知的布莱克-斯科尔斯期权定价模型，而默顿则进一步减弱了布莱克-斯科尔斯期权定价公式所依赖的假设，并在许多方面对其进行了推广。这些成果为期权以及更广泛的金融工程领域的发展奠定了基础，该法则已成为金融机构设计金融新产品的指导思想。1997 年诺贝尔经济学奖被授予默顿和斯科尔斯，以表彰他们在期权定价方面所做出的卓越贡献。

本章主要讲述如何用布莱克-斯科尔斯期权定价模型为无股利支付的欧式期权定价，并探讨布莱克-斯科尔斯期权定价公式的局限性，以及为了克服这些局限性，需要对基本模型进行怎样的补充和拓展，其中主要介绍默顿对布莱克-斯科尔斯期权定价公式的拓展思路。

第一节　股票价格分布的假设

在经典的经济学理论框架下，通常假设股票价格的波动为标准布朗运动，在离散情况下，则为随机游走序列。这意味着股票未来的价格或收益将无法通过对过去收益的分析得出。这与有效市场假说是吻合的，有效市场假说认为当前的价格中包含了过去所有的信息，因此分析过去的收益状况对于预测未来的价格没有任何作用。

如果股票价格的波动是几何布朗运动，则有：

$$dS=\mu S dt+\sigma S dz \tag{15.1}$$

$$d\ln S=\left(\mu-\frac{\sigma^2}{2}\right)dt+\sigma dz \tag{15.2}$$

式中，dS 是股票价格在一个很短的时间 dt 内的变化；μ 是股票的期望收益率；σ 是股价的年波动率；而 $dz=\varepsilon\sqrt{dt}$ 则为几何布朗运动的波动，其中 $\varepsilon\sim N(0，1)$ 服从标准正态分布。

由此可以进一步推导出股票价格的收益率服从正态分布，即

$$\ln\frac{S_T}{S_0}\sim N\left[\left(\mu-\frac{\sigma^2}{2}\right)T，\sigma^2 T\right] \tag{15.3}$$

$$\ln S_T\sim N\left[\ln S_0+\left(\mu-\frac{\sigma^2}{2}\right)T，\sigma^2 T\right] \tag{15.4}$$

式中，$\ln\frac{S_T}{S_0}$ 是股票价格的连续复利收益率，当 T 很小时，它约等于简单收益率，即

$$\ln\frac{S_T}{S_0}=\ln S_T-\ln S_0\approx\frac{S_T-S_0}{S_0}$$

如果一个随机变量的对数服从正态分布，那么我们就定义这个随机变量本身服从对数正态分布。因为股票的对数价格（或收益率）服从正态分布，所以我们可以推知股价本身服从对数正态分布。$\ln S_T$的方差为$\sigma^2 T$，和预测的时间成正比。预测的时间越长，则预测的股价 S_T的方差越大，也越不准确。对数正态分布的分布图见图 15－1。

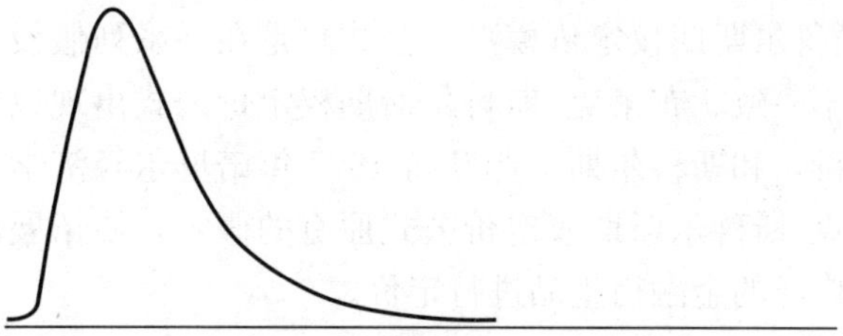

图 15－1　对数正态分布的分布图

对数正态分布的取值从 0 到正无穷，可以看到，对数正态分布并不是对称的，偏度不为零，这意味着它的均值、中值并不相等。服从对数正态分布的股票价格的均值和方差为

$$E(S_T)=S_0 e^{\mu T} \tag{15.5}$$

$$\mathrm{Var}(S_T)=S_0^2\, e^{2\mu T}(e^{\sigma^2 T}-1) \tag{15.6}$$

通过上述对股票价格分布的分析可知，若已知股票的初始价格、收益率和波动率，我们就可以预测出任何时间之后股价的均值、标准差和置信区间。当然，预测的时间跨度越长，置信区间也就越大。下面我们以一个例题来加以说明。

［例 15－1］　假设一只股票的初始价格为 50 元，预期年收益率为 15%，每年的波动率为 20%，求半年以后预期的股价的均值和 95%置信区间。

股价的均值为 $E(S_T)=50\times e^{0.15\times0.5}\approx53.89$(元)。

股价的方差为 $\mathrm{Var}(S_T)=50^2\times e^{2\times0.15\times0.5}(e^{0.2^2\times0.5}-1)\approx58.68$(元)。

股价的标准差为 $\sqrt{58.68}\approx7.66$(元)。

由式（15.4）可知：

$$\ln S_T\sim N\left[\ln50+\left(0.15-\frac{0.2^2}{2}\right)\times0.5,\ 0.2^2\times0.5\right]$$

即

$$\ln S_T\sim N(3.977,\ 0.02)$$

首先求出未来对数股票价格的 95%置信区间：

$$3.977-1.96\times\sqrt{0.02}<\ln S_T<3.977+1.96\times\sqrt{0.02}$$

即

$$3.701(\text{元})<\ln S_T<4.253(\text{元})$$

其次求出未来股票价格的 95%置信区间：

$$e^{3.701}<S_T<e^{4.253}$$

即

$40.49(元)<S_T<70.32(元)$

因此，半年后股票价格的均值是 53.89 元，标准差是 7.66 元，95%置信区间是在 40.49 元和 70.32 元之间。

第二节　布莱克-斯科尔斯期权定价公式的假设条件

初始的布莱克-斯科尔斯期权定价模型（公式）是在一系列假设下成立的，这些假设往往和现实的情况并不一致。布莱克-斯科尔斯期权定价公式出现以后，很多学者致力于研究如何放松这些假设，和斯科尔斯一起获得 1997 年诺贝尔经济学奖的默顿的主要贡献之一就是放松了布莱克-斯科尔斯期权定价公式原有的假定，使拓展后的模型适用于对更普遍经济环境中的更广泛的金融衍生品进行定价。

布莱克-斯科尔斯期权定价公式的基本假设有：

（1）股票价格满足随机微分方程：

$$\mathrm{d}S=\mu S\mathrm{d}t+\sigma S\mathrm{d}z$$

式中，μ 和 σ 都为常数。股票价格（S_T）服从对数正态分布，这意味着对数股票价格即股票的连续复利收益率（η）服从正态分布，即

$$S_T=S_0\mathrm{e}^{\eta T}$$

$$\eta=\frac{1}{T}\ln\frac{S_T}{S_0}\sim N\left(\mu-\frac{\sigma^2}{2},\frac{\sigma^2}{T}\right) \tag{15.7}$$

［例 15-2］　假设甲骨文公司股票的年预期收益率为 15%，年波动率为 20%。试问该股票 4 年内的连续复利收益率的 95%置信区间是多少？

由式（15.7）可知：连续复利收益率 η 服从均值为 $0.15-\frac{0.2^2}{2}=0.13$、标准差为 $\frac{0.2}{\sqrt{4}}=0.1$ 的正态分布，其 95%置信区间为（0.13－1.96×0.1，0.13＋1.96×0.1），即（－6.6%，32.6%）。

（2）无卖空限制。卖空交易是指投资者出售自己并不拥有的证券的行为，或者投资者用自己的账户以借来的证券完成交割的出售行为。股票市场上的卖空机制是指投资者在认为当前股价处在高位、市场将下跌的情况下，预先借入别人的股票卖出，再在低位买回股票还给借方平仓来获利的行为，是通常的买入股票通过上涨而获利的反向操作。从过程来看，卖空交易并不复杂，但对市场却有着不小的影响。卖空机制增加了市场的流动性，并且能够更好地发挥市场价格发现的功能。有效市场要求价格能够完全充分地反映买方和卖方的信息，但是缺乏卖空机制使得预期股票价格即将下跌但本身不拥有证券的投资者无法表达自己对股票价格走向的预期，限制了股票市场上的供给。卖空机制的存在使得整个市场存在着大规模的股票供给和需求力量，这种大规模的交易量以及由此衍生的价格竞争将会大大提高股票定价的有效性，因此，卖空力量的存在还有助于改变市场上股票价格被高估的现象，挤压市场上的泡沫。

由于布莱克-斯科尔斯期权定价公式是基于套利定价原则推导出来的，所以套利能够实现是布莱克-斯科尔斯期权定价公式有效的必要条件，这就要求股票市场及其衍生品市场对卖空都是没有限制的，只有这样，人们的不同预期才能通过双向操作充分反映出来。举例来说，若认为看涨期权价格相对于当前的股票价格被高估，投资者可以通过买入股票、卖出期权进行无风险套利，使得期权供给增加，价格下降，而股票需求增加，价格上涨；而认为看涨期权价格相对于当前股票价格被低估的投资者，可以通过卖空股票、买入期权的操作进行无风险套利，结果是期权需求增加，价格上涨，而股票供给增加，价格下降。投资者努力寻找套利机会并进行套利的行为会修正价格的偏差，使得套利机会消失，从而使标的资产和衍生品之间的价格联系得以维持。

然而在现实中，出于防止过度投机和降低风险的考虑，在国际金融市场上，特别是在股票市场上，总是存在各种形式的卖空限制，虽然对这些限制的放松是国际趋势，但完全的无卖空限制的实现仍有待时日。即使在美国等比较发达的国际金融中心，股票市场的卖空也只能在股价上升的时候进行操作，甚至对于允许卖空的股票种类也有规定，从而限制了卖空的操作。在我国的证券市场上，2010 年 3 月融资融券试点工作的开始标志着卖空机制的建立。

由于布莱克-斯科尔斯期权定价公式要求市场不存在卖空限制，而实际市场上又存在着各式各样的卖空限制，因此理论价格和实际价格就可能存在差异。比如，如果股票市场上存在卖空限制，那么当股票价格被高估时，有正确预期但是手中没有股票的投资者就不能进行操作，从而市场不能反映他们的预期，会导致股票价格持续偏高，而不会在套利的作用下回归。

（3）没有交易费用和税收，即市场是无摩擦的。这和现实中的情况也不符，但随着计算机撮合交易方式的普及以及经纪商的激烈竞争，交易费用逐渐降低；而且相比利息收入，各国对资本利得的课税均相对较轻，所以无摩擦的假设虽然在现实中不能完全满足，但也在逐渐接近。

（4）所有证券都是可以无限细分的。这意味着可以买卖少于 1 股的股票或少于一张合约的衍生品。这个假设是为了数学推导上的方便，但相对于越来越庞大的交易量，不满足这个假设影响不大。

（5）在期权存续期间，标的股票无现金股利发放。这个假设是布莱克和斯科尔斯在最早提出布莱克-斯科尔斯期权定价公式时设定的。但是在现实中，股利发放时有发生，该假设并不满足。后来，默顿通过一种连续分红方案解决了标的股票支付股利的期权定价的问题。关于默顿对模型的修正见本章第六节。

（6）不存在无风险套利的机会。无风险套利是指交易者付出零成本、承担零风险，却能获得正的收益。投资者会研究、发现并利用无风险套利机会，进行套利活动，套利的结果是价格回归到正常水平，套利机会消失。而现代金融市场交易速度极快，这种套利机会一旦出现，就会立即被利用，因此价格立即恢复，价格总是反映了当前时刻各种可获得的信息和投资者的全部预期，从而这种无风险套利机会是不存在的。

（7）无风险利率是已知的，并且不会发生变化，即为常数 r。实际情况是收益率在期权有效期内随机波动。默顿也针对这个假设的放松对模型进行了修正，提出了更贴近现实的可变利率模型。

（8）布莱克-斯科尔斯期权定价公式针对的是欧式期权，只能在到期日执行，不会被提前执行。欧式期权只能在到期日执行，分析起来较为简单。而美式期权则不同，有时候到期执行是有利的，这时候美式期权就和欧式期权一样，可以用布莱克-斯科尔斯期权定价公式进行定价；但是有时候提前执行期权更有利，这时的分析更复杂，我们可以选择其他方法对期权进行定价，比如二叉树方法。

第三节 布莱克-斯科尔斯期权定价公式的推导思路

布莱克-斯科尔斯期权定价公式推导的基本原理是：市场上不存在无风险套利机会，任何两项资产，如果风险相当，未来各种可能状况下的现金流都相等，则它们的当前价格（即成本）也必然相等。

由于期权等衍生品的衍生性质，它们和标的资产受到同样不确定因素的影响，因此在价格上有紧密的联系。可以通过对标的资产和衍生品进行适当组合来消除不确定性并构造无风险组合，该组合在未来各种可能状况下的现金流是恒定的，不存在不确定性。则该组合的收益率应该和无风险资产的收益率相同，即为无风险利率 r。

本章第一节中讲过，股票价格的波动为标准布朗运动，即有 $\mathrm{d}S=\mu S\mathrm{d}t+\sigma S\mathrm{d}z$ 成立。

假设 f 是以股票为标的资产的衍生品的价格，则 f 是 S 和 t 的一个函数，由伊藤引理可以推出：

$$\mathrm{d}f=\left(\frac{\partial f}{\partial S}\mu S+\frac{\partial f}{\partial t}+\frac{1}{2}\frac{\partial^2 f}{\partial S^2}\sigma^2S^2\right)\mathrm{d}t+\frac{\partial f}{\partial S}\sigma S\mathrm{d}z$$

其离散形式为：

$$\Delta S=\mu S\Delta t+\sigma S\Delta z \tag{15.8}$$

$$\Delta f=\left(\frac{\partial f}{\partial S}\mu S+\frac{\partial f}{\partial t}+\frac{1}{2}\frac{\partial^2 f}{\partial S^2}\sigma^2S^2\right)\Delta t+\frac{\partial f}{\partial S}\sigma S\Delta z \tag{15.9}$$

式中，ΔS 和 Δf 分别是在 Δt 时间内股票和衍生品价格的变化，从伊藤引理可知，股票和衍生品价格受到同样的不确定因素的影响（Δz），所以我们可以选择一个适当的股票和衍生品的投资组合来抵消这种不确定性的影响。

为了抵消不确定性的影响，这个合适的比例为卖出 1 份衍生品，买入 $\frac{\partial f}{\partial S}$ 股股票。设 π 表示该组合的价值，则

$$\pi=-f+\frac{\partial f}{\partial S}S \tag{15.10}$$

由式（15.8）和式（15.9）可知，组合在 Δt 时间内的价值变化为：

$$\Delta\pi=-\Delta f+\frac{\partial f}{\partial S}\Delta S=\left(-\frac{\partial f}{\partial t}-\frac{1}{2}\frac{\partial^2 f}{\partial S^2}\sigma^2S^2\right)\Delta t \tag{15.11}$$

由于式（15.11）已经不含 Δz 项，所以这个组合在 Δt 时间内是无风险的，由无套利原理可知，该组合的收益率必定等于同时期的无风险收益率，否则就会存在无风险套利的机会。若组合的收益率高于无风险收益率，套利者就会买入该组合，卖出无风险资产，在时期 0 获得无风险收益，而到期以该资产的收益偿还无风险资产的成本。若组合的收益率

低于无风险收益率，套利者就会卖出该组合，买入无风险资产，在时期 0 获得无风险收益，而到期以无风险资产的收益偿还该组合的成本，即有：

$$\Delta\pi = r\pi\Delta t \tag{15.12}$$

式中，r 是无风险收益率。

由式（15.10）、式（15.11）和式（15.12）得到：

$$\frac{\partial f}{\partial t} + \frac{\partial f}{\partial S} rS + \frac{1}{2}\frac{\partial^2 f}{\partial S^2}\sigma^2 S^2 = rf \tag{15.13}$$

式（15.13）就是著名的布莱克-斯科尔斯-默顿微分方程。

不同的衍生品，其价格和标的资产价格的约束关系不同，对应的微分方程的解也是多样的。对于一个欧式看涨期权来说，$f=\max(S_T - X, 0)$。

可以解出布莱克-斯科尔斯欧式看涨期权公式为：

$$c = S_0 N(d_1) - Xe^{-rT}N(d_2) \tag{15.14}$$

其中，

$$d_1 = \frac{\ln\left(\frac{S_0}{X}\right) + \left(r + \frac{\sigma^2}{2}\right)T}{\sigma\sqrt{T}}$$

$$d_2 = \frac{\ln\left(\frac{S_0}{X}\right) + \left(r - \frac{\sigma^2}{2}\right)T}{\sigma\sqrt{T}}$$

同样，对于一个欧式看跌期权来说，期权价格和股票价格的关系为：

$$f = \max(X - S_T, 0)$$

解出：

$$p = Xe^{-rT}N(-d_2) - S_0 N(-d_1) \tag{15.15}$$

d_1 和 d_2 同上，$N(x)$ 是指标准正态分布的累积分布函数（见图 15－2）。

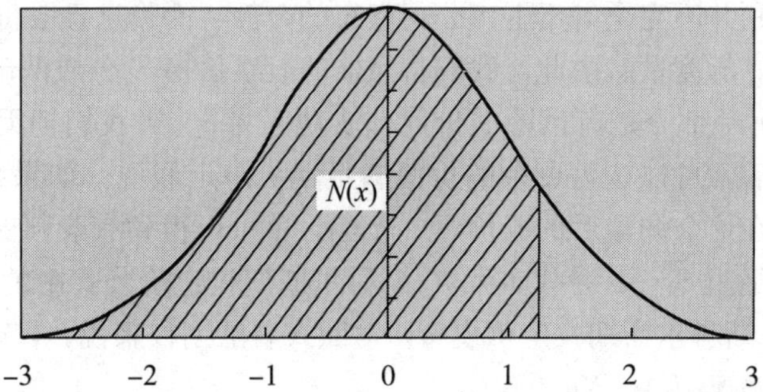

图 15－2　标准正态分布的累积分布函数图

［**例 15－3**］　假设微软的股票在最近 3 个月没有股利发放，股票当前价格为 100 美元，股票的波动率为 30%，3 个月无风险利率（年化的）为 8%。求执行价格分别为 90 美元、100 美元和 110 美元的欧式看涨期权的价格。

从已知条件我们可以得到：$S_0=100$，$\sigma=0.3$，$r=0.08$，$T=3/12=0.25$。

当 $X=90$ 时，我们将各数值代入式（15.14），可以得到 $d_1=0.9107$，$d_2=0.7607$，

$N(d_1)=0.8188$，$N(d_2)=0.7766$，从而可以得到执行价格为 90 美元的该股票的欧式看涨期权的价格为 13.37 美元。

同理，我们可以得出，执行价格为 100 美元和 110 美元的该股票的欧式看涨期权的价格分别为 6.96 美元和 3.07 美元。

布莱克-斯科尔斯期权定价公式也可以由多期二叉树定价模型（见第十四章）对期数求极限得出。

第四节　布莱克-斯科尔斯期权定价公式的局限性

布莱克-斯科尔斯期权定价公式的假设很严格，而现实中的情况往往和假设不一样，这导致了布莱克-斯科尔斯期权定价公式在应用中存在局限性。其中有一些局限性可以通过对布莱克-斯科尔斯期权定价公式的补充和扩展来修正；而要修正其他局限性，则要求助于其他定价方法，如二叉树方法等。下面我们介绍一下布莱克-斯科尔斯期权定价公式的几个主要的局限。

一、有股利支付的股票期权定价

布莱克-斯科尔斯期权定价公式假设在期权存续期间，标的股票无股利支付，而事实并不总是这样，股利的支付会影响布莱克-斯科尔斯期权定价公式的适用性。但值得庆幸的是，即使在期权存续期间标的股票有股利支付，期权价值也可以通过对布莱克-斯科尔斯期权定价公式进行简单的修正得出。

假设现在有一只股票，它在期权存续期间股利支付的数额和时间已知，因为期权的存续期间一般都不足 1 年，所以这样的假设可以认为是比较合理的。考虑到所得税的因素，对投资者而言，股利并不完全等于上市公司宣布的金额，而除息日股价下跌的幅度 D 是对股利数额的一个更好的度量。由此，我们将当前的股票价格 S_0 分成两部分：一部分是无风险的股利现值 d；另一部分是有风险的价值，波动率为 σ。当我们把无风险的股利现值从当前股价中扣除以后，可以认为剩余的价值满足随机游走假说。如果将布莱克-斯科尔斯期权定价模型建立在这个调整后的股价 S_0-d 上，就可以得到有股利支付的股票期权的价格。具体来说，就是用 S_0-d 替代布莱克-斯科尔斯期权定价公式中的 S_0，得到有股利支付条件下的布莱克-斯科尔斯期权定价模型。对欧式看涨期权来说，

$$c=(S_0-d)N(d_1)-Xe^{-rT}N(d_2) \tag{15.16}$$

其中，

$$d_1=\frac{\ln\left[\frac{(S_0-d)}{X}\right]+\left(r+\frac{\sigma^2}{2}\right)T}{\sigma\sqrt{T}}$$

$$d_2=\frac{\ln\left[\frac{(S_0-d)}{X}\right]+\left(r-\frac{\sigma^2}{2}\right)T}{\sigma\sqrt{T}}$$

而对欧式看跌期权来说，则有：

$$p=Xe^{-rT}N(-d_2)-(S_0-d)N(-d_1) \tag{15.17}$$

式中，d_1和d_2的含义同式（15.16）。

［**例 15－4**］　延续上一节的例 15－3，稍微不同的是微软刚刚宣布要在两个月之后分发股利，金额为 1 美元。求执行价格分别为 90 美元、100 美元和 110 美元的欧式看涨期权的价格。

从已知条件我们可以得到：$S_0=100$，$\sigma=0.3$，$r=0.08$，$T=3/12=0.25$。

股利的现值为$d=D\times e^{-rt}=1\times e^{-0.08\times 2/12}=0.9868$(美元)，将上述变量值和不同的执行价格代入式（15.16），可以得到执行价格为 90 美元、100 美元和 110 美元的该股票的欧式看涨期权的价格分别为 12.57 美元、6.39 美元和 2.74 美元。

与例 15－3 比较可知，在其他条件相同的情况下，股利的支付将降低期权的价格。由于欧式看涨期权的购买者并不能得到期权存续期间标的股票支付的股利，所以这种价格上的降低也是易于理解的。

对于股指期权而言，假设无股利支付同样是不符合实际情况的，但是股指股利的支付又不同于上述单只股票股利的支付。由于股票指数由多只股票组成，每只股票股利的支付时间和数量都不一样，所以不能用上述方法解决。默顿的研究解决了股指期权定价的问题，通过假设一个连续复利的股利率 q 来模拟股票指数的股利支付，具体的方法将在本章第六节详细描述。

二、对于美式期权的定价

布莱克-斯科尔斯期权定价模型仅适用于对只能到期执行的欧式期权的定价，不适用于对在到期日前可随时执行的美式期权的定价。美式期权的定价可以采用其他方法，如二叉树方法。对于一些特殊的美式期权定价，也可以对布莱克-斯科尔斯期权定价模型进行修正后使用。

以看涨期权为例：

第一，无股利支付的美式看涨期权永远都不应该提前执行，而总是应该到期再执行。

假设某只股票的当前股价 $S=50$ 元，无风险利率为 10%，以该股票为标的资产的美式看涨期权的执行价格为 40 元，该期权 1 个月后到期，处于深度实值状态，立即执行可以获得 10 元的收益。但无论出于什么目的持有期权的投资者，都不应该立即执行期权。

若期权持有人希望持有该股票超过 1 个月，那么他应该 1 个月后待期权到期时再执行期权，这样可以获得这 1 个月期间 40 元产生的利息，同时还可以避免 1 个月后股票价格跌破 40 元的风险，一旦期权持有人执行了期权，就放弃了这份保险。

若期权持有人觉得当前股价被高估，希望执行期权获得股票后立即卖出以获得 10 元的价差，那么他更好的选择就是直接卖出期权。因为根据看涨期权和看跌期权之间的平价关系，期权的价格满足$C\geqslant S_0-Xe^{-rt}=50-40\times e^{-0.1\times 1/12}=10.33$(元)，即当前卖出期权，可以获得较立即执行期权更高的收益。

因此，无股利支付的美式看涨期权永远都不会被提前执行，因而可以直接使用布莱克-斯科尔斯期权定价模型对这种类型的美式期权进行定价。

第二，有股利支付的美式看涨期权只可能在股利支付的除息日之前被提前执行，并且要满足此次股利足够大且除息日距期权到期的时间又足够短的条件。

对于有股利支付的美式看涨期权，可以使用布莱克-斯科尔斯期权定价模型计算以下两种欧式看涨期权的价值：

（1）与该美式看涨期权的标的资产、执行价格一致且到期日相同的欧式看涨期权。

（2）与该美式看涨期权的标的资产、执行价格一致且在股票最后一个除息日之前到期的欧式看涨期权。

该美式看涨期权的价格就等于以上两种欧式看涨期权价格中的较大者。

[例 15-5] 某只股票预计在 2 个月和 5 个月后各有一次股利支付，均为 0.5 元，股票当前价格 S_0 为 40 元，年波动率 $\sigma=30\%$，无风险利率 $r=9\%$，求以该股票为标的资产、执行价格 X 为 40 元、6 个月后到期的美式看涨期权的价格 C。

（1）计算和该美式看涨期权标的资产、执行价格及到期日都相同的欧式看涨期权的价格。

两次股利的现值为 $d=0.5e^{-0.09\times 2/12}+0.5e^{-0.09\times 5/12}=0.974\ 2$(元)。在修正的布莱克-斯科尔斯期权定价模型中使用的股票价格为 $S=S_0-d=40-0.974\ 2=39.025\ 8$(元)，由式（15.16）可得 $N(d_1)=0.580\ 0$，$N(d_2)=0.495\ 9$，$c=3.67$(元)。

（2）计算和该美式看涨期权标的资产、执行价格相同，而在 5 个月后，也就是最后一个股利除息日之前到期的欧式看涨期权的价格。

在该期权到期之前标的股票只有一次股利支付，股利现值为 $d=0.5e^{-0.09\times 2/12}=0.492\ 6$(元)，$S=S_0-d=40-0.492\ 6=39.507\ 4$(元)，因此，$N(d_1)=0.589\ 6$，$N(d_2)=0.513\ 1$，$C=3.52$(元)。

（3）比较上述两种欧式看涨期权的价格，可以得出题中美式看涨期权的价格为 $\max(3.67, 3.52)=3.67$(元)。

而对于美式看跌期权，情况要更复杂。

本节主要介绍了布莱克-斯科尔斯期权定价公式在期权的标的股票有股利支付和对美式期权定价两种情况下存在的局限性以及对布莱克-斯科尔斯期权定价公式进行修正的方法。另外，布莱克-斯科尔斯期权定价公式假定波动率是常数，这也是不符合现实的，对波动率的衡量和修正，将在本章下一节和第十九章中具体讨论。但是，无论如何，布莱克-斯科尔斯期权定价公式，尤其是经过修正之后，对期权价格的估计的准确性还是很高的，因此，它仍然在世界范围内的期权市场上得到广泛应用。

第五节 隐性波动率

标的资产价格的波动率是布莱克-斯科尔斯期权定价公式中唯一不可观测的量，布莱克-斯科尔斯期权定价模型假设波动率是常数，而事实上，波动率本身也是变化的，而且存在群聚性。当上一个时段的波动率较大时，紧随的下一个时段的波动率通常也是较大的，波动率的这个性质会影响布莱克-斯科尔斯期权定价公式的适用性。

下面介绍几种波动率的估计方法。

（1）用历史波动率来估计期权存续期间股票的波动率。使用对数价格表示收益率 $u_i=$

$\ln(S_i/S_{i-1})$；最近 m 天的平均对数收益率 $\overline{u}=\frac{1}{m}\sum_{i=1}^{m}u_i$；最近 m 天收益率的标准差 $s=\sqrt{\frac{1}{m-1}\sum_{i=1}^{m}(u_i-\overline{u})^2}$。我们可将收益率转化为年收益率 $\sigma=\frac{s}{\sqrt{t}}$，其中 t 是收益率计算的期间的长短（以年为单位）。若上面计算的都是日收益率，由于每年有 252 个交易日，因此 $t=\frac{1}{252}$。

（2）使用高频数据计算日内收益的波动率。$\sigma=\frac{\ln\left(\frac{S^H}{S^L}\right)}{\sqrt{2}}$，其中，$S^H$ 和 S^L 分别是当天交易的最高价和最低价。由于期权的期限大多为 1 个月到 1 年，这种波动率估计对于期权定价来说期限太短，偶然性因素太多。

（3）由于波动率的群聚性，可以使用 GARCH 模型来预测未来期权存续期间股票收益的波动率，这种方法同样也是使用历史数据，但它是一种动态预测的方法。这也是目前在预测波动率方面最常使用的方法。

（4）隐性波动率。隐性波动率，又称隐含波动率，是将市场上的期权交易价格代入布莱克-斯科尔斯期权定价公式中反推出来的波动率数值。也就是说，将隐性波动率代入布莱克-斯科尔斯期权定价公式得出的期权价格正好等于市场交易价格。

从理论上讲，要获得隐性波动率的大小并不困难。由于期权定价模型给出了期权价格与 5 个基本参数（标的股票的现价、执行价格、利率、到期期限、波动率）之间的定量关系，因此只要将前 4 个基本参数及期权的实际市场价格作为已知量代入定价公式，就可以从中解出唯一的未知量，其大小就是隐性波动率。

隐性波动率是和每一个期权价格相对应的，即使对于具有同样的标的股票、执行价格和到期日的期权，不同的期权价格也会得出不同的隐性波动率。由于期权价格是投资者预期的结果，隐性波动率也就是在布莱克-斯科尔斯期权定价公式有效的前提假设下，投资者对于期权存续期内股价波动率的一个平均预期。

我们知道，如果已知波动率和其他相关条件，要得出期权价格，只要将各参数的值代入布莱克-斯科尔斯期权定价公式即可。然而如果是相反的情况，已知期权价格，要求波动率 σ，我们很难将 σ 表示成期权价格的显函数，但是我们可以通过迭代的方法来求得隐性波动率，下面我们以一个例子来说明。

[例 15-6]　某一无股利支付的欧式看涨期权，当前的交易价格是 $c=1.875$(元)，而标的股票的当前价格 $S=21$(元)，期权的执行价格 $X=20$(元)，无风险利率 $r=10\%$，3 个月后期权到期，求该期权价格对应的隐性波动率。

我们任选一个波动率作为开始，假定 $\sigma=20\%$，将 $\sigma=20\%$ 和 S、X、T 的数值代入布莱克-斯科尔斯期权定价公式，得到与 $\sigma=20\%$ 对应的期权价格是 $c=1.76$(元)<1.875(元)。我们知道，c 和 σ 是正相关的，在同等条件下，σ 越大，c 也越大，所以与 1.875 元对应的隐性波动率应该高于 20%。我们再试一试 $\sigma=30\%$，将 $\sigma=30\%$ 和 S、X、T 的数值代入布莱克-斯科尔斯期权定价公式，得到与 $\sigma=30\%$ 对应的期权价格是 $c=2.10$(元)>1.875(元)，所以与 1.875 元对应的波动率应该小于 30%。我们再试一试 $\sigma=25\%$，得到

c=1.93(元)，仍然大于1.875元，则隐性波动率应该在20%和25%之间，依此类推，每次迭代可以将σ的范围缩小一半，这样经过多次迭代后，可以得出相对准确的与期权价格对应的波动率估值，即隐性波动率。在例15-6中，经过迭代后得出的隐性波动率σ=23.5%。现在的很多软件都可以运行以上描述的迭代过程，并可以设置相应的初始值、迭代次数或精度，通过软件可以迅速得到隐性波动率的数值。

隐性波动率的应用范围很广泛，由于隐性波动率和期权价格是一一对应的，所以在市场上，交易者和经纪商经常以隐性波动率来报价，以替代传统报价。另外一个通行的做法就是对于同一标的股票，用交易活跃的期权品种的期权价格算出标的股票的隐性波动率，再利用求出的隐性波动率为基于同一标的股票的非活跃期权定价。值得注意的是，相对而言，处于深度实值和深度虚值的期权的价格对于波动率略欠敏感性，因此，尽量不要使用由这样的期权得出的隐性波动率去推测其他期权的价格，以减少预测的误差。由于基于同一标的股票的期权种类很多，所以将与多种活跃期权对应的隐性波动率的均值作为定价依据也是常用的方法。

第六节　默顿的期权定价思路

1997年，和斯科尔斯一起分享诺贝尔经济学奖的默顿对基本的布莱克-斯科尔斯期权定价公式进行了修正，放松了需要满足的假设条件，极大地拓展了布莱克-斯科尔斯期权定价公式的应用范围，为衍生品理论和实践的发展做出了杰出的贡献。

默顿对布莱克-斯科尔斯期权定价公式的修正主要有以下两个方面。

（1）布莱克-斯科尔斯期权定价公式假设无风险利率r是常数，实际情况是无风险收益率在期权有效期内呈现随机波动的特征，默顿提出了更贴近现实的可变利率模型。

（2）布莱克-斯科尔斯期权定价公式假设标的股票在期权有效期内不支付股利，而现实情况中股票支付股利的现象是存在的，除息现象时有发生，默顿通过一种连续支付股利方案解决了标的股票支付股利的期权定价模型。

下面我们将主要就默顿修正的第二个方面介绍布莱克-斯科尔斯期权定价公式的扩展，以及其在股指期权、外汇期权以及期货期权定价中的应用。

我们以q表示股利率，它是连续复利的。我们知道，股利的支付将引起股票的价格下跌，在无税的情况下，下跌的数值正好等于股利值。因此，与不支付股利相比，以年股利率q连续支付股利会导致股票价格的增长率低一个数值q。如果从时间0到T，连续支付股利的股票价格从S_0增长到S_T，则在相同时段，在不支付股利的条件下，股票价格将从S_0增长到$S_T e^{qT}$；或者换一种表示方法，在相同时段，在不支付股利的条件下，股票价格将从$S_0 e^{-qT}$增长到S_T。

在以下两种情况下，当时间为T时，股票价格的概率分布相同：

（1）在时间0，股票价格为S_0，以q的股利率连续支付股利。

（2）在时间0，股票价格为$S_0 e^{-qT}$，不支付股利。

这就引出了一个修正的思路：如果需要定价的期权的标的股票支付股利，且股利率为q，那么我们将现行价格S_0扣除股利因素后以$S_0 e^{-qT}$表示，再将其代入基本的布莱克-斯科尔斯期权定价公式，得出的不支付股利的股票期权价格和我们要求的支付股利的股票期权价格是一致的。

将布莱克-斯科尔斯期权定价公式中的 S_0 均以 S_0e^{-qT} 替代，可以得到以 q 为股利率连续支付股利的欧式股票看涨期权和看跌期权的价格分别为：

$$c=S_0e^{-qT}N(d_1)-Xe^{-rT}N(d_2) \tag{15.18}$$

$$p=Xe^{-rT}N(-d_2)-S_0e^{-qT}N(-d_1) \tag{15.19}$$

其中，由于 $\ln\left(\frac{S_0e^{-qT}}{X}\right)=\ln\frac{S_0}{X}-qT$，因此 d_1 和 d_2 可写成

$$d_1=\frac{\ln\left(\frac{S_0}{X}\right)+\left(r-q+\frac{\sigma^2}{2}\right)T}{\sigma\sqrt{T}}$$

$$d_2=\frac{\ln\left(\frac{S_0}{X}\right)+\left(r-q-\frac{\sigma^2}{2}\right)T}{\sigma\sqrt{T}}$$

式（15.18）和式（15.19）的适用条件是在期权有效期内，股利率维持在 q 不变，或者 q 是 $0\sim T$ 时期算出的平均连续复利的股利率。

这种修正后模型的最典型的应用就是对股指期权的定价。股票指数包含多只成分股，每只股票支付股利的时间和数额都不确定，但总体看来，股指作为一个整体，其股利率却保持稳定。

［例 15-7］　一张沪深 300 指数欧式看涨期权的期限为两个月，目前指数为 2 930 点，执行价格是 2 900 点，无风险利率为 8%，股指的波动率为 20%，第一个月支付股利 0.2%，第二个月支付股利 0.3%，求一张看涨期权合约的价值。（注：沪深 300 指数每个点的价值是 100 元。）

先求出平均的年度股利率：

$$q=(0.2\%+0.3\%)\div 2\times 12=3\%$$

$$d_1=\frac{\ln\left(\frac{S_0}{X}\right)+\left(r-q+\frac{\sigma^2}{2}\right)T}{\sigma\sqrt{T}}$$

$$=\frac{\ln\left(\frac{2\,930}{2\,900}\right)+\left(0.08-0.03+\frac{0.2^2}{2}\right)\times\frac{2}{12}}{0.2\times\sqrt{\frac{2}{12}}}=0.268\,9$$

$$d_2=\frac{\ln\left(\frac{S_0}{X}\right)+\left(r-q-\frac{\sigma^2}{2}\right)T}{\sigma\sqrt{T}}$$

$$=\frac{\ln\left(\frac{2\,930}{2\,900}\right)+\left(0.08-0.03-\frac{0.2^2}{2}\right)\times\frac{2}{12}}{0.2\times\sqrt{\frac{2}{12}}}=0.187\,3$$

$$\begin{aligned}c&=S_0e^{-qT}N(d_1)-Xe^{-rT}N(d_2)\\&=2\,930\times e^{-0.03\times 2/12}N(0.268\,9)-2\,900\times e^{-0.08\times 2/12}N(0.187\,3)\\&=123.40(\text{点})\end{aligned}$$

由于上述计算中使用的价格都是以指数点表示的，所以得出的期权价格也是以指数点表示的，一个期权合约的价格等于 123.40 点，也就是 12 340 元。

修正后模型的另一个应用就是对外汇期权定价。在对外汇期权定价时，标的资产是汇率，我们将 S_0 定义为即期汇率（直接标价），再假设汇率的变化方式和股票相同，即满足随机变化过程。将汇率变化的波动率定义为 σ，r 为本国的无风险利率，r_f 为外国的无风险利率。由于在外汇期权中，现货的收益率 q 可以理解为现在购买外币从而获得的外国的无风险利率 r_f，因此外汇期权的定价公式就是将式（15.18）和式（15.19）中的 q 用 r_f 取代，即

$$c=S_0e^{-r_fT}N(d_1)-Xe^{-rT}N(d_2) \tag{15.20}$$

$$p=Xe^{-rT}N(-d_2)-S_0e^{-r_fT}N(-d_1) \tag{15.21}$$

其中，

$$d_1=\frac{\ln\left(\frac{S_0}{X}\right)+\left(r-r_f+\frac{\sigma^2}{2}\right)T}{\sigma\sqrt{T}}$$

$$d_2=\frac{\ln\left(\frac{S_0}{X}\right)+\left(r-r_f-\frac{\sigma^2}{2}\right)T}{\sigma\sqrt{T}}$$

[例 15－8] 期限为 3 个月的欧式美元看涨期权的执行价格为 1 美元＝6.6 元人民币，市场即期汇率也为 1 美元＝6.6 元人民币，当时中国金融市场上的无风险利率为 8%，美国金融市场上的无风险利率为 11%，人民币兑美元的汇率波动率为 14.1%，求这张美元看涨期权的价格。

如果采用直接标价法，以美元为外币，人民币为本币，则 $r_f=11\%$，$r=8\%$。

$$d_1=\frac{\ln\left(\frac{S_0}{X}\right)+\left(r-r_f+\frac{\sigma^2}{2}\right)T}{\sigma\sqrt{T}}$$

$$=\frac{\ln\left(\frac{6.6}{6.6}\right)+\left(0.08-0.11+\frac{0.141^2}{2}\right)\times\frac{3}{12}}{0.141\times\sqrt{\frac{3}{12}}}=-0.071\ 1$$

$$d_2=\frac{\ln\left(\frac{S_0}{X}\right)+\left(r-r_f-\frac{\sigma^2}{2}\right)T}{\sigma\sqrt{T}}$$

$$=\frac{\ln\left(\frac{6.6}{6.6}\right)+\left(0.08-0.11-\frac{0.141^2}{2}\right)\times\frac{3}{12}}{0.141\times\sqrt{\frac{3}{12}}}=-0.141\ 6$$

$$N(d_1)=0.471\ 7$$

$$N(d_2)=0.443\ 7$$

$$c=S_0e^{-r_fT}N(d_1)-Xe^{-rT}N(d_2)=0.16(\text{元})$$

修正后模型还可以对期货期权进行定价。期货期权是以期货为标的资产的期权。到期若行情不利，期货看涨期权的购买者执行期权，则可以以执行价格获得期货的多头头寸，

而卖方自动获得空头头寸；到期若行情不利，期货看跌期权的购买者执行期权，则可以以执行价格获得期货的空头头寸，而卖方自动获得多头头寸。我们知道期货价格 $F=S_0 e^{rT}$，这说明我们可以将期货价格视为有连续股利率 r 的证券资产。因此，期货期权的定价公式可以通过用 r 取代式（15.18）和式（15.19）中的 q，并用 F 取代 S_0 得到，即

$$c=e^{-rT}[FN(d_1)-XN(d_2)] \tag{15.22}$$

$$p=e^{-rT}[XN(-d_2)-FN(-d_1)] \tag{15.23}$$

其中，

$$d_1=\frac{\ln\left(\frac{F}{X}\right)+\frac{\sigma^2 T}{2}}{\sigma\sqrt{T}}$$

$$d_2=\frac{\ln\left(\frac{F}{X}\right)-\frac{\sigma^2 T}{2}}{\sigma\sqrt{T}}$$

［例 15-9］　以欧式原油看跌期货期权为例，假定到期期限为 4 个月，现行期货价格为 80 美元，执行价格也为 80 美元，无风险年利率为 9%，期货价格年波动率为 25%，求原油期货期权的价格。

解：根据题意可知：$F=80$，$X=80$，$r=0.09$，$T=1/3$，$\sigma=0.25$。

$$d_1=\frac{\ln\left(\frac{F}{X}\right)+\frac{\sigma^2 T}{2}}{\sigma\sqrt{T}}=\frac{\ln\left(\frac{80}{80}\right)+\frac{0.25^2}{2\times 3}}{0.25\times\sqrt{\frac{1}{3}}}=0.072\ 17$$

$$d_2=\frac{\ln\left(\frac{F}{X}\right)-\frac{\sigma^2 T}{2}}{\sigma\sqrt{T}}=d_1-\sigma\sqrt{T}=0.072\ 17-0.25\times\sqrt{\frac{1}{3}}=-0.072\ 17$$

$$N(-d_1)=0.471\ 23$$

$$N(-d_2)=0.528\ 77$$

$$p=e^{-rT}[XN(-d_2)-FN(-d_1)]=4.47\ (\text{美元})$$

本章小结

本章主要介绍了布莱克-斯科尔斯期权定价公式，包括它的假设条件、推导思路、局限性、修正和应用等。另外，本章也介绍了关于隐性波动率的含义和应用。

通过这一章的学习，读者应了解布莱克-斯科尔斯期权定价公式中对股票价格的分布是怎样假设的，熟练运用基本模型，并了解在有股利支付时以及拓展到股指期权、外汇期权和期货期权时的定价思路，此外还需要掌握隐性波动率的概念和求解的方法。

下一章将详细介绍如何对股指期权、外汇期权、期货期权等几种主要的期权形式进行定价。读者可以结合本章内容加深理解。

练习题

1. 布莱克-斯科尔斯期权定价公式的基本假设有哪些？

2. 布莱克-斯科尔斯期权定价公式的推导思路是怎样的？

3. 现金股利对股票价格会有什么影响？对以该股票为标的资产的期权价格又有什么影响？

4. 无股利支付的美式看涨期权是否会被提前执行？为什么？

5. 什么是隐性波动率？它有什么应用？

6. 假设股票价格服从对数正态分布，股票的初始价格为 100 元，预期年收益率为 12%，年波动率为 25%，求 1 年以后股价的预期均值和 1 年内股价的方差。

7. 假设微博-SW（09898）的股票在最近 6 个月没有股利支付，股票当前价格为 120 港元，股票的年波动率为 30%，6 个月无风险利率（年化的）为 9%，求期限为 6 个月且执行价格分别为 100 港元、120 港元和 150 港元的欧式看涨期权的价格。

8. 假设阿里巴巴-SW（09988）的股票当前价格为 80 港元，3 个月后将有一次股利支付，金额为 1 港元，该股票的年波动率为 20%，6 个月无风险利率（年化的）为 9%，求半年期的执行价格为 85 港元的欧式看跌期权的价格。

9. 某一无股利支付的欧式看涨期权，当前的交易价格是 $c=10.75$(元)，而标的股票的当前价格 $S=45$(元)，期权的执行价格 $X=38$(元)，无风险利率 $r=0.08\%$，12 个月后期权到期，求与该期权价格对应的隐性波动率。

10. 一张沪深 300 股指欧式看涨期权的期限为 3 个月，目前指数为 3 080 点，执行价格为 2 950 点，无风险利率为 8%，股指的年波动率为 20%，年均股利率为 3%，求该看涨期权合约的价值。（注：沪深 300 股指每个点的价值是 100 元。）

11. 证明布莱克-斯科尔斯看涨期权套期保值比率随股票价格上升而上升。考虑执行价格为 50 元的 1 年期期权，其标的股票的年标准差为 20%。短期国债收益率为每年 3%。当股票价格分别为 45 元、50 元和 55 元时，求 $N(d_1)$。

12. 欧式看涨期权执行价格 $X=50$(元)，标的股票价格 $S=55$(元)，期权价格 c 为 10 元。根据波动率估计值 $\sigma=0.30$，你会发现 $N(d_1)=0.6$，$N(d_2)=0.5$。无风险利率为 0。期权价格的隐性波动率高于还是低于 0.30？为什么？

13. 你想持有 IBM 股票的保护性看跌期权头寸，锁定年末最小价值为 100 美元。IBM 股票的股价为 100 美元。下一年股票价格将上升 10%或下降 10%。短期国债利率为 5%。遗憾的是，没有 IBM 股票的看跌期权交易。

a. 假定有所需要的看跌期权交易，购买它的成本是多少？

b. 这一保护性看跌期权投资组合的成本是多少？

c. 什么样的股票加国债头寸将确保你的收益等于 $X=100$(美元）的保护性看跌期权提供的收益？证明该投资组合的收益和成本与所需的保护性看跌期权相匹配。

14. 高盛公司认为在今后的 3 年里中国市场波动率将为每年 20%。市场指数的 3 年期平值看涨期权与看跌期权以隐性波动率为 22%的价格出售。高盛公司应该建立什么样的投资组合对波动率进行投机，而不用建立市场牛市或熊市头寸？使用高盛对波动率的估计值，3 年期平值期权的 $N(d_1)=0.6$。

15. 假设你持有某股票的看涨期权。该股票的 beta 值为 0.75，并且你担心股票市场可能会下跌。股票现在售价为 5 元，并且你持有 100 万张股票期权（你持有 10 000 张合约，每张 100 股股票）。期权的 delta 值为 0.8。为了对冲你的市场风险敞口，你需要买入或卖出多少市场指数投资组合？

参考文献

[1] 陈松男．金融工程学．上海：复旦大学出版社，2002.

[2] 陈信华．金融衍生工具：定价原理、运作机制及实际运用．上海：上海财经大学出版社，2004.

[3] 瞿卫东．金融工程核心工具：期权．上海：文汇出版社，1998.

[4] 约翰·赫尔．期货与期权市场基本原理：英文版·第 9 版．北京：清华大学出版社，2021.

第十六章

布莱克-斯科尔斯期权定价理论的应用

本章导读

本章主要在第十五章的基础上，对布莱克-斯科尔斯期权定价理论的应用进行研究。考虑支付股利标的资产的期权定价，对布莱克-斯科尔斯（期权定价）公式进行了拓展。本章重点介绍了支付股利情况下的股票期权、股指期权、外汇期权及期货期权的定价。

第一节 股利与期权定价

我们前面所讲的布莱克-斯科尔斯公式的一个基本假设是标的资产在期权期限内没有任何收益。然而在现实生活中，很多标的资产都有确定的收益或收益率。放松布莱克-斯科尔斯公式中的无收益标的资产的假设，对有确定数额收益或确定收益率标的资产的期权定价的分析具有重要的现实意义。

对于欧式期权来说，在布莱克-斯科尔斯公式中引入现金股利的因素并不是很难的事情。我们来讨论两种方法：离散型股利模型和连续型股利模型。

假定股票在期权的有效期内的某个时刻支付数额为 D 的现金股利，如果股票支付股利的时间和数额已经确定，我们可以通过对股票的当前价格进行调整，然后套用布莱克-斯科尔斯公式来对期权定价。股票价格调整的主要思路是：先将股利进行贴现，再在原股票价格的基础上减去贴现后的股利价格，使之与不支付股利的相应股票收益等同。调整后的股票价格为：$S=S_0-De^{-rt}$。如果期权合约到期前有多次股利支付，则将所有股利的现值都从现时的股票价格中扣减，然后将调整后的股票价格代入布莱克-斯科尔斯公式计算期权价格。

在离散型股利模型下，看涨、看跌欧式期权的计算公式调整为：

$$c=(S_0-De^{-rt})N(d_1)-Xe^{-rT}N(d_2)$$

$$p=Xe^{-rT}N(-d_2)-(S_0-De^{-rt})N(-d_1)$$

其中，

$$d_1=\frac{\ln\left[\frac{(S_0-De^{-rt})}{X}\right]+\left(r+\frac{\sigma^2}{2}\right)T}{\sigma\sqrt{T}}$$

$$d_2=\frac{\ln\left[\frac{(S_0-De^{-rt})}{X}\right]+\left(r-\frac{\sigma^2}{2}\right)T}{\sigma\sqrt{T}}$$

并且看涨期权和看跌期权之间的平价等式仍旧适用，即

$$c+Xe^{-rT}=p+(S_0-De^{-rt})$$

式中，c 为看涨期权价格；p 为看跌期权价格；D 为股利值；X 为期权执行价格；r 为利率；t 为合约期内购入期权到股票分红的期限；T 为期权合约期限。

[例 16-1]　某股票 $S=41$(元)，$X=40$(元)，$\sigma=0.3$，$r=8\%$，$T=0.25$(年)。该股票在 1 个月后将支付 3 元股利，并且整个期权合约期限中只有这一次股利支付。求该股票的欧式看涨期权价格。

股利的现值为：$De^{-rt}=3\times e^{-0.08\times 1/12}=2.98$(元)。

股票在布莱克-斯科尔斯公式中的价格是：$S=S_0-De^{-rt}=41-2.98=38.02$(元)。

将 S 代入布莱克-斯科尔斯公式中得到看涨期权的价格为：

$$c=38.02\times N(d_1)-40\times e^{-0.08\times 0.25}N(d_2)$$

其中，

$$d_1=\frac{\ln\left(\frac{38.02}{40}\right)+\left(0.08+\frac{0.3^2}{2}\right)\times 0.25}{0.3\times\sqrt{0.25}}=-0.13$$

$$d_2=-0.28$$

$$N(d_1)=N(-0.13)=0.4483$$

$$N(d_2)=N(-0.28)=0.3897$$

所以，

$$c=38.02\times 0.4483-40\times e^{-0.08\times 0.25}\times 0.3897=1.765(\text{元})$$

[例 16-2]　某股票计划分别在 1 个月和 3 个月后支付股利，每股的股利为 0.5 元，$S=40$(元)，$X=40$(元)，$\sigma=0.3$，$r=9\%$，$T=0.25$(年)（3 个月）。求该股票欧式看跌期权的价格。

股利的现值为：$0.5\times e^{-0.09\times 1/12}+0.5\times e^{-0.09\times 3/12}=0.9851$(元)。

股票在布莱克-斯科尔斯公式中的价格为：$S=40-0.9851=39.0149$(元)。

将 S 代入布莱克-斯科尔斯公式中得到看跌期权的价格为：

$$p=40\times e^{-0.09\times 0.25}N(-d_2)-39.0149\times N(-d_1)$$

其中，

$$d_1=0.06$$

$$d_2=-0.09$$

$$N(-d_1)=N(-0.06)=0.4761$$

$$N(-d_2)=N(0.09)=0.5359$$

所以，

$$p=40\times e^{-0.09\times 0.25}\times 0.5359-39.0149\times 0.4761=2.3841(\text{元})$$

以上例子是基于欧式期权的定价，对于美式期权，情况会更复杂。

对于支付股利的股票的美式看涨期权，我们知道，只有在除息日之前执行合约才是最有利的。这样我们有两个参考价格：一个是最后一个除息日前到期的欧式期权价格；另一

个是与美式期权到期日相同的欧式期权价格。美式期权的价格应该是以上两个价格中较高的那一个。该方法是由布莱克最早提出的，以欧式期权定价方法近似推导出美式期权价格。

第二节　股利率与期权定价

上一节中介绍的带股利的期权定价方法是离散型股利模型，在本节中，我们继续介绍另外一种期权定价方法：连续型股利模型。

连续型股利模型假定股利按照已知的收益率连续支付，即股利连续累积，并且股利率不变。用 q 表示年股利率，调整后的股票价格变为 $S_0 e^{-qT}$。

在股利模型下，看涨期权和看跌期权的计算公式调整为：

$$c=S_0 e^{-qT}N(d_1)-Xe^{-rT}N(d_2)$$

$$p=Xe^{-rT}N(-d_2)-S_0 e^{-qT}N(-d_1)$$

其中，

$$d_1=\frac{\ln\left(\frac{S_0}{X}\right)+\left(r-q+\frac{\sigma^2}{2}\right)T}{\sigma\sqrt{T}}$$

$$d_2=\frac{\ln\left(\frac{S_0}{X}\right)+\left(r-q-\frac{\sigma^2}{2}\right)T}{\sigma\sqrt{T}}$$

此时，看涨期权和看跌期权的平价等式为：

$$c+Xe^{-rT}=p+S_0 e^{-qT}$$

[例 16-3]　假设某公司股票的年复利率为 $q=0.04$，$S_0=41$（元），$X=40$（元），$\sigma=0.3$，$r=8\%$，$T=0.25$（年），求该股票看涨期权的价格。

调整后的股票价格为：

$$S_0 e^{-qT}=41\times e^{-0.04\times 0.25}=40.592\ 0\text{（元）}$$

将调整后的股票价格代入布莱克-斯科尔斯公式中计算期权价格：

$$c=40.592\ 0\times N(d_1)-40\times e^{-0.08\times 0.25}\times N(d_2)$$

其中，

$$d_1=\frac{\ln\left(\frac{40.5920}{40}\right)+\left(0.08+\frac{0.3^2}{2}\right)\times 0.25}{0.3\times\sqrt{0.25}}=0.306\ 3$$

$$d_2=0.156\ 3$$

$$N(d_1)=0.621\ 7$$

$$N(d_2)=0.563\ 6$$

所以，

$$c=40.592\ 0\times 0.621\ 7-40\times e^{-0.08\times 0.25}\times 0.563\ 6=3.138\ 4\text{(元)}$$

事实上，我们也可以把 d_1 和 d_2 写成：

$$d_1=\frac{\ln\left(\frac{S_0}{X}\right)+\left(r-q+\frac{\sigma^2}{2}\right)T}{\sigma\sqrt{T}}$$

$$d_2=\frac{\ln\left(\frac{S_0}{X}\right)+\left(r-q-\frac{\sigma^2}{2}\right)T}{\sigma\sqrt{T}}=d_1-\sigma\sqrt{T}$$

虽然连续型股利模型计算起来比较便利，但是它的假设前提对于大多数股票期权并不现实。由于股票的股利支付很难保持连续稳定的股利率，所以对于一般的股票而言，计算期权价格会尽量使用离散型股利模型。然而对于股指期权，指数中成分股票的股利会具有一定的连续支付特性。出于这个原因，我们很难取得每日分配股利的具体数据，这就要用到连续型股利模型。

第三节　股指期权

股指期权是以股票指数为标的资产的期权合约。期权购买者付给期权的出售方一笔期权费，以取得在未来某个时间或该时间之前，以某种价格水平即股指水平买进或卖出某种股票指数合约的选择权。

股指期权的交易形式既有在交易所交易的，也有在场外交易的。有些指数是用来衡量整个股票市场的（如沪深 300 股指、标普 500 指数），另一些是基于某些特定行业的（如能源、科技等行业的行业指数）。

一、股指期权合约

第一张股指期权合约于 1983 年 3 月在芝加哥期权交易所出现。该期权的标的资产是 S&P 100 指数。随后，美国证券交易所和纽约证券交易所迅速引进了股指期权交易。股指期权以普通股股指作为标的，其价值决定于作为标的的股指的价值及其变化。

股指期权必须用现金交割。清算的现金额度等于指数现值和执行价格之差与该期权的乘数之积。中国金融期货交易所的股指期权合约中的合约乘数是每点人民币 100 元。一般来说，美国期权市场上的股指期权合约的一个指数点对应的价格是 100 美元。举例来说，如果目前沪深 300 股指为 3 515 点，那么对应的 1 张股指期权合约的票面价值是 351 500 元。

如果一张看涨期权合约的执行价格是 3 600 点，到期日的指数是 3 800 点，那么看涨期权的多头获利（3 800－3 600）×100＝20 000（元）。

表 16-1 以沪深 300 股指期权合约表具体说明了期权的合约内容。

表 16-1　沪深 300 股指期权合约表

合约标的物	沪深 300 股指
合约乘数	每点人民币 100 元
合约类型	看涨期权、看跌期权

续表

报价单位	指数点
最小变动价位	0.2 点
每日价格最大波动幅度限制	上一交易日沪深 300 股指收盘价的±10%
合约月份	当月、下两个月及随后 3 个季月
行权价格（执行价格）	行权价格覆盖沪深 300 股指上一交易日收盘价上下浮动 10%对应的价格范围 对当月与下两个月合约：行权价格≤2 500 点时，行权价格间距为 25 点；2 500 点<行权价格≤5 000 点时，行权价格间距为 50 点；5 000 点<行权价格≤10 000 点时，行权价格间距为 100 点；行权价格>10 000 点时，行权价格间距为 200 点 对随后 3 个季月合约：行权价格≤2 500 点时，行权价格间距为 50 点；2 500 点<行权价格≤5 000 点时，行权价格间距为 100 点；5 000 点<行权价格≤10 000 点时，行权价格间距为 200 点；行权价格>10 000 点时，行权价格间距为 400 点
行权方式	欧式
交易时间	9：30—11：30，13：00—15：00
最后交易日	合约到期月份的第三个星期五，遇国家法定假日顺延
到期日	同最后交易日
交割方式	现金交割
交易代码	看涨期权：IO 合约月份—C—行权价格 看跌期权：IO 合约月份—P—行权价格
上市交易所	中国金融期货交易所

资料来源：中国金融期货交易所网站。

看涨期权和看跌期权通常是按照指数点报价，如某一看跌期权的报价显示 $p=4\frac{3}{8}$（点），则相应的期权的票面价格是 437.5 元。

二、股指期权的定价

股指期权与单只股票期权的定价方法类似，我们可以把股票指数看作一种支付固定股利率的资产，套用上一节中的连续型股利模型计算其期权价格。由于股指期权每张合约的票面价值为相应的股票指数乘以每一个指数点对应的价格，所以最后的期权合约的价格也是所计算出的期权对应的指数点乘以每一个指数点对应的金额。下面我们举例说明股指期权合约价格的计算。

[例 16-4] 目前沪深 300 股指是 3 600 点，一张两个月到期的看涨期权合约的执行价格为 3 700 点，无风险利率为每年 8%，指数的年波动率为 20%，在未来的两个月里，预计的每月股利率分别为 0.2%和 0.3%。求该股指期权的合约价格。

由题目可知：$S_0=3\,600$(点)，$X=3\,700$（点），$r=0.08$，$T=2/12$(年)，$\sigma=0.2$，两个月的股利率为 0.2%+0.3%=0.5%，即年股利率为 3%，$q=3\%$。

$$d_1=\frac{\ln\left(\frac{3\ 600}{3\ 700}\right)+\left(0.08-0.03+\frac{0.2^2}{2}\right)\times 2/12}{0.2\times\sqrt{2/12}}=-0.192\ 7$$

$$d_2=d_1-0.2\times\sqrt{2/12}=-0.274\ 3$$

$$N(d_1)=0.423\ 6$$

$$N(d_2)=0.391\ 9$$

$$c=3\ 600\times e^{-0.03\times 2/12}\times 0.423\ 6-3\ 700\times e^{-0.08\times 2/12}\times 0.391\ 9=86.529\ 6(\text{点})$$

由于一个指数点对应的价格是 100 元，因此，一张该看涨期权合约的价值是 8 652.96 元。

第四节　外汇期权

外汇期权也被称为货币期权，指合约购买方在向出售方支付一定期权费后，获得在未来约定日期或一定时间内，按照规定汇率买进或者卖出一定数量外汇资产的选择权。对于外汇期权来说，执行价格就是外汇期权的买方行使权利时事先规定的汇率。

一、外汇期权合约

作为期权的一种，相对于股票期权、指数期权等其他种类的期权来说，外汇期权买卖的是外汇，即期权买方在支付一定数额的期权费后，有权在约定的到期日按照事先约定的协定汇率和金额同期权卖方买卖约定的货币，同时权利的买方也有权不执行上述买卖合约。

1982 年，外汇期权交易在美国费城证券交易所首先进行，其后芝加哥期权交易所、阿姆斯特丹的欧洲期权交易所、加拿大蒙特利尔交易所、伦敦国际金融期货期权交易所等都先后开办了外汇期权交易。目前，美国费城证券交易所和芝加哥期权交易所是世界上具有代表性的外汇期权市场，经营的外汇期权种类包括英镑、瑞士法郎、加拿大元等。

以香港交易所交易的外汇期权合约为例，大多数合约以人民币为基础货币，外汇期权以每单位外汇多少人民币（四位小数）进行报价。香港交易所外汇期权的最后交易日和到期日是最后结算日（合约月份的第三个星期三）之前两个交易日。

表 16－2 显示了在香港交易所交易的美元兑人民币（香港）期权合约的细则。该美元的期权合约规模为 100 000 美元，以每美元兑人民币报价，因此合约中最小价格变动的价值是 10(＝0.000 1×100 000) 元。如果合约报价为 0.035 2，则合约的价值为 0.352 元，最小价格变动为 0.000 1，相当于合约价值变动 10 元。

表 16－2　香港交易所美元兑人民币（香港）期权合约

交易代码	CUS
合约规模	100 000 美元
报价	每美元兑人民币
期权金	以四个小数位报价（如 0.000 1）

续表

<table>
<tr><td>价位值</td><td>人民币 10 元</td></tr>
<tr><td>行使（行权）价格</td><td>行使价格间距设定为 0.05</td></tr>
<tr><td>正式结算价</td><td>由香港财资市场公会在到期日上午 11 时 30 分左右公布的美元兑人民币（香港）即期汇率</td></tr>
<tr><td>行使时的结算</td><td>行使时实物交收<table><tr><td></td><td>持有人</td><td>沽出人</td></tr><tr><td>认购期权</td><td>以最后结算价值计算的人民币支付</td><td>美元交付</td></tr><tr><td>认沽期权</td><td>美元交付</td><td>以最后结算价值计算的人民币支付</td></tr></table></td></tr>
<tr><td>行使方式</td><td>欧式</td></tr>
<tr><td>合约月份</td><td>现月、下 3 个月及之后的 6 个季月（即 3 月、6 月、9 月及 12 月）</td></tr>
<tr><td>最后结算日</td><td>合约月份的第三个星期三</td></tr>
<tr><td>到期日</td><td>最后结算日之前两个交易日</td></tr>
<tr><td>交易时间（香港时间）</td><td>上午 8 时 30 分至下午 6 时 30 分（最后交易日的交易时间为上午 8 时 30 分至 11 时）</td></tr>
<tr><td>交易费</td><td>人民币 8.00 元</td></tr>
<tr><td>行使费用</td><td>每张合约人民币 8 元</td></tr>
<tr><td>证监会证费</td><td>无</td></tr>
<tr><td>大额未平仓合约</td><td>于任何一个系列为 500 张未平仓合约</td></tr>
<tr><td>假期安排</td><td>按照香港假期安排</td></tr>
</table>

资料来源：香港交易所网站。

二、外汇期权定价

在某种意义上，持有外汇类似于持有支付已知股利率的股票。因此，在对外汇期权定价的时候，我们可以将外汇的无风险利率 r_f 看作外汇的“股利率”。我们假设汇率与股票具有相同的随机过程，我们可以在此套用股票看涨期权、看跌期权的公式，用 r_f 替换 q，因此，

$$c = Se^{-r_f T} N(d_1) - Xe^{-rT} N(d_2)$$

$$p = Xe^{-rT} N(-d_2) - Se^{-r_f T} N(-d_1)$$

其中，

$$d_1 = \frac{\ln\left(\frac{S}{X}\right) + \left(r - r_f + \frac{\sigma^2}{2}\right)T}{\sigma\sqrt{T}}$$

$$d_2 = \frac{\ln\left(\frac{S}{X}\right) + \left(r - r_f - \frac{\sigma^2}{2}\right)T}{\sigma\sqrt{T}} = d_1 - \sigma\sqrt{T}$$

如果以美元标记，即期汇率 S 是每单位外汇的美元数。波动率 σ 是连续复利形式的汇率的年波动率 $\ln(S_t/S_{t-1})$。以上公式作为布莱克-斯科尔斯公式的扩展，只适用于欧式期权。美式期权有提前执行的可能，会比欧式期权价值更大，必须用数值法求解。

此外，由于外汇市场上远期合约的交易非常活跃，可以用外汇远期合约价格 F 来计算外汇期权价格。设

$$F=Se^{(r-r_f)T}$$

式中，F 和 S 以每单位外汇的美元数来表示。

重新整理上式，得到：

$$S=Fe^{-(r-r_f)T}$$

把公式代入原公式，得到：

$$c=e^{-rT}[FN(d_1)-XN(d_2)]$$

$$p=e^{-rT}[XN(-d_2)-FN(-d_1)]$$

其中，

$$d_1=\frac{\ln\left(\frac{F}{X}\right)+\left(\frac{\sigma^2}{2}\right)T}{\sigma\sqrt{T}}$$

$$d_2=\frac{\ln\left(\frac{F}{X}\right)-\left(\frac{\sigma^2}{2}\right)T}{\sigma\sqrt{T}}=d_1-\sigma\sqrt{T}$$

下面我们来举例说明外汇期权的计算。

[例 16-5]　一张美元计价的英镑看涨期权，当前汇率为 1.60 美元/英镑，执行价格为 1.65 美元/英镑，英镑的利率为 9%，美元的利率为 5%，合约期限为 3 个月，波动率为 0.2，求该张看涨期权的价格。

由题目可知：$S=160$，$X=165$，$r=0.05$，$r_f=0.09$，$T=0.25$，$\sigma=0.2$，代入公式得：

$$d_1=\frac{\ln\left(\frac{160}{165}\right)+\left(0.05-0.09+\frac{0.2^2}{2}\right)\times 0.25}{0.2\times\sqrt{0.25}}=-0.3577$$

$$d_2=d_1-\sigma\sqrt{T}=-0.3577-0.1=-0.4577$$

$$N(d_1)=0.3603$$

$$N(d_2)=0.3236$$

$$c=Se^{-r_fT}N(d_1)-Xe^{-rT}N(d_2)$$

$$=160\times e^{-0.09\times 0.25}\times 0.3603-165\times e^{-0.05\times 0.25}\times 0.3236=3.635$$

因此，该张期权合约的价格为 3.635 美元。

第五节　期货期权

期货期权是标的资产为期货的期权，与标的资产为现货的期权相比，期货期权交割的是期货合约。

市面上交易的多数期货期权是美式期权。期货期权的标的物既可以是国债、指数、外

汇，也可以是实物。流行的期货期权有美国中长期国债期货、标准普尔500指数期货、欧洲美元期货、日元期货、原油期货、玉米期货、糖期货等。

期货期权一般以相应的期货合约的到期月作为合约的名称，而不是以期权的到期月。一般来说，期货合约会在相应期货期权到期之后到期或者同时到期。例如，美国中长期国债期货期权的到期月是合约名称中月份的前一个月。也就是说，一张标的资产为8月到期的美国中长期国债期货的期权合约的到期月是7月份。标准普尔500指数期货期权的到期日与标准普尔500指数期货合约相同。

人们在对现货进行套期保值的时候，往往会选择以对应资产的期货合约为标的的期权，而不会直接选择相应的现货期权。主要原因是期货合约在大多数情况下比其相应的现货资产具有更好的流动性，可以用很低的成本进行平仓，因此期货期权有时比现货期权更有吸引力。人们选择期货期权的另一个原因是期货的价格一般可以很容易地从交易所中得到，而现货的价格相对不容易获得。除此之外，期货期权一般不需要实物交割，省去了实物期权中实物资产交割的麻烦，提高了效率。表16-3是芝加哥期货交易所大豆期货期权的情况。

表16-3 芝加哥期货交易所大豆期货期权

5 000蒲式耳大豆的指定月份大豆期货合约。标价：美分/蒲式耳						
执行价格	看涨期权			看跌期权		
	3月	4月	5月	3月	4月	5月
100	252.90	—	258.50	—	—	—
160	—	—	—	—	—	0.05
165	—	—	—	0.05	—	0.05
180	—	—	—	—	—	—
200	0.05	—	—	0.05	—	0.05
210	—	—	—	0.05	—	0.05
220	132.90	—	—	0.05	—	0.05
230	122.90	—	128.50	0.05	—	0.10
240	112.90	—	118.60	0.05	—	0.20
250	102.90	—	108.70	0.05	—	0.30
260	92.90	—	98.80	0.05	—	0.40
270	82.90	—	89.00	0.05	—	0.60
280	72.90	—	79.50	0.10	—	1.10
290	62.90	—	70.00	0.15	—	1.75
300	52.95	—	60.85	0.25	—	2.60
310	43.25	—	52.25	0.60	—	4.00
320	33.75	—	44.00	1.25	3.00	5.75

续表

5 000 蒲式耳大豆的指定月份大豆期货合约。标价：美分/蒲式耳						
执行价格	看涨期权			看跌期权		
	3 月	4 月	5 月	3 月	4 月	5 月
330	25.00	—	37.00	2.25	—	8.60
340	17.30	25.90	30.75	4.50	7.50	12.20
合约（张）	看涨　1 044；　看跌　3 186					
未平仓合约（张）	看涨　45 855；　看跌　52 638					

资料来源：《华尔街日报》网站。

对于看涨期货期权，如果期权合约被执行，期权持有者就持有期货合约的多头，并且得到一个等于期货合约现价与执行价格之差的头寸。而对于看跌期货期权，如果期权合约被执行，期权的持有人就持有一个期货合约的空头，并且得到一个等于合约执行价格与期货现价之差的头寸。

[例 16-6]　某投资者手中持有 3 月份到期的花生期货看涨期权，执行价格为 10 400 元/吨，每个合约规模为 5 吨。假设在 2 月 14 日期权到期的时候，花生期货的价格为 10 410 元/吨。现在是 2 月 15 日，当前的期货价格为 10 411 元/吨。

如果看涨期权被执行，那么投资者从 1 张期权合约中的获利为：5×(10 410－10 400)＝50(元)。

与此同时，投资者手中还有一张 3 月份到期的花生期货合约，如果投资者选择现在平仓，那么他还会从每张期货合约中获利：5×(10 411－10 410)＝5(元)。

投资者的总收益为 50＋5＝55(元)。

也就是说，投资者的总收益反映为两部分，一部分为期权合约到期时期货的当前价格与执行价格之差，另一部分为平仓时期货的价格与期权执行时期货的价格之差。

[例 16-7]　某投资者手中持有 10 月份到期的黄金期货看跌期权，执行价格为 420 元/克，每张合约规模为 1 000 克。假设在期权到期前最后一个交易日黄金的价格为 410 元/克，目前黄金期货的价格为 412 元/克。

如果看跌期权被执行，那么投资者从一张看跌期权中的获利为：1 000×(420－410)＝10 000(元)。

与此同时，投资者手中还有一张空头黄金期货合约，如果投资者立即平仓，那么他从每张期货合约中遭受的损失为：1 000×(412－410)＝2 000(元)。

投资者的总收益为 10 000－2 000＝8 000(元)。

与前面我们分析的其他期权定价类似，布莱克-斯科尔斯公式也可以被用于期货期权的定价。但是我们必须假设期货的价格与标的资产的价格具有类似的分布特征。于是我们有如下公式：

$$c=e^{-rT}[FN(d_1)-XN(d_2)]$$

$$p=e^{-rT}[XN(-d_2)-FN(-d_1)]$$

其中，

$$d_1=\frac{\ln\left(\frac{F}{X}\right)+\left(\frac{\sigma^2}{2}\right)T}{\sigma\sqrt{T}}$$

$$d_2=\frac{\ln\left(\frac{F}{X}\right)-\left(\frac{\sigma^2}{2}\right)T}{\sigma\sqrt{T}}=d_1-\sigma\sqrt{T}$$

式中，σ 是期货收益波动率。我们可以证明，当持有成本和便利收益仅为时间的函数时，期货合约和它所对应的资产收益波动率是相等的。

[例 16-8]　有一黄玉米期货的欧式看涨期权，设黄玉米期货的现价是 2 500 元/吨，执行价格为 2 500 元/吨。无风险利率为 5%，期货价格的波动率为 20%，合约在未来 3 个月到期，求该欧式看涨期权的价格。

由题目可知：$X=F=2\,500$，$r=0.05$，$T=1/4$，$\sigma=0.2$。代入公式得：

$$\ln(F/X)=0$$

$$d_1=\frac{\sigma\sqrt{T}}{2}=0.05$$

$$d_2=\frac{-\sigma\sqrt{T}}{2}=-0.05$$

$$N(d_1)=0.519\,9$$

$$N(d_2)=0.480\,1$$

$$c=\mathrm{e}^{-rT}[FN(d_1)-XN(d_2)]=98.46$$

因此该欧式看涨期权的价格为 98.46 元。

利用布莱克-斯科尔斯公式对股票指数或货币的期货期权定价是相对合理的，但是对于标的物是利率相关证券的期货期权（如国债期货期权），公式中恒定利率和波动率的假设就难以成立了。

本章小结

对于考虑股票股利的期权定价，我们有离散型股利模型和连续型股利模型。

离散型股利模型的主要思想是将股利进行贴现，再在原股票价格的基础上减去贴现后的股利，使之与无股利支付的相应股票收益等同。调整后的股票价格为 $S=S_0-D\mathrm{e}^{-rt}$，其公式为：

$$c=(S_0-D\mathrm{e}^{-rt})N(d_1)-X\mathrm{e}^{-rT}N(d_2)$$

$$p=X\mathrm{e}^{-rT}N(-d_2)-(S_0-D\mathrm{e}^{-rt})N(-d_1)$$

连续型股利模型假定股利按照已知的股利率连续支付，即股利连续累积，并且股利率不变。用 q 表示年股利率，调整后的股票价格变为 $S_0\mathrm{e}^{-qT}$。其公式为：

$$c=S_0\mathrm{e}^{-qT}N(d_1)-X\mathrm{e}^{-rT}N(d_2)$$

$$p=X\mathrm{e}^{-rT}N(-d_2)-S_0\mathrm{e}^{-qT}N(-d_1)$$

股指期权的标的资产是股票指数。期权购买者付给期权的出售方一笔期权费，以取得在未来某个时间或该时间之前，以某种价格水平即股指水平买进或卖出某种股票指数合约的选择权。

外汇期权也被称为货币期权，指合约购买方在向出售方支付一定期权费后所获得的在未来约定日期或一定时间内，按照规定汇率买进或者卖出一定数量外汇资产的选择权。外汇期权的计算公式为：

$$c=e^{-rT}[FN(d_1)-XN(d_2)]$$

$$p=e^{-rT}[XN(-d_2)-FN(-d_1)]$$

$$d_1=\frac{\ln(F/X)+(\sigma^2/2)T}{\sigma\sqrt{T}}$$

$$d_2=\frac{\ln(F/X)-(\sigma^2/2)T}{\sigma\sqrt{T}}=d_1-\sigma\sqrt{T}$$

期货期权是标的资产为期货的期权，与标的资产为现货的期权相比，期货期权交割的是期货合约。

练习题

1. 假设某股票现在的价格为 100 元，无风险年利率为 8%（连续复利），波动率为 40%，3 个月后派发一次 5 元的股利。利用布莱克-斯科尔斯公式计算期限为 6 个月、执行价格为 105 元的看涨期权价格。

2. 假设其他条件与上题相同，该股票有 5%的定额股利率，利用布莱克-斯科尔斯公式计算期限为 6 个月、执行价格为 105 元的看涨期权价格。

3. 假设目前上证指数是 2 600 点，一张 3 个月到期的看涨期权合约的执行价格为 2 650 元，无风险利率为每年 8%，指数的年波动率为 20%，在未来的 3 个月里，预计的每月股利率为 0.5%。利用布莱克-斯科尔斯公式计算该上证股指期权的合约价格。

4. 假设有一张美元计价的日元看涨期权合约，当前汇率为 110 日元/美元，执行价格为 115 日元/美元，日元的利率为 9%，美元的利率为 5%，合约期限为 3 个月，波动率为 30%。利用布莱克-斯科尔斯公式计算该看涨期权的价格。

5. 利用看涨期权和看跌期权之间的平价等式计算例 16－1 中相同条件下看跌期权的价格。

6. 利用看涨期权和看跌期权之间的平价等式计算例 16－3 中相同条件下看跌期权的价格。

7. 假设有一张欧式的白糖期货的看跌期权合约，白糖期货现价是 6 730 元/吨，执行价格为 6 625 元/吨，无风险利率为 5%，期货价格的波动率为 20%，合约在未来 3 个月到期。求该欧式期权的价格。

8. 假设有一张人民币计价的欧式看跌期权合约，当前的汇率为 7.45 元人民币/欧元，执行价格为 7.35 元人民币/欧元，欧元的利率为 5%，人民币的利率为 6%，合约期限为 6 个月，波动率为 25%。利用布莱克-斯科尔斯公式计算该看跌期权的价格。

9. 高盛公司认为在今后的 3 年中市场波动率将为每年 20%。市场指数的 3 年期平值看涨期权与看跌期权以隐性波动率为 22%的价格出售。高盛公司应该建立什么样的投资组合对波动率进行投机，而不用建立市场牛市或熊市头寸？使用高盛公司对波动率的估计值，3 年期平值期权的 $N(d_1)=0.6$。

10. 你持有股票的看涨期权。股票的 beta 值为 0.75，并且你担心股票市场可能会下跌。股票现在的售价为 5 元，并且你持有 10 000 张合约（每张合约规模是 100 股股票）。期权的 delta 值为 0.8。为了对冲你的市场风险敞口，你需要买入或卖出多少市场指数投资组合？

11. 李明拥有 51 750 股中国移动（00941. HK）股票。每股售价为 69 港元。执行价格为 70 港元的中国移动股票的看涨期权的售价为 3.50 港元，其 delta 值为 0.69。构建一个 delta 对冲策略需要多少张看涨期权合约？如果股票价格下跌，delta 对冲需要卖出的看涨期权的数量是增加还是减少？

12. 根据布莱克-斯科尔斯公式，当股票价格趋于无穷大时，看涨期权套期保值比率的值为多少？当执行价格很小时，看跌期权套期保值比率的值为多少？

13. IBM 平值看涨期权的套期保值比率为 0.4。平值看跌期权的套期保值比率为 −0.6。IBM 平值跨式期权头寸的套期保值比率为多少？

参考文献

[1] Amin, K. and R. A. Jarrow, "Pricing Foreign Currency Options under Stochastic Interest Rates," *Journal of International Money and Finance*, 1991 (10): 310 - 329.

[2] Black, F. and M. Scholes, "The Pricing of Options and Corporate Liabilities," *Journal of Political Economy*, 1973 (81): 637 - 654.

[3] Chance, D. M., "Empirical Tests of the Pricing of Index Call Options," *Advances in Futures and Options Research*, 1986 (1): 141 - 166.

[4] Grabbe, J. O., "The Pricing of Call and Put Options on Foreign Exchange," *Journal of International Money and Finance*, 1983 (2): 239 - 253.

[5] Wolf, A., "Fundamentals of Commodity Options on Futures," *Journal of Futures Markets*, 1982 (2): 391 - 408.

第十七章

期权的风险参数及其对冲策略

本章导读

本章主要从期权及相关资产的价格风险出发，介绍了对期权价格产生影响的不同因素以及相应的衡量指标，即以 delta 为代表的“希腊字母”。首先，从标的资产价格的变动对期权或投资组合价格的影响出发，介绍了 delta 及 delta 对冲策略。其次，列出了其他影响期权价格的参数，并且给出了各种“希腊字母”的计算方法。最后，介绍了利用投资组合理论构造合成期权进行组合保险的策略。

第一节　期权头寸及其风险

对于期权做市商而言，它们的职责是在市场中按照交易者的需求提供报价和进行买卖，为了履行职责，做市商可能面临由于接受客户订单而产生的任意仓位。由于市场中期权标的资产价格具有波动性，做市商面临很大的风险。

下面我们举例说明。

如果一个投资者想买进一张看涨期权，做市商将相应地卖出一张看涨期权。假设 $S=40$(元)，$X=40$(元)。对于期权合约的购买者而言，期权的损失是锁定的（即期权费），而收益是无限的（理论上，股票的价格没有上限，所以对于看涨期权，其收益空间也是无限的）。而相反地，对于期权合约的卖出者而言，期权的收益是有限的，而风险则是无限的。

因此，对于做市商而言，它们有以下两种选择：

第一，选择完全暴露风险。这样做的好处是省去了套期保值的成本，对于看涨期权而言，当标的产品未来的价格下降时，这种策略使做市商净收入期权费；然而当未来的价格走势不断上涨时，做市商有可能面临合约被执行而遭受巨大损失的危险。

第二，选择完全对冲风险。也就是说，每当做市商卖出一张期权合约时，做市商同时买入合约中对应数量的标的资产。以上面的例子来说，假设客户买入 10 张、每张 100 股股票的期权合约，每张合约的售价是 90 元。如果做市商采取完全对冲的策略，它将选择在市场上购入 1 000 股该种股票。在这种策略下，如果股票的价格上涨，合约被执行，做市商可以直接用手上的股票进行平仓，避免了股票价格上涨带来的风险；但是如果股票的价格大幅下降，假设股价从 40 元下降到 35 元，那么做市商将在股票上损失 5 000 元，而

900 元的期权费并不足以抵补做市商在股票上的损失。

由此可见，以上两种办法都存在一定的问题。

除了以上提到的两种策略外，做市商还可以采取一种“止损策略”。这种策略的基本思想是：根据标的资产的价格变化随时调整仓位，使得风险暴露头寸总是为零。如图 17－1 所示，对于卖出看涨期权的做市商而言，当股票价格上升到 X 以上时，做市商立即买入该股票，当价格下降到 X 以下时，做市商立即抛出该股票，这样做市商将在 t_1、t_2、t_3、t_4、t_5各时段进行股票的买卖操作。

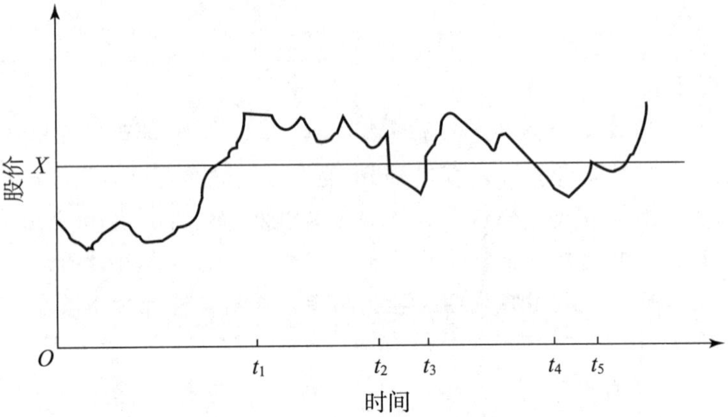

图 17－1　股票价格随时间变化

从理论上讲，这样一种操作保证了做市商在完全没有风险的情况下卖出期权合约，收取期权费。但事实上，这种做法在实际操作中存在许多问题。首先，如果市场是有效的，我们很难精确判断买入和卖出股票的时点，也很难判断当股票达到或接近 X 时，它的走势将是上升还是下降，这样在进行买卖的时候将产生较大的价格误差。其次，对于一只波动较为频繁的股票而言，在期权合约到期之前，股票的价格可能在期权执行价格的上下多次徘徊，这样就使得做市商不得不进行频繁的股票买卖操作，这只有在忽略交易成本的情况下才有可能实现，而在现实市场中，交易成本将大大增加，使得交易策略难以实现。可通过此处的拓展阅读了解金融衍生品的风险度量及管理。

拓展阅读

金融衍生品的风险度量及管理

第二节　delta 及 delta 对冲策略

一、delta 与 delta 对冲

在对期权合约进行定价的时候，我们采取的方法是构造一个由期权合约及相对应的标的资产所组成的无风险组合，让该无风险组合的收益率等于无风险收益率，从而推出期权合约的价格。

我们之所以能够通过期权合约及其标的资产构造无风险组合，是因为期权合约的价格会受到标的资产价格的影响，我们可以通过构造投资组合，使得在期权合约上的损失由在

标的资产上的收益来抵补，或使得在期权合约上的收益能够抵补在标的资产上的损失。事实上，这样一种构造无风险投资组合的方法就叫作 delta 对冲。

通过对期权价格公式的推导，我们已经知道，看涨期权的价格与股票价格具有正相关性，因此对冲的头寸应该是一个看涨期权的空头对应一个股票的多头，这样才能使得两种资产的风险相互抵消。

我们考虑以下投资组合，其中有 N_s 股股票和 N_c 张看涨期权合约，整个组合的价值为 V，即

$$V=N_sS+N_cc=N_c(N_s/N_cS+c)$$

我们可用 h 表示 N_s/N_c，h 被称为套期保值比率。

我们知道，为了使投资组合完全对冲，投资组合的价值 V 应当独立于标的资产 S 的价格变化，因此有：

$$\frac{\partial V}{\partial S}=N_c\left(h+\frac{\partial c}{\partial S}\right)=0$$

$$h=-\frac{\partial c}{\partial S}$$

我们把 $\frac{\partial c}{\partial S}$ 称为期权的 delta 值。delta 值描述了期权价格对于标的资产价格的变动率。从图 17-2 中可以看出，delta 值是（看涨）期权价格关于标的资产价格曲线的斜率。

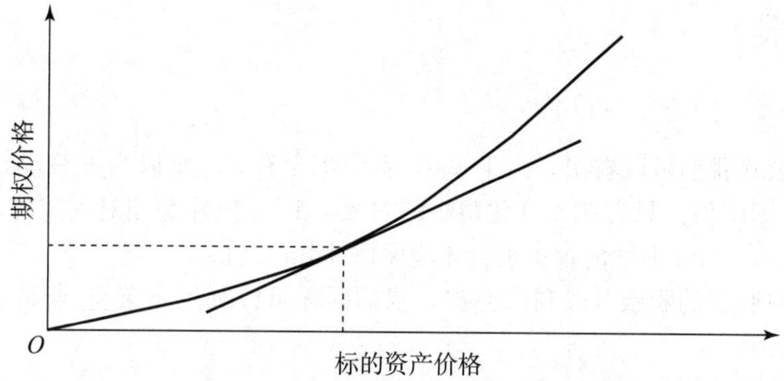

图 17-2　看涨期权价格随标的资产价格变化的趋势

对于看涨期权来说，标的资产价格上涨（下跌），期权价格随之上涨（下跌），二者始终保持同向变化。因此看涨期权的 delta 值为正数。而看跌期权价格的变化与标的资产价格相反，因此，看跌期权的 delta 值为负数。

举例而言，某投资者考虑卖出 10 张执行价格为 120 元、合约价格为 50 元（每张合约 100 股）的某股票看涨期权合约。现在市场上股票价格为 120 元，该股票期权的 delta 值为 0.5。这就是说，如果市场上股票价格涨至 121 元——上涨 1 元，那么该期权价格将上涨 $0.5\times1\times100=50$(元)。此时投资者应当购买 $0.5\times10\times100=500$（股）股票，这样，假设股票价格上涨 1 元，投资者将从所购 500 股股票中获利 500 元，抵补了期权的 500 元损失。

在上面的例子中，投资者在期权上的 delta 值是 $0.5\times(-1\ 000)=-500$，也就是说，当股票价格上涨 1 元时，投资者将损失 500 元；而对于股票而言，其 delta 值为 1，那么

500 股股票的 delta 值为 500。因此从总体上看，该投资者的投资组合的 delta 为 0，我们称之为“delta 中性”。

需要注意的是，期权的 delta 并不是一个静态概念，delta 本身会随着到期时限、标的资产价格的变化而随时发生变化。这就意味着，只有在标的资产价格发生微小变化时，delta 对冲的结果才是有效的。

二、布莱克-斯科尔斯公式与 delta 值的计算

我们现在回到布莱克-斯科尔斯公式：

$$c=SN(d_1)-Xe^{-rT}N(d_2)$$

$$p=Xe^{-rT}N(-d_2)-SN(-d_1)$$

其中，

$$d_1=\frac{\ln\left(\frac{S}{X}\right)+\left(r+\frac{\sigma^2}{2}\right)T}{\sigma\sqrt{T}}$$

$$d_2=d_1-\sigma\sqrt{T}=\frac{\ln\left(\frac{S}{X}\right)+\left(r-\frac{\sigma^2}{2}\right)T}{\sigma\sqrt{T}}$$

于是我们得到

$$\Delta_c=\frac{\partial c}{\partial S}=N(d_1)$$

$$\Delta_p=\frac{\partial p}{\partial S}=-N(-d_1)=N(d_1)-1$$

从上面的公式我们可以看出，由于 d_1 和 d_2 中都含有 S，所以当 S 变动很大时，我们会得到不同的 delta 值，只有在 S 变化很小的时候，delta 值才是相对固定的，也就是在 S 变化很小的时候，delta 中性的投资组合才能保持 delta 中性。

而对于支付股利的股票（股利率为 δ），我们同样可以利用布莱克-斯科尔斯公式得到其期权的 delta 值：

$$c=Se^{-\delta T}N(d_1)-Xe^{-rT}N(d_2)$$

$$p=Xe^{-rT}N(-d_2)-Se^{-\delta T}N(-d_1)$$

其中，

$$d_1=\frac{\ln\left(\frac{S}{X}\right)+\left(r-\delta+\frac{\sigma^2}{2}\right)T}{\sigma\sqrt{T}}$$

$$d_2=d_1-\sigma\sqrt{T}=\frac{\ln\left(\frac{S}{X}\right)+\left(r-\delta-\frac{\sigma^2}{2}\right)T}{\sigma\sqrt{T}}$$

于是我们得到

$$\Delta_c=\frac{\partial c}{\partial S}=N(d_1)e^{-\delta T}$$

$$\Delta_p=\frac{\partial p}{\partial S}=-N(-d_1)e^{-\delta T}=[N(d_1)-1]e^{-\delta T}$$

三、期权的错误定价和 delta 对冲

我们可以利用 delta 对冲来构造无风险组合，并从错误的期权定价中获得利润。

现在假设某看涨期权的价格被高估，如果我们单纯采取售出该被高估的期权的策略，可能会因为期权之后的价格回归而获利，也有可能会因期权的价格受到股价上涨或波动率增大等其他因素的干扰出现上涨而遭受损失。但是如果我们进行 delta 对冲，就不会出现这种问题，因为在股价上涨时，股票多头的收益可以抵补期权头寸的损失，使投资者有净利润。

四、动态对冲

前面我们提到过，delta 值并不是一成不变的，要想保持资产时刻为 delta 中性的状态，投资者应当随着标的资产的价格以及到期时限的变化随时调整投资组合的头寸。表 17－1 和表 17－2 列出了保持 delta 中性的投资调整策略。

表 17－1 根据标的资产的价格调整对冲组合

期权类型	标的资产价格上升	标的资产价格下降
多头看涨	delta 增大，出售更多的资产	delta 减小，买进更多的资产
空头看涨	delta 增大，买进更多的资产	delta 减小，出售更多的资产
多头看跌	delta 减小，出售更多的资产	delta 增大，买进更多的资产
空头看跌	delta 减小，买进更多的资产	delta 增大，出售更多的资产

表 17－2 根据到期时限变化调整对冲组合

多头看涨	缺少关于到期时限的说明，预计应为：到期时限缩短
实值 平值 虚值	delta 增大，出售更多的资产 不变 delta 减小，买进更多的资产
空头看涨	
实值 平值 虚值	delta 增大，买进更多的资产 不变 delta 减小，出售更多的资产
多头看跌	
实值 平值 虚值	delta 增大，买进更多的资产 不变 delta 减小，出售更多的资产
空头看跌	
实值 平值 虚值	delta 增大，出售更多的资产 不变 delta 降低，买进更多的资产

五、投资组合的 delta

如果一个投资组合中有多个衍生品，并且这些衍生品的标的资产相同，那么我们可以通过计算整个投资组合的 delta 值来控制其风险。我们可以简单地利用各项衍生品的 delta 与其头寸的乘积之和计算出整体投资组合的 delta 值。其公式为：

$$\Delta = \sum_{i=1}^{n} w_i \Delta_i$$

式中，Δ_i是第 i 种资产的 delta 值；w_i是该资产的头寸。

下面我们举例说明。

某金融机构有以相同股票为标的资产的期权（1 张期权合约对应 100 股股票），相关情况如表 17－3 所示。

表 17－3　某金融机构投资组合的 delta 值

期权头寸	期权种类	delta 值
100 张多头合约	看涨期权（执行价格为 50 元）	0.55
50 张空头合约	看涨期权（执行价格为 50 元）	0.55
100 张空头合约	看跌期权（执行价格为 50 元）	－0.45

根据 delta 的定义，我们可以计算出该金融机构持有资产的 delta 值为：

$$100\times100\times0.55-50\times100\times0.55-100\times100\times(-0.45)=7\ 250$$

这说明，该金融机构为了使投资组合保持风险中性，需要持有 7 250 股股票的空头头寸。

六、delta 对冲的局限性

以上我们介绍了 delta 对冲及其应用，然而在现实中，这种方法具有一定的局限性：

首先，delta 对冲只有在股票价格有微小变化时才有效。

其次，在进行对冲组合的头寸调整时，投资者要调整组合中期权或股票的数量，因此要付出一定的交易费用。而交易费用会随着头寸调整频繁程度的增加而增加。

再次，标的资产的波动率和在计算期权费用时用到的无风险利率会随时间推移而发生变化，因而影响对冲组合的价值，并且随着时间的推移，组合的价值本身也会发生变化。这使得 delta 对冲存在误差。

最后，对于支付股利股票的期权使用 delta 对冲会更加复杂，因为这时 $\Delta_c \neq N(d_1)$，我们需要用 $\Delta_c = N(d_1)e^{-\delta T}$来计算，而确定股利率时的误差同样也给 delta 对冲带来了难度。

第三节　其他风险参数及其对冲策略

从布莱克-斯科尔斯公式中我们知道，决定期权价格的因素有 6 个，它们分别是标的资产的价格 S、执行价格 X、无风险利率 r、期权期限 T、资产的价格波动率 σ 以及有股利支付的股票的股利率δ。所以说除了标的资产的变化会对期权的价格有影响外，其他因素的变化也会对期权的价格有影响，于是我们用其他希腊字母来衡量期权价格对这些因素的敏感度。

一、gamma 及 gamma 对冲

（一）期权价格风险与 gamma

gamma(Γ) 是一个与 delta 有密切联系的敏感性指标，它所衡量的是 delta 对于资产价格的变化率。delta 是期权（或投资组合）价格对于资产价格的一阶导数，而 gamma 是期权价格对于资产价格的二阶导数，即

$$\Gamma=\frac{\partial^2 c}{\partial S^2}$$

事实上，如果我们把标的资产的波动率和无风险利率看作常数，那么期权价格的变化就是资产价格和时间 T 的函数，我们可以写成泰勒展开形式：

$$\Delta c=\frac{\partial c}{\partial S}\Delta S+\frac{\partial c}{\partial T}\Delta T+\frac{1}{2}\frac{\partial^2 c}{\partial S^2}\Delta S^2+\frac{1}{2}\frac{\partial^2 c}{\partial T^2}\Delta T^2+\frac{\partial^2 c}{\partial S\,\partial T}\Delta S\Delta T+\cdots$$

其中，等式右边的第一项可以通过 delta 对冲消除，第三项则可以通过 gamma 对冲消除，第二项受时间的影响，我们将在下面讨论。而其他项为时间的高阶无穷小，可以忽略。

从上面的式子我们可以看出，对于一个 delta 中性的投资组合来说，资产价格的变化可以改写成如下式子：

$$\Delta c=\frac{\partial c}{\partial T}\Delta T+\frac{1}{2}\Gamma\Delta S^2$$

对于一个 delta 中性的投资组合，除了时间对于资产价格的影响，投资组合的 gamma 值也对其有很大的影响。

从图 17－3 中我们可以看出，当标的资产价格从 S_0 变化到 S_1 时，期权的价格从 c_0 变化到 c_1'，而对于 delta 中性的组合，只能保证将价格调整到 c_1，也就是说，价格变化越大，单纯使用 delta 对冲的误差越大。

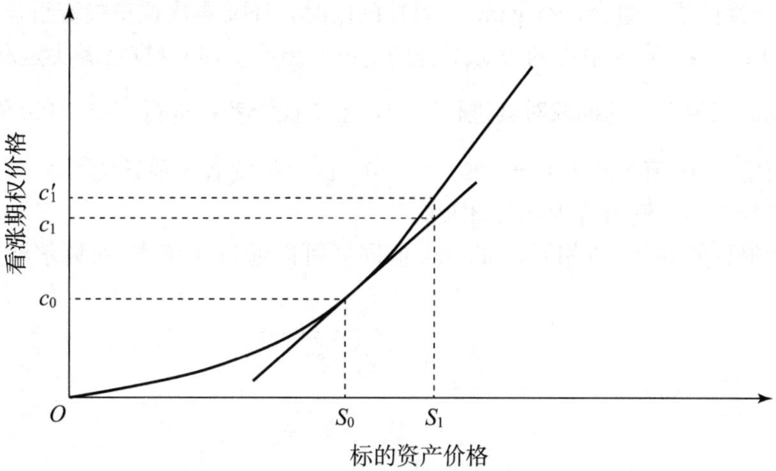

图 17－3　看涨期权价格的变化

如图 17－4 所示，gamma 随股票价格变动的曲线呈钟形，并且在股票接近执行价格时 gamma 值最大（具体参数：$X=25$，$r=0.25$，$\sigma=0.05$，$T=0.5$）。

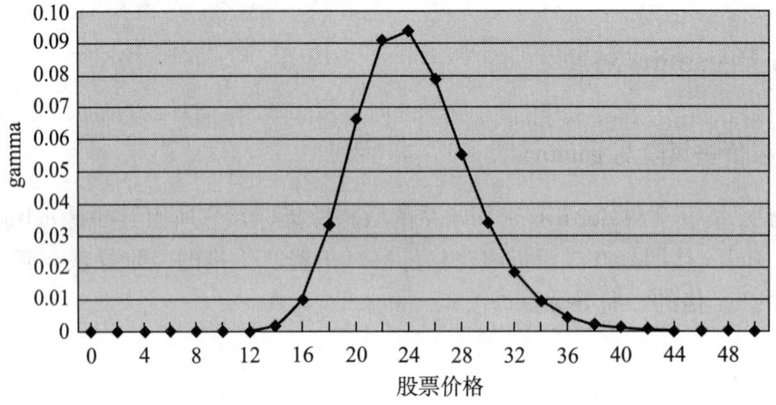

图 17－4　gamma 随股票价格变化的趋势

（二）gamma 对冲

假设某 delta 中性的投资组合的 gamma 值为 1 000，那么当标的资产的价格增长或降低 1 单位时，投资组合的价值会增长 $\frac{1}{2}\times 1\,000\times(\pm 1)^2=500$（单位）。

由于标的资产（如股票）的价格对其自身的二阶导数为 0，也就是说标的资产的 gamma 值总是 0，所以我们不能通过买入或售出标的资产来调整投资组合的 gamma 值。我们唯一的办法就是找到另外一种资产，这种资产的价格变化与标的资产之间不是线性关系，如期权。也就是说，对于一个具有 Γ 的投资组合，我们应当找到另外一个具有 Γ' 的期权，并且进行 $-\frac{\Gamma}{\Gamma'}$ 的头寸操作，使得整个投资组合的 gamma 值为 0。

同时，我们还需要考虑到，在增加了新的资产后，原投资组合的 gamma 值变为 0，但是新的资产同样也带来了组合中额外的 delta，即破坏了原有组合的 delta 中性。因此，我们在对 delta 中性的投资组合进行 gamma 对冲的同时，还要再次调整投资组合的 delta 值。

［**例 17－1**］　某 delta 中性的投资组合的 gamma 值为 150，投资者决定利用 delta 值为 0.5、gamma 值为 1.5 的期权对其进行对冲，于是投资者将进行 $\frac{150}{1.5}=100$ 的空头操作。投资组合的新增 delta 值为 $0.5\times(-100)=-50$，因此投资者还要继续买入 50 单位的标的资产，以保持现有的投资组合为 delta 中性。

与前面所提到的 delta 值相同，gamma 值同样可以通过布莱克-斯科尔斯期权定价公式进行推导。

由于

$$\Delta_c=\frac{\partial c}{\partial S}=N(d_1)$$

$$\Delta_p=\frac{\partial p}{\partial S}=-N(-d_1)=N(d_1)-1$$

其中，

$$d_1=\frac{\ln\left(\frac{S}{X}\right)+\left(r+\frac{\sigma^2}{2}\right)T}{\sigma\sqrt{T}}$$

$$d_2=d_1-\sigma\sqrt{T}=\frac{\ln\left(\frac{S}{X}\right)+\left(r-\frac{\sigma^2}{2}\right)T}{\sigma\sqrt{T}}$$

又由于

$$\Gamma=\frac{\partial^2 c}{\partial S^2}=\frac{\partial \Delta_c}{\partial S}$$

因此，

$$\Gamma=\frac{\partial N(d_1)}{\partial S}=\frac{N'(d_1)}{S\sigma\sqrt{T}}$$

式中，

$$N'(x)=\frac{e^{-x^2/2}}{\sqrt{2\pi}}\geqslant 0$$

而对于有股利支付的股票期权，$\Gamma=\frac{N'(d_1)}{S\sigma\sqrt{T}}e^{-\delta T}$，其中 δ 是股利率。

需要注意的是，我们从 gamma 的表达式可以看出，对于相同条件下的看涨期权和看跌期权，其 gamma 值是相同的，并且 gamma 值总是为正。也就是说，对于看涨期权，随着股票价格的上升（下降），其 delta 值上升（下降）；而对于看跌期权，随着股票价格的上升（下降），其 delta 值的绝对值下降（上升）。

二、期权价格风险与 theta

在前面我们已经提到过，即使认为资产的波动率和无风险利率是相对固定的，时间对资产价格的影响也是难以忽略的。

图 17－5 给出了某看涨期权（$X=50$，$r=5\%$，$\sigma=25\%$）在不同到期日的价格走势。随着期权到期日的临近，看涨期权的价格逐渐接近于到期时的期权价格。

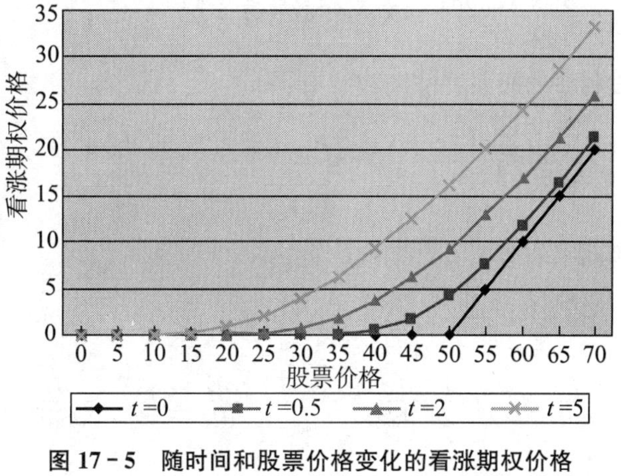

图 17－5　随时间和股票价格变化的看涨期权价格

而对于相应的看跌期权（$X=50$，$r=5\%$，$\sigma=25\%$）的价格，随着到期日的临近，在不同的股票价格区间会有不同的价格变化：在虚值区间，期权价格随到期日的临近而下降；而在深度实值区间，随着到期日的临近，期权价格逐渐上升。注意，看跌期权不同于看涨期权之处在于价格曲线并不是同向平移，而是在某一接近执行价格的点处旋转，逐渐接近期权到期时的价格（见图 17－6）。

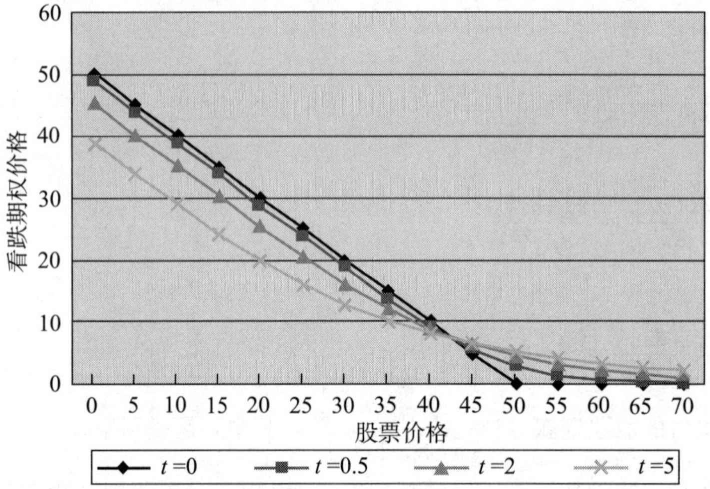

图 17－6　随时间和股票价格变化的看跌期权价格

theta(θ) 用来衡量资产的价格对于时间的变化率，出现在前面泰勒展开式中的第二项。

从布莱克-斯科尔斯公式中我们可以得出，对于无股利支付的欧式看涨期权，有：

$$\theta_c=\frac{\partial c}{\partial T}=-\frac{S_0N'(d_1)\sigma}{2\sqrt{T}}-rXe^{-rT}N(d_2)$$

式中，$N'(x)=\frac{e^{-x^2/2}}{\sqrt{2\pi}}\geqslant 0$。

对于无股利支付的欧式看跌期权，有：

$$\theta_p=\frac{\partial p}{\partial T}=-\frac{S_0N'(d_1)\sigma}{2\sqrt{T}}+rXe^{-rT}N(-d_2)$$

对于支付固定股利率的股票看涨期权，有：

$$\theta_c=\frac{\partial c}{\partial T}=-\frac{S_0N'(d_1)\sigma}{2\sqrt{T}}-rXe^{-rT}N(d_2)+\delta S_0N(d_1)e^{-\delta T}$$

式中，δ 是股利率。

对于支付固定股利率的股票看跌期权，有：

$$\theta_p=\frac{\partial p}{\partial T}=-\frac{S_0N'(d_1)\sigma}{2\sqrt{T}}+rXe^{-rT}N(-d_2)-\delta S_0N(-d_1)e^{-\delta T}$$

由 $\Delta c=\frac{\partial c}{\partial S}\Delta S+\frac{\partial c}{\partial T}\Delta T+\frac{1}{2}\frac{\partial^2 c}{\partial S^2}\Delta S^2+\frac{1}{2}\frac{\partial^2 c}{\partial T^2}\Delta T^2+\frac{\partial^2 c}{\partial S\,\partial T}\Delta S\Delta T+\cdots$ 我们可以得到：

$$\Delta c = \Delta S \times \Delta + \Delta T \times \theta + \frac{1}{2}\Delta S^2 \times \Gamma$$

从图 17－7 和图 17－8 中我们可以更加直观地看出，看涨期权的 theta 值恒为负值，而看跌期权的 theta 值既可以为正，也可以为负。

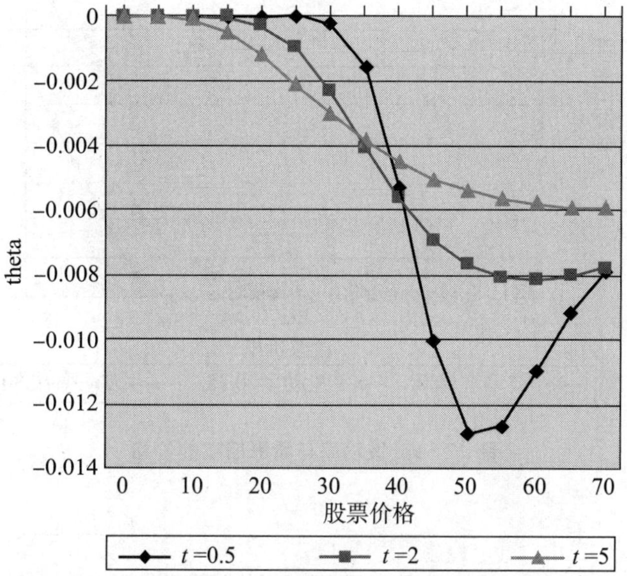

图 17－7　看涨期权的 theta

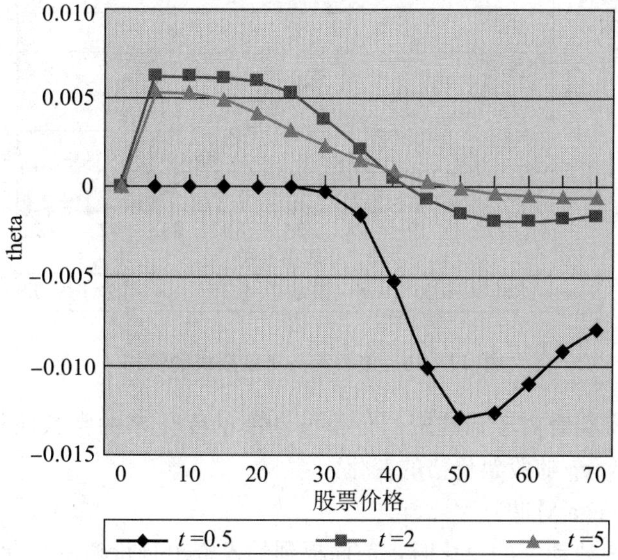

图 17－8　看跌期权的 theta

三、期权价格风险与 vega

在我们之前的分析中，总是假设资产价格的波动率是一个相对的常数。但事实上并不一定如此，随着波动率的变化，期权的价格也会发生相应的变化。图 17－9 和图 17－10 是不同波动率下的期权价格变化（具体参数：$X=40$，$r=5\%$，$T=0.5$）。

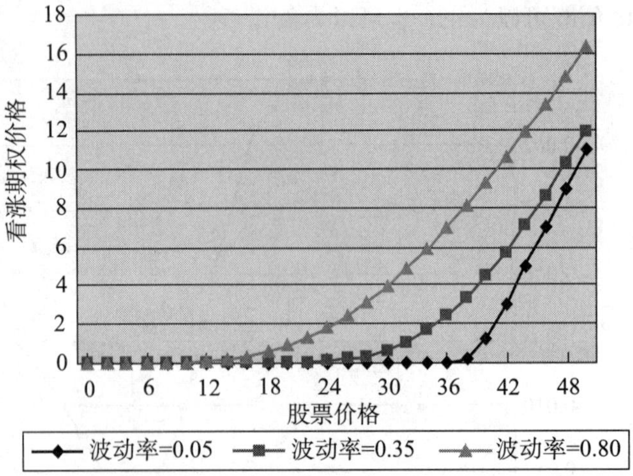

图 17－9　波动率与看涨期权的价格

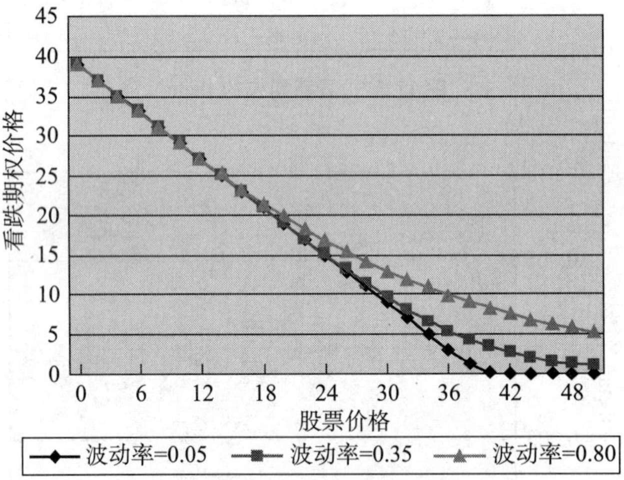

图 17－10　波动率与看跌期权的价格

我们把衡量投资组合对于标的资产价格波动率的变化率的常数叫作 vega。图 17－11 表示不同波动率下 vega 随股票价格的变化。

下面我们介绍 vega 对冲。

当考虑标的资产波动率的变化时，前面提到的投资组合价格的变化就变成了时间、标的资产价格、波动率三者的函数了，即

$$\Delta c=\frac{\partial c}{\partial S}\Delta S+\frac{\partial c}{\partial T}\Delta T+\frac{\partial c}{\partial \sigma}\Delta\sigma+\frac{1}{2}\frac{\partial^2 c}{\partial S^2}\Delta S^2+\frac{1}{2}\frac{\partial^2 c}{\partial T^2}\Delta T^2+\frac{1}{2}\frac{\partial^2 c}{\partial \sigma^2}\Delta\sigma^2$$

与 gamma 对冲类似，我们无法通过买卖标的资产来调整投资组合的 vega 值，同样我们需要通过期权的买卖操作来调整组合的 vega 值。需要注意的是，为了保证一个组合同

时是 delta、gamma 及 vega 中性的，我们一般需要用两种具有不同敏感性指标的期权进行对冲。

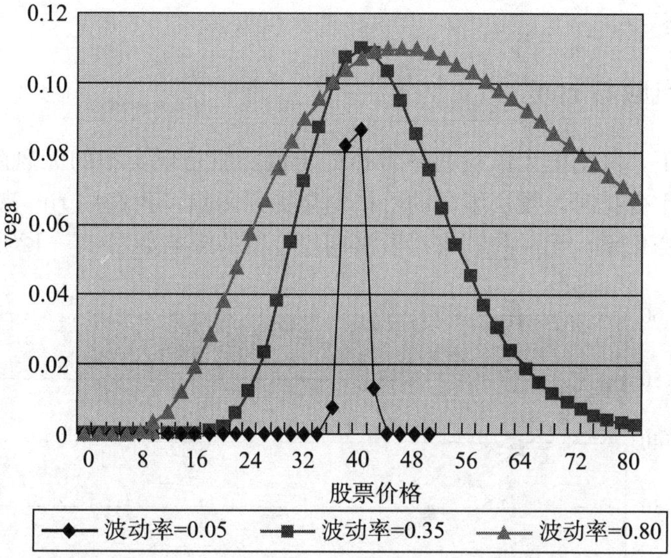

图 17-11　不同波动率下 vega 随股票价格的变化

我们现在考虑一个 delta 中性的投资组合（事实上即使它不是 delta 中性的，对我们的期权选择也没有影响），表 17-4 列出了投资组合本身的 gamma 值、vega 值及选取的两个期权的相应的敏感性指标。

调整投资组合使得 vega 和 gamma 都为 0，则：

$$-4\,000+0.4w_1+0.8w_2=0$$

$$-10\,000+2w_1+1.5w_2=0$$

解得：$w_1=2\,000$，$w_2=4\,000$。

此时投资组合的 delta 为：

$$2\,000\times 0.5+4\,000\times 0.6=3\,400$$

因此，投资者还需要进一步卖出 3 400 单位的标的资产以保证投资组合满足 delta 中性。

表 17-4　一个 delta 中性的投资组合

投资组合	gamma	vega	delta	权重
	−4 000	−10 000	0	—
期权 1	0.4	2	0.5	w_1
期权 2	0.8	1.5	0.6	w_2

对于无股利支付的欧式看涨期权（或看跌期权），有：

$$\text{vega}=\frac{\partial c}{\partial \sigma}=S_0\sqrt{T}\,N'(d_1)$$

式中，$N'(x)=\dfrac{e^{-x^2/2}}{\sqrt{2\pi}}\geqslant 0$。

对于有股利支付的看涨期权（或看跌期权），有：

$$\text{vega}=\frac{\partial c}{\partial \sigma}=S_0\sqrt{T}\,N'(d_1)e^{-\delta T}$$

式中，δ 是股利率。

四、期权价格风险与 rho

在通常情况下，我们把无风险利率看作固定值，但是现实中的无风险利率是可变的。当无风险利率发生变化时，投资组合的价格也会受到影响。我们用 rho 来衡量资产价格对于无风险利率的变化率。无风险利率对看涨期权价格的影响如图 17－12 所示。

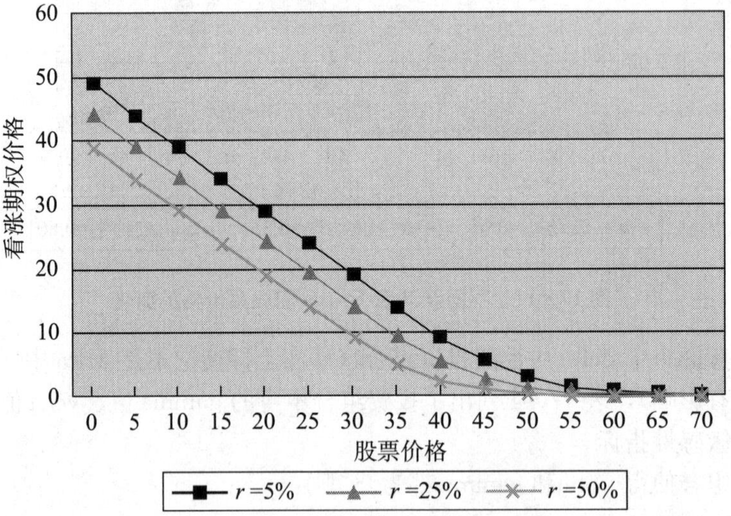

图 17－12　无风险利率对看涨期权价格的影响

对于看涨期权，

$$\text{rho}=XTe^{-rT}N(d_2)$$

对于看跌期权，

$$\text{rho}=-XTe^{-rT}N(-d_2)$$

需要说明的是，以上公式对于有股利支付的股票期权也适用。

[例 17－2]　某股票 $S=41$，$X=40$，$\sigma=0.3$，$r=8\%$，$T=0.25$（以年为单位），计算该股票看涨期权的 rho。

$$\text{rho}=XTe^{-rT}N(d_2)=5.8$$

这说明当利率变动 1%的时候，该看涨期权的价格变化为 5.8%，即 0.058。

第四节　现实世界中的风险对冲

对于同一标的资产的衍生证券组合而言，它会受各种因素的影响而导致其价值发生变化。我们可以用下面的式子表示：

$$\Delta c = \text{delta} \times \Delta S + \frac{1}{2}\text{gamma} \times \Delta S^2 + \text{theta} \times \Delta T + \text{vega} \times \Delta\sigma + \text{rho} \times \Delta r$$

从理论上讲，可以设计对冲组合，从而使这些敏感性指标部分或全部为 0，进而保持中性的状态，实现对冲。

但一般来说，对冲并不是完全的，大多数对冲合约只能抵消交易中某一方面的风险（如对标的资产价格变化的风险或对其波动率变化的风险等）。在现实中，一般的交易员会保证每日做到 delta 中性，在此基础上会进一步调整 gamma 和 vega。

因此，对冲合约的持有人实际上还会面临交易中其他方面的风险，而且由于交易成本的存在，交易者不可能连续地进行对冲交易。因此，在实际对冲中，必须根据风险的大小和交易者的风险偏好构造适当的对冲组合，而不是不加考虑地消除一切风险。

第五节 合成期权与组合保险

在前面的几节我们主要从做市商的角度考虑当标的资产（如股票）的价格发生变化从而影响期权价格的时候，如何利用套期保值方法规避风险。而本节我们将从标的资产的持有人角度考虑如何利用衍生品锁定投资组合的风险，并且保持该资产的盈利空间，我们把这种策略称为组合保险。

一、组合保险策略的选择

在通常情况下，对于组合保险的策略，我们有两种选择。第一种是简单地购入与相应的投资组合匹配的看跌期权。例如，如果机构投资者手中持有与上证 50 指数类似的股票组合，那么它就可以通过买进上证 50 指数的看跌期权进行对冲。这种方法看上去既简便又实用，然而在现实中，看跌期权保险却存在一些缺陷。

对于大的机构投资者而言，它们的风险头寸一般较大，而期权市场往往难以向这些投资者提供足够的流动性，并且清算所的头寸限制也使得投资者难以建立最优对冲头寸。

对于养老基金和开放基金这类投资者，它们需要的对冲期很长，而期权市场没有足够长的期权合约供交易，这会使它们不得不采用向前滚动的投资策略，而这种策略会大大增加交易成本。

市场上大多数股票指数期权是美式的，美式期权的价格中往往包含了提前执行的溢价，这使它们的价格高于欧式期权。而对于一些机构而言，它们的对冲期恰恰是固定的，因此这些机构不愿意负担这部分无谓损失。

基于以上种种原因，投资者往往使用第二种方法，即用其他方法来复制看跌期权，并同样达到对冲风险的目的。我们把这种人工复制出的期权称为合成期权。

二、合成期权的构造

现在我们来考虑如何构造适当的合成期权。

首先，我们可以回忆看涨期权和看跌期权之间的平价等式，即

$$S+p=Xe^{-rT}+c$$

也就是说，当我们想要构造看跌期权以规避资产价格下跌的风险时，我们可以对看涨期权和看跌期权平价等式进行调整，将等式改写为：

$$p=Xe^{-rT}+c-S$$

上式表明，看跌期权可以由购进无风险资产（如债券）和看涨期权并且卖空股票来实现。

这种方法虽然可以构造出我们想要的期权，但是这要求市场上存在对应的看涨期权供交易，这种对冲操作的结果相当于我们将风险资产全部卖掉，并且买入相应的看涨期权和一部分无风险资产。但在实际操作中，我们往往找不到相应的期权合约，所以这种构造没有太多的实际应用价值。

第二种方法是利用无风险资产和风险资产的配置比例进行构造。

我们来回忆在二叉树定价模型中通过构造无风险资产从而得出期权价格的方法。我们将一单位期权与 delta 单位标的资产进行组合，使得投资组合的最终收益不随标的资产价格的变化而变化，也就是相当于无风险资产投资的收益。下式左侧是股票与看跌期权的组合成本，右侧是无风险资产的成本，两者应当相等，即

$$\Delta S+p=(X-\Delta Sd)e^{-rT}$$

我们可以把式子改写成：

$$p=(X-\Delta Sd)e^{-rT}-\Delta S$$

也就是说，看跌期权相当于购进无风险资产，同时卖空标的资产，这样我们同样构造出了看跌期权。我们这样构造出的投资组合的 delta 值与看跌期权的 delta 值相同。而这种构造合成期权的方法的优点在于，投资者需要调整的只是无风险资产和标的资产之间的比例。

三、组合保险

组合保险的基础是投资组合理论。利用组合保险进行套期保值的过程就是根据标的资产的价格变化，动态地调整标的资产与无风险资产的配置比例的过程。

例如，以某资产为标的的看跌期权的 delta 值为−0.6，则意味着标的资产的价格上涨（下跌）1元，期权价格将下跌（上涨）0.6元。对于组合保险策略来说，投资者会按照看跌期权的 delta 值去出售 60%的标的资产，并购进相应数量的无风险资产，这样投资组合的 delta 值将为 0.4，与合成的看涨期权相同（从前面推导出的期权 delta 值公式我们知道，同一执行价格的看涨期权和看跌期权的 delta 值的绝对值之和等于 1）。

如果 delta 值发生变化，则需要不断进行买卖，定期对投资组合的头寸数量进行调整，使调整后的总体 delta 值始终与合成看涨期权的 delta 值相等，也就相当于持有股票与看跌期权的投资组合。这就是组合保险策略的原理。由于随着标的市场价格的改变，头寸的 delta 值也不断地更新，因此，该策略也被称为 delta 动态对冲。

在这种策略下，对于持有风险资产的投资者来说，当风险资产的价格上涨时，由于对应的看跌期权的 delta 绝对值下降，投资者将会持续买进，把更多的资产投资于风险资产（由投资者的构造目标决定，若要构造看跌期权多头，则需要卖出风险资产）；这样，当风险资产的价格下跌时，对应的看跌期权的 delta 绝对值上升，投资者则会卖出一部分风险资产，将更多的资产投资于无风险资产。

这种复制技术在布莱克-斯科尔斯的期权定价理论中已经得到了应用。通过股票与无风险资产之间的配置，构造出一个与买权具有同样损益结构的组合。如果两个不同投资组合的价值总是相等的，则初始成本也相等，从而建立了著名的微分方程。对于投资者来说，通过现成的期权定价软件，输入标的市场价格、执行价格、到期时间、利率及估计的波动率，即可计算出期权的理论价值及 delta 等风险参数。

由于期货在流动性、交割等方面优于现货，因此在运用组合保险策略的时候常常用期货合约的买卖代替现货。

四、组合保险策略应用举例

现在我们举例说明组合保险策略。

[例 17-3]　已知某基金经理管理着一个价值 100 万元的投资组合，该组合与沪深 300 股指的组合构成相似，现在该基金经理为了确保该组合在未来 6 个月内的价值损失不高于 5%，决定采取组合保险策略。已知沪深 300 股指的点位是 3 300，无风险利率为 6%，平均股利率为 3%，价格波动率为每年 30%。

由于基金经理把损失的上限定为 5%，在进行套期保值的时候所需要复制的看跌期权的执行价格为 3 300×(1−5%)=3 135。

根据题意可知：$X=3\ 135$，$S=3\ 300$，$r=6\%$，$T=0.5$，$\sigma=30\%$，$\delta=3\%$，代入公式得：

$$d_1=\frac{\ln\left(\dfrac{3\ 300}{3\ 135}\right)+\left(0.06-0.03+\dfrac{0.3^2}{2}\right)\times 0.5}{0.3\times\sqrt{0.5}}=0.418\ 6$$

$$N(d_1)=0.662\ 2$$

计算可得到对应的看跌期权的 delta 值为：

$$\Delta_p=[N(d_1)-1]e^{-\delta T}=-0.332\ 7$$

这说明，该基金经理需要卖出 33.27%的投资组合（价值 33.27 万元），并且把所得资金用于投资无风险资产。

为进一步说明动态组合保险，下面以某期货为例，分析在没有相应期权合约可供交易的情况下如何进行连续操作，时刻控制组合风险。

[例 17-4]　3 月 12 日，以 2 100 元/吨买入 100 张强麦期货合约，期权执行价格为 2 100 元/吨，价格波动率为 20%，到期日为 4 月 30 日，期货价格选取此间每周五收盘价，利率为 1 年期定期存款银行利率 1.98%。该组合保险的模拟操作情况见表 17-5。

表 17-5　组合保险模拟操作情况表

时间	期货价格（元/吨）	看涨期权 delta	调整	平仓损益（元）	持仓数量（张）	平均持仓价（元/吨）
3 月 12 日	2 100	—	—	0	100	2 100
3 月 12 日	2 132	0.51	卖出 49 张	15 680	51	2 100
3 月 19 日	2 178	0.73	买入 22 张	—	73	2 113

续表

时间	期货价格（元/吨）	看涨期权 delta	调整	平仓损益（元）	持仓数量（张）	平均持仓价（元/吨）
3月26日	2 153	0.68	卖出5张	2 000	68	2 113
4月2日	2 224	0.86	买入18张	—	86	2 136
4月9日	2 203	0.85	卖出1张	670	85	2 136
4月16日	2 173	0.82	卖出3张	1 110	82	2 136
4月23日	1 984	0.02	卖出80张	−121 600	2	2 136
4月30日	1 945	0	卖出2张	−3 820	0	2 136

由表17－5我们可以看到，投资者最初持有100张强麦期货合约，当天看涨期权的delta值为0.51，由于100张期货合约的delta值为1×100＝100，所以需要平仓卖出49张期货合约。在期权到期日前，如果delta值上升，就按增加部分买入，如3月19日，单位买权的delta值上涨了0.22，所以买入22张期货合约；如果delta值下降，就按减少部分卖出，如3月26日，单位买权的delta值下降了0.05，所以卖出5张期货合约。依次进行调整。

在该例中，由于在买入期货后期货价格先是上涨，而期权到期时，期货价格已跌至1 945元/吨，合成买权成为虚值期权，所以delta值趋于0。根据delta值的变化，投资者正好最终全部平仓。在计算平仓收益后，我们发现全部的平仓亏损为105 960元。如果投资者持有100张期货合约至4月30日，则投资者的亏损为155 000元。通过组合保险策略，投资者减少亏损约32％。

在该例中，期货价格由2 100元/吨跌至1 945元/吨，如果期货价格上涨，组合保险策略的结果又如何？在到期日，市场价格高于2 100元/吨，买权处于实值状态，delta值趋近1，这将引导投资者最终持有100张期货合约，充分享受期货价格上涨所带来的好处。

这就是组合保险策略的特点：在价格上涨时，它会要求你不断地买入，在价格下跌时，则会要求你卖出。这也是组合保险策略备受指责的原因：它加剧了市场价格的上涨和下跌，使市场的波动率更大。

五、关于组合保险策略的争议

从理论上讲，组合保险策略十分完美，但在现实世界中，却面临一些复杂问题。在美国1987年的股票市场暴跌中，组合保险策略受到了市场的讨伐。一方面，投资者对delta的动态追逐及对头寸的调整，在市场下跌时，引发了更多的卖出，在股市崩溃过程中起到了推波助澜的坏作用；另一方面，在投资者最需要的时候，“保险”却失效了，策略使用者遭受了严重损失，组合保险策略被《华尔街日报》称为“从背后向投资者开枪的人”。

也有一些支持者认为，delta对冲并不是导致市场下跌时的抛售潮的主要根源，导致市场崩溃的真正原因源于投机商通过贷款大量购买股票后的止损抛售行为。

实证结果表明，当市场出现暴涨或暴跌时，投资者基于历史情况而对价格波动率的估计将会出现较大的偏差，通过模型计算的期权 delta 值要么过高，要么过低。投资者进行的是不准确的对冲，所以遭受了额外损失。另外，当市场波动异常从而发生向上或向下的跳空缺口时，投资者无法即时达成买卖。这时候，复制期权就不如直接买入合适的期权有效。

另外一些研究者则把怀疑的目光投向了期权定价模型。实证结果表明，当市场的实际情况违背布莱克-斯科尔斯公式的前提假设时，如资产价格呈对数正态分布、价格波动率为常数等假设，对冲效果也会出现偏差。

在 1987 年股灾之后，多数观察家认为组合保险策略将从此一蹶不振。但事实证明，组合保险策略在华尔街富有生命力，动态对冲被机构投资者广泛地应用来规避潜在的损失。

本章小结

为了保证期权市场的流动性，做市商必须根据客户的需求建立任意仓位的期权合约，这就使它们面临很大的风险，而解决该风险的方法之一是进行 delta 对冲。

通过构造投资组合，我们能够使得在期权合约上的损失由在标的资产上的收益来抵补，或使得在期权合约上的收益能够抵补在标的资产上的损失。这样一种构造风险投资组合的方法就叫作 delta 对冲。

对于看涨期权和看跌期权的 delta 值，我们有如下公式：

$$\Delta_c=\frac{\partial c}{\partial S}=N(d_1)$$

$$\Delta_p=\frac{\partial p}{\partial S}=-N(-d_1)=N(d_1)-1$$

当标的资产存在股利率为 δ 的固定收益时，

$$\Delta_c=\frac{\partial c}{\partial S}=N(d_1)\mathrm{e}^{-\delta T}$$

$$\Delta_p=\frac{\partial p}{\partial S}=-N(-d_1)\mathrm{e}^{-\delta T}=[N(d_1)-1]\mathrm{e}^{-\delta T}$$

gamma(Γ) 是一个与 Δ 有密切联系的敏感性指标，它所衡量的是 Δ 对于资产价格的变化率。

$$\Gamma=\frac{\partial N(d_1)}{\partial S}=\frac{N'(d_1)}{S\sigma\sqrt{T}}$$

式中，$N'(x)=\frac{\mathrm{e}^{-x^2/2}}{\sqrt{2\pi}}\geqslant 0$。

theta(θ) 是用来衡量资产价格对于时间的变化率的指标。对于支付固定股利率的股票看涨期权，有：

$$\theta_c=\frac{\partial c}{\partial T}=-\frac{S_0N'(d_1)\sigma}{2\sqrt{T}}-rX\mathrm{e}^{-rT}N(d_2)+\delta S_0N(d_1)\mathrm{e}^{-\delta T}$$

式中，δ 是股利率。

对于支付固定股利率的股票看跌期权，有：

$$\theta_p=\frac{\partial p}{\partial T}=-\frac{S_0N'(d_1)\sigma}{2\sqrt{T}}+rXe^{-rT}N(-d_2)-\delta S_0N(-d_1)\,e^{-\delta T}$$

vega 是用来衡量一个投资组合对于标的资产价格波动率的变化率的指标，对于有股利支付的看涨（或看跌）期权，有：

$$\text{vega}=\frac{\partial c}{\partial \sigma}=S_0\sqrt{T}N'(d_1)\,e^{-\delta T}$$

组合保险是指利用衍生品锁定投资组合的风险，并且保持该资产的盈利空间的策略。

合成期权是利用无风险套利原理人工复制出的期权。

练习题

1. 假设有一只看涨期权，其执行价格为 100 元，当前价格为 90 元，波动率为 25%，期限为 3 个月，无风险利率为 5%，没有股利。求该期权的 delta。对于一只看涨期权空头的 delta 对冲，所需要的投资是多少？

2. 求出第 1 题中看涨期权的 gamma，并且用 gamma 为 0.05、delta 为 0.3 的期权做 delta-gamma 对冲，所需的操作是什么？

3. 假设现有某种标的股票相同的期权合约组合：200 个多头，delta 为 0.36；100 个多头，delta 为 0.32；150 个空头，delta 为−0.55。求该组合的加权平均 delta，并指出进行 delta 对冲所需的操作。

4. 对于第 1 题中的看涨期权，求出该期权的 theta。假设现在卖出 100 张该期权合约，1 周之后，相应的股票价格没有发生变化，求这期间的收益。

5. 对于第 1 题中的看涨期权，求出该期权的 vega。假设买入 150 张该合约，股票的波动率由 25%提高到 30%，求期权价值的变化。

6. 我们现在考虑一个 delta 中性的投资组合，下表列出了投资组合本身的 gamma 值、vega 值及选取的两张期权的相应的敏感性指标。

	gamma	vega	delta
投资组合	−500	−850	0
期权 1	0.3	0.15	0.64
期权 2	0.1	0.25	0.5

求出进行对冲所需的两种期权及相应股票的头寸。

7. 对于一个价值 1 000 万元的投资组合，该组合与上证指数组合的构成相似。现在为了确保该组合在未来 3 个月内的价值损失不高于 2%，采取组合保险策略。已知上证指数的现值为 3 000 点，无风险利率为 5%，平均股利率为 2%，价格波动率为每年 25%，需要如何操作？

8. 指出组合保险策略的特点。为什么说该策略增大了市场的波动率？

9. 某金融机构持有如下场外交易的英镑期权组合：

种类	头寸	delta	gamma	vega
看涨期权	−1 000	0.50	2.2	1.8
看涨期权	−500	0.80	0.6	0.2
看跌期权	−2 000	−0.40	1.3	0.7
看跌期权	−500	0.70	1.8	1.4

市场上有一只可交易的期权，其 delta 为 0.6，gamma 为 1.5，vega 为 0.8。回答以下问题：

a. 要使该组合的 gamma 和 delta 同时变成中性的，需要多少该可交易的期权及标的资产头寸？

b. 要使该组合的 vega 和 delta 同时变成中性的，需要多少该可交易的期权及标的资产头寸？

10. 运用期权平价关系推导以下关系：

a. 欧式看涨期权的 delta 和欧式看跌期权的 delta；

b. 欧式看涨期权的 gamma 和欧式看跌期权的 gamma；

c. 欧式看涨期权的 vega 和欧式看跌期权的 vega；

d. 欧式看涨期权的 theta 和欧式看跌期权的 theta。

11. 举例说明如何估计美式期权的 delta、gamma、vega 以及 theta。

12. 参阅相关材料，说明在现实金融市场上金融机构应如何估计、监测期权的 delta、gamma、vega 以及 theta。它们应如何利用这些参数进行期权组合风险管理？

参考文献

[1] Asay, M. and C. Edelsburg, "Can a Dynamic Strategy Replicate the Returns of an Option?" *Journal of Futures Markets*, 1986 (6): 63 - 70.

[2] Bookstaber, R. and J. A. Langsam, "Portfolio Insurance Trading Rules," *Journal of Futures Markets*, 1988 (8): 15 - 31.

[3] Boyle, P. P. and D. Emanuel, "Discretely Adjusted Option Hedges," *Journal of Financial Economics*, 1980 (8): 259 - 282.

[4] Etzioni, E. S., "Rebalance Disciplines for Portfolio Insurance," *Journal of Portfolio Management*, 1986 (13): 59 - 62.

[5] Figlewski, S., "Options Arbitrage in Imperfect Markets," *Journal of Finance*, 1989 (44): 1289 - 1311.

[6] Galai, D., "The Components of the Return from Hedging Options Against Stocks," *Journal of Business*, 1983 (56): 45 - 54.

[7] Rubinstein, M., "Alternative Paths to Portfolio Insurance," *Financial Analysts Journal*, 1985 (41): 42 - 52.

第十八章
美式期权定价

本章导读

美式期权不仅是市场中交易最为广泛的期权产品，而且被用于设计各种复杂的金融工具（如结构性金融产品）。因此，研究美式期权的定价具有很强的现实意义。在本章中，我们将重点讨论美式股票期权的定价。然而，迄今为止，还没有一个模型能够给出广泛适用的精确解。标的股票是否支付股利、股利的支付方式，以及看涨期权和看跌期权的差异等，都决定了不同的适用模型（方法）。本章将介绍美式期权定价的三类主要方法：分析类模型、分析近似类模型、数值方法。

对于无股利支付或只有一次股利支付的美式看涨期权，可以利用分析类模型得到期权价值的精确解；但对于其他形式的美式期权，则只能通过分析近似类模型或数值方法进行估计。其中，最为常见的数值方法包括：二叉树模型、三叉树模型、有限差分法。虽然蒙特卡洛模拟被广泛应用于欧式或者路径依赖期权的定价，但并不能被直接应用于具有提前执行判断的美式期权定价中。本章最后将简要介绍改进后的蒙特卡洛法如何被应用于美式期权的定价。

第一节　美式期权的精确定价

美式期权的精确定价公式仅适用于无股利支付的美式看涨期权和仅有一次股利支付的美式看涨期权。对于前者，根据第十二章，无股利支付的美式看涨期权不会提前执行，因此，无股利支付的美式看涨期权等同于一个欧式看涨期权，可以直接用布莱克-斯科尔斯公式计算。对于后者，美式看涨期权可能在除息日或者期权到期日被执行；若除息日未被执行，则该美式期权将演变为一个欧式期权（在到期日执行期权最优）。对于这种复合期权结构，布莱克提供了美式期权定价的近似方法；Roll、Geske 和 Whaley 则进一步给出了精确的 RGW 模型。

一、无股利支付的美式股票看涨期权

若标的股票在期权的存续期内不支付任何股利，则美式股票看涨期权绝不会被提前执行。货币的时间价值以及期权提供的保险使持有期权成为更具吸引力的投资方式。一方

面，提前执行看涨期权所支付的现金将不再产生利息收入；同时，持有股票的价值还可能跌到执行价格以下。因此，对于无股利支付的美式股票看涨期权而言，提前执行不是最优的决策，美式股票看涨期权等价于一个欧式看涨期权，可以直接用布莱克-斯科尔斯公式计算。

二、有股利支付的美式股票看涨期权

有股利支付的美式股票看涨期权可以被视为一系列欧式看涨期权的复合。在任意两个除息日之间，美式股票看涨期权都不会被提前执行（理由同上）。在除息日前的瞬间，投资者将判断是否执行该期权。若执行美式股票看涨期权，则该期权的存续期中止；若不执行，则可能的执行时点将是下一个除息日前的瞬间；这样不断推延，直到期权在最后到期日被执行（等同于欧式期权）。

当我们已知标的股票的股利支付情况时，便可以根据上面的思路逐一判断美式期权在哪个除息时点将被提前执行。我们的结论是：通常而言，有股利支付的美式股票看涨期权若被提前执行，一定是在最后一个除息时点前的瞬间。

我们假设预计有 n 个除息日，t_1，t_2，t_3，…，t_n 为股票支付股利前的瞬时时刻，$t_1 < t_2 < t_3 < \cdots < t_n$。在这些时刻的股利分别为 D_1，D_2，D_3，…，D_n。

先来考虑在最后一个除息日（即在 t_n 时刻）前提前执行的可能性分析。若美式股票看涨期权在 t_n 时刻执行，则期权的价值为：

$$S(t_n) - X$$

若不提前执行，则由于除息，股票的价值会立即变为 $S(t_n) - D_n$。根据第十二章的结论，美式股票看涨期权价值的下限将为：

$$S(t_n) - D_n - Xe^{-r(T-t_n)}$$

比较提前执行与否的价值，如果

$$S(t_n) - D_n - Xe^{-r(T-t_n)} \geqslant S(t_n) - X$$

即

$$D_n \leqslant X[1 - e^{-r(T-t_n)}] \tag{18.1}$$

则在 t_n 时刻提前执行期权不是最优选择。反之，如果

$$D_n \geqslant X[1 - e^{-r(T-t_n)}] \tag{18.2}$$

则在 t_n 时刻美式股票看涨期权有可能被提前执行。具体而言，当 T 与 t_n 非常接近时，不等式右边趋近于 0，式（18.2）就会得到满足。

考虑在倒数第二个除息日即 t_{n-1} 时刻是否提前执行美式股票看涨期权。如果在 t_{n-1} 时刻提前执行美式股票看涨期权，则期权的价值为：

$$S(t_{n-1}) - X$$

若在 t_{n-1} 时刻未提前执行，股票价格将在除息后下降到 $S(t_{n-1}) - D_{n-1}$。最接近 t_{n-1} 的下一次能够执行的时间为 t_n。因此，若不执行期权，期权价值的下限为：

$$S(t_{n-1}) - D_{n-1} - Xe^{-r(t_n - t_{n-1})}$$

因此，如果

$$S(t_{n-1}) - D_{n-1} - Xe^{-r(t_n - t_{n-1})} \geqslant S(t_{n-1}) - X$$

即

$$D_{n-1}\leqslant X[1-e^{-r(t_n-t_{n-1})}]$$

则在 t_{n-1}时刻提前执行期权不是最优选择。类似地，对于任意 $i<n$，如果

$$D_i\leqslant X[1-e^{-r(t_{i+1}-t_i)}] \tag{18.3}$$

则在 t_i时刻提前执行期权不是最优选择。

式（18.3）中的不等式近似等价于：

$$D_i\leqslant Xr(t_{i+1}-t_i)$$

即

$$\frac{D_i}{X}\leqslant r(t_{i+1}-t_i)$$

要使提前执行的条件得到满足（即上述不等式不成立），则要求股票的股利收益率必须近似于或大于无风险利率，但事实并非如此；或者要求距离下一次能够执行的时间间距很短。在大多数情况下，对于多次支付股利的美式股票看涨期权而言，提前执行需要考虑的唯一时间是最终的除息日 t_n。因此，我们通常将支付已知股利的美式股票看涨期权简化为仅支付一次股利的美式股票看涨期权。下面的布莱克近似方法和 RGW 模型分别提供了这种美式股票看涨期权近似的和精确的价值计算方法。

三、布莱克近似方法

在考虑提前执行期权的情况时，1975 年布莱克提出了一种近似处理方法。正如之前提到的那样，有股利支付的美式看涨期权等价于一系列欧式看涨期权的复合。布莱克指出，可以分别计算美式期权提前执行和不提前执行条件下对应的欧式期权价值，然后取两者中较大的一个为美式期权的近似价值。用数学符号表示为：

$$C_{\text{Black}}(t,T)=\max[C_{BS}(t,t_1),C_{BS}(t,T)]$$

式中，C_{BS}代表布莱克-斯科尔斯公式计算的价值；t_1代表除息日前的瞬时时刻；T 为美式看涨期权的到期日。在大多数情况下，布莱克近似方法的近似效果似乎都不错。但 Roll、Geske 和 Whaley 仍然提出了更为精确的美式看涨期权价值公式。

［例 18-1］ 考虑一只美式股票看涨期权，其标的股票在 2 个月和 5 个月后各有 1 个除息日。每个除息日的股利期望值都是 0.2 元。当前的股票价格为 30 元，美式股票看涨期权的执行价格为 30 元。假设股票价格的年化波动率为 40%，无风险利率为每年 4%，期权的到期时间为 6 个月。

应用关于美式期权提前执行的判断条件。在第一个除息日：

$$X[1-e^{-r(t_2-t_1)}]=30\times(1-e^{-0.04\times0.25})=0.30$$

这个值大于 $D_1(D_1=0.2)$，因此在第一个除息日提前执行期权不是最优选择。

在第二个除息日：

$$X[1-e^{-r(T-t_2)}]=30\times(1-e^{-0.04\times0.0833})=0.10$$

这个值小于 $D_2(D_2=0.2)$，因此在第二个除息日前的瞬间，如果看涨期权处于深度实值状态，提前执行期权是最优选择。

如何使用布莱克近似方法进行期权定价？相关原理可用图 18-1 表示。

根据上面的分析，在第一个除息日，美式股票看涨期权不会被提前执行。期权可能的

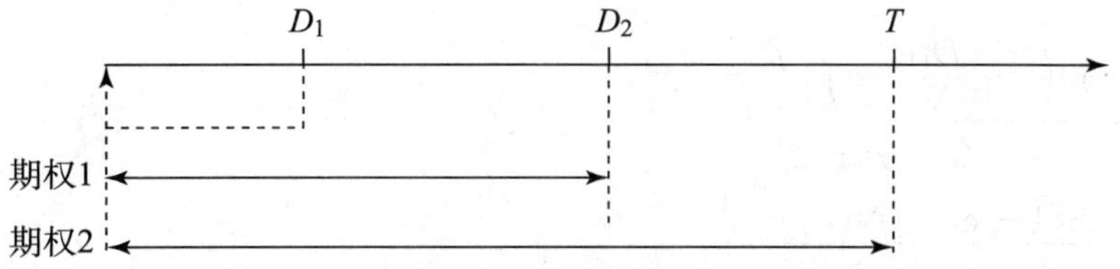

图 18－1　美式看涨期权的布莱克近似方法

执行时间点为第二个除息日前的瞬间 t_2 或者期权到期日 T。根据布莱克的方法，美式股票看涨期权的价值可用两只欧式期权的价值进行估计。一只欧式期权的到期日为 t_2，另一只的到期日为 T。最终的美式期权价值为两只欧式期权价值的较大者，即

$$C_{\text{Black}}(t, T)=\max[C_{BS}(t, t_2), C_{BS}(t, T)]$$

式中，$C_{BS}(t, t_2)$ 和 $C_{BS}(t, T)$ 分别利用布莱克-斯科尔斯公式计算。需要注意的是，期权 1 和期权 2 的标的资产与原美式股票看涨期权的标的股票不同：期权 1 应该扣除股利 D_1 的影响（因为影响美式股票看涨期权是否在时刻 t_2 被提前执行的股价不包括 D_1 部分）。第一笔股利 D_1 的现值为：

$$0.2e^{-0.1667\times 0.04}=0.1987$$

期权 2 应该扣除股利 D_1 和 D_2 的影响。第二笔股利 D_2 的现值为：

$$0.2e^{-0.4167\times 0.04}=0.1967$$

经 D_1 调整后的 $S'=29.8013$，$X=30$，$\sigma=0.40$，$r_f=0.04$，$t_2=0.4167$。根据布莱克-斯科尔斯公式计算的期权 1 的价值为 3.20 元；同理可得期权 2 的价值为 3.42 元。按照布莱克近似方法，应当选取较大者，即 6 个月后执行的欧式看涨期权价值。因此，美式看涨期权的布莱克近似值为 3.42 元。为精确起见，在计算经 D_i 调整后的期权价值时，应该使用调整后的股价波动率 σ'，在例 18－1 中我们简化为 $\sigma'=\sigma$。但通常而言，两者并不相等，我们将在 RGW 模型中再谈到这一点。

四、RGW 模型

由 Roll、Geske 和 Whaley 提出的 RGW 模型是除布莱克-斯科尔斯公式外唯一可为美式期权给出精确定价的方法。但它仅适用于期权存续期内只支付一次现金股利的美式股票看涨期权。RGW 模型相比于前面的布莱克近似方法，提高了期权估价的精确度，这主要源于两方面的原因：第一，涉及提前执行决策的时点；第二，涉及波动率的使用方式。具体内容我们将在下面逐步展开。

对于在 t_1 时刻支付股利 D_1 的美式股票看涨期权，Roll、Geske 和 Whaley 的定价公式为：

$$C=(S-D_1e^{-r\tau_1})N(b_1)+(S-D_1e^{-r\tau_1})M\left(a_1, -b_1; -\sqrt{\frac{\tau_1}{\tau}}\right)$$

$$-Xe^{-r\tau}M\left(a_2, -b_2; -\sqrt{\frac{\tau_1}{\tau}}\right)-(X-D_1)e^{-r\tau_1}N(b_2) \qquad (18.4)$$

式中，

$$a_1=\frac{\ln\left(\frac{S-D_1\mathrm{e}^{-r\tau_1}}{X}\right)+\left(r+\frac{\sigma^2}{2}\right)\tau}{\sigma\sqrt{\tau}}$$

$$a_2=\frac{S[1-\mathrm{e}^{\delta(T-t)}N(d_1)]}{q_2}$$

$$b_1=\frac{\ln\left(\frac{S-D_1\mathrm{e}^{-r\tau_1}}{\overline{S}}\right)+\left(r+\frac{\sigma^2}{2}\right)\tau_1}{\sigma\sqrt{\tau_1}} \tag{18.5}$$

$$b_2=b_1-\sigma\sqrt{\tau}$$

$$\tau_1=t_1-t$$

$$\tau=T-t$$

而且

$$q_2=\frac{1-n+\sqrt{(n-1)^2+4k}}{2}$$

$$n=\frac{2(r-\delta)}{\sigma^2}$$

$$k=\frac{2r}{\sigma^2[1-\mathrm{e}^{-r(T-t)}]}$$

上述式子中的 σ 是扣除股利现值的股票价格的波动率；函数 $M(a, b; \rho)$ 是二元标准正态分布的累积概率函数，两个正态随机变量的相关系数为 ρ，$M(a, b; \rho)=P\{X_1\leqslant a, X_2\leqslant b\}$。式（18.5）中的 $\overline{S}$ 是一个临界值。在 t_1 时刻，投资者是否提前执行美式股票看涨期权主要基于当时的股价。如果股价达到某一临界水平，持有人应该执行期权；反之，则继续持有期权更好。临界股价 $\overline{S}$ 应该是期权持有人对执行决策无差异的股票价格，即是否执行期权并不改变持有人的财富状态：

$$C(\overline{S}, t_1)=\overline{S}+D_1-X \tag{18.6}$$

式中，$C(\overline{S}, t_1)$ 代表当 $S=\overline{S}$ 且 $t=t_1$ 时由布莱克-斯科尔斯公式计算的期权价值；式（18.6）的右边为在 t_1 时刻执行美式股票看涨期权时的价值。式（18.6）的含义为：当股价 $S=\overline{S}$ 时，在 t_1 时刻提前执行美式股票看涨期权与不提前执行无差异（若不提前执行，则下一个执行时点一定是期权到期日，故按照欧式期权的布莱克-斯科尔斯公式计算价值）。

当 $\overline{S}=\infty$ 时，对任意 $S(t_1)<\infty$，都有 $C[S(t_1)]>S(t_1)+D_1-X$，即该美式期权永远不会被提前执行。在这种情况下，可以得到 $b_1=b_2=-\infty$，以 $S-D_1\mathrm{e}^{-r\tau_1}$ 代替 S，则式（18.4）将被化简为布莱克-斯科尔斯公式。在其他情况下，当 $\overline{S}<\infty$ 时，如果 $S(t_1)>\overline{S}+D_1$，则美式股票看涨期权应该在 t_1 时刻提前执行。

［例 18－2］ 以例 18－1 中的美式期权为例，按照 RGW 模型给出的价格计算公式得出美式股票看涨期权的价格为 3.42 元。我们编写的 Excel VBA 代码计算结果如表 18－1 所示。

表 18-1　RGW 模型的 Excel 计算结果输出

输入变量		输出结果	
起始日	1-Jan-01	期权	价格
到期日	1-Jul-01	美式看涨期权	3.419 6
除息日	1-Jun-01	—	—
股票价格	29.801	—	—
执行价格	30.000	—	—
无风险利率	4.00%	—	—
年化波动率	40.00%	—	—
股利	0.200	—	—

这个结果与之前按照布莱克-斯科尔斯公式计算的结果相似。但我们仍然需要强调布莱克近似方法与 RGW 模型在使用上的两点差异：第一，布莱克近似方法是在当前就决定期权的执行日期（期权 1 是在除息日前瞬间执行，期权 2 持有至到期）；而 RGW 模型则允许在 5 个月后依据当时的股价确定提前执行决策。第二，在布莱克近似方法中，在计算期权 1 的价值时，我们假设使用扣除第一次股利后的股价波动率，而在计算期权 2 的价值时，假设使用扣除两次股利后的股价波动率；而在 RGW 模型中，我们始终使用扣除两次股利现值后的股价波动率。

拓展阅读

RGW 模型的 Matlab 代码

第二节　美式期权定价的分析近似类模型

大部分美式期权定价公式都是分析近似类模型，本节主要介绍 Barone-Adesi 和 Whaley（1987）提出的分析近似类模型（简称“BAW 模型”），并且简要概括其他人提出的分析近似类定价方法。

一、Barone-Adesi 和 Whaley（1987）的近似方法

Barone-Adesi 和 Whaley（1987）基于由 1986 年 MacMilan 提出的二次估计方法给出了美式期权定价的二次估计式。该分析近似类模型适用于标的股票支付连续股利的美式期权，期权的价值被分解为两部分：欧式期权的价值和提前执行期权所要求的溢价。

对于美式看涨期权，有：

$$C_t=\begin{cases} c_t+A_2\left(\dfrac{S_t}{S^*}\right)^{q_2} & \text{若} S_t < S^* \\ S_t - X & \text{若} S_t \geqslant S^* \end{cases} \tag{18.7}$$

式中，c_t代表由布莱克-斯科尔斯公式计算的欧式期权价值。其他参数情况如下：

$$A_2=\frac{S^*[1-e^{\delta(T-t)}N(d_1)]}{q_2}$$

$$q_2=\frac{1-n+\sqrt{(n-1)^2+4k}}{2}$$

$$n=\frac{2(r-\delta)}{\sigma^2}$$

$$k=\frac{2r}{\sigma^2[1-e^{-r(T-t)}]}$$

临界值 S^* 可以通过下式利用 Newton-Raphson 方法求得：

$$S^*-X=c_t(S^*,\ X,\ T-t)+[1-e^{-\sigma(T-t)}N(d_1)]\ (S^*/q_2) \tag{18.8}$$

对于美式看跌期权，有：

$$P_t=\begin{cases}p_t+A_1\left(\frac{S_t}{S^{**}}\right)^q & \text{若}S_t>S^{**}\\ X-S_t & \text{若}S_t\leqslant S^{**}\end{cases} \tag{18.9}$$

式中，p_t 代表由布莱克-斯科尔斯公式计算的欧式看跌期权价值。其他参数情况如下：

$$A_1=\frac{S^{**}|1-e^{\sigma(T-t)}N(-d_1)|}{q_1}$$

$$q_1=\frac{1-n-\sqrt{(n-1)^2+4k}}{2}$$

n 与 k 的计算公式如本章第一节中所述。

读者可以根据上面的公式自行编写 Excel VBA 代码或者 Matlab 程序实现 Barone-Adesi 和 Whaley（1987）提出的美式期权定价。其中，需要用到一些数值分析的知识，如 Newton-Raphson 方法，读者可以参阅相关的数值分析教程。

［例 18－3］ 仍然以例 18－1 的美式期权为基础，不同的是假设标的股票支付连续股利，股利率为 5.00%。该美式期权 6 个月后将到期，当前的股票价格为 30 元，期权的执行价格为 30 元，年化波动率为 40%，无风险利率为 4%。根据 BAW 模型，以该股票为标的资产的美式看涨期权和看跌期权的价值分别为 3.24 元和 3.37 元（如表 18－2 所示）。

表 18－2　BAW 模型的 Excel 计算结果输出

输入变量		输出结果	
当前时间	1-Jan-01	期权	价格
到期日	1-Jul-01	美式看涨期权	3.240 8
剩余天数	181	美式看跌期权	3.369 3
无风险利率	4.00%	—	—
年化波动率	40.00%	—	—
当前股票价格	30.00	—	—
执行价格	30.00	—	—
股利收益率	5.00%	—	—

二、其他分析近似类模型

Bjerksund-Stensland 的分析近似类模型使用触发价格作为美式期权被提前执行的条件。这种方法不仅提高了期权价值计算的速度，同时相对于 BAW 模型而言，计算的精度也有所提高。有兴趣的读者可以参阅文献：Bjerksund，P. and G. Stensland，“Closed-Form Approximation of American Options,” *Scandinavian Journal of Management*，1993 (9)：587 - 599。

1984 年，Geske 和 Johnson 提供了一种美式看跌期权的估值方法。Geske 和 Johnson 将一张美式看跌期权视作一系列百慕大期权，同时，他们还使用了 Richardson 关于有限差分算术平均值的估计技术来提高收敛的速度。有兴趣的读者可以参阅相关文献。

1999 年，Ju 和 Zhong 综合了 MacMilan 的 1986 年的研究成果以及 Barone-Adesi 和 Whaley（1987）的研究成果，对美式期权的定价进行了改进，尤其是提高了期权存续期较短或者较长的美式期权的定价精度。关于定价公式的具体细节，有兴趣的读者可以参阅相关文献。

第三节　美式期权定价的数值方法——二叉树模型

美式期权定价最常用的方法是数值方法。二叉树模型是美式期权定价强有力的工具。一方面，二叉树模型结构简单，可以运用风险中性定价原则进行计算；另一方面，二叉树模型还可解决美式期权提前执行的问题。本节将介绍如何构造二叉树模型来为美式股票期权定价，在此基础上，我们还将扩展传统的二叉树模型（如考虑时间依赖的利率），以使其适用于处理有两个标的变量的期权定价或某些路径依赖的衍生证券定价。

一、二叉树模型与美式期权定价

在第十四章中，我们已经使用二叉树模型为无股利支付的美式看跌期权进行定价。下面的例子将考虑在股票支付股利的情况下，如何构造二叉树来为美式看涨期权和看跌期权定价。

［例 18 - 4］　已知股利支付率。假设标的股票的现价 $S=30$ 元，年波动率 $\sigma=40\%$，该股票 2 个月后将支付股利，预计股利率 δ(即股利与股票价格之比）为 5%。以该股票为标的资产的美式看涨期权的期限为 4 个月，执行价格 $X=30$ 元，无风险利率为 6%。我们以 1 个月为区间，构造该股票价格的 4 期二叉树模型。构造股票价格二叉树所需参数为：

$$u=e^{\sigma\sqrt{\Delta t}}=1.122\,4,\ d=e^{-\sigma\sqrt{\Delta t}}=0.890\,9$$

$$p=\frac{e^{r\Delta t}-d}{u-d}=0.492\,9,\ 1-p=0.507\,1$$

考虑股利支付后的标的股票价格的二叉树图如图 18 - 2 所示。

在二叉树的末端，美式期权的价值为 $C=\max[Su^jd^{4-j}(1-\delta)-X,\ 0]$，如图 18 - 2 所示。根据风险中性定价原则，从二叉树的末端逆向推导出在第三阶段末各节点所对应的期权价值。以点 A 为例，根据风险中性定价原则，期权价值为 $e^{-r\Delta t}[pc_u+(1-p)c_d]=$

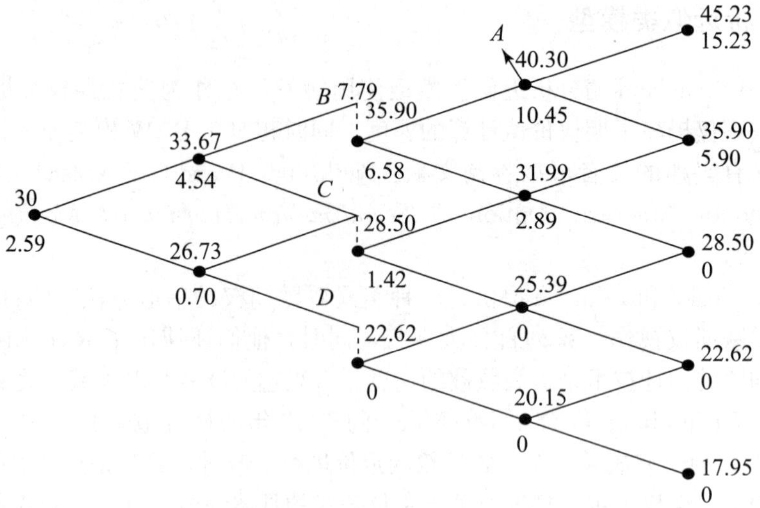

图 18-2 已知股利支付率的美式看涨期权的二叉树图（元）

注：图中每个节点处上面的数字表示股票价格，下面的数字表示期权价值。后同。

10.45(元)，其余节点可同理推知。在第三阶段末各节点处，根据风险中性定价原则得到的价值都大于提前执行的价值，即美式期权不会被提前执行。由于到期前最后一次股利支付发生在第二阶段末，这正好验证了我们之前提到的性质：有股利支付的美式看涨期权若被提前执行，一定是在最后一个除息时点前的瞬间。

唯一可能提前执行的时点在第二阶段末除息时点前的瞬间，我们接下来就分析第二阶段末除息时点前的瞬间各点的提前执行决策，即二叉树图中的 B、C、D 各点。以 B 点为例，若不提前执行美式期权，则期权的价值为 $e^{-r\Delta t}[pc_u+(1-p)c_d]=6.58$(元)，若在 B 点提前执行美式看涨期权，则期权的价值为 35.90/0.95－30＝7.79(元)，大于 6.58 元，故在 B 点，投资者应该选择提前执行美式看涨期权。同理，对于 C 点和 D 点，我们可以运用相同的分析方法。在 C 点，若提前执行，则期权的价值为 0 元；若不提前执行，则期权的价值为 1.42 元。故投资者不会选择提前执行美式看涨期权。在 D 点，期权处于虚值状态，投资者不会提前执行，期权的价值为 0 元。

已知在第二阶段末各节点的期权价值及是否提前行权决策后，再利用风险中性定价原则，可以继续推出在第一阶段末各节点对应的期权价值，分别为 4.54 元和 0.70 元，投资者不会提前执行。最终，可以得到该美式期权的价值为 2.59 元。

对于支付股利的美式看跌期权，利用二叉树模型定价的原理与美式看涨期权相同。区别在于，美式看跌期权在到期前各节点处都有可能被提前执行，所以需要对每个节点进行是否提前执行的检验。下面的例子将说明这一点。

[例 18-5] 已知股利率。有关标的股票的情况与例 18-4 相同。以该股票为标的的美式看跌期权 4 个月后到期，执行价格 $X=30$ 元，无风险利率为 6%。我们以 1 个月为区间，构造该股票价格的 4 期二叉树模型。构造股票价格二叉树所需参数为：

$$u=e^{\sigma\sqrt{\Delta t}}=1.1224,\quad d=e^{-\sigma\sqrt{\Delta t}}=0.8909$$

$$p=\frac{e^{r\Delta t}-d}{u-d}=0.4929,\quad 1-p=0.5071$$

考虑股利支付后的标的股票价格二叉树图如图 18-3 所示。

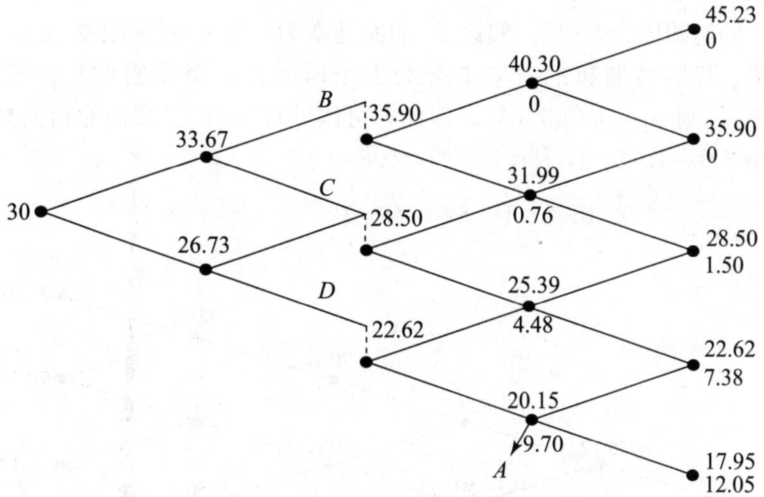

图 18-3 已知股利支付率的美式看跌期权的二叉树图（元）

在二叉树的末端，美式期权的价值为 $P=\max[X-Su^jd^{4-j}(1-\delta),\ 0]$，如图 18-3 所示。根据风险中性定价原则，从二叉树的末端逆向推导出在第三阶段末各节点所对应的期权价值。以节点 A 为例，根据风险中性定价原则，期权价值为 $e^{-r\Delta t}[p\times p_u+(1-p)\times p_d]=9.70$(元)，其余节点可同理推知。

在第三阶段末各节点处需要检验美式看跌期权应否被提前执行。以 A 点为例，若提前执行，则期权的价值为 $30-20.15=9.85>9.70$，所以应该提前执行。对于 A 点上面的最靠近的节点，如果提前执行看跌期权，则期权价值为 $30-25.39=4.61>4.48$，所以也应该提前执行。通过此方法可以检验在第三阶段末各节点处，美式看跌期权是否应被提前执行，并得到相应的期权价值。

得到期权在第三阶段末各节点的价值后，再逆向推导出在第二阶段末各节点处的期权价值，直至得到美式看跌期权的当前价值。值得注意的是，在第二阶段末，投资者不会在除息前的瞬间执行美式看跌期权，因为一方面，持有股票可以获得股利收入；另一方面，除息后股价的下跌将增加美式看跌期权的价值。因此，可能的提前执行时点在除息后的瞬间，这是美式看跌期权与美式看涨期权的最大差异。

在第十四章中，我们已经介绍了不同的股利支付形式会构成不同的股价二叉树模型。对于支付已知股利数额的情况（只考虑一次股利支付），在除息日之后，二叉树的节点将不再重合，节点数目迅速增加，这为应用二叉树模型进行期权定价增加了困难。因此，我们通常构造剔除股利影响的股价的二叉树模型，从而恢复树枝重合的状态。下面的例子涉及模拟剔除股利后的股价的二叉树运动，并为一张美式看跌期权进行定价。

［例 18-6］ 已知支付股利数额。考虑一张有效期为 5 个月的股票看跌期权，预计在期权有效期内该股票支付一次 2.06 元的股利。初始的股票价格是 52 元，执行价格是 50 元，无风险利率是每年 10%，波动率为每年 40%，除息日为 3 个半月后的对应日期。

我们先构造一个叉树图（简称树图）来模拟 S^*，S^* 为股票价格减去期权有效期内未来股利的现值。股利的现值为：

$$2.06e^{-0.2917\times 0.1}=2.00(\text{元})$$

因此，S^* 的初始值为 50 元。假设 S^* 的波动率为每年 40%，则图 18 - 4 给出了一个 S^* 的二叉树图。我们将期权的有效期分为 5 个时间段，每个时间段的长度为 1 个月（=0.083 3 年），则 $\Delta t=0.0833$ 年。因此，可以计算出 S^* 二叉树的相关参数：

$$u=e^{\sigma\sqrt{\Delta t}}=1.1224,\ d=e^{-\sigma\sqrt{\Delta t}}=0.8909$$

$$p=\frac{e^{r\Delta t}-d}{u-d}=0.5073,\ 1-p=0.4927$$

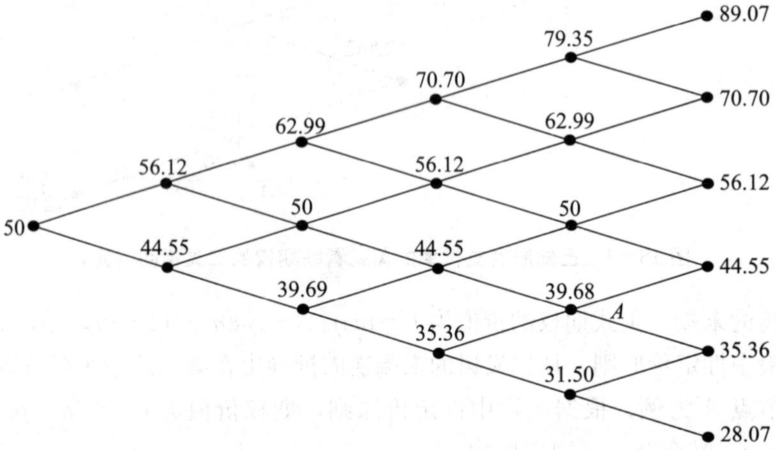

图 18 - 4　S^* 的二叉树图（元）

在 $i\Delta t$ 时刻计算出第 j（$j=0$，1，…，i）个节点的股票价格为 Su^jd^{i-j}。例如在 A 点（$i=4$，$j=1$）的股票价格是 $50\times 1.1224\times 0.8909^3=39.68$(元)。

然后，给每个节点加上股利的现值，就得到一个如图 18 - 5 所示的股价 S 的二叉树图。

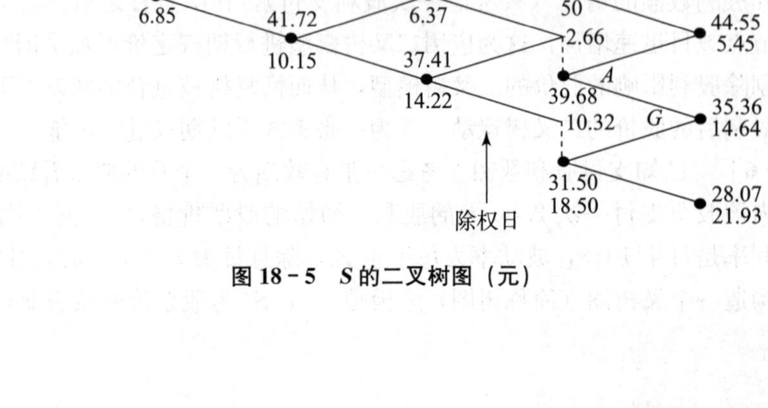

图 18 - 5　S 的二叉树图（元）

按照通常的方法，通过二叉树逆向推导来求美式看跌期权的价格。注意：在每个节点都要进行是否提前执行看跌期权的检验。以 A 点为例，按照风险中性定价原则，美式看跌期权的价值为 9.89 元。如果在 A 点选择提前执行看跌期权，则看跌期权的价值为 $50-39.68=10.32>9.89$。因此，投资者应该提前执行美式看跌期权。同理，在 B 点，提前执行带来的价值为 0 元，然而持有看跌期权的价值为 2.66 元，故投资者不会提前执行看跌期权。依此类推，最终可以得到该美式看跌期权的价值为 4.43 元。

二、基本二叉树方法的扩展

(一) 时间依赖的利率

当为美式期权定价时，通常我们假设利率为常数。但是如果利率的期限结构呈现陡峭的上升或下降的趋势，这一假设显然不合理。较为合理的方法是假设未来某一时间段 Δt 内的利率等于当前这一时间段的远期利率。这时，无股利支付的股票价格的运动过程满足：

$$\frac{\mathrm{d}S}{S}=r(t)\mathrm{d}t+\sigma\mathrm{d}z$$

在这种情况下，构造二叉树模型时，只需要调整每个节点上升和下降的概率。由于 u 和 d 与 $r(t)$ 无关，因此二叉树的形状不会改变。在这些节点的概率为：

$$\text{上升概率：}p=\frac{a(t)-d}{u-d}=\frac{\mathrm{e}^{r(t)\Delta t}-d}{u-d}$$

$$\text{下降概率：}1-p=\frac{u-a(t)}{u-d}=\frac{u-\mathrm{e}^{r(t)\Delta t}}{u-d}$$

[例 18-7] 时间依赖的利率。考虑一只 2 年期的美式看跌期权，标的股票的当前价格为 $S=50$ 元，股票的年化波动率为 $\sigma=40\%$，该美式看跌期权的执行价格为 $X=50$ 元。当前的利率期限结构为：$r_{0.5}=9.5\%$，$r_1=10\%$，$r_{1.5}=10.5\%$，$r_2=11\%$。

我们将该期权的存续期划分为 4 个时间段，每半年为一个时间段。由于未来的短期利率在不断变化，所以可行的方法是：假设利率期限结构的预期理论成立，即未来的短期利率将等于当前对应的远期利率。根据已知的利率期限结构，可以计算出未来半年、1 年、1.5 年的半年期利率：

$$f_{0.5}^{0.5}=2r_1-r_{0.5}=10.5\%$$

$$f_1^{0.5}=3r_{1.5}-2r_1=11.5\%$$

$$f_{1.5}^{0.5}=4r_2-3r_{1.5}=12.5\%$$

构造二叉树的相关参数为：$\Delta t=0.5$，$u=\mathrm{e}^{\sigma\sqrt{\Delta t}}=1.3269$，$d=\frac{1}{u}=0.7536$。二叉树如图 18-6 所示。在二叉树图的末端，期权的价值按照 $\max[X-S_T,0]$ 计算。利用风险中性定价原则计算在第三阶段末各节点对应的期权价值时，应使用将来的短期利率，这里我们以当前对应的远期利率替代，即

$$p=\frac{\mathrm{e}^{r(t)\Delta t}-d}{u-d}=\frac{\mathrm{e}^{f_{1.5}^{0.5}\times 0.5}-d}{u-d}=0.5423$$

$$1-p=\frac{u-e^{f_{1.5}^{0.5}\times 0.5}}{u-d}=0.4577$$

由此可以计算出在第三阶段末各节点处的期权价值（考虑了提前行权），如图 18-6 所示。

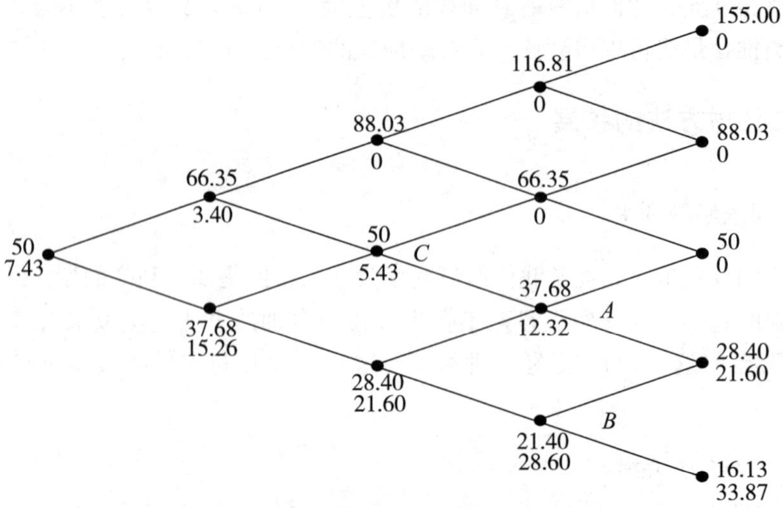

图 18-6　时间依赖的利率下的二叉树图（元）

以 A 点为例，按照风险中性定价原则，A 点的期权价值应该为 9.29 元，而提前执行的价值为 12.32 元，所以投资者在 A 点会提前执行期权。同理可以判断，投资者在 B 点也会提前执行期权。

再根据在第二阶段末的短期利率近似为 $f_1^{0.5}=11.5\%$ 推算在第二阶段末各节点处对应的期权价值。读者可以自行补充具体的计算过程。最终，可以推算出该美式看跌期权当前的价值为 7.43 元（建议读者自行完成全部计算过程）。

（二）控制变量技术

在为美式期权定价时，为了校正二叉树模型的定价误差，可以采用控制变量技术。控制变量技术假设：使用二叉树模型进行欧式期权定价所产生的误差与美式期权定价所产生的误差相等。我们可以使用布莱克-斯科尔斯公式得到欧式期权的精确值，从而可以计算出二叉树模型的定价误差。

假设基于同一个二叉树模型的欧式期权和美式期权价值分别为 f_E 和 f_A，而根据布莱克-斯科尔斯公式，欧式期权的精确价值为 f_{BS}，则二叉树模型的定价误差为 $f_{BS}-f_E$。经误差校正后的美式期权价值为 $f_A+f_{BS}-f_E$。

需要注意的是，在选择基于同一二叉树模型的欧式期权和美式期权时，为了更好地估计定价误差，应保证看涨期权和看跌期权种类相同、执行价格相同，否则，定价误差中可能包含这些差异所对应的定价误差。

（三）构造二叉树图的其他方式

由考克斯、罗斯和鲁宾斯坦最初提出的构造二叉树模型方法并不是构造二叉树模型的唯一方法。回忆第十四章中关于二叉树模型参数的决定，在风险中性的世界中，二叉树模型的 3 个参数 u、d、p 应满足下面两个条件：

$$e^{r\Delta t}=pu+(1-p)d \tag{18.10}$$

$$e^{2r\Delta t+\sigma^2\Delta t}=pu^2+(1-p)d^2 \tag{18.11}$$

考克斯、罗斯和鲁宾斯坦给出的第三个限制性条件是：

$$u=\frac{1}{d}$$

另外一种可行的方法是假设 $p=0.5$，当 Δt 的高阶小量可以忽略时，我们可以推导出下面一组解：

$$u= e^{(r-\sigma^2/2)\Delta t} + \sigma^{2\sqrt{\Delta t}} \tag{18.12}$$

$$d= e^{(r-\sigma^2/2)\Delta t} - \sigma^{2\sqrt{\Delta t}} \tag{18.13}$$

如果标的股票以 q 的连续股利率支付股利，那么式（18.12）和式（18.13）中的 r 应替换成 $r-q$。这种方法的优点在于风险中性概率 p 不受股价波动率 σ 和时间段划分的影响。但在使用这种模型计算 delta、gamma 和 rho 时，则略显复杂。

第四节　美式期权定价的数值方法——三叉树模型

三叉树模型最早由 Boyle 提出，并由 Boyle 应用于标的资产向量的美式期权定价。一般的三叉树如图 18－7 所示。假设 Δt 为时间段的长度，p_u、p_m 和 p_d 分别为每个节点处价格上升、持平和下降的概率。u 和 d 分别代表价格上升和下降的幅度。同二叉树模型一样，参数 p_u、p_m、p_d、u 和 d 的确定应保证：三叉树模型中股价变化的均值和方差等于风险中性的世界中连续时间模型的股价变化均值和方差。

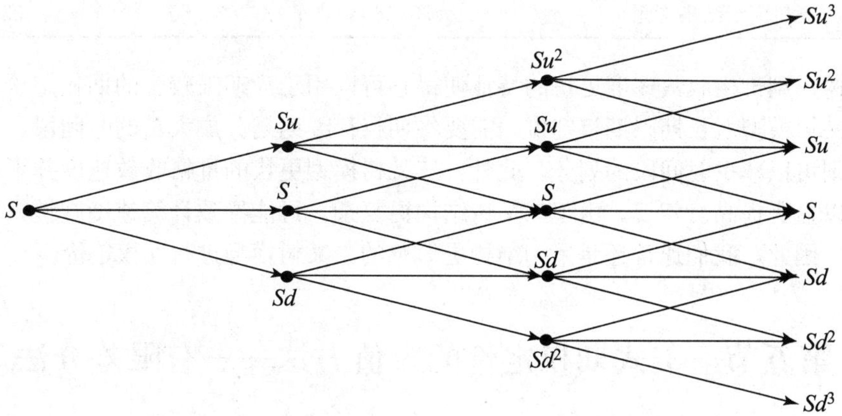

图 18－7　三叉树图

对于无股利支付的股票，当 Δt 的高阶小量可忽略时，使用限制条件 $u=\frac{1}{d}$ 可以给出一种可行的参数估计方案：

$$u= e^{\sigma\sqrt{3\Delta t}}$$

$$d=1/u$$

$$p_d=-\sqrt{\frac{\Delta t}{12\sigma^2}}\left(r-\frac{\sigma^2}{2}\right)+\frac{1}{6}$$

$$p_m=\frac{2}{3}$$

$$p_u=\sqrt{\frac{\Delta t}{12\sigma^2}}\left(r-\frac{\sigma^2}{2}\right)+\frac{1}{6}$$

对于以连续股利率 q 支付股利的股票，可以用 $r-q$ 替代上式中的 r。三叉树模型的计算过程与二叉树模型相同。对于美式期权，仍然涉及在每个节点处是否应该提前行权的判断。

二叉树模型和三叉树模型都是比较好的数值计算方法，它们都收敛于布莱克-斯科尔斯期权定价公式的价格。但相比于二叉树模型，三叉树模型的价格收敛速度更快。形象地讲，在二叉树模型中，期权价格要经历 $2n$ 个阶段划分才会收敛到真实价格；而在三叉树模型中，期权价格只要经历 n 个阶段划分就会收敛到真实价格。从下面的例子中我们可以看出，三叉树模型具有更快的价格收敛速度。

［例 18-8］ 三叉树模型的价格收敛速度。考虑一只无股利支付的欧式看涨期权，标的股票的初始价格为 $S_0=50$ 元，看涨期权的执行价格 $X=50$ 元，期权到期日 $T=10$ 年，无风险利率 $r_f=5\%$，股票的年化波动率 $\sigma=50\%$。用布莱克-斯科尔斯公式计算得出，期权的真实价值约为 33.66 元。从表 18-3 可知，如果使用二叉树模型，需要 100 期才能得到三叉树模型用 50 期所得的计算结果。

表 18-3 二叉树模型与三叉树模型价格收敛速度对比

运算步数（期）	10	50	100
二叉树模型结果（元）	33.11	33.55	33.60
三叉树模型结果（元）	33.38	33.60	33.63

三叉树模型价格收敛速度更快的特征使得它可以用于为期限较长的期权定价。因为如果使用二叉树模型对长期限期权定价，需要将期权存续期划分成大量的时间段，而使用三叉树模型则可以减少时间段的划分。此外，三叉树模型更快的价格收敛速度并不意味着计算速度可以显著提高。相反，由于三叉树结构更复杂，可能导致计算速度减慢，同时计算误差增大，因此，我们通常还是采用结构更简单的二叉树模型进行期权定价。

第五节 美式期权定价的数值方法——有限差分法

有限差分法也被广泛用于为美式期权定价。不同于叉树模型，有限差分法并不涉及新的股价运动模式（如二叉树运动），也无须利用风险中性定价原则。因此，它主要是一种数学处理方法，利用差分方程来近似求解衍生证券满足的微分方程。

为了说明这种方法，我们考虑如何使用有限差分法来为一个无股利支付的美式看跌期权定价。该期权的价值 f 必须满足以下偏微分方程（PDE）：

$$\frac{\partial f}{\partial t}+rS\frac{\partial f}{\partial S}+\frac{1}{2}\sigma^2 S^2\frac{\partial^2 f}{\partial S^2}=rf \tag{18.14}$$

假设该期权在 T 时刻到期，将现在（0 时刻）到 T 时刻划分成有限个等间隔的不同的小时间段。我们假设 $\Delta t=T/N$，共产生 $N+1$ 个时间点：

$0,\ \Delta t,\ 2\Delta t,\ \cdots,\ T$

同时预期在期权的存续期内，标的股票可能出现的最高价为 S_{max}。若选取的 S_{max} 值太大，会增加后续计算量，定价效率不高。通常选取的 S_{max} 能保证看跌期权的价值近似为 0 即可。我们将价格区间 $[0,\ S_{max}]$ 进行等额划分，定义 $\Delta S=S_{max}/M$，从而产生 $M+1$ 个股票价格：

$0,\ \Delta S,\ 2\Delta S,\ \cdots,\ S_{max}$

拓展阅读

有限差分法的 Matlab 代码

为了后续说明的方便，假设存在某个 i，使得 $S_0=i\Delta S$(但这并不是必需的，拓展阅读的 Matlab 代码使用插值法解决了这个问题)。

在时间维度和价格维度上进行划分后，形成了如图 18－8 所示的网格图。

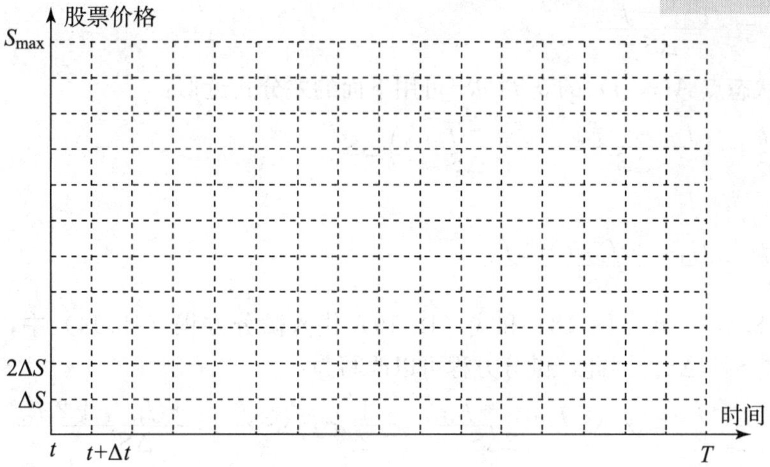

图 18－8 有限差分法的坐标方格

网格图中纵横虚线的交点 $A(i,\ j)$ 代表状态：$t=i\Delta t$，$S(t)=j\Delta S$。其中，$0\leqslant i\leqslant N$，$0\leqslant j\leqslant M$。

由于 $f(t,\ S_t)$ 对于任意状态 $(t,\ S_t)$ 都满足偏微分方程，因此，我们可以在网格图中各个交点 $A(i,\ j)$ 所代表的状态考虑式（18.14）。网格图是离散状态，而偏微分方程是连续状态，所以需要在网格图中将刻画连续状态的式（18.14）改写为差分形式，以寻找 $f_{i,j}=f(i\Delta t,\ j\Delta S)$ 在各状态点 $A(i,\ j)$ 之间的关系，这就是有限差分法的思想。

一、内含有限差分法

考虑在状态点 $A(i,\ j)$ 处，式（18.14）中的 $\partial f/\partial S$ 可以近似为：

$$\frac{\partial f}{\partial S}=\frac{f_{i,j+1}-f_{i,j}}{\Delta S} \tag{18.15}$$

或者

$$\frac{\partial f}{\partial S}=\frac{f_{i,j}-f_{i,j-1}}{\Delta S} \tag{18.16}$$

式（18.15）被称为前向差分近似；式（18.16）被称为后向差分近似。在内含有限差分法中，我们取式（18.15）和式（18.16）的平均值：

$$\frac{\partial f}{\partial S}=\frac{f_{i,j+1}-f_{i,j-1}}{2\Delta S} \tag{18.17}$$

对于 $\partial f/\partial t$，我们采用前向差分近似，即

$$\frac{\partial f}{\partial t}=\frac{f_{i+1,j}-f_{i,j}}{\Delta t} \tag{18.18}$$

考虑 $\partial^2 f/\partial S^2$ 如何用差分法进行近似，我们在状态点 $A(i,\ j)$ 和 $A(i,\ j+1)$ 对 $\partial f/\partial S$ 分别使用后向差分近似。

在状态点 $A(i,\ j)$，有：

$$\frac{\partial f}{\partial S}=\frac{f_{i,j}-f_{i,j-1}}{\Delta S}$$

在状态点 $A(i,\ j+1)$，有：

$$\frac{\partial f}{\partial S}=\frac{f_{i,j+1}-f_{i,j}}{\Delta S}$$

因此，状态点 $A(i,\ j)$ 的 $\partial^2 f/\partial S^2$ 可用下面的差分式近似：

$$\frac{\partial^2 f}{\partial S^2}=\left(\frac{f_{i,j+1}-f_{i,j}}{\Delta S}-\frac{f_{i,j}-f_{i,j-1}}{\Delta S}\right)\Delta S$$

即

$$\frac{\partial^2 f}{\partial S^2}=\frac{f_{i,j+1}+f_{i,j-1}-2f_{i,j}}{\Delta S^2} \tag{18.19}$$

将式（18.17）、式（18.18）和式（18.19）代入微分方程（18.14）中，并注意到在 $A(i,\ j)$ 处，$S=j\Delta S$。因此，微分方程可以改写为：

$$\frac{f_{i+1,j}-f_{i,j}}{\Delta t}+rj\Delta S\frac{f_{i,j+1}-f_{i,j-1}}{2\Delta S}+\frac{1}{2}\sigma^2 j^2\Delta S^2\frac{f_{i,j+1}+f_{i,j-1}+2f_{i,j}}{\Delta S^2}=rf_{i,j} \tag{18.20}$$

式中，$j=1,\ 2,\ \cdots,\ M-1$；$i=0,\ 1,\ \cdots,\ N-1$。以上各项经过合并整理后，我们得到：

$$a_j f_{i,j-1}+b_j f_{i,j}+c_j f_{i,j+1}=f_{i+1,j} \tag{18.21}$$

式中，

$$a_j=\frac{1}{2}rj\Delta t-\frac{1}{2}\sigma^2 j^2\Delta t$$

$$b_j=1+\sigma^2 j^2\Delta t+r\Delta t$$

$$c_j=-\frac{1}{2}rj\Delta t-\frac{1}{2}\sigma^2 j^2\Delta t$$

下面我们寻找边界条件。T 时刻看跌期权的价值为 $\max[X-S_T,\ 0]$，其中 S_T 为 T 时刻的股票价格。因此，

$$f_{N,j}=\max[X-j\Delta S,\ 0] \qquad (j=0,\ 1,\ \cdots,\ M) \tag{18.22}$$

当股票价格为零时，看跌期权的价值是 X，因此，

$$f_{i,0}=X \qquad (i=0,\ 1,\ \cdots,\ N) \tag{18.23}$$

当股票价格接近网格上限 S_{max} 时，看跌期权的价值趋近于零。因此，我们用近似值代替：

$$f_{i,M}=0 \qquad (i=0,\ 1,\ \cdots,\ N) \tag{18.24}$$

式（18.22）、式（18.23）和式（18.24）定义了图 18－8 的三个边界（即 $S=0$、$S=S_{max}$ 和 $t=T$）上各状态点对应的美式看跌期权价值。利用差分方程（18.21）可以解出网格图中各状态点对应的期权价值。具体步骤如下：

第一步：求解 $t=T-\Delta t$ 各状态点 $A(T-\Delta t,\ j)$ $(j=0,\ 1,\ \cdots,\ M)$ 处的期权价值。令式（18.21）中的 $i=N-1$，可以给出包含 $M-1$ 个方程的联立方程组：

$$a_j f_{N-1,j-1}+b_j f_{N-1,j}+c_j f_{N-1,j+1}=f_{N,j} \tag{18.25}$$

式中，$j=1,\ 2,\ \cdots,\ M-1$。这些方程中的右边值已由式（18.22）给出。此外，由式（18.23）和式（18.24）可以得到

$$f_{N-1,0}=X \qquad f_{N-1,M}=0 \tag{18.26}$$

因此，式（18.25）为含有 $M-1$ 个未知数的联立方程组，可以求出 $f_{N-1,1}$，$f_{N-1,2}$，$f_{N-1,3}$，$\cdots$，$f_{N-1,M-1}$。

第二步：在 $A(T-\Delta t,\ j)$ 处判断应否提前行权。由于该期权是美式看跌期权，需要在 $A(T-\Delta t,\ j)$ $(j=0,\ 1,\ \cdots,\ M)$ 各节点处进行是否提前行权的判断。将 $f_{N-1,j}$ 与 $X-j\Delta S$ 进行比较。如果 $f_{N-1,j}<X-j\Delta S$，则在该状态点应该提前行权，从而 $f_{N-1,j}=X-j\Delta S$；反之，不应该提前行权，$f_{N-1,j}$ 的值保持不变。

第三步：求解 $A[(N-2)\Delta t,\ j]$ $(j=0,\ 1,\ \cdots,\ M)$ 各节点处的期权价值 $f_{N-2,j}$。

依此类推。

最终，我们可以得到 $t=0$ 时刻各状态点 $A(0,\ j)$ 对应的看跌期权价值 $f_{0,j}$ $(j=0,\ 1,\ \cdots,\ M)$。而我们要求的当前状态的期权价值也在其中。

显然，内含有限差分法是一种近似处理手段，肯定存在定价误差。为了克服这个问题，可以将内含有限差分法与我们之前提到的控制变量技术结合起来，以校正定价误差。考虑具有同一标的的美式股票看跌期权和欧式股票看跌期权，构造同样的差分网格，使用内含有限差分法，分别得到美式股票看跌期权和欧式股票看跌期权的价值为 f_A 和 f_E，利用布莱克-斯科尔斯公式求得欧式看跌期权的价值为 f_{BS}，则经误差调整后的美式股票看跌期权的价值应该为 $f_A+(f_{BS}-f_E)$。

二、外推有限差分法

内含有限差分法在 ΔS 和 Δt 趋于零时总可以收敛到微分方程的解，这是内含有限差分法的优点。但是，在已知 $f_{i+1,j}$ $(j=0,\ 1,\ \cdots,\ M)$ 并推导 $f_{i,j}$ $(j=0,\ 1,\ \cdots,\ M)$ 时，内含有限差分法需要同时求解 $M-1$ 个联立方程。为了简化求解过程，可以考虑令状态点 $A(i,\ j)$ 与 $A(i+1,\ j)$ 处的 $\partial f/\partial S$ 和 $\partial^2 f/\partial S^2$ 值相等。于是，式（18.17）和式（18.19）变成：

$$\frac{\partial f}{\partial S}=\frac{f_{i+1,j+1}-f_{i+1,j-1}}{2\Delta S}$$

$$\frac{\partial^2 f}{\partial S^2}=\frac{f_{i+1,j+1}+f_{i+1,j-1}-2f_{i+1,j}}{\Delta S^2}$$

差分方程为：

$$\frac{f_{i+1,j}-f_{i,j}}{\Delta t}+rj\Delta S\frac{f_{i+1,j+1}-f_{i+1,j-1}}{2\Delta S}$$
$$+\frac{1}{2}\sigma^2 j^2\Delta S^2\frac{f_{i+1,j+1}+f_{i+1,j-1}-2f_{i+1,j}}{\Delta S^2}=rf_{i,j} \tag{18.27}$$

即

$$a_j^* f_{i+1,j-1}+b_j^* f_{i+1,j}+c_j^* f_{i+1,j+1}=f_{i,j} \tag{18.28}$$

式中，

$$a_j^*=\frac{1}{1+r\Delta t}\left(-\frac{1}{2}rj\Delta t+\frac{1}{2}\sigma^2 j^2\Delta t\right)$$

$$b_j^*=\frac{1}{1+r\Delta t}(1-\sigma^2 j^2\Delta t)$$

$$c_j^*=\frac{1}{1+r\Delta t}\left(\frac{1}{2}rj\Delta t+\frac{1}{2}\sigma^2 j^2\Delta t\right)$$

式（18.28）就是所谓的外推有限差分法。图 18－9 说明了内含有限差分法和外推有限差分法之间的区别。内含有限差分法给出的是三个未知期权价值 $f_{i,j-1}$、$f_{i,j}$及 $f_{i,j+1}$与已知期权价值 $f_{i+1,j}$之间的关系。而外推有限差分法则给出了三个已知期权价值 $f_{i+1,j-1}$、$f_{i+1,j}$及 $f_{i+1,j+1}$与未知期权价值 $f_{i,j}$之间的关系。细心的读者会发现，外推有限差分法很像我们之前介绍的三叉树模型，两者的相似之处我们将在后面讨论。

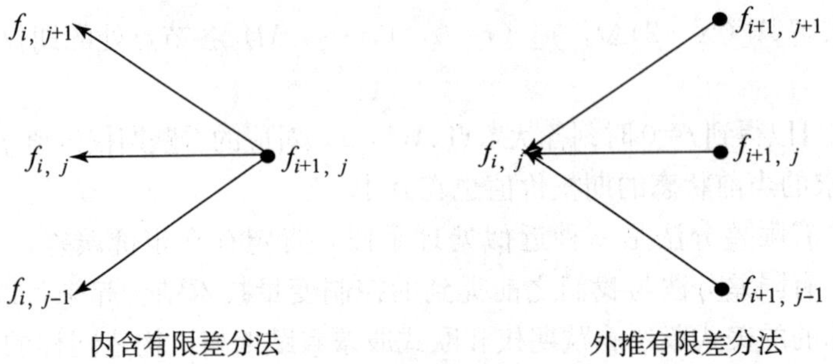

图 18－9　内含和外推有限差分法的区别

三、置换变量法

无论是内含有限差分法还是外推有限差分法，在解线性方程组时，方程的系数（a_j，b_j，c_j）和（a_j^*，b_j^*，c_j^*）都随 j 的变化而变化。为了提高计算的效率，我们可以考虑将原始的微分方程进行变量替换处理，然后再使用有限差分法求解。定义 $Z=\ln S$，将式（18.14）中的 S 替换为 Z，则原式变为：

$$\frac{\partial f}{\partial t}+\left(r-\frac{\sigma^2}{2}\right)\frac{\partial f}{\partial Z}+\frac{1}{2}\sigma^2\frac{\partial^2 f}{\partial Z^2}=rf \tag{18.29}$$

以 Z 为基础（而不是 S），对纵轴进行划分，形成新的网格图。再对式（18.29）进行差分近似处理。若使用内含有限差分法，则式（18.29）变为：

$$\frac{f_{i+1,j}-f_{i,j}}{\Delta t}+\left(r-\frac{\sigma^2}{2}\right)\frac{f_{i,j+1}-f_{i,j-1}}{2\Delta Z}+\frac{1}{2}\sigma^2\frac{f_{i,j+1}+f_{i,j-1}-2f_{i,j}}{\Delta Z^2}=rf_{i,j}$$

即

$$a_j f_{i,j-1}+b_j f_{i,j}+c_j f_{i,j+1}=f_{i+1,j} \tag{18.30}$$

其中，

$$a_j=\frac{\Delta t}{2\Delta Z}\left(r-\frac{\sigma^2}{2}\right)-\frac{\Delta t}{2\Delta Z^2}\sigma^2$$

$$b_j=1+\frac{\Delta t}{\Delta Z^2}\sigma^2+r\Delta t$$

$$c_j=-\frac{\Delta t}{2\Delta Z}\left(r-\frac{\sigma^2}{2}\right)-\frac{\Delta t}{2\Delta Z^2}\sigma^2$$

若使用外推有限差分法，则式（18.29）将变为：

$$\frac{f_{i+1,j}-f_{i,j}}{\Delta t}+\left(r-\frac{\sigma^2}{2}\right)\frac{f_{i+1,j+1}-f_{i+1,j-1}}{2\Delta Z}$$
$$+\frac{1}{2}\sigma^2\frac{f_{i+1,j+1}+f_{i+1,j-1}-2f_{i+1,j}}{\Delta Z^2}=rf_{i,j}$$

即

$$a_j^*\ f_{i+1,j-1}+b_j^*\ f_{i+1,j}+c_j^*\ f_{i+1,j+1}=f_{i,j} \tag{18.31}$$

式中，

$$a_j^*=\frac{1}{1+r\Delta t}\left[-\frac{\Delta t}{2\Delta Z}\left(r-\frac{\sigma^2}{2}\right)+\frac{\Delta t}{2\Delta Z^2}\sigma^2\right]$$

$$b_j^*=\frac{1}{1+r\Delta t}\left(1-\frac{\Delta t}{\Delta Z^2}\sigma^2\right)$$

$$c_j^*=\frac{1}{1+r\Delta t}\left[\frac{\Delta t}{2\Delta Z}\left(r-\frac{\sigma^2}{2}\right)+\frac{\Delta t}{2\Delta Z^2}\sigma^2\right]$$

从上式可见，变量替换后的联立方程组中的系数（a_j，b_j，c_j）和（a_j^*，b_j^*，c_j^*）完全独立于 j。

四、外推有限差分法与三叉树模型

前面我们提到了外推有限差分法与三叉树模型存在类似之处，回忆式（18.28）：

$$a_j^*\ f_{i+1,j-1}+b_j^*\ f_{i+1,j}+c_j^*\ f_{i+1,j+1}=f_{i,j}$$

式中，

$$a_j^*=\frac{1}{1+r\Delta t}\left(-\frac{1}{2}rj\Delta t+\frac{1}{2}\sigma^2 j^2\Delta t\right)$$

$$b_j^*=\frac{1}{1+r\Delta t}(1-\sigma^2 j^2\Delta t)$$

$$c_j^*=\frac{1}{1+r\Delta t}\left(\frac{1}{2}rj\Delta t+\frac{1}{2}\sigma^2 j^2\Delta t\right)$$

我们假设在状态点 $A(i,\ j)$ 处，股价 $S(i\Delta t)$ 向上运动的概率为 p_u，持平的概率为 p_m，向下运动的概率为 p_d。我们令

$$p_u=-\frac{1}{2}rj\Delta t+\frac{1}{2}\sigma^2 j^2\Delta t$$

$$p_m = 1 - \sigma^2 j^2 \Delta t$$

$$p_d = \frac{1}{2} rj\Delta t + \frac{1}{2} \sigma^2 j^2 \Delta t$$

若能保证 p_u、p_m 和 p_d 都大于零，可以验证 $p_u + p_m + p_d = 1$，即它们为事件对应的概率。进一步，以 p_u、p_m 和 p_d 为基础，$\Delta\widetilde{S}$ 的期望值为 $rj\Delta S\Delta t = rS\Delta t$，这正是股价在风险中性世界中的变化。因此，式（18.28）意味着：在状态点 $A(i, j)$ 处的期权价值 $f_{i,j}$ 等于 $t=(i+1)\Delta t$ 时股价上升、持平、下降三种状态对应的期权价值按照风险中性概率加权后，再通过无风险利率贴现所得的值。这正是三叉树模型的定价原理，如图 18－10 所示。

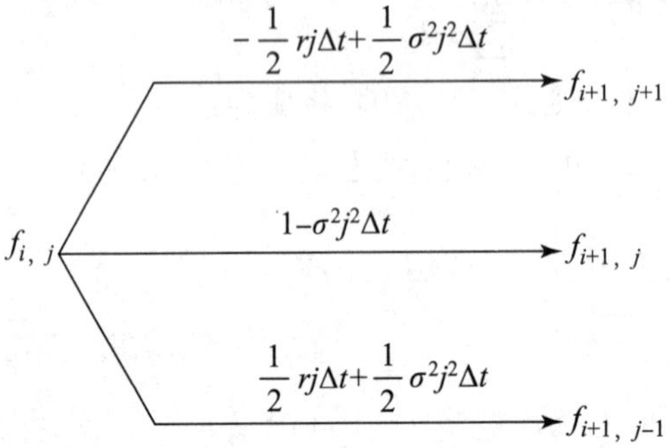

图 18－10　外推有限差分法的三叉树解释

解决美式期权定价的其他有限差分法还包括跳格子方法（hopscotch 方法）以及 Crank-Nicolson 方法等。有兴趣的读者可以参阅相关资料。

第六节　蒙特卡洛模拟

蒙特卡洛模拟（Monte Carlo simulation）被广泛应用于衍生证券的定价。蒙特卡洛模拟的基本思想是：通过计算机程序模拟标的证券价格在风险中性世界中的运动路径，然后利用风险中性定价原则计算单个样本路径对应的期权价格，最后对所有模拟的期权价格取平均值，即为最终的估计价格。

一、蒙特卡洛模拟的局限

蒙特卡洛模拟不仅适用于为单一标的资产的期权定价，而且可以模拟多标的资产的价格路径，从而克服了二叉树模型和有限差分法不能为多标的资产期权定价的问题。另外，通过蒙特卡洛模拟产生的标的资产价格的样本路径还可被用于一些路径依赖型期权的定价，如亚式期权、回望期权等。

虽然蒙特卡洛模拟在如何提高计算精度和运算速度方面已经取得了很多成果（如对偶变量技术、控制变量技术、间隔抽样法、伪随机序列抽样法等），但蒙特卡洛模拟法不能产生样本路径上的期权价格，从而无法解决美式期权的提前行权问题。这也是蒙特卡洛模拟与叉树模型的最大区别。因此，蒙特卡洛模拟通常用于对在有效期内不做任何决策（如提前行权）的衍生证券进行定价。

二、最小二乘蒙特卡洛模拟

如何才能克服蒙特卡洛模拟的局限性，使其既能模拟多资产标的价格，同时又能解决提前行权的问题？Longstaff 和 Schwartz（2001）提出了最小二乘蒙特卡洛（least square Monte Carlo）模拟来解决这个问题。他们利用该方法对美式看跌期权等进行了定价。下面的例子来源于 Longstaff 和 Schwartz（2001），有兴趣的读者可以参考原文理解。

［**例 18-9**］ 利用最小二乘蒙特卡洛模拟对美式看跌期权定价。考虑不支付股利的美式股票看跌期权，该期权的执行价格 $K=1.10$ 元。假设期权的有效期限被分为 3 期，在每期末 t_1、t_2和 t_3时刻（即 $t=1$，2，3）可以执行该期权（t_3为期权的到期时刻）。无风险利率为 6%。为简化起见，我们只考虑 8 条股票看跌期权的样本路径（在实际应用中，样本路径可能达到上百万条），如表 18-4 所示。

表 18-4 模拟的股票看跌期权价格路径 单位：元

样本路径	$t=0$	$t=1$	$t=2$	$t=3$
1	1.00	1.09	1.08	1.34
2	1.00	1.16	1.26	1.54
3	1.00	1.22	1.07	1.03
4	1.00	0.93	0.97	0.92
5	1.00	1.11	1.56	1.52
6	1.00	0.76	0.77	0.90
7	1.00	0.92	0.84	1.01
8	1.00	0.88	1.22	1.34

假设美式看跌期权在 t_1和 t_2时刻都没有被提前执行，则在到期时刻 t_3，美式看跌期权的价值如表 18-5 所示。

表 18-5 在 $t=3$ 时刻美式看跌期权的价值 单位：元

样本路径	$t=0$	$t=1$	$t=2$	$t=3$
1	—	—	—	0.00
2	—	—	—	0.00
3	—	—	—	0.07
4	—	—	—	0.18
5	—	—	—	0.00
6	—	—	—	0.20
7	—	—	—	0.09
8	—	—	—	0.00

考虑在 $t=2$ 时刻，若美式期权处于实值状态，则投资者将决定是否提前执行该期权。从表 18-4 中我们可以看出，路径 1、3、4、6、7 上的看跌期权在 $t=2$ 时刻处于实值状态。我们令 X 代表在 $t=2$ 时刻的股价，令 Y 代表在 $t=3$ 时刻的期权价值的现值（假设期权在 $t=2$ 时刻不会被提前执行）。

美式期权在 $t=2$ 时刻是否被提前执行取决于在当前的信息集合下，不执行期权在未来所获价值的现值是否大于当前执行期权的价值。用数学形式表达即为：若 $E(Y|X)\geqslant K-X$，则不提前执行期权；若 $E(Y|X)<K-X$，则提前执行期权。因此，要判断是否提前行权，先要估计 $E(Y|X)$ 的表达式。我们假设 $E(Y|X)=f(X, X^2)$ 是关于 X 和 X^2 的线性函数，则由表 18-6 和最小二乘法可以得到：

$$E(Y|X)=-1.070+2.983X-1.813X^2 \tag{18.32}$$

表 18-6　在 $t=2$ 时刻 X 与 Y 取值表　　单位：元

路径	1	2	3	4	5	6	7	8
X	1.08	—	1.07	0.97	—	0.77	0.84	—
Y	0	—	0.065 9	0.169 5	—	0.188 4	0.084 8	—

根据式（18.32）的条件期望等式，我们可以推导在 $t=2$ 时刻的最优执行决策。在 $t=2$ 时刻提前执行与否价格对照表如表 18-7 所示。

表 18-7　在 $t=2$ 时刻提前执行与否价格对照表　　单位：元

路径	1	2	3	4	5	6	7	8
执行	0.02	—	0.03	0.13	—	0.33	0.26	—
不执行	0.036 9	—	0.046 1	0.117 6	—	0.152 0	0.156 5	—

从表 18-7 中我们可以得知，路径 4、6、7 会出现提前执行的情况。由此我们可以得到自 $t=2$ 时刻起美式看跌期权的现金流情况，如表 18-8 所示。

表 18-8　自 $t=2$ 时刻起美式看跌期权的现金流　　单位：元

样本路径	$t=0$	$t=1$	$t=2$	$t=3$
1	—	—	0.00	0.00
2	—	—	0.00	0.00
3	—	—	0.00	0.07
4	—	—	0.13	0.00
5	—	—	0.00	0.00
6	—	—	0.33	0.00
7	—	—	0.26	0.00
8	—	—	0.00	0.00

注意，当美式看跌期权在 $t=2$ 时刻被执行后，则 $t=3$ 时刻的现金流变为 0，因为期权只能被执行一次。以 $t=2$ 时刻美式看跌期权的现金流为基础，仿照上面的方法，判断 $t=1$ 时

刻美式看跌期权的现金流情况。获得 $t=1$ 时刻 X 与 Y 的取值情况，如表 18－9 所示。

表 18－9 $t=1$ 时刻 X 与 Y 取值表

单位：元

路径	1	2	3	4	5	6	7	8
X	1.09	—	—	0.93	—	0.76	0.92	0.88
Y	0	—	—	0.122 4	—	0.310 8	0.244 9	0

根据表 18－9，利用最小二乘法求出 $E(Y|X)=f(X, X^2)$ 的表达式：

$$E(Y|X)=2.038-3.335X+1.356X^2 \tag{18.33}$$

根据式（18.33）的条件期望式，我们可以推导 $t=1$ 时刻是否提前执行的决策。在 $t=1$ 时刻提前执行与否价格对照表见表 18－10。

表 18－10 在 $t=1$ 时刻提前执行与否价格对照表

单位：元

路径	1	2	3	4	5	6	7	8
执行	0.01	—	—	0.17	—	0.34	0.18	0.22
不执行	0.013 9	—	—	0.109 2	—	0.286 6	0.117 5	0.153 3

由表 18－10 可知，路径 4、6、7、8 会出现提前执行的决策。因此，我们得到了自 $t=1$ 时刻起的美式看跌期权的现金流情况，如表 18－11 所示。

表 18－11 自 $t=1$ 时刻起美式看跌期权的现金流

单位：元

样本路径	$t=0$	$t=1$	$t=2$	$t=3$
1	—	0.00	0.00	0.00
2	—	0.00	0.00	0.00
3	—	0.00	0.00	0.07
4	—	0.17	0.00	0.00
5	—	0.00	0.00	0.00
6	—	0.34	0.00	0.00
7	—	0.18	0.00	0.00
8	—	0.22	0.00	0.00

表 18－11 为考虑了提前行权因素的美式看跌期权现金流模拟表。在每一条样本路径上，都可以将现金流按照无风险利率贴现得到一个美式看跌期权的样本价值，最后再取平均值就可以获得该看跌期权的价值。在本例中，最后的美式看跌期权价值为 0.114 4。至此，我们将最小二乘法与蒙特卡洛模拟相结合给出了美式看跌期权的价值。其中，最关键的步骤就是在蒙特卡洛模拟的路径上通过最小二乘法估计 $E(Y|X)$ 的表达式，从而解决美式期权提前行权的判断问题。

本章小结

本章对美式期权定价的相关方法进行了较为全面的介绍。精确的分析类模型虽然能给出美式期权定价的解析解，但使用范围较窄，只适用于无股利支付的美式看涨期权和只有一次股利支付的美式看涨期权。

分析近似类模型对精确的分析类模型进行了扩展，并且在大多数情况下能给出令人满意的价格估计值，但定价公式比较复杂，也受到模型假设的约束。因此，使用最广泛的方法是数值方法。

我们介绍了二叉树模型、三叉树模型、有限差分法、蒙特卡洛模拟。叉树（二叉树和三叉树）模型通过股价的二项式或三项式分布来近似连续的几何布朗运动，并利用风险中性定价原则逆向求解。其中，在各个节点处对是否提前行权做出判断。最终，得到美式期权的价格。叉树模型结构简单，操作方便，是实践中应用极为广泛的方法。而有限差分法和蒙特卡洛模拟更多的是技术处理手段，将无法获得解析解的微分方程采用差分近似或者计算机模拟。值得注意的是，传统的蒙特卡洛模拟并不适用于求解美式期权价值（因为无法解决提前行权的判断问题），因此，Longstaff 和 Schwartz 引入了最小二乘法来解决提前行权的判断问题，从而拓展了蒙特卡洛模拟的适用范围。

本章的应用性较强，尤其是分析近似类模型和数值方法都需要编写计算机程序才能得以实现。在拓展阅读中我们提供了 RGW 模型和有限差分法的 Matlab 代码供读者应用学习。

练习题

1. 假设有一张不分红美式股票看跌期权，有效期为 3 个月，股票市价和执行价格为 60 美元，无风险利率为 10%，股票的年波动率为 45%。构造时间间隔为 1 个月期的二叉树图为该期权估值。

2. 考虑一张美式股票看涨期权，其标的股票在 1 个月和 4 个月后各有一个除息日。每个除息日的股利期望值分别为 0.3 元和 0.5 元。当前的股票价格为 45 元，美式看涨期权的执行价格为 50 元。假设股票价格的年化波动率为 30%，无风险利率为每年 5%，期权的到期时间还有 6 个月。请用布莱克近似方法对该美式看涨期权进行定价。

3. 试想一张期权，其最终收益为期权有效期末的股票价格高出有效期期中最低股价的部分。请说明这一期权能否用二叉树模型定价。

4. 设想你为一张美式股指期权进行定价，而标的股指的股利收益率为时间的函数。请说明如何用二叉树模型对该期权进行定价。

5. 考虑一张两年期的美式看跌期权，标的股票的当前价格为 $S=50$ 美元，股票的年波动率为 $\sigma=40\%$，该美式看跌期权的执行价格为 $X=50$ 美元。当前的利率期限结构为：$r_{0.5}=10\%$，$r_1=10.5\%$，$r_{1.5}=10.75\%$，$r_2=11\%$。请构造一个 4 期的二叉树模型来为该美式看跌期权定价（假设短期利率会变化，并且利率期限结构的预期理论成立）。

6. 假设有某张无股利支付的美式股票看跌期权，有效期为 1 年，执行价格为 18 美元，股票市价为 20 美元，无风险利率为 15%，股价的年波动率为 40%。请将该有效期等分成 4 个时间段，每个时间段为 3 个月。用叉树模型对该期权定价。请用控制变量技术对这一估计进行修正。

7. 假设有某张美式股票看涨期权，有效期为 6 个月，预计在第二个月和第五个月的月末将支付每股 1 美元的股利。该股票的市价为 32 美元，执行价格为 35 美元，无风险利率为 10%，不支付股利的股价部分的波动率为 40%。请将该期权的有效期等分成 6 个时间段，每个时间段为 1 个月。用叉树模型对该期权进行估值，并且将这一结果与布莱克近似方法得到的结果相比较。用叉树模型估计期权的 delta 和 theta 参数。

8. 假设有某张不分红美式股票看跌期权，还有 4 个月到期，执行价格为 21 美元，股票市价为 20 美元，无风险利率为 10%，波动率为每年 30%。请用外推有限差分法为该期权估值。设时间间隔为 1 个月，股价间隔为 4 个月。

9. 在应用外推有限差分法对衍生证券估值时，在什么情况下边界条件 $S\to 0$ 和 $S\to\infty$ 会对估值结果产生影响？

10. 某公司发行了有效期为 3 年的可转换债券，面值为 25 元，可随时转换为该公司的 2 股股票。当股价高于或等于 18 元时，公司可提前赎回债券并强制转换。假设该公司将尽可能早地强制转换，那么，可转换债券的边界条件是什么？假设利率为常数，你如何用有限差分法对该可转换债券进行估值？假设该公司无违约风险。

11. 阅读 Boyle 的论文"Option Valuation Using a Three-Jump Process"中有关三叉树模型用于双标的资产期权估价的部分，并尝试编写一段用三叉树模型对双标的股票美式看跌期权定价的 Matlab 代码。代码中的参数可由读者自行设定。

参考文献

[1] Barone-Adesi, G. and R. Whaley, "Efficient Analytic Approximation of American Option Values," *Journal of Finance*, 1987 (42): 301 - 320.

[2] Black, F. and M. Scholes, "The Pricing of Options and Corporate Liabilities," *Journal of Political Economy*, 1973 (81): 637 - 654.

[3] Brennan, M. and E. Schwartz, "Finite Difference Methods and Jump Processes Arising in the Pricing of Contingent Claims: A Synthesis," *Journal of Financial and Quantitative Analysis*, 1978 (13): 461 - 474.

[4] Broadie, M. and J. Detemple, "American Option Valuation: New Bounds, Approximations, and a Comparison of Existing Methods," *Review of Financial Studies*, 1996 (9): 1211 - 1250.

[5] Cox, J., S. Ross, and M. Rubinstein, "Option Pricing: A Simplified Approach," *Journal of Financial Economics*, 1979 (7): 229 - 263.

[6] Longstaff, F. A. and E. S. Schwartz, "Valuing American Options by Simulation: A Simple Least-Squares Approach," *Review of Financial Studies*, 2001 (14): 113 - 147.

第十九章
现实世界中的期权价格

本章导读

布莱克-斯科尔斯期权定价公式中只有一个变量是不可观测的，那就是标的资产的波动率。该公式假设波动率是一个常数，即标的资产相同的所有期权，其波动率均相等。也就是说，对于同一标的资产的多个期权，根据期权价格求出的各自的隐性波动率应该是相等的。但现实世界中的期权价格并非如此，波动率本身也随着执行价格和（到期）期限的变动而变动。隐性波动率与执行价格之间的关系叫作波动率微笑，隐性波动率与期权到期期限之间的关系叫作波动率期限结构。

本章将对波动率微笑和波动率期限结构进行简单的介绍；讨论波动率微笑在外汇期权市场和股票期权市场的具体表现，并分析其可能的成因；最后我们还会介绍将波动率微笑和波动率期限结构结合起来而形成的波动率矩阵。

第一节　期权平价等式的深层含义

在第十二章中，我们介绍了期权平价关系，即 put-call 等式。这个等式描述了具有相同标的资产、执行价格和（到期）期限的欧式看涨期权的价格 c 和欧式看跌期权的价格 p 之间的相互联系和制约关系。

$$p+S_0e^{-qT}=c+Xe^{-rT}$$

式中，p 是欧式看跌期权的价格；S_0 是标的资产的当前价格；q 是股利率；T 是期权的有效期限；c 是欧式看涨期权的价格；X 是执行价格；r 是无风险利率。看涨期权和看跌期权的标的资产、执行价格和期限都相同。

put-call 等式是通过套利得出的，不需要假设未来标的资产价格的分布，无论标的资产价格是否满足对数正态分布，这个等式都成立。因此，它的应用范围更广泛。

对于标的资产、执行价格和期限均相同的欧式看涨期权和欧式看跌期权来说，它们的价格之间存在 put-call 等式关系，那么它们的隐性波动率之间又会有怎样的联系？

假设 c_{bs} 和 p_{bs} 是标的资产、执行价格和期限均相同的欧式看涨期权和欧式看跌期权将某一特定的波动率代入布莱克-斯科尔斯期权定价公式得出的价格，c_{mkt} 和 p_{mkt} 是上述两种期权的市场价格。

由于布莱克-斯科尔斯期权定价公式满足 put-call 等式，有：

$$p_{bs}+S_0e^{-qT}=c_{bs}+Xe^{-rT}$$

同时，由于无套利原理，市场价格也满足 put-call 等式，有：

$$p_{mkt}+S_0e^{-qT}=c_{mkt}+Xe^{-rT}$$

两式相减，可以得到：

$$p_{bs}-p_{mkt}=c_{bs}-c_{mkt} \qquad (19.1)$$

式（19.1）表明，如果用布莱克-斯科尔斯期权定价公式对期权定价时存在偏差，则对于标的资产、执行价格和期限均相同的欧式看涨期权和欧式看跌期权来说，这种偏差是完全一样的。

我们假设某欧式看涨期权的隐性波动率是 15%，根据隐性波动率的定义，将 $\sigma=15\%$ 代入布莱克-斯科尔斯期权定价公式，得出 $c_{bs}=c_{mkt}$，即式（19.1）中的右侧等于 0，那么该式的左侧也必然等于 0。这意味着以 15%的波动率计算看跌期权的价格时，$p_{bs}=p_{mkt}$ 也同时成立。因此，对于标的资产、执行价格和期限均相同的欧式看涨期权和欧式看跌期权来说，它们的隐性波动率相等，而对于美式期权来说，这样的性质也是大致不变的。因此，当人们分析隐性波动率和执行价格或者期权到期期限的关系时，并不需要针对看涨期权和看跌期权分别进行，两者的结果是一致的。

［例 19-1］　假设澳大利亚元对美元的汇率为 1 澳大利亚元＝0.6 美元，美国与澳大利亚的无风险利率分别是 5%和 10%，期限为 1 年、执行价格为 0.59 美元的欧式澳大利亚元看涨期权的价格为 0.023 6 美元。

我们可以由此计算出该看涨期权的隐性波动率是 14.5%。

同时，根据 put-call 等式，我们可以计算出与该看涨期权标的资产、执行价格和期限均相同的欧式看跌期权的价格，即：

$$p+0.6e^{-0.1\times 1}=0.023\,6+0.59e^{-0.05\times 1}\Rightarrow p=0.041\,9(\text{美元})$$

从这个看跌期权的价格，我们同样可以计算出该看跌期权的隐性波动率。正如我们所预料的，该看跌期权的隐性波动率也是 14.5%，和看涨期权完全一致。

第二节　波动率微笑：外汇期权的价格表现

外汇期权的隐性波动率和执行价格之间的关系，通常呈现出如图 19-1 所示的形状。

当期权的执行价格和当前汇率相同时，隐性波动率是最低的，而当执行价格逐渐变大或变小，从而期权逐渐转变到实值或虚值状态时，隐性波动率逐渐增大。

对隐性波动率和执行价格关系的研究，最早便源于外汇期权市场，它的形状绘制在坐标系里，像一个微笑，这也就是波动率微笑得名的缘由。

波动率微笑的成因在于：标的资产价格的分布并不服从假设的对数正态分布，我们称与波动率微笑对应的标的资产价格的分布为隐含分布。汇率的隐含分布与对数正态分布相比有肥尾（也称厚尾）的特征，即取两端极值的概率更大，这也意味着分布的峰度更大。均值、标准差都相同的外汇期权的隐含分布和对数正态分布的比较见图 19-2。

图 19-2 的隐含分布对应着图 19-1 的波动率微笑。具体来讲，对于一张有较高的执

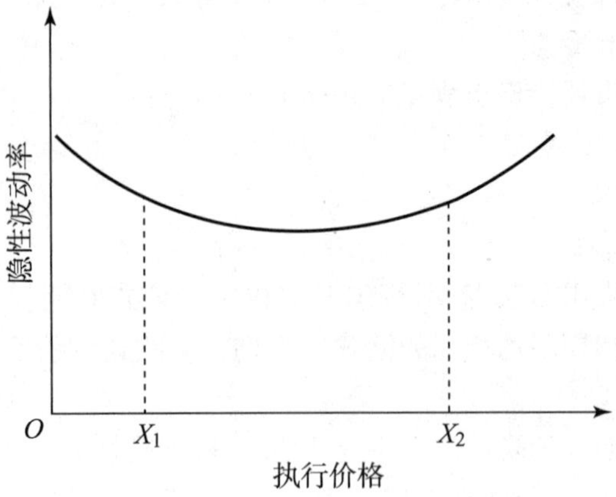

图 19-1　外汇期权的波动率微笑曲线

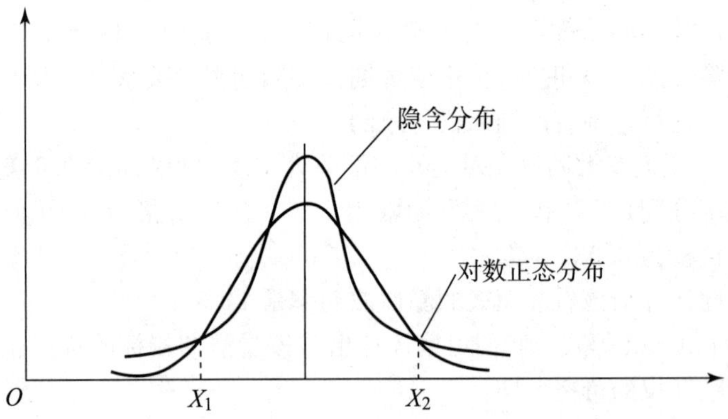

图 19-2　外汇期权的隐含分布和对数正态分布

行价格 X_2，处于深度虚值状态的看涨期权来说，只有当汇率继续波动并高于 X_2时，这个看涨期权才能获利。图 19-2 的隐含分布说明：真实的汇率波动超过 X_2的概率比假设的对数正态分布下的概率更高，也就是获利的概率比理论值高，因此，实际的期权价格也应该比理论值更高，而价格和波动率是同向变动的，更高的价格隐含着更高的波动率。这和图 19-1 中高执行价格 X_2对应更高的隐性波动率一致。在第一节中我们提到过，对于标的资产、执行价格和期限均相同的欧式看涨期权和欧式看跌期权来说，它们的隐性波动率相同，所以同样地，我们得出：对于一张有着较高执行价格（X_2）从而处于深度实值状态的看跌期权来说，我们也需要使用较高的波动率进行定价。

此外，对于一张有着较低执行价格 X_1从而处于深度虚值状态的看跌期权来说，只有当汇率继续波动并低于 X_1时，这个看跌期权才能获利。图 19-2 的隐含分布说明：真实的汇率波动低于 X_1的概率比假设的对数正态分布下的概率更高，也就是获利的概率比理论值高，因此，实际的期权价格也应该比理论值更高，而价格和波动率是同向变动的，更高的价格隐含着更高的波动率。这和图 19-1 中低执行价格 X_1对应更高的隐性波动率一致。同样地，对于一张有着较低执行价格 X_1并处于深度实值状态的看涨期权来说，定价时使用的波动率水平应该更高。

波动率微笑对应的隐含分布和实证结论一致，研究发现，现实中汇率出现极值的情况较对数正态分布更为常见。

只有当波动率为常数且基础资产价格的变动是光滑无跳跃的时，资产价格才会服从对数正态分布。

而对于汇率来说，这两点都不满足。

首先，汇率的波动率远非常数。1973 年，实行“美元直接与黄金挂钩，各国货币则与美元挂钩”政策的以美元为中心的国际货币体系——布雷顿森林体系崩溃，发达国家就此告别固定汇率制度。在新的浮动汇率制下，汇率的波动加剧，使得汇率成为经济中最难以预测的关键变量之一。汇率的波动率并不像布莱克-斯科尔斯期权定价公式中假设的那样是一个常数，因此，汇率显然并不服从对数正态分布。图 19 - 3 是英镑兑美元汇率 1993—1999 年的波动率图表，可以看出，汇率的波动很大，而波动率本身也时大时小，并非常数。

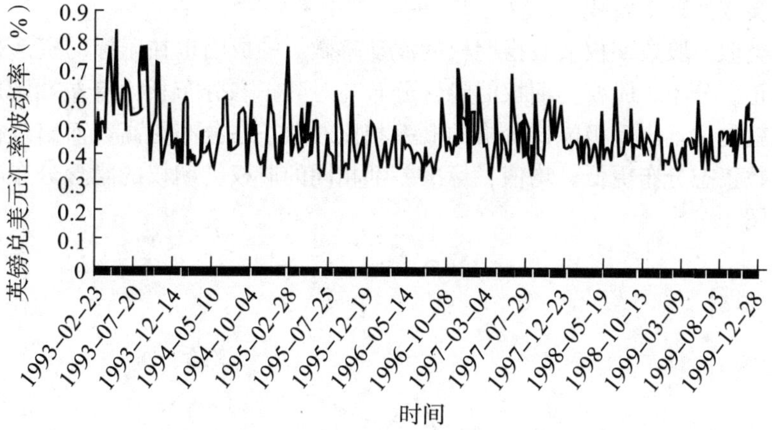

图 19 - 3 英镑兑美元汇率波动率

其次，汇率并不是连续的，而是经常出现跳跃。由于汇率关系到主权货币的价值以及国民经济发展的各个层面，再加上货币危机及其引发的金融危机不断出现，如拉丁美洲国家和东南亚国家的货币及经济危机，给这些国家造成了深远的影响，有些国家至今仍未从货币危机造成的萧条中完全恢复，因此，汇率经常受到央行的干预，尤其是金融体系还不甚发达的发展中国家。这种干预会造成汇率的跳跃，从而使汇率并不服从对数正态分布，汇率波动时极值出现的概率更大一些。

第三节 波动率微笑：股权类期权的价格表现

对于股票期权和股指期权来说，隐性波动率和执行价格之间也存在一定的关系，我们也称之为波动率微笑，但是这个微笑的形状可能就不那么标准了，股权类期权的隐性波动率和执行价格之间关系的形状通常如图 19 - 4 所示。

由图 19 - 4 我们可以看到，对于股权类期权，随着执行价格的上升，隐性波动率逐渐下降，因此股票期权或股指期权的隐性波动率和执行价格之间的关系，有时候也被形象地

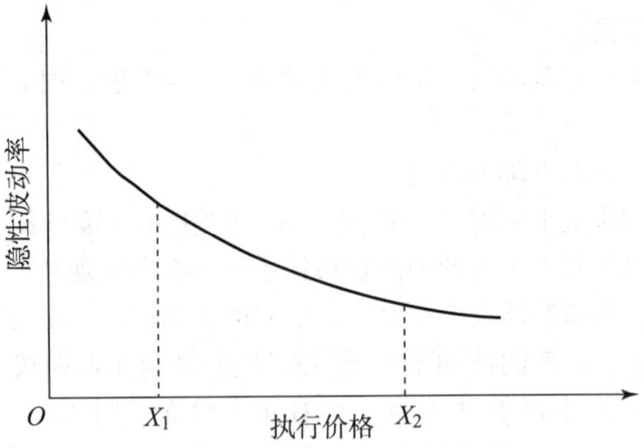

图 19－4　股权类期权的波动率微笑曲线

称为波动率讥笑或波动率斜线。

与上一节类似，股票期权或股指期权的波动率微笑的成因也在于标的资产价格并不服从假设的对数正态分布，股权类期权的隐含分布与对数正态分布相比有左端肥尾、右端瘦尾的特征，也就是说，出现极端低价格的概率相比对数正态分布更高，而出现极端高价格的概率相比对数正态分布更低。均值、标准差都相同的股权类期权的隐含分布和对数正态分布的比较见图 19－5。

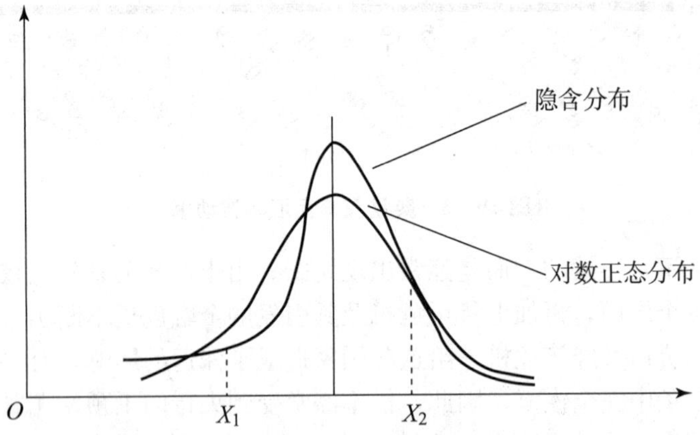

图 19－5　股权类期权的隐含分布和对数正态分布

图 19－4 的波动率微笑和图 19－5 的隐含分布是对应的，具体来讲，对于一张有较高的执行价格 X_2 从而处于深度虚值状态的股权类看涨期权来说，只有当股票价格继续波动并高于 X_2 时，这张看涨期权才能获利。图 19－5 的隐含分布说明：真实的股票价格波动超过 X_2 的概率比假设的对数正态分布下的概率更小，也就是获利的概率比理论值低，因此，实际的期权价格也应该比理论值更低，而价格和波动率是同向变动的，较低的价格隐含着较低的波动率。这就和图 19－4 中高执行价格 X_2 对应更低的隐性波动率一致。在第一节中我们提到过，对于标的资产、执行价格和期限均相同的欧式看涨期权和欧式看跌期权来说，它们的隐性波动率是相同的，所以同样地，我们得出对于一张有着较高执行价格 X_2 从而处于深度实值状态的股权类看跌期权来说，我们也需要使用较低的波动率来定价。

此外，对于一张有较低执行价格 X_1 从而处于深度虚值状态的股权类看跌期权来说，只有当股票价格继续波动并低于 X_1 时，这张看跌期权才能获利。图 19-5 的隐含分布说明：真实的股票价格波动低于 X_1 的概率比假设的对数正态分布下的概率更高，也就是获利的概率比理论值高，因此，实际的期权价格也应该比理论值更高，而价格和波动率是同向变动的，更高的价格隐含着更高的波动率。这就和图 19-4 中低执行价格 X_1 对应更高的隐性波动率一致。同样地，对于一张有着较低执行价格 X_1 并处于深度实值状态的股权类看涨期权来说，定价时使用的波动率水平应该更高。

那么为什么股票价格会呈现这种不对称的分布从而使得股权类期权的波动率微笑呈现下降的形状？目前主要有两种被普遍接受的解释。

一种解释是从公司财务的角度出发，考虑财务杠杆的影响。随着公司股价下跌，公司的所有者权益下降，在债务总额不变的情况下，公司的财务杠杆增加，进而破产的概率增大。由于股票代表的是对公司偿还债务后剩余价值的索偿权，所以这种情况下股票的期望收益将会减少，因此风险增加。而波动率正是对风险的一个衡量，因此波动率也将增大。反之，随着公司股价上升，公司的所有者权益上升，在债务总额不变的情况下，公司的财务杠杆降低，进而破产的概率减小，股票的期望收益增加，因此风险降低，波动率也降低。也就是说，股票价格的波动率是股票价格的一个减函数，这和图 19-4 是一致的。

另一种解释则和人们的心理预期有关。这种理论产生于 1987 年美国股市大崩盘之后。1987 年 10 月 19 日星期一，华尔街上的纽约股票市场刮起了股票暴跌的风潮，爆发了历史上最大的一次崩盘事件。道琼斯指数在一天之内重挫了 508.32 点，跌幅达 22.6%，创下自 1941 年以来单日跌幅的最高纪录。在 6.5 小时之内，纽约股指损失了 5 000 亿美元，这个价值相当于美国全年国民生产总值的 1/8。这次股市暴跌震惊了整个金融界，并在全世界股票市场产生了多米诺骨牌效应，伦敦、法兰克福、东京、悉尼、香港、新加坡等地股市均受到强烈冲击。股市暴跌狂潮在股民中引起了巨大恐慌，许多百万富翁一夜之间沦为贫民，数以千计的人精神崩溃。这一天被金融界称为“黑色星期一”，《纽约时报》称其为“华尔街历史上最糟糕的日子”。在“黑色星期一”之后，人们的心理发生了微妙的变化，交易者开始认为，出现价格极值的概率是不一样的，股价大跌的可能性要大于大涨的可能性，他们更关心股价大跌时的套期保值，因此保本类型的期权（通常是指低执行价格的看跌期权）需求旺盛，价格上涨，对应的隐性波动率也就更大。这种理论的结果和图 19-4、图 19-5 也是一致的。而对应的实证检验也支持这种理论。有实证研究表明，在 1987 年美国股市大崩盘之前，股权类期权的波动率微笑并没有特定的形状，而在“黑色星期一”之后，才出现了如图 19-4 所示的向下倾斜的波动率微笑的形状。

第四节　波动率期限结构

在现实世界中，对于标的资产相同的期权，交易者除了会推导相同到期期限的期权的隐性波动率随着执行价格的不同而变化的波动率微笑外，也会推导执行价格相同的期权的隐性波动率随着到期期限的不同而变化的关系，这种关系被称为波动率期限结构。值得注意的是，每一条波动率期限结构曲线都对应着一个特定的执行价格，而又以平价期权的波动率期限结构最为典型。波动率微笑和波动率期限结构都说明波动率不符合布莱克-斯科尔斯期权定价公式假设的常数性质。

然而，与波动率微笑有明显的形状相比，不同学者对不同地区、不同时间样本的波动率期限结构进行的研究，并没有向我们揭示一个波动率期限结构的明显形状。

有研究表明，当波动率处于较高水平时，随着期权到期期限的变长，隐性波动率下降，即波动率期限结构的曲线是向下倾斜的；相反，当波动率处于较低的水平时，随着期权到期期限的变长，隐性波动率上升，即波动率期限结构的曲线是向上倾斜的。

虽然我们不能肯定波动率期限结构的具体形状，但我们可以肯定的是，对于标的资产和执行价格相同的若干期权来说，随着它们到期日的不同，其隐性波动率也是变化的，波动率期限结构不会是一条水平线。

和波动率微笑类似，期权的基础资产不同，其波动率期限结构也是有所差别的。早期研究表明，标准普尔 500 指数期权的波动率期限结构的曲线是向上倾斜的，即到期期限较短的期权的隐性波动率比到期期限较长的期权的隐性波动率要低一些；而对于单张股票期权来说，其波动率期限结构的曲线却是向下倾斜的，即到期期限较短的期权的隐性波动率比到期期限较长的期权的隐性波动率要高一些。

图 19-6 是标准普尔 500 指数期权不同执行价格和不同到期期限的期权的隐性波动率之间的关系。

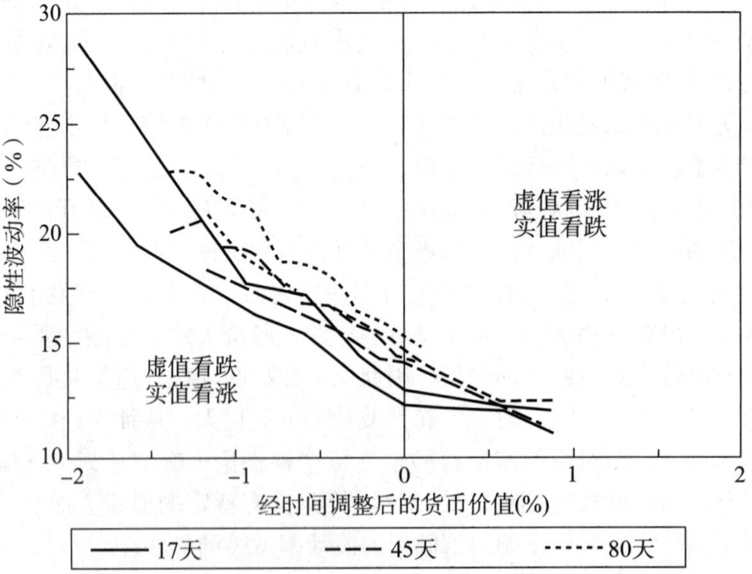

图 19-6　标准普尔 500 指数期权的波动率微笑与波动率期限结构

从图 19-6 中我们可以同时观察到波动率微笑和波动率期限结构的大致形状，图中每一条单独的线均代表标的资产和到期期限相同的期权的隐性波动率随着执行价格的变化而变化的形状，也就是波动率微笑。可以看到，股指期权的波动率微笑是向下倾斜的，这和我们在上一节中的结论一致。而从横轴上某一点向上作一条垂直的线，与各条波动率微笑曲线的交点的高低，暗示着标的资产和执行价格都相同的期权的隐性波动率随着期权到期日不同而变化的关系，也就是本节讲到的波动率期限结构。可以看到，80 天到期的期权的隐性波动率是最高的，其次是 45 天到期的期权，隐性波动率最低的是 17 天到期的期权。从横轴上每一点出发向上作垂线，都会与各条波动率微笑曲线有几个交点，进而可以绘出一条波动率期限结构曲线，这条波动率期限结构曲线就对应着横轴上的执行价格。与图 19－6 对应的波动率期限结构的大致形状如图 19－7 所示。从图中我们可以看出，标准普尔 500 指数期权的波动率期限结构曲线是向上倾斜的。

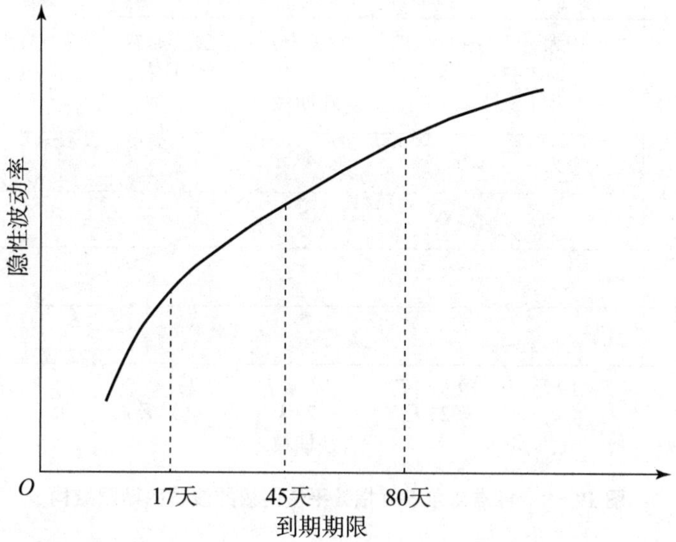

图 19－7　标准普尔 500 指数期权的波动率期限结构

我们再看一下个股的情况，图 19－8 描绘了 IBM 股票期权的波动率微笑和波动率期限结构的形状。

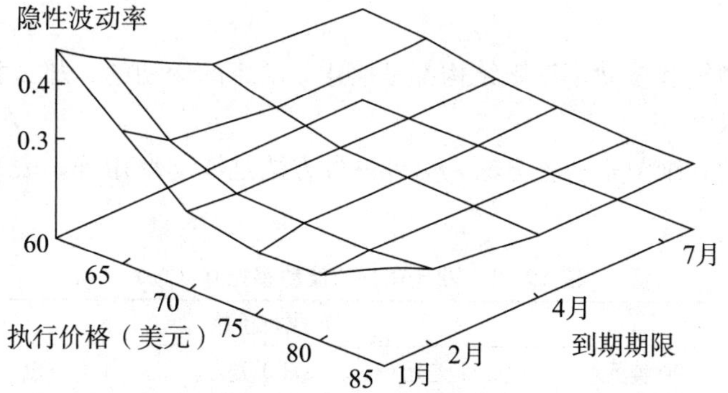

图 19－8　IBM 股票期权的波动率微笑与波动率期限结构

图 19－8 是一个三维图，分别在两个方向上展示了隐性波动率随着执行价格和到期期限的变化是如何变化的，从图中我们可以看到个股期权的波动率微笑和波动率期限结构都是向下倾斜的。

我们实证分析了 2000—2001 年标准普尔 500 指数平值期权的波动率期限结构，发现该样本期间内股指期权的波动率期限结构呈现倒 U 形特征，见图 19－9。

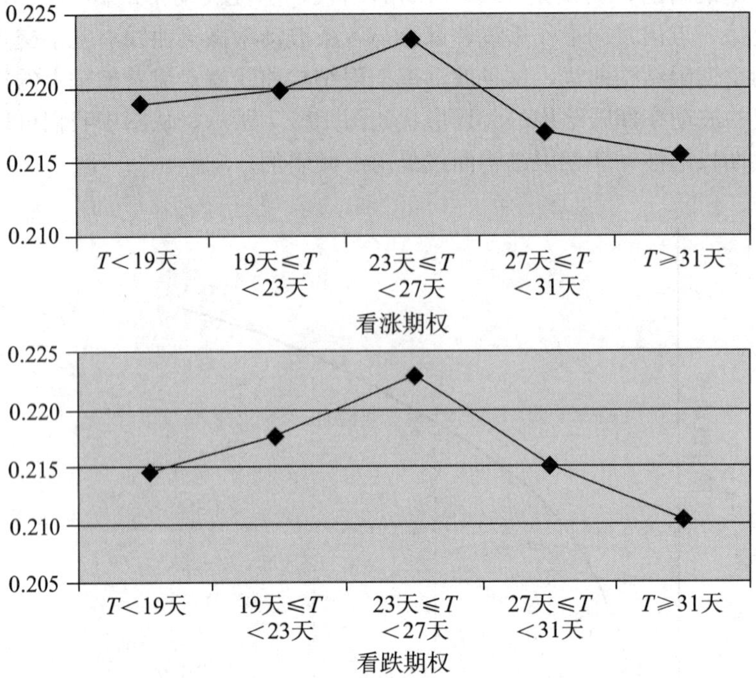

图 19-9　标准普尔 500 指数平值期权的波动率期限结构

从图 19-9 中我们可以看出，从看涨期权和看跌期权得出的波动率期限结构的形状是差不多的，这和我们在第一节中由看涨期权和看跌期权平价等式得出的结论一致。波动率期限结构之所以呈现倒 U 形，可能的解释是：由于是平价期权，若期权到期期限太短，则价格变化使得期权盈利的希望不大，而若到期期限太长，不确定性又太大，所以投资者都偏向于购买中等到期期限的期权，因此这类期权的需求增加，价格升高，隐性波动率也随之升高。

既然波动率微笑和波动率期限结构都是描述波动率的变动的，那么我们有什么办法可以将两者结合起来？

图 19-8 中的三维图是一种方法，另外一种方法是波动率矩阵，表 19-1 提供了一个例子。

表 19-1　欧元期权的波动率矩阵（%）

到期期限	执行价格				
	0.90 美元	0.95 美元	1.00 美元	1.05 美元	1.10 美元
1 月	14.2	13.0	12.0	13.1	14.5
3 月	14.0	13.0	12.0	13.1	14.2
6 月	14.1	13.3	12.5	13.4	14.3
1 年	14.7	14.0	13.5	14.0	14.8
2 年	15.0	14.4	14.0	14.5	15.1
5 年	14.8	14.6	14.4	14.7	15.0

在表 19-1 的波动率矩阵中，每一行描述的是相同到期期限的期权的隐性波动率随着执行价格的变化而变化的关系，可以据此绘出一条波动率微笑曲线；而每一列描述的是相同执行价格的期权的隐性波动率随着到期期限的变化而变化的关系，可以据此绘出一条波动率期限结构曲线。

波动率矩阵通常被用于为新的期权或权证定价，在理论上，任何执行价格和到期期限的波动率都可以通过波动率矩阵得出，矩阵中列举的执行价格和到期期限都是有限的。如果需要定价的期权的执行价格或到期期限没有在表中列出，可以通过线性插值的方法求得。如现在要给期限为 1 年、执行价格为 1.02 美元的期权定价，则用于该期权定价的波动率为：

$$\sigma=13.5\%+\frac{1.02-1.00}{1.05-1.00}\times(14.0\%-13.5\%)=13.7\%$$

本章小结

布莱克-斯科尔斯期权定价公式假设期权标的资产的波动率是一个常数，而在实际中，波动率本身也是变动的，它随着期权执行价格的变化和期权到期期限的变化而不断变化。人们通常将隐性波动率随执行价格变化的关系称为波动率微笑，而将隐性波动率随到期期限变化的关系称为波动率期限结构。

虽然波动率微笑和波动率期限结构证明了实际中的波动率并不符合布莱克-斯科尔斯期权定价公式的假设，但是这并不意味着布莱克-斯科尔斯期权定价公式就失去了效用。实际上，布莱克-斯科尔斯期权定价公式是期权投资者最广泛使用的最有效的定价工具，只不过在了解了波动率微笑和波动率期限结构后，人们开始根据不同的执行价格和到期期限来调整用于期权定价的波动率，再将经过调整后的波动率用于布莱克-斯科尔斯期权定价公式，结果和市场价格非常接近。布莱克-斯科尔斯期权定价公式被市场证实是过去几十年来最严格和最有用的金融模型，也因此得到了众多投资者的青睐而被广泛使用。

练 习 题

1. 标的资产、执行价格和到期期限均相同的欧式看涨期权和欧式看跌期权的隐性波动率之间有怎样的联系？试说明。

2. 什么是波动率微笑？它是如何得名的？

3. 外汇期权的波动率微笑的形状是怎样的？这种形状的成因又是什么？

4. 股权类期权的波动率微笑的形状是怎样的？这种形状的成因又是什么？

5. 从股权类期权的波动率微笑的形状可以推测出股票价格的隐含分布是不对称的，那么如何来解释这种分布的不对称呢？

6. 什么是波动率期限结构？它的形状存在规律吗？

7. 波动率微笑和波动率期限结构的存在冲击了布莱克-斯科尔斯期权定价公式的哪一个基本假设？这是否意味着该公式在实际应用中不再有效？

8. 已知波动率微笑曲线，如何构造套利交易策略并从中获利？这种策略的盈利性受到什么因素影响？请以美国标准普尔500指数期权的实际数据举例说明。

9. 实证检验期权定价模型有效性存在的主要问题是什么？

10. 期权交易者常说，深度虚值的期权定价实际上等于对波动率定价。如何理解这句话？

参考文献

[1] 瞿卫东．金融工程核心工具：期权．上海：文汇出版社，1998.

[2] 约翰·赫尔．期货与期权市场基本原理：英文版·第9版．北京：清华大学出版社，2021.

第二十章
奇异期权

本章导读

本章将介绍非标准期权的风险-收益结构特征以及相关的定价和对冲问题。非标准期权又被称作奇异期权。奇异期权产品的诞生不仅反映了风险管理对特定金融工具的需求，而且体现了客户对个性化金融产品的偏好。奇异期权对传统的期权进行了改进。一方面，这些改进满足了客户的个性化需求，如降低购买期权的成本、改变风险特征、提高资产与负债的匹配度。另一方面，它们也对产品的设计机构提出了新的要求：如何对奇异期权定价？如何实施有效的风险对冲？

本章将试图部分地回答这些问题。我们按照 Satyajit Das 的标准，将目前主流的期权产品划分为：路径依赖型、时间依赖型、极值依赖型、支付修正型、多因子型。第一节将对这五类产品的特征做简要的介绍。在后续的各节中，我们将具体分析亚式期权、障碍期权、复合期权、回望期权的定价问题，并讨论了风险对冲问题。

第一节　奇异期权概览

相对于传统的期权产品，奇异期权主要对到期收益的特征、附加期权激活或终止机制、多种标的资产等方面进行了创新。以亚式期权为例，期权的到期收益取决于某个时间段平均股价与执行价格之差，或者到期价格与某个时间段的平均股价之差。再以障碍期权（barrier option）为例，只有当标的价格达到某个临界值时，期权合约才会被激活生效或者终止废除。诸如此类的奇异期权特征源于业界对高级风险管理产品的需要以及投资银行为客户创造个性化金融产品的动机。

根据业界通行的划分标准，表 20-1 将目前主流的奇异期权产品划分为五大类。当然，在涉及具体的奇异期权产品时，产品结构可能既含有路径依赖特征，又含有极值依赖特征。

表 20-1 奇异期权产品分类

	产品子类	具体产品
奇异期权	路径依赖型期权	亚式期权 回望期权 阶梯期权
	时间依赖型期权	选择性期权 远期开始期权
	极值依赖型期权	障碍期权 自定义执行期权
	支付修正型期权	数值期权/两值期权 指数期权
	多因子型期权	复合期权 一篮子期权 交换期权 价差期权 彩虹期权

一、路径依赖型期权

路径依赖型期权（path-dependent option）的特征在于期权的到期收益依赖于标的资产的价格路径（而不仅仅是期权到期时刻的标的资产价格）。具体而言，路径依赖型期权可分为以下几类。

（一）亚式期权

当亚式期权到期时，其收益依赖于标的资产某时段的平均价格。通常而言，该类期权又可以划分为平均价格期权（average price option）和平均执行价格期权（average strike option）。

平均价格看涨期权（average price call）的到期收益为 $\max(0, S_{ave}-X)$；平均价格看跌期权（average price put）的到期收益为 $\max(0, X-S_{ave})$。其中，S_{ave}是按预定平均时期计算的标的资产的平均价格。平均价格期权比常规期权便宜，并且在某种程度上更符合公司财务管理的需要。设想一家中国出口公司希望对冲其美元销售收入的汇率风险，公司的财务主管更关心未来某时间段的平均汇率水平（而不是某一天的汇率水平）。

平均执行价格看涨期权（average strike call）的收益为 $\max(0, S-S_{ave})$，而平均执行价格看跌期权（average strike put）的收益为 $\max(0, S_{ave}-S)$。

（二）回望期权

回望期权（lookback option）赋予期权的多头在期权到期时选择最有利的执行价格的权利。具体而言，欧式回望看涨期权的收益等于最后股票价格超过期权有效期内股票最低价的价差。欧式回望看跌期权的收益等于期权有效期内股票最高价超过最后股票价格的价差。

（三）阶梯期权

阶梯期权（ladder option）的执行价格将基于标的资产价格的变化而周期性地调整。对于欧式阶梯期权而言，若执行价格的调整周期为无限小的区间，则欧式阶梯期权就等价于回望期权。

二、时间依赖型期权

时间依赖型期权（time-dependent option）的特征为：在期权到期前，期权的多头有权在某个时刻选择期权合约的某些特征，从而决定其最终的收益。最普遍的时间依赖型期权为选择性期权和远期开始期权。

（一）选择性期权

选择性期权（chooser option）在经过一个指定时期后，持有人能任意选择期权的类型：看涨期权或者看跌期权。假设做出选择的时刻为 t_1，此时选择性期权的价值为：

$$\max(c,\ p)$$

式中，c 为在 t_1 时刻的看涨期权价值；p 为在 t_1 时刻的看跌期权价值。

（二）远期开始期权

远期开始期权（forward start option）是现在支付期权费但在未来某时刻生效的期权。它们有时被用于雇员奖励计划。通常来说，在远期开始期权的生效时刻，将选择合适的执行价格以保证该期权在启动时处于不盈不亏的平值状态。

三、极值依赖型期权

极值依赖型期权（limit-dependent option）的特征在于：当标的资产的价格达到某个临界值时，期权合约将被激活或者失效。常见的极值依赖型期权包括障碍期权和自定义执行期权。

（一）障碍期权

障碍期权的收益依附于标的资产的价格在一个特定时期内是否达到预先设定的水平。若标的资产的价格达到这个水平，该期权可能作废，则这类期权被称为敲出期权（knock-out option）；若标的资产的价格达到某临界水平，该期权才被激活，则这类期权被称为敲入期权（knock-in option）。

根据临界值 H 与期权执行价格 X 的关系，看涨障碍期权可进行分类，如表 20－2 所示。

表 20－2　看涨障碍期权分类

类型	$H<X$	$H>X$
敲出期权	下降敲出看涨期权	上升敲出看涨期权
敲入期权	下降敲入看涨期权	上升敲入看涨期权

看跌障碍期权同样适用上面的分类方法。关于看跌（涨）障碍期权的定价，请参考后面的章节。

(二) 自定义执行期权

自定义执行期权是一种特殊的障碍期权，决定期权敲入或者敲出的价格并不是期权依附的标的资产价格，期权的买卖双方可以自行协商选择决定期权生效或作废的参考资产价格。

四、支付修正型期权

相对于传统期权产品，支付修正型期权对到期支付函数［payoff＝max(0，$S-X$）或者 max(0，$X-S$)］进行了调整。到期支付函数可能为一个阶梯函数或者幂函数。常见的支付修正型期权包括数值期权和指数期权。

数值期权又称两值期权（binary option)，期权的到期支付函数为：

$$\text{payoff}=\begin{cases}0, & 若\ S\leqslant X\\ P, & 若\ S>X\end{cases} \quad 或者 \quad \text{payoff}=\begin{cases}0, & 若\ S>X\\ P, & 若\ S\leqslant X\end{cases}$$

式中，P 为期权合约规定的固定价格。以看涨数值期权为例：在到期日，若股票价格低于执行价格，则该期权一文不值；若股票价格高于执行价格，则期权持有人将获得固定数额的支付。

相对于传统期权，指数期权的到期支付不再是关于标的股票价格的线性函数。在期权到期时，期权的支付是标的股票超过执行价格那部分的幂函数。指数期权放大了传统期权在实值状态下的支付，因此，指数期权比传统期权更贵。

五、多因子型期权

多因子型期权（multi-factor option）的标的资产不仅局限于单只股票或者指数，通常它可以依附于普通期权或者多个资产形成的组合。常见的多因子型期权包括复合期权（compound option)、一篮子期权（basket option)、交换期权（exchange option)、价差期权（spread option)、彩虹期权（rainbow option）等。

复合期权的标的资产是期权。复合期权按照买卖权种类可以划分为如下四类：基于某看涨期权的看涨期权、基于某看涨期权的看跌期权、基于某看跌期权的看涨期权、基于某看跌期权的看跌期权。复合期权有两个执行价格和两个到期日。考虑一张基于某看涨期权的看涨期权，在第一个执行日 T_1，复合期权的持有人选择是否执行该期权（买入新的期权)。若持有人选择行权，则他将按照期权合约规定的执行价格 X_1 购入标的看涨期权。标的看涨期权将赋予持有人在其到期日 T_2 按照执行价格 X_2 购买标的股票的权利。

一篮子期权的到期收益依附于一篮子特定资产的累积表现（cumulative performance)。以结构最简单的看涨期权、看跌期权为例，其到期支付为：

$$看涨期权=\max\left[\sum_{i=1}^{n} w_i S_i - X,\ 0\right]$$

$$看跌期权=\max\left[X-\sum_{i=1}^{n}w_iS_i,\ 0\right]$$

式中，w_i为第 i 种资产在篮子中所占的权重；S_i为篮子中第 i 种资产在到期时刻的价格；X 为期权的执行价格。购买一篮子期权类似于购买篮子中单个资产的期权组合，但一篮子期权的优势在于期权费可能更低。设想有 N 种标的股票，若任意股票 i 和 j 之间的相关系数$\rho_{i,j}<1$，则一篮子期权的价值一定低于购买单个标的股票对应的期权的价值之和，原因在于投资组合分散了单个资产的非系统性风险，自然也就降低了相应的风险溢价。

交换期权又被称为资产交换期权。以美国投资者持有的使用瑞士法郎购买欧元的期权为例，该投资者本质上是要将一种外币资产转换为另一种外币资产。交换期权的到期支付为：

$$\max[0,\ S_2^*-S_1^*]$$

式中，S_2^* 代表在期权到期时刻标的资产 2 的价格；S_1^* 代表在期权到期时刻标的资产 1 的价格。

价差期权的特征在于期权的到期支付取决于两种标的资产到期时的价格之差。通常而言，标的资产分别为利率和股票指数。价差期权的到期支付函数可以表示为：

$$\max[0,\ (aS_1+bS_2+c)]$$

式中，a、b、c 为常数；S_1为第一种标的资产的价格；S_2为第二种标的资产的价格。当 $a=1$、$b=-1$、$c=0$ 时，价差期权等同于交换期权。价差期权主要被用于规避相对风险。一个资产管理经理可以使用价差期权来锁定其面临的相对利差风险，从而不用承担两个利率市场中相对利率变动带来的损失。

彩虹期权是一大类期权的总称，其关键特征在于期权的支付取决于两种或多种资产的相对表现。通常而言，彩虹期权具有三种结构：最好/最坏期权（best of/worst of option)、超额表现期权（out performance option)、最大/最小期权（maximum/minimum option)。

对于最好/最坏期权，持有人将实现两种（或者多种）标的资产最高（最好）的价格变化或者最低（最差）的价格变化。最好期权（best of option）的到期支付可表示为 $\max(\Delta S_1,\ \Delta S_2,\ \cdots,\ \Delta S_n)$；最坏期权（worst of option）的到期支付可表示为 $\min(\Delta S_1,\ \Delta S_2,\ \cdots,\ \Delta S_n)$。其中，$\Delta S_i$代表第 i 种资产相对于执行价格的百分比变化。期权的执行价格通常设定为每种标的资产的现价。

设想某一张最好期权依附于两只标的股票 X 和 Y；在期权到期时，期权的持有人将获得 X 和 Y 中百分比涨幅较高者对应的收益。假设股票 X 的涨幅为 6%，而股票 Y 的涨幅为 2.5%，则最好期权将支付给持有人 6%的涨幅收益。

彩虹期权通常被用于捕捉多种资产价格相对变化所产生的交易机会，尤其适用于两种资产在未来将同向变化但变化速度不同时。在实际应用中，资产管理者可以利用彩虹期权来改善投资组合的收益或者向投资者提供新型的理财产品。

第二节　亚式期权的定价

无论是平均价格期权还是平均执行价格期权，亚式期权的价值都取决于如下几个因素：平均价格的计算方式（算术平均/几何平均）、平均价格的取样方式（连续取样/离散取样）、平均价格的取样区间。对于几何平均亚式期权，研究人员给出了期权价值的解析解形式。而对于算术平均亚式期权，并不存在期权价值的解析解，只能通过数值方法求解。下面我们简单介绍普遍使用的三种方法：调整波动率法、解析法（适用于几何平均亚式期权）、近似模型法（适用于算术平均亚式期权）。

一、调整波动率法

亚式期权的价格平均过程在一定程度上降低了价格的波动率。因此，亚式期权的价值比传统期权要低，调整波动率法正是通过调整标的资产价格的波动率来近似估计亚式期权的价值。根据调整波动率法，调整后的波动率与原始的波动率具有如下关系：

$$\sigma'=\sigma\times\frac{1}{\sqrt{3}}$$

式中，σ'为调整后的波动率；σ为标的资产价格的波动率。根据调整后的波动率σ'，通过布莱克-斯科尔斯公式可估计亚式期权价值。

二、解析法

对于几何平均亚式期权，假设资产价格服从对数正态分布，且S_{ave}是S的几何平均值。根据对数正态分布的性质可知，S_{ave}也服从对数正态分布。据此，Kemna 和 Vorst 最早提出了几何平均亚式期权的定价公式。尽管存在解析定价公式，但该模型必须基于连续的几何平均过程，这与现实中离散的几何平均过程差异较大。因此，更适用的方法是下面的近似模型法。

三、近似模型法

对于算术平均亚式期权，由于服从对数正态分布的随机变量的算术平均值并不一定服从对数正态分布，因此难以获得解析定价公式。研究者通过将S_{ave}的分布做近似处理来解决这个问题。具体的方法为：假设S_{ave}服从对数正态分布，其一阶矩、二阶矩与S_{ave}的真实分布的一阶矩、二阶矩相同。我们可以估计S_{ave}的一阶矩、二阶矩，然后再利用对数正态分布的假设获得亚式期权的近似解。具体过程如下：

假设标的资产价格S服从对数正态分布，S_{ave}通过取连续的算术平均值得到，则亚式期权的近似定价公式类似于期货期权。

$$\text{亚式看涨期权价格}=e^{-rT}[FN(d_1)-XN(d_2)]$$
$$\text{亚式看跌期权价格}=e^{-rT}[FN(-d_2)-XN(-d_1)]$$

式中，

$$d_1=\frac{\ln(F/X)+(\sigma^2/2)T}{\sigma\sqrt{T}}$$
$$d_2=d_1-\sigma\sqrt{T}$$
$$F=M_1$$
$$\sigma^2=\frac{1}{T}\ln\left(\frac{M_2}{M_1}\right)$$

M_1 和 M_2 分别代表一阶矩、二阶矩：

$$M_1=\frac{e^{(r-q)T}-1}{(r-q)T}S$$

$$M_2=\frac{2e^{[2(r-q)+\sigma^2]T}S^2}{(r-q-\sigma^2)(2r-2q+\sigma^2)T^2}+\frac{2S^2}{(r-q)T^2}\times\left[\frac{1}{2(r-q)+\sigma^2}-\frac{e^{(r-q)T}}{r-q+\sigma^2}\right]$$

［例 20－1］　亚式期权定价。考虑一张基于无股利支付股票的平均价格看涨期权，股票价格为 50 元，执行价格为 50 元，年股票价格波动率为 40%，年无风险利率为 10%，有效期限为 1 年。此时，$S=50$，$X=50$，$r=0.10$，$q=0$，$\sigma=0.4$，$T=1$。如果该期权的平均值是几何平均值，可以将该期权视作常规期权进行估值，其中经调整后的波动率为 $0.4/\sqrt{3}$，即 23.09%，该期权的价值为 7.16 元。如果平均值是算术平均值，利用上式计算得到 $M_1=52.59$ 和 $M_2=2\,922.76$，从而可以得到该期权的价值为 5.62 元。

［例 20－2］　亚式期权被用于对冲规则现金流的汇率风险。假设某日本出口商的收入以美元计价。该出口商担心美元相对于日元走弱的汇率风险，从而降低其日元收入。为了有效地规避汇率风险，该出口商决定利用金融衍生品进行对冲。已知如下条件：

（1）预期全年总的收入现金流为 1 亿美元。

（2）现金流发生的具体时间点目前未知，但基于过去的经验，该现金流具有平稳性，即每周产生约 192 万美元的收入。

（3）在过去的一年中，日元相对于美元持续走强，但未来的汇率变化目前未知。

基于上述背景，出口商决定购买日元的外汇期权进行汇率风险对冲。目前，有两种对冲策略可供选择：

（1）购买一系列外汇期权（用美元购入日元），在本例中购买 52 张，每一张期权的面值对应每周的现金流价值 192 万美元，并且这些期权间隔一周逐个到期。

（2）购买面值为 1 亿美元的亚式期权，期权的有效期为 1 年，恰好覆盖产生汇率风险的期间。

每周，出口商收到美元收入，并将其在外汇现货市场中转换为日元，同时在期权到期时执行各期权，从而达到对冲汇率风险的目的。下面我们主要比较一下利用一系列外汇期权进行对冲与用亚式期权进行对冲的成本。

假设在出口商建立外汇期权时刻的汇率为 1 美元＝104.50 日元。同时假定无论是一系列外汇期权还是亚式期权，其执行价格都为当前的汇率。通过计算得到一系列期权对冲的成本约为 1 亿美元的 3.60%，亚式期权的成本约为 1 亿美元的 3.00%；按当前的日元汇率计算，购买期权的价值分别为 3.762 亿日元和 3.135 亿日元。考虑两种风险对冲的情况。

假设出口商这一年累计的日元收入为 91.512 亿日元，即平均汇率为 91.512 日元/美元。

利用一系列期权对冲的方式，每周都会有期权到期，所有期权的收益为 7.996 亿日元，扣除购买期权的成本 3.762 亿日元后净收益为 4.234 亿日元，加上之前的日元收入 91.512 亿日元，合计 95.746 亿日元。因此，锁定的有效日元汇率为 1 美元＝95.746 日元。

利用亚式期权对冲的方式，期权的收益为 8.96 亿日元，扣除 3.135 亿日元的期权成本，加上 91.512 亿日元，合计 97.337 亿日元。因此，锁定的有效日元汇率为 1 美元＝97.337 日元。

对比这两种风险对冲手段，使用平均汇率对冲的效率更高，实现的有效汇率更高，原因主要有两个：

（1）相比于传统的期权，亚式期权的成本更低。

（2）考虑一种极端的情况：当日元相对于美元强势贬值时，日元汇率很有可能呈现直线下降的态势。在这种情况下，如果采用一系列期权策略，则相当大部分期权在到期时处于虚值状态，因此，总的期权收益不及使用亚式期权的高。

第三节　障碍期权的定价

障碍期权可以分为敲出期权和敲入期权两类。对于敲出期权，当标的资产的价格达到一个特定的障碍水平时，则该期权作废。对于敲入期权，只有当标的资产的价格达到一个特定的障碍水平时，该期权才得以存在。我们既可以获得障碍期权的解析定价，也可以利用叉树图来为其定价。

一、解析定价

一张下降敲出看涨期权（down-and-out call）可以被视为一张常规看涨期权，但如果资产价格达到某个障碍水平 H，则该期权作废，障碍水平低于初始股票价格。相应地，一张下降敲入看涨期权（down-and-in call）则可以被视为一张常规看涨期权，但只有当标的资产价格达到一个特定的障碍水平时，该期权才会被激活存在。

若 $H\leqslant X$，在 $t=0$ 时刻的下降敲入看涨期权的价值为：

$$c_{di}=Se^{-qT}(H/S)^{2\lambda}N(y)-Xe^{-rT}(H/S)^{2\lambda-2}N(y-\sigma\sqrt{T})$$

式中，

$$\lambda=\frac{r-q+\sigma^2/2}{\sigma^2}$$

$$y=\frac{\ln[H^2/(SX)]}{\sigma\sqrt{T}}+\lambda\sigma\sqrt{T}$$

由于一张常规看涨期权的价值等于一张对应的下降敲入看涨期权的价值和一张下降敲出看涨期权的价值之和，因此一张下降敲出看涨期权的价值 c_{do} 等于一张常规看涨期权的价值 c 减去相应的下降敲入看涨期权的价值 c_{di}，即

$$c_{do}=c-c_{di}$$

若 $H\geqslant X$，则 c_{do} 和 c_{di} 的价值分别为：

$$\begin{aligned}c_{do}=&SN(x_1)e^{-qT}-Xe^{-rT}N(x_1-\sigma\sqrt{T})\\&-Se^{-qT}(H/S)^{2\lambda}N(y_1)\\&+Xe^{-rT}(H/S)^{2\lambda-2}N(y_1-\sigma\sqrt{T})\end{aligned}$$

$$c_{di}=c-c_{do}$$

式中，

$$x_1=\frac{\ln(S/H)}{\sigma\sqrt{T}}+\lambda\sigma\sqrt{T}$$

$$y_1=\frac{\ln(H/S)}{\sigma\sqrt{T}}+\lambda\sigma\sqrt{T}$$

当 H 大于当前的资产价格时，一张上升敲出看涨期权（up-and-out call）可被视为一张常规看涨期权，但如果资产价格上升到障碍水平 H，则该期权作废。相应地，一张上升敲入看涨期权（up-and-in call）可被视为一张常规的看涨期权，但只有当标的资产价格水平位于障碍水平 H 之上时，该期权才得以存在。

若 $H\leqslant X$，上升敲出看涨期权 c_{uo} 的价值为 0，上升敲入看涨期权 c_{ui} 的价值为 c。

若 $H\geqslant X$，则 c_{uo} 和 c_{ui} 的价值分别为：

$$\begin{aligned}c_{uo}=&SN(x_1)e^{-qT}-Xe^{-rT}N(x_1-\sigma\sqrt{T})\\&-Se^{-qT}(H/S)^{2\lambda}N(y_1)\\&+Xe^{-rT}(H/S)^{2\lambda-2}N(y_1-\sigma\sqrt{T})\end{aligned}$$

$$c_{ui}=c-c_{uo}$$

看跌障碍期权的特征类似于看涨障碍期权。当 H 大于当前资产价格时，一张上升敲出看跌期权（up-and-out put）是一张常规看跌期权，但如果资产价格上升到障碍水平 H，则该期权作废。当 H 小于当前资产价格时，一张上升敲入看跌期权（up-and-in put）是一张常规看跌期权，但只有当标的资产价格位于障碍水平 H 以上时，该期权才得以存在。

若 $H\geqslant X$，上升敲出看跌期权和上升敲入看跌期权的价值分别为：

$$p_{uo}=p-p_{ui}$$

$$p_{ui}=-Se^{-qT}(H/S)^{2\lambda}N(-y)+Xe^{-rT}(H/S)^{2\lambda-2}N(-y+\sigma\sqrt{T})$$

若 $H\leqslant X$，上升敲出看跌期权和上升敲入看跌期权的价值分别为：

$$\begin{aligned}p_{uo}=&-SN(-x_1)e^{-qT}+Xe^{-rT}N(-x_1+\sigma\sqrt{T})\\&+Se^{-qT}(H/S)^{2\lambda-2}N(-y_1+\sigma\sqrt{T})\end{aligned}$$

$$p_{ui}=p-p_{uo}$$

一张下降敲出看跌期权（down-and-out put）是一张看跌期权，当达到某个低于当前资产价格的障碍水平时，该期权作废。一张下降敲入看跌期权（down-and-in put）是一张看跌期权，只有当标的资产价格达到一个特定的障碍水平时，该期权才被激活存在。

若 $H\geqslant X$，则

$$p_{do}=0$$

$$p_{di}=p$$

若 $H\leqslant X$，则

$$p_{do}=p-p_{di}$$

$$\begin{aligned}p_{di}=&-SN(-x_1)e^{-qT}+Xe^{-rT}N(-x_1+\sigma\sqrt{T})\\&+Se^{-qT}(H/S)^{2\lambda}[N(y)-N(y_1)]\\&-Xe^{-rT}(H/S)^{2\lambda-2}[N(y-\sigma\sqrt{T})-N(y_1-\sigma\sqrt{T})]\end{aligned}$$

二、叉树定价

叉树模型在被扩展后，也可被用于为障碍期权定价。如果仅利用传统的二叉树或三叉树方法为障碍期权估值，收敛比较缓慢，只有在大量计算的前提下才能获得一个精确合理的结果。原因是树图设定的障碍节点与真实的障碍不同。通常，我们定义包含在真实障碍之内的那些节点所形成的障碍（即更靠近树图中央的障碍）为内部障碍（inner barrier），在真实障碍之外的那些节点所形成的障碍（即远离树图中央的障碍）为外部障碍（outer barrier）。图 20－1 和图 20－2 说明了在真实障碍为水平的时，某个三叉树和二叉树的内外部障碍。通常，我们隐含地假定外部障碍为真实障碍，即障碍条件先在这些障碍节点处使用。为了克服外部障碍与真实障碍不符的问题，可以在构建叉树模型时做适当调整。通常，这种调整对于三叉树模型更有效。

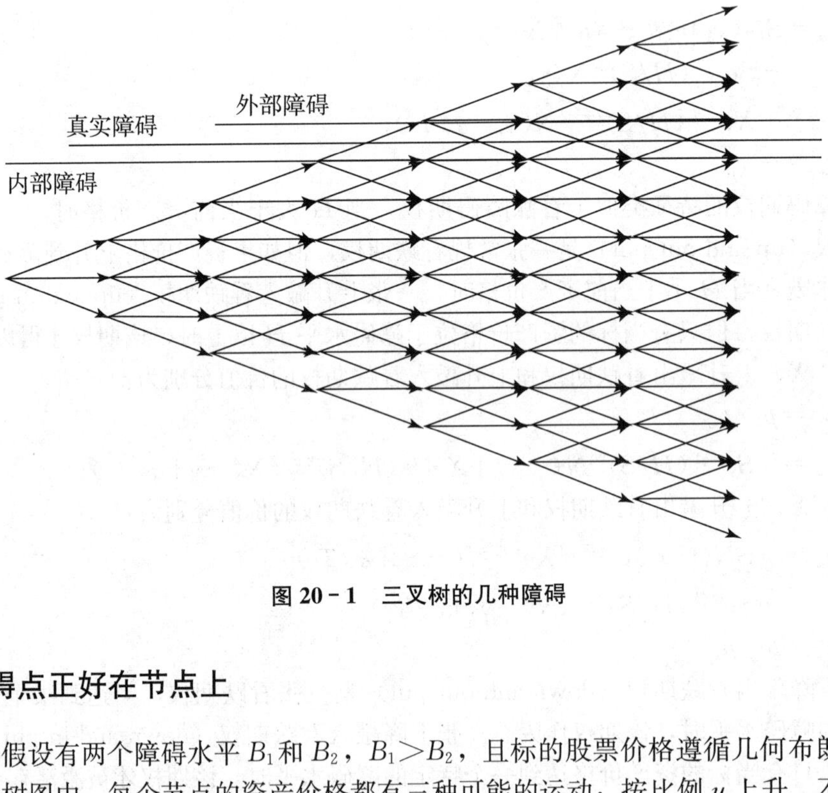

图 20－1　三叉树的几种障碍

三、障碍点正好在节点上

我们假设有两个障碍水平 B_1 和 B_2，$B_1>B_2$，且标的股票价格遵循几何布朗运动。在某个三叉树图中，每个节点的资产价格都有三种可能的运动：按比例 u 上升、不变、按比例 d 下降，且 $d=\frac{1}{u}$。我们总可以选择 u 使得节点正好位于两个障碍水平上。对某个整数 N，u 应满足：

$$B_2=B_1u^N$$

即

$$\ln B_2=\ln B_1+N\ln u$$

通常，在三叉树模型中 u 的隐含值为 $e^{\sigma\sqrt{3\Delta t}}$，因此，我们选择的 $\ln u$ 应满足：

$$\ln u=\frac{\ln B_2-\ln B_1}{N}$$

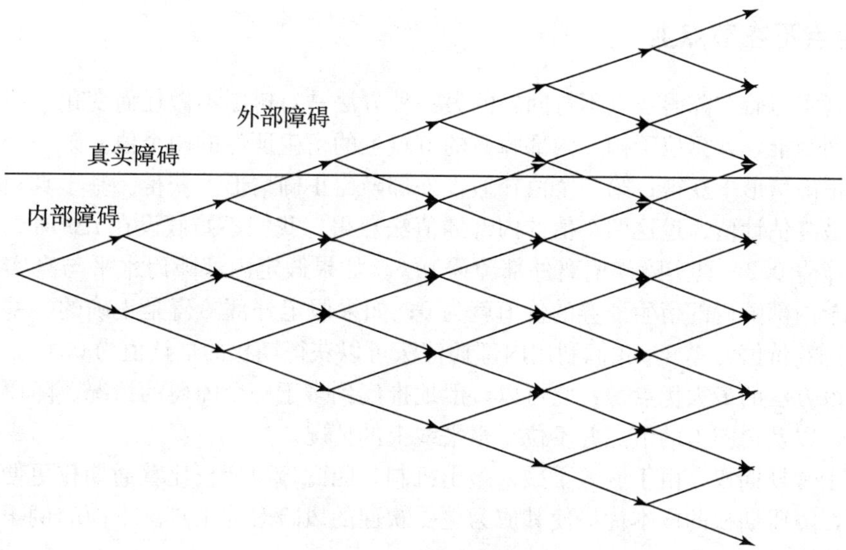

图 20-2 二叉树的几种障碍

式中，

$$N=\text{int}\left[\frac{\ln B_2-\ln B_1}{\sigma\sqrt{3\Delta t}}+0.5\right]$$

除了要求真实障碍水平在叉树节点上外，我们通常也希望股票价格三叉树以初始股票价格为中心节点。在这种情况下，第一个节点的股票价格即为初始股票价格。我们可以选择 $\ln u$，使其对于某个整数 M 满足下面的关系：

$$M=\text{int}\left[\frac{\ln S-\ln B_1}{\ln u}+0.5\right]$$

这样就产生了如图 20-3 所示的三叉树图。

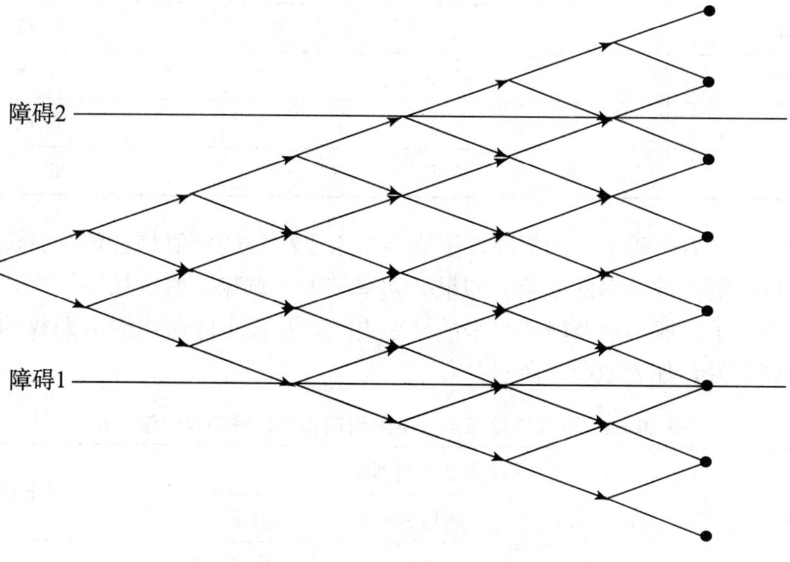

图 20-3 经过调整的三叉树图

四、障碍点不在节点上

处理真实障碍与障碍节点不符问题的另一种方法是对树图不做任何变化。我们对三叉树进行滚动倒推，计算位于构成内部障碍的节点上的衍生证券的两个值。第一个值在假设内部障碍正确情形下获得；第二个值在假设外部障碍正确情形下获得。基于真实障碍的衍生证券的最终估计值通过这两个值的内部插值法获得。我们不妨假设在 $i\Delta t$ 时刻真实障碍偏离内部障碍 0.2，真实障碍偏离外部障碍 0.6。如果假定内部障碍水平与真实障碍水平相符，基于内部障碍的衍生证券的价值就为 0；如果假定外部障碍是正确的，基于外部障碍的衍生证券价值为 1.6。我们利用内部插值法可以获得期权的估计值为 0.4。

利用该方法的最大优点是：它可以一般地推广到多于一个障碍的情况、障碍不是水平时的情况，以及树图上的节点并不位于水平线上的情况。

相对于常规期权，由于嵌入了敲入敲出机制，因此障碍期权比普通期权更便宜，在某些情况下，障碍期权的成本优势使其成为更受欢迎的风险对冲工具。下面的例子对比了障碍期权与传统期权的成本。

[例 20-3] 为下降敲出看涨期权定价。考虑下面的参数设置：资产价格 $S=1\ 000$ 元，$K=1\ 000$ 元，$T=0.5$，$\sigma=20\%$，$r_f=6\%$，$q=1.50\%$。假设一个下降敲出看涨期权的障碍水平 H 为 950 元。根据我们编写的基于 Excel VBA 的定价程序得出该期权的价值为 4.51 元，而基于上面参数的传统看涨期权的价值为 6.72 元。显然，亚式期权比传统期权的成本更低。随着障碍水平 H 的降低，亚式看涨期权逐渐逼近一个普通的看涨期权（触及下限的概率逐步减小），其价值也逐渐逼近传统看涨期权的价值（见表 20-3)。

表 20-3 不同障碍水平下下降敲出看涨期权与传统看涨期权价值对比 单位：元

障碍水平	下降敲出看涨期权	传统看涨期权
999	0.12	6.72
975	2.68	6.72
950	4.51	6.72
900	6.24	6.72
800	6.70	6.72
700	6.71	6.72

通常而言，随着障碍水平的下降，下降敲出看涨期权的价值趋近传统看涨期权价值的速度还受到标的资产波动率的影响。如果波动率较大，意味着股价振幅较大，那么在同等障碍水平的条件下，股价触及障碍水平的概率更大，从而下降敲出看涨期权的价值趋近传统期权的速度更慢，如表 20-4 所示。

表 20-4 不同波动率条件下障碍期权与传统期权价值对比

波动率（%）	下降敲出看涨期权(元)			传统看涨期权（元）
	障碍=950	障碍=900	障碍=800	
15	4.25	5.24	5.35	5.35

续表

波动率（%）	下降敲出看涨期权(元)			传统看涨期权（元）
	障碍＝950	障碍＝900	障碍＝800	
20	4.51	6.24	6.70	6.72
30	4.74	7.52	9.30	9.42
40	4.84	8.24	11.46	12.20

[例 20－4]　障碍期权的应用——结构性套期保值。假设投资者卖空了某种资产，当前的资产价格是 1 000 元。相对于投资者准备在 900 元时买回资产，投资者目前已经遭受了 100 元的损失。一方面，投资者担心未来资产价格上涨造成投资损失，因此决定使用看涨期权来对冲潜在的风险。另一方面，投资者也担心如果资产价格下跌，则购入期权的意义就不大。在对市场未来走势判断不清晰的情况下，投资者可以利用敲入/敲出障碍期权来为头寸提供结构性的保护。投资者可选的策略有以下几种：

(1) 传统看涨期权。购入执行价格 $K=900$ 元的看涨期权，期权的有效期为 6 个月，期权费为空头头寸价值的 13.22%。看涨期权向投资者提供了保护：当资产价格超过 900 元时，来自期权的收益可以抵消空头头寸的损失。然而，这种策略的劣势在于，购入期权的成本较高，并且在资产价格跌到 900 元之下后，期权完全失去了保护的意义。

(2) 上升敲入看涨期权。考虑某一上升敲入看涨期权，执行价格 $K=900$ 元，障碍水平＝1 100 元，期权的有效期为 6 个月。该期权的费用为空头头寸价值的 11.13%。如果资产价格没有超过 1 100 元，则该期权不会给投资者提供任何保护；一旦资产价格超过 1 100 元，则该期权就会被敲入，资产价格超过 1 100 元部分所造成的卖空头寸损失将被期权的收益抵消。因此，这种策略将损失锁定在 200 元以内。同时，对冲的成本较小，降低了 2.09 个百分点。

(3) 下降敲出看涨期权。考虑某一下降敲出看涨期权，执行价格 $K=900$ 元，障碍水平为 950 元，期权的有效期为 6 个月，该期权的成本约为空头头寸的 7.45%。这个策略一方面提供给投资者资产价格上涨的保险：超过 900 元部分对应的损失将被来自期权的收益抵消（资产价格同时也超过 950 元）。当资产价格跌到 950 元以下时，期权将消失。因此，投资者最多将面临 50 元的损失。利用这种策略，对冲成本降低了 5.77 个百分点。

第四节　复合期权的定价

复合期权的标的资产仍然是期权。复合期权主要可以分为四类：基于某看涨期权的看涨期权、基于某看涨期权的看跌期权、基于某看跌期权的看涨期权、基于某看跌期权的看跌期权。复合期权有两个执行价格和两个到期日。对于复合期权的定价存在解析解。

当通常的几何布朗运动假设成立时，欧式复合期权可以用二维正态分布的积分解析形式来估值。在 $t=0$ 时刻，基于某看涨期权的欧式看涨期权的价值为：

$$Se^{-qT_2}M(a_1, b_1; \sqrt{T_1/T_2})-X_2e^{-rT_2}M(a_2, b_2; \sqrt{T_1/T_2})-e^{-rT_1}X_1N(a_2)$$

式中，

$$a_1=\frac{\ln(S/S^*)+(r-q+\sigma^2/2)T_1}{\sigma\sqrt{T_1}}$$

$$a_2=a_1-\sigma\sqrt{T_1}$$

$$b_1=\frac{\ln(S/X_2)+(r-q+\sigma^2/2)T_2}{\sigma\sqrt{T_2}}$$

$$b_2=b_1-\sigma\sqrt{T_2}$$

式中，$M(\cdot)$ 为正态累积分布函数，若 S^* 为 T_1时刻的股票价格，对应此价格的 T_1时刻的期权价格等于 X_1。如果 T_1时刻的实际股票价格大于 S^*，则第一张期权将被执行，投资者获得第二张期权；否则，期权到期无价值。

运用类似的符号，基于某看涨期权的欧式看跌期权的价值为：

$$X_2e^{-rT_2}M(-a_2,\ b_2;\ -\sqrt{T_1/T_2})$$
$$-Se^{-qT_2}M(-a_1,\ -b_1;\ -\sqrt{T_1/T_2})+e^{-rT_1}X_1N(-a_2)$$

基于某看跌期权的欧式看涨期权的价值为：

$$X_2e^{-rT_2}M(-a_2,\ b_2;\ -\sqrt{T_1/T_2})$$
$$-Se^{-qT_2}M(-a_1,\ -b_1;\ -\sqrt{T_1/T_2})-e^{-rT_1}X_1N(-a_2)$$

基于某看跌期权的欧式看跌期权的价值为：

$$Se^{-qT_2}M(a_1,\ -b_1;\ -\sqrt{T_1/T_2})$$
$$-X_2e^{-rT_2}M(a_2,\ -b_2;\ -\sqrt{T_1/T_2})+e^{-rT_1}X_1N(a_2)$$

[例 20-5]　复合期权的定价。考虑某一基于看涨期权的复合看涨期权。相关的参数如下：资产价格 S 为 100 元，年化波动率 σ 为 20%，无风险利率为 5%。复合期权的执行价格 K_1为 4.00 元，标的期权的执行价格 K_2为 125 元，复合期权的有效期为 6 个月，标的期权的有效期为 12 个月。

根据我们的 Excel VBA 定价程序计算得到复合期权的价值为 1.97 元，而传统的看涨期权价值为 4.41 元。如果在复合期权到期时选择执行该期权，则总成本为 1.97+4.00=5.97(元)。相比于传统的期权，成本高 1.56 元，即 35%。若在 6 个月后放弃执行该复合期权，则放弃的成本为 1.97 元，相比于放弃传统的看涨期权，放弃的成本低 2.44 元。表 20-5 反映了不同执行价格条件下复合期权与传统期权的价值对比情况。

表 20-5　不同执行价格下复合期权与传统期权的价值对比情况

执行价格（复合期权）(元)	3.00	3.50	4.00	4.50	5.00
复合期权价值(元)	2.37	2.16	1.97	1.79	1.64
执行复合期权总成本(元)	5.37	5.66	5.97	6.29	6.64
传统期权价值(元)	4.41	4.41	4.41	4.41	4.41
价值差(元)	0.96	1.25	1.56	1.88	2.23
价值差百分比(%)	22	28	35	43	51

注：价值差=执行复合期权总成本−传统期权价值。价值差百分比=价值差÷传统期权价值×100%。

[例 20-6]　复合期权的应用——或有对冲。假设一家中国公司正在竞标一张出口

美国的商品合约，竞标是否成功将在 6 个月后揭晓。如果该公司中标，则这将在 9 个月后（从合同签署日起算）给公司带来 6 000 万美元的销售收入。若该公司不对冲潜在的美元/人民币汇率风险，将可能因美元走弱而遭受损失。在这种情况下，公司可以在当前买入一张复合期权，其标的资产是 9 个月期的人民币看涨期权，该复合期权的有效期为 6 个月。

若 6 个月后该公司竞标成功，则可能出现的情况为：

(1) 若美元相对人民币贬值，则人民币看涨期权的价值上升；公司会选择执行这张复合期权，以较低的成本购入一张人民币看涨期权。

(2) 若美元相对人民币升值，则人民币看涨期权的价值下降；公司不会选择执行这张复合期权，让它自然到期作废后，公司将在市场上以更低（相对于复合期权的执行价格）的价格购入人民币看涨期权。

若 6 个月后该公司竞标失败，则可能出现的情况为：

(1) 若美元相对人民币贬值，则人民币看涨期权的价值上升；公司可以按照执行价格执行这张复合期权获得人民币看涨期权，然后以更高的市场价格卖出看涨期权，从而获得价差收益。

(2) 若美元相对人民币升值，则人民币看涨期权的价值下跌；公司不采取任何措施，让期权自然到期。公司最大的损失无非较低的复合期权费。

对于复合期权结构，若合同竞标成功，则总的期权成本比仅购买人民币看涨期权更高；若合同竞标失败，则放弃期权的成本比放弃传统期权的成本小很多。这种特点为公司的风险管理提供了更灵活的工具。

第五节　回望期权的定价

回望期权是一种路径依赖型期权，看涨回望期权可以选择按照期权生命期内最低的价格购入标的资产；相应地，看跌回望期权可以选择按照期权生命期内最高的价格卖出标的资产。本节将介绍利用二叉树模型进行回望期权的估值。

我们假设对基于无股利支付股票的美式回望期权进行定价。若在 τ 时刻执行看跌期权，收益为在时刻 0 与 τ 之间最高股价超过当前股价的数额。我们假设股价为 50 元，股价的波动率为每年 40%，无风险利率为每年 10%，期权的总有效期为 3 个月。我们考虑一个有三个时间步长的二叉树。根据上面的条件，可以推出：$S=50$ 元，$\sigma=0.4$，$r=0.10$，$\Delta t=0.083\ 33$ 年，$u=1.122\ 4$，$d=0.890\ 9$，$p=0.507\ 3$。由此可以得到如图 20－4 所示的股价二叉树。

在二叉树的末端，回望期权的价值为对应路径的最高价超出当前价格的部分。以 A 点为例，只有一条路径可以到达 A 点，且对应路径的最高价与当前价格相同。因此，期权在 A 点的价值为 0 元。图中，A 点第一行的 70.70 元代表当前股价，第二行的 70.70 元代表对应路径的最高价，最后一行的 0 元代表期权的价值。

再以 B 点为例，B 点对应了三条路径，可能的最高价分别为 62.99 元或者 56.12 元。对于路径 1（其中最高价为 62.99 元的路径），回望期权的到期价值为 $62.99-56.12=$

6.87(元)。对于最高价为 56.12 元的路径，期权到期时的价值为 0 元。同理，可以得到二叉树末端其他点的期权价值。

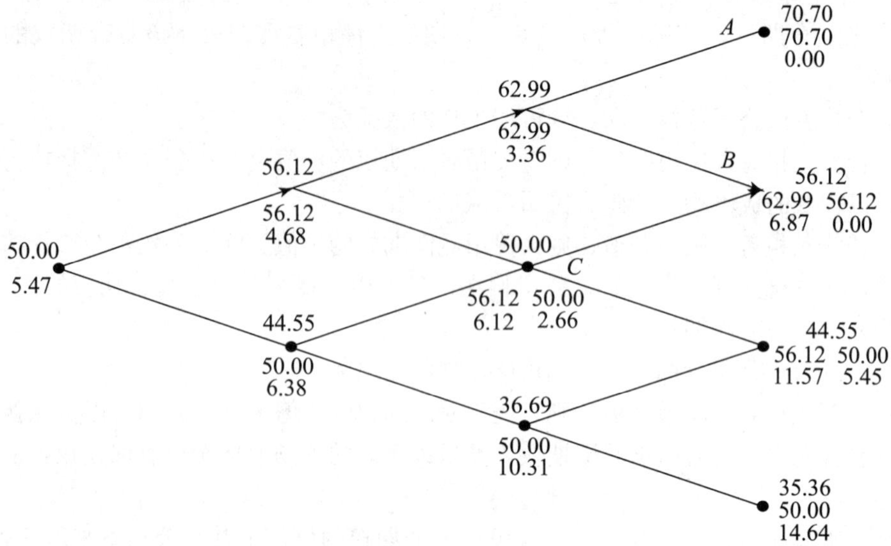

图 20-4　美式回望期权定价的二叉树图（元）

利用滚动倒推法，确定第二个时间步长末端的期权价值。以 C 点为例，C 点可能位于两条价格路径之上。第一条价格路径是先上升再下降，第二条价格路径是先下降再上升。对于第一条价格路径，最高历史价格为 56.12 元；对于第二条价格路径，最高历史价格为 50.00 元（均包括终点价格）。因此，我们需要分情况讨论。

对于第一种情况，如果该美式期权提前执行，则期权的收益为 56.12−50＝6.12(元)；若不提前执行，则需要对 C 点的期权进行估值。在 C 点，如果股票价格向上运动，则期权到期的价值为 0 元；如果股票价格向下运动，则期权的到期价值为 56.12−44.55＝11.57(元)；因此，根据风险中性定价原则，期权在 C 点处的价值为：

$$(0\times 0.5073+11.57\times 0.4927)\times e^{-0.10\times 0.08333}=5.65(\text{元})$$

相比于 6.12 元，继续持有期权不是最优选择。因此，应该提前执行期权。那么，C 点的期权价值应该为 6.12 元。

对于第二种情况，如果美式期权被提前执行，则期权的收益为 0 元；如果不提前执行，那么若从 C 点向上运动，则期权的最高历史价格为 56.12 元，期权的收益为 0 元；如果从 C 点向下运动，则期权的最高历史价格为 50.00 元，期权的到期收益为 5.45 元。根据风险中性定价原则，期权在 C 点的价值为：

$$(0\times 0.5073+5.45\times 0.4927)\times e^{-0.10\times 0.08333}=2.66(\text{元})$$

显然，在这种情况下，期权不会被提前执行。因此，期权在 C 点的价值为 2.66 元。

对于剩余的节点，利用风险中性定价原则可以推导出期权在各节点处的价值，如图 20-4 所示。最终我们可以推导出美式回望看跌期权当前的价值为 5.47 元。

上述方法对于步长数较少的二叉树模型适用，当叉树模型的步长数太多时，在叉树中间的每个节点都需要考虑若干种路径对应的期权价值，这使得滚动倒推法比较复杂。下面再介绍一种为回望期权定价的简单方法。

我们先定义 $Y(t)=F(t)/S(t)$，其中，$F(t)$为到 t 时刻为止的最高股票价格。下面我们利用考克斯、罗斯和鲁宾斯坦的方法将图 20－4 的二叉树进行转换。

在 $t=0$ 时刻，$F=S$，故 $Y=1$。在 $t=1$ 时刻，若 S 向上运动，则 $Y=1$；若 S 向下运动，则 $Y=\frac{1}{d}=u$。继续这种操作，我们可以得到如图 20－5 所示的关于 $Y(t)$的树图。其中，$u=1.122\ 4$，$d=0.890\ 9$，$p=0.507\ 3$。

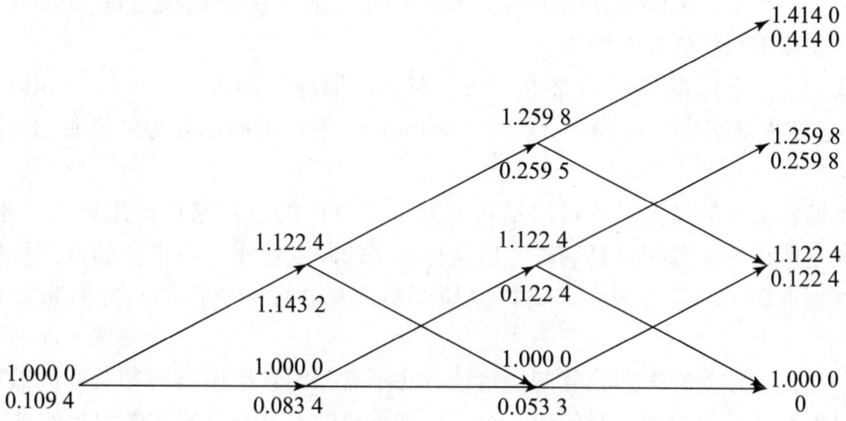

图 20－5　美式回望期权定价的有效方法（元）

在任何一个节点上，若该美式期权被提前执行，则期权的收益为 $SY-S$。以股票价格为单位表示，则期权的收益为 $Y-1$。在图 20－5 中，每个节点上面的数字代表 $Y(t)$，下面的数字代表该节点处对应的以股票价格为单位所表示的期权提前执行的收益。我们利用滚动倒推法对这个期权进行估价。在叉树图末端节点，期权的到期价值（以节点对应股价为单位）为 $Y-1$。往前倒推，如果令 $f_{i,j}$代表在 $i\Delta t$ 时刻第 j 个节点的回望期权价值，当 $j\geqslant 1$ 时，利用风险中性定价原则有：

$$f_{i,j}=\max\{Y-1,\ e^{-r\Delta t}[(1-p)f_{i+1,j+1}d+pf_{i+1,j-1}u]\}$$

值得注意的是，在上式中对不同节点对应的不同股价进行了调整。在（$i+1$，$j+1$）点对应的股价是在（i，j）点对应股价的 d 倍；在（$i+1$，$j-1$）点对应的股价是在（i，j）点对应的股价的 u 倍。因此，最终我们可以得到期权的价值为 $0.109\ 4\times 50=5.47$（元）。这与之前二叉树图得到的结论一致。

第六节　对冲问题

对于交易奇异期权的金融机构而言，与对奇异期权定价同样重要的事情便是如何对其承担的风险进行有效对冲。毫无疑问，前面章节介绍的评估和检测期权风险的 delta、gamma 和 vega 等希腊字母仍然可用于奇异期权的风险管理。

奇异期权特殊的结构增加了风险对冲的复杂度，但这并不意味着奇异期权的风险对冲总是比传统期权更复杂。考虑取平均价格的亚式期权，其平均周期是期权的整个生命期，标的资产是股票价格。随着时间的流逝，我们可以设想已经观察到了足够多的股票价格，此时平均价格已经非常稳定，尤其是在期权快到期时，即使某一天的价格出现了较大程度的波动，但对平均价格的影响并不大。因此，对于平均价格亚式期权来说，随着 t 趋近到期日 T，该期权的 delta 值通常接近于 0，价值很稳定。

当然，大部分奇异期权的风险管理过程是复杂的，比如对障碍期权的风险对冲。当标的资产价格未触及障碍水平时，障碍期权的希腊字母性质与普通期权完全一样。但一旦资产价格触及障碍水平，障碍期权的价值立即变为 0。因此，障碍期权的 delta 函数是一个非连续函数，在障碍水平处存在断点。

下面我们主要介绍两种套期保值方法，即动态期权复制法（dynamic option replication）和静态期权复制法（static option replication），并以障碍期权为例说明如何使用静态期权复制法。

对一个期权头寸的风险对冲可以通过复制标的资产的方式来保证组合头寸维持 delta 中性，这就是所谓的动态期权复制法。但这种方法的缺点在于，由于标的资产价格不断随时间的推移而变动，风险管理者需要频繁地调整被复制标的资产的头寸数量，交易成本太高。

另一种方法被称为静态期权复制法，该方法不需要频繁地调整对冲头寸的数量，通常可用于奇异期权的风险管理。我们以一个无股利支付的上升敲出看涨期权为例进行说明。

考虑一张 9 个月期的无股利支付的上升敲出看涨期权，标的股票的现价为 50 元，执行价格为 50 元，障碍水平为 60 元，无风险利率为 10%，波动率为 30%。该方法的基本思路是：要求在障碍期权到期时以及障碍水平被触发时，复制头寸的价值与障碍期权的价值相等。障碍期权的自然边界条件为：

$$c(S,\ 0.75)=\max(S-50,\ 0)，当\ S<60\ 时$$

$$c(60,\ t)=0，当\ S\geqslant 60\ 时$$

首先，考虑期权到期这个边界条件：若 $S<60$，则障碍期权的收益与一张普通的看涨期权相同。因此，我们可以考虑把一张 9 个月期的看涨期权（执行价格为 50 元）作为复制组合中的第一个工具，记为期权 1。

其次，我们再来考虑障碍水平触发条件。不妨将 9 个月期的有效期等分为 3 个阶段，每个阶段的时间步长 $\Delta t=0.25$ 年。在 $t=0.5$ 时刻，若触发条件满足，则障碍期权价值为 0 元。我们可以选择一张 9 个月期的看涨期权，其执行价格为 60 元，记为期权 2。一方面，在 $t=0.75$ 时，若 $S<60$ 元，该期权的价值为 0 元；另一方面，可以利用期权 1 和期权 2 构造组合，使其在 $t=0.5$ 且 $S=60$ 元时组合价值为 0 元。根据布莱克-斯科尔斯公式，当 $S=60$ 元时，在 6 个月的时点上，期权 2 的价值为 4.33 元，期权 1 的价值为 11.54 元。我们需要的期权 2 的头寸为 $-11.54/4.33=-2.67$ 单位。

再次，考虑在 $t=0.25$ 时刻的情况。可以选择一张 6 个月期看涨期权，其执行价格为 60 元，记为期权 3。一方面，在 $t=0.5$ 时刻，该期权的价值为 0 元；另一方面，可以将期权 3 与期权 1、期权 2 在 $t=0.25$ 时刻且 $S=60$ 元时构造成零价值组合。根据布莱克-斯科尔斯公式，当 $S=60$ 元时，在 3 个月的时点上，期权 3 的价值为 4.33 元，而期权 1、期权 2 组合的价值为 -4.21 元。我们所需的期权 3 的头寸为 $4.21/4.33=0.97$ 单位。

最后，我们在 $t=0$ 时刻寻找满足第二个边界条件的期权 4。依上述方法，选择一张常规的 3 个月期欧式看涨期权，执行价格为 60 元。期权 4 的头寸价值为 0.28 元，头寸数量为 0.23 单位。

在 $t=0$ 时刻，当股票价格为 50 元时，所选择的复制组合中各组成部分的头寸为：1 单位的期权 1，−2.67 单位的期权 2，0.97 单位的期权 3，0.23 单位的期权 4，组合价值总计 0.73 元。与上升敲出看涨期权的解析解 0.31 元比较，复制组合的成本更高。但随着时间步长数的增加，复制组合的价值会趋近 0.31 元。假设我们将时间分为 100 个步长，则复制组合的价值将为 0.32 元。

假设我们可以将时间步长划分得足够细，并且复制组合在边界点上与奇异期权的价值都相等，则根据无风险套利原理，可以推断在边界之内的点上，复制组合的价值与奇异期权的价值也相等。因此，我们可以持有复制组合和奇异期权的相反头寸来实现套期保值。在实际操作中，静态期权复制法的成本往往较高，但由于不需要频繁地调整头寸，因此静态期权复制法比动态期权复制法更有优势。除此之外，对于范围更广的期权也可以采用静态期权复制法来实现套期保值。

本章小结

奇异期权是一大类复杂的产品，在本章中我们对目前主要的新兴期权进行了简单的介绍，包括路径依赖型期权、时间依赖型期权、极值依赖型期权、支付修正型期权、多因子型期权。除了对各种类型奇异期权的基本结构进行分析外，我们重点介绍了亚式期权、障碍期权、复合期权、回望期权的定价问题和相关应用。对于大多数奇异期权而言，要获得解析解并非易事。即使能获得复杂的解析解，定价公式的实用性也会受到限制，这主要是因为定价公式的假设条件与实际情况不符合（比如，亚式期权采用非连续时间计算算术平均值）。鉴于此，对奇异期权定价行之有效的方法是通过数值分析法，即使用蒙特卡洛模拟对路径依赖型期权定价，使用叉树（二叉树/三叉树）模型对美式奇异期权定价。

在本章中，我们介绍了使用改进的叉树模型对障碍期权进行定价。传统叉树方法的缺点在于价格收敛速度太慢，这是因为真实障碍水平与叉树节点不符。为此，我们根据障碍水平来调整叉树的几何形状，以保证真实障碍恰好位于某个节点上。当然，不调整叉树的几何形状而直接使用内部插值法也是一种有效的方法。

我们也介绍了如何使用二叉树方法进行回望期权的定价。由于回望期权的路径依赖性，传统的二叉树方法计算较为复杂。我们采用了改进的叉树模型，它使用了变量转换的思想，以股票价格为单位来表示期权在各个节点的收益，从而简化了计算过程。

最后，我们讨论了奇异期权的风险对冲问题。对于亚式期权而言，风险对冲的难度比传统期权更低。但是，障碍期权等产品的 delta 和 gamma 等函数不具有连续性特征，对冲难度增大。若采用动态期权复制法，需要随时调整头寸，交易成本高。为此，采用静态期权复制法对奇异期权进行套期保值是一种有效的手段：寻找在某些边界点上与奇异期权价值相等的组合；然后持有复制组合和奇异期权的相反头寸来进行套期保值。

练习题

1. 描述具有相同有效期的回望看涨期权和回望看跌期权组合的收益图。

2. 假设 c_1和 p_1分别是执行价格为 X、有效期为 T 的欧式平均价格看涨期权和欧式平均价格看跌期权的价格，c_2和 p_2分别是执行价格为 X、有效期为 T 的欧式平均执行价格看涨期权和欧式平均执行价格看跌期权的价格，c_3和 p_3分别是执行价格为 X、有效期为 T 的常规欧式看涨期权和欧式看跌期权的价格。请证明下式成立：

$$c_1+c_2-c_3=p_1+p_2-p_3$$

3. 当障碍水平大于执行价格时，为什么下降敲出看跌期权的价值为零？请解释。

4. 利用有三个时间步长的树图估算某货币的美式回望看涨期权的价值，其中初始汇率为 1.5，国内年无风险利率为 7%，外国年无风险利率为 10%，年汇率波动率为 20%，有效期为 18 个月。

5. 在判断障碍水平是否达到时，我们增加观测资产价格的频率，某下降敲出看涨期权的价格是增加了还是减少了？如果是下降敲入看涨期权呢？

6. 解释为什么常规的欧式看涨期权可以拆分为下降敲出看涨期权和下降敲入看涨期权之和。

7. 基于某股票指数的美式回望看涨期权的有效期为 9 个月。当前指数水平为 400，年无风险利率为 6%，该指数的股利收益率为 4%，该指数的年波动率为 20%。运用本章第五节介绍的方法对期权进行估值。

8. 假设股票价格在 6 个月内保持在 40～60 元，某衍生证券在 6 个月后将支付 100 元。解释如何使用静态期权复制法来对冲该衍生证券的风险。

参考文献

[1] Boyle, P. P., J. Evnine, and S. Gibbs, "Numerical Evaluation of Multivariate Contingent Claims," *Review of Financial Studies*, 1989(2): 241-250.

[2] Conze, A. and Viswanathan, "Path Dependent Options: The Case of Lookback Options," *Journal of Finance*, 1991(46): 1893-1907.

[3] Das, Satyajit, *Structured Products Volume* 1: *Exotic Options*; *Interest Rates & Currency*, 3rd Edition Revised, New York: John Wiley & Sons, 2005.

[4] Geske, R., "The Valuation of Compound Options," *Journal of Financial Economics*, 1979(7): 63-81.

[5] Kemna, A. and A. Vorst, "A Pricing Method for Options Based on Average Asset Values," *Journal of Banking and Finance*, 1990(14): 113-129.

第二十一章

公司财务政策中的期权应用

本章导读

狭义的期权是指衍生工具的一种，但实际上，期权作为一种选择权无处不在。比如，我们可以以期权的思想来考察公司的财务结构，我们最熟悉的基础金融产品——股权和债权，都可以从期权的角度来理解。又如，期权的一些变体也广泛存在，比如具有各种收益特征的非标准期权，以及在亚欧市场交易比较活跃的权证，它们和标准期权很相似，但又有着自己的特点。再如，日常交易的传统有价证券也有不少内嵌了期权特征，如可转债就可以被看成普通债券内嵌了股票的看涨期权。另外，还有有助于解决公司委托-代理和高层管理人员激励约束相容问题的薪酬期权，以及公司在投资决策和投资战略中都应加以重视的各种实物期权。

在本章中，我们将介绍期权在公司财务政策中的一些典型应用。掌握期权不应该只掌握作为衍生工具的期权，还要掌握期权的思想，学会从期权的角度理解很多传统的金融问题，这将对我们非常有帮助。

第一节　债务、股权与期权

股权和债务是公司的资金来源，它们的比例决定了公司的资本结构，同时，它们也是我们最为熟悉的两种基础金融工具。殊不知，普通股股票和债务都可以从期权的角度来描述，而且既可以用看涨期权来描述，也可以用看跌期权来描述。为了便于理解，我们先从看涨期权开始。

［**例 21-1**］　某项目公司将承建一个 1 年期的项目，1 年之后公司将解散。该公司通过发行股票和 1 年期的债券来为项目筹集资金。已知第二年债券到期时公司需偿还本金和利息共 800 万元，而项目可能会面临不同的市场状况，因而收益是不确定的，各种情况下项目的现金流以及股东和债权人各自能收回的资金数量见表 21-1。

表 21-1　现金流预测　　单位：万元

类型	市场状况			
	市场状况较好	市场状况一般	市场状况较差	市场状况很差
项目现金流入	1 000	900	700	500

续表

类型	市场状况			
	市场状况较好	市场状况一般	市场状况较差	市场状况很差
债权人获得本息	800	800	700	500
股东获得现金流	200	100	0	0

从这个例题中我们可以看出，若以 K 表示公司需要偿还的债务本息之和，作为以出资额为限承担有限责任的股东，当市场状况不好、现金流小于 K 时，不管现金流如何减少，股东除了初始出资，损失并不会无限制增加，期末现金流为 0，而当市场状况较好时，大于 K 的全部现金流均流向股东，股东的现金流见图 21－1。

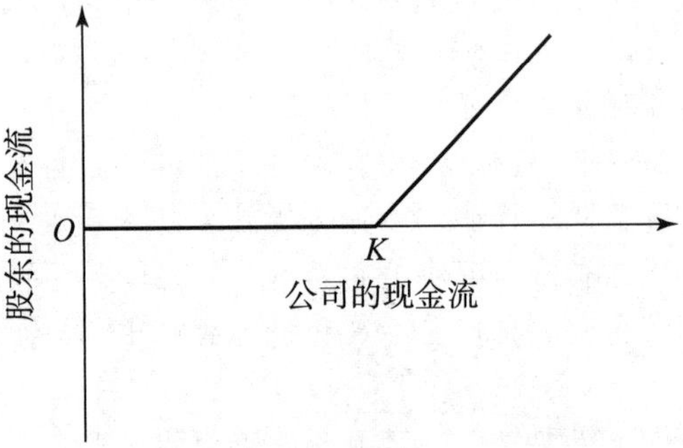

图 21－1　股东的现金流与看涨期权

图 21－1 和看涨期权的收益图非常类似，所以我们可以从看涨期权的角度来理解公司的股权。具体来讲，公司的股东拥有一个以公司本身为标的资产的看涨期权，而该看涨期权的执行价格正是公司所需支付的债务本息之和，在本例中为 800 万元。

当标的资产的未来价格也就是公司未来的现金流小于 800 万元时，股东将选择放弃执行期权，其损失也只限于零；而当资产的未来价格也就是公司未来的现金流大于 800 万元时，股东将选择执行这个期权，换言之，股东将以 800 万元的执行价格从债权人手中买走公司，因而可以获得公司未来现金流中高于 800 万元的部分。市场状况越好，公司的未来现金流就越多（即标的资产到期时的价格越高），股东的获利也就越大。

那么，债权又如何从看涨期权的角度来理解？先来看债权人的现金流（见图 21－2）。

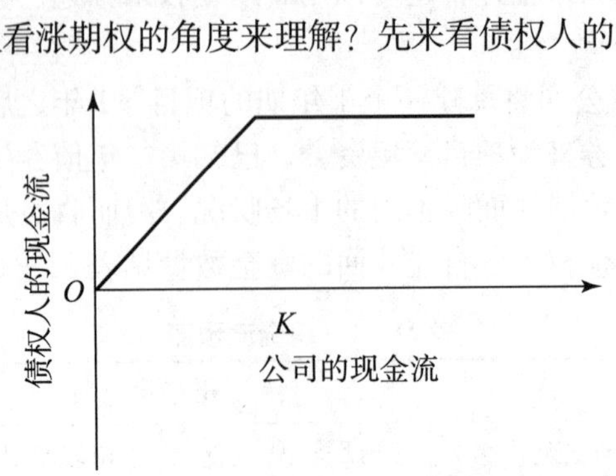

图 21－2　债权人的现金流与看涨期权

与前面的描述相对应，当公司未来现金流少于 800 万元时，股东放弃执行期权而空手离开公司，债权人保有公司所有权并获得所有现金流入。而当公司未来现金流大于 800 万元时，股东执行他们的期权，以 800 万元买走公司，债权人只获得 800 万元的执行价格。

对于如何从看涨期权的角度来看待债权，其实在上文中已经有所暗示。债权人可以被视为拥有以下权利的组合：

（1）债权人拥有公司；

（2）债权人出售了以公司整体为标的资产的执行价格为 800 万元的看涨期权。

我们通过图 21－3 来说明，从期权角度描述的现金流情况和从传统角度描述的是完全一样的。上述两种权利合成起来正是公司的债权。

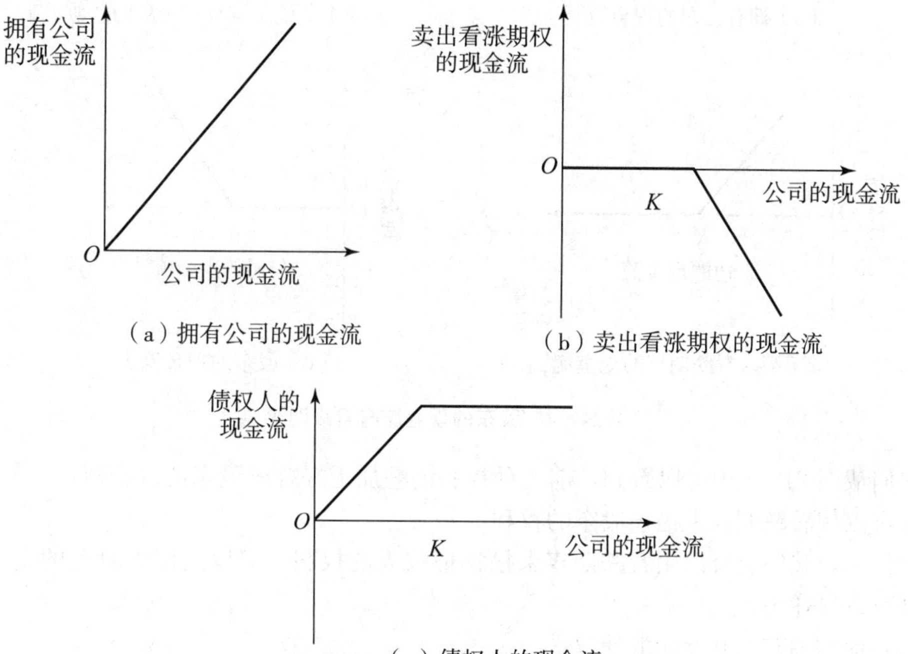

（c）债权人的现金流

图 21－3　债权人的现金流与看涨期权：分解

在了解了公司的股权和债权如何用看涨期权描述之后，我们接下来探讨如何用看跌期权描述它们。

仍然先看股东，股东可以被视为拥有以下权利的组合：

（1）他们拥有公司；

（2）他们欠债权人本息共计 800 万元；

（3）他们买入了以公司整体为标的资产的执行价格为 800 万元的看跌期权。

为了说明这种权利的组合准确地描述了股东的现金流状况，我们考虑两种情况：

一种情况是公司未来的现金流大于 800 万元，此时看跌期权是虚值的，股东选择不执行期权，在以 800 万元还清对债权人的本息后，股东获得剩余所有的现金流。

另一种情况是公司未来的现金流小于 800 万元，此时看跌期权就是实值的，股东会选择执行期权，将公司以 800 万元出售给债权人。在正常情况下，债权人需要付给股东 800

万元，但是因为股东已经欠债权人 800 万元，所以，债权人将以注销债务作为获得公司的代价。所以当现金流小于 800 万元时，股东最终一无所获，债权人获得公司所有的现金流。

我们再以图形说明这种权利的组合准确地描述了股东的现金流状况，见图 21－4。

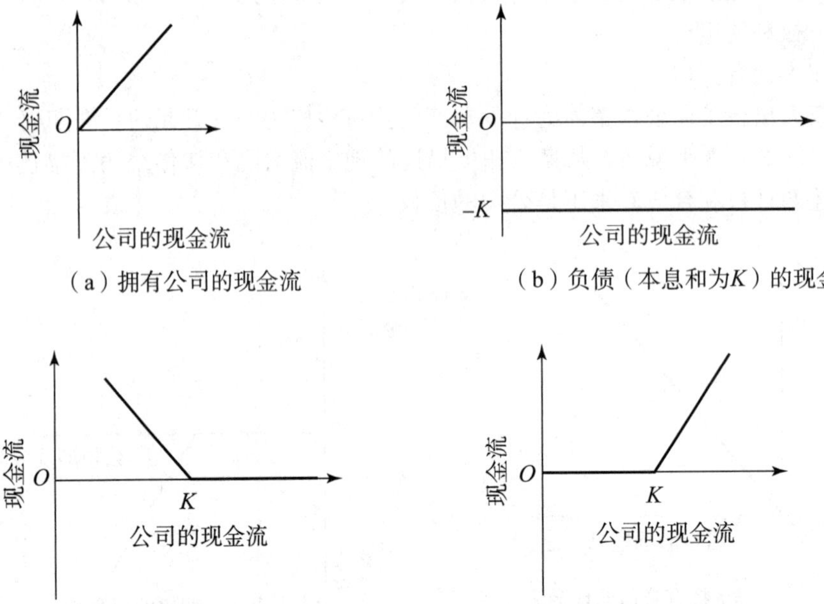

（a）拥有公司的现金流　（b）负债（本息和为K）的现金流

（c）买入看跌期权的现金流　（d）股东的现金流

图 21－4　股东的现金流与看跌期权

我们从图 21－4 中可以看到，前三种权利的叠加正好合成股东的现金流图，这再一次证实了可以用看跌期权来描述股东的权利。

同样地，我们也可以用看跌期权来描述债权人的权利，债权人作为股东的交易对手，其权利可以描述为：

（1）他们拥有 800 万元的债权；

（2）他们出售了以公司为标的资产的执行价格为 800 万元的看跌期权。

分析和上文相同的两种情况：

一种情况是公司未来的现金流大于 800 万元，这时股东不会执行期权，因此债权人只收回债权本息 800 万元，而公司高于 800 万元的部分由股东获得。

另一种情况是公司未来的现金流小于 800 万元，此时股东会执行实值的看跌期权，这意味着债权人有义务以 800 万元买下公司。但是由于股东本来欠债权人 800 万元，债权债务互相抵消，因而在这种情况下债权人最终直接获得该公司，而股东一无所获。

我们来总结一下从期权角度看待公司股权和债权的思路（见表 21－2）。

表 21－2　从期权角度看公司的股权和债权

项目	股东	债权人
从看涨期权角度	股东拥有以 800 万元为执行价格的公司的看涨期权（c）	1. 债权人拥有公司（S_0） 2. 债权人向股东出售了执行价格为 800 万元的公司的看涨期权（$-c$）

续表

项目	股东	债权人
从看跌期权角度	1. 股东拥有公司（S_0） 2. 股东欠债权人 800 万元的本息和（当前的价值为现值$-Xe^{-rT}$） 3. 股东拥有以 800 万元为执行价格的公司的看跌期权（p）	1. 债权人拥有本息和为 800 万元的债权（Xe^{-rT}） 2. 债权人向股东出售了以 800 万元为执行价格的公司的看跌期权（$-p$）

这两个看待股权和债权的角度表面看来是独立的、互不相关的，但实则不然。我们将通过 put-call 等式说明从这两个角度得出的结论其实是一样的。

我们回顾一下 put-call 等式：

$$p+S_0=c+Xe^{-rT}$$

我们先分析一下从两个角度看股东的权利。若从看涨期权角度分析，则股东权利是 c；若从看跌期权角度分析，则股东权利是 S_0+p-Xe^{-rT}（负号是因为股东欠有债务）。我们将 put-call 等式进行简单的移项便可以得到 $c=S_0+p-Xe^{-rT}$。由此可知，从这两个角度分析得出的关于股东权利的结论其实是一致的。

我们再分析一下从两个角度看债权人的权利。若从看涨期权角度分析，则债权人的权利是 S_0-c；若从看跌期权角度分析，则债权人的权利是 $Xe^{-rT}-p$。我们将 put-call 等式进行简单的移项便可以得到 $S_0-c=Xe^{-rT}-p$。由此可知，从这两个角度分析得出的关于债权人权利的结论其实也是一致的。

另外，从任何一个角度看待股东和债权人的权利，都会发现股东和债权人的权利之和总是等于 S_0，也就是说，公司是由股东和债权人共同拥有的。

第二节　认股权证

认股权证是一种允许其持有人（即投资者）在指定的时间内以确定的价格直接向发行公司购买普通股的证券。

从定义上看，认股权证和看涨期权相当类似，从购买者的角度来讲，认股权证和看涨期权都是以确定成本购得公司股票的权利而非义务，只是权证的期限相对长一些，并且认股权证通常是附加在债券上出售的。

然而从公司的角度来看，认股权证却与以普通股为标的资产的看涨期权有着很大的不同：认股权证是由普通股的发行公司发行的，当认股权证被执行时，该股份公司必须按认股权证所规定的股份数目增发股份。伴随着每一次认股权证的执行，公司发行在外的股份数都在增加。同时，执行认股权证的资金也会注入股份公司，增加公司的价值。相反，看涨期权是股票发行公司以外的个人或机构发行的，当看涨期权被执行时，股份只是从一个投资者的账户转移到另一个投资者的账户，公司发行在外的股份数并无任何变化，公司本身也不能因此得到任何资金注入，看涨期权只是公司以外的投资者之间的交易。这种区别也会造成认股权证和看涨期权投资者收益之间的区别。

我们以一个简化的例子来说明认股权证和看涨期权之间的区别。

［**例 21－2**］ 投资者甲和乙各出资 1 000 元买入 2 桶原油并成立公司，公司价值为 2 000 元。甲和乙各拥有一份股份，每份股份代表对公司资产一半的要求权。本节中假设认股权证的发行收入立即以股利形式发放给股东，并不增加公司价值。

（1）发行看涨期权的情况。假设投资者甲以其所拥有的股份为标的发行了一张看涨期权，执行价格为 1 200 元，期限为 1 年，投资者丙买入了该期权。1 年以后，石油价格大涨，原油价格飙升至 1 500 元，此时公司的价值上涨到 3 000 元，而 1 份股份的价值也升至 1 500 元。显然该期权是实值的，投资者丙决定执行期权，他付给投资者甲 1 200 元，并取得价值 1 500 元的股份，收益为 300 元。而公司本身的股份数并没有变化，也没有收到任何新筹集的资金。

（2）发行认股权证的情况。假设投资者甲并没有单独以个人名义出售期权，而是公司决定发行 1 份认股权证，且执行价格同样为 1 200 元，期限为 1 年，投资者丙购入了该认股权证。1 年以后，石油价格大涨，原油价格飙升至 1 500 元，此时公司的价值上涨到 3 000 元，而 1 份股份的价值也升至 1 500 元。投资者丙决定执行认股权证，于是公司收到执行价格 1 200 元，并且发行了 1 份股份。此时公司价值变为原油的价值 3 000 元加上从投资者丙处获得的执行认股权证的 1 200 元，共 4 200 元；而此时公司有 3 份股份，每份股份代表着对公司资产三分之一的要求权，每份股份价值 4 200/3＝1 400 元。因此，执行认股权证给投资者丙带来的收益仅有 200 元，低于上述执行看涨期权情况下的收益。

为什么执行认股权证的收益会少于执行看涨期权？这是由于随着认股权证的执行，公司会发行新股，导致股份稀释。尽管公司价值随着收回执行认股权证的金额而上升，但每份股权的价值却相应减少。这种“稀释效应”便是认股权证和看涨期权之间最大的区别，也是认股权证在定价时和期权最主要的区别。接下来我们介绍一下认股权证的定价。

假设 V 是认股权证已发行但未被执行时的公司市值，N 是公司原先发行在外的普通股数量，则公司在认股权证执行前的每股价值为 $\frac{V}{N}$。此外，公司发行了 M 份欧式认股权证，假定每份认股权证赋予其持有人在 T 时按每股 K 的价格购买 X 股股票的权利。同时，市场上还流通着一种以该公司的股票为基础资产的欧式看涨期权，其到期日和执行价格均与认股权证相同，c 是该看涨期权的价格。

假设在 T 时刻，所有的认股权证持有人都执行认股权证，则公司就能筹措到新的资金 KMX，其股本价值增加到 $V+KMX$，而随着公司发行 MX 股新股，公司总的普通股数量增加到 $N+MX$，每股的价值也变为 $\frac{V+KMX}{N+MX}$，所以在执行日，认股权证的价值 W_T 可以表示为 $W_T=\max\left(\frac{V+KMX}{N+MX}-K,\ 0\right)$。

为了将认股权证和看涨期权的价值联系起来，我们可以把上面的式子进一步改写为：

$$W_T=\max\left(\frac{V+KMX}{N+MX}-K,\ 0\right)=\max\left[\frac{1}{1+\frac{MX}{N}}\left(\frac{V}{N}-K\right),\ 0\right]$$

$$=\frac{1}{1+\frac{MX}{N}}\max\left(\frac{V}{N}-K,\ 0\right)$$

而看涨期权在执行日的价值为 $c_T=\max\left(\frac{V}{N}-K,0\right)$，由此可见，在执行日，认股权证的价格是与其执行价格和到期时间均相同的看涨期权价格的一个比率 $\frac{1}{1+\frac{MX}{N}}$，这个比率小于 1，而这个关系在认股权证存续期间都成立。

故认股权证的定价可分为两步：

第一步，利用布莱克-斯科尔斯期权定价公式计算与该认股权证执行价格、到期日等均相同的看涨期权的价格。

第二步，将该看涨期权的价格乘以比率 $\frac{1}{1+\frac{MX}{N}}$，就可以得到认股权证的价格。

［例 21-3］　某公司原有股份 10 000 股，又发行了 200 份认股权证，执行价格为 60 元，期限为 1 年，每份权证可购得 1 股股票。当前公司的股票价格为 50 元，公司发行权证后，波动率为 20%，无风险收益率为 8%，求认股权证目前的价值。

根据上述步骤，首先计算执行价格为 60 元、期限为 1 年的看涨期权的价值，题中 $K=60$，$T=1$，$\sigma=0.2$，$r=0.08$，$S=50$，代入布莱克-斯科尔斯期权定价公式，可以得出该期权的价值为 $c=2.04$ 元；然后计算 $\frac{1}{1+\frac{MX}{N}}=\frac{1}{1+\frac{200\times 1}{10\ 000}}\approx 0.98$，则执行价格为 60 元、期限为 1 年的认股权证的价格为 $2.04\times 0.98=2.00$(元)。

在为认股权证定价时，使用布莱克-斯科尔斯期权定价公式需要注意以下几点：

(1) 在本节中，我们假设认股权证的发行收入立即以股利形式发放给股东，并不增加公司价值。但是如果不将这部分收入发放给股东，它会成为公司价值的一部分。若每份权证的发行收入为 W_0，则布莱克-斯科尔斯期权定价模型中的 S_0 要以 $S_0+\frac{MW_0}{N}$ 替代。

(2) 由 σ 表示的股价波动率不仅包括公司发行股票的波动率，而且应该包括所发行的认股权证的价格波动率。

(3) 本节中所介绍的方法适用于欧式认股权证的定价，而现实中很多认股权证是美式的，持有人可能会选择提前执行认股权证，其定价更复杂。

第三节　可转换债券

可转换债券与附有认股权证的债券较为相似，都可以被看成普通债券和股票看涨期权的组合。两者之间最大的区别在于：附有认股权证的债券可以与认股权证剥离流通，即使行使了认股权利，原有的债券仍可作为一般债券继续存在；而可转换债券则不能，可转换债券允许其持有人在债券到期日之前的某段时间将可转换债券转换为一定数量的股票，一旦转换，债券将不复存在。

与可转换债券密切相关的概念有转换比率、转换价格和转换溢价。

［例 21-4］　假设 A 公司发行一种可转换债券，面值为 1 000 元，票面利率为 6%，

每半年支付一次利息，期限为 5 年，并规定债券持有人可以在到期前的任意时间将债券转换为 20 股普通股。

转换比率是 1 份债券可以换得的股票的数量，在该例中转换比率是 20。转换价格等于债券的票面价值除以规定的转换比率，在该例中转换价格为 1 000/20=50(元)。若债券平价发行，购买者又行使了转换权，相当于可转换债券的持有人是以每股 50 元的价格购入股票。转换溢价是指转换价格高出当前的股票市价的比率。若当前公司的股价为 30 元，则转换溢价为 66.67%。可转换债券体现的期权是一种看涨期权，并且发行时通常是虚值的。

可转换债券的价值可以分为三个部分，即纯粹债券价值、转换价值和期权价值。

纯粹债券价值是指可转换债券如不具备可转换的特征，在市场上销售的价格。它取决于利率的一般水平和债券的违约风险。纯粹债券价值通常用现金流贴现的方法求得。在例 21-4 中，假设该债券调整风险后的必要收益率为 8%，该可转换债券的纯粹债券价值为 $\sum_{t=1}^{10}\frac{30}{1.04^t}+\frac{1\ 000}{1.04^{10}}\approx 918.89$(元)。由于可转换债券是由普通债券附加了一个看涨期权合成而来，而期权价值是非负的，因此，纯粹债券价值是可转换债券价值的下限。也就是说，A 公司的可转换债券价格不可能低于 918.89 元。

可转换债券的价值同样也依赖于转换价值，转换价值是指如果可转换债券能以当前市价立即转换为普通股，这些可转换债券所能取得的价值。转换价值是由转换比率乘以普通股的当前市价得到。接上例，可转换债券的转换比率为 20，公司当前普通股的市场价格为 30 元，则转换价值为 20×30=600(元)。转换价值同样也是可转换债券价值的下限，也就是说，A 公司的可转换债券价格不可能低于 600 元，这是由无套利原理决定的。若 A 公司的可转换债券以 550 元（低于 600 元）出售，则投资者可以买入 1 份可转换债券，并立即执行转换权利，换得 20 股普通股，并随即以市价卖出，获得 20×30=600(元)，即可获得无风险收益 50 元。套利行为会使得可转换债券的需求增加，价格上升，直至高于 600 元。

因此，可转换债券有两个价值底线，即纯粹债券价值和转换价值，但可转换债券的价值会高于两者，因为可转换债券的持有人不必立即进行转换，而是可以等待看哪种情况更为有利，从而决定是持有债券还是转换为股票。这种期权是有价值的，期权价值使得可转换债券的价值高于其价值底线。

下面我们用图 21-5 说明纯粹债券价值、转换价值和期权价值如何决定可转换债券的价值。

由图 21-5 我们可以看到，纯粹债券价值并不依赖于股票价格的变化，而转换价值等于转换比率和股票价格的乘积，故和股票价格成正比，斜率正是转换比率。纯粹债券价值和转换价值共同决定了可转换债券价值的下限。当股票价格比较低时，转换价值较小，可转换债券的价值主要受到纯粹债券价值的影响；而当股票价格较高时，转换价值较大并超过纯粹债券价值，因此可转换债券的价值主要受到转换价值的影响。而可转换债券价值高于下限的部分就是期权价值。由此可见，可转换债券的价值等于纯粹债券价值和转换价值两者之间的较大值与期权价值之和：

可转换债券的价值=max(纯粹债券价值，转换价值)+期权价值

[例 21-5] B 公司发行了 5 年期可转换公司债券，债券面额为 100 元，息票率为

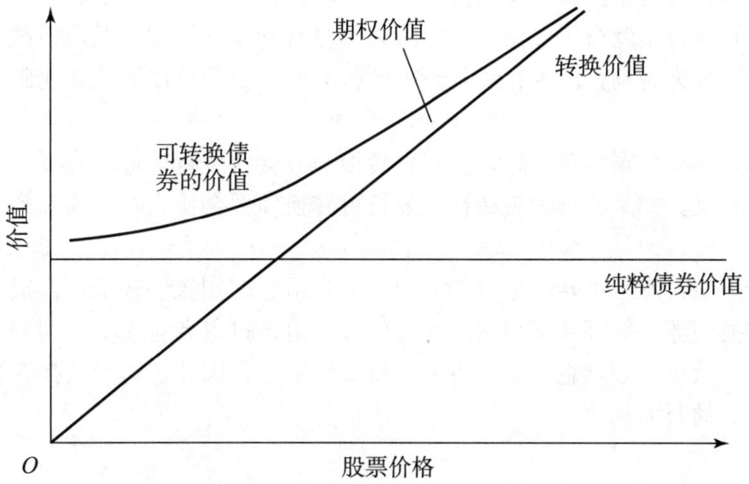

图 21-5　可转换债券的价值

1.5%，转换价格为 12.10 元，则每份债券可以转股 8.264（=100/12.10）股，债券持有人可以在到期前任何时间转换股票。假设公司股票现价为 11.57 元/股。预计该公司 5 年内不会有现金股利的支付。以 5 年期债券的到期收益率 2.65%作为无风险收益率，年化波动率为 21.89%。

根据以上数据，可以算出每股的期权价格是 2.66 元，则每份债券的期权价值为 21.98 元。此时的纯粹债券价值为 $\sum_{t=1}^{5}\frac{1.5}{1.026\,5^t}+\frac{100}{1.026\,5^5}\approx 94.68$(元)，而转换价值为 $11.57\times 8.264\approx 95.61$(元)，根据上述可转换债券价值的计算公式，可转换债券的价值为 $95.61+21.98=117.59$(元)。

由于债券持有人可以在到期前任何时间转换股票，所以该可转换债券暗含的是一个美式期权。本题以布莱克-斯科尔斯期权定价公式计算的欧式看涨期权价值代替该美式期权的价值。由于没有股利支付，这种替代是合理的。

为什么有些公司在筹资时要选择可转换债券？可转换债券和普通债券、普通股相比有哪些优势，又存在哪些劣势？

在其他条件相同的情况下，可转换债券的票面利率会比普通债券低，公司的付息压力较小。投资者之所以愿意接受可转换债券的较低利率，是因为他们看好公司的股票，他们认为可以从债券转换成股票的过程中获利。

与普通债券相比，若筹资后股价上涨幅度很大，则发行普通债券比发行可转换债券对债券持有人更有利，因为虽然普通债券付出的利息略高，但是可转换债券的持有人在这种情况下会要求将债券转换成股票，公司有义务以比市价低很多的价格出售股权，也就是说，可转换债券的持有人也分享了公司的成长；若筹资后股价下跌或只是小幅上涨，则发行可转换债券比发行普通债券对公司更有利，因为在这种情况下，债权人不会选择转换债券，期权被放弃，而公司可以继续享有低息的好处。

与普通股相比，若筹资后股价上涨幅度很大，发行可转换债券比发行新股对公司更有利。因为筹资时股价还处在相对低位，当时新股也只能以较低的价格发行，而可转换债券通常有转换溢价，若可转换债券按面值发行，可转换债券的持有人实施了转换后，公司相当于以较高的转换价格发行了股票，所以对公司更有利。若筹资后股价下跌或只是小幅上涨，则发行股票较为有利，因为在股价高位发行股票，公司可以筹集到比随后的股票价值更多的资金。

总的来说，如果公司表现良好，发行可转换债券会比发行普通债券要差，但是会优于发行普通股。相反，如果公司表现糟糕，发行可转换债券会比发行普通债券要好，但比不上发行普通股。

实证检验表明，发行可转换债券的公司一般是债券信用级别较低、高成长、高杠杆的公司，而可转换债券一般都是无担保的次级债券。由于投资者对这类公司和债券要求的收益率较高，公司承担高额利息的实力不够或现金流不足，因此公司会选择在债券中嵌入选择权以降低债券的票面利率。

第四节　薪酬期权

公司高层管理人员的薪酬通常由基本薪金、长期报酬、奖金和期权构成，其中期权作为一种新型的薪酬形式，由于其特有的优势而在近几年被广泛采用，以世界500强为代表的大部分上市公司都采用了薪酬期权作为对管理层的激励。

薪酬期权赋予持有人在规定时间以执行价格购买本公司股票的权利。在行权之前，期权的持有人不会得到任何现金收益，而在行权时，行权人的收益与股票价格成正比。薪酬期权在很大程度上解决了高层管理人员激励约束相容问题，被普遍认为是一种优化的激励机制。薪酬期权的优点体现在以下几个方面：

（1）薪酬期权可以有效解决高层管理人员长期激励不足的问题。

以前公司通常根据当期的业绩对高层管理人员实施激励，而对其长期激励不足，这种短期的激励机制可能造成管理者的决策短期化，更多考虑在任期间的短期业绩，从而忽视了公司的长远发展。而薪酬期权很好地解决了这一问题。公司在授予管理者股票期权的时候通常会规定一个等待期，管理者在等待期过后才可以执行期权。另外，公司还会对权利进行分期，即管理者在每年只能执行部分期权，这样一来，管理者的收益就和多年以后的公司业绩和股价相关联了，只有公司业绩持续保持良好，股价在一个较长时间内持续上涨，管理者才能获得最大化的收益，这会激励管理者在决策时考虑公司的长远发展。

（2）薪酬期权可以缓解股份公司的委托-代理问题，有效降低委托-代理成本。

股份公司的一大特征就是所有者与管理者相分离，可能会出现管理者在决策时以自身利益最大化为原则，从而损害股东利益的现象，因此存在委托-代理问题。而薪酬期权的设计使得管理者和股东的利益趋于一致，当股价上涨、公司价值增加时，不但股东可以获利，管理者也可以通过执行股票期权实现收益，因此管理者在决策时就会以增加公司价值、提高股价为目标，这符合股东的意图，股东也就无须密切注意管理者的行为是否损害了自己的利益。薪酬期权大大缓解了股份公司的委托-代理问题，降低了委托-代理成本。

（3）薪酬期权能以低成本吸引人才并保持管理层的相对稳定。

用薪酬期权吸引人才，公司可以减少向其付出的基本薪酬，一方面公司可以减少现金支出，另一方面也可以消除管理人员和其他雇员之间巨大的薪金差别所招致的压力和问题。而在保持管理层稳定的问题上，薪酬期权也有所贡献。正如上文所提到的，公司在授予管理者股票期权时通常会规定一个等待期，管理者在等待期过后才可以实施期权。另外，公司还会对权利进行分期，即管理者每年只能执行部分期权。这样一来，管理者若在期权持续期内离开公司，将丧失其未执行的部分期权，这加大了管理者离开公司的机会成本，成为一副“金手铐”，从而维持了管理层的相对稳定。

和其他期权一样，薪酬期权也有很多标准化的条款，如期限、执行价格等。关于期限的规定，前文已多次提到，薪酬期权的执行通常有一个等待期，这主要是为了激励管理者提高公司的长期业绩，而不是仅仅着眼于当期业绩。此外，薪酬期权还常常被要求只能分期执行，这主要是为了维持一个稳定的管理层结构，而且分期执行也可以减缓期权集中执行时的股份稀释效应。而执行价格的规定也不尽相同，一般情况下，执行价格就是薪酬期权发行时公司股票的市场价格，因此，只要股票在期权执行时的市价高于发行时的市价，管理人员就可以获利；如果考虑到当前的股价被明显地低估了，则可以考虑让执行价格略高于当前股票的市场价格，在这种情况下，只有当期权被执行时股票的市价更高，管理层才可以获利，这加大了获利的难度。类似地，也可以让执行价格略低于当前股票的市价，这样相当于给了管理层更大的利益激励，但是可能遭到老股东的反对，因为这侵害了他们的利益。

薪酬期权在发行时由于等待期的限制，往往并不能给管理人员带来现金收益。只有当期权可以执行并且期权执行时股票的市场价格已经高于执行价格时，期权执行者才可以实现收益。薪酬期权的执行方式通常有三种：现金行权、无现金行权和无现金行权并出售。

（1）现金行权是指期权的执行者支付行权费用，并持有公司股票。

（2）无现金行权是指期权的执行者无须以现金或支票支付行权费用，而是由证券中介机构以出售某些股票获得的收益来支付行权费用，而期权执行者将保留剩余的股票。

（3）无现金行权并出售是指期权执行者决定部分或全部执行期权并将购得的股票全部出售，以获得市场价格高于执行价格的差额利润。

薪酬期权在西方的上市公司中多有采用，新闻媒体对它也有很多报道，其习惯的方式是以被授予的期权数量乘以股票的当前市价，即期权的“面值”来衡量对公司管理层的激励程度，这是一种并不准确的方法。即使期权持有人执行期权没有等待期，而期权持有人又选择立即执行期权，他们也只能获得当前市价和执行价格的价差部分。更准确的方法是用一定的方法（比如布莱克-斯科尔斯期权定价模型）计算出期权的价值，经过如此调整后，我们会发现股价波动率大的公司股票期权更值钱，因此激励程度的排名将有所改动。而且，虽然薪酬期权是一种存在很多优点的激励制度，但对于高层管理人员本身而言，股票期权占据了他们投资组合中的极大比例，这使得他们无法将自己的投资组合分散化，本公司股票价格的波动将极大地影响他们的财富水平。从这个角度来看，高层管理人员应该更喜欢现金而不是大量的薪酬期权。

第五节　实物期权

在公司理财课中我们学过，用于公司投资决策的最好的方法就是净现值（net present

value，NPV）方法。在这里我们需要补充的是，如果在决策中隐含着一些具有期权性质的选择权，那么我们需要在传统 NPV 的基础上再加上估计的期权价值，以决定是否进行该项投资。这种蕴含在公司的财务或者投资决策中的选择权就是实物期权。

下面我们介绍几种比较典型的实物期权。

一、扩张期权

我们以一个例子来说明什么是扩张期权、如何计算扩张期权的价值并将其运用到投资决策中。

［**例 21－6**］ 现在投资者 A 有一个在洛杉矶开一家新的淮扬菜馆的计划，为了决策是否实施该计划，投资者 A 预测了淮扬菜馆投资后各年的现金流状况。假设进行风险调整后合适的贴现率为 20%，各年现金流状况及传统 NPV 的计算结果见表 21－3。

表 21－3 投资后各年现金流及现值表 单位：美元

项目	第 1 年	第 2 年	第 3 年	第 4 年	以后各年
现金流	－150 000	－70 000	65 000	240 000	250 000
现金流现值	－125 000	－48 611	37 616	115 741	602 816

其中，以后各年的现金流采用永续年金的形式，其现值为 $\frac{250\ 000}{0.2\times1.2^4}$ ＝602 816（美元），所有的未来现金流现值之和为 582 562 美元，但是当前建造一家淮扬菜馆的成本为 700 000 美元，可以算得 NPV＝－117 438 美元。若以传统的净现值方法来进行决策，那么这个投资计划明显是不可取的，它是对公司或者个人财富的一种浪费。

然而我们上述的分析忽略了一种可能：如果淮扬菜在当地很受欢迎，则投资者 A 可以将生意做大，可以开张新的分店；若淮扬菜在当地反应平淡，则投资者可以放弃这种扩张的权利，选择维持规模或者关门大吉。这种扩张的权利是有价值的，我们来计算一下这种扩张期权的价值。

投资者 A 就扩张的可能性进行了深入的分析和合理的预测，他认为扩张最有可能发生在第 4 年年末，扩张的规模在 30 家左右。开张一家店的成本为 700 000 美元，30 家店的成本则为 21 000 000 美元，这相当于扩张期权的执行价格。而一家店开张后的现金流现值为 582 562 美元，30 家店的现金流现值就是 17 476 860 美元，这仅仅是第 4 年年末的现值，而贴现到当前的现值为 8 428 270（＝17 476 860/1.2^4）美元，这相当于扩张期权标的资产的当前价值。假设开一家新型餐饮企业的标准差为 0.5，无风险利率为 3.5%。我们用布莱克-斯科尔斯期权定价公式来衡量上述扩张期权的价值。该扩张期权意味着我们拥有一项关于餐饮事业的看涨期权，期限为 4 年，标的资产的当前价值为 8 428 270 美元，执行价格为 21 000 000 美元。虽然该期权现在是深度虚值的，但是由于标的资产的波动率很大，有可能 4 年后标的资产的价格将超过执行价格，因此该期权是有价值的。由布莱克-斯科尔斯期权定价公式算得该扩张期权的价值为 1 454 276 美元，则该投资项目包含期权价值的新的净现值为－117 438＋1 454 276＝1 336 838（美元）。可以看到，在加入扩张期权之后，开淮扬菜馆竟变成了一个值得投资的计划了。考虑期权价值前后得出的决策结果截然相反，这再次提醒我们估计期权价值的必要性。忽视隐含的期权将导致项目价值被严重低估，从而直接导致我们做出错误的决定。

二、时机选择期权

从时机选择角度来看，任何投资项目都具有期权的性质。

如果一个项目在时间上不能延迟，只能立即投资或者永远放弃，那么它就是马上到期的看涨期权。项目的投资成本是执行价格，项目的未来现金流的现值是期权标的资产的现行价格。如果该现值大于投资成本，看涨期权应该被执行，执行的收益就是公司的净现值。如果该现值小于投资成本，看涨期权就会被放弃，也就意味着项目被放弃。

如果一个项目在时间上可以延迟，那么它就是未到期的看涨期权。项目具有正的净现值，并不意味着立即开始（执行期权）就是最优的，也许过些时候执行更好。对于前景不明朗的项目，应持观望态度，多争取时间看看项目的未来是更好还是更差。

我们也以一个例子来介绍时机选择期权。

[例 21-7]　F公司拟投产一个新产品，预计需要投资 1 000 万元，每年将持续获得现金流 105 万元，项目的资本成本为 10%，无风险利率为 5%。

$$项目的传统\ NPV=\frac{105}{10\%}-1\,000=50\ （万元）$$

以传统 NPV 方法得出的结论是项目的净现值为正，值得投资。但新产品的前景还不明确，是应该立即投资还是先等待观望呢？这就需要衡量隐含的时机选择期权的价值。每年的现金流是平均的预期，并不确定。如果新产品受顾客欢迎，预计现金流为 131.25 万元；如果不受欢迎，预计现金流为 84 万元。未来现金流存在不确定性，我们选择二叉树方法来计算时机选择期权的价值。

1. 构造现金流和项目价值二叉树

具体情况见表 21-4。

$$上行项目价值=131.25/10\%=1\,312.5（万元）$$

$$下行项目价值=84/10\%=840（万元）$$

表 21-4　构造现金流和项目价值二叉树　　单位：万元

时间	0	1
现金流二叉树	105	131.25
	—	84
项目价值二叉树	1 050	1 312.5
	—	840
期权价值二叉树	72.14	312.5
	—	0

2. 期权价值二叉树

（1）确定 1 年末的期权价值。期权的执行价格是投资成本 1 000 万元。

现金流上行时期权的价值＝1 312.5－1 000＝312.5(万元)

在现金流下行时，项目价值为 840 万元，低于执行价格 1 000 万元，因此期权被放弃，期权价值为 0 元。

(2) 根据风险中性原则计算上行概率，即

收益率＝(本年现金流＋期末价值)/年初投资－1

上行收益率＝(131.25＋1 312.5)/1 000－1＝44.38%

下行收益率＝(84＋840)/1 000－1＝－7.6%

无风险收益率＝上行概率×44.38%＋(1－上行概率)×(－7.6%)＝5%

解得

上行概率＝0.242 4

(3) 计算期权价值，即

期权到期日价值＝0.242 4×312.5＋(1－0.242 4)×0＝75.75(万元)

期权的现值＝75.75/1.05＝72.14(万元)

3. 判断是否应该延迟投资

如果立刻开展该项目，可以得到净现值 50 万元，相当于立即执行期权；如果等待，期权的价值为 72.14 万元，大于立即执行的收益。也就是说，等待将失去 50 万元，却持有了价值为 72.14 万元的选择权，因此应当等待。

三、放弃期权

公司能够在某一领域及时开展业务和扩张是很重要的，同样，能够从某一领域及时退出也很重要，这可以使公司及时摆脱占用资金而又不盈利的项目，而将有限的资金投资到更有吸引力的项目上。

我们仍以一个例子来说明放弃期权的价值。

[例 21－8] 生产某项产品，有两套设备可供选择。设备甲是专用设备，如果不使用，也不能对外销售，只能当作废品，残值收入可忽略不计。设备甲的初始投资为 36 万元，而其后的运营成本相对较低。第一年若市场景气，可得现金流 31.2 万元，若市场不景气，只能得到现金流 7.8 万元。其后两年，若市场景气，现金流在前一年的基础上翻一番，若市场不景气，则现金流减少为前一年的一半。各年现金流及其概率见图 21－6。

设备乙是通用设备，如果不使用，则可以销售出去。预计第一年年末的销售价格为 24 万元，第二年年末的销售价格为 2.5 万元，第三年年末设备将报废，不会收到任何销售款项。初始投资也是 36 万元，但运营成本相对较高。第一年若市场景气，可得现金流 30 万元，若市场不景气，只能得到现金流 7.5 万元。其后两年，若市场景气，现金流在前一年的基础上翻一番，若市场不景气，则现金流减少为前一年的一半（见图 21－7)。

两种设备投资的风险收益率均为 20%，无风险利率均为 10%。

如果用传统的净现值方法进行决策，则只需计算出两种方案期望的现金流现值。如果都大于初始投资额，则现金流现值较大的方案入选。

设备甲最后一年的现金流量有 4 个可能值：124.8 万元、31.2 万元、7.8 万元、1.95

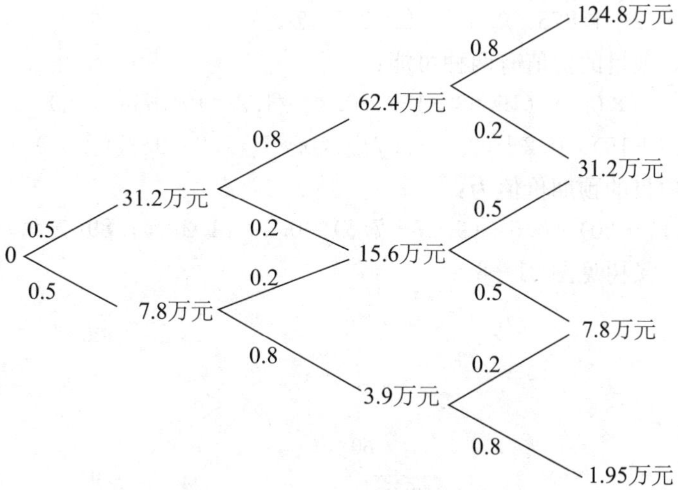

图 21-6　专用设备的现金流和概率

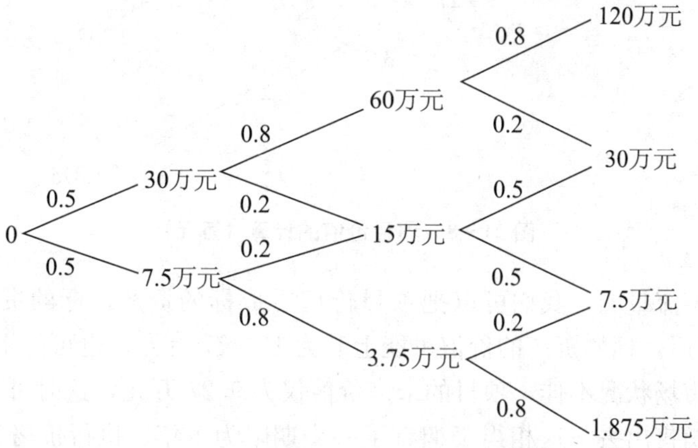

图 21-7　通用设备的现金流和概率

万元，它们各自对应的概率为 0.32、0.18、0.18、0.32。因此，设备甲第三年的现金流量的期望值为 124.8×0.32+31.2×0.18+7.8×0.18+1.95×0.32=47.58（万元），贴现到当前，则为 27.53 万元。以同样的方法，可以算得设备甲各年现金流现值之和为 64.37 万元，而设备乙的现金流现值之和则为 61.89 万元。两者的现金流现值之和均大于初始投资 36 万元，当方案为互斥的时，应选择设备甲。

但以上分析忽略了一个问题：一旦市场出现了持续萧条，设备乙可以卖出，而设备甲只能当作废品处理。也就是说，若使用设备乙，还可有一个放弃生产该产品的权利，即放弃期权。

下面我们从期权的角度再次分析设备乙的现金流状况。

根据图 21-7，由于设备乙在第三年年末报废，期末价值为零，因此第三年的现金流量不变，第二年年末的价值有三种可能：

$$(120\times 0.8+30\times 0.2)/1.2=85(\text{万元})$$

(30×0.5+7.5×0.5)/1.2=15.63(万元)

(7.5×0.2+1.875×0.8)/1.2=2.5(万元)

而到第一年年末，项目的价值有两种可能：

[(85+60)×0.8+(15.63+15)×0.2] /1.2=101.77(万元)

[(15.63+15)×0.2+(2.5+3.75)×0.8] /1.2=9.27(万元)

而在投资之初，项目的预期价值为：

[(101.77+30)×0.5+(9.27+7.5)×0.5] /1.2=61.89(万元)

项目价值的二叉树见图 21-8。

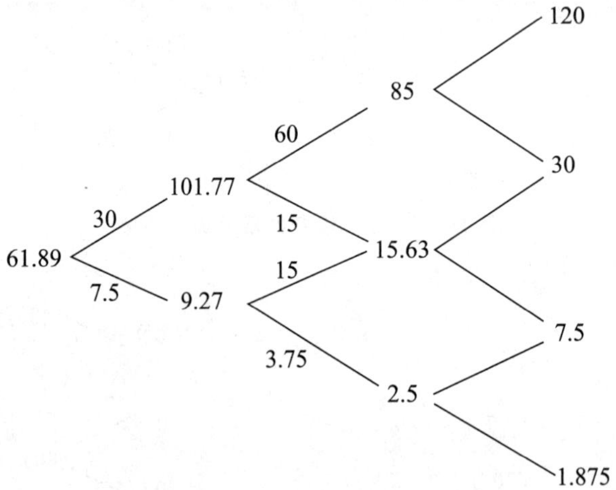

图 21-8 项目价值的计算（万元）

分析这个现金流量图，我们可以把项目价值看成标的资产，标的资产的当前价值为 61.89 万元，1 年后，标的资产的价值可能上升为 101.77 万元，也可能下降为 9.27 万元。第一年年末如果市场状况不佳，项目的未来价值仅为 9.27 万元，这时可以选择以 24 万元的价格将设备乙销售出去，这相当于拥有了一个期限为 1 年、执行价格为 24 万元的项目的看跌期权。我们使用最简单的一期二叉树就可以求得该看跌期权的价值为 4.81 万元。

由此，我们可以看出，加入期权之后，设备乙的 NPV=61.89+4.81−36=30.70(万元)，而设备甲不能出售，没有选择权，其 NPV=64.37−36=28.37（万元），从而在互斥条件下，我们应该选择购置设备乙来生产产品。

从上面的分析我们可以知道，期权再一次影响了最终决策的结果。如果不考虑放弃期权的价值，设备乙的净现值会被低估，从而落选，不考虑期权会使我们做出错误的决策。

实物期权的种类还有很多，以上仅是比较常见和典型的几种。在实务中很多决策都隐含期权，我们要关注这些期权的价值，并将其补充到净现值的计算中去。只有这样，我们才不会低估某些项目的价值，才能做出正确的选择。

本章小结

在本章中，我们拓展了期权的使用范围。期权不仅是一种基本的衍生工具，我们还可以从期权的角度来看待股份公司的股权和债权、期权的变体（权证，通常附在债券上）和内嵌有期权的债券（可转换债券），它们都是公司重要的筹集资金的方式，它们赋予债权人分享公司成长和收益的权利，对投资者具有很强的吸引力。薪酬期权可以很好地将对管理者的约束和激励统一起来，使得管理者的利益和股东的利益趋于一致，从而管理者从自身利益最大化角度做出的决策也可以最大化股东的利益，故可以有效解决股份公司存在的委托-代理问题。在企业的投资决策中同样有很多隐含期权，能否准确地辨认这些期权并将其价值加入净现值的计算中，往往决定了我们能否做出正确的选择。实物期权的常见种类包括扩张期权、时机选择期权和放弃期权等。

练习题

1. 如何从看涨期权的角度来理解公司的股权和债权？

2. 如何从看跌期权的角度来理解公司的股权和债权？

3. 认股权证和普通看涨期权的区别有哪些？

4. 试比较可转换债券、普通债券和普通股在融资方面的优劣。

5. 试阐述薪酬期权作为一种新型激励机制的优势所在。

6. 试列举薪酬期权的执行方式。

7. 某公司原有股份 10 000 股，又发行了 200 份认股权证，执行价格为 70 元，期限为 2 年，每份权证可购得一股股票。当前公司的股票价格为 55 元，公司发行权证后，波动率为 30%，无风险收益率为 8%，求认股权证目前的价值。

8. 假设 A 公司发行一种可转换债券，面值为 1 000 元，票面利率为 8%，每半年支付一次利息，期限为 3 年，并规定债券持有人可以在到期前的任意时间将债券转换为 50 股普通股，当前公司的股价为 15 元。求本题中的转换比率、转换价格和转换溢价分别是多少。

9. B 公司发行了 4 年期可转换公司债券，债券面额为 100 元，息票率为 2%，转换价格为 20 元，则每份债券可以转股 5(=100/20) 股，债券持有人可以在到期前任何时间转换股票。预计该公司 5 年内不会有现金股利的支付。以 4 年期债券的到期收益率 3% 作为无风险收益率，当前股票价格（S_0）为 18 元，年化波动率 $\sigma=20\%$。求可转换债券的价值。

10. 一位商人准备在中国开设一家瑜伽馆，建造成本为 30 万元，预计未来的现金流仅为 25 万元，但是这位商人认为瑜伽在中国有广阔的发展前途，预计 3 年后若反响较好，可以再开设 3 家分馆。假设娱乐健身行业的年化波动率较大，为 50%，而无风险利率为 8%，项目的风险调整的贴现率为 10%。这个项目是否值得投资？

参考文献

[1] 乔纳森·芒．实物期权分析．北京：中国人民大学出版社，2006.

[2] 斯蒂芬·A. 罗斯，等．公司理财：英文版·原书第 11 版．北京：机械工业出版社，2018.

第二十二章
衍生工具市场监管

本章导读

2008年由美国次贷危机引发的全球金融海啸表明，金融衍生工具本身及其交易具有高风险性，它在促进全球经济金融一体化的同时，也对诱发系统性金融风险起到了推波助澜的作用，因此对金融衍生工具的监管也日益受到了各国金融监管机构的关注。随着金融工程技术的日新月异，金融衍生工具市场获得了迅速的发展，各种新型的衍生工具层出不穷，给各国金融监管机构对金融衍生工具市场的监管带来了巨大挑战。在本章中我们主要介绍了衍生工具市场监管体制，并详细介绍了美国和英国这两大金融业最为发达的国家对金融衍生工具较为成熟的监管体系，还对衍生工具市场监管面临的挑战进行了分析。

第一节　衍生工具市场监管体制概述

一、衍生工具中介机构的金融业属性

衍生工具是与现货相对的概念，指的是现在进行买卖，而在将来进行交割或交收某种标的资产的合约或协议。其标的资产既可以是现货中的某种商品，如大豆、黄金、原油等；也可以是某种金融工具或指标，如债券、股票、气候指数等。不难理解，作为金融工具的债券、股票属于金融范畴，从而这些金融工具的衍生品也属于金融范畴，并被称为衍生类金融工具，如股指期货、债券期货等。但对于商品期货，人们难以想象作为标的物的大豆、黄金、原油属于商品市场，而其衍生品如大豆期货、黄金期货期权、原油期货期权属于金融市场。《新帕尔格雷夫货币金融大辞典》对此进行了很好的描述：金融市场交易的许多资产是许诺在今后特定日子支付特定数量的通货，有时则视未来事件和环境而定。在全世界交易中，许多交易的资产是以现今货币计量单位来计值的，如公司股票、交货合同（货物包括大豆、黄金、原油等）。由此可见，在商品市场中现今买卖的大豆、黄金、原油等一旦要在未来交收，便产生了许多不确定性，那么这些商品的买卖已经不再是纯粹的商品买卖，也同时伴随着风险的转移。由此，这些商品所谓的商品属性也发生了变化，关于它们的买卖不再只是商品市场中的交易。因此，可以将这些商品的期货交易与金融资产的期货交易并列，从而使得衍生工具归属于广义的“大金融”范畴。

与上述衍生工具的金融属性相对应，衍生工具中介机构如期货经纪公司等属于非银行类金融中介。期货（经纪）公司是指依法设立，接受客户委托，按照客户的指令，以自己的名义为客户进行交易并收取交易手续费的中介组织，其交易结果由客户承担。这一点与现代经济学权威著作《新帕尔格雷夫货币金融大辞典》中关于金融服务企业的表述一致。《新帕尔格雷夫货币金融大辞典》对金融服务企业有如下界定：金融服务企业向个人消费者、公司和政府提供金融产品和服务。或者说，它们是提供许多关键性经济职能和特定金融服务的中介机构，其职能包括提供专业服务、分散资产风险等多方面。衍生工具中介机构具有一般金融企业的属性还表现在以下几个方面：

（1）较高的道德风险。这里的道德风险是指从业人员具有自身效用最大化的自利倾向。其存在的必要条件是信息不对称和资产流动性。由于信息不对称普遍存在，道德风险几乎存在于所有的所有权和经营权分离的现代公司，只是程度有异而已。金融企业道德风险高的另外一个原因是，由于金融资产流动性、资产价格变化幅度难以确定，金融决策的优劣在事前难以判断。这种信息不对称是道德风险的根源。期货及其他衍生工具的高流动性和价格的瞬息万变使得衍生工具中介机构的道德风险比一般金融企业更高。

（2）金融脆弱性和风险传染性。金融脆弱性的概念产生于20世纪80年代初，但其研究却可以追溯到费雪和凯恩斯，甚至自金融机构成立之初就奠定了金融脆弱的根基。金融脆弱性一般来讲有狭义和广义之分：狭义上是指由金融业高负债经营的行业特点决定的脆弱性；广义上是指趋于高风险的金融状态，泛指金融领域中的风险积聚。期货的流动性使得期货市场风险积聚的可能性大大提高。期货及衍生工具市场的风险积聚可能导致期货公司或其客户（其中很多为金融机构）发生财务困境甚至倒闭破产，在金融市场上产生广泛的传染性。

（3）创新的便利性。伴随计算机技术、通信技术以及互联网技术的发展，衍生工具市场的创新层出不穷，发展日新月异。这种创新首先体现为衍生工具品种的创新。衍生工具品种由早期的农产品发展到金属及其他非金属商品，到能源、外汇、股指，再到碳排放衍生工具等。衍生工具市场的创新还表现为交易技术、交易流程、风险管理手段等的创新。期货及衍生工具市场发展的核心在于其创新的便利性。与一般金融工具市场相比，衍生工具市场的创新程度和创新便利性尤为突出。

二、衍生工具市场为什么需要监管

衍生工具市场通常被认为是最接近教科书中的完全竞争交易模式的市场。在衍生工具市场中，尤其是场内衍生工具市场中，产品是标准的，市场交易的执行通常由相当于中央银行的清算公司来履行，衍生工具合约的供给也是无限的，在交易执行前后相关信息可以及时对所有市场参与者公开。因此，如果说监管主要是为了克服市场失灵，那么衍生工具市场似乎找不到必须监管的理由。但是在现实中，衍生工具市场属于受到严格监管的市场。

如前所述，衍生工具属于“大金融”范畴，衍生工具中介机构具有一般金融企业的属性，同时也承担一般金融企业的职能。因此，不难理解衍生工具市场监管的必要性。除此之外，衍生工具市场具有三大特性，这些特性构成了市场监管的充分理由。它们是：

（1）衍生工具市场具有很强的外部性。与银行业类似，衍生工具市场存在很强的负外部性。清算公司或大型交易商的财务危机或破产不仅直接影响到衍生工具市场的收益和流动性，而且可能影响到金融机构乃至金融体系的运行。长期资本管理公司的巨额亏损、20世纪80年代初亨特兄弟白银价格操纵事件、雷曼兄弟破产等都明显反映出衍生工具市场的这种外部性。

（2）衍生工具市场中存在信息不对称。与其他金融服务业类似，衍生工具市场中由于金融合约的复杂性、交易的隐蔽性以及高风险性，买卖双方之间依然存在一定程度的信息不对称。这种信息不对称与证券市场有些差异，主要体现在金融欺诈、资金盗用、交易者与中介机构之间的委托-代理矛盾、违规买卖交易等，因此，在一定程度上信息不对称引致证券市场和其他金融监管的理由同样适用于衍生工具市场。

（3）衍生工具交易中存在自然垄断型市场失灵。衍生工具市场交易需要高流动性，高流动性使单位交易成本降低。由于客观上存在衍生品合约流动性越高，交易者越倾向于交易该高流动性合约，交易所和清算公司的规模经济越显著的现象，因此，衍生工具市场存在实际上的壁垒，即新上市的合约难以与其他市场中已经交易的同类合约抗衡。

除此之外，衍生工具市场还由于合约的无限供给可能产生市场操纵，使其价格偏离由基本面决定的价值，导致市场参与者承受不必要的亏损乃至资源配置失调。这给衍生工具市场需接受特别严格的监管提供了重要的理论基础，也是衍生工具市场监管有别于一般金融业监管的主要原因。我们看到，美国衍生工具市场的发展史实际上是一部市场操纵与反操纵的历史，衍生工具的监管和立法实际上主要是围绕反市场操纵而逐步完善的。

学者们从理论上对衍生工具市场需要特别监管进行了广泛的讨论。例如，Stone（1981）提出的“三足论”强调了衍生工具市场监管的基本原则，即（1）监管期货市场和清算公司的自然垄断；（2）防止市场参与者受到大型交易者的伤害；（3）保护客户。Edwards（1981）建立了一个期货市场监管的分析框架，该框架有利于我们理解政府监管的边界。Pirrong(1995）进一步指出衍生工具市场监管不能仅仅依赖于自律。衍生工具市场监管的特殊性源于这类市场易于受到“操纵”的困扰。Jarrow(1992)、Kumar 和 Seppi（1992）等均建立模型证明了衍生工具市场操纵是一种普遍现象而非特例。①

三、衍生工具市场监管体制

（一）机构监管和功能性监管

尽管世界各国衍生工具市场监管模式存在显著差异，但对金融衍生工具的监管基本是按照两种标准分类：一种是机构监管，即按照不同机构来划分监管对象的金融监管模式；另一种是功能性监管，即按照标的资产的经济功能对金融工具和市场进行监管的监管模

---

① Stone，J. M.，“Principles of the Regulation of Futures Markets，” *Journal of Futures Markets*，1981（1）：117－121；Edwards，F. R.，“The Regulation of Futures Markets：A Conceptual Framework，” *Journal of Futures Markets*，1981（1）：417－440；Pirrong，S. C.，“The Self-Regulation of Commodity Exchanges：The Case of Market Manipulation，” *Journal of Law and Economics*，1995（38）：141－206；Jarrow，R.，“Market Manipulation，Bubbles，Corners，and Short Squeezes，” *Journal of Financial and Quantitative Analysis*，1992（27）：311－336；Kumar，P. and D. Seppi，“The Futures Manipulation with ‘Cash Settlement’，” *Journal of Finance*，1992（47）：1485－1502.

式，具体到金融衍生工具，就是对所有用于风险转移的金融衍生工具进行监管。两种监管模式各有不同的监管成本和监管效果。

机构监管分为三个阶段：第一，对从事金融衍生工具业务的机构设立准入制度，所有从事该业务的机构均必须得到监管者的许可；第二，得到准入许可的机构要受到监督；第三，监管者在包括资本充足率等方面对机构的整体性进行监管，确保机构符合法规要求。图 22－1 为典型的机构监管模式。

功能性监管的概念是由罗伯特·默顿最先提出的。功能性监管是指依据金融体系基本功能而设计的监管。较之传统金融监管，它能够实施跨产品、跨机构、跨市场的协调，且更具有连续性和一致性。图 22－2 为典型的功能性监管模式。

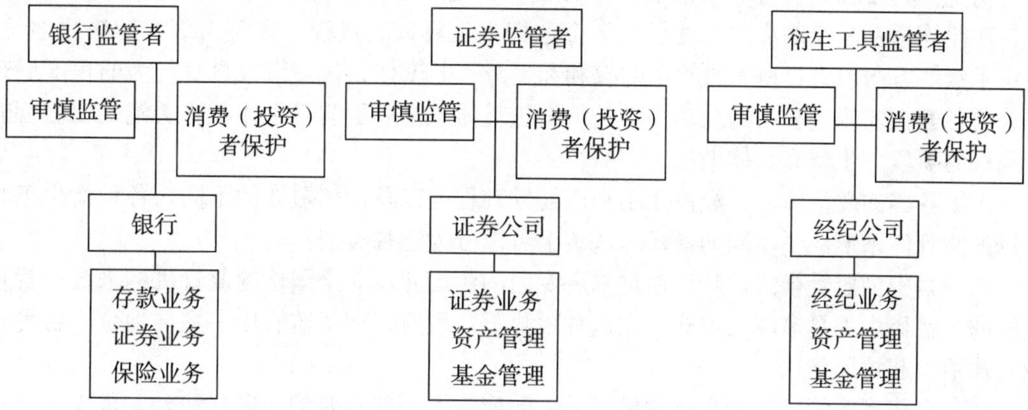

图 22－1　典型的机构监管模式

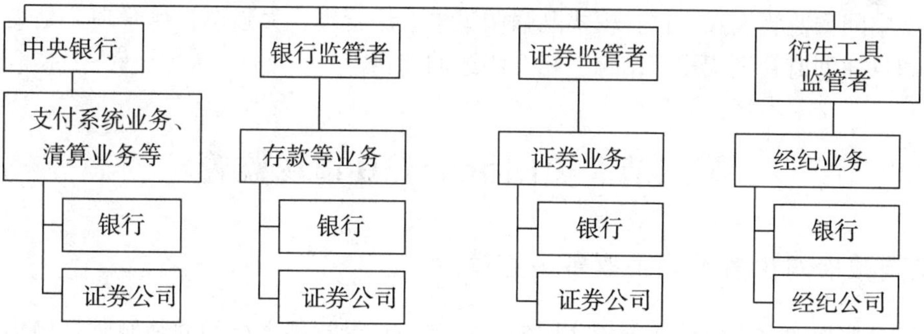

图 22－2　典型的功能性监管模式

（二）监管的对象

按照从事金融衍生工具交易的机构或个人的功能来分类，金融衍生工具监管的对象可以分为交易所、清算机构、中介机构、交易者等。在监管制度方面，交易所通常又是一线监管的主体。期货公司等金融机构既是衍生工具中介机构，又是最终用户，是监管的重要对象。

（三）监管的主体

监管的主体即监管者。监管的主体可以分为两类：一类主要是政府部门及监管当局，其权力是国家赋予的，负责制定监管的各种规章制度以及实施这种制度。如果有人违反，就会受到法律的制裁。另一类是行业自律组织，即各种非官方民间机构或者私人机构，如期货协会、交易所等，其权力来自其成员对机构决策的普遍认可。出现违规现象并不会造成法律后果，但可能受到纪律的制裁。

（四）监管的体系

衍生工具市场的监管体系包括三个方面的内容：法律体系、制度体系和组织执行体系。法律体系从法律制度的角度界定了金融衍生工具监管过程中有关当事人的法律地位，规定了每一方当事人在监管过程中的权利和义务；制度体系从当事人自身行为的角度展现了有关各方在监管过程中的互动关系；组织执行体系描述了监管主体具体实施某项监管时所采取的手段、步骤和具体做法。

由于各国的政治体制、经济体制和市场发育程度以及传统习惯的不同，各种衍生工具市场的监管体系形成了不同的模式，基本上可以分为三种类型：

（1）集中型监管模式。政府通过制定专门的法规并设立全国性的监管机构来统一管理全国的金融衍生工具市场的模式。在这种模式下，政府在市场监管中占主导地位，各种行业自律组织起协助作用。

（2）自律型监管模式。在这种模式下，政府除了一些必要的国家立法外，很少干预市场，对市场的约束主要由交易所、行业协会等行业自律组织进行，强调自我约束和自我管理。

（3）中间型监管模式。这种模式既强调集中立法管理，又强调自律管理，是集中型监管模式和自律型监管模式相互结合、相互渗透的产物。

第二节　美国衍生工具市场监管

一、美国政府对金融市场采取多头监管

美国是典型的多个监管机构模式国家。在美国，没有一个统一的金融监管机构，美国联邦储备系统(美联储）负责货币政策的制定和实施，货币监理局负责银行业的监管，美国证券交易委员会（证监会）负责证券业的监管，美国商品期货交易委员会（期监会）负责衍生工具市场的监管，等等。

最初，期监会主要是针对商品期货而言的，但是衍生品的发展十分迅速，出现了大量金融衍生工具，而且出现了场外交易金融衍生工具。从事金融衍生工具交易的有投资银行、商业银行等金融机构，不但在期货交易所有金融衍生工具，而且在证券交易所也有金融衍生工具，所以对金融衍生工具的监管就涉及美联储、期监会和证监会。期监会是美国金融衍生工具监管的主要机构，同时证监会等也对部分证券类衍生工具进行监管。对此，期监会和证监会曾有过多次争论。2000 年《商品期货现代化法》对这两个部门在金融衍

生工具方面的监管职责进行了划分。目前美国的金融衍生工具市场由这两大机构共同监管。

二、证监会和期监会监管职责的划分

一般认为，美国证券交易委员会和期监会属于功能性监管机构，因为它们的主要精力放在了对产品和市场的监管上而非对产品和市场的使用者的监管上。

证监会管理所有在全国性证券交易所交易的证券，同时一些交易所交易的衍生品也被划归“证券”而受到证监会的监管，包括外汇期权、股票期权、股票指数期权等。证监会的监管包括透明性要求、价格报告要求、反操纵规定、头寸限制、审计要求和保证金要求等。

期监会对《商品交易法》规定的交易所交易的所有衍生品均有监管权。它监管所有全国性的期货和商品交易所以及所有期货和期货期权。期监会的功能性监管手段包括最低资本要求、报告和透明度要求、反欺诈和反操纵规定以及清算组织的最低要求。

此外，2000 年《商品期货现代化法》对股票期货和股指期货的监管做出了详细的规定。

三、证监会和期监会的监管职能

美国早期的期货管理权因交易商品多为农产品而归属农业部门。最早的两个管理机关是谷物期货局和商品交易监管局，这两个局均归美国农业部管辖。在此期间，美国司法部和商业部也曾参与过期货管理。到 20 世纪 70 年代，美国出现了相当多的非农业期货交易，当时的《商品交易法》规定的交易品种仅为农产品，主管机关是农业部。期货市场的发展要求对《商品交易法》进行修改并对主管机关进行调整。美国国会采纳了参议院的意见，决定设立一个从组织到功能都类似于证券交易委员会的独立机构，于是 1974 年，美国商品期货交易委员会应运而生。期监会是美国期货监管机关，是完全独立于一般行政部门的一个机构，不受总统或者各行政部门的监督。除具有独立行政权外，期监会还具有准立法权和准司法权。期监会对金融衍生工具市场的监管主要包括以下两个方面：

第一，对交易所的监管。根据 2000 年《商品期货现代化法》，受期监会监管的金融衍生市场分为两个层次的市场，一种称为指定合约市场，另一种称为注册的衍生品交易执行设施。指定合约市场类似于传统的交易所，是指能够交易所有的产品并且不限制进入市场的人员的期货期权交易所。除了上市股票期货产品有特殊的程序外（因为需要期监会和证监会联合监管），指定合约市场可以交易任何原生商品的期货和期权合约。注册的衍生品交易执行设施对入市的对象有限制，它只限于机构交易商和非零售交易商。具体来说，可以参与注册的衍生品交易执行设施的交易的必须是合格的合约参与者，以及符合条件的期货经纪商。

第二，对市场的监管。期监会作为独立的期货期权市场监管机构，其任务是要保持市场竞争性和秩序性，防止价格的人为操纵，公平对待所有市场参与者。为此，期监会的第一道防线是对期货合约进行审批。每张合约在交易所上市以前都要报期监会备案，期监会从合约的经济目的、条款、对公众利益的考虑等方面对合约进行记录。同时，期监会对市场有严密的监察手段。期监会主要是通过对市场参与者的大额头寸和投机行为进行监察，分析现货和期货市场的供求关系，从中获取破坏市场秩序的信号，制定相应的对策。

期监会对不法行为的处罚及对受害者的救济方式主要有：行政处罚、民事禁止令及损失赔偿、民事诉讼及刑事诉讼。

在金融衍生工具的监管中，证监会主要监管个股期权、单只股票期货和窄基股指期货。为了控制风险，证监会对从事衍生品业务的券商实行严格的净资本细则管理，对风险承担的规定十分苛刻。例如，对于场外交易衍生品的未实现利润一般要按净资本细则中的无担保应收账款来对待，适用100%的资本要求，对期权交易的扣减是基于与特定头寸有关的各种风险。

四、美国期货业协会

美国期货业协会（FIA）是根据美国《商品交易法》第 17 节的规定，于 1976 年组建的期货行业自律组织，属非营利性会员制组织。《商品交易法》第 17 节源自 1974 年的《商品期货交易委员会法》第三章，该部分规定了美国期货业协会的登记注册和期监会对期货专业人员自律管理协会的监管。1981 年 9 月 22 日，期监会准许美国期货业协会正式成为“注册期货协会”，1982 年 10 月 1 日美国期货业协会正式开始运作。它的主要职能是确保客户受到公正对待，维护市场秩序。这里的客户是指所有在美国从事期货交易的期货公司与经纪人。根据美国国会的特别立法，凡是在美国从事期货交易的期货公司与经纪人，都必须加入美国期货业协会。为确保客户受到公正对待，美国期货业协会在全行业实施有效的监管。首先是监控市场上的交易行为，主要是通过训练有素的职员来监控，同时要审查交易所报告的数据，进行必要的问询。一旦发现市场违规行为，如错误报单、转移交易记录和交易所记录等，则需向交易所的有关委员会报告有关的结果。其次，对期货公司与经纪人的财务状况要进行检查和监督，以保证其经营资金保持在规定的水平之上。一旦发现达不到规定的水平，期货公司与经纪人就将受到罚款、停业等严厉处分。同时，美国期货业协会建立了一个仲裁系统，用以处理客户与会员之间或会员与会员之间的各种纠纷。会员必须服从美国期货业协会做出的裁决。

五、期货交易所

美国的期货交易所是进行交易的场所，是期货交易的自我监管组织。它的监管职能有：

首先，要对交易所内的会员资格和会员行为进行监管。要审核会员资格，调查申请者的信用状况、财务责任范围、个性以及廉洁性等。一旦会员资格审核通过，会员的行为则要受到严格的监督，会员的交易行为要符合规定。

其次，交易所对场内交易员或经纪人进行严格的监督和管理。这种监管一方面要求场内交易员必须具有良好的专业能力和职业道德；另一方面不允许场内交易员进行违规交易，如不允许交易员相互之间私下协议买卖合约等。

为维持良好的市场秩序，保证市场的运行公开、公正、透明，从而吸引更多投资者参与，增加市场的流动性，交易所必须尽力发现市场中潜在的风险苗头以防患于未然。

第三节　英国衍生工具市场监管

一、英国金融监管体制沿革

英国的金融监管体制曾经非常复杂，由多部法律与监管机构构成。如保险业曾由英国贸工部和财政部双重监管，商业银行由英格兰银行（中央银行）监管，证券业由一个行业自律组织监管，住房基金由政府下设的住房基金委员会监管，养老基金由行业协会监管，衍生品交易由贸工部监管，等等。在金融全球化和混业经营的大潮下，1997 年 10 月英国政府宣布进行金融监管体制改革，建立单一的金融市场法律体系及相应的单一监管机构金融服务监管局（Financial Service Authority，FSA）。金融服务监管局主要负责对银行、住房信贷机构、投资公司、保险公司、金融市场、清算和结算体系的监管。英格兰银行也于 1998 年 6 月将对银行业的管理权让渡给金融服务监管局。通过 2000 年《金融服务与市场法》的授权，金融服务监管局更是于 2001 年起正式成为集银行、证券、保险等的监管职能于一身的唯一的法定监管机构。英国的统一金融监管体制主要体现在金融服务监管局的功能上。金融服务监管局既要为英国的金融服务相关法案制定执行的细则，又要监管银行、保险公司、证券公司等各种金融机构的金融活动。

2008 年全球金融危机的爆发使金融消费者保护与审慎监管目标间的内在冲突问题充分暴露，推动了英国金融监管体制的一轮大变革。于 2013 年 4 月 1 日正式生效的《2012 年金融服务法案》正式撤销了 FSA，将其职能分拆由金融行为监管局（Financial Conduct Authority，FCA）和审慎监管局（Prudential Regulation Authority，PRA）承担。FCA 作为一个独立机构，直接对英国议会和财政部负责，以保证金融市场良好运行、金融消费者获得公平待遇为目标，负责金融机构的行为监管。PRA 作为英格兰银行的附属机构，以提升受监管机构的安全性和稳健性为目标，负责存款机构、保险机构和系统重要性投资公司的审慎监管。此外，英格兰银行理事会内设的下属委员会——金融政策委员会（Financial Policy Committee，FPC）负责宏观审慎监管，专注于识别、监测和管理系统性风险，以帮助英格兰银行实现保护和强化金融系统稳定性的目标，同时支持政府实现经济增长、增加就业等经济目标。英国金融监管新框架如图 22 - 3 所示。

二、监管目标

这里仅就与金融衍生工具市场监管相关的金融行为监管局监管目标做一介绍。根据 2012 年《金融服务法案》，FCA 的监管目标为保证相关市场稳健运行，其中的相关市场包括金融市场、受监管的金融服务市场以及由非授权人提供金融服务的市场。为了实现这一监管目标，英国政府为 FCA 归纳了三大操作目标：金融消费者保护、促进有效竞争以及保证市场诚信。

1. 金融消费者保护

金融消费者保护目标旨在适度保护金融消费者。为实现这一目标，FCA 制定和实施

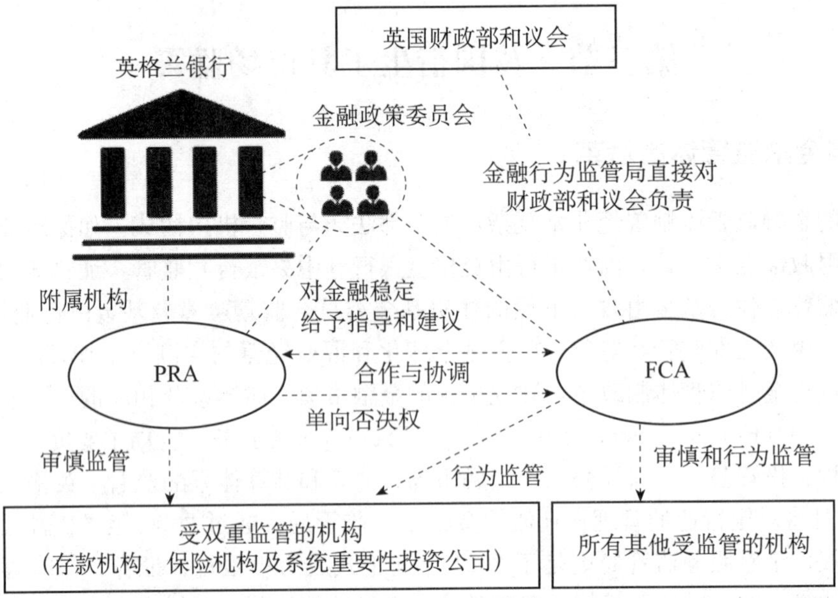

图 22-3 英国金融监管新框架

相关监管措施时需考虑：(1) 不同的投资或其他交易涉及不同程度的风险；(2) 不同的金融消费者可能具有不同程度的经验和专业知识；(3) 金融消费者有及时获取准确信息和建议的需求；(4) 金融消费者应为自己的决策承担责任的一般原则；(5) 金融机构在提供受监管的金融服务时，应给予金融消费者适度的关怀，要充分考虑金融消费者参与有关投资或其他交易的风险程度以及金融消费者自身的能力；(6) 金融消费者在不同的投资或其他交易中可能会有不同的预期；(7) 消费者金融教育机构在履行消费者金融教育职能过程中提供给 FCA 的任何信息；(8) 监管巡察员依法提供给 FCA 的任何信息。

2. 促进有效竞争

促进有效竞争目标旨在从金融消费者利益角度出发促进金融市场的有效竞争。FCA 在考虑市场中金融服务竞争的有效性时需考虑：(1) 使用或可能使用这些服务的金融消费者需求的异质性；(2) 金融消费者获得服务的难易程度，包括社会和经济发展落后地区的金融消费者获得这些服务的难易程度；(3) 获得服务的金融消费者变换服务提供商的难易程度；(4) 新机构进入市场的难易程度；(5) 竞争鼓励创新的程度。

3. 保证市场诚信

保证市场诚信目标旨在保护和提升英国金融系统的诚信度。英国金融系统诚信度内容包括：(1) 金融系统的可靠性、稳定性和灵活性；(2) 不被用于与金融犯罪有关的目的；(3) 不受市场滥用行为的影响；(4) 金融市场的有序运行；(5) 市场中价格形成机制的透明性。

三、监管的内容和执法手段

在新的金融监管框架下，金融衍生工具市场的监管除了少部分监管职责（如商业银行衍生工具交易活动有关的风险）由 PRA 和 FCA 共同承担外，FCA 几乎全盘承担了原英国金融服务监管局对金融衍生工具市场的监管职责和手段，主要包括以下几个方面：

（1）对市场准入的监管。对金融衍生工具进行监管的第一步就是规定市场准入制度，所有从事投资业务的人均必须具有监管当局的授权，而金融衍生工具就是投资的一种，但是明确不包括现货市场的监管。

（2）对准入机构的监管。对从事投资业务的机构包括从事金融衍生工具业务的机构，除了在准入方面进行监管外，更重要的是通过财务资源进行监管，包括对资本充足率的监管和对财务报告制度的监管等。此外，在机构持续经营方面还有更加详尽的监管规定，包括客户的资金管理、软佣金、广告和营销、主动访问、客户协议、客户借款以及对从业人员的监督等方面。

（3）对洗钱和内幕交易的监管。英国在反洗钱方面有严厉的措施，监管部门规定公司内部对预防洗钱活动必须有明确的内控制度。内幕交易是指利用不是所有市场参与者都能公开自由地得到的信息进行交易。内幕交易违背了公开公平原则，损害了证券市场的效率，因此是被各国监管机构严令禁止的行为。

对从事金融衍生工具业务的公司及从事其他投资业务的公司进行监管执法，其对公司进行监管的信息来源渠道主要有：

（1）每个公司按规定所做的定期报告。

（2）对公司进行的定期现场检查。一般来说，每个公司至少每年接受一次现场检查。这种现场检查按规定不需要事先通知公司。这种例行的现场检查并不表明公司有什么问题，只是为了检查公司是否按其制定的程序进行操作经营。

（3）对公司进行的调查，其中包括：公司、注册人、前公司或前注册人的合适性问题；任何违反法规或预期会违反法规的行为。

（4）要求公司的审计师提供的特定信息。任何审计师给公司的管理信中指出的公司的缺点均必须报告监管者。

监管者一般被赋予了下列监管手段：

（1）警告。

如果监管者认为某公司已经违规或将要违规，或者认为某注册人已经违规，或由于其做某事或没做某事而可能导致公司违规，监管者可以对有关公司或注册人进行警告。如果对注册人进行警告，同时还要给其雇主一份复印件。

警告必须是书面的，应该说明构成或将构成违规的行为及违反了哪一条规定。但是警告并非一定要听从。公司或个人不听从警告并不违规。如果公司不听从警告，对公司的其他处罚可能会将警告考虑在内。

（2）指示。

如果监管者认为某公司或注册人违规，或由于某注册人的行为造成某公司违规，监管者可以对该公司或注册人实施指示。如果对某公司的注册人实施指示，则必须给该公司一个书面的备份。

任何指示均必须是书面的并且说明：构成或将构成违规的行为及违反了哪一条规定；受处分者必须采取的补救措施或避免违规的措施，以及这些措施必须实施的时间和日期。在收到指示的 10 个工作日内，收到指示者可以书面提出改变或取消该指示的要求。没有执行指示本身就是一种违规行为。

（3）干预命令。

如果监管者认为某公司不适合从事投资业务，某注册人不适合担任注册人，某公司或注册人已有不正当行为、想有不正当行为或可能会有不正当行为，或行使干预权能够保护投资者，则监管者会对该公司或注册人下达干预命令。如果收到干预命令的是注册人，则必须书面通知该注册人的雇主。

干预命令应该是书面的并且应说明：发布干预命令的理由；生效的日期和时间；干预命令执行的期间；如果是由于不正当行为，则需说明构成或将构成不正当行为的行为。收到干预命令者可以向监管者提出暂缓执行部分或全部干预命令。

对于公司或注册人的违规行为，可以采取惩罚措施。对公司的惩罚包括：谴责或严重谴责；罚款（无限额）；暂停公司从事全部或部分授权业务的资格；取消资格。

对于注册人，可能的惩罚包括：谴责或严重谴责；罚款（无限额）；暂停个人的注册资格；取消资格。

除了警告和指示外，所有其他处罚均必须公开（监管环境显示不能公开的除外）。

除上述监管内容和执法手段外，FCA 还在以下几个方面有新的权力以实现其监管目标：

（1）金融产品管理和干预权。FCA 在金融产品最初设计过程中即有权进行干预，以便更早地发现金融产品设计中的潜在问题。FCA 对金融机构设计、经营和销售金融产品的各个环节进行监督，如评价金融产品设计中是否考虑了目标客户的需求，产品的销售策略是否合适等。同时，加大了对金融机构的问责力度，以确保金融产品的销售范围与目标客户群体一致，产品的功能与预期相符。

（2）金融产品和服务推广限制权。FCA 不通过执法程序即可禁止误导性的金融产品和服务在市场上推广。FCA 在使用这项权力时，先向金融机构发出指令，要求其禁止金融产品和服务的推广，并向金融机构说明禁止其金融推广的理由。金融机构如果对 FCA 的决定持有异议，可向其提出申诉。根据金融机构的申诉，FCA 有权决定是否继续执行、修改或撤销其指令。

（3）实施鼓励市场竞争的监管政策。英国监管当局意识到，监管政策虽可纠正潜在的市场失灵，使市场竞争充分发挥效用，但有时设计不周的监管政策或过度监管行为也会妨碍市场竞争。FCA 通过全面而深入的市场调研，了解消费者和金融机构的行为、市场结构和产品定价等方面的信息，以做好充足的政策储备，在必要时对现有监管政策加以替代。FCA 将竞争理念植入监管政策和措施，使监管框架最大限度地减少对市场竞争的扭曲。

专栏 22-1

《期货和衍生品法》落地将满周岁 期货市场创新发展驶入快车道

作为中国期货和衍生品市场首部基础性法律，《中华人民共和国期货和衍生品法》（以下简称《期货和衍生品法》）充分体现了中国期货市场的发展特征和规律。8月1日，《期货和衍生品法》将迎来周岁，一年来，期货市场创新发展驶入了快车道。

“近一年，期货市场发展明显提速，市场各方积极落实各项要求，新品种工具加快供给等均有体现，尤其是新品种上市步伐加快方面，上市程序得到大幅简化，这是一项重大改革，有助于‘早上市、早培育、早发挥功能’。”对外经济贸易大学研究员、博士生导师李正强近日对《证券日报》记者表示，新品种数量增多对期货功能发挥起到积极作用，进而提升服务实体经济的深度与广度。

在受访的多家期交所、期货公司和产业企业相关人士看来，《期货和衍生品法》落地一年来，市场为之鼓舞，相关配套规章和规范性文件相继落地，各项创新业务发展预留空间充足。

新品种供给提速成市场看点

银河期货有限公司党委书记、董事长杨青告诉《证券日报》记者，一年来，期货行业各主体明晰了发展方向和基本规则，同时，这一年也是依法展业、优化环节、深入改革和加速发展的一年，主要体现在几方面：一是行业内依法展业、目标明确，发展空间不断扩展。例如，新品种推出提速，期货公司即将获自营、保证金融资、做市商和衍生品交易等许可业务。二是不断加快国际化进程，提升期货国际话语权。三是交易者得到诸多保护，建立多元化纠纷解决机制和交易者保障基金等。

去年8月份以来，截至目前，我国推出期货和期权新品种近20个，使期货和期权品种总量近120个。包括工业硅期货和期权、上证50股指期权、乙二醇和苯乙烯期权、氧化铝期货、碳酸锂期货及期权等品种注册并陆续上市。在注册制背景下，期货市场新品种上市步伐明显加快，为企业提供更为丰富的风险管理工具，减缓现货市场价格波动对企业经营的影响，进一步增强期货市场服务实体经济能力。

与此同时，期货行业国际化发展进程再度提速。一年来，黄大豆1号和2号、豆粕等多种品种先后获批境内特定品种，并有多个品种对合格境外投资者开放；摩根士丹利期货（中国）有限公司获准成立，进一步打开市场大门，在不断提升期货市场运行质量的同时，加速推动“中国价格”的形成进程，促进大宗商品等要素资源在国际市场畅通流动。

作为我国首个以境内特定品种方式实现全系对外开放的品种板块，豆系品种引入境外交易者备受境内外市场关注。据统计，已有来自英国、瑞士、荷兰、新加坡、印度尼西亚、马来西亚、澳大利亚等13个国家和地区的境外客户参与了豆系品种的交易，包括嘉吉公司（Cargill）、路易达孚集团（Louis Dreyfus Company）等境外大型产业客户。

“公司不同业务部门在经营过程中都深度使用大连商品交易所（简称大商所）的品种和工具。比如，粮油板块通过豆粕、豆油期货实现压榨利润的锁定，风险管理部门则利用豆粕期权等降低相关头寸的风险。”嘉吉公司风险管理亚太区负责人董宇昕表示，豆类品种引入境外交易者后，境外主体得以直接进行交易，为开展业务和服务客户提供了极大便利。

在中粮期货有限公司总经理吴浩军看来，一年来，期货业多项配套规章、规范性文件相继落地，新业务的展业路径、回归业务的具体指引也在紧锣密鼓地推进当中，最具代表性的当属期货和期权品种供给持续丰富，其他业务探索创新步伐和国际化进程也在逐步加快，从而推动期货行业朝更加稳健和多元的方向发展。

在相关配套制度方面，一年来，监管层持续修订完善期货监督管理有关政策，对《期货交易所管理办法》《证券期货业网络和信息安全管理办法》《证券期货经营机构私募资产管理业务管理办法》以及其配套的运作规定等均进行了修订；同时，还就《期货公司监督管理办法》《衍生品交易监督管理办法》等向社会公开征求意见。

积极落实各项工作成效显著

今年是全面落实《期货和衍生品法》的第一年，也是行业发展转型之年。这一年，期货交易所和期货公司等对照法律，完善自身战略，做好各项贯彻落实工作，不断提升主动性和前瞻性，并取得了显著成效。

大商所相关人士向记者表示，自去年8月1日以来，大商所着力从多方面做好贯彻落实工作：一是围绕期货法系统性推进市场基础优化，为市场自律监管和高质量发展提供更充分的制度供给；二是新品种新工具上市步伐加速，满足实体企业多样化风险管理需求；三是围绕市场功能有效发挥，持续完善品种合约规则；四是提升产业参与深度，提高产业服务效能；五是加快场外市场建设，统筹推动场内场外协同高质量发展；六是扩大对外开放取得新进展，价格影响力和全球贸易服务能力进一步得到提升；七是适应新形势进一步强化市场监管能力，全方位提高风险防范能力。

一年来，郑州商品交易所（以下简称“郑商所”）全力推进品种研发上市。例如，菜籽油、花生期权等品种的挂牌上市，积极推进对二甲苯、烧碱、瓶片等新品种期货的研发上市。同时，郑商所服务做好对外开放战略，多个期货及期权成功引入境外交易者，助力推动高水平对外开放。郑商所相关人士告诉记者，接下来将进一步完善合约规则，修订菜籽油期货业务规则和红枣期货合约规则，以及优化“保险＋期货”试点等。

同时，期货公司也在积极调整战略规划，以期在新起点抓住新机遇。“我们积极研究新政策、新品种，探索子公司回归及新业务开展路径。”吴浩军表示，公司在“一体两翼”战略引领下，以经纪业务为压舱石，稳步提升风险管理业务和财富管理业务规模。

广发期货有限公司（以下简称“广发期货”）董事长罗满生对《证券日报》记者表示，《期货和衍生品法》实施一周年以来，期货市场开启了高质量发展的新篇章，市场信心得到提振，规范了期货行业创新发展，保护了投资者权益，为期货经营机构境内外展业提供了法律指引，提振了参与主体信心。

“《期货和衍生品法》扩大了期货业务范围，拓宽了服务实体经济的深度和广度。”罗满生表示，“为适应行业发展的新环境和新要求，公司进一步提升核心竞争力，促进可持续发展，同时，还坚定业务开展方向，以期不断提升服务实体经济的质效。为抓住法律实施、政策红利等市场机遇，公司积极做好协同，扩大境内外业务，目前国际化业务已取得显著成效。”

以自身高质量发展更好服务经济发展

在《期货和衍生品法》指引下，期货市场参与各方取得了诸多成绩，未来还需要更加努力才能更好服务实体经济。具体来看，期货行业将以品种精耕细作、业务创新多元、对外开放提升等为抓手，积极拓展行业发展新机遇。

“下一步，大商所将扎实推进期货现货结合、场内场外协同、境内境外联通国际一流衍生品交易所建设，以自身高质量发展服务国民经济高质量发展。”大商所相关人士表示，我们将进一步扎根市场，推出更多国民经济需要的期货品种；提升产品质量、服务效能和规则制度供给水平；充分发挥交易所衔接期货、场外衍生品和现货市场的桥梁纽带作用，完善场外参与信用体系、推进场内场外互通；稳步推进制度型对外开放，着力提升重要大宗商品价格影响力。

郑商所相关人士也表示，下一步将从三方面助力期货市场高质量发展，更好服务实体经济：一是持续修订和完善自律规则，加快形成体例科学、结构严谨、内容完备的自律规则体系；二是落实好新品种注册制，持续深化新品种研发；三是聚焦服务实体经济，在持续深化重点储备品种研发工作的基础上，加快创新型、开放型、绿色型品种布局，持续开展品种筛选储备工作。

受访的多家期货公司高管表示，应当结合自身实际及优势，以市场需求为导向，提升自身服务和抗风险能力，更好地服务实体经济发展。

吴浩军表示，希望尽快推动新业务的监督管理办法及相应指引出台，在期货品种及将上市品种方面精耕细作；同时，着力推动场外衍生品市场建设，稳步扩展期货生态版图。

罗满生建议，加快推进配套制度落地实施，为期货公司依规适度拓展业务提供指引，这将有助于实现差异化发展，完善自身发展战略。

“应加快调整或落地期货风险管理公司衍生品交易和做市业务回归所属期货公司的相关事项。”杨青认为，考虑到做市账户变更及持仓迁移相关事项，一方面涉及现有风险子公司的账户变更、持仓迁移，另一方面也涉及期货公司和风险子公司对各自的资产、债务等进行财务账务处理或调整，建议对期货公司和风险子公司具体完成做市账户变更及持仓迁移进行进一步规范或指导。

资料来源：王宁．《期货和衍生品法》落地将满周岁 期货市场创新发展驶入快车道．证券日报，2023-07-31.

第四节　衍生工具市场监管面临的挑战

一、金融监管实践滞后于金融衍生工具创新

近30年以来，金融衍生工具市场获得了迅速的发展，各种新型的衍生工具层出不穷。金融衍生工具市场已经成为连接债券市场、股票市场和外汇市场的重要纽带，其在国际金

融市场中的地位日益重要。但是，金融市场激烈的竞争推动了金融创新，与此同时，竞争也使金融监管当局在解除管制以及接受新手段、新方法和新的市场结构等方面承受了更大的压力。金融监管实践滞后于金融衍生工具创新在以下四个方面给监管当局带来了巨大的挑战：

（1）产品创新范围广、速度快。

随着金融工程技术的日新月异，开发新产品的周期正在逐步缩短，甚至有时只需将现有产品根据消费者的偏好、运作成本以及监管规定等因素进行小规模的调整就可以创造出一种新的产品。金融机构完全有能力利用金融衍生工具构造出与原有受监管的产品性质相同的金融工具，或将受监管的头寸重组为监管较弱的头寸，又或者将头寸置于国外较宽松的监管制度之下。因此，这对现有的监管手段构成了挑战：若采用以产品监管为主导的监管制度，原有的监管框架在很大程度上表现为不适应；而若建立以机构分类的监管制度，则增加了重新构建监管框架的成本，广泛而耗时的协调工作造成了监管的被动局面。

（2）缺乏透明度。

虽然企业和金融机构的资产负债表向来不是很透明，但是衍生工具的出现使其变得更为不透明了。现存的会计制度是针对表内业务的，金融衍生工具交易的具体细节完全不必列入资产负债表，只需在表外加以注释即可。这样的做法使监管当局难以迅速获得衍生品创新的及时信息，无法了解衍生品交易的具体情况，使监管处于被动局面。例如，为了达到理想的利率敞口目标，银行原来可能必须通过短期存款和长期贷款来进行运作，这样就受到了存款准备金和资本率要求的约束。而现在则不同，银行可以通过利率互换获得相同的利率敞口，而这种操作不必列入资产负债表，因而增加了监管的难度。可见，现有的会计制度使金融衍生工具交易缺乏透明度，给监管造成了困难。

（3）金融交易速度不断加快，规模不断扩大。

风险头寸变化之快、数量之大使银行监管者难以实时地跟踪所有的金融活动，监管的成本和难度加大，导致监管陷入被动局面。从目前的交易速度和规模来看，即使是最积极的监管者，其监管频率也远比金融机构风险头寸变化的速度要慢，监管者根本无法及时获得有关银行金融业务的有效信息。以银行为例，在 20 世纪 70 年代的一段时间内，银行的产品种类变化不会很大，因此，其资产负债表可能也不会有较大的变化。而如今，也许在几个小时之内，银行就可以完成一笔高杠杆的衍生品交易，而监管者却在事后才知道。有人曾提议用联机式的头寸信息来对所有业务进行监管。但是，这种方法意味着要对大量联机信息进行分类处理，这就需要投入巨额人力和技术成本，巨额的成本又成了摆在监管者面前的另一个难题。

（4）监管缺乏国际协调。

衍生品市场是全球化的，而监管权限则属于各个国家，国家间的监管合作至今没有建立，因而缺乏国际协调成为导致监管始终赶不上创新的一个原因。在美国、欧洲等发达国家和地区，金融衍生工具交易开始的时间较早，在其发展过程中已经暴露出了很多问题，通过对历史事件的总结，这些国家和地区的监管制度和手段正逐步改进。然而，由于缺少相互之间的信息共享和协作，“市场全球化、监管区域化”问题还有待进一步解决。

二、监管体系滞后可能带来的不良后果

监管体系滞后可能带来的不良后果主要集中在以下两个方面：

（1）场外交易（OTC）市场的过度扩张。

全球金融市场现有制度安排存在的一个最大问题就是，中央银行以明示或暗示的方式对金融机构进行流动性支持所带来的成本在很大程度上都是由公共部门承担的，而全球风险管理业务的增长带来的收益都进了那些金融市场私人参与者的腰包。这种支持导致了金融衍生工具市场的快速发展，因为衍生工具市场最依赖流动性，因而它也就成了现有制度的最大受益者。同时，金融业业务构成的格局也受其影响，因为受到保护的部门可以将业务扩展到中央银行提供担保的业务领域，银行主导型 OTC 衍生工具市场和现货及远期外汇市场的爆炸式发展就是典型的例子（见专栏 22-2）。

（2）市场公正性的缺失。

国际衍生品交易可以掩盖市场操纵行为，所以保持市场公正性（也就是对内幕交易、金融欺诈的发现和起诉）就显得尤为困难。各国证券监管者之间签订的谅解备忘录（《温莎宣言》）日益为人们所接受，这对证券监管者之间交换市场信息是十分有帮助的，但同时这也使得跨国界的市场操纵变得更加困难。一旦发现市场上有异常的交易行为，就必须检查可疑者的交易账户，但这与银行的保密条款是相违背的。值得欣慰的是，现在许多国家已经制定了反内幕交易的法律以协助调查。

专栏 22-2

美国欲扩大衍生品监管，遭非金融业反对

面对一条拟议中的规则，美国制造企业、能源生产企业和其他企业如临大敌，担心这条规则将使它们对冲所依赖的大宗商品价格波动的成本变得更高。于是，要不要把衍生品监管延伸到金融行业以外，这种关系重大的辩论再度燃起。

2010 年，作为多德-弗兰克（Dodd-Frank）金融改革方案的一部分，国会针对 583 万亿美元的衍生品市场设立了一个监管框架。卡特彼勒公司（Caterpillar Inc.）、米勒康胜（MillerCoors）和福特汽车公司（Ford Motor Co.）等非金融企业经过艰苦的努力，避开了这个框架的管辖。当时国会议员说，非金融企业将不必用现金或其他资产作为抵押来支持它们的衍生品交易。如果要满足这个要求，可能会带来高昂的成本。

然而，根据美联储、联邦存款保险公司和其他银行监管机构联合公布的新规，如果银行的实业企业客户的衍生品敞口达到了过高的风险水平，那么银行就必须对这些客户实施上述要求。监管层的目的是防止美国国际集团（American International Group）崩溃时出现的连锁恐慌再度上演。美国国际集团是一家庞大的金融企业，它的倒下就是因为衍生品投资基本未受监管。

监管层曾经多次向实业企业保证，这些衍生品规则不会给它们带来过重的负担，但实业界担心，如果不把它们明确地排除在这些规则之外，将来监管层可能就

会以此为切入口，对它们实施更加严格的监管。使用复杂金融工具对冲风险（比如燃料价格或利率的波动）的公司认为，按照新规则，本可用于创造就业或投资的现金将被占用。其他一些公司认为，新规违背了国会 2010 年通过金融改革方案时的本意。

知悉监管层想法的人士说，监管层预计，银行做市商从企业处收取的抵押品数量不会因为新规而有任何实际变化。做市商与企业终端用户进行的衍生品交易，多数都不要求企业提供任何抵押品，而监管层相信，执行新规后它们仍然能够维持现状。

实业企业认为，即使当前的规则不会影响它们现在所做的交易，整个框架还是让它们紧张，因为监管层有可能改变其管辖范围，或者是间接地施压于银行，要它们降低不交质押品的门槛。费城化学品公司（FMC Corp.）的财务负责人汤姆·迪斯（Tom Deas）说："我们担心，恰恰就在终端用户面临最严重信贷紧缩、现金最紧缺的时候，也就是在金融动荡时期，监管层将行使其规则制定权，收紧保证金的豁免范围，将更多终端用户扫地出门。"

资料来源：翻译自维多利亚·麦格兰（Victoria McGrane）的《美国欲扩大衍生品监管，遭非金融业反对》，载于《华尔街日报》，2011-04-13。

三、适当的应对之策

（1）创新监管思路。为适应金融全球化和金融改革的要求，要树立超前监管的新理念。金融监管也要讲究监管成本，为了提高监管效率和降低化解风险的成本，必须树立超前监管的新理念。争取有效创新性管制措施，逐步规范 OTC 衍生工具市场，从源头上遏制金融风险苗头，在金融风险形成之前将其化解，从而有效防范金融风险的发生。美国次贷危机暴露出了衍生工具交易引致系统性风险的情况，并引发了一系列监管制度改革，尽管这种改革不是一帆风顺的。前面的专栏 22-2 讨论了美国金融监管改革中遭遇的阻力。

（2）创新监管手段。一是要建立一个全面、高效的监管信息收集处理系统。通过对监管信息的处理，建立风险监测、识别、预警指标系统，使监管者能够适时、动态地掌握监管对象的整体经营及风险情况。

二是要进一步建立完善信息披露制度。从国情出发，需要以法律的形式明确规定有关金融活动信息披露的义务人、内容和形式、原则和标准等，通过信息披露，将表外业务纳入监管范围，不断健全财务公开和报告制度，加强对金融机构表外业务的统计与申报，增强居民风险意识和加强会计师事务所等社会中介服务机构的社会监管职能，同时要将商业银行的统计报表的真实性纳入金融监管的范围。

三是要加强监管法规制度建设。对层出不穷的金融创新活动，监管当局应不断加强法规制度建设，对原有的法律框架需要适时调整，不断清理完善有关法规以适应金融创新，以便将那些原有监管法规所涉及不到的"灰色地带"活动的金融机构纳入金融监管网，保证金融监管的有效性和权威性，控制风险，实现金融体系健康发展与稳定的目标。作为监管者必须同步跟进金融发展，针对各种随时可能发生的金融风险和变化的金融环境因势而动、因险而动、以动制动，运用创造性的监管理念、现代化的监管技术、科学的监管方法，通过全方位的持续性监管降低金融风险，保证我国金融业的稳健运行。

(3) 建立衍生品业界联系机制。随着金融全球化的不断推进，银行业金融机构为扩大业务收入来源与防范相关风险，所参与衍生品交易的范围越来越广，交易的产品也日趋复杂，客户种类不断增多，银行业衍生品交易正进入快速发展时期。与此同时，银行业衍生品交易跨境、跨市场的特征日益突出，衍生品业务的交易对手也日趋多样化。

国际经验表明，在衍生品监管领域，应普遍实行原则导向监管。监管机构在衍生品业务领域应体现原则导向的监管理念，实施机构资格准入制，不再对具体产品进行审批。但由于在资格准入后，监管机构不再对新的衍生品进行审批，因此在监管机构与被监管机构之间建立有效的联系机制将成为原则导向监管的重要组成部分。

联系机制将形成规范的与业界沟通的平台，是根据原则导向监管理念对创新监管方式的一种探索。这种规范的联系机制将提高银行业机构对相互交流以及与监管当局沟通的重视，既有利于监管当局及时了解银行业金融机构在衍生品交易领域的竞争新动向、交易的新产品、发展的新趋势，有利于跟踪监测银行业衍生品业务的潜在风险，及时更新衍生品监管政策，尽可能降低监管的滞后性，又有利于银行业金融机构对衍生品监管政策的理解，减少被监管机构为规避监管政策所做的博弈，降低市场交易成本，提高监管的有效性。

(4) 运用现代科技手段，建立非现场监管体系。新的电子计算机技术和业务技术在金融领域的应用和推广，增强了金融机构收集和处理信息资料、客观评价金融机构经营状况的潜力。大多数市场经济国家为了适应金融环境的迅速变化，采取了一些灵活的方式，有一些发达国家已成功建立了非现场监管体系。新技术在金融领域的广泛应用，在推动金融市场高效运转的同时，也为在新的经济环境下更有效地进行金融监管开辟了一条新路。

(5) 加强金融监管的国际合作。随着金融市场的全球一体化，金融创新交易具有跨国性，一国金融监管当局通常鞭长莫及。这就要求各国金融监管当局加强合作，对跨国性的金融创新交易实行统一的监管标准，确保金融创新交易既有效率又安全可靠。因此，各国金融监管机构应积极参加金融监管的国际性组织，广泛开展与相关国家的金融监管机构的双边及多边合作。

本章小结

衍生工具属于“大金融”范畴。衍生工具中介机构具有一般金融企业属性。除此之外，衍生工具市场还具有很强的外部性、信息不对称、自然垄断引致的市场失灵和价格操纵等特性。因此，有必要对衍生工具市场进行监管。衍生工具市场的监管与一般金融业的监管存在共性。例如，证券市场监管是针对证券市场存在的高风险及信息不对称问题，通过法律和行政手段，控制或规范证券市场参与者的市场行为的活动，其目的是维护证券市场的秩序，保障其合法运行，即一方面要保持证券市场的流动性和高效率性，另一方面要保护投资者，尤其是知识、经验及技巧不足的非专业投资者的利益，防止和查处证券市场中的不当交易行为。衍生工具市场有与证券市场监管类似的目标，但衍生工具市场监管还突出反市场操纵，以确保价格形成的合理有效。

衍生工具市场监管可分为机构监管和功能性监管两大类，而衍生工具市场的监管体系又可以分为集中型监管、自律型监管和中间型监管三大类。随着金融衍生工具日新月异的发展，金融衍生工具的监管面临着越来越大的挑战：产品创新范围广、速度快；缺乏透明度；金融交易速度不断加快，规模不断扩大；监管缺乏国际协调。要应对这些挑战，可以从以下几个方面着手：创新监管思路；创新监管手段；建立衍生品业界联系机制；运用现代科技手段，建立非现场监管体系；加强金融监管的国际合作。

练习题

1. 什么是衍生工具市场监管？衍生工具市场监管与一般金融业监管有何共性和特性？
2. 衍生工具市场监管的目标是什么？
3. 什么是功能性监管？
4. 什么是英国金融行为监管局？它的成立背景和监管目标是什么？
5. 目前对金融衍生工具市场的监管面临哪些挑战？
6. 什么是期货市场操纵？为什么说衍生工具市场容易出现市场操纵现象？
7. 什么是内幕交易？它有什么危害？内幕交易监管是衍生工具市场监管的重点内容吗？为什么？
8. 美国证券交易委员会在衍生工具市场监管中的职责是什么？
9. 什么是集中型监管模式？
10. 什么是自律型监管模式？
11. 试阐述我国衍生工具市场监管体系。我国衍生工具市场监管体系与美国、英国市场监管体系相比有何主要区别？它们各有什么优劣势？
12. 为什么国际金融监管合作越来越重要？中国参与和推动的国际金融监管合作有哪些？

参考文献

[1] Pirrong, S. C. , "Mixed Manipulation Strategies in Commodity Futures Markets," *Journal of Futures Markets*, 1995 (15): 13 - 38.

[2] Stigler, G. , "The Theory of Economic Regulation," *Bell Journal of Economics and Management Science*, 1971 (2): 3 - 21.

[3] 祁敬宇，祁绍斌. 全球化下的金融监管. 北京：首都经济贸易大学出版社，2011.

图书在版编目（CIP）数据

金融衍生工具 / 汪昌云编著．-- 5 版．-- 北京：
中国人民大学出版社，2024.7
经济管理类课程教材．金融系列
ISBN 978-7-300-32772-3

Ⅰ．①金… Ⅱ．①汪… Ⅲ．①金融衍生工具－高等学
校－教材 Ⅳ．①F830.9

中国国家版本馆 CIP 数据核字（2024）第 082542 号

“十二五”普通高等教育本科国家级规划教材
经济管理类课程教材·金融系列
金融衍生工具（第五版）
汪昌云　编著
Jinrong Yansheng Gongju

出版发行	中国人民大学出版社		
社　　址	北京中关村大街 31 号	**邮政编码**	100080
电　　话	010－62511242（总编室）		010－62511770（质管部）
	010－82501766（邮购部）		010－62514148（门市部）
	010－62515195（发行公司）		010－62515275（盗版举报）
网　　址	http://www.crup.com.cn		
经　　销	新华书店		
印　　刷	天津鑫丰华印务有限公司	**版　　次**	2009 年 1 月第 1 版
开　　本	787 mm×1092 mm　1/16		2024 年 7 月第 5 版
印　　张	25.5	**印　　次**	2025 年 1 月第 2 次印刷
字　　数	608 000	**定　　价**	62.00 元

教学支持说明

1. 教辅资源获取方式

为秉承中国人民大学出版社对教材类产品一贯的教学支持，我们将向采纳本书作为教材的教师免费提供丰富的教辅资源。您可直接到中国人民大学出版社官网的教师服务中心注册下载——http://www.crup.com.cn/Teacher。

如遇到注册、搜索等技术问题，可咨询网页右下角在线 QQ 客服，周一到周五工作时间有专人负责处理。

注册成为我社教师会员后，您可长期根据您所属的课程类别申请纸质样书、电子样书和教辅资源，自行完成免费下载。您也可登录我社官网的"教师服务中心"，我们经常举办赠送纸质样书、赠送电子样书、线上直播、资源下载、全国各专业培训及会议信息共享等网上教材进校园活动，期待您的积极参与！

2. 高校教师可加入下述学科教师 QQ 交流群，获取更多教学服务

经济类教师交流群：809471792

财政金融教师交流群：766895628

国际贸易教师交流群：162921240

税收教师交流群：119667851

3. 购书联系方式

网上书店咨询电话：010－82501766

邮购咨询电话：010－62515351

团购咨询电话：010－62513136

中国人民大学出版社经济分社

地址：北京市海淀区中关村大街甲 59 号文化大厦 1506 室　100872

电话：010－62513572　010－62515803

传真：010－62514775

E-mail：jjfs@crup.com.cn